TANCREDO NEVES, O PRÍNCIPE CIVIL

Plínio Fraga

Tancredo Neves, o príncipe civil

Copyright © 2017 by Plínio José da Fraga Júnior

Grafia atualizada segundo o Acordo Ortográfico da Língua Portuguesa de 1990, que entrou em vigor no Brasil em 2009.

Capa
Alceu Chiesorin Nunes

Foto de capa
Arquivo Público Mineiro

Preparação
Diogo Henriques

Checagem
Rosana Agrella da Silveira

Pesquisa iconográfica
Gabriela Miranda

Índice onomástico
Probo Poletti

Revisão
Angela das Neves
Valquíria Della Pozza

Dados Internacionais de Catalogação na Publicação (CIP)
(Câmara Brasileira do Livro, SP, Brasil)

> Fraga, Plínio
>   Tancredo Neves, o príncipe civil / Plínio Fraga. – 1ª ed. – Rio de Janeiro: Objetiva, 2017.
>
>   ISBN 978-85-470-0026-4
>
>   1. Brasil – Política e governo 2. Brasil – Presidente – Biografia 3. Neves, Tancredo, 1910-1985 4. Políticos – Brasil – Biografia I. Título.

16-00303   CDD-320.981

Índice para catálogo sistemático:
1. Brasil: Presidentes: Biografia   320.981

[2017]
Todos os direitos desta edição reservados à
EDITORA SCHWARCZ S.A.
Praça Floriano, 19 — Sala 3001
20031-050 – Rio de Janeiro – RJ
Telefone: (21) 3993-7510
www.companhiadasletras.com.br
www.blogdacompanhia.com.br
facebook.com/editoraobjetiva
instagram.com/editora_objetiva
twitter.com/edobjetiva

À Paula,
porque o amor inspira

Ao Bento,
porque o amor rejuvenesce

Toda política é uma obra de arte.[1]

Uma nação é uma obra de arte e uma obra do tempo.[2]
Benjamin Disraeli

Sumário

Prólogo: O homem e a ventura das missões 11

PARTE UM

1. 1984 — Em crise militar, fogo inimigo surge de combustão espontânea 23
2. 1954 — O estampido que mudou a República 58

PARTE DOIS

3. A linhagem dos Neves se estabelece 105
4. O craque da meia-esquerda se revela 119
5. A gangorra da política como profissão 138
6. O maestro na República de opereta e o parlamentarismo jabuticaba 167
7. Não há nada mais parecido com um conservador no poder do que um liberal no governo 191
8. Brasília, Carnaval e o parlamentarismo cai de imaturo 210
9. A canalha golpista 224
10. A tia que barrou a cassação de Tancredo 240

11. O ocaso, o acaso e o caso 247
12. Com o monstro no encalço 268
13. Os antagonistas: Lacerda e os americanos 280
14. Sobre tico-ticos, pardais e rola-bostas 290
15. Revolução e reforma, o pêndulo em movimento 311
16. A bomba que explodiu no colo do governo e a hora da virada 322

PARTE TRÊS

17. Os sintomas do tumor e a vitória do macho unissex 349
18. O governo que poderia ter sido 406
19. O ensaio da orquestra e o destino das vampes 429
20. O tempo em que as paredes ouviam e os cachorros falavam 465
21. Golpe e transição vistos por Washington 482
22. A via dolorosa até a subida da rampa 496

Epílogo: Dinheiro de sobra não sobra 549

Cronologia 573
Agradecimentos 577
Notas 581
Bibliografia e entrevistas 619
Índice onomástico 631

Prólogo
O homem e a ventura das missões

A grande, sóbria esperança da Nova República é que com Tancredo, nosso príncipe civil, a nação interiorize de vez a vivência da democracia.
José Guilherme Merquior[3]

O ano de 1984 despontou mais para a revanche festiva de Chico Buarque do que para a vigilância autoritária de George Orwell. Parecia raiar o outro dia prometido em "Apesar de você".[4] Não havia como se esconder da enorme euforia, com o renascimento das manhãs e o céu a clarear impunemente, sem que se pudesse abafar o coro a cantar. Aos poucos, a exigência da volta da democracia ganhou corpo e voz. Começou pelo coro de um punhado ali, outro acolá, até que, enraizando-se país adentro, tornou-se desejo único na garganta de todos.

Em 29 de fevereiro de 1984, um mar de gente se aglomerava no centro de Juiz de Fora, em Minas Gerais. Um comício se realizava na simbólica praça da Estação. Faltava menos de uma semana do dia bissexto até o Carnaval. A festa tinha pouco a ver com a celebração profana, mas se associava a ela em ímpeto de fé. Pedia as eleições diretas para presidente da República. A última havia ocorrido 23 anos antes. Quase uma geração inteira fora cerceada na escolha do mandatário principal do país. Solstício de inverno que produziu a mais longa noite de autoritarismo.

Tancredo de Almeida Neves estava suado ao descer do palanque. Tinha às mãos um lenço branco. Vestia camisa social clara, com as mangas cuidadosamente arregaçadas, calças cinza, sapatos pretos. Era um homem miúdo. Media 1,60 metro.

— Ele me pareceu maior no palanque — eu disse ao amigo que me acompanhava.

— No palanque, ele é gigante — respondeu-me o jornalista Carlos Eduardo de Oliveira, repórter do *Estado de Minas*.

Não me lembro do discurso com o qual encerrou aquele comício. A memória só guardou a entonação forte da sua abertura na praça da Estação: "Mineiros...". Nenhuma palavra a mais ficou retida. Somente o eco daquele chamado. Um ano depois, aos trancos e barrancos, uma nova ordem se constituiria. O chamamento atingiria a todos os brasileiros.

Ao completar 75 anos, em 4 de março de 1985, Tancredo de Almeida Neves tornou-se o mais velho dos presidentes eleitos na história brasileira. Deveria chefiar o 23º período de governo republicano, que se iniciaria em onze dias. Chegava ao poder com idade superior àquela em que seus antecessores haviam concluído o mandato. "Estou com uma saúde irritante", rebatia.

Quatro presidentes foram eleitos com mais de 65 anos: Rodrigues Alves, Getúlio Vargas, Costa e Silva e Ernesto Geisel. Apenas Fonseca e Geisel chegaram ao fim dos mandatos. Alves, vítima da gripe espanhola, caminhava para o segundo termo, mas não chegou a tomar posse. Três presidentes completaram setenta anos no poder: Fernando Henrique Cardoso, Ernesto Geisel e Getúlio Vargas, que se mataria aos 71. Michel Temer é exceção. Chegou ao poder aos 75 anos, idade de Tancredo, mas sem ter sido eleito presidente. "O chanceler Konrad Adenauer reconstruiu a Alemanha com mais de setenta anos, e o jovem Nero, aos 27, tocou fogo em Roma", respondia Tancredo quando questionado sobre a idade.[5]

Ao longo de sua vida pública, à exceção de mandatos parlamentares, Tancredo Neves jamais concluiu uma missão. Em geral, por razões alheias a si. Acontecimentos e circunstâncias impediram que atuasse plenamente nos postos que o destino lhe ofereceu — não chegou ao fim do exercício dos cargos de ministro, premiê parlamentarista, líder do governo e governador de Minas. No caso da presidência, tornou-se ex sem nunca ter sido.

O político que ouviu o maior líder nacional dar um tiro no peito em 1954, que intermediou a sobrevida do presidente da República em 1961, que foi derrotado no golpe de 1964, que se empenhou por 21 anos na resistência pacífica ao regime, que costurou a derrocada da ditadura em 1985 aceitando eleger-se presidente sob regras não democráticas, este político seria internado em estado grave às vésperas de ascender ao poder. "Não se tira o sapato antes de chegar ao rio. Mas também ninguém chega ao Rubicão para pescar",[6] gostava de repetir. Não atravessaria o Rubicão. Lançada a sorte ao avistar o rio,[7] morreria ao chegar à margem.

A proposta de emenda constitucional que restabeleceria as eleições diretas para presidente da República empolgou o país por quase um ano. Fracassou em abril de 1984. Tancredo Neves, candidato da oposição, assumiu o encargo de disputar o pleito indireto no colégio eleitoral contra Paulo Maluf, o nome da situação. "É tapar o nariz com o lenço e ir ao Colégio Eleitoral, se isso for necessário. Pode ser ruim, mas não ir pode ser péssimo", disse Tancredo.[8]

Venceu com tranquilidade em janeiro de 1985. A partir daí, ficaria atento a qualquer sinal de impedimento de sua posse, marcada para 15 de março, longos e arrastados dois meses depois da eleição. Mineiro é desconfiado mesmo. O filólogo Aires da Mata Machado Filho, que lançou o termo mineiridade em 1937,[9] e depois Gilberto Freyre, que falou em "sociologia da mineiridade", em 1946, queriam dizer o mesmo que Alceu Amoroso Lima:

> O mineiro observa tudo o que se passa, sem dar sinal aparente de nada. Guarda tudo consigo para comentar mais tarde, calmamente. É o mais seguro sinal do espírito humorístico. O humor nunca se apressa, ao contrário da ironia corrente. Aguarda o momento oportuno, ou então, de propósito, o mais inoportuno. [...] O espírito revolucionário, quando existe em Minas, é antes superficial que sistemático. Facilmente vencido pelo bom humor ou pelo bom-senso, já que o mineiro, como o hindu, tem no sangue a tendência à resistência passiva, ao que poderíamos chamar de a boicotagem epigramática.[10]

Tancredo Neves simbolizou a oposição contrarrevolucionária, pacífica e maliciosa descrita por Amoroso Lima. Filho do comerciante Francisco de Paula Neves e de Antonina de Almeida Neves, a dona Sinhá, Tancredo nasceu em

1910. Seus pais batizaram-no com nome de origem alemã. *Tank-rad* significa rei dos conselhos, conciliador, conselheiro inteligente, aquele que medita sobre suas resoluções.[11] Teve doze irmãos. O primogênito, Francisco, morreu com apenas três meses. Os mais velhos eram Paulo, Otávio, José e Antônio. Tancredo foi o sexto filho. Depois dele, vieram Francisco, Roberto, Mariana, Jorge, Gastão (morto jovem), madre Esther e Maria Josina (Zininha).

Casou-se em 1938 com Risoleta Guimarães Tolentino. Em 47 anos de vida em comum, tiveram três filhos — Inês Maria, Maria do Carmo e Tancredo Augusto — e oito netos — Aécio, Andrea, Ângela, Isabel, Tancredo Neto, Thadeu, Thiago e Ronaldo Afonso. Os bisnetos já passam da dezena. De um modo ou de outro, apenas o filho Tancredo Augusto e os netos Aécio e Andrea seguiram-no na atuação política.

Sua infância seguiu o molde tradicional das famílias abastadas de Minas Gerais. Teve um pajem, o filho da cozinheira de seu avô, que continuou com a família Neves após a Lei Áurea. Aos noventa anos, Custódio Isaías das Neves, sobrenome que ganhou dos antigos senhores, manteve-se como símbolo dos

Tancredo (o segundo a partir da direita) e seus irmãos Paulo, Otávio, José e Antônio, 1912 (Acervo Fundação Getulio Vargas – Cpdoc).

vínculos sociais conservadores estabelecidos pela família. Esperou a eleição de Tancredo para que pudesse descansar em paz.[12]

O apego à tradição em São João del-Rei fez com que Tancredo crescesse sob a epifania cristã e os símbolos da pátria. "Minha geração foi dominada por dois sons: os dos sinos e os das cornetas",[13] afirmava. Os sinos das igrejas, as cornetas do regimento militar. Os sinos têm linguagem, dizia. O dobrar da alegria é diferente do soar da tristeza. As cornetas também. Informam a hora de atacar ou de recuar. Célebre é o caso do corneteiro Lopes, que trocou o toque de recuar com o de atacar e levou os insurgentes baianos a derrotar os portugueses na batalha de Pirajá, no século XIX.

Seria o presidente brasileiro de catolicismo mais fervoroso. "A formação mineira é nas montanhas, mais perto do céu. Temos vocação para a meditação." A crença religiosa amparava a alma. "Não converso com Deus de igual para igual. Peço com humildade para que me faça evitar os desvios. Eu me considero um humanista, preocupado com os valores transcendentais do espírito." A racionalidade amparava a prática política. "Não posso criar milagres", tentava conter os hagiógrafos à volta. Da vizinha Barbacena, o adversário Zezinho Bonifácio dizia: "O Tancredo é político capaz de tirar as meias sem tirar os sapatos".[14]

Os amigos o definiam como glutão à mesa, capaz de sonhar com frango ao molho pardo. Tinha o vinho como acompanhante das refeições. Tomava magnésio e aspirina pela manhã. Seguia as tradições interioranas da boa saúde. "Acordo cedo e tomo banho frio todos os dias." A caminhada era o que mais perto de esporte ele praticava. Permitia meditar. Não gostava de desperdiçar dinheiro nem de dar gorjetas.[15]

Fazia discurso com pretexto e sem pretexto também. Tinha cacoetes engraçados: beliscava o nariz, mordia os lábios, comia a gravata, escondia as mãos no bolso do paletó. Tinha horror a gato preto, não passava debaixo de escada, não deixava sapato virado, não abria guarda-chuva dentro de casa. "Tenho todas as superstições da rotina da vida mineira." Galanteador à moda antiga: "Ah! Se eu pudesse e você deixasse!", repetia. Acumulou relacionamentos fora do casamento. A amizade era o único patrimônio que Tancredo considerava perpétuo. "Temos de ter amigos para tudo: amigo para a briga, amigo para a paz, amigo para as tertúlias intelectuais, amigo para o trabalho. Amigos de acordo com o temperamento de cada um e também com a emergência que você tem de enfrentar."

Em brincadeira entre próximos, elegeu o epitáfio que desejava para si: "Aqui jaz, muito a contragosto, Tancredo de Almeida Neves". Em letras bronzeadas, seu túmulo exibe testemunho mais formal: "Terra minha amada, tu terás os meus ossos, o que será a última identificação do meu ser com este rincão abençoado".

Tancredo tinha predileção por Bach e Chopin na música erudita e Milton Nascimento era seu cantor popular preferido. Não se envergonhava de assistir às novelas. Adorava filmes históricos, como *Danton*, sobre o revolucionário francês, mas não gostava das revoluções. Preferia os reformistas.

Deitava-se depois da meia-noite e levantava-se antes das seis horas da manhã. Gostava de dizer que, desde a adolescência, lia mais do que dormia. Entusiasmava-se com Dante e Cervantes na literatura clássica. Dedicava-se a leituras de biografias e tinha duas na estante às quais recorria como obras de referência: a do presidente norte-americano Abraham Lincoln e a do primeiro-ministro inglês Benjamin Disraeli. Gostava de enumerar os vultos históricos que admirava: Tiradentes, José Bonifácio, d. Pedro II, barão do Rio Branco, Rui Barbosa e Duque de Caxias.[16] Louvava o marquês de Paraná, conselheiro do Império e mestre da conciliação. "Não há caso de transição do regime autoritário para a democracia sem trauma."

Tancredo gostava de história. Lucilia de Almeida Neves Delgado, sua sobrinha-neta, havia acabado de graduar-se na Universidade Federal de Juiz de Fora no final de 1974. Começaria ali carreira de historiadora destacada. Durante as férias, decidiu escapulir para o Rio de Janeiro. Ficaria hospedada na casa do tio-avô. Tancredo vinha de São João del-Rei, passou por Juiz de Fora, e seguiram todos juntos para a capital fluminense. Em um Fusca. O motorista contratado e Tancredo viajaram no banco da frente. Risoleta, Lucilia e Cuca, uma amiga da universidade, seguiram no banco de trás. A viagem era longa, e as estradas ruins àquela época. O Fusca estava longe de ser confortável. Tancredo quis apertar a sobrinha.[17]

— Você se formou. Quero ver se está afiada e se é uma historiadora de verdade. Diga quais foram os três acontecimentos mais importantes do século XX.

— A Revolução Russa, a crise de 1929... — respondeu de pronto Lucilia. Parou porque estava em dúvida. — Não sei se coloco em terceiro a derrota dos fascistas na Segunda Guerra ou a revolução de costumes de 1968.

— Minha filha, não tinha pensado neste 68. Não sou da sua geração. Para mim os acontecimentos mais importantes foram o fim da Primeira Guerra e os tratados que causaram a Segunda Guerra; a Revolução Russa, concordo. Discordo de que possa achar as minissaias mais importantes do que a derrota dos fascistas.[18]

Os cinquenta anos de vida pública de Tancredo calibraram sua habilidade política. Também deixaram marcas de ser político de um tempo que ficara para trás. No Parlamento, votou diversas vezes contra a legalização do divórcio por influência católica. Ao ser questionado se a homossexualidade deveria ser classificada como doença, buscou o caminho do meio: "Confesso que não me considero habilitado a dar resposta conclusiva sobre o tema".[19] Era contra a censura política, apesar de achar uma "temeridade" o fim da censura de costumes.

Aos que cobravam agressividade, respondia com leveza: "Não há mineiro que não seja conciliador. Não há mineiro que seja radical". A conciliação de Tancredo foi invulgar porque partiu da oposição. D. Pedro I proclamou a Independência, contudo era o herdeiro da coroa portuguesa. Os generais que derrubaram Getúlio Vargas em 1945 foram os mesmos que o ajudaram a instalar o Estado Novo. Durante a ditadura militar, Tancredo seguiu as montanhas de Minas. Manteve-se onde sempre estivera. Da oposição saltou ao governo como quem monta cavalo encilhado, porque sabia que este nunca passava duas vezes.

Conservador na economia e na cultura, liberal na política, cultivava a democracia como único valor essencial. Empregou parentes no governo, aliou-se a coronéis antigos da política, mentiu por estratégia quando lhe foi necessário, seguiu a cartilha dos financiamentos de campanha obscuros. Apesar disso, foi um dos maiores talentos da vida pública nacional. Seu dom mostrava-se silencioso nas articulações, mas estrondoso na tribuna.

Duas das melhores peças da oratória política de Tancredo são os discursos que não fez em 15 de março de 1985.[20] O destino impediu. O pronunciamento de posse seria proferido no Congresso Nacional. Afirmava que a solenidade não era de júbilo de um grupo que tinha submetido outro, era a festa da conciliação nacional. "Nosso progresso político deveu-se mais à força reivindicadora dos homens do povo do que à consciência das elites."

Outro discurso estava previsto para o momento em que recebesse a faixa presidencial, no Palácio do Planalto. Imaginado para ser pronunciado diante do presidente que deixava o cargo, João Baptista Figueiredo, Tancredo mostraria que governo e oposição tinham uma tarefa comum, dados seus deveres inalteráveis com o povo brasileiro. Lembraria que, nas horas graves da Independência, da Abolição e da Proclamação da República, prevaleceram a tolerância, o consenso, a cordura nos processos e a moderação nos meios empregados para atingir os alvos mais difíceis. E lançaria mão das palavras inesquecíveis de Getúlio Vargas, de que apenas "o amor constrói para a eternidade".

Só receberia a faixa no leito de morte. No discurso que preparara para recebê-la, repetiria sua frase mais característica. "Queria o gênio francês que política fosse destino. Sempre vi, nessa síntese admirável, a interação de dois elementos: a predestinação, domínio da Providência; e a aceitação, exercício libertador e ativo da vontade individual."

O gênio francês a que se referira era Napoleão Bonaparte. O líder afirmou em uma de suas cartas a Josefina: "Reconheço o papel do acaso no destino dos acontecimentos. Quanto mais se é grande, tanto menos se há de ter vontade própria, pois passamos a depender dos acontecimentos e das circunstâncias".[21] Também para Tancredo, política era destino. Ele cumpriu à risca o que era mais difícil na política, de acordo com Napoleão. Conquistou a confiança antes do êxito. Não imaginava que fosse tropeçar no destino.

Tancredo esmoreceu lentamente como a transição que comandou. Agonizou conforme os rituais cristãos que encenou como coroinha ou membro da Venerável Ordem Terceira de São Francisco. Expirou em 21 de abril, data repleta de alusões históricas: véspera do Descobrimento pelos portugueses, data da fundação de Brasília e, mais que tudo, da morte de Tiradentes. Quem procura coincidências acha: Tiradentes e Tancredo nasceram em São João del-Rei e perderam o pai na infância. Tancredo morou a uma quadra da rua Tiradentes; quando deputado estadual, propôs que se erguesse estátua para Tiradentes na cidade natal. Os inconfidentes usavam a expressão "Nova República", abraçada por Tancredo como símbolo da redemocratização, para referir-se ao novo país que surgiria quando libertado de Portugal. Em 21 de abril, Tiradentes e Tancredo morreram como mártires, cada qual a seu modo.

O civil que tomaria posse depois de 21 anos de militares no poder não poderia ter saído impune. "Eles não o deixaram tomar posse", repetia-se pelas ruas quando passava o cortejo fúnebre.

Andrea Neves, neta de Tancredo, fixou na memória as palavras do avô, sobre o enterro de Getúlio, num almoço de domingo: "Vocês não imaginam o que foi a multidão que acompanhou o funeral do presidente. Foi ela, em torno do caixão do presidente Vargas, que selou o pacto que impediu, naquele momento, o retrocesso da ordem democrática".

A morte de Vargas foi um ato final frio e calculadamente certeiro. O corpo político de Vargas permaneceu quente, influenciando os rumos do país ainda trinta anos depois de sua saída de cena. A morte de Tancredo foi um cálculo político errado que levou a um ato final frio. Sua lenta passagem esfriou a caldeira da transição. E, dessa forma, a consolidou.

Morto de véspera, potência irrealizada, promessa do por acontecer, Tancredo afinou-se assim ao país que liderara. Não seria dessa vez que a República seria refundada. O Brasil continuaria a ser o país do porvir.

O enterro de Getúlio Vargas, em 1954, simbolizou o lançamento da estaca do Brasil moderno. Nunca ninguém vira nada igual. Trinta anos depois, o de Tancredo Neves equilibrava o país que balançara torto desde então, desalinhado por uma ditadura militar. O espanto do enterro de Vargas se repetia. E não era como farsa.

As emissoras de televisão transmitiram o cortejo por horas a fio. Não havia muito que dizer. Todos estavam estupefatos. Os diretores das transmissões televisivas tomaram dos soviéticos o uso da música clássica como trilha sonora. Tocava-se a marcha fúnebre de Chopin. Tocava-se o réquiem de Mozart. Como eram muitas horas de transmissão, recorreu-se também a *O anel do Nibelungo*, de Wagner, e a *As quatro estações*, de Vivaldi. Duas gafes entre muitas outras. Bastava que fosse música clássica para que se considerasse triste. Houve quem apelasse até para a ópera *Tancredo*,[22] cuja imponência de abertura parece mais adequada a uma ressurreição.

Os cortejos de Vargas e Tancredo Neves têm semelhanças visuais e históricas. Algo de monárquico, por litúrgico, contamina o desenlace dos grandes líderes. O Brasil nunca enterrou sua família real. D. Pedro I morreu em 1834, no Palácio de Queluz, em Portugal. Foi enterrado no panteão dos Bragança, na igreja de São Vicente de Fora, em Lisboa. Em 1972, seus restos mortais foram trazidos para o Monumento à Independência, no Ipiranga, em São Paulo.

D. Pedro II morreu em um quarto de hotel de Paris, em 1891. Seu corpo também foi enterrado no panteão dos Bragança. Seus restos foram transferidos para Petrópolis em 1925. A princesa Isabel morreu em 1921 na Normandia, região francesa. Em 1953, seus restos foram trazidos para o Brasil.

A família real nunca foi velada pelas ruas.

Tancredo Neves teve enterro à altura da realeza, a qual o país nunca consagrara. Talvez tenha preenchido um vazio, se não histórico, ao menos afetivo. Uma semana antes da data da posse, o ensaísta e crítico literário José Guilherme Merquior rebatizara o eleito de o "príncipe civil". Imaginava sua contribuição essencial, a qual Tancredo cumpriria com rigor mesmo morto. "A grande, sóbria esperança da Nova República é que com Tancredo, nosso príncipe civil, a nação interiorize de vez a vivência da democracia. Qualquer coisa aquém disso seria indigna do Brasil moderno."[23]

A democracia brasileira, abalroada por dois processos de impeachment, completou 31 anos de vivência ininterrupta em 2016. O príncipe é aquele que articula virtude e ventura, escreveu Maquiavel. Não existe príncipe virtuoso sem ventura; nem príncipe venturoso sem virtude. Tancredo foi o príncipe civil que comandou "a ventura da mudança", na expressão de Fernando Henrique Cardoso.[24]

A multidão que acompanhou o cortejo fúnebre do trigésimo presidente da República brasileiro simplificou a questão. Vivenciou a democracia e enterrou a ditadura militar ao saudá-lo nas ruas: "Ei, ei, ei. Tancredo é nosso rei. Ei, ei, ei. Tancredo é nosso rei".[25] Um enterro nobre. O povo tinha entendido tudo.

Tancredo Neves em sua fazenda (Foto de Waldemar Sabino/Cpdoc JB).

PARTE UM

1. 1984 — Em crise militar, fogo inimigo surge de combustão espontânea

Ardia no Brasil a passagem da ditadura civil-militar para o regime democrático. Havia incendiários e bombeiros em ação na madrugada da segunda-feira, 26 de novembro de 1984. Às duas da manhã, Manoel Alves da Silva descansava do trabalho como vigia. Mantinha os olhos fechados, mas os ouvidos abertos. Um estrondo levou-o à janela. Tinha visão ampla do sétimo andar do edifício Arnaldo Villares, na quadra 6 do Setor Comercial Sul de Brasília. Circunvagou o olhar até divisar labaredas de fogo meio quilômetro à frente. Desceu apressado os andares que o separavam da rua. Correu até o telefone público mais próximo, alguns metros adiante. Já na W3, uma das grandes avenidas que cortam a Asa Sul, chamou o Corpo de Bombeiros. Um incêndio atingia o edifício Guanabara, prédio comercial com escritórios de gente que sabia importante.

Passou-se menos de meia hora entre o telefonema e a chegada da equipe do Corpo de Bombeiros. O tenente Jorge de Freitas estava no comando. Para alcançar o fogo, os bombeiros tiveram de derrubar duas portas de acesso ao escritório do segundo andar do edifício Guanabara. Estavam trancadas. Às três e meia da manhã, o incêndio havia sido apagado. No rastro de danos, amontoavam-se uma máquina de cópias xerográficas, um aparelho de televisão, seis telefones, quatro mesas e quatro armários usados como arquivo. Destacavam-se também cartazes com traços verdes e amarelos e os dizeres: "Muda Brasil. Tancredo Já". Alguns estavam queimados.

"Que estrago!", comentou Tancredo de Almeida Neves, 74 anos, ao chegar ao seu escritório no edifício Guanabara na manhã da terça-feira. Cumprimentou cinco peritos da Polícia Civil que recolhiam dois quilos de material para análise. Candidato favorito na eleição indireta para a presidência da República, o peemedebista temia mais os inimigos ocultos do que o escancarado adversário do PDS, Paulo Maluf. Tinha suas razões, apesar de evitar verbalizá-las. A disputa se encerraria dali a quase dois meses. A transição fazia-se às claras, mas seus inimigos atuavam nas sombras.

No primeiro compromisso público depois do incêndio, Tancredo procurou demonstrar tranquilidade. "É um assunto de polícia. Os peritos já estão trabalhando", disse aos repórteres que o acompanharam, pela manhã, após reunião no Palácio do Jaburu, residência oficial do vice-presidente da República.[26]

Com o clima anuviado, o que menos Tancredo Neves desejava era alimentar o fogo do confronto político. A hipótese de curto-circuito como origem do incêndio no seu escritório, a primeira investigada, tornou-se logo improvável. Descobriu-se que o sistema elétrico do segundo andar tinha sido desligado ao fim do expediente. Dois dias antes, o eletricista Nelson José fizera revisão detalhada das instalações. "Estava tudo beleza. O treco foi outro", contou à polícia.[27]

Possivelmente algo fora atirado desde a rua em direção às janelas de vidro do segundo andar, o que provocara o estrondo ouvido pelo vigia do prédio em frente. O objeto atingiu a sala de imprensa. O gabinete ao lado, onde normalmente Tancredo trabalhava, permaneceu intacto. Seria inimaginável que o candidato estivesse ali às duas da manhã. Era fácil concluir que quem fez o que fez não buscava atingi-lo. Talvez assustá-lo.

"Foi um incêndio acidental, sem intenção criminosa. Tudo indica que foi um curto-circuito", amenizou Tancredo à noite, assumindo para si o papel de bombeiro.[28] Contraposto à informação de que a perícia havia descartado problemas na instalação elétrica, encerrou o assunto: "Então foi combustão espontânea".

Secretário particular de Tancredo, Aécio Neves, seu neto, explicou o porquê da reação branda: figuras importantes das Forças Armadas, preocupadas com a reação de Tancredo, o tranquilizaram. Ainda que obviamente Tancredo estivesse atento a qualquer outro desfecho ou consequência, prevaleceu nele uma atitude serena, fundamentada pela intuição e pela informação de que aquele episódio do edifício Guanabara se encerraria nele próprio.[29]

Os relatos de acontecimentos paralelos carregaram o ambiente. No mesmo dia do incêndio no escritório de Tancredo, havia quem procurasse abrasar a transição da ditadura para a democracia. João Baptista Figueiredo, o quinto general ou marechal a ocupar a presidência desde o golpe militar de 1964, vivia o ocaso do governo iniciado em 1979. Reunião do alto-comando do Exército aprovou que armas, combustíveis e alimentos fossem estocados. Decidiu-se a realização de conferências para a oficialidade de forma a alertá-la sobre os riscos da situação política. Os três ministros militares divulgaram comunicados às tropas. As ordens do dia giravam em torno do 49º ano da derrota da Intentona Comunista. A razão para tal sintonia pairava no ar. Em 1935, o levante articulado pelo Partido Comunista para derrubar o presidente Getúlio Vargas foi contido pelas Forças Armadas. Entre outras causas, porque as tropas dissidentes se rebelaram em datas diferentes. Facilitaram assim a reação governista. Os comunistas pareciam não estar alinhados no tempo. Fosse nos relógios do levante, fosse no Brasil de quase meio século depois.

O ministro do Exército, general Walter Pires, em sua ordem do dia, reclamou de movimentos políticos que alardeavam reivindicações populares para arregimentar "ingênuos e ambiciosos". "Hoje, como ontem, o comunismo prega ardorosamente a liberdade e a democracia, para, após a conquista do poder, transformar o homem em objeto do Estado, cerceando-lhe todos os direitos e liberdades", dirigiu-se Pires aos seus comandados.

O ministro da Aeronáutica, brigadeiro Délio Jardim de Mattos, ocupou-se em apontar as diferenças entre os ridículos e os inocentes políticos: "Aquele que sonha diariamente com um comunista debaixo de sua cama e concentra no vermelho todo o seu temor não é anticomunista. É, apenas, ridículo. Aquele que julga ser possível a coexistência do comunismo com a democracia, da liberdade com o marxismo, não é liberal. É inocente".

O ministro da Marinha, almirante Alfredo Karam, acusava a esquerda de incensar a "pseudointelectualidade", grupo o qual definiu como "bacharéis de copo e da conversa". O plano malévolo era "emprestar um certo ar de ciência ao grande embuste". Dar um "quê de novo e verdadeiro a uma doutrina velha e falsa".

O general Otávio Costa estava reformado havia dois anos quando leu as notas divulgadas pelos ministros militares. Era um dos que apoiavam Tancredo e por ele foi consultado a respeito do tom dos chefes das Forças Armadas.

— Governador, esta guerra acabou. Essas três reuniões do alto-comando militar foram o tiro de misericórdia. A última tentativa, totalmente frustrada, de impedir sua candidatura.

Mas ele não se convenceu. Estava muito impressionado, acreditava que a reação à sua candidatura recrudescia. "E concluiu seu diagnóstico pessimista de uma maneira surpreendente para mim", lembrou Otávio Costa.[30]

Tancredo respondeu que pensava na possibilidade de pedir uma audiência ao ministro do Exército, Walter Pires:

— E vou entrar pela porta da frente do Quartel-General, para todo mundo ver.

— Não faça isso, porque vai parecer um sinal de fraqueza. Vão tirar partido do seu gesto. Estou certo de que o perigo já passou. Por que procurar o Walter Pires?

Tancredo ouviu e ficou quieto. Deve ter conversado com outras pessoas ou refletido melhor, pois partiu para uma solução completamente diferente.

A aproximação com o regime era uma estratégia de Tancredo. Nos seis meses antes de deixar o governo de Minas e disputar a presidência, repetiu um programa secreto. Chegava a Brasília nas tardes de domingo e se dirigia à Granja do Ipê para conversar com o ministro Leitão de Abreu. Formou uma equipe que o colocava em contato frequente com membros do governo Figueiredo e das Forças Armadas. Como contou Francisco Dornelles:[31]

> No dia em que decidiu deixar o governo de Minas Gerais, mandou um emissário a Leitão de Abreu, pedindo que ele transmitisse ao presidente Figueiredo que seu partido, o PMDB, exigia que ele disputasse a presidência da República. Que sabia que sua eleição seria difícil. Caso vencesse, o seu governo iria olhar para o futuro, deixando o passado para o julgamento da história.

Tancredo havia se encontrado com o presidente Figueiredo duas vezes.[32] A primeira, em 1980, quando criava o Partido Popular. Era uma agremiação moderada. Apesar do nome, reunia a elite política desconfortável com a continuidade da ditadura. Ou porque cansara de combatê-la ou porque cansara de apoiá-la. O PP queria ser o partido da transição negociada. Tancredo jantou com o presidente como forma de convencê-lo a não instituir o voto vinculado, em gestação no Palácio do Planalto. O eleitor tinha de escolher os candidatos de um mesmo partido nos mais diferentes postos em disputa. Fracassou nessa tentativa, o que inviabilizou a construção do novo partido. O voto vinculado foi regulamentado para as eleições de 1982. Tancredo, em resposta, fundiu o PP ao PMDB, engrossando a oposição da qual sangrara parte dos quadros. À época, Heitor Aquino Ferreira, secretário particular de Figueiredo, elaborou uma lista de quinze eventuais nomes para sucedê-lo. O único da fileira oposicionista era Tancredo.[33]

No segundo encontro, um sábado à tarde no começo de 1984, Tancredo sugeriu a Figueiredo que buscasse o consenso entre situação e oposição para a sucessão. Mais do que propor nomes, mostrou-se ao presidente como interlocutor indicado. "Figueiredo via em Tancredo uma transição civilizada. Basicamente Tancredo era isto: um político civilizado. Não estava atrás de vingança. Estava atrás de colocar uma pedra no passado e tocar para a frente",[34] detalhou Antônio Delfim Netto, ministro do Planejamento na transição.

Meses depois, o próprio Delfim encontrou-se com Tancredo, quando os ventos políticos pareciam incontornavelmente a favor da oposição. A reunião entre os dois foi testemunhada pelo empresário da construção civil Sebastião Cantídio Drumond. Também foi registrada pelo SNI (Serviço Nacional de Informações), que, em anotação de 27 de julho, confirmou a realização do encontro ao inquirir um dos filhos do empreiteiro.[35] Dono da construtora Semenge, Drumond ofereceu um almoço a Tancredo e Delfim em seu apartamento, na praia do Flamengo, zona sul do Rio. O candidato do PMDB lá chegou perseguido por um grupo de jornalistas, mas o ministro do Planejamento conseguira chegar incógnito uma hora antes. Ninguém sabia quem lá estava até que um garçom saiu do prédio. Reconhecido como funcionário de Drumond, foi prontamente assediado pelos repórteres. Questionado para onde se dirigia e por quê, no afã de se livrar de tantas perguntas, disse: "Vou buscar a quentinha do dr. Delfim".

O ministro do Planejamento não se recordou do cardápio especial daquele dia. Nunca esqueceu, porém, a frase de Tancredo: "Eu só serei candidato [à presidência da República] se for contra o doutor Paulo Maluf. Não disputarei com ninguém a não ser com ele. Nós vamos expô-lo à execração pública. É uma pena, no entanto, é o que vai acontecer".[36]

Naquele mês de julho, parecia não haver razões para temer a tranquilidade da transição. Em conversa registrada pelo jornalista Carlos Castello Branco, os senadores Affonso Camargo e Fernando Henrique Cardoso, próceres tancredistas, chegaram a uma conclusão tão engraçada quanto mineira: "A situação do Tancredo é tão boa que dá até para desconfiar".[37]

As labaredas do edifício Guanabara não haviam sido as primeiras a chamuscar a transição. Pouco menos de um mês antes do incêndio em Brasília, o fogo destruíra uma sala do comitê eleitoral de Tancredo Neves em Porto Alegre, às vésperas da chegada do candidato à cidade. O comitê funcionava no escritório de um vereador eleito pelo PMDB. Ele seguia, contudo, as orientações do PCB, agremiação clandestina. A lei negava registro aos partidos que defendessem o comunismo como ideário. Nove testemunhas ouvidas pela polícia disseram que o incêndio começara depois de grande explosão.

Agentes do Serviço Nacional de Informações acompanharam as investigações. O SNI era um dos nichos mais resistentes ao projeto de passagem do poder militar para o civil. Seus agentes, no relatório que fizeram a respeito do incêndio,[38] registraram que, na sala que servia de sede ao comitê de Tancredo, funcionava também a redação do jornal *Voz da Unidade*, do PCB. Transcreveram o laudo pericial, que concluía que o incêndio havia sido provocado por "ação de corpo ignescente sobre material combustível". Salientava o relatório que a perícia não apontava "nem intencionalidade nem acidente". Ou seja, um objeto embebido em gasolina aparecera na sala. A perícia não respondeu se surgira ali por intenção de alguém. Talvez houvesse se materializado do nada, em nova versão do milagre brasileiro.

Essa omissão não inquietou os agentes do SNI, que jamais admitiriam a possibilidade de a ação ter origem no submundo das casernas. A despeito do laudo pericial, um grupo de vereadores e deputados do PMDB gaúcho entregou o relatório a Tancredo Neves afirmando que a explosão de uma bomba provocara o incêndio.

Incidentes multiplicavam-se quanto mais parecia que a eleição seria definida com a vitória de Tancredo. Como uma espécie de Nero moderno, sempre que o peemedebista estava prestes a chegar a uma cidade para um comício, aumentavam as chances de incêndio em instalações frequentadas por comunistas. O que ocorrera em Porto Alegre repetiu-se em Belém. Os 3,9 mil quilômetros de distância que separam as duas cidades não impediram que o fogo se alastrasse.

No final da década de 1970, funcionários públicos, estudantes, religiosos, operários e gráficos reuniram-se para criar a Sociedade Paraense de Defesa dos Direitos Humanos. A direção decidiu produzir um jornal, que foi batizado em 1978 como *Resistência*. Sua marca era a frase abaixo do título: "Resistir é o primeiro passo". O livreiro Raimundo Jinkings assinava como jornalista responsável. Era também dirigente do Partido Comunista Brasileiro. A sede da sociedade funcionava numa sala da casa paroquial da igreja de Nossa Senhora Aparecida, em Pedreira. O que, na época, não era suficiente para indicar bons antecedentes. Antes que a quinta edição deixasse a gráfica, o jornal foi integralmente apreendido. "Fomos torturados no Ministério do Exército", dizia a manchete da edição, dedicada a depoimentos acusatórios contra os militares. Circulou somente para os olhos dos agentes da Polícia Federal. O jornal cambaleava com a censura. Seguia em frente como podia. Em 1979, a direção da sociedade conseguiu apoio no exterior para montar uma gráfica e recolheu doações para alugar um prédio onde pudesse instalá-la.

Em 1982, dois dias antes do Círio de Nazaré, a maior festa popular e religiosa do Pará, a Polícia Federal resolveu conhecer a nova gráfica do jornal — batizada de Suyá, em homenagem à tribo indígena — e recolheu material de protesto contra prisões realizadas no Araguaia. O jornal noticiou assim a invasão: "Em 8 de outubro de 1982, homens de confiança do general João Figueiredo compareceram à Suyá para, mais uma vez, prender e arrebentar. Espancaram, algemaram, provocaram, espancaram novamente, identificaram, fotografaram, sequestraram objetos. Ameaçaram pessoas de morte".

O *Resistência* encontrou muitas dificuldades. A cada passo à frente, dois para trás. Não era uma tática leninista: faltava capital. A circulação deixou de ter periodicidade regular, as tiragens oscilavam entre 2 mil e 5 mil exemplares. Na busca de recursos, a gráfica prestava serviços diversos. Entre eles, a impressão de panfletos e a publicação do jornal comunista *Voz da Unidade*.

Voltando à véspera da visita de Tancredo Neves a Belém, em 10 de outubro de 1984, a gráfica pareceu um lugar óbvio a ser vistoriado por agentes do Departamento de Ordem Política e Social, o Dops. Ao invadi-la, os policiais encontraram "material subversivo". Um vereador ligado ao PCB foi preso. Algemado, conseguiu escapar de oito agentes e dois delegados. Estava de mãos atadas, mas restavam-lhe os pés: escapou correndo e pegou um táxi. Chegou serelepe a um encontro nacional de vereadores que se realizava na capital paraense e lá denunciou a arbitrariedade. Como primeira prova, mostrou as mãos.

Havia na gráfica visitada pelo Dops panfletos a favor e contra a eleição de Tancredo. Um dos impressos acusava-o de enganar o povo por ter dito, durante a campanha em favor das diretas em 1984, que o colégio eleitoral era espúrio. Agora se empenhava para nele vencer. Na biologia, as células dividem-se para multiplicar-se; na política, as esquerdas multiplicam-se para dividir-se. Assim estavam elas, mais uma vez, em relação à disputa eleitoral de 1985. Podiam até usar a mesma gráfica, havia, porém, os que imprimiam a favor e os que imprimiam contra.

Às três da madrugada da sexta-feira seguinte à invasão do Dops, poucas horas antes da chegada de Tancredo a Belém, um incêndio misterioso consumiu as instalações da gráfica. A polícia logo abriu investigação sobre a possibilidade de ter sido provocado por uma bomba. Ao chegar à capital paraense, a primeira reação de Tancredo foi diminuir o número de entrevistas inicialmente programadas. Não seria ele o combustível para aquela chama.

Os bruxos estavam à solta no segundo semestre de 1984. Antes da série de incêndios, o primeiro incidente estranho envolvendo supostos comunistas apoiadores de Tancredo ocorrera em chusma malufista. Às cinco horas da manhã de 10 de agosto, seguranças de Paulo Maluf faziam ronda em torno do Centro de Convenções de Brasília, onde durante o dia seria escolhido o candidato do PDS à presidência. Abordaram três homens que colavam cartazes. Ao perceberem que os cartazes eram de apoio a Tancredo Neves, deram safanões e detiveram dois dos homens. Um terceiro colador de cartazes escapou dos tapas. Embarcou num Dodge Dart branco e sumiu no alvorecer de Brasília.

Os seguranças de Maluf levaram os dois detidos para a 1ª Delegacia de Brasília, na avenida W5 Sul. Ao tentarem iniciar o registro de ocorrência, apresentaram como prova cartazes de apoio a Tancredo Neves com a assinatura do PCB. Os seguranças malufistas deixaram a delegacia com o sentimento de dever cumprido. Cruzaram na porta com o tenente-coronel Arídio Mário de Souza Filho, chefe da 2ª seção do Comando Militar do Planalto, que centralizava as tropas do Exército na capital federal. A 2ª seção camuflava os agentes de informações que circulavam à socapa por entre os pilotis que Oscar Niemeyer e Lucio Costa espalharam pela cidade.

O tenente-coronel do Exército identificou-se para o delegado de plantão. Conseguiu que os dois homens fossem soltos, e a ocorrência, esquecida.

Eram todos formalmente subordinados ao general Newton de Oliveira Cruz, comandante militar do Planalto. Não estavam, no entanto, à disposição dele. Trabalhavam para o Centro de Informações do Exército (CIE), chefiado pelo general Iris Lustosa. Passaram a ser conhecidos como "bruxos". A referência vinha de secular ditado espanhol, do qual Tancredo gostava: "*Yo no creo en brujas, pero que las hay, las hay*".

No dia seguinte, Tancredo, Aécio Neves e o publicitário Mauro Salles tomavam café da manhã no apartamento que dividiam em Brasília, quando o telefone tocou. Eram sete horas. Salles exercia, por expediente próprio, a função de filtrar, em certos horários, os telefonemas que Tancredo atendia. Queria preservá-lo. Atendeu a chamada. Do outro lado da linha estava o coronel do Exército Antônio João Ferreira Mendes, militar reformado, amigo do candidato havia dezenas de anos.

— Preciso ir aí falar com o dr. Tancredo. Tenho uma informação.

Quinze minutos depois, reuniu-se a sós com Tancredo. Este relatou a Salles: "É aquela história que contaram ontem à noite", referindo-se a um informe militar anterior.

Dez minutos após a saída do coronel, um general telefonou. Dizia que tinha acabado de chegar a Brasília e precisava urgentemente passar uma informação a Tancredo. Era o terceiro, e Mauro Salles perdeu a paciência:

— Dr. Tancredo, eles ficam contando a mesma história, que o senhor já sabe que está desmontada. É a história dos soldados que foram presos. Por que não abrevia a conversa? O senhor tem tanta coisa para fazer!

— Mauro, você acha que eu posso dar a impressão, a esses companheiros leais, que eles não são importantes?[39]

Dois dos bruxos presos em Brasília eram sargentos. Trajavam vestes civis, embora o corte de cabelo ao feitio militar os denunciasse. Encontravam-se a serviço do Centro de Informações do Exército. Estavam vinculados diretamente ao gabinete do ministro do Exército, Walter Pires.

O tenente-coronel Aridio Mario de Souza Filho, subordinado do general Newton Cruz, agiu para libertar os militares presos colando cartazes falsos. "Identificou-se e liberou-os com o esclarecimento de que participavam de uma operação de contrainformação. Desculpa inventada, pois, evidentemente, o ato praticado não seria dessa natureza", disse Cruz. "Não existiu de minha parte qualquer cumplicidade na 'operação dos bruxos', organizada e coordenada pelo CIE", assegurou, ao relembrar o episódio trinta anos depois. Guardava consigo detalhes do perfil dos soldados presos. Um estava lotado no quartel-general do Comando Militar do Planalto. Outro era da 3ª Brigada de Infantaria Motorizada.

Responsabilizado pela ação trapalhona, o general Newton Cruz apontou o dedo em outra direção. Mencionou reunião do alto-comando do Exército, à qual foi convocado pelo ministro do Exército. Na parte final, um dos generais presentes pediu esclarecimentos sobre a prisão dos militares. Resposta do ministro Walter Pires: "Eu não minto para meus generais. Nesse episódio não houve envolvimento de qualquer integrante do gabinete do ministro". Só faltou dizer que o responsável era o general Newton Cruz, que comentou:

> Pensei em rebater o ministro. Só não o fiz para não o desmentir perante os generais do Alto-Comando. Sentados, atrás do ministro do Exército, como assessores, estavam o chefe de Gabinete e o chefe do CIE, estes sim os responsáveis pela operação. O mais provável é que a operação ocorrera à revelia do ministro. Não tenho a menor dúvida de que, a partir daquela reunião, os membros do Alto-Comando passaram a julgar-me incompatibilizado com o governo Tancredo Neves. Isso justificaria mais tarde a minha transferência para a reserva.[40]

Episódios como o dos bruxos multiplicavam-se. Em 14 de agosto, em festa pública de despedida do governo de Minas, duas bandeiras do Partido Comunista do Brasil surgiram em meio à multidão. Havia sido feito um acordo entre Tancredo e as correntes comunistas para que não fossem levadas faixas de suas agremiações. Os organizadores foram tomar satisfação com os portadores das mensagens vermelhas. Tiveram uma surpresa. Descobriram que eram agentes da Polícia Federal. Levados pela Polícia Militar de Minas, acabaram liberados mais tarde, sem que houvesse registro de ocorrência. A atitude não beligerante foi a última ação de Tancredo como governador de Minas Gerais.[41]

Com problemas na coluna, o presidente Figueiredo não compareceria à comemoração do Dia do Soldado, em 25 de agosto de 1984. O natural seria que a solenidade fosse comandada pelo vice-presidente Aureliano Chaves. Figueiredo, entretanto, estava rompido com o vice. Em setembro de 1981, sofrera um infarto, e, nos quase dois meses de sua licença médica, Aureliano assumira interinamente a presidência. O ritmo próprio do vice no poder levou-o a suspeitar de que articulava para permanecer em sua cadeira de modo definitivo. Traidor foi a qualificação mais suave que o estourado Figueiredo passou a usar para se referir a Aureliano. De acordo com o protocolo, o ministro do Exército já tinha enviado um convite ao vice-presidente para a cerimônia. Mas, ao saber da ausência do presidente, um assessor do ministério ligou para a vice-presidência informando que Aureliano tinha sido desconvidado.[42] Figueiredo incumbiu o ministro Walter Pires de presidir as solenidades e a descortesia foi recebida com um monumental silêncio, apesar de ter deixado marcas equivalentes às de um atropelamento por um cavalo ensandecido.

Na ordem do dia da comemoração, Pires fez violento ataque aos "dissidentes", realizadores de "conchavos e maquinações astutas" que, ao sabor de interesses pessoais, se esqueciam de compromissos assumidos. Era uma referência indireta à eleição que se avizinhava: Aureliano Chaves, vice-presidente da República; José Sarney, ex-presidente do PDS, partido de sustentação do governo; e Antonio Carlos Magalhães, ex-governador e notória liderança política pró-regime, caminhavam para formalizar o apoio de dissidentes da base situacionista ao candidato da oposição.

Depois da crítica do ministro do Exército, ainda se recuperando da grosseria, Aureliano Chaves convidou Tancredo e um grupo de militares para analisar o discurso de Pires. Estavam presentes os generais Otávio Costa, Reynaldo Mello de Almeida e Carlos de Meira Mattos.

Tancredo queria analisar a operação que estava sendo montada para inviabilizar sua candidatura. Tinha como indícios os boletins do Centro de Informações do Exército contra o comício de Belo Horizonte, os quebra-quebras, as perseguições e as prisões realizadas nos comícios das Diretas Já, os ataques de Walter Pires, além do discurso do ministro da Aeronáutica, o brigadeiro Délio Jardim de Mattos, que ainda seria proferido. É isso mesmo. Tancredo Neves recebera dois rascunhos do discurso que oficiais da Aeronáutica preparavam para o pronunciamento. Um era tão virulento que Tancredo avaliou que não poderia ser lido por um ministro militar. "Estávamos mais ou menos a 29 ou 30 de agosto. Ele já sabia que em 4 de setembro haveria o discurso do Délio. Não só sabia, como tinha o texto. E mais, tinha duas versões: uma dura, outra atenuada", contou o general Otávio Costa.[43]

Tancredo dispunha de amigos dentro do SNI que lhe davam informes e documentos. O sobrinho Francisco Dornelles era filho de militar, ex-aluno do Colégio Militar e tinha vários colegas coronéis e tenentes-coronéis. Alguns estavam no SNI, outros em posições de destaque na administração.

Em 4 de setembro, como esperado, o brigadeiro Délio Jardim de Mattos deu asas à ideia de que poderia haver golpe. A propósito da inauguração das obras de ampliação do aeroporto internacional Dois de Julho, em Salvador, discursou: "A história não fala bem dos covardes e, muito menos, dos traidores". Era o tal pronunciamento virulento que Tancredo imaginava que o ministro não faria.

Os traidores, para o brigadeiro, eram os diversos grupos governistas que se recusavam a apoiar Paulo Maluf. Tinham aguardado a realização da convenção do PDS que o oficializara como candidato para anunciar apoio ao nome da oposição. Um dos mais agitados era o ex-governador da Bahia Antonio Carlos Magalhães, que também recebera de véspera o discurso do ministro. Ele teve tempo para informar o empresário Roberto Marinho de que faria uma nota dura em resposta. ACM achou por bem consultar o dono da maior emissora de TV do país, do qual se tornaria parceiro comercial alguns anos depois. Marinho estimulou-o a responder.

> O brigadeiro foi lá com dois discursos. O Figueiredo mandou que lesse o ruim. Ele leu o mais forte contra nós. O Tancredo não queria que eu respondesse. Telefonou para mim. Eu lhe disse: vou responder porque é bom para você. Eu já estava com um acerto com o Roberto Marinho. Ele deu ampla publicidade quando eu fiz aquela resposta.[44]

Os telejornais da Rede Globo deram o espaço adequado ao pronunciamento de ACM que criticava o candidato do governo, Paulo Maluf.

"Aconteceu o discurso da Bahia. A velocidade com que veio essa resposta e a cobertura dada pelo *Jornal Nacional* da Rede Globo não deixam dúvida de que tamanha rapidez e eficiência não aconteceram por acaso. A resposta foi uma bomba e fez com que o tiro do Délio saísse pela culatra", concluiu o general Otávio Costa. "O discurso fora um desastre, acentuara o processo, tornando-o mais irreversível. Mas eles não desistiram. O blefe continuaria."[45]

Quase na mesma hora em que o brigadeiro Délio Jardim de Mattos fazia seu discurso ameaçador na Bahia, Tancredo chegou à praia de Botafogo, na zona sul do Rio, para visitar a sede da Norquisa. A empresa petroquímica era o local em que dava expediente o ex-presidente Ernesto Geisel.

Uma frase atribuída a Geisel na véspera do encontro permite imaginar o grau de distanciamento que havia entre os dois. "Nu, Tancredo seria um ótimo aspirante à sucessão. O que me preocupa é vê-lo vestido com o paletó de Ulysses Guimarães, as calças de Lula, a camisa de Roberto Freire, as cuecas de Jarbas Vasconcelos e metido nos sapatos de Miguel Arraes."[46]

Tancredo fora mais próximo de Orlando Geisel do que do irmão Ernesto. Não conversava demoradamente com Ernesto desde a crise de 1961, quando este ajudara a costurar o apoio militar à posse de João Goulart, sob a égide do parlamentarismo. Em 1978, trocara dois dedos de prosa com Geisel numa cerimônia oficial, sem que pudessem se estender.

Com Orlando, as conversas foram menos esparsas, mesmo no auge da repressão militar no governo Médici, do qual foi ministro do Exército entre 1969 e 1974. Por diversas vezes confabularam sobre prisões políticas. Tancredo sabia que Orlando tinha trabalhado pessoalmente em seu favor em ao menos uma oportunidade. Quando o general Itiberê Gouveia do Amaral, comandante da 4ª região militar nos primeiros meses de vigência do AI-5, exigiu sua cassação, foi Orlando quem impediu que se tomasse a medida.[47]

Geisel e Tancredo sentaram-se a sós por uma hora e dez minutos. Tancredo ouviu de Geisel as razões pelas quais decidira não apoiar Maluf. Ponderou que também não apoiaria a candidatura do PMDB, por reunir setores com que achava impossível conviver. O caso mais notável era do deputado Ulysses Guimarães. Em 1975, ele havia comparado Geisel ao ditador de Uganda, Idi Amin Dada (1920-2003). Tancredo mostrou-se inclinado a tratar para que tais feridas cicatrizassem.

Havia um frenesi de repórteres na calçada atrás de notícias do encontro. Geisel comentou que Tancredo devia ficar feliz, porque era bem tratado pelos jornalistas, algo que não experimentara quando presidente.

Para amenizar o final da conversa, Tancredo recorreu à política mineira para ensinar um truque de como absorver ataques da imprensa. Durante o governo de Silviano Brandão em Minas Gerais (1898-1902), o parlamentar Joaquim Cândido da Costa Sena, seu adversário político, era ridicularizado por um dos jornais do governador. Volta e meia, Costa Sena virava Costa Seca nas páginas do jornal.

Amigos que cobravam resposta dura ao jornal de Brandão ouviram um lamento conformado. "Está bom assim. Tenho dois sobrenomes, e eles só estão trocando o segundo. Já imaginaram se trocarem também o primeiro?", encerrou Costa Sena.

À saída do encontro com Geisel, o oposicionista registrou o espírito da conversa: "Tenho a impressão de que ele tem constrangimentos de toda natureza, de ordem moral, em me apoiar".[48]

Tancredo Neves realizou o primeiro comício de sua candidatura, em Goiânia, em 14 de setembro de 1984. Uma quantidade significativa de bandeiras vermelhas dos partidos comunistas apareceu em imagens de emissoras de televisão e em fotografias dos jornais. Era fato que os partidos comunistas apoiavam Tancredo, porém, entre os militantes verdadeiros, agentes infiltrados do Exército fizeram as vezes de extremistas radicais. "Houve ameaças, e sempre dos radicais. O doutor Tancredo sempre dizia para a gente: cuidado com os radicais, cuidado com os radicais, em tudo", analisou o historiador Ronaldo Costa Couto, secretário do mineiro no governo do estado em 1983 e 1984.

Poucos dias depois do comício, o general Figueiredo e os comandantes militares fizeram uma reunião de emergência. O teor do encontro não foi segredo para Tancredo Neves, que havia construído grupos informais para acompanhar os humores e as reações do setor militar.

Em cinquenta anos de vida pública, aprendera a manter boas relações com os militares. Fosse com o comandante do regimento militar de São João del-Rei, por onde passara o general Castello Branco, fosse com o comandante das tropas em Belo Horizonte, que já tinham sido chefiadas pelo general Costa e Silva. Havia ainda as relações familiares. Tinha um irmão, José, que fora general-médico. Outro irmão, Roberto, aposentou-se como major e foi promovido a general após morrer. O primo Edmundo Neves também atingira a patente de general.

No decorrer da campanha, os grupos militares encorparam-se. Produziam relatórios periódicos de informações, e Tancredo encarregou o amigo de infância e coronel da reserva Antônio João Ferreira Mendes de montar uma equipe de inteligência com membros das três forças. O grupo foi apelidado de Quinto Exército. Era um gracejo com as quatro divisões do Exército que guarneciam o território brasileiro.

O coronel Antônio João havia estudado com Tancredo no ensino fundamental, em São João del-Rei. Os relatórios secretos eram entregues ao filho do peemedebista, Tancredo Augusto Tolentino Neves. Um deles mencionava a já citada reunião, ocorrida em 17 de setembro de 1984, com a presença dos três ministros militares.

De acordo com o relatório, houve exposição sobre o tema "radicalização da campanha", ilustrada por slides e gravações do comício de Goiânia. Conforme a reconstituição da turma de Tancredo, o ministro do Exército, Walter Pires, havia sugerido:

— Não podemos permitir nem aturar coisa semelhante. Se preciso, teremos de virar a mesa para garantir a ordem e a disciplina no Brasil.

Era uma sugestão de golpe?

Alfredo Karam, da Marinha, de acordo com o relatório, retrucou:

— A Marinha não entra nessa. Está totalmente voltada para a legalidade.

Délio Jardim de Mattos, da Aeronáutica, seguiu o colega da Marinha, apesar do discurso cáustico que fizera duas semanas antes. Figueiredo encerrou a discussão reafirmando seu compromisso com a legalidade.

Quatro dias depois, o alto-comando militar novamente se reuniria. Dessa vez sem a presença de Figueiredo, que estava em São Paulo. Sob determinação do Planalto, foram convocados os comandantes e altas patentes das três forças para analisar a situação política. Foi a primeira e única vez, desde a Junta Militar de 1969, que os três altos-comandos se reuniram para tratar, deliberadamente, de assuntos políticos. No passado, mesmo quando a finalidade das reuniões era política, anunciava-se que a agenda era profissional e administrativa. Naquele mês, fizera-se questão de divulgar os objetivos políticos da reunião, que conflitava com uma agenda internacional do presidente.

Na capital paulista, Figueiredo recebeu em audiência o ex-secretário de Estado dos Estados Unidos Henry Kissinger, em 21 de setembro de 1984. O presidente estava hospedado no hotel Ca' d'Oro, no centro, onde fazia um tratamento para a coluna. Os Estados Unidos temiam que os militares recuassem na transição para a democracia. Entre setembro e outubro de 1984, não estavam tão certos da vitória de Tancredo.

Documentos de sua diplomacia no Brasil enviados a Washington apontavam o favoritismo da oposição. "No entanto, divisões nas forças políticas tornam um realinhamento possível", analisava o despacho americano. O realinhamento poderia ser um novo candidato governista, substituindo Maluf e reagrupando quadros desgarrados da situação.

Henry Kissinger, ícone da política externa americana, cumpria o papel de assessor internacional do presidente Ronald Reagan quando desembarcou no Brasil. Possuidor de espírito de magistrado, Kissinger não perderia a oportunidade de atuar como tal. Secretário de Estado entre 1973 e 1977, era dispensável dizer que estava ali como interlocutor do governo norte-americano. Durante vinte anos Kissinger foi um dos formuladores ou consultores diretos da política externa dos Estados Unidos. Documento confidencial, com a transcrição de reunião de Kissinger com Figueiredo, mostra como os Estados Unidos avaliavam os riscos de retrocesso na distensão. A conversa durou uma hora e quarenta minutos.

O Departamento de Estado analisou o comportamento do presidente como "surpreendente, contraditório e até mesmo chocante". O presidente assegurou que não demitiria ministros por apoiar Tancredo, chamava o peemedebista de moderado, todavia tinha dúvidas se controlaria radicais. Foi alarmista: "uma intervenção militar terminaria em guerra civil". Kissinger perguntou se "algo poderia acontecer antes ou mesmo depois da eleição, caso Tancredo vencesse". "Sim, depende do transcorrer dos fatos", respondeu Figueiredo.

O Departamento de Estado comentou: "As preocupações do presidente não devem ser descartadas completamente como reflexões amargas de um presidente *lame duck* (de mãos atadas) e frustrado, entretanto também não devem ser fonte de alarme nocivo".

Figueiredo afirmou a Kissinger que, naquela data, Tancredo tinha mais chances de vencer. Maluf ainda estava no jogo porque era "inteligente e esperto". O presidente brasileiro disse considerar Ronald Reagan um "verdadeiro amigo". Relembrou o dia em que telefonou ao presidente norte-americano para pedir um empréstimo de emergência de 400 milhões de dólares para que o país pagasse suas contas. O Brasil havia quebrado. "Sabia que o presidente [dos Estados Unidos] enfrentaria problemas legais. Mesmo assim ele concedeu o empréstimo", agradeceu.

Kissinger e Figueiredo encontraram-se acompanhados de um intérprete, e o Departamento de Estado espantou-se com o fato de o presidente brasileiro não ter medido as palavras, mesmo ante a presença de um terceiro. O advogado Paulo Rollo, brasileiro, prestou, por quase três décadas, serviços de tradução e consultoria jurídica à embaixada norte-americana em Brasília. Por meio de suas anotações, é possível reconstituir momentos da conversa não registrados no despacho do Departamento de Estado.

Pouco antes de receber Kissinger, Figueiredo determinou ao ajudante de ordens que só aceitava ser interrompido para atender a uma ligação da capital federal programada para as 11h40. Teria origem do Estado-Maior das Forças Armadas. Com essa ressalva, foi acesa a luz vermelha, desencorajando interrupções. Fecharam-se as portas da suíte Dei Dogi, batizada em homenagem aos antigos magistrados de repúblicas italianas que, no século XVII, tinham o poder quase absoluto.

Figueiredo adulou o visitante ao elogiar seu trabalho na área diplomática internacional. Assegurou que havia lido alguns de seus livros. Kissinger agradeceu. O ex-secretário dizia visitar o país em caráter particular e recordou-se de encontro anterior entre os dois. Em seguida, afirmou que o governo americano estava sendo pressionado a defender o fim do regime militar no Brasil. Informou que seria muito difícil para os Estados Unidos continuarem a apoiar o ciclo militar, depois de vinte anos no poder.

Figueiredo argumentou que o fortalecimento de grupos de esquerda preocupava a cúpula das Forças Armadas. Citou que naquela mesma tarde o alto-comando militar estava reunido em Brasília discutindo o tema. Kissinger resolveu amaciar Figueiredo. Reconheceu que o país passava por um período delicado de sua história política e classificou de exemplar o trabalho em prol da redemocratização. Ressaltou que pedras haviam sido colocadas no caminho e exemplificou com as explosões de bombas no Riocentro, ocorridas três anos antes. Parabenizou Figueiredo por seus esforços em tentar superar os empecilhos.

O presidente agradeceu aos americanos por reconhecerem as dificuldades que enfrentava. Prometeu que só se desviaria do retorno à democracia se encontrasse algum obstáculo intransponível no caminho. O ex-secretário de Estado aproveitou a deixa para dizer que conhecia a restrição de parte dos militares à eleição ou à posse de Tancredo. Analisou como pequena a possibilidade de eleição de Maluf e perguntou quais eram as objeções ao oposicionista.

Figueiredo não tinha nenhum problema pessoal com Tancredo, disse, mas citou com preocupação o que chamou de *entourage* do candidato. Seriam esquerdistas que dominariam o governo, o que jogaria por terra seu esforço de vinte anos para livrar o país de corruptos e comunistas. Para exemplificar, afirmou que os comícios de Tancredo pareciam um mar de bandeiras vermelhas. Reclamou que este aceitava votos de quem quer que fosse, independentemente da cor política. Mostrou-se insatisfeito com agressões, insultos e humilhações que acreditava que o governo vinha sofrendo. Soltou sua frase mais emocionada: "Não admito, nem admitirei, que alguém venha destruir o meu trabalho de redemocratização do país, pela qual meu pai, general Euclides Figueiredo, foi até preso para defender", como registrou Paulo Rollo.

O intérprete recordou-se que, nesse momento, Figueiredo se levantou em direção à janela do hotel. Tirou os óculos e fixou os olhos na rua Frei Caneca, na região vizinha à avenida Paulista. Rollo lembrou-se do silêncio que se estendeu por alguns minutos. Pôde ver lágrimas nos olhos do presidente.

Pontualmente às 11h40, tocou o telefone vermelho. O ex-presidente atendeu.

— Sim, general. Sim. Então é o que pensávamos mesmo, não é? Obrigado. Bom dia.

Figueiredo retomou a conversa dizendo que havia de fato restrições dos comandos militares a Tancredo, mas que estava disposto a se empenhar para que essas restrições fossem superadas sob certas condições. Kissinger perguntou quais.

O presidente elencou: Tancredo não poderia se deixar dominar pela corja de esquerdistas e comunistas que o rodeava. Se eleito, deveria conversar com o governo, mantendo diálogo direto, franco e aberto. Só assim, acreditava, conseguiria dobrar as resistências militares a ele. Sugeriu que as bandeiras vermelhas sumissem dos comícios. Abriu a possibilidade de ter um encontro com o ministro do Exército, Walter Pires.

Kissinger disse que Tancredo parecia ser um homem sensato e hábil, interessado na volta da democracia. Perguntou se Figueiredo tinha alguma objeção a que os americanos fizessem chegar essa informação a Tancredo. Não havia objeção alguma, ouviu como resposta. Kissinger levantou-se. Contou que aprendera na carreira diplomática que nunca devia abusar do tempo valioso de um presidente. Despediu-se.

No dia seguinte, Paulo Rollo apresentou ao embaixador americano no Brasil, Diego Cortes Asencio, um relatório de vinte páginas sobre a conversa. Em encontro em 28 de setembro de 1984, na churrascaria do Lago, em Brasília, parlamentares ligados a Tancredo receberam um sumário da conversa entre Figueiredo e Kissinger.

A verdade é que Kissinger havia se encontrado com Tancredo dois dias antes ao de sua reunião com o presidente. Conversaram por uma hora e vinte no apartamento de Copacabana. Ele adiantara que o governo norte-americano trabalharia em favor da redemocratização. O que significava trabalhar em favor de Tancredo.

Claro que essas não foram as únicas indicações a que o candidato de oposição teve acesso, nem foram as responsáveis exclusivas pelo que aconteceu, mas fato é que as bandeiras vermelhas sumiram dos comícios e Tancredo se encontrou com Pires para reforçar o comprometimento em fazer um governo sem revanchismo contra os militares. Cumpriu a estratégia necessária à transição para o poder civil, porque havia adversários em campo.

Alguns grupos militares continuavam conspirando. A dúvida era quanto estavam articulados. De acordo com os relatórios dos espiões de Tancredo, a maior parte deles era ligada ao ministro-chefe do SNI, Octávio Aguiar de Medeiros, que alimentava o sonho de ser o candidato militar à presidência. Para tal, tinha o apoio do comandante militar do Planalto, general Newton Cruz. Ambos promoviam palestras e cursos sobre anticomunismo entre a oficialidade. Acirravam os ânimos da tropa.

Mas certas ações foram patéticas tentativas de demonstração de força, como o desfile de carros de combate Urutu, às margens do lago Paranoá, em Brasília. Newton Cruz alegou que o desfile fora montado para militares dos Estados Unidos, que estavam na capital federal a convite do Estado-Maior. "Os americanos ficaram altamente impressionados", disse ele. O desfile impressionou também os brasileiros que temiam movimentações de tropa. Quaisquer que fossem.

Os relatórios dos militares ligados a Tancredo registraram temores de que fosse criado "fato novo que servisse de pretexto para o golpe". Em meados de novembro, a paranoia era tão grande que o quartel-general da campanha de Tancredo chegou a encomendar um plano de fuga para o candidato. A primeira parte do plano tratava da retirada de Tancredo de Brasília e de sua proteção em unidade militar segura. Como general mais identificado com o político mineiro, despontava o comandante Leônidas Pires Gonçalves, que, no comando do III Exército, endossou o esquema elaborado pelo coronel Kurt Pessek para eventual contragolpe. Como sua jurisdição limitava-se ao sul do país, era para lá que Tancredo seria levado para comandar resistência, contando com forças militares do Sul e de Minas Gerais.

O coronel traçou os detalhes da fuga, se houvesse tentativa de impedimento da posse no Congresso. Pessek descobriu no Senado a porta de saída ideal. Entre os gabinetes dos senadores havia vidros que davam nos jardins e que permitiriam acesso ao estacionamento no lado norte da Casa. Pessek esperava que outro coronel, este da ativa e servindo dentro do Comando Militar do Planalto, o avisasse de qualquer movimentação golpista. "Era um espião, um grande amigo meu."

O coronel cronometrou: teria 27 minutos para tirar Tancredo Neves do Congresso, se houvesse tropas se deslocando do Comando Militar do Planalto. Deslocamento iniciado, Tancredo seria retirado do plenário e conduzido até o gabinete do senador Severo Gomes, o mais próximo do estacionamento coberto do Senado. "Quantos passos ele daria, quanto tempo gastaria no percurso, tudo estava previsto. O gabinete de Severo estaria vazio. Tancredo vestiria disfarce. Um sobretudo e um chapéu, já que recusara a ideia de usar peruca."

O caminhão que estaria estacionado no Senado constituía peça fundamental na fuga. Pessek chegou a comprar uma cadeira confortável, que acomodaria Tancredo Neves na carroceria. Saindo do estacionamento, o caminhão ganharia a via N2 Norte. O motorista deveria atingir a pista do Setor de Clubes Sul. De lá, rodaria até a estrada que liga Brasília à cidade mineira de Unaí. "A estrada tem um grandioso trecho totalmente reto. Naquele espaço, o deputado Jorge Vargas pousaria com um avião monomotor. Abriríamos a carroceria do caminhão, e Tancredo embarcaria nele."

Se tudo aquilo que estava previsto acontecesse, o deputado-piloto Jorge Vargas pousaria com Tancredo Neves em Uberlândia. No Triângulo Mineiro, um oficial da PM, fiel ao governador de Minas Gerais, Hélio Garcia, esconderia o presidente eleito em quartel militar.

Tancredo ouviu detalhadamente o plano de Pessek: "O golpe é realmente uma possibilidade. Tenho fé de que não ocorrerá. Sendo assim, não precisaremos usar o plano".

"Ninguém imaginaria que alguém matasse Tancredo Neves. Não havia essa hipótese. O que havia era a probabilidade de uma mudança do *status quo*. Qual era o *status quo*? Tancredo na presidência, iniciando o governo civil", analisou Kurt Pessek.

A conspiração contra Tancredo existiu, alimentada por quadros de patentes intermediárias da comunidade de informações — o subterrâneo habitado por arapongas, informantes militares e golpistas em geral. Os generais Leônidas Pires Gonçalves e Newton Cruz, em lados opostos naquele momento político, concordaram com essa afirmação. Ambos, no entanto, negaram que tenha havido possibilidade de êxito ou apoio de correntes realmente representativas das Forças Armadas. "Faltava estrela nos ombros a essa gente. Não havia nenhuma liderança séria entre esses conspiradores", asseverou Leônidas.[49]

"Considerava Tancredo Neves um político escorregadio", afirmou Cruz, para justificar sua oposição à eleição do peemedebista.[50] Contudo, rejeitou a acusação de que tivesse liderado qualquer mobilização golpista contra ele, como temia o próprio Tancredo. "Esse golpe é fantasioso, porque não tinha liderança", declarou Cruz.[51]

Para o coronel Kurt Pessek, o general Newton Cruz era a liderança de que os militares de patente intermediária necessitavam para ancorar e deflagrar a conspiração. "Ele poderia tumultuar o processo sucessório. Não descartava nem mesmo possível rapto do Tancredo para impedir a sua posse."[52]

Em 18 de setembro de 1984, havia chegado às mãos de Tancredo o primeiro de dois relatórios alarmantes. Sob o título "Apreciação do golpe", informava "a enorme preocupação de nosso grupo face a possibilidade de um golpe em eminência [sic]". A confusão no uso de palavras parônimas foi levada em conta na apreciação da informação: *eminências* militares estariam articulando um golpe *iminente*, relatavam os aliados tancredistas das casernas.

O candidato acionou o general Edmundo Neves, seu primo, que pôs o dedo para circular no discador do antigo aparelho telefônico. Contatou os generais Reynaldo Melo de Almeida, Carlos Alberto de Meira Mattos e Otávio Costa. Estes colocaram para girar suas próprias rodas de contato. Dessa ronda militar, extraíram a informação de que "algo iria acontecer em Brasília, entre os dias 10 e 20 de novembro".

A ameaça de golpe estrelava um relatório confidencial datado de 26 de outubro de 1984, intitulado "Preparação golpista". A menos de quinze dias do pretenso período crítico, esse documento produzido nas hostes militares a favor de Tancredo especificava a acusação: "Todo o movimento de golpe estaria sob violenta pressão do *gal*. Newton Cruz, com anuência e incentivo do *gal*. Medeiros". O primeiro era comandante militar do Exército no Planalto. O general Otávio Aguiar de Medeiros era chefe do Serviço Nacional de Informações. Seu grupo ensaiara, sem sucesso, lançá-lo candidato à sucessão do general João Baptista de Figueiredo.

A forma escolhida para abreviar a palavra general no relatório enviado a Tancredo deu indícios claros da sua origem, rebateu Newton Cruz. "Para abreviar general, o Exército usa 'gen'. A escolha de 'gal.' mostra que o relatório tem origem na Marinha."

Cruz apontou o almirante Maximiano da Fonseca como mentor e fonte do documento. Havia ocupado o posto de ministro da Marinha entre 1979 e o começo de 1984. "Maximiano era obcecado pelo ódio ao SNI e ao general Medeiros. O Medeiros sempre repudiou qualquer cogitação de seu nome à presidência", sustentou Cruz, com a veemência característica. E relativizou:

> Tancredo estava preocupado com alguém que não devia. Culpa dele? Não. Estava sendo mal informado. Por aqueles militares frustrados, já na reserva. Otávio Costa e outros mais. Queriam fazer a cabeça dele. Por meio de bilhetes confidenciais de A por B. Não era gente de mentir. Mas, quando colocavam confidencial, não quer dizer que soubessem de um fato. Era alguém que dava para eles essa informação equivocada. Eles acreditavam e colocavam no papel.
>
> A suspeição golpista, preconceituosamente manipulada, recaía sobre mim, comandante militar do Planalto, o bode expiatório de uma revolução agonizante. Sem qualquer indício de apoio. Golpe de um homem só. Das duas, uma: ou Tancredo, mal informado, confiava em assessores fantasistas ou buscava tirar proveito da possibilidade de um golpe para reforçar a sua candidatura. Ninguém tinha dúvida, em outubro de 1984, que já poderia se considerar vitoriosa. Opto pela segunda alternativa. Bobo Tancredo não era.

Cruz ofereceu ingredientes espetaculares nessa variada circulação de boatos sobre o golpe. Revelou que o temor de reação da linha-dura ligada ao regime fizera com que integrantes da Marinha montassem um esquema de contragolpe. Partiam do pressuposto de que Figueiredo poderia ser afastado por militares e que estes impediriam também a posse do sucessor legal, o vice Aureliano Chaves. Para protegê-lo dessa suposta armação, oficiais da Marinha elaboraram plano de resgate de Aureliano na residência oficial do Palácio do Jaburu. Seria transferido para local secreto, de onde poderia assumir a presidência no caso do afastamento de Figueiredo. "Uma fantasia de desocupados sequiosos de mostrar serviço que não hesitavam em plantar-me como traidor do dever militar de garantia dos poderes constitucionais", desqualificou Cruz.[53]

Ao menos uma vez o general Newton Cruz admitiu ter ouvido articulações em torno de ação contra Tancredo Neves. Contou a história com detalhes prosaicos. Jogava peteca com amigos, no fim de semana, em casa, no Setor Militar Urbano, quando o anúncio da visita do candidato do PDS à presidência, Paulo Maluf, surpreendeu-o. Estava acompanhado apenas do motorista, e Cruz, deixando a partida de peteca, recebeu-o de calção e camiseta. Maluf teria dito que Tancredo estava gravemente doente e que temia que a eleição e subsequente morte do oposicionista pudesse levar o país a uma situação de caos incontrolável. Por esse motivo, seria necessário impedir a vitória de Tancredo, mesmo que por um "ato de força". Disse ainda que, se fosse eleito presidente, nomearia Cruz chefe do SNI.

A visita de Maluf teria sido curta, mas o deixara indisposto para retornar à partida de peteca. "Em outras conversas, descrevi a proposta de Maluf, genericamente, como a de um ato de força. Traduza-se essa proposta como sendo a de assassinar Tancredo Neves", acusou, anos mais tarde.

Maluf negou a visita, o diálogo e a confiabilidade do general.

> Newton Cruz não merece nenhum crédito. Nunca tive diálogo com ele. Eu o processei. Era um daqueles amigos do Figueiredo que era melhor não ter. O sujeito que vai a cavalo chicotear para-lama de automóvel. É um amigo para afastar. Em Brasília, só frequentei a casa do Walter Pires. Duas vezes almocei lá. Tinha um filho um pouco doente. Pediu-me ajuda. Arrumei um empreguinho para ele numa empreiteira.[54]

Entre setembro e outubro, o temor de golpe para conter Tancredo e a oposição parecia ter a concretude dos tanques soviéticos na iminência de ocupar

Praga. "Construímos uma ampla área de informação, a começar de dentro do setor de inteligência do SNI, onde detectamos 'planos radicais para cancelar a eleição presidencial', mencionados em documento do governo Figueiredo", contou o candidato a vice José Sarney. Consolidada a vitória no colégio eleitoral, restaria a necessidade de sustentá-la também no meio militar. Tancredo, tendo vivenciado as crises institucionais desde 1954, agiu em duas frentes. Cooptou as lideranças mais resistentes do Exército, sugerindo a possibilidade de manter Walter Pires como ministro do Exército. Ao mesmo tempo, criou campo autônomo de sustentação, abrindo diálogo com lideranças militares emergentes e mais jovens.

A certeza de que a primavera brasileira seguiria o curso do calendário começou a aparecer em novembro. No dia 7, Walter Pires assegurou: "Quem ganhar leva". O ministro da Marinha, Alfredo Karam, foi incisivo: "Não haverá golpe". O ministro da Aeronáutica, Délio Jardim de Mattos, declarou: "Nossa posição é de cumprimento da Constituição".[55]

Quatro meses depois, o SNI fichou uma conversa entre o jornalista Etevaldo Dias, chefe da revista *Veja* em Brasília, e a direção da publicação em São Paulo. O jornalista contava sobre um encontro com Tancredo. A informação deveria ser mantida *off the record*, sem que a fonte fosse identificada. Tancredo narrou a ele o momento mais difícil de sua candidatura, confirmando que havia um golpe em preparação. Caso se concretizasse, haveria derramamento de sangue, assegurou. Só com a queda de Newton Cruz, teve a certeza da vitória e de que seria empossado. Tancredo pedia ainda que a revelação fosse atribuída a parlamentares, e não a ele, já que o tema era delicado.[56]

Favorito, o candidato do PMDB ainda demoraria vinte dias para começar a dormir tranquilo. Mas já havia sinais de que nuvens negras se dissipavam. Desde agosto de 1983, o general Leônidas Pires Gonçalves assumira o comando do III Exército, que reunia o maior contingente do país, com aproximadamente 50 mil homens no Rio Grande do Sul, em Santa Catarina e no Paraná.[57] Havia deixado a secretaria de Economia e Finanças da Força, responsável pelos recursos que o Exército recebia e gastava. Um dos poucos casos de general sem tropa, porém com poder.

Como militar, Leônidas assistiu de perto à deposição de Vargas em 1945. Serviu no Gabinete Militar em 1961, de onde acompanhou a renúncia de Jânio Quadros e o veto à posse de João Goulart. Alinhou-se ao grupo do general

Castello Branco no golpe de 1964 e serviu ao primeiro presidente militar trabalhando em seu gabinete. Como chefe do Estado-Maior do I Exército na década de 1970, comandou o Centro de Operações de Defesa Interna (Codi). A Comissão Nacional da Verdade, em relatório, responsabilizou Leônidas por ações violentas de repressão, em especial no chamado Massacre da Lapa,[58] que consistiu no assassinato da cúpula dirigente do Partido Comunista do Brasil (PCdoB) em São Paulo. No ocaso da ditadura, dizia-se reciclado: "Ninguém pode ser linha-dura aos 61 anos".[59]

Leônidas narrou que, depois de assumir o III Exército, recebeu em casa a visita do senador Affonso Camargo. Este perguntou o que ele achava da possibilidade de Tancredo ser presidente. Depois de analisar o quadro político-militar, o general afirmou que não só achava possível, como desejaria que Tancredo fosse eleito.

Leônidas se considerava amigo do ministro Walter Pires, tendo dividido sala com ele na Escola de Comando e Estado-Maior do Exército. Contou a ele da reunião com o senador do PMDB e que havia manifestado preferência por Tancredo Neves.

— Aquele velhinho, Leônidas? — perguntou Pires.

— Aquele velhinho — confirmou.

Leônidas conhecera Tancredo em eventos de ex-alunos da Escola Superior de Guerra e depois servira em Belo Horizonte, em 1955. "Nesses almoços, ele buscava minha companhia", recordou. "Quando Tancredo soube que minha mulher é neta do Coelho Neto, mandou de presente para ela uma série de discursos antigos que ele havia feito. Adorava conversar com o dr. Tancredo, um homem inteligente, lúcido, decente. Nós conversávamos muito. Ele me conhecia e sabia me avaliar."

O general recebeu o convite de Tancredo para ser ministro em 20 de novembro. "Sei que na política as coisas se fazem e se desfazem muito rápido. Fiquei quieto, para não buscar atrito com ninguém, para não ferir as ambições humanas. Eu queria ver a coisa publicada no *Diário Oficial*. Eu talvez tenha sido o primeiro ministro escolhido por Tancredo."

O diálogo da única conversa que mantiveram após a escolha foi reproduzido por Leônidas:

— Quais suas orientações para o Exército? — quis saber.

— General, o Exército brasileiro está nas suas mãos.

* * *

No final de novembro, havia certeza de grande maioria em favor de Tancredo no colégio eleitoral. "Nada faz mais sucesso do que o sucesso. Naquele momento, Tancredo era o sucesso", analisou o historiador Ronaldo Costa Couto, assessor direto do candidato.

Porém, ainda havia — por tortuosos caminhos — o risco de desestabilização. Na última semana de novembro, Francisco Dornelles recebeu um recado do ministro Leitão de Abreu, chefe da Casa Civil. Havia articulação para forçar a renúncia de Maluf. Leitão mandou como mensageiro o embaixador Álvaro da Costa Franco, que trabalhava com ele, para avisar que a situação era calamitosa. "A pressão para Maluf renunciar é muito grande. É importante doutor Tancredo saber disso."

Tancredo tinha um compromisso no Hotel Nacional no final da tarde. Dornelles foi até ele e transmitiu o recado de Leitão. O candidato da oposição levou um susto. Resolveu agir em duas fases.

Na primeira, enviou Dornelles para sondar o ex-ministro Golbery do Couto e Silva sobre os passos de Maluf. General reformado, criador do SNI, por cinquenta anos um dos doutrinadores dos militares brasileiros, Golbery era o principal articulador da campanha malufista. Tinha a peculiaridade de não falar nada com ninguém por telefone. Dornelles teve de sair apressado para percorrer os sessenta quilômetros que separavam o hotel da casa de Golbery em Luziânia, nos arredores de Goiânia.

Na outra frente, Tancredo chamou os jornalistas para uma conversa peculiar. Revelou a eles o estratagema do governo usando outro: era uma entrevista coletiva *off the record*. Tancredo contou os detalhes da articulação para a renúncia. Buscava desarticular a frente da oposição, pois a renúncia poderia facilitar a entrada de um candidato de consenso ou a prorrogação do mandato do presidente Figueiredo.

Em Luziânia, depois de ouvir Dornelles, Golbery deixou a casa em que se mantinha recluso e seguiu com ele para Brasília. Já à noite, reuniu-se com Tancredo no apartamento deste. Golbery e Tancredo trocaram informações por duas horas. Golbery disse que tomaria providências e saiu. Prometeu voltar, talvez naquela madrugada.

A ideia era que a renúncia desencadearia um movimento em prol da permanência de Figueiredo por mais um ano ou dois, com eleições diretas em seguida. Para Golbery, se Maluf renunciasse, as eleições não iriam acontecer nunca, avaliou Dornelles.

O sobrinho de Tancredo recordou-se das palavras de Golbery ao retornar ao apartamento e saudar o tio:

— A pressão pela renúncia é grande, mas Maluf assumiu o compromisso de não renunciar. E será derrotado. Então, o senhor já é o presidente da República. Já o cumprimento.

Paulo Maluf contou que ouviu a proposta de renúncia do próprio ministro Leitão de Abreu. Estava sentado no Palácio do Planalto, ao lado do candidato a vice, Flávio Marcílio.

> Eu disse: dr. Leitão, a palavra renúncia não pode caber num homem com 52 anos de idade. Vejo Jânio Quadros indo a programas de TV. Sempre perguntam a ele por que renunciou. Ele foi a dezenas de programas de TV e sempre ouviu a mesma pergunta. Ele passou a vida se explicando. Tem um ditado árabe que diz: nunca se explique. Os amigos não precisam, os inimigos não acreditam.[60]

A alternativa a ampliar o mandato de Figueiredo seria lançar nome que representasse o governo e fosse capaz de atrair os dissidentes que tinham aderido a Tancredo. O vice-presidente Aureliano Chaves, o ex-ministro Jarbas Passarinho e o general Costa Cavalcanti eram citados como eventuais candidatos com esse perfil.

"Vou te dar uma revelação bombástica: Tancredo não teve 480 votos. Teve um só. O meu. Porque, se eu tivesse claudicado, se tivesse conspirado, se tivesse aceitado conselhos de políticos matreiros para melar aquele Colégio Eleitoral, não tinha havido Colégio Eleitoral nem eleição", gabou-se Maluf, trinta anos mais tarde.

Dornelles concordou que foi importante que Maluf mantivesse a candidatura, pois havia um esquema militar forte querendo virar a mesa, mesmo que as relações de Tancredo com os donos do poder não fossem, naquele momento, litigiosas. Ele não era abertamente rejeitado e até Figueiredo havia assimilado sua candidatura. "Tancredo era um ímã. Quem falava com ele tendia a ser mais compreensivo. O trabalho de Tancredo Neves para neutralizar as posições contrárias do governo teve de ser intenso."

Naqueles meses finais de 1984, sempre que as nuvens da crise militar obliteravam o céu, Tancredo Neves as via formar a imagem do general Newton

Cruz. A sequência de episódios sintomáticos começara em agosto, com os falsos cartazes comunistas colados por agentes do Exército. No mês seguinte, em Brasília, com a prisão dos militares que faziam a pichação "Tancredo Já", adornada por foice e martelo, e sua subsequente liberação por um pedido de uma autoridade militar. Em outubro, com os incêndios misteriosos de Porto Alegre e Belém. Em novembro, com o incêndio do escritório em que Tancredo despachava em Brasília. As chamas chegaram o mais perto possível do candidato, sem que ele e o processo eleitoral saíssem chamuscados.

Apesar de estar em silêncio, Tancredo não estava quieto. Na escalada dos acontecimentos, ao final de novembro, havia desatado o que considerava o último nó na transição da ditadura militar para o regime civil, simbolizada na sua eleição para presidente da República.

Havia passado a virada de 1982 para 1983 no apartamento de José e Maria Lúcia Pedroso. Eram vizinhos no edifício Golden State, na avenida Atlântica, em Copacabana. José Pedroso, que comemorava seus setenta anos no dia 1º, era um antigo líder do PSD, partido de origem de Tancredo. Lúcia Pedroso celebrizara-se como o grande amor de Juscelino Kubitschek, de quem foi amante de 1958 até sua morte, em 1976. Colunistas[61] anotaram algo além do cardápio do réveillon ("pernil, nhoque, suflê de bacalhau, regado ao champanhe Möet & Chandon"). Registraram que, na festa social dos grã-finos, chamara a atenção a longa conversa a sós que tiveram o ministro do Exército, Walter Pires, e o governador oposicionista recém-eleito, Tancredo Neves. Nada que azedasse o clima do rega-bofe, que durou até o raiar do dia. Com farto café da manhã, encerrou-se o que se definiu no jornal como "a noite perfeita". A contraposição era em relação a um réveillon vizinho, no qual uma fina senhora reclamou: "A farofa está um bagulho". Foi logo interrompida por um jovem rapaz: "Quem tem para vender?".

Longe de desentendimentos verbais e geracionais, ocorreram outros encontros fortuitos entre Tancredo e Pires sem que, no entanto, se estabelecesse conversa aprofundada sobre temas políticos. Uma operação muito discreta iniciou-se para que o contato frutífero dos dois se desenvolvesse. Em algum momento em setembro de 1984, o ministro do Exército e o candidato a presidente da oposição tiveram o primeiro encontro, em Brasília.

A conversa de Pires com Tancredo foi narrada ao alto-comando militar pelo próprio ministro, semanas depois. Tancredo deu ao general a garantia de que em seu governo não haveria lugar para revanchismo nem para atitudes demagógicas contra as Forças Armadas.

— Se, porém, houver tentativa de golpe, haverá derramamento de sangue — reforçou.

Como prova de bom entendimento, ofereceu a Pires a oportunidade de permanecer no cargo. Pires tergiversou na resposta. Tinha a promessa do presidente Figueiredo de nomeá-lo embaixador em Portugal. Tancredo assegurou que, eleito, honraria a decisão de Figueiredo, se assim fosse o desejo do ministro.

Esse primeiro encontro de Tancredo e Pires foi facilitado por uma antiga amiga em comum. Maria Dulce de Sousa Guedes conhecia Walter Pires desde a infância. Seus pais eram vizinhos em Copacabana. Partilharam muitas caminhadas pelo calçadão da praia. Dulce e Walter mantiveram a amizade que os uniu até o fim da vida. Ora estavam mais próximos, ora mais distantes, mas não se pode dizer que tenham desatado a união ao longo do tempo. Walter casou-se com Ruth. Dulce com Angelo Lazary Guedes, assessor legislativo que atingiu cargos importantes no Congresso, onde se tornou amigo de Tancredo.

"Naquele tempo, mamãe e o Walter falavam-se quase todos os dias. Papai já tinha morrido. Era uma amizade da vida inteira. Pode ter havido um amor platônico. Acho que nunca trocaram um beijo", recordou-se Leda Beatriz, filha de Dulce e Angelo.

Por meio de Dulce, Tancredo e Walter Pires acertaram também um segundo encontro, já no final da campanha. Tancredo revelou ao deputado Ulysses Guimarães o subterfúgio que usara para contatar o ministro do Exército.

Leda Beatriz, a filha de Dulce, era repórter da sucursal de Brasília do jornal *Estado de Minas*. Foi escalada para cobrir a campanha de Tancredo e, no dia 9 de novembro, deslocou-se para Mato Grosso do Sul, onde acompanharia seu comício em Campo Grande. Desaguou um toró na cidade naquele dia. Ao chegar à capital, os organizadores do evento decidiram levar Tancredo aos estúdios da TV Morena, afiliada da Rede Globo. Concederia entrevista, porque o mau tempo deveria provocar o cancelamento do comício — o que não se confirmou. No final do dia, Tancredo discursou sob chuva para 5 mil pessoas.

Pouco antes da entrevista, permaneceu sentado com Ulysses Guimarães e José Sarney, em uma bancada no estúdio. Os jornalistas destacados para acompanhá-lo se amontoaram por trás das câmeras, separados deles por um vidro. Jorge Bastos Moreno colocou seu gravador na saída de som dos microfones e juntou-se ao grupo de jornalistas. Como a entrevista seria transmitida via satélite pela Embratel para as emissoras que se interessassem, os microfones foram ligados antecipadamente para um de teste de áudio. O gravador de Moreno captou uma conversa entre Tancredo e Ulysses, depois que o líder mineiro mandou um beijo estalado a uma das repórteres presentes.[62]

— O que é isso, Tancredo? Você não tem mais idade para isso! — repreendeu-o Ulysses.

— Não é nada disso! Aquela é a Ledinha, uma jornalista minha amiga. E eu preciso muito falar com ela — justificou Tancredo. — A Ledinha é filha da Dulcinha, que é muito amiga do Walter Pires. É através delas que eu faço meus contatos com o general.

Ulysses questionou se ela era pessoa de confiança. Tancredo descreveu-a como viúva de um antigo assessor legislativo.

— Estou me lembrando dela. O marido foi diretor da Câmara durante anos. Ela sempre foi elegante, bonitona.

Nesse momento, Tancredo partiu para uma inconfidência nada mineira.

— Certa vez passei uma cantada nela. Quase aprontou um escândalo nos corredores da Câmara. Ficamos amigos.

Agentes do SNI acompanhavam Tancredo, só que foram driblados por Moreno. No relatório que produziram sobre a visita do candidato a Campo Grande, datado de 12 de novembro, contaram detalhes da entrevista na TV Morena, canal 6, sem citar o episódio. O máximo que conseguiram foi informar que a empresa de um deputado estadual do PMDB ofertara café, água mineral e sanduíches para as personalidades no palanque e que os organizadores conseguiram um ônibus para trazer manifestantes de cidades próximas.

O diálogo revelador de Tancredo e Ulysses permaneceu inédito por dez anos. Em 1994, o então ministro da Fazenda, Rubens Ricupero, foi flagrado em imagens transmitidas por satélite dizendo a respeito do Plano Real: "O que é bom a gente fatura, o que é ruim a gente esconde". Aproveitando o chamado gancho jornalístico, Ali Kamel, editor-chefe adjunto de *O Globo*, narrou em um artigo o vazamento da conversa de Tancredo e Ulysses.[63] Não revelou, porém, os nomes dos demais personagens, mas afirmou que Tancredo se referira à amante de "sicrano, um dos ministros militares". Em 2012, Jorge Bastos Moreno retomou a história por completo em artigos no mesmo jornal. Substituiu a expressão "amante" por "amiga" e nomeou sicrano como sendo Walter Pires.

Em 1984, aproveitando-se do disse me disse em torno da relação extraconjugal de Pires, Maluf tentou constranger Tancredo e o ministro do Exército, ao embaralhar relações da caserna com civis de modo moralmente condenável. Acusou publicamente o oposicionista de recorrer a métodos escusos para manter contato com os meios militares, destacando a enorme diferença entre amantes de ocasião e mulheres fiéis.

> Todos os dias, todas as horas, todos os minutos, [Tancredo] manda emissários para confabular com as Forças Armadas. O outro lado é um saco de gatos sem um candidato próprio. Porque uma candidatura é do PP e a outra do PDS. Há revolta no PMDB, onde aqueles que, durante vinte anos sofreram, estiveram na oposição, estão vendo agora. Eles que foram as mulheres fiéis — fizeram quase bodas de prata de fidelidade — estão sendo substituídos pelas amantes de ocasião, que são alguns que nestes vinte anos participaram dos governos da revolução.

Tancredo percebeu a referência maldosa às amantes de ocasião. Preferiu deixar passar em branco. Atribuiu a afirmação de Maluf à tentativa de conflitá-lo com os militares, sem desenvolver-se no tema delicado de relações extraconjugais. "Acho que os militares devem ser afastados da política, e os candidatos devem colaborar para que eles cumpram seus deveres constitucionais. Nunca tive nenhum contato de natureza militar. Nem quero tê-lo", encerrou o assunto.[64]

Mas o fato é que Tancredo consolidou pontes ainda mais sólidas para se aproximar do ministro do Exército, Walter Pires. Tancredo Augusto, seu filho, era amigo e vizinho do advogado Carlos Alberto Pires de Carvalho e Albuquerque, primo de Pires. Ambos moravam no condomínio Village São Conrado, na zona sul do Rio. Os boatos de golpe e renúncia giravam pelas rodas políticas com frequência nada inocente. Com a aprovação de Tancredo, o filho consultou Carlos Alberto sobre a possibilidade de marcarem uma conversa a sós no condomínio. "Fui colega de faculdade e muito amigo do Carlos Alberto. Morávamos no mesmo prédio. Ele no apartamento 2301, e eu, no andar de cima, no 2401. Ele sugeriu: vamos fazer um jantar. Eu levo o Walter, você leva seu pai."

Na manhã da sexta-feira, 23 de novembro, a agenda de campanha de Tancredo informava que ele permaneceria em Brasília, em audiências diversas. Recebeu o vice-presidente do Unibanco, Marcílio Marques Moreira, um senador e dois deputados. Entre os parlamentares estava o cacique Mário Juruna (PDT-RJ), que um mês antes havia pedido uma ajuda a um dos coordenadores da campanha de Maluf. Solícito, Calim Eid entendeu que ajuda era dinheiro. Colocou uma quantia considerável num envelope e o endereçou a Juruna.

O cacique, por arrependimento, constrangimento ou esperteza, abortou a pajelança e foi à imprensa bater tacape contra Maluf, acusando-o de tentar comprar seu voto. Exibiu o dinheiro vivo como prova. Consagrou-se como personagem raro, não só por ter sido o primeiro índio eleito deputado.

Aquele último dia da semana havia sido agitado em Brasília. Os treze generais de Exército integrantes do alto-comando tinham se reunido. Ao final do encontro, o ministro Walter Pires divulgou uma declaração em que afirmava a disposição em apoiar a abertura, que se consolidaria com a eleição para presidente pelo colégio eleitoral. Era o sepultamento da ideia de golpe militar, cuja pá de terra final era leve e pedregosa como o calcário do cerrado.

Como se não bastasse, o general que simbolizava, justa ou injustamente, a ameaça de quebra do caminho de volta à legalidade fora deslocado de função. A decisão fora aprovada pelo alto-comando e formalizada em decreto presidencial. O general Newton Cruz havia sido afastado do Comando Militar do Planalto. Em troca, ganhara a vice-chefia do Departamento Geral de Pessoal. Deixava de liderar 10 mil homens para comandar uma mesa.

Tancredo podia respirar aliviado. No final da tarde, informado das notícias mais recentes, deixou o escritório sem avisar os assessores. Quando os jornalistas que faziam plantão em frente ao edifício Guanabara perceberam que Tancredo partira, só tiveram uma opção. Rumaram para a Superquadra 206, bloco J, endereço do candidato na capital federal. Chegaram tarde, ouvindo do zelador que Tancredo passara "rapidinho", a tempo apenas de pegar uma mala pequena.

De modo furtivo, o candidato embarcara para Belo Horizonte. De lá, em um jato alugado por seu comitê, voara em direção ao Rio de Janeiro. Só dois dos seis lugares do avião estavam ocupados. Tancredo estava acompanhado apenas do filho, Tancredo Augusto. Quando o avião aterrissou no Rio, anoitecia. O neto Aécio Neves esperava-os no hangar da empresa de táxi aéreo Líder, com um Passat branco. Seguiram para o apartamento de Tancredo Neves, na avenida Atlântica, em Copacabana. Pouco depois das dezenove horas, em um Opala Comodoro cinza, Tancredo e o filho se dirigiram a São Conrado. Em caso de imprevisto, tinham uma desculpa pronta: era apenas um jantar de família.

"A única mulher presente era a do Carlos Alberto", recordou-se Tancredo Augusto. "Depois do jantar, eu, Carlos Alberto e a mulher dele nos retiramos. Meu pai e o Walter ficaram numa sala ao lado, com portas fechadas. Eu mesmo não sei tudo o que conversaram. Falaram por quarenta minutos."

Às 22h30, a caminho do aeroporto, onde pegaria o jatinho de volta a Belo Horizonte, Tancredo Augusto tirou alguns detalhes do pai.

— A conversa foi boa?
— Muito melhor do que eu esperava.

De novo, Walter Pires mostrara-se preocupado que houvesse "revanchismo" contra as Forças Armadas. Tancredo reafirmou que iria enfatizar em discursos o compromisso de que não ocorreria retaliação ou vingança. O ministro questionou o espaço dos radicais na candidatura Tancredo. Controle os seus radicais, que eu controlo os meus, respondeu o peemedebista. "A partir dali, tudo desanuviou. Quem era o chefe da linha-dura era o general Walter. Viu que dr. Tancredo não era um bicho-papão. Ali se desmontou um estopim que podia acontecer alguma coisa. Dr. Tancredo ficou mais aliviado", narrou Tancredo Augusto.

O segredo não durou 48 horas. A *Folha de S.Paulo* e a revista *Veja* divulgaram a realização do encontro em suas edições no domingo seguinte. Em Belo Horizonte, confrontado pelos repórteres com as publicações, Tancredo foi duro: "Não tenho nenhuma razão para me encontrar com ele". Mentiu duplamente. Havia tido o encontro. E tinha razões de sobra para palavrear com o ministro do Exército.

Narrativas do encontro correram entre os militares. O coronel Kurt Pessek relatou ter percebido uma mudança no estado de espírito da cúpula da campanha no dia seguinte. "Deparei-me com clima de euforia no escritório. Na véspera, Tancredo havia costurado secreto acordo com o ministro do Exército. Pires ganharia confortável embaixada. Em troca, Cruz perdera o Comando Militar do Planalto."[65]

O general Otávio Costa analisou o episódio:

Tancredo, com sua extraordinária habilidade, insinuou a possibilidade de o Walter continuar como ministro. Walter Pires ficou embalado com essa perspectiva. O caminho para o Colégio Eleitoral abriu-se inteiramente. Tancredo mais uma vez tinha razão. Se não podia entrar pela porta da frente, o mais conveniente era conversar com o ministro nos bastidores.

O general Newton Cruz ouviu relato da conversa do próprio Walter Pires. "Ele brincava comigo, dizendo que gostaria de ir para a embaixada em Portugal, porque falava a língua. Isso ainda durante a campanha do Tancredo." O presidente Figueiredo também fez troça em encontro com o presidente da Petrobras, Shigeaki Ueki, que lhe pedira a nomeação em uma embaixada. "Se puder dou. Só não dou Lisboa, porque o Pires quer e já está até aprendendo português."[66]

Walter Pires foi ministro do Exército até o último dia do mandato de Figueiredo. Quando soube da internação de Tancredo na véspera da posse, quis convocar uma reunião com o ministro do Gabinete Civil, Leitão de Abreu. Este o lembrou de que as nomeações de Tancredo já estavam assinadas e que ele não mais comandava o Exército. Pires foi para casa. Nunca foi nomeado embaixador em Portugal.

O ciclo da política dera a volta completa. Em março, Tancredo declarou: "Sem eleições diretas, não teremos uma verdadeira democracia". Em novembro, reformulou seu ponto de vista: "Eleição direta agora é golpe", sufocando propostas de setores da direita de que Figueiredo transformasse o pleito fechado do colégio eleitoral em disputa aberta a todos os brasileiros.

Tancredo Neves manejou e contornou com maestria a crise militar de 1984. Estava escaldado sobre como as malditas começavam a arder. Já estivera no centro dos acontecimentos de três crises militares. Em 1954, estava tão perto que pôde ouvir o tiro no peito com que Getúlio Vargas a liquidou. Em 1961, acochambrou a insatisfação das casernas, avalizando o regime parlamentarista que permitiu que João Goulart assumisse a presidência, tutelado por ele próprio. Em 1964, no espaldar da cadeira de líder da maioria na Câmara dos Deputados, ouviu o presidente do Congresso, Auro Moura Andrade, decretar indevidamente a vacância da presidência. Dava tintas de legalidade ao golpe originado de outra crise militar. Só pôde reagir: "Canalhas!".

Tancredo Neves sabia como começavam as crises militares. E tinha certeza de que ninguém podia lhe assegurar como terminavam. Era melhor evitá-las e assumir o papel de bombeiro eficiente, como o tenente que conteve as labaredas do edifício Guanabara.

2. 1954 – O estampido que mudou a República

Ninguém escolhe os vizinhos. Ao assumir o cargo de ministro da Justiça, em 26 de junho de 1953, Tancredo Neves, 43 anos, morava em Copacabana, na rua Tonelero, 257, entre Figueiredo Magalhães e Anita Garibaldi. Era a mesma rua em que residia Carlos Lacerda. O prédio do jornalista era no número 180, quase na esquina com Hilário de Gouveia. A Tonelero é rua de combate desde o nome. Como muitas das ruas do Rio, refere-se a batalhas e lideranças da Guerra do Prata. Celebra a passagem das tropas brasileiras pelo passo do Tonelero, palco do confronto realizado em 17 de dezembro de 1851 contra as forças argentinas do ditador Juan Manuel de Rosas. Tancredo e Lacerda eram vizinhos na praça de guerra. Tinham a separá-los três quarteirões — e o governo do presidente Getúlio Vargas. Lacerda era o mais ferrenho opositor e contínuo gerador de crises no governo tormentoso em que Tancredo embarcara.

Parlamentar de primeiro mandato, Tancredo aproximara-se de Vargas por laços indiretos de parentesco. Mariana Neves, sua irmã, casara-se em 1932 com o militar Mozart Dornelles. Ele era primo em primeiro grau de Vargas, que se instalara no poder com o movimento revolucionário de 1930. Pai de Mozart, o militar Ernesto Francisco Dornelles era irmão de Cândida Dornelles Vargas, mãe do presidente. Todos haviam nascido no interior do Rio Grande do Sul.

Quando eleito parlamentar em 1950, Tancredo trouxe a família de Belo Horizonte para morar, inicialmente, na Tijuca, zona norte do Rio.[67] A casa ficava na rua Professor Gabizo, esquina com a Morais e Silva. Os Dornelles

Ministro da Justiça do governo Vargas, 1954 (Acervo Última Hora/Apesp).

tinham duas casas lado a lado. Uma delas, Mozart alugou para o cunhado. Mudou-se para Copacabana ainda no primeiro ano de mandato.

Além da proximidade familiar, Tancredo atribuía sua escolha como ministro a um ato no Parlamento. Ele defendera a manutenção de um dos primeiros vetos de Vargas como presidente da República em 1951. "Ninguém queria fazê-lo", dizia. Vargas, quando ditador entre 1937 e 1945, tinha criado um cinturão verde em redor do Rio de Janeiro. Era uma área de produção agrícola para abastecimento da cidade. Cada lote dos beneficiados com terra só podia ser repassado a herdeiros. Imobiliárias e construtoras pressionaram pela derrubada da restrição. Os interessados na venda dos lotes conseguiram o intento no fim do governo Eurico Gaspar Dutra. Ao apagar das luzes, um projeto de lei com a liberação da venda dos lotes foi aprovado. Vargas o encontrou em condições de ser sancionado, porém decidiu vetá-lo. "Vetou bem, vetou com justiça. Eu me convenci de que o veto era justo",[68] recordou-se Tancredo.

Caberia ao Congresso manter ou derrubar o veto do presidente. Tancredo contava com graça a forma como tornou-se relator do veto de Vargas. Encontrou-se por acaso com Gustavo Capanema, o líder da maioria na Câmara. Ouviu do deputado que o estava procurando. Estranhou. Recebeu a sondagem para assumir a relatoria. "Você não está me procurando. Está me oferecendo este veto", resumiu ao ouvir a proposta de Capanema. O veto foi mantido, graças à relatoria de Tancredo e apesar da pressão da UDN.

Vargas convidou-o a visitar o Palácio do Catete em retribuição pela vitória. "Tivemos uma longa conversa. Ficamos amigos. De vez em quando ele me chamava no Catete para assistir a um cinemazinho com ele."[69]

Entre junho e novembro de 1953, o governo Vargas enfrentou grave Comissão Parlamentar de Inquérito, que investigava benefícios indevidos na concessão de empréstimos ao jornalista Samuel Wainer, dono do jornal *Última Hora*, único da grande imprensa a apoiar o governo. O grupo estava em expansão. Wainer lançara a versão paulista da *UH* e uma revista semanal. A *Flan* atingiu 150 mil exemplares rapidamente e começava a ameaçar o poderio da revista-líder. *O Cruzeiro*, de Assis Chateaubriand, tinha tiragens de 600 mil exemplares e reinava quase absoluta no mercado. Jornais concorrentes do *UH* como *Correio da Manhã*, *Diário de Notícias*, *Diário Carioca* e, principalmente, *Tribuna da Imprensa* uniram-se em campanha contra Wainer.

Para sua empreitada na imprensa, além de financiamentos do Banco do Brasil, Wainer obteve dinheiro de empresários. A CPI convocou-os para depor. Os parlamentares perguntaram ao conde Francisco Matarazzo, por exemplo, se havia dado dinheiro a Wainer a pedido de Vargas. O conde respondeu que, como dono do dinheiro, não precisava explicar em que investia, mas o faria em deferência aos deputados. Ressaltou que tinha gostado de dois traços característicos de Wainer. O primeiro, a capacidade técnica. O segundo era uma aberração no baronato da imprensa brasileira: "Senhor deputado, o senhor conhece por acaso algum dono de jornal no Brasil que seja pobre?".[70] Boêmio e sempre atrás de dinheiro para fechar as contas da *Última Hora*, Wainer morava num apartamento alugado na avenida Rui Barbosa. Poucos meses depois, engravidaria a modelo Danuza Leão, 21 anos, menos da metade da idade dele, e se casaria com ela.[71] "Éramos duros. Vivíamos sem luxo algum, apesar de estarmos sempre nas rodas boêmias das boates, dos bares e dos restaurantes", recordou-se Danuza.

O depoimento de Samuel Wainer à CPI que investigava os financiamentos do Banco do Brasil à *Última Hora* tornou-se um espetáculo. De modo matreiro, a Rádio Clube do Brasil (PRA-3) ligou o microfone da sessão aos seus transmissores. Colocou no ar, ao vivo, o depoimento do homem que fora dono da emissora até o ano anterior. "O Banco do Brasil tem boa disposição para com os jornais, sem discriminação de cor política", atenuou Wainer.

Anos mais tarde, Tancredo relativizou o papel da investigação sobre Wainer no vendaval político que atingiria o país. O inquérito, por si só, não teria forças para abalar ou sacudir o governo. "A crise foi provocada por uma conjuntura que a própria política executada por Vargas alimentou", acreditava.[72] Tancredo elencava como raízes do problema o reajuste em 100% do salário mínimo (criação de Vargas), e a política de restrição da remessa de lucros de empresas ao exterior. Um e outro colocaram empresários brasileiros e estrangeiros na linha de frente contra Vargas.

Apontou também para a recém-chegada televisão como uma das fontes da turbulência. "Ninguém sabia que ela tinha a força de gerar e deflagrar emoções como mais tarde veio a nos revelar."[73] O primeiro televisionário, na opinião de Tancredo, chamou-se Carlos Lacerda. "Ele tinha vindo dos Estados Unidos, onde realmente vira a força da televisão. Foi o primeiro que chegou aqui com essa consciência política do que seria a televisão usada de maneira abusiva."

A televisão começou suas transmissões oficiais e contínuas em 18 de setembro de 1950. Faltavam apenas quinze dias para a eleição de 3 de outubro. Com ela, Vargas voltou ao poder. Onze anos antes, em 4 de junho de 1939, o regime do Estado Novo assinara parceria com o Terceiro Reich alemão. Juntos, patrocinaram a primeira Exposição da Televisão.[74] Foi montada em pavilhão próximo do aeroporto Santos Dumont. Os jornais apelidaram a novidade de "a caixa mágica". Os equipamentos e a tecnologia que permitiram a montagem do estúdio improvisado foram importados. A transmissão de imagens e som era feita para onze aparelhos receptores distribuídos no pavilhão da exposição. O estúdio resumia-se a um aparelho de gravação de imagem, um microfone e um projetor de luz. Uma tela branca ao fundo servia como cenário. A Telefunken, responsável pela introdução da TV na Alemanha em 1934, trouxe a tecnologia.

O Ministério dos Correios do chanceler Adolf Hitler fazia o oferecimento da novidade. Três meses depois da feira no Rio, Hitler ordenaria a invasão da Polônia. A Segunda Guerra Mundial teria início estrondoso.

Tancredo recordou-se de que era pequeno o número de pessoas com acesso à televisão no governo Vargas. Todo programa de TV, entretanto, tinha o áudio transmitido pelo rádio, o órgão de comunicação de massa de então.

"Para cada aparelho de rádio, havia centenas de pessoas ouvindo, por exemplo, num café, num bar, num boteco de estrada. Onde houvesse uma televisão, havia um auditório enorme também, de modo que a força era muito grande."[75]

Foi dessa nova ordem na comunicação que Carlos Lacerda se aproveitou. Em suas memórias, reconheceu que recebeu ajuda para lançar contra Wainer todo o seu poderio destruidor de jornalista e orador. Roberto Marinho lhe ofereceu os microfones da rádio Globo. Em carta a Manoel Francisco do Nascimento Brito, diretor do *Jornal do Brasil*, Marinho anotou: "O senhor Carlos Lacerda tornou-se, em 1954, figura nacional graças ao microfone da rádio Globo. O senhor Carlos Lacerda era apenas um jornalista fracassado." Assis Chateaubriand franqueou-lhe as telas da TV Tupi. Ambos estavam incomodados com o crescimento de Wainer.

Dez anos mais tarde, o empresário Roberto Marinho revelou que foi pressionado pelo governo Vargas a calar Lacerda. Foi chamado ao Gabinete Militar da Presidência da República no Palácio do Catete, onde estavam presentes o general Aguinaldo Caiado de Castro, chefe do Gabinete Militar, o ministro da Justiça, Tancredo Neves, e o coronel Paulo Torres, chefe de polícia.

> Pediram-me que não mais permitisse que o senhor Carlos Lacerda falasse ao microfone da rádio Globo. Neguei-me. O general Caiado disse-me que o governo tinha poderes para fechar a rádio Globo. Nessa época, eu estava passando uma crise financeira séria e o fechamento da rádio Globo representaria grave ameaça ao nosso patrimônio. Entretanto, não hesitei um momento. Levantei-me e disse que assim o problema estaria resolvido. O governo que fechasse a emissora.
>
> O senhor Tancredo Neves esclareceu que não era intento do governo fechar a rádio Globo. Queria apenas obter moderação nos pronunciamentos de Lacerda. Prometi agir para esse fim, o que, aliás, estava de acordo com minha maneira de sentir, pois sempre achei que as maiores campanhas podem ser levadas avante sem insultos e desbordos de linguagem.[76]

Eleito pelo PTB, Vargas havia tomado posse em 1951. Nomeara o que batizou de "ministério da experiência". Uma medida nada inteligente para um presidente que fora ditador, e que até a véspera da posse sofria resistências militares. Em reunião com a bancada de apoio ao governo, Vargas aproximou-se de Tancredo e anunciou a intenção de promover uma reforma do ministério.

— Já devia ter feito há mais tempo. Se o senhor faz uma campanha popular e monta um ministério de tubarões, fica difícil — disse Tancredo.[77]

Para exemplificar, lembrou que Horácio Lafer, ministro da Fazenda, era o "rei das finanças". João Cleofas, da Agricultura, era o "rei do açúcar". Ernesto Simões Filho, ministro da Educação, era o "rei do cacau". Ricardo Jafet, presidente do Banco do Brasil, era o "rei da indústria". "Se é para ficar como está, deixe-os no cargo", ousou dizer o jovem parlamentar. "Se é para mudar a política, alinhada aos interesses populares, os nomes deveriam ser outros."

Os jornais especulavam em torno da reforma e realçavam uma característica física que acompanhava o postulante à pasta da Justiça: antes mesmo dos trinta anos e da estreia na política, eram raros os fios de cabelos que lhe protegiam a têmpora. "Tancredo Neves é careca e candidato a ministro da Justiça. A calvície avança por conta própria, mas a candidatura toma fôlego por influência periódica dos boatos de remodelação ministerial."[78]

Vargas estava acuado. A crise política se agravara no terceiro ano de mandato. Chamou o governador de Minas, Juscelino Kubitschek, para discutir as mudanças. JK era o principal líder do PSD, legenda de Tancredo. Este fora eleito deputado por Minas, com 11 515 votos, o suficiente para ocupar a 15ª vaga destinada ao estado. JK ouviu de Vargas que queria um mineiro, representante do partido, para o Ministério da Educação. A pasta tinha recursos. Vargas pediu a JK que o escolhido não fosse um senador. Reconhecia-os como os pessedistas mais experientes. Contudo, a retirada de um aliado da Casa, argumentou Vargas, poderia dificultar-lhe a obtenção dos votos necessários a seus decretos e projetos. O governador aquiesceu.

— Vamos começar pelos deputados — propôs o presidente.

Debruçaram-se sobre uma lista de nomes alinhados em ordem alfabética. Vargas fez objeções a um nome da lista proposto por JK. O governador de Minas encurtou o caminho:

— Senhor presidente, vamos logo chegar ao assunto. É o Tancredo?

— É ele — respondeu Vargas.

— Vamos poupar nosso trabalho. Fico muito contente com a indicação. É meu amigo — contemporizou o governador.

— O senhor fica autorizado a convidar o dr. Tancredo para o ministério — encerrou o presidente.[79]

JK convidou Tancredo para assumir o Ministério da Educação. Até as vésperas do anúncio da reforma ministerial, era o nome certo para o cargo. Os jornais fotografavam o jovem político, futuro novo ministro, que respondia com gracejos. "Fotografem à vontade. Uma fotografia nunca se perde."[80] Dias antes da oficialização da reforma, JK voltou a Vargas. Como bom político mineiro, sugeriu que coubesse ao conterrâneo não mais o Ministério da Educação. Preferia o Ministério da Justiça, ao feitio das articulações que a cepa da terra gostava. Na verdade, JK sabia que por Tancredo passariam as negociações para a escolha do candidato a suceder Vargas em 1955.

O presidente cedeu. Em conversa no Palácio do Catete, em 20 de junho, Tancredo entrou ministro da Educação e saiu ministro da Justiça, no lugar de Negrão de Lima. Houve surpresa com a escolha: "Tancredo Neves, homem de boa leitura, certo de ir para a Educação, há de ter comprado seus livros estrangeiros, e agora vai parar onde o arrastam outras águas, aliás de seu agrado".[81]

As águas estavam turbulentas. Cada vez mais escuras, em tom enlameado. Greves pipocavam pelo país. A dos marítimos, em andamento, paralisava a produção brasileira. A desvalorização do cruzeiro e o crescimento da inflação contaminavam o ambiente econômico. A imprensa descortinava escândalos como o da Carteira de Exportação e Importação. Mandarins políticos e econômicos burlavam o fisco. Veículos, peças para autos, uísques e televisores eram importados em caixas lacradas para escapar da taxação aduaneira. Os conflitos sucediam-se. Misturavam-se temas políticos, pessoais e mundanos. O passeio da rua Dom Manuel, esquina com Assembleia, onde estava a sede do Parlamento, até a boate Night and Day, na sobreloja do hotel Serrador, na Cinelândia, demorava só alguns minutos. Em quarteirão tão curto, as fofocas do dia davam voltas.

No dia da posse de Tancredo no Ministério da Justiça, um parlamentar amigo disparou três tiros na Câmara dos Deputados. Atacado pelo jornal *A Província*, do deputado José Pedroso (PSD), um vereador de Niterói decidiu tomar satisfações com o proprietário. Bateram boca. Trocaram socos.[82] Pedroso sacou o revólver e atirou em direção ao oponente. Os seguranças da casa contiveram o embate. O vereador desafiante saiu ileso dos tiros, apesar de ter sido detido. Pedroso faltou à cerimônia do compadre.

A posse de Tancredo foi realizada no Palácio do Catete, às onze horas da manhã. Vargas não compareceu. Lourival Fontes, chefe do Gabinete Civil da

Presidência, representou-o. "Vive o nosso tempo constante ameaça totalitária", discursou Tancredo. "Há que subordinar a economia e a política à ética. Temos de atribuir ao trabalho destaque sobre o capital na consideração dos fatores de produção. Estou persuadido de que o direito dos trabalhadores deve prevalecer sobre os interesses das empresas e de que as reivindicações ou ambições de qualquer classe devem ceder ante as exigências do bem comum."[83] Em seguida, rumou para o Ministério da Justiça, na rua Senador Dantas, onde houve a transferência de cargo por parte do antecessor Negrão de Lima.

Em rápida visita ao comitê de imprensa, Tancredo afagou os jornalistas. Lembrou que aprendera as primeiras letras lendo o *Correio da Manhã*. "Sempre fui um jornalista. [...]. O jornalismo para mim é mais que uma necessidade orgânica; é mais que um imperativo de inteligência; é um apostolado",[84] engalanou os colegas à volta. Mas sua nomeação à Justiça também rendeu reações ácidas: "Perdeu a pasta, como se sabe, a categoria, que lhe coube noutros tempos, de relevante importância política, desde que as intrigas, as rasteiras e

Tancredo Neves toma posse no Ministério da Justiça na presença de Lourival Fontes, Ciro do Espírito Santo Cardoso, Caiado de Castro e Paulo Neves (26 de junho de 1953/Acervo Fundação Getulio Vargas – Cpdoc).

as coordenações passaram a ser praticadas por diferentes emissários e amigos do presidente da República".[85]

A gestão de Tancredo era alvo de críticas da oposição e dos jornalistas, que só aumentaram quando, em entrevista à *Tribuna de Imprensa*, jornal porta-voz de Lacerda, seu proprietário, Tancredo analisou que não havia oposição organizada no país. Havia, sim, opositores empenhados numa ação pessoal contra elementos do governo.[86]

O líder da minoria, Afonso Arinos, rebateu: "Se não há oposição orgânica no país, sistematizada nas suas iniciativas, é que não há governo a que se contraponham os membros dos partidos fora deste governo".[87] O poeta e articulista Augusto Frederico Schmidt definiu a entrevista de Tancredo como sendo "antitancrediana", uma vez que o nome, em sua origem alemã, significa "conciliador".

Em fevereiro de 1954, poucos dias depois da entrevista de Tancredo à *Tribuna da Imprensa*, 82 coronéis e tenentes-coronéis ligados à ala conservadora do Exército assinaram o que ficou conhecido como o Memorial dos Coronéis. Em manifesto, eles alardeavam a "deterioração das condições materiais e morais" indispensáveis ao pleno desenvolvimento da instituição. Apontavam para o fato de que um "perigoso ambiente de intranquilidade" se ampliava. Os signatários do memorial teriam projeção na vida política nacional pelas décadas seguintes. O documento foi redigido por Golbery do Couto e Silva e recebeu a chancela de nomes como Amaury Kruel, Dale Coutinho e Sylvio Frota. Todos chegariam ao posto de general anos depois. A seu modo, cada um entraria para a história do país.

Os coronéis conclamavam seus superiores a promover uma "campanha de recuperação e saneamento no seio das classes armadas". Pregavam a restauração dos "elevados padrões de eficiência, de moralidade, de ardor profissional e dedicação patriótica, que [...] asseguravam ao Exército respeito e prestígio na comunidade nacional".

O memorial protestava contra o descaso do governo em face da precariedade das instalações militares. Reclamava da necessidade de reequipamento das unidades com material bélico obsoleto. Pleiteava reajuste salarial dos militares do Exército, em "eterna disparidade" em relação ao das Forças Armadas de outros países. Atacava também o aumento de 100% do salário mínimo proposto pelo ministro do Trabalho, João Goulart. Além de alimentar a inflação, o reajuste nesse patamar era apontado como sinal de desprestígio para as Forças Armadas. O mínimo chegaria ao nível do salário de um oficial graduado e isso estancaria "qualquer possibilidade de recrutamento, para o Exército, de seus quadros inferiores". Tal desprestígio, argumentavam eles, funcionaria também como elemento facilitador da ação dos comunistas.

Com a ampla repercussão do manifesto, o governo reagiu. Substituiu os ministros da Guerra, Ciro do Espírito Santo Cardoso, e do Trabalho, João Goulart. Estes tinham identificação com a política nacionalista de Vargas. Os novos escolhidos foram Zenóbio da Costa e Hugo de Faria. O ministro da Guerra demitido era primo de Fernando Henrique Cardoso, que, quarenta anos depois, assumiria a presidência da República. Vargas queria [o general] Estilac [Leal] para o Ministério da Guerra, todavia Zenóbio se convidou para o cargo. O presidente ameaçou renunciar, já que não podia nem mais escolher um ministro, contou Tancredo.[88]

Zenóbio da Costa virou ministro e Vargas não renunciou. A crise pareceu refluir. Em primeiro de maio, dois meses depois, o presidente anunciou o novo salário mínimo nos termos propostos pelo ex-ministro João Goulart. O clima político anuviou-se outra vez. No mês anterior, o ex-ministro das Relações Exteriores João Neves da Fontoura havia trazido a público suposta aliança secreta entre Vargas e o presidente da Argentina, Juan Domingo Perón. Nela se cogitava a formação de uma república sindicalista no Brasil, de acordo com Fontoura. Falava-se de um pacto dos dois países, em conjunto com o Chile, para formar o Bloco ABC, com o objetivo de erguer um bloco continental de oposição aos Estados Unidos. O jornal *The New York Times* publicou editorial alertando para a iminência de um golpe pelas forças que apoiavam Vargas.

No Congresso, em junho de 1954, foi votado o impeachment de Vargas, rejeitado por ampla margem. O presidente enfrentara a ameaça de impedimento, acusado de beneficiar aliados com contratos públicos e de querer instaurar no país nova ditadura.

Superado o risco do impeachment, Tancredo acertou com Vargas a decisão que o afetaria nos próximos anos. Não seria candidato nas eleições parlamentares de outubro. "Vou navegar com o presidente até o fim da rota", justificou. Imaginava manter-se como articulador do pleito daquele ano. Elevava os olhos para as eleições do ano seguinte, em que estariam em jogo a presidência da República e os governos estaduais. Sabia que poderia suceder JK em Minas

Tancredo Neves é condecorado pelo ministro da Guerra, Zenóbio da Costa, com a medalha Maria Quitéria (4 de junho de 1954/Acervo Fundação Getulio Vargas – Cpdoc).

Gerais. Tratava como incógnita a sucessão de Vargas: "É como a equação. Para se conhecer o valor de x depende do conhecimento exato dos termos em que é proposta". Se tudo desse errado, e o PSD não lhe desse a legenda de candidato ao menos ao governo de Minas, seus planos eram aportar no Supremo Tribunal Federal, especulou a imprensa.[89]

Tancredo procurava manter uma agenda ativa e popular, mas Vargas era o grande articulador de seu próprio governo. Diminuía o papel tradicional do ministro da Justiça. Restava-lhe fazer, por exemplo, inspeções a presídios e internatos de menores infratores, temas com os quais ganhou cobertura jornalística. Nos presídios, ouviu que havia milhares de presos indevidamente encarcerados por já terem cumprido pena. Ficavam retidos pela lentidão da burocracia. Outros 10 mil estavam nas ruas, apesar de terem mandado de prisão, por falta de lugar nos presídios. Tancredo mandou reformar um internato, depois de constatar que os jovens eram mantidos em locais fétidos, sem higiene. Percorria o Brasil em atividades administrativas e políticas. Com poucos meses no cargo, o deputado Ulysses Guimarães, também do

PSD, convidou-o a visitar Lins. A cidade do interior de São Paulo fazia parte da base eleitoral do parlamentar. Voaram juntos em um avião da Força Aérea Brasileira. Um grupo alegre de jornalistas pegou carona para cobrir a inauguração de uma agência da Caixa Econômica Federal. Tancredo e Ulysses iniciavam seu bailado.

Era difícil imaginar que o país estava próximo de atravessar a mais trágica crise política dali a pouco mais de um mês. Em 18 de julho de 1954, Tancredo rumou para o interior de Minas para cumprir agenda prosaica. Vestidos de smoking e acompanhados das esposas, ele e o governador Juscelino Kubitschek chegaram pouco depois da meia-noite à nova sede do Carangola Tênis Clube. Os jornais apontaram-no como um dos mais belos clubes sociais e esportivos do país. Braços dados com Tancredo, JK entrou no salão. A Orquestra Tabajara, do maestro Severino Araújo, rompeu os primeiros acordes de "Peixe vivo", a música que se associara ao governador. Assim teve início uma "das mais

Tancredo Neves com Getúlio Vargas e o general Caiado de Castro em cerimônia de entrega da chave de uma casa a um policial (entre abril de 1952 e 23 de agosto de 1954/Acervo Fundação Getulio Vargas – Cpdoc).

brilhantes festas que a crônica mundana brasileira pôde registrar". As danças prolongaram-se até as cinco da manhã.[90]

No almoço, Tancredo usava o restaurante Bife de Ouro como extensão do gabinete. Era o restaurante preferido dos políticos e empresários do Rio. Localizava-se no hotel Copacabana Palace, onde atualmente funciona o restaurante Cipriani. Tancredo sugerira ao hotel, em 1951, a contratação de um conterrâneo magrinho, que passaria a ser associado à história do estabelecimento. Geraldo Ávila Alvim, que recebeu o apelido óbvio de Mineiro, entrou para a equipe do Copa quando era menino de calças curtas. Tancredo instalou-o na estratégica função de controlar os recados e as mensagens telefônicas dos frequentadores.[91] Só Mineiro sabia revelar detalhes de quem ligara para quem e que recado havia deixado. Nascido em uma família de dez irmãos, não voltou mais à sua Belo Horizonte natal. Morreu em 2010 brigado com a família, porque sua vida se limitava aos metros quadrados em torno da pérgula da piscina do Copa.[92]

Outro aliado de confiança de Tancredo era o irmão Paulo Neves. Tinha-o como funcionário do gabinete. Ninguém o criticava por isso. Paulo, advogado, auxiliava-o na administração dos assuntos da pasta.[93] Os temas eram vastos. Muitas vezes miúdos. Em uma de suas reuniões com Vargas, Tancredo discutiu o percentual de reajuste das tarifas de táxis. Incumbência de inegável interesse público, porém havia outras de alcance reduzido, como certa feita destacou o jornal de Samuel Wainer: "Rusga de manicuras mobiliza os varões da República".[94] No centro do problema, as mulheres que tinham a República nas mãos. Cuidavam das unhas do ministro da Justiça, de parlamentares e estrelas da música e do esporte. As manicuras do salão Itajubá, ao sentirem-se prejudicadas pelo proprietário do estabelecimento, apelaram aos seus importantes clientes.

A barbearia grã-fina funcionava desde 1928 no coração do centro do Rio, a Cinelândia. Situava-se a poucos passos do Senado, da Câmara e do Ministério da Justiça. Havia granjeado a "preferência dos elementos mais representativos da sociedade". Às oito horas da manhã de 13 de julho de 1954, o salão Itajubá sofreu interdição. O proprietário, o português José R. de Almeida, repetia para os fregueses ouvirem: "Eu sou a lei. Aqui quem manda sou eu e mais ninguém. Abro quando quero e entendo". Um dos fregueses era repórter da *Última Hora*.

As manicuras alugavam espaço no salão do português. Ivone, Alzira e Zelita tinham mais de quinze anos de atividade na casa. Estavam ameaçadas de ser expulsas. "Usando força bruta o proprietário dispensou a manicura Alzira, uma simpática morena, irmã de conhecido cronista social da cidade. Alzira pagava seu aluguel em dia e recorreu à Delegacia de Economia Popular. As demais se solidarizaram com Alzira. Alegaram insegurança. Se aconteceu com ela, podia acontecer com todas", relatou o repórter.

A delegacia era uma unidade subordinada ao ministério de Tancredo, de quem Zelita cuidava dos pés e das mãos. Ela também tratava das cutículas do advogado Evandro Lins e Silva e do jogador de futebol Ademir Menezes. No dia da crise entre as manicuras e o português, o ator Paulo Gracindo e o cineasta Jean Manzon foram à barbearia. Sem poder fazer as unhas, foram solidários às manicuras. Saíram também sem fazer a barba. O proprietário abria aos domingos e às segundas pela manhã, o que era ilegal. Autuado por constranger as funcionárias, ele entrou em acordo com as manicuras. Zelita pôde voltar a cuidar das unhas de Tancredo, que havia pedido atenção especial ao caso. A manicura já não precisava insistir, como antes, para que Almeida fornecesse o recibo do aluguel que pagava religiosamente.

As unhas encravadas das quais Zelita aliviava o ministro da Justiça eram dores de amor perto do que se avizinhava. A instabilidade política espraiou-se. Qualquer rusga assumia proporção gigantesca.

Em 11 de maio de 1954, policiais de uma delegacia de Copacabana espancaram o repórter Nestor Moreira, de *A Noite*. Ao sair de uma boate, Moreira chamou um táxi. Tinha bebido bastante. Achou que o motorista o havia enganado no preço da corrida. Rumou para a delegacia para prestar queixa. Moreira fizera fama como repórter que denunciava subornos e arbitrariedades policiais. Apresentou-se como vítima do taxista. No entanto, foi recebido a socos, pontapés e golpes de cassetete. Os ferimentos deixaram-no inconsciente. Ficou em coma no Hospital Miguel Couto por onze dias e morreu. "O povo seguiu o enterro chorando", expôs em manchete o *Diário Carioca*.[95] Os jornais e a oposição transformaram o caso em crime político. Um exemplo de institucionalização da violência e do arbítrio. Vargas se mostrou horrorizado. Determinou apuração célere do crime. O motorista do táxi, que havia sido acusado de cobrar tarifa exagerada, prestou depoimento em favor do repórter. Narrou a violência. Identificou os culpados.

No enterro de Nestor Moreira, Samuel Wainer avistou Carlos Lacerda com aspecto solene e enlutado. Comentou com aqueles à sua volta que Lacerda nunca se encontrara com Moreira na vida. Vestido de preto, Lacerda parecia um corvo. Chegando à sede da *Última Hora*, Wainer pediu ao caricaturista Lan que desenhasse o jornalista com a forma da ave necrófaga. A caricatura saiu na edição de 25 de maio. O epíteto O Corvo acompanharia Lacerda pelo resto da vida.

Tancredo estava no epicentro do caso. Formalmente, tinha a chefia de polícia da capital como subordinada, apesar de o titular preferir despachar diretamente com Vargas. Enviou ao Congresso projeto de reforma da polícia, amarrou artigos e parágrafos para tentar coibir os abusos e a arbitrariedade. No anúncio que fez sobre as providências para o caso, uma de suas declarações foi adjetivada como "chocante". Revelou ter sido espancado pela polícia, aos catorze anos. Metera-se em confusão durante partida de futebol. "Toda vez que ouço falar em espancamentos, é como se sentisse de novo a dor e as pancadas que levei."[96] Os jornalistas do comitê registraram. Tancredo, todavia, estava longe de agradar a um velho conhecido: "Lamento que um parlamentar brilhante tenha se transformado num ministro bisonho", admoestou o deputado José Bonifácio (UDN-MG). Tancredo o conhecera ainda menino, em partidas de futebol realizadas em São João del-Rei e Barbacena, cidades vizinhas. Bonifácio não se lembrava de ter visto o jovem Tancredo apanhando, por mais que a ideia o satisfizesse. Por trinta anos adiante, seriam adversários.[97]

Em meio à crise provocada pela morte do repórter, Tancredo concedeu entrevista ao programa *Falando francamente*, da TV Tupi. O entrevistador o questionou sobre as garantias individuais no país. Para defender o governo Vargas, Tancredo atacou o líder da minoria, Afonso Arinos. Causou estardalhaço. Acusou o oposicionista de ter sido "apaziguado com dólares oficiais" e a oposição de estar a serviço de interesses econômicos estrangeiros.[98]

Arinos havia representado o país na X Conferência Interamericana de Caracas, um encontro diplomático-parlamentar realizado em Caracas. Em resposta, perdeu as estribeiras. A mineiridade que os unia transformou-se em provincianismo.

> Não consegui ainda compreender qual o papel que representa no governo o ilustre senhor ministro da Justiça. Qual a intenção que se aninha, que se acoberta, que se

acoita atrás do seu tatibitate provinciano nas horas em que, fugindo e vencendo o complexo de mutismo, vai, como um jogral infantil, às ondas luminosas da televisão para poder exibir uma eloquência estudantil, que lhe é vedada na expressão dos verdadeiros objetivos que incumbem à pasta.

Vocalizava a visão da oposição de que as ações de Tancredo eram menores do que o cargo. Arinos chamou Tancredo de "pseudoministro". Classificou como decepcionante a ausência na prática de um ministro da Justiça. O colunista Carlos Castello Branco registrou frase de Arinos sobre as supostas motivações de Tancredo: "Agitar para criar o ambiente para o golpe".[99] Colega de Tancredo na faculdade de direito, o cronista Rubem Braga não perdoou, em coluna intitulada "O trêfego":

> Está nos saindo bem trêfego esse ministro da Justiça que o senhor Vargas mandou buscar em São João del-Rei; e desde logo é evidente que nem o bom nome político de Minas nem de um modo geral nós todos, a Nação, nada lucramos com a saída do senhor Negrão de Lima e a entrada do senhor Tancredo Neves. O senhor Afonso Arinos já se defendeu muito bem, com uma veemência que de resto gostaríamos de ver com mais frequência em um líder da oposição, dos ataques do senhor Tancredo. Assinalaremos apenas o mau gosto e a vulgaridade desses ataques. Está muito abaixo do nível mínimo dos bons costumes políticos a referência aos dólares do governo que o senhor Arinos gastou em Caracas. Revela o senhor Tancredo uma lamentável confusão entre os dinheiros públicos e os dinheiros do partido oficial, confusão muito adequada a um servo do senhor Vargas: sua maneira de falar dá a entender com toda a clareza que sua concepção de governo, Estado e nação é a mais primitiva, e não vai além das fronteiras mentais e jurídicas de um estancieiro.[100]

Nos jornais, a polêmica disputava espaço com a eleição de Martha Rocha no concurso Miss Brasil, disputado no Hotel Quitandinha, em Petrópolis. Representante da Bahia, Maria Martha Hacker Rocha tinha 21 anos, 1,70 metro, 57 quilos e era neta de alemães. Mostrara-se esguia e encantadora. O poeta Manuel Bandeira estava no júri da contenda que a escolheu como representante brasileira para participar do Miss Universo. "Os olhos da baiana são um poema. Tem uma dentadura admirável. O corpo é de uma plástica irrepreensível. E os cabelos são louros e naturais, o que é raro hoje nesta época de falsificações", comentou com os companheiros de bancada, a escritora Helena Silveira e os jornalistas Pompeu de Sousa, Paulo Mendes Campos e Fernando Sabino.[101] Bandeira nunca escreveu o poema para os olhos da baiana, que recebeu um telegrama de congratulações do ministro da Justiça.

Longe das atribulações, um personagem que seria central dali a sete anos não parecia em nada preocupado. Em março de 1953, Jânio Quadros havia batido o candidato de Vargas na disputa pela prefeitura da capital paulista. A derrota de Francisco Antonio Cardoso, candidato do governador petebista Lucas Garcez, marcou o declínio do prestígio do presidente. Quadros iniciava sua ascensão. Como prefeito de São Paulo, evitava as refregas nacionais. "Sei que o que vou dizer fará infeliz muita gente: eu sou um homem feliz e contente comigo mesmo. Profundamente feliz. Super, extra, hiperfeliz. Felicíssimo",[102] rejubilou-se. Quadros caminhava a passos tortos, de olho no futuro.

As eleições presidenciais de outubro de 1955 obrigavam a que se cerrassem fileiras. De um lado, os seguidores de Vargas, acuados pelo rolo compressor da oposição; de outro, os antigetulistas, ambos com aliados nos quartéis.

Tancredo acreditava que a velha UDN não deglutira a derrota para Vargas e passara para a conspiração aberta. A promoção da industrialização do país e sua consequente independência econômica contrariavam diretamente os interesses do imperialismo. A lei do monopólio estatal do petróleo, a criação de refinarias, tudo isso desagradou as empresas petrolíferas estrangeiras, que encontraram na UDN uma aliada. "Começa a campanha sistemática contra Vargas. Muitos nela embarcaram sem saber exatamente a que interesses serviam."[103]

Tancredo convenceu-se de que a campanha contra Vargas tinha por trás os Estados Unidos. "Nesse movimento a participação estrangeira é clara. Os norte-americanos decidem desestabilizar o regime. Usam as manobras clássicas. Era preciso fazer o cerco econômico para promover a inflação, um dos grandes fatores de desordem política." E fariam isso cortando a importação do café. "Em junho e julho, depois de uma continuada redução dos embarques, os Estados Unidos não nos compram uma só saca de café", exemplificou.

Onipresente, a crise havia batido à porta de Tancredo quando completara um mês no gabinete do ministro da Justiça. Ele dava expediente na rua Senador Dantas, esquina com Evaristo da Veiga, no Centro. A primeira audiência relevante de Tancredo foi em 4 de agosto de 1953. O líder da minoria, Afonso Arinos (UDN), chegara apreensivo para a audiência com o novo ministro.[104] Eram opositores, mas tinham sido amigos no passado. Respeitavam-se apesar de refregas repetidas. Acabariam por se reconciliar no futuro. Arinos pedira a Tancredo garantia de vida para Carlos Lacerda. O jornalista, então com 39 anos, havia sofrido mais uma ameaça de morte.

Na mesma semana em que Arinos solicitou proteção a Lacerda, o jornalista estava na TV, no rádio e nos jornais exigindo a demissão do ainda ministro do Trabalho, João Goulart, e continuava empenhado em provar que Samuel Wainer havia nascido na Bessarábia. Estrangeiro, não poderia ser proprietário de meio de comunicação no Brasil, como dizia a lei. Repórteres da *Tribuna de Imprensa* comprovaram que um departamento subordinado ao Ministério do Trabalho havia cometido fraude: o documento com os nomes dos integrantes da família Wainer que imigraram para o país tinha sido adulterado. Esse documento mostrava o desembarque no porto do Rio dos pais e dos irmãos de Samuel, passageiros do navio *Canárias*. Como Samuel não aparecia no registro, a dedução lógica seria de que teria nascido no Brasil. Mas o documento sofrera uma adulteração grosseira. Peritos constataram que nomes haviam sido apagados e/ou modificados na lista.

O *Diário Carioca*, na edição de 1º de agosto de 1953, estampou em sua primeira página: "Preparam atentado a Lacerda". Foi o texto a seguir que levou Arinos a pedir a Tancredo Neves garantia de vida ao jornalista: "Estamos seguramente informados de que elementos recrutados entre os pelegos do Ministério do Trabalho preparam no momento um atentado pessoal contra o jornalista Carlos Lacerda, cujas investigações em torno da falsificação da lista de passageiros do *Canárias* estão conduzindo à pessoa do ministro".[105] De acordo com o jornal, o atentado teria "características aparentes de represália espontânea de trabalhadores contra o jornalista por sua campanha contra a aventura do jornal de massas" de Wainer e das ligações deste com Getúlio Vargas e João Goulart.

Na manhã de sábado em que circulou o *Diário Carioca* com a manchete do atentado, um grupo tocou a campainha da área de serviço do apartamento da rua Tonelero. Eram onze horas. Lacerda estava em Belo Horizonte. O grupo pediu acesso ao apartamento para recolher documentos. A empregada negou porque precisava de autorização do jornalista para permiti-lo. O grupo forçou a porta da cozinha, mas a empregada denunciou os invasores antes que tivessem êxito. "Três indivíduos não identificados tentaram roubar uma pasta de documentos, sem conseguir", resumiu Lacerda no próprio jornal. Tancredo assegurou a Arinos que seriam dadas garantias ao jornalista. Determinou que policiais fossem destacados para tal tarefa. A reunião do líder udenista com Tancredo teve como testemunha o ministro da Fazenda, Oswaldo Aranha. Arinos informou que o diretor da *Tribuna de Imprensa* conhecia o nome do mandante e das pessoas incumbidas de executar o plano do seu assassinato. Um dia depois, em entrevista à rádio Globo, Lacerda revelou o nome do suposto responsável pelas ameaças a ele. Era um "traficante de maconha", amigo de João Goulart, chamado Duque de Assis.[106]

Lacerda acumulara uma série de ameaças de morte. A primeira havia sido em 1948. Depois de um bate-boca, um funcionário da prefeitura do Rio o estapeara. Em 1950, um grupo de dez oficiais da Aeronáutica, na sua maioria com patente de major, havia passado a Lacerda informações sobre compras irregulares de lonas e brim feitas por ordem de um coronel da Força. Revoltado, o coronel subiu o elevador do prédio com Lacerda e tentou agredi-lo.[107]

Recordando esse episódio e tendo em vista a campanha eleitoral que se aproximava, um grupo de oficiais da Aeronáutica decidiu por conta própria cuidar da segurança do jornalista.[108] Eles convenceram Lacerda a permitir que se revezassem na sua guarda. Viam-no como fonte futura de poder político. Dedicavam especial atenção ao que chamavam de "momentos vulneráveis" de Lacerda, quando chegava ou saía do prédio na rua Tonelero.

Os momentos vulneráveis do jornalista ampliavam-se a situações comezinhas. Em 23 de março de 1954, Lacerda estava no Bife de Ouro, o restaurante do Copa. Tinha como companhia à mesa o deputado Edilberto de Castro e o ministro da Agricultura, João Cleofas. Um jovem se aproximou e provocou de modo ríspido: "Levante-se para apanhar". Era Euclides, filho do ministro da Fazenda, Oswaldo Aranha. Lacerda havia escrito uma série de artigos nos quais chamava o presidente Vargas de "monstro"; Lutero Vargas de "filho rico e degenerado do pai dos pobres" e Aranha de "mentiroso, fantasista, improvisador".

"Você está falando sério?", perguntou Lacerda. Euclides Aranha estava. Partiu para cima do jornalista, desferindo socos e chamando-o de "cão hidrófobo". Euclides bradava que era acionista da *Tribuna de Imprensa*, sendo assim absurdo que seu pai fosse atacado. Lacerda reagiu e rolou ao chão com o agressor até serem apartados por amigos. O *Correio da Manhã*[109] registrou que o coronel Clovis Costa, subchefe do Gabinete Militar da Presidência da República, também agrediu Lacerda. Desfeita a briga, os contendores continuaram em suas mesas. Havia um burburinho de que Aranha chamava reforços armados. Um cheiro de carnificina pairava no ar do Bife de Ouro. Tentaram convencer Lacerda a ir embora: "Estou no meio do bife. Não posso partir agora". Findo o jantar, para evitar nova briga, um saiu pela porta da frente, outro pela dos fundos.

O goiano Murilo de Barros Pimentel testemunhou o confronto. Secretário de representação do governo de Goiás no Rio, Pimentel, anos mais tarde, deu sua versão do episódio ao chefe, governador Irapuan Costa Junior. Narrou que, quando Lacerda se levantou, logo recebeu um soco de Euclides, perdeu os óculos e se desequilibrou. O filho de Aranha sacou o revólver e um dos acompanhantes agarrou-o, impedindo-o que atirasse. O revólver foi ao chão.

> Apanhei o revólver e meti no bolso. Vi, nesse momento, que Lacerda também empunhava um revólver. Segurei-o e aos brados chamei-o à razão, conseguindo tomar-lhe o revólver também. Chamei um dos amigos de Euclides, na saída, e entreguei-lhe um revólver, aconselhando só devolvê-lo ao dono quando longe dali. Fiz o mesmo com um amigo de Lacerda, a quem entreguei a outra arma. Não sei se troquei as armas. Pode ter acontecido. Eram dois revólveres idênticos: mesma marca, mesmo modelo, mesmo calibre.

Os revólveres eram da marca Colt, calibre .38, o modelo mais popular. Tinham a mesma origem. Eram presentes dados a Lacerda e a Aranha pelo estancieiro Celso Mendonça.

"Parecia um faroeste. Viravam as mesas e tapa para cá, soco para lá... Tinha umas americanas, turistas, fascinadas com aquela cena de faroeste", contou Lacerda em suas memórias. A agressão ao jornalista causou ainda mais confusão porque à mesa estava um ministro de Vargas, o que causou certo mal-estar do governo com João Cleofas. Dias depois, uma nota em jornal comentava: "Se os jantares com Carlos Lacerda incompatibilizassem ministros, estaria o governo muito desfalcado. Há alguns dias, Lacerda almoçou com Tancredo na casa do senhor Drault Ernanny (banqueiro), num encontro promovido por Armando Falcão [deputado federal]".[110] O almoço na Casa das Pedras, na Gávea, propriedade do banqueiro que era ponto de encontro da elite política, mostrava a insistência de Tancredo no diálogo com Lacerda no intuito de resguardar os interesses do presidente. Getúlio terminará placidamente o seu governo, acreditava Tancredo.[111]

Entusiasmado para abater Vargas, Wainer e seus aliados, Lacerda fundou, em agosto de 1953, o Clube da Lanterna. Reunia jornalistas e intelectuais. Tinha como porta-voz Amaral Netto. O deputado cedera a própria casa na Urca para sede do grupo. A lanterna, símbolo da busca da verdade, aparecia no alto do cabeçalho da primeira página da *Tribuna da Imprensa*, jornal que fundara em 1949. Batizara-o com o título da coluna que mantinha no *Correio da Manhã*. O jornalista tomou emprestado a lanterna do filósofo grego Diógenes, que buscava por homens que vivessem na essência da verdade. Passou a brami-la pelo Rio de Janeiro contra aqueles que viviam sob os excessos da vaidade. Dessa forma resumia o governo Vargas.

Sem os dons da adivinhação, Tancredo tinha considerado atendidos os pleitos de Arinos e Lacerda ao destinar proteção ao jornalista, na reunião realizada em 4 de agosto de 1953. Pediu inclusive que ele escolhesse policiais de sua confiança. Achava que tinha contornado uma crise, mas ela seria a primeira de muitas que o aguardavam na chefia do Ministério da Justiça. Era só a mais recente envolvendo Lacerda, que acumulava casos de confrontos políticos resolvidos no braço, quase nas armas. Ameaças de morte eram efeitos colaterais do seu modo de atuação. Não demorou muito, Tancredo recebeu notícias de que Lacerda estava sendo acompanhado por militares em suas andanças. Preocupado, pediu a colaboração dos ministros militares, mas estes nada puderam fazer: os oficiais agiam fora de sua atividade regular. Até que, certo dia, Lacerda abdicou dos homens da segurança até então à sua disposição por ordem do governo. Tancredo pediu que o fizesse por escrito, e ele assim o fez. "Estávamos pressentindo que aquilo, mais cedo ou mais tarde, acabaria num conflito mais sério", recordou-se Tancredo.[112]

Um ano depois de Arinos ir a Tancredo para pedir proteção a Lacerda, o país acordaria surfando a crista da onda do mar de lama. Na madrugada de 5 de agosto de 1954, Carlos Lacerda chegava ao seu prédio, na rua Tonelero, em companhia do filho Sérgio, um garoto com quinze anos, e do major da

Aeronáutica Rubens Florentino Vaz. Vinham de uma conferência para mais de mil pessoas em uma escola da Tijuca, o Externato São José, na rua Barão de Mesquita. Na escola, havia dois majores acompanhando o jornalista, sempre à procura de "pontos perigosos" dos quais deveriam afastar Lacerda. Um deles, o major Gustavo Borges, era integrante do Comando de Transportes Aéreos. Convocado para pilotar um voo dos Correios até Goiás na manhã seguinte, foi para casa às 21h30. Deixou o major Vaz na proteção ao jornalista.

A essa hora, Tancredo estava também perto de rumar para casa, na rua Tonelero. Tinha tido dias de agenda pesada nas duas últimas semanas. Além da rotina administrativa do ministério, acumulava compromissos sociais e políticos. Na semana anterior se deslocara a Carangola, no interior de Minas, para visitar a exposição de gado leiteiro da cidade. Ao voltar ao Rio, cumpriu compromissos no fim de semana, quando participou da abertura de exposição no Museu de Arte Moderna do Rio. Como consolo, encontrou o pintor Candido Portinari, seu amigo. Iniciou a segunda-feira no Palácio do Catete, em reunião com Vargas e o chefe da polícia. Na terça, 3 de agosto, foi até a praça Mauá, à sede da Agência Nacional de Notícias. Era aniversário do escritor Genolino Amado, amigo e diretor da central estatal. Na noite do atentado a Lacerda, chegou ao seu apartamento, a três quadras do local do crime, perto da hora em que o jornalista encerrava a palestra na Tijuca.

O major Rubens Vaz às vezes sugeria a Lacerda que moderasse seus discursos. Este respondia que a campanha não seria eficaz se não fosse violenta. Era preciso "sacudir" o país.[113] Na reunião na Tijuca, Vaz não atentara à presença de dois homens anotando palavras fortes da cantilena de Lacerda. Passava um pouco da meia-noite quando o carro de pequeno porte do major Vaz, placa 12-94-99, estacionou à frente do prédio da rua Tonelero. Vaz contava que havia adquirido recentemente uma linha telefônica, para a felicidade da mulher, e se mostrava ansioso porque a filha menor operaria as amígdalas na manhã seguinte.[114]

Ao chegarem à rua Tonelero, Lacerda, o filho Sérgio e o major Vaz saíram do carro e se dirigiram à porta principal do prédio. O jornalista percebeu que havia esquecido as chaves. Sugeriu ao filho que fosse até a portaria de serviço pedir a abertura da porta da garagem, por onde entrariam. Poucos momentos antes, avistara alguns homens do outro lado da rua, mas não se importara com eles nem alertara o major.

Faltavam quinze minutos para a uma da manhã. A menos de cinco metros de distância, o jornalista Armando Nogueira, uma das estrelas da equipe esportiva do *Diário Carioca*, despedia-se de dois amigos de redação que haviam lhe dado carona até a porta de sua casa. O editor de esporte Deodato Maia não tinha desligado o motor de seu Chrysler, aguardando que Nogueira, já em pé ao lado do carro, concluísse conversa iniciada na redação. Foi interrompido por Otávio Bonfim, que apontou: "Olha ali o Carlos Lacerda". Nos dois minutos seguintes, houve doze tiros. Seis em direção a Lacerda; seis na reação deste, atestaria a polícia. Quando o silêncio voltou à pacata rua Tonelero na madrugada, Deodato foi o primeiro a dirigir-se até o corpo ensanguentado, junto ao meio-fio. "Meu Deus, mataram meu amigo Vaz!", gritou Carlos Lacerda, desde a escada de acesso ao prédio. A Sérgio, Lacerda pediu ajuda: "Meu filho, o Vaz foi acertado: ele no peito, e eu no pé. Telefone para o pronto-socorro. Chame um médico".

Os três jornalistas sugeriram a Lacerda que não mexesse na cena do crime e saíram em debandada à procura de um telefone. De um bar, Nogueira telefonou para o secretário de redação, Pompeu de Sousa. Pediu que não mandasse o jornal para a impressão, porque acabara de testemunhar um atentado contra Carlos Lacerda. Prometeu que concluiria a apuração em alguns minutos mais. Depois rumaria para a redação. A sede do jornal ficava na avenida Rio Branco, 25, a pouco mais de dez quilômetros da rua Tonelero, 180.

Deodato saiu em tal velocidade com Nogueira e Bonfim que testemunhas chegaram a relatar a participação de um Chrysler no crime. Ao chegar à sede do *Diário Carioca*, Armando Nogueira ouviu conselho de Pompeu de Sousa que contrariava as normas-padrão do jornalismo: "Escreva na primeira pessoa". Nogueira produziu um dos marcos da imprensa brasileira.

> Eu vi o jornalista Carlos Lacerda desviar-se de seis tiros de revólver à porta de seu edifício, na rua Tonelero. Carlos Lacerda acabava de se despedir de um amigo — o major Vaz — e já ia entrando em casa quando um homem magro, moreno, meia altura e trajando terno cinza, surgiu por trás de um carro e, de cócoras, disparou toda a carga do revólver, quase à queima-roupa. Lacerda foi acertado no pé esquerdo; o major, atingido no peito, morreu pouco depois. Carlos Lacerda deu uns saltos na direção da garagem, sacou do revólver e respondeu com outros seis tiros, enquanto o capanga corria feito louco até dobrar a esquina da rua Paula Freitas. Eu estava a uns cinco metros do tiroteio. Acabava de saltar do carro de

meu colega Deodato Maia, que viajava com outro colega, Otávio Bonfim. Eles dois ainda viram o capanga dobrar a esquina da rua Paula Freitas. O atentado durou dois minutos. Era meia-noite e quarenta cinco. Nosso carro parou à porta do meu edifício. O Otávio Bonfim nos mostrou: olha ali o Carlos Lacerda. Carlos Lacerda, rindo, despedia-se do amigo, o major Vaz, e ainda meio de banda, caminhava para o portão do edifício. Teria sido morto se tivesse tomado a escada central de entrada e não a rampa de acesso a automóveis.[115]

Nogueira explicou no texto que o atirador surgiu de trás do carro do major, estacionado em frente ao edifício de Lacerda. O jornalista estava a cinco metros da linha de tiro. O major a apenas um ou dois metros.

Lacerda não ouviu a recomendação de não mexer na cena do crime. Colocou Vaz, ferido, num carro particular e rumou aproximadamente sete quilômetros em direção ao Hospital Miguel Couto, na Gávea. O major não resistiu. Casado, pai de quatro filhos, Rubens Florentino Vaz, 32 anos, estava morto. Recebeu dois tiros. Um no peitoral à esquerda, que o derrubou. Outro atingiu-o pelas costas, quando tombava ao chão, de acordo com o laudo pericial.[116]

Vaz insistira em levar Lacerda da Tijuca a Copacabana porque, de certa forma, seguia o caminho de casa, na rua João Lira, no vizinho bairro do Leblon, sete quilômetros adiante. Nove anos mais tarde, Lacerda, já governador, inauguraria um túnel facilitando o acesso entre os dois bairros. Batizou-o de túnel Major Vaz.

Naquela madrugada de 5 de agosto, Tancredo Neves tinha chegado cansado ao apartamento da rua Tonelero. Não ouvira tiro algum dos doze disparados a três quadras de distância, mas se assustou com um som estridente. "Tinha tido um dia estafante, vindo direto do gabinete. Ao tirar o paletó para deitar, bate o telefone. Era o general Milton Guimarães, chefe de gabinete do general Armando de Moraes Âncora, que era o chefe da polícia", lembrou-se Tancredo.[117]

Como sempre, telefonema de madrugada nunca traz boa notícia:

— Carlos Lacerda foi baleado no pé — ouviu do militar.

— Ainda bem que foi no pé. Podia ser pior — respondeu.

— Houve pior, excelência. O tiroteio atingiu e matou um major da Aeronáutica.

Quando relatou a conversa duas semanas mais tarde, Tancredo criou uma imagem para demonstrar sua estupefação: "Senti-me como se tivesse caído do 24º andar".[118]

Vizinho de Lacerda, o jornalista Armando Nogueira contou à polícia que sempre havia patrulhas à porta do prédio. Aquele dia havia sido uma exceção, detalhe que lhe chamara a atenção. A segurança tinha sido dispensada por Lacerda. Tancredo se recordaria do episódio no futuro com suspeita. "Aí encontramos algumas semelhanças com todos os projetos que a CIA adotou na América do Sul em face de governos que ela desejava combater. Aqui no Brasil pegaram o major Vaz."[119] Sua tese de apoio americano aos conspiradores era complexa. "A crise econômica agravou-se com a suspensão da compra de café do Brasil pelos Estados Unidos. Negavam-se empréstimos ou a renovação dos empréstimos existentes. Houve contribuição maciça em recursos ao Lacerda. Sobretudo o pagamento de movimentos de rua, comícios e passeatas", alinhavou suas suspeitas.[120]

O país acordou em choque com a revelação do atentado. O ministro da Justiça manteve a agenda na manhã seguinte. Chegou cedo ao estádio do Fluminense, nas Laranjeiras, onde seria realizada missa campal em homenagem ao 22º aniversário da Polícia Especial. Ao seu lado, estava o chefe de polícia, general Armando de Moraes Âncora, que fazia aniversário. Em discurso, Tancredo congratulou-o pela coincidência das efemérides. Mas os jornalistas só queriam saber do atentado contra Lacerda. "Todos os órgãos policiais do Estado, sejam militares ou civis, estão entrosados convenientemente nas suas investigações e com eles, por intermédio do chefe de polícia, venho acompanhando as diligências minuto a minuto",[121] declarou.

O senador Aloysio de Carvalho classificou como "ótima distração para os amantes de palavras cruzadas" as notas do ministro da Justiça a respeito do atentado a Lacerda. Chamou Tancredo de "volúvel", acusou-o de não dizer "coisa com coisa". Atentou que a nota inicial do ministro sobre o crime nem sequer citava Carlos Lacerda pelo nome.[122]

Para assegurar a lisura das investigações, Tancredo participou da elaboração de duas medidas que se revelariam fundamentais para a elucidação do caso: determinou ao procurador-geral da Justiça a indicação de um promotor público (João Baptista Cordeiro Guerra) para acompanhar a fase policial em andamento e, junto com o ministro da Aeronáutica, Nero Moura, indicou o coronel João Adil de Oliveira para participar das diligências, como representante da FAB. Este viria a se tornar personagem-chave na descoberta dos responsáveis pelo crime. Tancredo recordaria nunca ter acreditado no envolvimento de Vargas, por isso chancelara as duas medidas que assegurariam uma investigação insuspeita.

Em seu primeiro pronunciamento depois do atentado, Lacerda acusou Vargas e o alto escalão do governo de envolvimento direto no planejamento e na execução do atentado de que fora vítima e que provocara a morte do oficial. Apesar das denúncias de crime político, a Polícia Civil assumiu as investigações. O quadro se agravou a partir do depoimento do motorista Nelson Raimundo de Sousa, em 7 de agosto. Ele admitiu à polícia que o autor do atentado havia fugido em seu táxi e nomeou-o: Climério Euribes de Almeida, membro da guarda pessoal de Vargas. O governo estava no centro do crime. O depoimento do motorista de táxi terminou de madrugada, no Quartel Central da Polícia Militar, no centro. A confissão havia sido obtida por dois oficiais da Polícia Militar, com a colaboração de um detetive do Departamento Federal de Segurança Pública. Oficiais da Aeronáutica, do Exército e da Marinha gravaram o depoimento ao perceber sua importância.

Às quatro da manhã, Tancredo Neves dormia, quando o telefone tocou. O ministro da Aeronáutica, Nero Moura, estava na linha. O brigadeiro relatou que o motorista que transportara os pistoleiros da Tonelero envolvera um funcionário da guarda presidencial no atentado. Os membros da comissão que investigava o crime queriam contrapor o presidente da República à declaração bombástica. Em plena madrugada, o ministro pediu a imediata presença de Tancredo no quartel da PM.

Antes de sair de casa, o ministro da Justiça telefonou para o chefe do Gabinete Militar da Presidência, general Caiado de Castro. Tancredo só sabia que havia sido apontado o nome de um integrante da guarda. Não perguntou qual era. O general informou a Tancredo que rumaria para o Palácio do Catete.

Ao chegar ao Quartel Central da PM, o brigadeiro Nero Moura e o chefe de polícia, general Moraes Âncora, relataram a Tancredo o depoimento em detalhes. Ele soube então que o brigadeiro Eduardo Gomes, liderança mítica na Aeronáutica e opositor de Vargas, havia recebido o informe antes dele.

Era uma noite escura de muita chuva. Havia uma escada externa. Eu ia subindo a escada e vinha descendo um cidadão, com uma dessas capas de gaúcho, enormes. Ele foi e voltou. Eu parei. Ele viu que não adiantava voltar porque eu ia encontrá-lo dentro do salão. Continuou então. Quem descia a escada era o brigadeiro Eduardo Gomes. Ele tomou conhecimento do depoimento antes do próprio chefe da polícia. Aí eu senti que a conspiração estava montada.[123]

O coronel Adil de Oliveira, que liderava a comissão de investigação, reiterou a Tancredo o desejo de que o presidente da República fosse notificado das ocorrências durante a madrugada.

Tancredo ponderou que a sugestão era inconveniente. Argumentou que não havia sido oficialmente confirmado que o nome citado no depoimento (Climério) era realmente de um integrante da Guarda Pessoal da Presidência. E, mesmo que fosse, tratar-se-ia de servidor subalterno do Palácio, não diretamente subordinado à autoridade do chefe de governo. Insistiram os membros da comissão dizendo que desejavam ter imediato acesso ao Palácio. Tancredo respondeu que nenhuma dificuldade lhes seria oposta. O general Caiado de Castro estava no Palácio e franquearia o acesso às informações necessárias, sem que fosse preciso acordar o presidente.

Adil de Oliveira relatou que Tancredo Neves, ao saber que queriam acordar o presidente para pô-lo a par dos acontecimentos, relutou. Afirmou que o ministro chegara a ser "grosseiro" com o promotor Cordeiro Guerra, a quem definira o crime como "um incidente de rua". O coronel ameaçou abandonar a missão e responsabilizar Tancredo pelo que acontecesse dali por diante.[124]

E essa não foi a única rusga da madrugada. O major da Aeronáutica Otávio Alves assistiu ao depoimento do motorista que transportou os envolvidos no crime. Ele não estava no grupo da comissão que conversou com Tancredo após sua chegada, mas se deparou com ele ao telefone em uma das salas do Quartel da Cavalaria. "O nome é Climério", ouviu o major. Indignado, foi até outros oficiais da Aeronáutica e contou que Tancredo passava a uma terceira pessoa informações obtidas pela comissão de inquérito, com o intuito de precaver o governo da descoberta.

Tancredo teve de se explicar. Justificou que cumpria o dever de informar o chefe do Gabinete Militar. Ao final da reunião com o coronel Adil de Oliveira, tinha passado à sala contígua para telefonar a ele. Ao aproximar-se do aparelho, Tancredo pegou sua agenda no bolso para certificar-se do número do general Caiado de Castro. A sala estava escura. Não conseguiu ler suas anotações. O coronel da Aeronáutica Lino Teixeira fez a gentileza de procurar na agenda de endereços telefônicos o número do aparelho do chefe do Gabinete Militar da Presidência.

Caiado de Castro confirmou o depoimento:

Às 4h10, fui despertado em minha residência por telefonema do ministro da Justiça. Dizia que o motorista citava o nome de um dos participantes do atentado. Perguntei-lhe automaticamente:

— Quem é?

— Não sei — respondeu-me. — Parece tratar-se de um elemento da guarda do Palácio. O nome é Climério.[125]

Tancredo justificou seu procedimento por escrito nos dias seguintes.[126]

O general Caiado de Castro cruzou os portões do Catete às 4h50, como ficou anotado no registro de entrada e saída de carros. Aguardou o major Ene Garcez, chefe do serviço de Segurança do Catete, para que convocasse à sua presença Gregório Fortunato, chefe da Guarda Pessoal. Às 5h20, Tancredo ligou novamente para o general, afirmando que rumava para o gabinete dele em companhia do ministro Nero Moura e dos membros da comissão de inquérito. Caiado de Castro narrou o conteúdo do novo telefonema: "Perguntei-lhe se havia confirmação de tratar-se de um elemento da guarda e qual seria seu nome. Declarou-me que o nome era Climério". Mal encerrou a chamada, dirigiu-se ao major Ene e a Gregório, que já havia chegado:

— Vocês conhecem aqui alguém com o nome de Climério?[127]

Ao que Gregório respondeu:

— Há um investigador, à disposição do Palácio, trabalhando no serviço externo, com esse nome.

— Temos que apanhar este homem de qualquer maneira — inquietou-se o general.

O chefe do Serviço de Pessoal do Catete e o chefe da Guarda Presidencial afirmaram desconhecer o endereço do subordinado. Às 5h30, o servidor João Valente, que exerce na prática a chefia da Guarda em razão da saúde debilitada de Gregório, admitiu que Climério residia próximo ao Palácio. Não sabia o endereço exato. Lembrou, no entanto, que deveria constar no fichário que possuía. Encontrou ali o telefone da casa de Climério. Gregório prontificou-se a ligar para convocá-lo à presença do general. A forma como relatou o resultado do telefonema foi assim narrada pelo *Diário de Notícias*: "Telefonei. A comadre me contou que o compadre não estava em casa não".[128] Mais tarde descobriu-se que, em vez de chamar Climério, Gregório aconselhou que ele e o pistoleiro Alcino João do Nascimento, autor do atentado da rua Tonelero, fugissem.

O automóvel de Tancredo deu entrada no palácio às 5h35. Mais de duas horas depois, Vargas desceu do segundo pavimento do Catete para o piso térreo, onde se encontrava a comissão. Informou-se dos fatos. Anos mais tarde, Tancredo recordava-se: "Perto das oito horas, narrei as ocorrências. Tomado de grande indignação, disse-me uma frase que guardo na memória: 'Esse tiro que acertou o major Vaz acertou-me também pelas costas'".[129]

O coronel Adil ouviu de Vargas:

— É de estarrecer. Estamos num mar de lama. E agora, coronel, o que me aconselha a fazer?

As palavras citadas pelo coronel foram exatamente as palavras que Oswaldo Aranha ouvira de Vargas dias depois — e das quais Lacerda se apropriaria — para qualificar o governo vigente. Em seguida, ouviu o presidente repetir seguidas vezes:

— Traição! Traição! Traição!

Espraiou-se a imagem de que o governo era um "mar de lama". Na conversa com o ministro Oswaldo Aranha, o presidente usara os termos ao se deparar com ilegalidades cometidas pelo próprio filho, beneficiário de venda de terreno a Gregório Fortunato, que conseguira o dinheiro por meio de empréstimo num banco público, avalizado por João Goulart: "Debaixo do Catete há um mar de lama",[130] queixou-se.

Aos integrantes da comissão que apurava o atentado da Tonelero, Vargas reforçou que teriam amplos poderes para investigar até as suspeitas que sobre ele pairassem.[131] Deu-lhes acesso a todos os arquivos e papéis que Gregório guardava em sua suíte no Palácio do Catete. Forneceu ao coronel Adil o número de seu telefone particular.

No dia seguinte, domingo, 8 de agosto, Gregório Fortunato encontrou-se com Benjamim Vargas, o irmão do presidente, no acostamento da estrada Rio-Petrópolis. Abriu-se como quem se confessava a um padre: mandara Climério eliminar Lacerda. Benjamim voltou para o Palácio do Catete e omitiu do presidente o que ouvira.[132]

A semana começaria sem sinais de arrefecimento político. Os jornalistas questionaram Tancredo sobre a possibilidade de renúncia de Vargas. "Os senhores parecem desconhecer o presidente. O senhor Getúlio só deixará o governo em três hipóteses: revolução, morte ou término do mandato", respondeu.[133]

Em 12 de agosto, o ministro da Aeronáutica, força a que pertencia o oficial assassinado na rua Tonelero, autorizou a instauração de um Inquérito Policial Militar. As investigações em curso foram centralizadas na Base Aérea do Galeão. Tancredo Neves concedeu à Aeronáutica autorização para efetuar prisões, e tamanha foi a autonomia com que a comissão passou a atuar na condução do inquérito, que passou a ser chamada de República do Galeão. Em oito dias, realizou 140 diligências.[134] Tancredo se arrependeria de ter colaborado no fortalecimento da comissão, seguindo instruções de Vargas. "Eu não gostei da decisão do presidente e do general Caiado de Castro, abrindo o Catete à devassa da Comissão de Inquérito do Galeão. Achei uma fraqueza", afirmou, 25 anos depois.[135]

A ação avassaladora dos militares levou à demissão do chefe da polícia, Moraes Âncora. Na posse do novo titular, coronel Paulo Francisco Torres, os jornais registraram que a mudança fora feita, aparentemente, à revelia do ministro da Justiça. Um detalhe da transmissão de cargo, comandada por Tancredo, foi maldosamente interpretado. Com os participantes reunidos em seu gabinete, Tancredo virou-se para o ministro da Guerra, Zenóbio da Costa, e perguntou: "Podemos começar, general?".[136]

Preocupado com o envolvimento de pessoas próximas a Vargas com o crime, Tancredo sugeriu-lhe medida radical em 9 de agosto. "Fui ao presidente e sugeri a extinção da guarda pessoal. O presidente resistiu, porém acabou cedendo aos meus argumentos e autorizou a extinção da guarda", contou Tancredo.[137]

Em 13 de agosto, no Congresso, o líder da minoria, Afonso Arinos, fez um pronunciamento indignado: "Cumprindo meu dever de brasileiro, digo ao povo do Brasil que existe no governo deste país uma malta de criminosos".

Em 14 de agosto, o secretário da guarda presidencial, João Valente de Sousa, confessou que, após receber ordens de Gregório, facilitara a fuga de Climério e Alcino.

Assim como no dia do atentado a Lacerda, o pistoleiro Alcino João do Nascimento, após ser identificado, usou um táxi na fuga. Os militares localizaram o motorista ao receberem a dica. Em 13 de agosto, Alcino foi preso. Confessou que recebera 50 mil cruzeiros de Climério para matar Lacerda.

Vargas estava em Belo Horizonte, onde participou da inauguração da siderúrgica Mannesmann. O ministro da Justiça chegou a sugerir que cancelasse a viagem. "Amigos do presidente desaconselhavam que ele deixasse o Rio. Telefonei para JK. O presidente vai ter a maior recepção da vida dele, assegurou-me." Mudando de posição, Tancredo reforçou com Vargas: "O senhor não pode deixar de ir a Minas". O presidente respondeu: "Eu vou, mas você fica". Em discurso em Belo Horizonte, afirmou: "Espalhando o gérmen da discórdia, procurando subverter a força e o prestígio da autoridade, falseando os fatos e fantasiando as intenções, há um propósito de gerar a confusão pela mentira, para levar o país à desordem, ao caos e à anarquia".

Vargas passou a noite no Palácio das Mangabeiras, residência oficial do governo de Minas. Fica no alto do bairro de mesmo nome, muito arborizado. Naquela noite, ventava forte. As vidraças sacudiam. Tancredo ouviu o relato da noite do presidente lá: "Por duas ou três vezes, chamou o mordomo Geraldo: O que está havendo aí? É a ventania, ouviu como resposta".[138] Numa dessas vezes, o mordomo encontrou Vargas ajoelhado. Rezando.

— Geraldo contou que continuou a ouvir ruídos no quarto do presidente. Subiu. Chegando lá o encontrou recostado na parte traseira da cama. Murmurava, com os lábios em movimento, palavras que lhe pareceram uma oração — detalhou Tancredo.[139] Duas décadas depois, o mordomo morreria no acidente de carro que também matou JK.

Na noite da sexta-feira, 13 de agosto de 1954, após o regresso de Belo Horizonte, no Palácio do Catete, o ajudante de ordens de Getúlio Vargas, o major da Aeronáutica Hernani Fittipaldi, encontrou sobre sua mesa de trabalho um bilhete escrito no bloco de papel timbrado da presidência da República. O manuscrito a lápis tinha os seguintes dizeres: "Levo o pesar de não haver podido fazer, por este bom e generoso povo brasileiro, e principalmente pelos mais necessitados, todo o bem que pretendia".

O major passou o manuscrito a Alzira. A filha de Vargas relevou a importância do bilhete, porque tinha um precedente. "Em 1945, pouco antes de sua deposição, papai me entregou um envelope fechado com ordens de só abri-lo se alguma coisa lhe sucedesse. Obedeci. Jamais abri este envelope. Pedi, por isso mesmo, ao ajudante de ordens, que repusesse o bilhete onde o havia encontrado e deixasse o resto aos meus cuidados", rememorou ela, uma semana depois do suicídio.[140]

Alzira cobrou do pai uma explicação: "Não é o que tu estás pensando", respondeu Vargas. Em seguida, descartou a renúncia, porque não lhe seria assegurada a paz para si ou para os brasileiros. "Daqui só sairei morto." Alzira afirmou que todos estavam dispostos a lutar com ele. "Não quero o sacrifício de ninguém", ouviu.[141]

"Alzira me deu a notícia da existência do bilhete. A primeira ideia que me ocorreu foi de que o presidente tinha mesmo a ideia da autodestruição. A própria Alzira me tranquilizou, dizendo que ele fizera aquilo admitindo a hipótese de tombar durante a resistência", recordou-se Tancredo.[142]

Climério Eurides de Almeida, o investigador de polícia que trabalhava na guarda pessoal de Vargas, foi preso em Tinguá, no interior do estado do Rio. Estava escondido em um bananal na serra do Couto. A operação para localizá-lo mobilizou duzentos militares, cinquenta viaturas, dez aviões e dois helicópteros. Comandou a caçada o coronel Délio Jardim de Mattos, que chegaria ao posto de ministro da Aeronáutica no governo Figueiredo, à época da transição para o regime civil.

Coube ao lavrador Oscar Domingos de Souza apontar onde se escondia Climério. Estava exausto e faminto. "Fui traído por aqueles de quem mais esperava", lamentou Climério.[143] Tinha consigo 35 mil cruzeiros, em cédulas da mesma série daquelas encontradas em poder de Gregório (225 mil cruzeiros) e de Alcino (7 mil). Quem mandou matar foi mesmo Gregório Fortunato, admitiu Climério. O ministro da Aeronáutica, Nero Moura, demitiu-se.

Gregório Fortunato foi preso em 15 de agosto. "Ele agiu por suas paixões e por seus interesses", definiu Samuel Wainer trinta anos depois.[144] A imprensa revelou negociatas e compras suspeitas de Gregório, incluindo uma fazenda adquirida da família do presidente. Papéis em seu arquivo comprovavam tráfico de influência e suborno de funcionários públicos para obter licenças de importação.[145] Em valores atuais, Gregório acumulou patrimônio de mais de 30 milhões de reais.

Lacerda acreditava que Benjamim Vargas era o mandante do crime.[146] Um dos majores da Aeronáutica contou com o apoio de Lacerda num estratagema para que Gregório confessasse. Alguns poucos exemplares da *Tribuna da Imprensa*, de Lacerda, foram rodados com a seguinte manchete fictícia: "Bejo Vargas foge para Montevidéu, abandonando os seus amigos na hora do perigo". Um exemplar foi deixado próximo de Gregório, para que lesse. Ele desabou em choro. "Aí começou a contar. Mas nunca aceitou incriminar Bejo Vargas. Sempre sustentou que Getúlio não sabia e que Bejo só tinha sabido depois. Foi leal a eles até o fim", reconheceu Lacerda.[147] Ao final do inquérito, Gregório foi condenado a 25 anos de prisão. Climério e Alcino, a 33 anos. O motorista do táxi que os levou na fuga recebeu pena de onze anos.

Em 22 de agosto, os oficiais da Aeronáutica se reuniram para ouvir o relatório do Inquérito Policial Militar. Chocados com as revelações, concordaram com a afirmação do brigadeiro Eduardo Gomes de que Vargas tinha de renunciar. Um documento assinado por trinta brigadeiros exigia a renúncia. Almirantes e generais produziram documentos semelhantes na Marinha e no Exército.

Com a sublevação se ampliando nas três forças militares, o ministro da Justiça preparou uma exposição de motivos para a decretação do estado de sítio. Levou-a ao presidente, que a recusou. "Bastava só a mensagem de estado de sítio chegar ao Congresso que mudava o ambiente", recordou-se Tancredo anos mais tarde.[148] Sugeriu então que adotasse medidas drásticas de represália. Entre apreensivo e resignado, Vargas respondeu pausadamente, como era de seu feitio:

— Fui ditador, pesado encargo a que me impôs a Nação para evitar a sua desagregação e luta fratricida. Agora a situação é outra. Sou o presidente constitucional. Determino que a Constituição e as leis sejam rigorosamente cumpridas, quaisquer que sejam as consequências.[149]

O marechal Mascarenhas de Moraes, chefe do Estado-Maior, levou cópias dos manifestos dos oficiais militares a Vargas: "Ainda que me veja abandonado pela Marinha, pelo Exército e pela Aeronáutica e pelos meus próprios amigos, eu resistirei sozinho. Já vivi muito. Agora posso morrer. Nunca darei, entretanto, uma demonstração de pusilanimidade", prometeu o presidente.[150] Depois do encontro, o irmão de Vargas viu-o curvado sobre a mesa, examinando um papel. Vargas esclareceu que era um documento político em que vinha trabalhando havia dias, em conjunto com o jornalista José Soares Maciel Filho, redator de seus discursos.

Na tarde de 23 de agosto, Tancredo Neves despachava com Vargas no gabinete presidencial. Foram interrompidos pela entrada de Alzira Vargas. Tinha em mãos algumas folhas mimeografadas. Eram cópias do discurso que o vice-presidente Café Filho pronunciava naquele instante no Senado. Alzira recebera os papéis das mãos de um senador e os trouxera, antes mesmo de ler, ao pai.[151] "O presidente deu-me o discurso e pediu que o lesse em voz alta. Eu sentia que, à medida que prosseguia a leitura, ele ia se tomando de indignação, apesar de sopitar sua reação", contou Tancredo.[152]

No discurso, Café Filho propunha a renúncia do presidente e do vice-presidente da República em conjunto. Caberia ao Congresso escolher, em trinta dias, um novo presidente para o término do mandato. Dizia que fizera a proposta a Vargas, em encontro no sábado, dia 21. "O excelentíssimo senhor doutor Getúlio Vargas ficaria à vontade para encaminhar essa solução. Não haveria o cunho de uma substituição imposta por adversários políticos. Ambos daríamos uma demonstração de espírito público, colocando a nação diante de uma situação nova, permitindo uma solução alta, isenta de qualquer mácula de origem."[153]

Ao concluir a leitura, Vargas voltou-se para Tancredo:

— O vice-presidente disse a mim, há dois dias, que hipotecava sua solidariedade, ratificando seu apoio. E faz um discurso desses pedindo a minha renúncia, sem me ouvir.

— Conheço bem o vice-presidente. Ele não tomaria uma atitude dessas só por motivos políticos. Deve estar militarmente muito bem apoiado para uma decisão dessas — avaliou Tancredo, sem deixar de notar a expressão de surpresa na face de Vargas.

— Vamos ver o que vai se seguir — procurou encerrar o presidente.

— O senhor tem de preparar uma resposta de hoje para amanhã, ou senão uma hoje mesmo: se o senhor vai aceitar ou não um apelo para a renúncia abrupta — contestou o ministro da Justiça.

— Não posso aceitar este apelo, porque me coloca diante de um fato consumado. Não dão o direito de opção. Já mostrei, mais de uma vez, que não tenho apego ao cargo. Mas não posso sair do governo enxovalhado, com essa pecha de condescendência com o roubo e o homicídio. Tenho de ficar enquanto for necessário, para defender meu nome — respondeu o presidente.[154]

Naquele dia os quartéis entraram em prontidão. Aumentaram as adesões aos sucessivos manifestos de brigadeiros, almirantes e generais pedindo a renúncia ou a deposição de Vargas. O presidente enfrentava seu momento mais tenso. Estava destroçado emocionalmente, após ouvir do filho, Maneco Vargas, que de fato havia vendido uma fazenda da família para um testa de ferro de Gregório Fortunato. "Ele sofreu um abalo psíquico muito grande", disse Tancredo.[155]

O presidente convocou sua primeira reunião ministerial durante a crise, em 23 de agosto. "Ele decidiu às cinco horas da tarde convocar o ministério por sugestão minha. A reunião foi marcada para as nove da noite no Catete", afirmou Tancredo.[156]

O encontro sofreu atraso. Passava da meia-noite quando o ministro da Guerra, Zenóbio da Costa, e o marechal Mascarenhas de Moraes se dirigiram ao segundo andar do Palácio do Catete. Os ministros da Justiça, Tancredo Neves, e da Fazenda, Oswaldo Aranha, juntaram-se à conversa no gabinete presidencial. Vargas abriu uma gaveta, de onde retirou alguns papéis: a primeira de três cópias da carta-testamento, saber-se-ia mais tarde. Assinou-a, dobrou-a e a pôs no bolso. Lourival Fontes, chefe do Gabinete Civil de Vargas, precisou o horário da assinatura: "Eu, Oswaldo Aranha e Tancredo Neves vimos quando o presidente Vargas assinou em 23 de agosto, às 23h30".[157]

"O presidente pegou uma caneta-tinteiro que estava em cima da mesa dele e me entregou. Não dei a menor importância. Tinha a reunião ministerial", declarou Tancredo.[158] A caneta era um modelo Parker 51, folheada a ouro, fabricada no Japão. "Guarda isto como lembrança destes dias. Não te preocupes, tudo vai acabar bem", minimizou Vargas a Tancredo. A caneta hoje está no Memorial Tancredo Neves, em São João del-Rei. É possível que Vargas tenha assinado as outras cópias da carta-testamento com caneta com pena de metal, a preferida no uso diário, como Tancredo acreditava.

Alzira e o marido dela, o governador do estado do Rio de Janeiro, Ernâni do Amaral Peixoto, foram chamar Vargas para iniciar a reunião ministerial. Estavam todos a postos. Viram Vargas assinar outro papel — a segunda cópia da carta-testamento, sem que tivessem conhecimento da primeira. Vargas mandou chamar João Goulart, que deveria partir para o Rio Grande do Sul horas mais tarde. Entregou uma das cartas a Jango, pedindo que só a abrisse ao chegar a seu destino. "Guarda isso", ouviu Alzira, quando Vargas entregou o documento a Goulart.[159] A terceira carta Vargas colocaria no cofre e só seria descoberta por Alzira após sua morte.

Eram três horas quando o presidente determinou: "Podemos descer para a reunião". Seguiram do segundo andar para o térreo do Palácio do Catete. Vargas entrou no apertado elevador fumando um charuto.

Sentou-se à cabeceira da mesa de reuniões. À direita, tinha Oswaldo Aranha; à esquerda, Tancredo Neves. Vargas perguntou a cada um dos onze ministros presentes o que deveria ser feito. O ministro da Guerra, Zenóbio da Costa, afirmou que a maioria dos oficiais supostamente sob seu comando não obedeceria a eventual ordem para que entrasse em confronto com tropas da Aeronáutica e da Marinha, as mais alvoraçadas no pedido de saída do presidente. Contabilizou que 37 dos oitenta generais haviam assinado manifesto de apoio aos brigadeiros e contra Vargas. Ressaltou que, se o presidente assim determinasse, repassaria a ordem aos comandados. Mostrou-se inseguro sobre o que resultaria de seu comando. Advertiu: "Haverá derramamento de sangue, muito sangue".[160] Os ministros da Aeronáutica e da Marinha mostraram-se impotentes para modificar o espírito das suas tropas.

Alzira Vargas entrava na reunião, quando um assessor quis avisar Tancredo de que o governador JK estava ao telefone. "O ministro Tancredo não pode sair. Neste momento, está em reunião. Avise a ele para telefonar mais tarde", dispensou ela. Ao chegar à mesa principal, passou um bilhete para Tancredo com o aviso do telefonema e uma palavra ao final: "Resista".[161]

O ministro da Justiça, detentor da pasta mais antiga, foi o primeiro civil a se manifestar. Defendeu a permanência do presidente. Pediu aos ministros militares que dessem demonstração mais vigorosa de colaboração com o governo.

> Eu propus reunir a resistência, dizendo que não era possível que mais uma vez procurassem ludibriar o povo brasileiro por meio de um golpe de cúpula. Devíamos ir à resistência com as tropas fiéis ao presidente, com os ministros e com os amigos que quisessem resistir com ele. Se fôssemos levados ao sacrifício, esse sacrifício seria um protesto eterno contra aqueles que não queriam ver o país inteiro numa ordem democrática justa, humana. Ele aplaudiu e baixou a cabeça.[162]

Os demais ministros se pronunciaram um a um. Alguns em favor da renúncia, outros deixando a decisão para o próprio Vargas. Tancredo retomou a palavra. Propôs que fossem ouvidos os parlamentares e os governadores a respeito da melhor decisão a tomar. Queria ganhar tempo. A consulta foi rechaçada por falta de base constitucional.

A sugestão para que o presidente se licenciasse veio do genro Amaral Peixoto. Houve menções de apoio. Vargas aceitou-a. Encerrou a reunião: "Se os senhores não decidem, eu vou decidir. Minhas recomendações são no sentido de que a ordem seja mantida, resguardada a tranquilidade do povo brasileiro e respeitada a Constituição. Se os insubordinados quiserem me impor violência, daqui levarão apenas o meu cadáver".[163]

Tancredo Neves incumbiu-se de redigir a nota em que Vargas anunciaria ao país sua licença do cargo por noventa dias. Contou com a assessoria do ministro da Fazenda, Oswaldo Aranha. Ao terminarem, foram ao segundo andar mostrar o texto final ao presidente. Vargas já tinha se recolhido. Alzira leu. "Esta palavra está errada. Não foi isso o que ele disse", apontou. Alzira nunca se recordou com qual palavra implicara. Os ministros pediram que a filha levasse o texto ao pai. Alzira reproduziu o diálogo:

— Papai, a nota não está certa.
— Não amola, me deixa dormir. Não quero saber.
— Posso corrigir?
— Não me amola. Diga a eles que estou dormindo.[164]

Alzira resumiu o diálogo dizendo que, se os ministros estivessem de acordo, a nota podia ser divulgada como estava. Recordou-se de ter ouvido de Oswaldo Aranha: "Já salvamos o Brasil, agora precisamos salvar a vida do Getúlio".

À procura de notícia, dois jovens jornalistas davam passos perdidos na calçada paralela à fachada do Palácio do Catete. Era alta madrugada. Janio de Freitas e Armando Nogueira observavam os ocupantes dos carros que entravam e saíam do palácio, valendo-se de que a Polícia do Exército proibira a parada de curiosos, sem incomodar-se com os que apenas passavam pela faixa isolada. Já era quase dia quando Freitas e Nogueira viram que o portão do palácio ficara meio aberto. Arriscaram uma arrancada para entrar. Deu certo. Só na sala de estar do térreo viram alguém. Sentado em uma das poltronas avermelhadas, uma perna sobre o braço da poltrona, a testa apoiada em alguns dedos e voltada para o chão, Tancredo estava desolado e só. "Ministro da Justiça, o mais moço do ministério, Tancredo Neves nos mostrava muito mais do que nos dizia: a situação continuava muito difícil, a reunião do presidente com os generais não foi conclusiva", relatou Janio de Freitas.[165]

Às 4h45, as emissoras de rádio começaram a divulgar a nota:

> Deliberou o presidente Vargas, com integral solidariedade de seus ministros, entrar em licença, passando o governo a seu substituto legal, desde que seja mantida a ordem, respeitados os poderes constituídos, e honrados os compromissos solenemente assumidos perante a nação pelos oficiais generais das nossas Forças Armadas.

Em caso contrário, persistiria inabalável no seu propósito de defender as suas prerrogativas constitucionais com o sacrifício, se necessário, de sua própria vida.[166]

Anos mais tarde, Tancredo faria uma reflexão sobre esses momentos:

Até a última hora, a impressão que Vargas nos dava, a nós que conversávamos com ele, era do espírito de resistência. É verdade que já estava com a carta pronta. Quando hoje a gente lê a carta, percebe que ela tanto serve para justificar um suicídio quanto para justificar um gesto de bravura. A ideia do suicídio se implantou nele depois da reunião. Foi a decepção que os ministros militares lhe causaram.[167]

A caminho do escritório que mantinha no segundo andar, Vargas recusou o lanche que lhe foi oferecido. "Mais tarde", agradeceu o presidente ao garçom do palácio. Vestido com um pijama listrado, foi até a escrivaninha de trabalho, abriu a gaveta, pegou algo e voltou para o quarto. Já passavam das cinco horas.

Os acontecimentos se avolumaram ao alvorecer. Às seis horas, circulou a informação de que os integrantes da comissão de investigação da República do Galeão iriam interrogar Benjamim Vargas. Queriam fazê-lo de imediato, àquela hora. "Tu depores no Galeão a estas horas? Por quê?", questionou Vargas ao ser comunicado do fato pelo irmão, desaconselhando-o a comparecer.[168]

O ministro do Exército informou aos demais militares que a licença do presidente era em definitivo, e não de apenas três meses como oficialmente fora divulgado. Sabendo que o pai estava acordado, Alzira entrou no quarto. Queria sua autorização para que líderes militares fossem presos. Em especial, Juarez Távora e Eduardo Gomes, tarimbadas lideranças militares apontadas como mentores dos oficiais mais jovens. "Pode prender, porém não adianta. O Zenóbio já foi convidado para o Ministério da Guerra do Café", informou-lhe, pouco antes de pedir que o deixasse dormir.[169]

Às sete horas, Tancredo estava com Benjamim Vargas e o chefe da Casa Militar no pavimento térreo do Catete. Ouviram que a licença fora convertida em veto militar. O Palácio do Catete já estava protegido com trincheiras de sacos de areia. A possibilidade de guerra civil era considerada uma ameaça real. Benjamim foi comunicar a decisão a Vargas. "Quer dizer que estou deposto?" Pediu ao irmão que fosse confirmar a informação pessoalmente.

"Eram muito comuns os blefes. Eu recebia telefonemas, telegramas, me intimidando, dando prazo para largar ministério. Diziam que eu ia morrer explodido dentro do carro", contextualizou Tancredo.[170]

Vargas recolheu-se ao quarto. Dispensou o camareiro Barbosa, que estava pronto para seguir a rotina. Fazer-lhe a barba, ajudá-lo a vestir-se. Vargas alegou que ainda tentaria dormir.[171]

Benjamim voltou ao térreo do Catete para se atualizar sobre os desdobramentos da crise. Tancredo tomava café da manhã na sala do chefe do Gabinete Militar. Por volta das 8h30, ouviu um estampido. O capitão Hélio Dorneles, ajudante de ordens da presidência, chegou à sala em que estava Tancredo: "O presidente suicidou-se!".

Tancredo, Benjamim e Dorneles se apertaram no pequeno elevador interno do Catete. Rumaram ao quarto do presidente, no último andar. Relatou Tancredo:[172]

> Ele estava com meio corpo para fora da cama, um borbulhão de sangue saindo pelo coração. Segurou ainda a minha mão, quando Alzira e eu colocamos o seu corpo no leito. Procuramos acomodá-lo para lhe dar mais conforto. E ele, ainda vivo, lançou um olhar assim... circunvagante, procurando alguém, até que em certo momento ele identificou Alzira. Nela se fixou. E morreu.

Tancredo classificou o momento como o "de maior emoção" de sua vida pública. "Lembro-me bem do Benjamim dizendo no telefone para Zenóbio: 'Venha ver aqui a sua obra.'"[173]

Tancredo avaliou que o assassinato do major Vaz fora o elemento que faltava para sensibilizar as Forças Armadas contra o governo. Defendeu, sem sucesso, a prisão dos militares que assinaram manifesto pela saída do presidente.

> O atentado da rua Tonelero ainda não está bem explicado. É meridianamente claro que ele não servia aos interesses do governo Vargas. Instala-se o inquérito do Galeão, com a indisciplina lavrando a Força Aérea. Quando o coronel Adil de Oliveira declara que a família de Vargas não estava envolvida no incidente, os brigadeiros se reúnem e fazem seu famoso manifesto contra o presidente. Como seu ministro da Justiça, cumpria-me defender-lhe as prerrogativas constitucionais de autoridade. Sugeri que os signatários do manifesto fossem colocados em prisão

domiciliar, como medida que viesse a esmorecer o movimento de indisciplina, impedindo-o de alastrar-se para as outras armas.[174]

Tancredo rememorou que o general Zenóbio da Costa, ministro da Guerra, não dava importância ao movimento da Aeronáutica. Quando o advertiu que oficiais do Exército poderiam solidarizar-se com eles, ouviu:

— O papelório não tem importância. O que puser a cabeça de fora terá que ajustar contas comigo.

E concluiu: "O resto é conhecido. Vargas, ao saber que Zenóbio garantira a seus companheiros de farda o seu afastamento definitivo, e não sua licença temporária, matou-se".

O jornalista Janio de Freitas viveu o amanhecer enlouquecido da cidade. A *Tribuna da Imprensa*, de Lacerda, foi empastelada. A redação de *O Globo* foi atacada, carros do jornal foram destruídos. O *Jornal do Commercio* teve sua oficina invadida. Vários dos dezessete jornais da capital foram alvo da massa. Lojas, portarias, ônibus, bondes, automóveis, carros da polícia em fuga, a Câmara dos Deputados e o Senado, as cercanias dos guarnecidos ministérios do Exército e da Marinha, a embaixada dos Estados Unidos. Nada escapava da fúria da turba.

"No dia 23, o Brasil estava endoidecido de ódio a Getúlio. No dia 24, enlouquecido de paixão e saudade. Uma reversão assim súbita, generalizada e radical da opinião coletiva, de um extremo ao seu exato oposto, por certo é um fenômeno que não merecia o descaso dos pagos para pesquisar e estudar o Brasil", escreveu Freitas, sessenta anos depois.

Tancredo reavaliou os fatos, em entrevista em 1955: "Foi Juarez Távora o autor intelectual do movimento que teve desfecho com a morte do presidente. Foi ele quem deu execução, nos meios militares e políticos, auxiliado pelo jornalista Carlos Lacerda, ao plano maquiavélico que criou o ambiente de ódio, levando Getúlio Vargas ao ato de desespero".[175]

Juarez Távora participou da Força Expedicionária Brasileira que combateu na Segunda Guerra Mundial. Com sua experiência, foi alçado à patente de general em 1946 e tornou-se uma das vozes mais importantes das Forças Armadas. Em 1954, como vice-presidente do Clube Militar, comandava a pressão para que Vargas renunciasse. Com o suicídio, tornou-se chefe do Gabinete Militar do presidente Café Filho. Foi lançado candidato a presidente da República em 1955, tendo sido batido por Juscelino Kubitschek, herdeiro do varguismo. Távora acabou derrotado pela carta-testamento daquele que tirara do poder.

Tancredo reassumiu seu mandato na Câmara no dia 30 de agosto. Esperou mais de um mês para se manifestar sobre os acontecimentos.[176] Recusou-se a dar mais um "depoimento pessoal", entre tantos já divulgados sobre a morte do presidente. Lembrou que a mobilização contra Vargas começara antes mesmo da posse, com o lançamento de teses como a de que era inelegível ou de que não atingira a maioria absoluta dos votos no pleito. "Duas teses espúrias que não resistiram à própria fraqueza", resumiu. Citou crises como a provocada pela correspondência entre Vargas e Perón, com suposta aliança para a criação de repúblicas sindicalistas, e a morte do repórter do jornal *A Noite* como pretextos para deflagrar movimentos que levassem ao afastamento de Vargas.

Pretextos que desaguaram na abertura do processo de impeachment. "No terreno seguro dos meios democráticos, Getúlio Vargas infligiu aos seus adversários calamitosa e desalentadora derrota, com os próprios deputados do partido oposicionista votando contra o descabelado processo de impeachment."

Tancredo afirmou que os opositores de Vargas viram a oportunidade de atingir-lhe com o atentado da Tonelero. O ex-ministro da Justiça apontou uma "orgia histérica de certa imprensa" ao tomar a morte do major Vaz como forma de urdir um plano de derrubada do governo. Citou a serenidade de Vargas ao conceder todas as facilidades para a apuração do crime. "Entregou as investigações àqueles que mais se encarniçavam em inculpá-lo e abriu as portas de sua residência oficial ao torvo Santo Ofício da conspiração."

Discursou dizendo ter havido um plano friamente tratado para a derrubada do governo, "no desfecho tipicamente latino-americano" de uma crise política. "Somente a grandeza do sacrifício de Getúlio Vargas pôde dar ao desenlace, tão caracteristicamente *Banana Republic*, foros de legitimidade."

Os interesses financeiros internacionais encontraram um aliado vigoroso no "desalmado" capitalismo brasileiro. Segundo ele, as medidas de Getúlio a favor do operariado angariaram a hostilidade dos "homens de fortuna", que não se contentavam com os assombrosos lucros já obtidos.

Criticou a "imprensa conservadora" como "máquina da agitação da opinião pública amalgamada no ódio" contra Vargas. "Por trás de tudo isso e acima de tudo isso, agia um grupo de notórios representantes do capital estrangeiro, de ricaços interessados em salvaguardar suas gordas fontes de lucro em divisas."

Tancredo Neves e Getúlio Vargas em encontro com autoridade militar no Palácio do Catete (entre 26 de junho e 23 de agosto de 1954/Acervo Fundação Getulio Vargas – Cpdoc).

Acusou "homens de grande valor intelectual, nomes de repercussão nacional", que se lançaram aos "trinta dinheiros da traição", como os conspiradores e responsáveis pela morte de Vargas. "Esses tristes inconfidentes da traição e da morte tinham em mãos todos os cordões que movimentaram os títeres da implacável conspiração. É digno de nota que entre eles figuraram até mesmo antigos ministros de Vargas."

Ressaltou a correção do presidente durante as investigações. Para ele, era evidente que se o presidente Vargas suspeitasse que o arquivo de Gregório Fortunato continha papéis comprometedores, poderia tê-los destruído. Para isso teve muito tempo. Mas não foi o que aconteceu. Vargas abriu as portas ao inquérito do Galeão, prova maior de sua boa-fé e inocência.

Para Tancredo, o grande traidor fora Café Filho, o vice-presidente da República que não poderia ter renunciado ao que não tinha. Tancredo analisou da seguinte forma o discurso do vice que emparedara Vargas: "O único objetivo do discurso, verdadeiro beijo de Judas na melancólica trama, era expor à nação o senhor Getúlio Vargas como um ser insensível e egoísta, como um político agarrado ao cargo, sem ouvidos para o clamor do povo e para os perigos que ameaçavam a nossa pátria com uma autêntica guerra ci-

Tancredo Neves em frente ao Palácio do Planalto (24 de setembro de 1979/Acervo Fundação Getulio Vargas – Cpdoc).

vil". Encerrou de modo épico: "Getúlio Vargas está morto, mas o povo, que é o herdeiro de sua causa, julgará por ele os vendilhões da pátria e os falsos profetas da salvação nacional. [...] Será sua morte o marco da redenção de todo um grande povo".

Com o passar do tempo, Tancredo pôde delinear o impacto do suicídio sobre a política nacional. Gostava da imagem de que "a camisa ensanguentada" de Abraham Lincoln havia feito sete presidentes da República nos Estados Unidos.[177]

> Acho que o suicídio teve realmente como consequência a eleição de Juscelino. O suicídio também adiou 64. Se não fosse o suicídio de Vargas 54 já seria 64. Você verifica: as lideranças de 64 são as mesmas lideranças de 54. Com os mesmos objetivos. Sessenta e quatro foi uma revolução de direita, uma revolução conservadora, uma revolução nitidamente pró-americana, feita inclusive com a participação deles, americanos, que já tinham participado em 54. Para mim, esse é o aspecto mais importante do suicídio de Vargas.[178]

Tancredo nunca mais esqueceria quão trágicas podem ser as crises militares. Aprendeu que o mais seguro é não permitir seu surgimento. Se surgirem, que não se permita que encorpem. Caso se encorpem, que não as negligencie. Porque serão o fim.

PARTE DOIS

3. A linhagem dos Neves se estabelece

Às ilhas se chegava, das ilhas se partia. Perdidas em meio ao oceano Atlântico, as nove ilhas que compõem os Açores eram fonte de mão de obra militar e agrícola enviada ao Brasil desde o século XVI. A região autônoma de Portugal havia sido povoada por emigrados do continente europeu cem anos antes do desembarque em terras brasileiras.

Historiadores calculam que mais de 25 mil pessoas tenham se mudado das ilhas para o Brasil à época da colonização.[179] Muitos dos deslocamentos eram feitos de maneira compulsória, por ordem e força da coroa portuguesa.

No começo do século XIX, Portugal mudou de estratégia. Lançava avisos por entre os povoados da ilha, convidando açorianos a se estabelecer no Brasil. A dificuldade de obtenção de emprego, a agricultura limitada e o vulcão em atividade na ilha do Pico levaram milhares de açorianos a atender ao chamado. José António das Neves (1779-1863), nascido na ilha Terceira, na época a mais importante do arquipélago dos Açores, aceitou o convite. Trocou a Freguesia de Santa Bárbara do Bispado de Angra[180] pelo Brasil. À chegada, estabeleceria a linhagem que, na quarta geração aqui nascida, cederia um dos seus à galeria dos presidentes da República.

José António era filho de Brás Ferreira das Neves e Maria Josefa do Coração de Jesus. O pai nascera em 1746, na Prainha do Norte, na ilha do Pico, região açoriana. A mãe, na ilha Terceira. Ao mudar-se, José António seguia os antepassados. Os registros de emigrantes dos Açores mostram que o primeiro Ferreira das Neves embarcou para o Brasil em 1781. A família Coração de Jesus enviara o primeiro de seus membros em 1776.[181] José António emigrou em 1794. Chegou com promessa de emprego garantido: ouvidor-mor da coroa portuguesa na comarca de Rio das Mortes,[182] origem da futura cidade de São João del-Rei.

Terceira, a terra natal de José António, é conhecida hoje como a ilha Lilás. O caminhar por suas estradas é margeado por hortênsias. A cidade de Angra do Heroísmo é o coração perfumado da ilha. A rede de ruas e estradas é um monumento, adornado por dezenas de capelas que testemunham a devoção ao Espírito Santo. Dona de majestosas construções arquitetônicas, como a Sé Catedral e o Convento de São Francisco, Angra do Heroísmo foi tombada como patrimônio da humanidade desde 1983. Três anos antes, fora devastada por um terremoto que destruiu a maior parte das habitações da ilha. No século XXI, atingiu 60 mil moradores em território equivalente a uma pequena cidade brasileira como Bento Gonçalves. A capital brasileira do vinho possui o dobro de habitantes em área semelhante à de Angra. Parte das primeiras viníferas trazidas para o Brasil tinham origem nos Açores.

Tendo sido enviado para Minas Gerais, José António das Neves adaptou-se às terras da colônia portuguesa. Casou-se, aos 25 anos, com Ana Luiza Correa de Lacerda Chaves. A cerimônia ocorreu em 29 de outubro de 1804, em Baependi, no sul do estado. A noiva era herdeira da fazenda São Lourenço das Gerais da Mantiqueira, instalada na região. Ana Luiza, filha do capitão Leonardo João Chaves e de Leonarda Luísa de Lacerda, era brasileira de várias gerações e descendente do bandeirante Fernão Dias Paes.[183] A família rica da noiva alavancou o casamento em sua fase inicial.

O senador Estevão Ribeiro de Rezende, o barão de Valença, por ordem do imperador Pedro I, concedeu a José António o Hábito da Ordem de Cristo. A partir de 1825, este passaria a ser conhecido como comendador.[184]

Alguns anos depois, o casal já tinha casa montada na comarca de São João del-Rei, no sudeste de Minas, a mais populosa da região. O povoado surgiu em 1704, como Arraial Novo Rio das Mortes, crescendo no entorno das minas de ouro. Para homenagear d. João V, rei de Portugal, o arraial tornou-se, em 1713, Vila de São João del Rey, vizinha à Vila de São José del Rey, mais tarde Tiradentes. As riquezas minerais expandiram o comércio. Com essa força, viria a se tornar cidade em 1838.

A abundância aurífera refletiu-se nas igrejas que começaram a ser construídas no estilo barroco, a partir do século XVIII. Ornamentos em ouro marcam igrejas como a catedral-basílica do Pilar (1721), Rosário (1720), Carmo (1732-1759), São Francisco de Assis (1749) e Mercês e Bonfim (1769).

José António das Neves apeou-se em Minas Gerais em época turbulenta. A Inconfidência Mineira havia se levantado em 1789, alguns poucos anos antes de sua chegada. Moradores de São João del-Rei, São José del-Rei (atual Tiradentes) e Vila Rica (atual Ouro Preto) uniram-se contra a coroa portuguesa. Reclamavam a liberdade que lhes livraria das altas taxas de impostos cobrados por Portugal. Se a rebelião fosse bem-sucedida, os inconfidentes já tinham escolhido a capital do país liberto: a Vila de São João del-Rei.

Joaquim José da Silva Xavier, alferes, protético e líder revolucionário conhecido como Tiradentes, foi batizado em capela da cidade, que reivindica ser reconhecida também como sua terra natal. Tiradentes nasceu, em 1746, na fazenda Pombal, à época pertencente à Vila de São João del-Rei. A região foi incorporada a São José nove anos depois do nascimento do mártir da Inconfidência. Tiradentes conspirou em suas ruas com os inconfidentes. Muitos lá residiam, como Barbara Heliodora — a musa do poeta e desembargador Alvarenga Peixoto, autor do verso "liberdade ainda que tardia"—, que vivia em um sobrado no centro.

Os tempos de conflito prosseguiram em 1833 com a Revolta Militar de Ouro Preto. O imperador d. Pedro I havia abdicado do trono em favor do filho, uma criança de cinco anos, e partira de volta a Portugal em 1831. O país passara a ser governado pela Regência Trina até a maioridade do herdeiro. Um grupo mineiro revoltoso em Ouro Preto tentava restaurar d. Pedro I como imperador, reclamando em conjunto de preterições de promoções militares, de impostos sobre a cachaça, da proibição de sepultamentos em igrejas. De São João, o desembargador Bernardo Pereira de Vasconcelos, vice-presidente da província e depois parlamentar, restabeleceu o poder que os rebelados de Ouro Preto tentavam derrubar. A revolta terminou sem o confronto que parecia se avizinhar.[185]

A Revolução Liberal iniciada em Sorocaba (SP) em 1842 teve forte adesão em Ouro Preto. Espalhou-se até as cidades próximas. Sua origem estava na disputa de liberais e conservadores, com reclamações de fraudes eleitorais. A Câmara de São João del-Rei chegou a se declarar rebelada e a cidade apontada como capital da revolta, que seria controlada em duas semanas.

José António das Neves buscou se integrar social e politicamente à cidade e ao país que adotou como seu. Seu espírito colaborativo levou à questão administrativa que terminou na mesa do imperador Pedro I em 1834. Ele queria doar 600 mil-réis em benefício da Marinha brasileira, porém não sabia qual seria "o cofre competente", como explicou em requerimento que protocolou. "Manda Sua Majestade o Imperador, pela Secretaria d'Estado dos Negócios do Império, comunicar-lhe que lhe foi muito grata a esta não equívoca prova dos generosos sentimentos que o animam a bel do Estado; e que a referida quantia deverá entrar no Tesouro Público onde se expede, na data desta, a necessária participação", recebeu como resposta do Palácio do Rio de Janeiro, por meio de edital público.[186]

José António das Neves apareceu como destaque na cidade também por seu fervor religioso. Fez publicar no jornal trissemanal *Astro de Minas* uma convocação em 1831. "José António das Neves roga aos senhores cidadãos desta Villa, a especial graça de no dia 13 do corrente mês, pelas três horas, comparecerem à coroação de Santo Antônio, em Matozinhos, a fim de solenizar-se esse ato religioso."[187]

Um mês depois, dirigiu-se ao número 380 da rua Direita, sede tipográfica do *Astro de Minas*, para divulgar a boa-nova que o deixaria rico anos mais tarde. "José António das Neves participa ao público que abriu negócio com sortimentos de fazenda, ferragem e molhados na rua da Intendência, 710. Vende tudo por preço cômodo."[188]

A técnica do reclame era usada com talento pelo comerciante nascido nos Açores, como provou mensagem em *O Constitucional Mineiro*:

> José António das Neves chegou há poucos dias do Rio de Janeiro, de onde trouxe um bom sortimento de fazendas, ferragem e diversas miudezas, tudo muito bem comprado. O anunciante tem resolvido vender tudo junto, ou em partidas, a dinheiro, ou a prazo, conforme se concordarem; as pessoas a quem este negócio convier podem procurar o anunciante na sua casa, rua da Intendência, 710, para se ajustarem.[189]

Prova de sua integração ao núcleo da cidade se tem em sessão da Câmara Constitucional da Vila de S. João del-Rei, em 5 de julho de 1831. O carcereiro Poncianno Anastácio Rosa reclamava dos custos crescentes em relação ao débil salário que recebia. "Achando-se o barril de azeite pelo preço de oito a dez mil-réis, não era possível continuar a prestar as luzes necessárias às prisões da cadeia desta Vila sem alguma ajuda de custo."[190]

A Câmara, reconhecendo como verdadeira a alegação do carcereiro, aprovou pagamento de ajuda de custo de 3 mil-réis mensais "até que o preço de um barril de azeite desça ao valor regular de três a quatro mil-réis, o que verificado cessará imediatamente a ajuda de custo".[191] Os vereadores resolveram nomear cinco integrantes de uma comissão para fiscalizar a medida. Entre eles estava José António das Neves.

Foi escolhido como alferes no início do século XIX, quando os postos de capitão (de companhia), alferes, sargento e cabo, em ordem de importância, eram de preenchimento político das oligarquias. Os escolhidos eram aqueles que serviam ou se integravam aos comandantes locais e estaduais. A escolha como alferes refletia a participação social de José António. Já como comerciante abastado, ele colaborou com 30 mil-réis para ajudar a Câmara Municipal a custear a Marcha do Exército da Legalidade contra os sediciosos de Ouro Preto em 22 de março de 1833. A doação do alferes atingia pouco mais da metade do valor de uma espingarda inglesa anunciada nos classificados da época. Bancou 4% dos 720 mil-réis arrecadados para a marcha.

Sua escalada como comerciante pode ser medida por se ter tornado referência até para concorrentes quando anunciavam seus negócios. "Antonio Lourenço Justiniano d'Andrade e Silva, morador vizinho de José António das Neves, tem para vender cinco cavalos mansos, novos e bons. Quem quiser comprar, dirija-se ao dito", publicou o *Astro de Minas*, de 9 de dezembro de 1834. O jornal começara a circular em 1827, estendendo-se até 1839. Tinha como lema frase do pensador francês Charles-Jean Baptiste Bonnin (1772--1846): "*Plus donc l'instruction deviendra commune à tous les hommes, plus aussi les délits seront rares dans la société*" [Quanto mais comum tornar-se a instrução a todos os homens, mais raros serão os delitos à sociedade]. Transmitia ideias próprias ou "colhidas dos melhores periódicos". Era recheado de íntegras de decretos e resoluções "das assembleias mais aplicáveis à província". Suas quatro páginas, editadas às terças, quintas e sábados, ao preço de oitenta réis, empenhavam-se na luta contra os restauradores do Brasil colônia. Era também contra os altos impostos, tema candente desde a Inconfidência. O jornal comunicava aos mineiros os discursos brilhantes do mais importante tribuno da época. Bernardo Pereira de Vasconcelos, já deputado, era exemplo de oratória e inteligência para os contemporâneos e descendentes da região e do país. Registrou o *Astro de Minas*:[192]

> Impostos excessivos produzem sempre em razão contrária das esperanças com que são lançados e é o que está se vendo atualmente no onerosíssimo quinto do ouro. Pesando gravemente sobre as províncias metalíferas, este imposto não dá resultado proporcional com sua extensão, nem com a opressão que causa, menos pela escassez do metal, ou decadência da mineração, de que pelo inevitável extravio a que sua exorbitância convida.

Superada a fase revolucionária, a decadência da época do ouro assumiu as mãos invisíveis da sociedade. Viajantes estrangeiros descreveram o melancólico esvaziamento das cidades auríferas. O botânico naturalista francês Auguste de Saint-Hilaire (1779-1853) narrou o desgosto de encontrar pessoas maltrapilhas e esfarrapadas pelas ruas. Em meio a uma de suas incursões científicas pelo interior do país, com destino às nascentes do rio São Francisco, Saint-Hilaire anotou em seu diário que a estrada que ligava a comarca do Rio das Mortes ao Rio de Janeiro era repleta menos de gente do que de bois e porcos que abasteciam a corte.

> A população permanente das vilas é, com efeito, composta, tanto aqui como no resto da província das Minas, em grande parte, de homens ociosos e de mulheres de má vida, e debaixo dos ranchos dos mais humildes lugarejos uma vergonhosa libertinagem se mostra, às vezes, com um impudor de que não há exemplo nas nossas cidades mais corrompidas.[193]

Os naturalistas bávaros Johann Baptist von Spix (1781-1826) e Carl Friedrich Philipp von Martius (1794-1868), passando pela comarca do Rio das Mortes, disseram que por lá reinavam a ruína e a selvageria, região em que até as estradas morriam abandonadas. A crítica demolidora não impediu que fossem generosos na descrição da sua estada.

> O estrangeiro vê-se, com prazer, em uma pequena cidade comercial, sobretudo depois das tão longas privações da viagem no interior. Ruas calçadas, igrejas imponentes, guarnecidas com pinturas de artistas nacionais, lojas fornecidas de todos

os artigos de luxo e do comércio europeu, muitas manufaturas, etc., indicam a riqueza do lugar.[194]

A vila de São João del-Rei possuía 6 mil habitantes, dos quais um terço era de brancos. Tinha ouvidor, casa de fundição de ouro, aula de latinidade, hospital, casa de correção. Os arredores da cidade eram montanhosos e despidos de vegetação. Pareciam pouco povoados, entretanto, nas grotas e no fundo dos vales, muitas fazendas espalhadas forneciam os gêneros necessários como milho, mandioca, feijão, laranjas, fumo, açúcar, algodão e, sobretudo, queijos. A rotina tinha dureza e alguma beleza, de acordo com Spix e Martius.

As viagens, mesmo as mais curtas, não as fazem senão montados em bestas. Estribos e freios são aqui de prata, e do mesmo metal é o cabo do facão que eles escondem na bota. As mulheres viajam em liteiras puxadas por bestas ou carregadas por negros, ou se sentam numa cadeirinha segura às costas de mulas, vestidas com larga amazona azul e chapéu de abas. No mais, excetuando a cabeça, que é protegida apenas por guarda-sol, elas vestem-se à moda de França, tendo a bainha da saia de baixo não raro guarnecida com flores, ou mesmo com galantes versos, bordados ou impressos.

Os habitantes foram descritos de maneira favorável.

O mineiro tem, em geral, estatura esbelta e magra, peito estreito, pescoço comprido, o rosto um tanto alongado, olhos pretos vivos, cabelo preto na cabeça e no peito; tem, por natureza, um certo garbo nobre, e o seu modo de tratar é muito delicado, obsequioso e sensato; no gênero de vida, é sóbrio e, sobretudo, de feição cavalheiresca.[195]

O crescimento econômico de São João del-Rei foi retomado a partir do século XIX, quando o comércio passou a ser a principal fonte de renda. Em 1838, com a Vila transformada em cidade, o espaço urbano expandiu-se. Possuía cerca de 1600 casas, distribuídas por 24 ruas e dez praças. Foram construídos casa bancária, biblioteca, teatro, cemitério público. O lugar passou a contar com serviços dos Correios e iluminação pública à base de querosene. A Estrada de Ferro Oeste de Minas foi inaugurada em 1881. Ligava São João,

Barroso, Tiradentes e Divinópolis à Estrada de Ferro Central do Brasil, que passava por Minas, São Paulo e Rio de Janeiro.

O desenvolvimento comercial e industrial fez com que a cidade entrasse na disputa para sediar a nova capital de Minas Gerais, até então Ouro Preto. Em 1893, foi aprovado projeto para a escolha da capital de Minas por meio do Congresso Mineiro Constituinte. Belo Horizonte venceu a eleição, e São João começou um lento período de decadência.

A essa altura, José António e Ana Luiza já tinham oito filhos, nascidos na primeira metade do século XIX: Tibério Justiniano, Galdino Emiliano, Juvêncio Martiniano, Galiano Emílio, Joviano Firmino, Arcádio Bernardino, Belisandra e Gustavo. Este último foi assassinado ainda solteiro. Os demais casaram-se e constituíram família. Muitos romperam a tradição da elite mercantil local de estabelecer relacionamentos dentro do próprio grupo.[196]

Ao morrer, José António das Neves era um homem rico, como comprova seu inventário.[197] O documento, datado de 1863, indica um monte-mor (bens e direitos) de 53 contos, 835 mil e 880 réis. De acordo com levantamento do historiador Afonso de Alencastro Graça Filho, o dinheiro acumulado o situaria na categoria das grandes fortunas da região, composta de detentores de patrimônio superior a cinquenta contos de réis. Nessa situação encontravam-se apenas 4,5% dos inventariados (entre os que foram pesquisados) em São João del-Rei.[198]

Em operações bancárias rudimentares, aos comerciantes eram solicitadas quantias para a compra de terras, escravos e outras necessidades da vida rural. Às vezes era dinheiro de pequena monta para pagar tratamento médico, funeral ou uma simples ida ao teatro. O valor do crédito era abatido aos poucos dos produtores rurais. Assim o cliente-produtor rural era obrigado a entregar seus produtos ao negociante-credor, como parte do pagamento de créditos adiantados.

José António, assim como a maioria dos comerciantes, também usava crédito para atuar no mercado, como indica o registro de uma dívida de 29 contos, 336 mil e 710 réis. Segundo a análise de Graça Filho:

Os negociantes são-joanenses dominavam a liquidez do mercado. Homens de grande prestígio junto à sociedade local e regiões vizinhas realizavam transações mercantis como intermediários entre São João del-Rei e os mercados do Rio de Janeiro, de São Paulo, de Goiás e de Mato Grosso. Alguns comerciantes de São João alcançaram fortuna comparável ao dos congêneres do Rio de Janeiro.[199]

Um detalhe familiar chama a atenção no testamento da mulher de José António, datado de 1858. Ana Luiza de Lacerda deixa para os filhos que "se quiserem ordenar ou formar" a quantia de 400 mil-réis a ser debitada de seus bens. Um dos filhos, Galdino Emiliano, que por ocasião do testamento já estava formado, "com o que o casal gastou alguns contos de réis", foi excluído dessa partilha, por se "achar habilitado para poder viver".[200] Coleção de cartas trocadas entre José António e o filho Galiano, relatada pela historiadora Marieta de Moraes Ferreira, mostra relação de amizade entre os dois, além das exigências e cobranças que o pai fazia aos filhos para que ajudassem os demais parentes.[201]

Bisavô de Tancredo, Juvêncio Martiniano das Neves era o terceiro dos filhos de José António e Ana Luiza. Nascido em São João del-Rei, em 1813, casou-se com Mecias Cândida Carneiro em 1942. Seguiu a profissão de comerciante do pai, que incluía a renegociação de dívidas, e a estratégia de pagar por informes em jornais, como mostra nota da *Gazeta de Notícias*, jornal do Rio de Janeiro, com 24 mil exemplares de tiragem:

> São João del-Rei — O abaixo-assinado, residente nesta cidade, participa que continua a encarregar-se de cobranças e liquidações amigáveis e judiciais; portanto quem precisar dos seus serviços pode dirigir-se ao abaixo-assinado, na certeza de que qualquer negócio que lhe for encarregado será pontualmente desempenhado mediante a porcentagem que se convencionar, oferecendo todas as garantias e conhecimento a este respeito, poupando por esta forma grandes despesas com os empregados. S. João del-Rei, 1 de fevereiro de 1884, Juvêncio Martiniano das Neves.[202]

Para compensar a atuação na usura, foi um dos fundadores do Asilo de São Francisco, criado em 1888 pela Ordem Terceira de São Francisco para abrigar os órfãos de São João.[203]

Na família de José António e Ana Luiza, o brilho estava reservado a Galdino Emiliano das Neves, um dos oito filhos da casa. Galdino iniciou-se na política em São João del-Rei, filiando-se ao Partido Liberal. Foi presidente da Câmara de Vereadores entre 1869 e 1872 e um dos signatários do Manifesto Republicano em 1870. Foi eleito deputado pela província de Minas Gerais oito anos depois.

Conforme Marieta de Moraes Ferreira, Galdino das Neves participaria das discussões de reforma eleitoral na Câmara. O gabinete liberal do parlamentarismo imperial havia proposto medidas que restringiriam o número de eleitores. Muitos liberais se opuseram à reforma, enquanto alguns conservadores a apoiaram. Galdino das Neves defendia a ideia de que todos aqueles que tivessem renda mínima de 200 mil-réis, fossem do sexo masculino e maiores de 25 anos, teriam o direito a votar. Era favorável também ao voto dos analfabetos. Sua proposta não vingou.

Em 1881, a Câmara aprovou nova legislação eleitoral, excluindo os analfabetos e aumentando as exigências para a comprovação de renda mínima para fins de permissão de registro eleitoral. O número de votantes passou de 10% da população para 1%.

A defesa que Galdino fazia de ideais republicanos não implicava rompimento da ordem vigente. "Revolução armada, ninguém a quer", afirmou Galdino em 19 de maio de 1879, quando se discutia no Parlamento o republicanismo.[204] A primeira demonstração política da linha conciliadora dos Neves.

Outro exemplo de sua atuação se deu em meados de 1880, quando os conservadores de São João del-Rei agruparam duzentas pessoas armadas, a maioria de naturalidade portuguesa, tomaram a praça da cidade e tumultuaram as eleições municipais. Galdino das Neves se pronunciou na Câmara, defendendo intervenção em sua terra natal: "A cidade tornou-se quase inabitável. A Câmara Municipal assim eleita não pode ser considerada brasileira. A intolerância, o desrespeito à lei e às autoridades legalmente constituídas têm sido sempre praticados pelos conservadores daquela infeliz cidade", reclamou.

Nos anos que se seguiram, Galdino Emiliano das Neves manteve-se ligado à política de São João del-Rei, mesmo sem ter conseguido se reeleger deputado. Apesar do republicanismo, a Proclamação de 1889 não garantiu seu retorno ao Parlamento. Morreu longe dele, em 1897. Sua atuação política negociadora apareceria na linhagem do sobrinho-bisneto Tancredo Neves, que só tomou conhecimento do primeiro político da família já na maturidade.

* * *

O bisavô de Tancredo, Juvêncio Martiniano das Neves, irmão de Galdino, morreu em 1891, aos 78 anos. Juvêncio e Mecias Candida tiveram nove filhos, entre eles José Juvêncio e Juvenal Martiniano. Este formou-se em medicina em 1873. Na tese que produziu, agradeceu ao tio político e aos pais de modo carinhoso.[205] Encerrou os agradecimentos familiares citando afetuosamente o irmão, José Juvêncio.

José Juvêncio, avô de Tancredo Neves, fez carreira militar e política. Chegou ao posto de coronel, tendo sido nomeado pelo imperador d. Pedro II comandante da Guarda Nacional em São João del-Rei.[206] Era uma personalidade não só na cidade mineira. Seu aniversário era registrado por jornais da capital[207] e sua presença citada em festividades e inaugurações. Estava presente em julho de 1886, quando a Estrada de Ferro Oeste de Minas inaugurou extensão de trinta quilômetros, em festa com banda de música,[208] e um simples deslocamento seu para Ouro Preto era suficiente para ser noticiado.[209] Em 1885, como capitão, foi nomeado comandante do 28º Batalhão de Infantaria da comarca de Rio das Mortes.[210]

Juvêncio casou-se com Maria Josina Carneiro. O casal orientava a família a participar dos atos cívicos mais importantes. Em 1893, houve a Revolta da Armada, rebelião de unidades da Marinha Brasileira contra o governo republicano do presidente Floriano Peixoto. Após a renúncia do presidente Deodoro da Fonseca, em 1891, Peixoto, ao assumir, destituiu todos os governadores que apoiavam o antecessor. Houve reação política e militar. O principal combate ocorreu na Ponta da Armação, em Niterói, a 9 de fevereiro de 1894. Com uma nova esquadra, adquirida e aparelhada no exterior, o governo debelou a rebelião. Parte dos revoltosos se rendeu, parte fugiu rumo ao Uruguai.

O jornal *Minas Geraes* noticiou:

Em S. João del-Rei um grupo de meninas, filhas do dr. Ferreira e Costa, juiz de direito da comarca, do tenente-coronel José Juvêncio das Neves e do capitão Procópio Teixeira, percorreu diversas ruas daquela cidade com uma subscrição para os feridos de Niterói e da capital federal. Belo e comovedor é o exemplo dado por esse famoso bando de crianças que sai à rua com a meiguice dos seus sorrisos a implorar o óbolo da caridade pública em favor dos infelizes que, vítimas do cumprimento do seu dever ou impelidos pelo desvario de suas paixões, são levados aos hospitais de sangue, antevendo muitas vezes com pavor, do seu leito de morte, a orfandade e a miséria dos próprios filhos. Ao que nos consta já atingem elevada soma os donativos angariados.[211]

Já tendo patente de oficial militar, José Juvêncio decidiu entrar na política. Em 1887, foi eleito integrante do diretório de São João do Partido Liberal, sob a presidência de Affonso Celso. Já como coronel, conseguiu que o governador de Minas autorizasse que adquirisse, em 1891, terras públicas em Marçal, na comarca de Rio das Mortes.[212]

Em 1879, José Juvêncio e Maria Josina comemoraram o nascimento de Francisco de Paula Neves, pai de Tancredo e representante da terceira geração da família nascida em São João del-Rei. A cidade já era outra. Contava com cerca de 3 mil casas, abrigando 15 mil pessoas. Somando seus nove distritos, a população chegava a 75 mil habitantes, sendo cerca de 3 mil eleitores, distribuídos em quase 4 mil quilômetros quadrados, mais do que o dobro da área atual.[213] A região crescia no vale fértil entre os rios Grande e das Mortes. Era tida como salubre, dona do melhor hospital das *Geraes*, a altitude de 860 metros e com temperatura média de 18,5°C, de acordo com o *Almanak Mercantil*.

A Estrada de Ferro Oeste de Minas atravessava São João del-Rei numa extensão de 107 quilômetros, desde a ponte do Elvas, no município de Tiradentes, até a ponte do Inferno, limite do município de São João com o de Bom Sucesso. A viagem de trem até Belo Horizonte (a 341 quilômetros) durava dez horas. Ao Rio (a 463 quilômetros), doze horas.

A cidade nascera à margem esquerda do rio das Mortes, cortada pelo córrego do Tijuco, que a divide em duas partes. Duas belíssimas pontes de pedras talhadas, construídas no período colonial, colocavam em comunicação uma parte com a outra. São João tinha quase todas as ruas calçadas, abastecimento completo de água potável e iluminação elétrica. Poderosa cachoeira acionava os dínamos da usina de eletricidade a dezoito quilômetros de distância. Lá, numa extensão de quinhentos metros, despenhava-se o rio Carandaí, em quatro quedas sucessivas, com o peso de 240 toneladas de água.[214] Já eram onze as igrejas no perímetro urbano, três os cinematógrafos (Ítalo-brasileiro, Avenida e Club Recreativo) e três os jornais (*O Repórter, A Evolução* e *A Reforma*).

Francisco de Paula Neves estabeleceu-se logo como comerciante, herdeiro do ramo de negócios do pai. O pai de Tancredo embrenhou-se na política. Chegou à vereança nos primeiros anos do século XX. Seu prestígio chegava à capital da República, com suas visitas regulares sendo registradas. "Acham-se nesta capital, vindos de São João del-Rei, J. de Assis Viegas, nosso colega de imprensa, redator do *Repórter*, e Francisco de Paula Neves, comerciante e vereador daquela cidade."[215] O mesmo se repetiria em visitas feitas em outubro de 1913, outubro de 1914 e agosto de 1915. Sempre se hospedando no mesmo Hotel Familiar Globo.[216]

Francisco de Paula Neves integrou em 1913 a comissão organizadora das comemorações do bicentenário de São João del-Rei. Pediu doações para financiá-las a comerciantes. Preocupava-se em especial com que os moradores mantivessem limpa a área em frente a suas casas.[217]

Tancredo recordou-se do pai como um incipiente administrador de investimentos. "Um grande número de pessoas brigava para ter dinheiro na mão dele, para que ele tomasse conta do dinheiro. Era assim uma espécie de administrador de patrimônio de São João del-Rei."[218]

Também seguindo a tradição paterna, Francisco de Paula Neves alcançou a patente de segundo-tenente do Exército e foi secretário do Partido Republicano Mineiro, presidido por Augusto Viegas, líder da cidade e que apadrinharia Tancredo Neves na sua entrada na política. Francisco das Neves chegou a ser presidente da Câmara, tendo lutado contra o "bernardismo", corrente política capitaneada por Arthur Bernardes, governador de Minas que chegaria à presidência.

Francisco de Paula Neves era um homem de altura mediana, um tanto careca mesmo quando jovem, de sobrancelhas grossas e orelhas de abano que lhe marcavam o rosto. O bigode era característico da época, assim como o trajar com terno, gravata e chapéu.

Casou-se com Antonina de Almeida, que a vida inteira foi conhecida como dona Sinhá. Um ano mais nova do que Francisco, era uma mulher de cabelos e olhos negros, contornados por sobrancelhas quase inexistentes, lábios finos, nariz pequeno. Os traços leves do rosto faziam-na uma mulher elegante, vestindo-se à moda europeia, com saias compridas, ternos bem cortados e chapéus sob os quais invariavelmente prendia os cabelos. Fluente em francês, dava concerto de pianos em São João. Era neta de um chapeleiro austríaco, filha do comerciante português Antônio Homem de Almeida (1841-1921) e de Mariana Cândida Kapler (1848-94).[219] Logo na primeira gravidez, Sinhá e Francisco enfrentaram grande dor. O primeiro filho, também Francisco, morreu com apenas três meses.

Em 1924, o bom relacionamento de Francisco na política não foi suficiente para assegurar que Paulo, o mais velho, fosse matriculado na Escola Militar. Francisco perdera o prazo de matrícula, e Paulo não foi aceito porque passara da idade-limite para entrar na escola.[220] Aos 46 anos, Francisco morreu. "O estimado desaparece muito moço ainda, com pouco mais de quarenta anos, tendo por sua inteligência e operosidade atingido a situação de destaque", assinalou O Jornal.[221] Também na capital do país se lamentou a sua morte. O primo Getúlio das Neves mandou celebrar missa na matriz da Glória, no Largo do Machado.[222] Em 1979, foi inaugurado um busto em São João del-Rei em homenagem a Francisco de Paula Neves na praça batizada com seu nome, localizada entre a Matriz do Pilar e a igreja de Nossa Senhora das Mercês.

Francisco deixou Sinhá viúva aos 45 anos e com doze filhos, dos quais só dois maiores de idade. Tancredo era o sexto. Tinha apenas quinze anos. "Ficamos a zero. Mamãe passou a cozinhar para fora. Com ajuda de empregadas, fazia salgados, doces e refeições, que eram vendidos pelos bares e restaurantes de São João", narrou Antônio de Almeida Neves, irmão de Tancredo.[223]

Em 1962, com o filho no cargo de primeiro-ministro do país, Sinhá comemorou os 82 anos em São João del-Rei. Ela, Tancredo e a família participaram de missa e depois almoçaram leitão e tutu à mineira.[224] Sinhá dizia: "Tancredo ficou esperto na política porque apanhou demais. Era o mais inteligente, o mais levado e o mais premiado com surras".[225] Ela morreu em 15 de agosto de 1968, aos 88 anos, morando no mesmo solar em que criou os filhos, na rua Tiradentes, vizinha à Igreja do Carmo.

4. O craque da meia-esquerda se revela

Tancredo de Almeida Neves nasceu à beira do rio das Mortes, numa sexta-feira, 4 de março de 1910, com a disputa presidencial ainda quente. Debatia-se em São João del-Rei a quinta eleição direta para presidente da República, realizada três dias antes. O resultado final — no qual o marechal Hermes da Fonseca bateu Rui Barbosa — só seria divulgado em julho. Fonseca obteve 404 mil votos, contra 223 mil do oponente, que se consagraria como símbolo do político intelectual. Desde a primeira semana de março, os partidários do marechal comemoravam a vitória, sem apoquentar-se com as denúncias de fraudes nas urnas. Em Minas, a polícia espancou eleitores nas ruas, usando a força para atacar os oposicionistas. Em algumas cidades, policiais atiraram em filas de seções eleitorais em que havia manifestação de aliados do candidato derrotado.[226]

Francisco de Paula Neves estava com a mulher grávida do quinto filho quando saía em campanha em defesa de Rui Barbosa. Enfrentou riscos, insultos e tumultos. Perdeu a eleição, entretanto comemorou a ampliação da prole. Era um dos civilistas, como eram chamados os integrantes da campanha de Rui Barbosa que contestavam a candidatura militar de Hermes da Fonseca. "Foi uma eleição muito discutida, muito polêmica, cuja autenticidade e legitimidade ainda se questiona com muita procedência. O fato é que Minas decidiu a vitória do Hermes. A votação do Rui em Minas foi de meia dúzia de votos", afirmaria Tancredo mais tarde.[227]

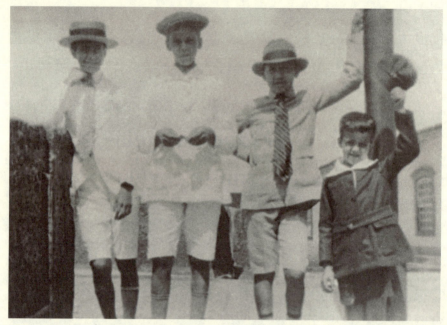

O jovem Tancredo (o primeiro à esquerda) com os amigos Carlos Raton, Belisário Leite e Nelson Raton em São João del-Rei (c. anos 1910-20/Acervo Fundação Getulio Vargas – Cpdoc).

A política marcou a infância de Tancredo. Aos oito anos, testemunhou o engajamento do pai no combate a Arthur Bernardes, governador de Minas, entre 1918 e 1922, e presidente da República, entre 1922 e 1926. O "ditador esclarecido", como Bernardes foi definido por Afonso Arinos, administrou o país sob estado de sítio. Dividiu a política de Minas e do país em bernardistas e antibernardistas. Tinha ao lado políticos mineiros como Odilon Martins de Andrade e Augusto Viegas. "Os antibernardistas só queriam uma coisa: conquistar o poder e manter o poder. Não havia ideias, havia sim um protesto violento contra a violência, muito dura, implacável", reconheceu Tancredo.[228] "A cidade inteira era totalmente dominada por essas disputas: senhoras, crianças, velhos."

Tancredo sempre gostou da atividade política. Lia os jornais da época, que publicavam na íntegra discursos proferidos na Câmara e no Senado. "Meu pai me incentivava a ler esses discursos em voz alta. Discursos exaustivos de Rui Barbosa, Irineu Machado, grandes nomes de oposição."

Se o pai exerceu grande influência na formação política de Tancredo, a mãe deixou em sua memória as marcas do amor e do rigor. Viúva muito jovem, criou sozinha doze filhos. "Todas as mães são excelentes. A que Deus me deu foi mais que excelente. Uma obra divina, pela bondade, espírito de sacrifício e pela maneira como sabia educar os filhos. Ela foi heroína e santa na condução de família tão numerosa", definiu Tancredo.

> A infância de todos nós corria dentro dos padrões exigidos na época. Um pouco de energia da parte dos pais, ou se não, muito da energia e um terço de carinho. Vivíamos na mais estreita confraternização. Tínhamos hora certa para tudo. Hora certa para levantar, hora certa para o café da manhã, para o almoço, jantar e nos recolhermos. Esse regime era mantido com a maior severidade e todos obedecíamos como se vivêssemos num regime militar.[229]

O sobrado do século XVIII onde nasceu Tancredo Neves possuía doze janelas, doze portas e três balcões de ferro. Ficava na esquina das ruas Getúlio Vargas e Arthur Bernardes. Em 7 de julho de 1995, quando a família Neves estava em viagem ao exterior, um incêndio destruiu completamente a construção. Não se sabe como o fogo começou, o fato é que se alastrou rapidamente. Como São João del-Rei não dispunha de unidade própria para combater o fogo, quando os bombeiros de cidades vizinhas chegaram, o casarão estava inteiramente destruído. Só puderam impedir que as chamas não devastassem totalmente o quarteirão.

Foi nesse casarão que Tancredo viveu dias de almoços fartos e barulhentos. As refeições aconteciam em meio a discussões políticas acaloradas, mediadas pelo pai. A comida era tradicional: arroz, feijão, carne. "A sobremesa era sempre doce de batata, o que variava era a cor. Às vezes batata-branca, às vezes batata-roxa. Sempre doce de batata." Em 1917, Tancredo foi matriculado no grupo escolar João dos Santos. Frequentou-o até 1923, quando completou treze anos. Teve como professora Maria de Lourdes Chagas, com quem aprendeu o essencial em aritmética, história e literatura. "Era uma santa criatura. Obrigava-nos a decorar poemas e trechos de grandes prosadores da época. Exerceu grande influência na minha inclinação para a vida pública."

De acordo com Tancredo, Lourdes ensinou-lhe os fundamentos da retórica. Seu primeiro discurso revelou-se um suplício. A professora pediu a ele que apanhasse um texto com o médico Ribeiro da Silva. Quando o entregou a ela, ficou sabendo que tinha sido escolhido para declamá-lo. "Você só sai daqui depois que souber o discurso de cor", ordenou-lhe Lourdes, ensinando-o a impostação de voz, a entonação adequada das frases e o gesticular correto.

Cursou humanidades no Ginásio Santo Antônio, ainda em São João del-Rei. Concluiu o equivalente hoje ao ensino médio em 1927, na escola administrada por frades franciscanos, que o influenciariam moral e religiosamente por toda a vida. Energética e inquieta, a turma de Tancredo colecionou histórias de travessuras e graças. No austero Santo Antônio, o frei franciscano Cândido Wroomans, seu diretor, inspecionava a turma e fazia preleção religiosa sobre a igualdade. "Todos são irmãos perante Deus", palestrou, com forte sotaque holandês. Tancredo levantou o braço. "O senhor está dizendo que todos são irmãos, só que eu não sou irmão do Clementino, não", reclamou Tancredo, apontando para um garoto negro. Gentil Palhares, colega de turma, narrou que a impertinência causou apreensão. "Por que diz isso?", perguntou frei Cândido. "Porque a professora vive dizendo que ele é um capeta. Eu não quero ser irmão do demônio, não."[230]

A diversão maior era o futebol, com bola de meia. "Tinha até torcida no adro da igreja", dizia. O gramado se estendia ante o átrio da matriz da cidade. O padre Gustavo Ernesto Coelho, que havia batizado Tancredo, deixava a garotada se divertir, desde que participasse também das aulas de catecismo.[231]

Ao longo do tempo, Tancredo consolidou a versão de que jogava de meia-esquerda, enfrentando a equipe de José Bonifácio Lafayette de Andrada, adversário político e jogador do Olympic, de Barbacena, já àquela altura atuando na meia-direita.[232] "Pode ser que fosse ao contrário", gargalhava ao se recordar.[233]

Quando jovem de quinze anos, atuava no Sparta F. C., equipe campeã de um torneio quadrangular amador. Compunha o meio-campo com Touchê. O craque do time era o atacante Édipo Castanheira. Jogou também pelo Minas Futebol Clube, de cuja fundação sua família participara, em 1916.[234] Aos domingos, entrava em campo com o uniforme azul e branco, com estrelas no peito. Definiu-se como um jogador medíocre e criador de casos. Um comerciante que rasgara a bola num rompante de mau humor amanheceu com os vidros da loja estilhaçados por pedras lançadas de seu estilingue.

Para a criançada, nadar no rio era diversão despreocupada, apesar de não sem razão o rio chamar-se das Mortes. Nadadores que desapareciam em sua correnteza levaram-no ao batismo mórbido dezenas de anos antes.

Aos dezesseis anos, Tancredo ingressou como leigo na Ordem Terceira de São Francisco, da qual se tornou ministro vitalício décadas depois. São Francisco foi exemplo de vida para Tancredo. Mantinha 22 imagens diferentes do santo no Solar dos Neves, em São João. Até morrer, carregava na carteira uma oração a São Francisco.

São João del-Rei é definida como a "terra onde os sinos falam". Sabe-se, por exemplo, pelo repique, repetição ou toque, onde será realizada uma solenidade; se haverá procissão; o horário da missa. Os mais velhos asseguram que, nas missas fúnebres, é possível saber se a pessoa falecida era homem ou mulher e o horário do funeral apenas pelo soar dos sinos. Na infância, Tancredo foi sineiro, tendo adquirido o domínio da intricada forma de comunicação. Vestido com a opa das cerimônias religiosas católicas, Tancredo auxiliava as missas do padre Gustavo. Como coroinha, empunhava a tocha no altar-mor. Nas procissões do Senhor Morto, vestia-se de anjo.

Mas a religiosidade não o impediu de flertar com a mundanidade do teatro. Foi ator amador na peça *Levada da breca*, do dramaturgo brasileiro Abadie Faria Rosa, uma comédia sobre uma criada fofoqueira, na qual interpretou o galã. "Tancredo espichava as falas fazendo com que os outros atores perdessem a deixa", contou Lauro Novais, responsável pelo ponto que lembrava o texto aos atores.

Aos dezoito anos, o soldado Tancredo apresentou-se ao Tiro de Guerra de São João del-Rei para o serviço militar obrigatório. Sob o comando do sargento Mário, prestou serviço por um ano.[235]

Cumprido o dever militar, sua primeira opção no ensino superior foi a Escola de Engenharia de Minas em Ouro Preto. "A vida em Ouro Preto naquela ocasião era um convite à vadiação permanente", afirmou. "Conversas intermináveis nas repúblicas, roubos de galinhas, serenatas. Com dois meses nessa vida, me deu um peso na consciência. Tinha perdido o pai havia pouco tempo, minha mãe viúva. Aquilo não era vida", avaliou em entrevista de 1982.[236]

Tentou então ingressar na Escola Naval da Marinha. Eram vinte vagas disputadas por meio de provas consideradas difíceis. Obteve a 25ª colocação e voltou para São João del-Rei conformado com a eliminação. Ao chegar, soube pelos jornais que havia sido convocado. Como a imprensa do Rio demorava a circular no interior de Minas, quando leu a notícia já se passara mais de uma semana da data da matrícula. Embarcou de novo para o Rio e procurou o secretário da Escola Naval. Tancredo não guardou seu nome, apesar de nunca ter esquecido sua fisionomia e a dureza de espírito. "Era um homem estranho, seco e com uma pinta com fios de cabelo saindo dela. Muito poderoso na burocracia."

O secretário informou que o prazo para matrículas estava encerrado e que as aulas já haviam começado. Só restava a Tancredo fazer a prova novamente no ano seguinte. Persistente, procurou um professor amigo da família, que dava aulas na Escola Naval. Este levou-o ao almirante que dirigia o colégio. "O secretário já falou que não pode voltar mais? Então não tem jeito!", respondeu o diretor.

Não desistiu. Buscou apoio para que pudesse bater às portas do ministro da Marinha, o contra-almirante Arnaldo de Siqueira Pinto da Luz, segunda geração de importantes militares. As famílias Neves e Pinto da Luz tinham origem comum, as ilhas dos Açores. O ministro o recebeu num fim de tarde, na imponente sede do Ministério da Marinha, onde hoje é a praça barão de Ladário, na zona portuária do Rio. Simpático, ofereceu ao jovem uma guloseima inesquecível. "Foi a primeira vez que vi um sorvete de três cores numa taça. Nunca havia visto alguém tomar sorvete com biscoito. Fiquei impressionado. Para mim, biscoito era com leite e café", narrou Tancredo.

Novato na administração da iguaria, aguardou que o ministro começasse a comer para imitar sua técnica. E foi o que houve de mais doce na reunião. "Na Marinha ninguém tem condições de contrariar este secretário", encerrou o ministro Pinto da Luz, lançando ao mar as chances de Tancredo de tornar-se cadete da Escola Naval.

Sem rumo sobre qual curso superior seguir, optou pela faculdade de medicina, para a qual também não obteve classificação. Com temor de atrasar-se na busca do diploma, decidiu cursar a faculdade de direito. Classificou-se enfim para ser admitido na Universidade Federal de Minas Gerais.

Em 1927, chegou a Belo Horizonte com 20 mil-réis no bolso. Era pouco dinheiro. À época, a lavagem de uma muda de roupa custava trezentos réis. A média de café com leite e pão com manteiga era vendida por quinhentos réis. Uma cerveja saía a 1,8 mil-réis. O aluguel de um apartamento modesto estava na casa dos 100 mil-réis mensais.

Indicaram a Tancredo uma pensão barata na avenida Carandaí, perto do córrego Acaba Mundo. Malas alocadas na pensão, precisava procurar emprego.

Descobriu um concurso para guarda civil. Passou na prova, mas o corpo franzino foi reprovado no exame visual do diretor da Guarda. Tancredo implorou que precisava trabalhar e o diretor arrumou-lhe uma vaga de escriturário. "Eu anotava as substituições, as ausências e fazia o necessário para manter o serviço de segurança em perfeita ordem", resumiu.

Ficou no emprego menos de um ano, dividindo-se entre a jornada na repartição e o curso de direito na UFMG. Soube então de um concurso para a Secretaria de Educação e foi em busca de salário melhor. Passou, mantendo as novas atividades em paralelo com a faculdade.

Arrumou novo bico: repórter do jornal *Estado de Minas*, fundado em 1928. Estudante de direito tornar-se repórter era um caminho natural. Rubem Braga e Dario de Almeida Magalhães, companheiros de faculdade de Tancredo, também se integraram à redação do *Estado de Minas* desde seus números iniciais.

Tancredo recolhia notícias por telefone com os delegados e, como se interessava por política, passou também a ser escalado para reportagens sobre o tema. Conquistou a confiança do senador Arthur Bernardes, aquele que, anos antes, seu pai combatera. Tancredo contava que Bernardes era avesso à imprensa. Queixava-se de que os repórteres tiravam suas declarações de contexto. Certa feita, entrevistou-o. Foi elogiado por ter transcrito com exatidão o pensamento do senador, que se tornou fonte do jovem repórter. Como naquela época raras reportagens do *Estado de Minas* eram assinadas, a curta produção de Tancredo perdeu-se entre outras tantas da equipe do jornal.

Em maio de 1929, Assis Chateaubriand incorporou o *Estado de Minas* à cadeia de órgãos de comunicação dos Diários Associados. Estava empenhado em montar uma rede de apoio a Getúlio Vargas na eleição do ano seguinte. Chateaubriand colocou Milton Campos como redator-chefe, Dario de Almeida Magalhães como diretor, José Maria Alkmin como gerente e Tancredo Neves, com dezenove anos, como secretário de redação. Tancredo foi recomendado a Chateaubriand pelo governador de Minas, Antônio Carlos Ribeiro de Andrada.[237] Por isso, pelo resto da vida, Tancredo definiria a si mesmo também como jornalista.

No curso de direito da UFMG, era uma obrigação moral ler Anatole France ("Muito aprendeu quem bem conheceu o sofrimento"), Eça de Queiroz ("É o comer que faz a fome") e Machado de Assis. Teve como professor o ministro Orozimbo Nonato, um dos maiores civilistas do país e que chegaria a presidente do Supremo Tribunal Federal, após ser indicado ministro por

Vargas em seu primeiro governo. "Frequentávamos o Palácio da Liberdade e o Cabaré da Olympia, o Palace. Um cabaré diferente, com ambiente familiar, onde enganávamos a dureza pedindo uma cerveja para quatro. Podíamos ler os jornais do Rio, que apanhávamos às dez e meia da noite no bar do Ponto",[238] relembrou o amigo José Monteiro de Castro.

Na faculdade, Tancredo cruzava nos corredores com Elvira Komel, uma das primeiras feministas do Brasil. "Uma mulher bonita, vistosa e inteligente." Tinha na mesma turma José Monteiro de Castro (que seria deputado da UDN e ministro da Casa Civil entre 1954 e 1955), Dario de Almeida Magalhães (também jornalista e mais tarde signatário do Manifesto dos Mineiros) e Rubem Braga. O futuro grande escritor nunca buscaria seu canudo de bacharel em direito: gastara no jogo o dinheiro para o diploma que os pais haviam mandado de Cachoeiro de Itapemirim (ES).[239]

Nas férias escolares, entre dezembro de 1929 e março de 1930, Tancredo editou com dois amigos o jornal satírico *A Reacção*. Foram dezesseis edições, que, de acordo com Tancredo, "não respeitavam nem o vigário". Um dos personagens satirizados resolveu ir atrás dos editores da gazeta. Queria que engolissem, à força, as palavras postas no papel. Sossegou depois de repetidos e cordiais pedidos de desculpas.

Os jovens estudantes militaram a favor da Revolução de 1930, o movimento que levou Getúlio Vargas ao poder. O líder tinha sido deputado gaúcho e depois ministro da Fazenda. Em 1930, candidatou-se a presidente pela Aliança Liberal. Derrotado, reclamou de fraudes e comandou a tomada revolucionária do poder. Tancredo corria as cidades mineiras em campanha. "Não pregávamos as eleições. Pregávamos abertamente a revolução."

Tancredo costumava contar uma conversa entre Oswaldo Aranha, deputado revolucionário em 1930 e futuro companheiro de ministério no governo Vargas, e o governador de Minas, Olegário Maciel. Aranha tentava impressionar Maciel com um discurso empolado para convencê-lo a entrar na campanha pela derrubada do governo Washington Luís, quando este o interrompeu: "Dr. Aranha, não vejo motivo para tanta oratória. O senhor marque o dia e a hora e vamos iniciar o movimento".[240]

No dia em que foi deflagrada a Revolução, Tancredo apresentou-se para prestar serviços à causa. Estava com Cristiano Machado, secretário do Interior e Justiça de Minas, que chefiava a revolução no estado. Porém, mais uma vez, parecia que o corpo franzino iria tirá-lo da linha de combate. Cristiano determinou que Tancredo e amigos se dirigissem a um orfanato no Barro Preto, bairro fundado por imigrantes italianos em solo de argila escura e viscosa, omitindo o principal entrave na prestação de socorro aos internatos do orfanato. A casa era vizinha ao 12º Regimento de Infantaria, contrário ao movimento popular.[241] O posto militar estava em pleno combate nos estertores da Revolução de 1930, atuando como mantenedor da ordem pública e do status quo. Cristiano Machado liberou caminhões e apetrechos para que o grupo de Tancredo executasse a missão. Não cedeu armas. Foram necessárias várias entradas e saídas do orfanato para levar os internos a um local seguro. Sempre sob fogo. "O orfanato estava na linha de tiro. Havia fogo cruzado. Troca de tiros entre os revolucionários e o 12º RI. Foi realmente uma resistência épica. Fui um dos primeiros a entrar no quartel depois que ele caiu. Com lenço vermelho no pescoço",[242] rememorou Tancredo, citando o adereço típico dos getulistas.

Dessa época, acumulou histórias sobre a aura da faixa presidencial. À saída do Palácio do Catete, em outubro de 1930, o presidente deposto Washington Luís chamou um dos funcionários mais antigos da casa. Albino, assessor humilde, trabalhava havia vinte anos com os mandatários da República. Passou-lhe a faixa presidencial e mandou que só a entregasse a quem de direito. Albino acompanhou os dias de confusão revolucionária, dia e noite com a faixa presidencial sob a roupa. "Com Vargas instalado no Catete, o funcionário aproximou-se em respeitoso silêncio e confiou-lhe o símbolo da República."[243]

Passada a fase aguda da revolução, Tancredo concluiu o quarto ano de direito, em novembro de 1931. Colou grau de advogado em 5 de março de 1932. Depois da missa comemorativa, os bacharelados seguiram até o cemitério do Bonfim, em Belo Horizonte, para saudar um professor e um aluno, mortos durante o curso. Tancredo discursou no túmulo.[244] Na semana seguinte, desembarcou doutor na estação de trem de São João del-Rei, "onde foi recebido por amigos calorosos", como registrou *A Tribuna*.[245]

A Revolução de 1930 havia liquidado os velhos partidos, deixando intocadas, no entanto, as velhas lideranças. Formado, Tancredo foi trabalhar no setor público, graças a Augusto Viegas, o maior líder político de São João del-

-Rei. Três meses depois, o governador de Minas, Olegário Maciel, nomeou-o promotor na mesma cidade, em junho de 1932.[246]

Sua nomeação foi publicada no *Diário Oficial* em 4 de junho. Tancredo fez juramento e tomou posse, com 22 anos, em 7 de julho. Havia dado o primeiro passo para uma carreira maior. A Promotoria de Justiça foi, durante largos anos, escola de política em Minas Gerais. Lá, Tancredo enfrentou os casos comezinhos de cidades pequenas. Em 6 de março de 1934, por exemplo, no processo n. 635, o promotor Tancredo Neves ofereceu denúncia contra dois soldados de polícia, João Gualberto dos Santos e Placidínio Martins de Almeida, acusados de espancar Joaquim Silvério da Silva, preso na cadeia pública do distrito de Nazareth, atual cidade de Nazareno.[247]

Seu caso mais delicado foi um assassinato no bilhar do Café Ideal, depois de uma briga. Os envolvidos eram de famílias tradicionais de São João del-Rei. José Pedro de Resende empurrou Arlindo Camargo de Oliveira, que bateu com a cabeça ao chão. Na queda, este último fraturou o osso parietal direito e morreu. Tancredo descobriu que Oliveira era portador de uma doença pouco conhecida, a estenose craniana — de origem genética, a estenose é uma formação óssea deficiente da região cerebral. Obteve apoio no entendimento de que Oliveira morrera mais em razão de sua condição física do que do empurrão. Conseguiu mudar a qualificação do crime de doloso (no qual o agressor assume o risco ou tem a intenção de matar) para culposo (crime acidental), obtendo pena mínima para Resende.

Foi como promotor que Tancredo travou seu primeiro embate com o político que seria seu adversário por toda a vida. José Maria Alkmin advogou contra Tancredo e venceu. Alkmin dizia que não se lembrava da causa, ofuscada pela glória da vitória. Tancredo dizia que a esquecera pelo amargor da derrota.

O ex-deputado mineiro José Luiz Baccarini conta outra passagem da vida de Tancredo como promotor. Na época, a polícia reprimia namoros em praça pública em nome da moralidade. O cabo Noé, da Polícia Militar de Minas Gerais, cumpria seu papel de mandar os casais de enamorados "circular, circular". Repetiu a ordem várias vezes até se aproximar de um casal que não se moveu. Quando se aproximou, viu o promotor Tancredo Neves. Bateu continência e se justificou:

— Pode ficar sossegado, doutor. Estou mandando todo mundo sair para o senhor ficar à vontade.[248]

No cargo de promotor, Tancredo exerceu colaborações regulares na imprensa de São João, porém seus artigos raramente tinham viés político. Resvalavam pelos temas culturais e os de interesse da opinião pública. Aos 25 anos, Tancredo rendia homenagens àqueles que tinham ajudado na sua formação, como o crítico literário e poeta carioca Ronald de Carvalho. "Esse cruzado do belo e da arte morreu, quando precisava viver. Expurgou a literatura de velhos preconceitos. A sua *Pequena história da literatura brasileira* é um marco luminoso",[249] escreveu quando da morte do autor. Encerrava o artigo com leveza, citando Augusto Comte. "*Il y a plus de morts que de vivants et ce sont les morts qui dirigent les vivants*" [Há mais mortos do que vivos e são os mortos que dirigem os vivos].

Muitas de suas contribuições na imprensa tinham característica de alerta. Hoje, podem ser vistas como carregadas de preconceito. "Espiritismo: fábrica de loucos" ganhou a primeira página. Mostrava que o credo aumentava "à mercê da ignorância religiosa e da fraqueza de certas mentalidades".

> Cabe a mim fazer advertência sobre o perigo que correm aqueles que se dedicam a práticas espíritas. Deixando de parte os enormes prejuízos que o espiritismo causa à saúde mental das sociedades, salientamos apenas o seu papel como fator da loucura. O psiquiatra [Antônio] Xavier da Silveira demonstrou que 90% dos enfermos no Hospício Nacional do Rio de Janeiro frequentaram centros espíritas. Em BH, depois do alcoolismo e da sífilis, o espiritismo é o responsável pelas internações.[250]

Mais de meio século depois, a viúva Risoleta Neves visitaria o médium brasileiro Chico Xavier para tentar obter mensagem psicografada de Tancredo, morto quatro meses antes. Foi recebida de braços abertos. Ouviu do médium que ainda não era hora de entrar em contato com ele.[251] Chico morreria dezessete anos depois sem nunca ter psicografado nenhuma mensagem de Tancredo.[252]

Uma das histórias que Tancredo mais gostava de contar vinha de seus tempos como promotor: durante uma campanha eleitoral, em uma visita à pequena Andrelândia, decidiu fazer a barba. Sentou-se na cadeira do barbeiro, que puxou conversa. Perguntou se Tancredo era de São João e se havia sido promotor de Justiça no começo dos anos 1930. Com a navalha a trabalhar no rosto de Tancredo, o barbeiro perguntou se ele se recordava de certo assassinato ocorrido na cidade — o réu se chamava Jesus e havia matado a própria mulher.

— Jesus Antônio de Resende. Crime horroroso. Pedi pena máxima, apesar de o juiz o ter condenado a apenas doze anos de cadeia. O amigo se recorda desse caso? — respondeu o candidato, amigável.

— Como não? Pois aquele Jesus sou eu mesmo — afirmou o barbeiro de navalha na mão.

Conforme o interlocutor, Tancredo adoçava a conclusão da história.

— Dr. Tancredo, meus parabéns. Como o senhor falou bonito aquele dia — encerrou o barbeiro Jesus, o pacífico.

A partir daí, Tancredo criou nova assertiva política: "Advogados são ruins de voto porque sempre são obrigados a desgostar a uma das partes. Padres são imbatíveis por sua ascendência moral. E médicos ainda mais porque têm a vida do eleitor nas mãos".

Em janeiro de 1933, Olegário Maciel, Antônio Carlos Ribeiro de Andrada e Wenceslau Braz fundaram em Belo Horizonte o Partido Progressista de Minas Gerais (PP). O representante de São João del-Rei na comissão executiva do novo partido foi Augusto Viegas, chefe político de maior expressão da cidade. Padrinho político e admirador do "talento sem par" de Tancredo, Viegas levou-o para o PP. Indicou o nome dele para concorrer a deputado estadual. A norma partidária exigia que as indicações desse tipo fossem endossadas por determinado número de diretórios municipais. Devido à grande quantidade de candidatos na região, Tancredo não conseguiu cumprir essa exigência. Ficou fora da chapa do PP que concorreu às eleições para a Assembleia Constituinte estadual em outubro de 1934.

Em março de 1935, Tancredo conheceu o jovem capitão gaúcho Arthur da Costa e Silva,[253] que, aos 35 anos, havia saído do comando do curso de aperfeiçoamento de sargentos da escola de Infantaria, no Rio, para assumir o 11º Regimento de Infantaria, em São João del-Rei. Costa e Silva ficou um ano na cidade, tempo em que se aproximou de Tancredo, primeiro em solenidades oficiais e depois em cordiais visitas de amizade. Essa relação de confiança seria fundamental para Tancredo 29 anos mais tarde.

Depois da promulgação da Constituição mineira, em 30 de julho de 1935, Tancredo foi eleito vereador em São João del-Rei. Obteve a maior votação entre todos os concorrentes. Recebeu 197 votos, recorde na eleição. Pediu exoneração do cargo de promotor e tornou-se presidente do Legislativo municipal, como previa a regra eleitoral.

Com o mandato de vereador, Tancredo começou a experimentar os dissabores de enfrentar oposição. Em 1936, foi acusado de beneficiar-se da lei que aprovara em favor do setor têxtil, por ser sócio de empresa do ramo. De certa forma, beneficiara-se mesmo. A Fiação e Tecelagem Matozinhos foi seu primeiro empreendimento na iniciativa privada. A empresa se dedicava à fabricação de brins, flanelas e cobertores de algodão. Tancredo contava que recebera os oitenta contos de réis que investiu em ações da fábrica de um distribuidor de bebidas chamado Miranda, de quem era procurador. Depois se tornou sócio do empresário João Lombardi, que assumiu a fábrica integralmente nos anos 1950. Em 1947, participou da fundação da Fiação e Tecelagem São João, da qual foi diretor-presidente em sociedade com os irmãos João e Acíbio Hallak.

Após o rompimento de Antônio Carlos Ribeiro de Andrada com o Partido Progressista, em 1936, o governador Benedito Valadares, para testar a fidelidade das bases do interior, promoveu uma reunião em Belo Horizonte no dia 4 de outubro. Tancredo, com 26 anos, foi o orador oficial da solenidade, falando em nome das representações municipais. "O Valadares foi muito hábil. Promoveu uma festa que chamou de Pacificação Mineira. Foi o primeiro discurso que fiz no movimento político de maior envergadura", rememorou Tancredo.[254]

Valadares fundou, em 1937, uma nova agremiação situacionista, o Partido Nacionalista Mineiro, para conduzir no estado a candidatura de José Américo de Almeida às eleições presidenciais previstas para janeiro de 1938. Filiado à nova agremiação, Tancredo passou a liderar a campanha eleitoral em São João del-Rei. A movimentação foi bruscamente interrompida em novembro de 1937. Nascia o Estado Novo, que matava as eleições diretas.

Os anos 1930 foram tempos de grande conflito ideológico. "O nazifascismo subia e fascinava as pessoas. Plínio Salgado fez o Manifesto Integralista — mas, antes dele, homens inteligentes se deixaram contaminar pelo totalitarismo, como Francisco Campos e Gustavo Capanema, que retiraram da Revolução de 1930 o pretexto para criar, em Minas, a Legião de Outubro, com os integrantes chamados de camisas-cáqui", elencou Tancredo.[255]

Do outro lado, estava a Aliança Nacional Libertadora, a ANL. Era a frente de luta contra o imperialismo, o fascismo e o integralismo. Contou com a participação de diversas esferas ideológicas e culturais da sociedade brasileira. Tinha como lema "pão, terra e liberdade". Luiz Carlos Prestes, o "cavaleiro da esperança", proclamado presidente de honra da organização, achava-se exilado na União Soviética. Ele havia sido líder da Coluna Prestes, que na década precedente tentara derrubar o governo pelas armas. Na clandestinidade, retornou ao Brasil, encarregado pela Internacional Comunista de desenvolver um levante armado no país. Tinha o sonho de fazer pulsar a revolução vermelha no coração da América do Sul.

A ANL realizou manifestações públicas para celebrar o aniversário dos levantes tenentistas da década de 1920. Prestes discursou pregando a derrubada do governo. Reclamou todo o poder para a ANL, e o presidente Vargas aproveitou-se da repercussão do episódio — com base na Lei de Segurança Nacional, fechou a organização.

Os principais focos de rebelião contra o governo, que se intensificaram desde 1935 com a atuação da ANL, estavam em três estados, Minas Gerais, São Paulo e Santa Catarina. Vargas os debelou com facilidade. O governo se utilizou da agitação criando o chamado Plano Cohen, um falso programa de ação comunista para derrubar Vargas. O documento apresentado como prova física do suposto plano comunista foi divulgado em 30 de setembro de 1937 pelo chefe do Estado-Maior do Exército, general Góes Monteiro, e fornecia orientações detalhadas sobre as ações de sequestro planejadas por supostos revolucionários.

O nome do documento é uma referência ao líder comunista húngaro Béla Cohen (ou Bela Kun). No entanto, o texto apresentado como prova do golpe comunista foi escrito pelo capitão Olímpio Mourão Filho. Ele era à época chefe do Serviço Secreto da Ação Integralista Brasileira (AIB), organização política de apoio ao governo Vargas, de orientação fascista. Mais tarde, Mourão seria um dos personagens fundamentais do golpe de 1964. O próprio Góes Monteiro revelou a fraude, ao fim do Estado Novo. "Se não houvesse o levante de novembro, teria sido difícil ao país engolir o Plano Cohen e aceitar as razões do golpe dois anos mais tarde. Abriu condições para o golpe de 1937", analisava Tancredo.[256]

Com a tomada do poder em 10 de novembro de 1937, Vargas cancelou as eleições programadas para o ano seguinte, estabeleceu nova Constituição e deu início ao período ditatorial do Estado Novo. "Era presidente da Câmara

Municipal. Estávamos em plena campanha eleitoral. Quem me levou o telegrama já assinado pelo Francisco Campos como ministro da Justiça disse-me, grave e pálido: 'Não entendi bem o que diz aí. Parece sério'. Os termos eram simples. Estavam dissolvidas todas as casas parlamentares e extintos todos os mandatos. Começava a nova ordem", lembrou Tancredo.[257]

Com o telegrama na mão, Tancredo convocou reunião da Câmara Municipal para comunicar a informação que havia recebido. Um vereador, integralista, levantou-se para fazer elogios ao golpe. Outro vereador, médico, protestou. Um fazendeiro que fazia as vezes de parlamentar cochichou com Tancredo que não estava entendendo o que havia acontecido.

— Instalou-se uma ditadura no Brasil, um regime de força — explicou Tancredo.

Ao que o fazendeiro redarguiu:

— Quer dizer que nós vamos sair do lado de montar?[258]

O interventor em Minas Gerais convidou Tancredo para ocupar o cargo de chefe do departamento de polícia do estado. Ele rejeitou a proposta por discordar da implantação do regime de exceção. Tinha 27 anos e a carteira de advogado. "Mais uma vez contei com o doutor Augusto Viegas, que era um excelente profissional, entretanto só advogava para quem não podia pagar. Montei o escritório e dividi meu tempo profissional", assim resumiu a nova fase.

Ao mesmo tempo que assumia causas mais ou menos rendosas, tornou-se advogado dos ferroviários da Rede Mineira de Viação, que era propriedade estatal mineira. Em 1938, os trabalhadores entraram em greve. A polícia recebeu ordem de prender todos os líderes — e também seu advogado.

> Fomos para Belo Horizonte, onde fiquei detido por 48 horas. Não foi um episódio forte, a não ser por sua singularidade em minha biografia. Fui bem tratado. A greve, sim, foi um acontecimento. As mulheres, em pleno Estado Novo, deitavam-se sobre os trilhos para impedir o avanço das locomotivas. E o pagamento, atrasado de quatro meses, saiu. Esse tempo de advogado foi muito importante para meu futuro. Pude ganhar algum dinheiro, casar-me e formar uma razoável base eleitoral futura. Até hoje tenho entre os ferroviários de Minas dedicados amigos.[259]

Um ano depois seria novamente preso. Dessa vez por defender estudantes que protestavam contra a ditadura do Estado Novo.

* * *

Tancredo procurou tranquilidade na terra natal. Em uma solenidade pública no colégio Nossa Senhora das Dores, conheceu uma aluna esguia, de nariz afilado.[260] Não esqueceria a normalista. Natural da vizinha Cláudio, nascida em 20 de julho de 1917, Risoleta era de clã local poderoso. Começou a namorar Tancredo aos dezenove anos. Já havia sido uma recatada rainha do Carnaval de Cláudio, desfilando em carro alegórico em forma de navio, cercada por soldados romanos.[261] "Ficávamos esperando as meninas na saída do colégio. De uma hora para outra, aconteceu o que todo mundo sabe muito bem: piadas, bilhetinhos, os irmãos com raiva", detalhou Tancredo, que afirmava que Risoleta fora sua primeira namorada.[262]

Filha de Quinto Alves Tolentino e Maria Inês Guimarães Tolentino, a dona Quita, Risoleta era a segunda mais velha entre os irmãos Domingos, Edson, Oswaldo, Quinto e Múcio. Os filhos das boas famílias de várias cidades da região estudavam em São João del-Rei. Apesar dos 150 quilômetros que separam a cidade de Cláudio, dona Quita quis que a filha estudasse na mesma escola que frequentara, um rígido educandário dirigido pela ordem das freiras vicentinas. Até os dez anos, Risoleta mal havia saído da Fazenda da Mata, na zona rural de Cláudio. "Todas as moças iam a São João del-Rei para estudar. Minha mãe me fez segui-la. Tancredo era promotor público. Comparecia a todas as festividades que havia no colégio. Depois que me formei, fiquei conhecendo-o pessoalmente. Passou a vir a Cláudio de trem. Demoravam-se horas. Ele brincava: para vir a Cláudio, só muito amor ou muita necessidade", contava Risoleta.[263]

Quinto, o pai dela, tinha nascido na freguesia dos Lençóis do Rio Verde, atual Espinosa, na divisa de Minas Gerais com a Bahia. Representava diversas firmas comerciais do Rio de Janeiro pelo interior. Dona Quita era filha do coronel Domingos José da Silva Guimarães, velho chefe político da região e descendente dos barões do café do século XIX. Os dois se conheceram durante encontro fortuito em passeio de férias pelas cidades dos circuitos das águas de Minas (São Lourenço, Caxambu).

Sete anos depois do casamento, Quinto Alves Tolentino construiu um casarão, na antiga rua Rio de Janeiro, em Cláudio. Ao lado, instalou uma loja de armarinhos e tecidos, batizada de A Primavera. O casarão, onde foi criada grande parte da família Tolentino, inaugurado em 1923, foi destruído por um incêndio em 1964. O espaço hoje é a adega da cachaçaria Mingote, pertencente à família. Foi também comitê da campanha de Aécio Neves, na disputa presidencial em 2014. O endereço continua o mesmo, apesar de a rua ter mudado de nome: chama-se agora avenida Tancredo Neves.

Dona Quita enviuvou cedo. Contou com seus pais para criar a grande família na propriedade que ela considerava "um céu na terra". Da casa grande, exerceu o papel da matriarca da família e quiçá da cidade. Por meio século, a família dominou a política em Cláudio. Sempre seguindo uma diretriz de d. Quita. "Estar sempre com o governo e conciliar com ele não faz mal a ninguém."[264]

A Fazenda da Mata está a cinco quilômetros do núcleo urbano de Cláudio. É rodeada por relevo montanhoso e vegetação abundante. As palmeiras dividem o espaço com pastos para a criação de gado. O acesso é feito por estradas de terra batida com cascalho, atravessando o córrego do Ouro Fala. O córrego Frio também se avizinha da fazenda. A iluminação chegou em 1930, quando Risoleta tinha treze anos. O casarão é formado por três blocos, construídos em épocas diferentes. As paredes brancas têm contornos em amarelo, com entrada por meio de três portas e ventilação por treze janelas na fachada frontal.

No final do século XIX, a economia de Cláudio era baseada no cultivo de café e sustentada por trabalho escravo, mais tarde substituído por imigrantes europeus. O avô de Risoleta, Domingos José da Silva Guimarães, conhecido como Mingote, descendente dos primeiros sesmeiros de Cláudio, comprou a fazenda em 1873. Tenente da Guarda Nacional, tropeiro e fazendeiro, Mingote casou-se com dona Cota. Tiveram duas filhas, Maria Inês e Inês Maria. Mingote adquiriu a fazenda com sobrado, senzala, paiol, moinho e plantações de café, laranja e banana. A fazenda foi batizada "da Mata" por ser predominantemente coberta por ela à época da compra.

Os escravos de Mingote trabalhavam nas lavouras de milho, banana, feijão, arroz, cana e, claro, café.[265] Cuidavam do gado, tiravam leite, faziam manteiga. Realizavam batuques em cerimônias religiosas de cunho africano e também festejavam Nossa Senhora do Rosário por meio de rezas, canções e congadas. A fazenda possui uma pequena capela, cercada por palmeiras. Os escravos começaram a ser substituídos por imigrantes com o início da política subvencionada estabelecida no Império.

Mingote morreu em 1938. Em sua homenagem foi batizada a cachaça mais famosa produzida na fazenda. Dona Quita morreu em 30 de setembro de 1982.[266] A fazenda foi herdada por Risoleta e o irmão Múcio Tolentino.

Este foi prefeito de Cláudio entre 1983 e 1988, parte do período coincidente com a administração de Tancredo como governador de Minas. É dessa época a construção do aeroporto de Cláudio. A obra rendeu polêmica na campanha presidencial de 2014. Como governador, Aécio Neves investiu dinheiro do governo do estado na pista construída em terras compradas de seu tio-avô.

A área original da Fazenda da Mata foi dividida em várias propriedades da família Tolentino Neves: Casa Rosa, Santa Inês, Cachoeira. O núcleo central da Fazenda da Mata ficou com Risoleta. Aos poucos ela foi sendo modificada. Em 1930, no lugar da senzala foi construído um jardim. Na década de 1960, mudou-se a divisão interna, com a ampliação do número de quartos e de salas. Construiu-se também a piscina com churrasqueira. Por meio de permuta de bens, a Fazenda da Mata ficou com Risoleta, cabendo aos irmãos áreas vizinhas desmembradas do terreno original.

Em 1937, um ano e meio antes do casamento, Tancredo trocou com Risoleta as chamadas fotografias de oferecimento. Na tradição, selavam o compromisso dos noivos e anunciavam a proximidade do casamento. Nas fotos, fizeram dedicatórias iguais: "Ao meu querido noivo/ à minha querida noiva". Risoleta aparece sorridente, apoiada em uma coluna, com um vestido longo escuro e flores no decote recatado. Em Tancredo, destaca-se a calvície precoce, porém ainda tinha cabelos suficientes para serem fixados para trás com gel. "No retrato de noivado, ele se parece com George Raft", comparou Risoleta.[267] O olhar, o nariz e os lábios são na linha de galã de cinema, por isso Risoleta achava Tancredo parecido com o ator que se tornou sucesso no papel de *Scarface*, a versão original de 1932.

Tancredo, 28, e Risoleta, 20, casaram-se em 25 maio de 1938, em cerimônia presidida pelo padre sergipano Manuel da Cruz Libânio, na igreja de Nossa Senhora da Conceição Aparecida. Antes da cerimônia, Tancredo confessou-se com padre Libânio. O mesmo que celebraria as bodas de prata do casal e receberia Tancredo na véspera da posse, em 1985, para bênção especial.

A imprensa local definiu Risoleta como "ornamento" da cidade de Cláudio. A festa recebeu a classificação de "uma das mais brilhantes demonstrações de regozijos" da cidade. Terminada a cerimônia, Tancredo e Risoleta foram de carro até Belo Horizonte. Na capital mineira, embarcaram num avião para o Rio, onde passaram a lua de mel. Não havia clima para viagens longas. A Europa vivia a tensão pré-guerra, que estouraria um ano depois. A movimentação de

Retrato (tirado em 1923) em que Tancredo fez a dedicatória "À minha querida noiva", selando seu compromisso com Risoleta (Acervo Fundação Getulio Vargas – Cpdoc).

tropas e os desejos expansionistas de Adolf Hitler apenas anunciavam que o pior estava por vir.

A primeira gravidez foi rápida. Inês Maria nasceu em 1939, quando Risoleta tinha 22 anos. Dois anos depois, nasceu Maria do Carmo, e, em 1943, foi a vez de Tancredo Augusto. A família se mudou para o Solar dos Neves, casarão pertencente à família da mãe de Tancredo com dezoito quartos, quatro salas, dois escritórios, cinco banheiros, duas copas, cozinha e varanda.[268] O mobiliário era de forte influência europeia, com cravo londrino do século XVIII, carrilhão francês, espelho de cristal e quadro com todos os membros da primeira Constituinte da República do Brasil.

Em 1943, aos 33 anos, já pai de três filhos, Tancredo começou a acalentar o plano que desde sempre almejou. O fim da Segunda Guerra em 1945 ajudou o país a retrilhar o caminho da democracia, e Tancredo a abraçar a carreira política como um profissional. O que lhe aumentou a calvície, no entendimento de Risoleta. "Tancredo ficou careca de tanto pensar."[269]

5. A gangorra da política como profissão

O colapso de uma era política permitiu que Tancredo Neves alçasse voo próprio. No início de 1945, o Estado Novo ditatorial de Vargas estava enfraquecido. O fim da Segunda Guerra Mundial levou ao aumento das pressões pela redemocratização do país. Vargas cedia lentamente. Encaminhou projeto de reforma política com a reorganização dos partidos, a convocação de assembleia nacional constituinte e o anúncio de eleições para a escolha do sucessor na chefia do governo.

"A causa mais importante da queda de Vargas foi o grande conflito ideológico entre o governo e a nova ordem democrática que se implantava no mundo", afirmou Tancredo. "A opinião pública nacional, muito trabalhada pela propaganda da democracia durante os anos da guerra, já não via em Vargas um homem que lhe inspirasse confiança para conduzir o movimento de restauração democrática no Brasil."[270]

O interventor federal em Minas Gerais (indicado por Vargas), Benedito Valadares, organizou as forças situacionistas em nova legenda. Em 17 de julho de 1945, nasceu o Partido Social Democrático (PSD). Tancredo titubeou. Em entrevista ao jornalista Carlos Castello Branco,[271] relatou que quase se filiou ao PTB, após encontro com Getúlio, em 1945, no ocaso do período ditatorial. Foi levado pelo cunhado, Mozart Dornelles, integrante do Gabinete Militar e primo de Vargas. "Perguntei em que partido devia ingressar. Aconselhou-me a ficar no PSD", relembrou Tancredo. Mozart Dornelles argumentava que o advogado mineiro teria mais espaço na legenda do que entre sindicalistas trabalhistas.

Apesar das reformas propostas, o Estado Novo foi derrubado por um golpe militar em 29 de outubro de 1945. Os militares temiam que Vargas se perpetuasse no poder. As eleições foram mantidas para a data prevista, 2 de dezembro. Após filiar-se ao PSD, Tancredo participou da campanha do general Eurico Gaspar Dutra, candidato do partido à presidência. Dutra bateu o brigadeiro Eduardo Gomes, candidato da UDN. O PSD venceu por larga margem em Minas Gerais, elegendo vinte deputados à Assembleia Nacional Constituinte.

A nova Constituição entrou em vigor em setembro de 1946. Determinava a realização de eleições para os governos dos estados, as assembleias legislativas (com poderes constituintes em nível estadual) e a complementação das bancadas no Senado e na Câmara dos Deputados.

Tancredo Neves, apoiado pela máquina de Benedito Valadares em seu município natal, conseguiu tornar-se deputado estadual. Auferiu 5266 votos em 19 de janeiro de 1947. O PSD estava dividido. Tancredo filiava-se aos ortodoxos, como eram chamados os afinados com Valadares. Milton Campos, da UDN, chegara a governador de Minas.

A Constituinte mineira começou os trabalhos em março de 1947. Tancredo elegeu-se relator da comissão especial que cuidaria do novo texto constitucional. O trabalho foi concluído em quatro meses, com a nova Carta sendo promulgada em 14 de julho.

Político sem sustentação desmancha-se no ar. Como deputado estadual, Tancredo Neves obteve sólido apoio entre os pares para alcançar a cadeira de líder do PSD na Assembleia Legislativa de Minas. Deputado em primeiro mandato e com a parca experiência de vereador de São João del-Rei, passou a comandar a oposição e depois a bancada do maior partido da casa. A liderança seria mantida nos três anos seguintes. Tancredo acumulou às novas atividades os compromissos na terra natal e as raízes familiares. Voava com frequência entre Belo Horizonte e São João del-Rei. Não sem temor, pois voar era para os pássaros.

As cartas aeronáuticas tinham imprecisões corriqueiras. Os erros na altitude de morros e montanhas, o mau tempo e a inexistência de equipamentos eficientes para voo por instrumentos listavam-se como razões do risco de acidentes. Às vésperas da eleição de 1947, um avião argentino que fazia o percurso Londres-Buenos Aires enfrentou mau tempo próximo ao Parque Nacional da Tijuca, no Rio. Às 11h30, relatou dificuldades à torre de controle do aeroporto do Galeão, em decorrência da neblina. Na aproximação para o pouso, o piloto perdeu as referências visuais. Chocou-se com o morro do Sertão. Das 21 pessoas a bordo, dezenove morreram. Entre janeiro e agosto de 1947, pelo menos outros cinco acidentes de avião ocorreram no Brasil.[272]

Na tarde da sexta-feira, 19 de setembro de 1947, o deputado estadual Tancredo Neves concluiu os trabalhos na Assembleia Legislativa. Seguiu para o aeroporto da Pampulha. Embarcou em avião de pequena empresa de táxi aéreo, cujo proprietário era o próprio piloto. A maior dificuldade no voo até São João del-Rei é a aproximação das serras do complexo da Mantiqueira. É o mais importante maciço rochoso que se estende pela divisão de Minas, Rio de Janeiro e São Paulo. Na região mineira, há picos que atingem mais de 2 mil metros, rodeados por planaltos e vales.

O avião que levava Tancredo de Belo Horizonte a São João começou a enfrentar mau tempo na fase final do voo. Sem indicação precisa da altura da cadeia de montanhas à volta e com visibilidade mínima, o piloto tomou a decisão de antecipar o pouso. Não sabia para que lado estava o aeroporto. Fez a aterrissagem forçada ao pé de uma das serras próximas da cidade.[273] A brutalidade do pouso destruiu completamente a aeronave, mas a perícia do piloto fez com que Tancredo e os demais passageiros saíssem ilesos do acidente. A Mantiqueira, a "serra que chora", em tupi-guarani, viu o desespero e alívio dos sobreviventes. Abraçaram-se e agradeceram a Deus — e ao piloto — por estarem vivos em solo firme, sem que tivessem se desmanchado no ar ou no chão. Esse foi o episódio simbólico para que, dali por diante, a carreira política de Tancredo pudesse decolar.

Com o início da legislatura ordinária, Tancredo Neves liderou a oposição. Em 2 de maio de 1950, foi o orador da sessão em homenagem ao primeiro centenário da morte de Bernardo Pereira de Vasconcelos, um ídolo ao qual se curvaria durante toda a carreira política. "Deixou-nos a lição que pode ser aplicada ao tempo presente: a fidelidade aos princípios democráticos, à liberdade e à honra; a persistência na ação pública com objetivos impessoais e pelo bem da pátria e da coletividade". Terminou sob aplausos.[274]

Começou ali a vivenciar os casos que enriqueceriam o folclore em seu entorno. Certa vez, discursava no primeiro microfone do plenário, próximo à mesa diretora da Assembleia, quando sofreu um aparte vindo do fundo do plenário. O deputado Jason Albergaria o contestou de forma veemente e rude. Tancredo esperou o oponente concluir e tentou retomar o raciocínio, demonstrando que ignoraria o que ouvira. "Senhor presidente, o aparte epileptiforme do deputado Jason Albergaria..." Não teve como concluir. Ao ouvir o termo referente aos sintomas da epilepsia, Albergaria reagiu como se palavrão fosse. Partiu para agredir Tancredo. Foi contido antes que chegasse à frente do plenário. O líder pessedista prosseguiu como se nada tivesse acontecido.[275]

Em 3 de outubro de 1950, Juscelino Kubitschek, do PSD, elegeu-se governador com 714 664 votos, contra 544 068 dados ao udenista Gabriel Passos. Tancredo Neves (com 11 515 votos) conquistou seu primeiro mandato de deputado federal. No mesmo pleito, Getúlio Vargas foi eleito presidente da República.

Entre 1º de fevereiro de 1951, quando tomou posse na Câmara, e 25 de junho de 1953, quando se licenciou para assumir a chefia do Ministério da Justiça, Tancredo foi membro da Comissão de Transportes, Comunicações e Obras Públicas e ocupou a liderança da bancada mineira do PSD.

Como parlamentar, Tancredo votou duas vezes contra projetos apresentados pelo deputado Nelson Carneiro, que propunham o estabelecimento do divórcio no país. Bandeira de vida do político, o divórcio só seria aprovado pelo Congresso em 1977, 25 anos mais tarde. Tancredo integrou Comissão Parlamentar de Inquérito que constatou a compra superfaturada de 20 mil cabeças de gado por meio da Comissão Central de Preços, que regulava os valores das mercadorias e o abastecimento ao mercado. Foi o relator do escândalo, um dos muitos que envolveram o alto escalão do governo Vargas.[276] Evitou que o presidente fosse convocado para depor na CPI. Alegou que a Constituição determinava esse comparecimento apenas em casos de processo de impedimento.[277]

Tancredo recebeu o convite para o cargo de ministro da Justiça quando surgiram os primeiros sinais de que havia lama no mar político. Não demorou a aceitar. Para evitar nova acusação de malversação, tratou de desligar-se da direção da fábrica de tecidos em São João del-Rei e marcou a data da posse.[278] O governo começava a enfraquecer-se. Dois pontos o preocupavam: a CPI instaurada para apurar financiamento do Banco do Brasil ao jornal *Última Hora* e o chamado "esquema Etelvino", sugerido pelo governador de Pernambuco, Etelvino Lins. Por meio do "esquema", um grande acordo de pacificação de líderes políticos, a oposição tentava encontrar solução para a crise em torno da sucessão presidencial de 1955.

Empossado, Tancredo cortou vagas do quadro de funcionários do ministério, desapropriou empresas que cuidavam do transporte de cargas e passageiros no rio São Francisco e investiu na ampliação e melhoria dos estabelecimentos que integravam a rede do Serviço de Assistência ao Menor. "O SAM prepara os moços para o crime em vez de recuperá-los", definiu.[279] Engavetou o projeto que criava a Loteria Esportiva no Brasil, que só se tornaria lei em 1969. Sofreu críticas por assinar centenas de indultos a condenados pela Justiça. "Não há lugar para tanto preso."[280]

Poupou aliados do escárnio, mantendo silêncio mesmo que isso o constrangesse. Era o caso de Benedito Valadares. Alvo de piadas constantes, alimentou por anos o folclore político em torno de seu nome. Quando interventor de Minas, adversários contavam que recebeu um relatório afirmando que o vagão mais atingido em desastres de trem era sempre o último. Não titubeou: mandou elaborar decreto suprimindo o último vagão.[281] "Conversa com mais de dois é comício" era uma de suas boas frases, apesar de tido como iletrado. Certa vez, em plenário, o deputado udenista José Bonifácio indagou a Tancredo sobre uma carta enviada dos Estados Unidos por Benedito Valadares, dizendo que o inglês falado na América era muito diferente do daqui.[282] O ministro da Justiça não confirmou nem desmentiu a existência da carta enviada pelo amigo. Valadares era governador de Minas quando Tancredo se lançou à política sob a proteção de Augusto Viegas, seu mentor. "Tancredo do Viegas" era como Valadares se referia ao correligionário.[283] Tancredo reconhecia a dívida política com ambos. Jamais aceitaria que um episódio particular como a carta enviada pelo amigo pudesse ser usado por adversários para desmoralizá-lo.

O ministro da Justiça só deixou o Catete ao lado de Vargas. Conduziu o esquife presidencial com o marechal Mascarenhas de Morais, o brigadeiro Nero Moura, o general Caiado de Castro e dois policiais da guarda pessoal de Vargas.[284] Foram alguns metros até a colocação do caixão num carro militar, estacionado na saída lateral do palácio. À medida que a carreata fúnebre começou a se deslocar pela rua Silveira Martins, a multidão agitava lenços

Funeral de Getúlio Vargas. Da direita para a esquerda, em primeiro plano, Alzira Vargas do Amaral Peixoto, Darcy Vargas, Tancredo Neves e Manuel Antônio Vargas. Atrás de Tancredo está Ernani do Amaral Peixoto (de óculos escuros). Em plano mais elevado, Danton Coelho (Acervo Fundação Getulio Vargas – Cpdoc).

brancos. De meia em meia hora, durante o trajeto, havia disparos de canhão no Forte de Copacabana. Não havia canções nem gritos nem pompa. Nem sequer a bandeira nacional sobre o esquife. Um estranho silêncio acompanhou o cortejo, precedido por dois jipes da Polícia do Exército e por motociclistas da Polícia Especial, que usavam braçadeiras de luto.

Não havia áreas isoladas. A multidão se espremeu na tentativa de se aproximar do féretro quando atingiu a avenida Beira-Mar, a caminho do aeroporto Santos Dumont, de onde o corpo seria trasladado para São Borja. Muitas pessoas subiram em árvores para melhor ver a passagem do féretro. O que havia sido batizado de mar de lama findava-se num mar de gente. Espraiava-se como a maior manifestação popular que o Rio de Janeiro tinha visto em sua história.

Uma semana depois da morte de Vargas, Tancredo Neves reassumiu sua cadeira na Câmara dos Deputados. Estava oito quilos mais magro.[285] A crise de agosto consumira-lhe o peso, as noites de sono e seu maior líder político. Na volta do enterro de Vargas, reuniu-se com João Goulart. Iniciou de imediato a resposta que ambos julgavam à altura da memória do presidente: articular a candidatura de Juscelino Kubitschek ao Palácio do Catete no pleito do ano seguinte. Tancredo deixou a Câmara ao final de seu mandato, em janeiro de 1955. Atendendo ao pedido de Vargas, feito menos de dois meses antes do suicídio, não se desincompatibilizara do ministério, ficando impedido de concorrer às eleições de outubro de 1954.

> Em São Borja, no rancho de Jango, no mesmo dia do sepultamento de Getúlio conversamos sobre o assunto. Reunimo-nos Oswaldo Aranha, Goulart e eu para analisar a situação. Concluímos que só com a deflagração do processo sucessório, contando com um candidato à presidência procedente de um estado forte, solidificando a aliança PSD-PTB, seria possível conjurar o perigo. Ali mesmo decidimos que o candidato à presidência devia ser Juscelino. Coube a mim estabelecer os contatos com o governador de Minas, que recebeu bem a ideia, embora consciente da grave responsabilidade assumida.[286]

Em fevereiro, a convenção nacional do PSD homologou a candidatura de JK. Clóvis Salgado, do Partido Republicano (PR), assumiu o governo mineiro. Nomeou Tancredo diretor do Banco de Crédito Real, mas sua real função era de coordenador nacional da campanha presidencial. Sua principal tarefa era representar JK entre a plutocracia paulista. Passava dois ou três dias na capital, em contato com empresários, intelectuais, religiosos e jornalistas.

Como tal enfrentou a sanha de Carlos Lacerda, que o acusou de comprar apoio a JK de organizações comunistas na clandestinidade.[287] Gravações de reuniões com lideranças comunistas ocorridas no quarto 1006 do hotel Othon Palace, na praça do Patriarca, no centro de São Paulo, foram levadas ao ar pela rádio Globo. Lacerda acusou Tancredo de pagar por caminhonetes utilizadas por comunistas na campanha e por repassar a eles cheque de 1,5 milhão de cruzeiros (quase 800 mil reais, em valores atualizados).

O acordo de fato existiu e foi documentalmente comprovado, mas Tancredo nunca o admitiu. "Juscelino é cristão, conservador e defenderá os postulados democráticos", contornava, quando questionado sobre o acerto com os comunistas.[288] Lacerda foi à televisão: "Juscelino não será candidato. Se for candidato, não será eleito. Se for eleito, não tomará posse. Se tomar posse, não governará".

JK apresentava-se na campanha como herdeiro do legado de Vargas e venceu a eleição presidencial de outubro, com 36% dos votos. Forças antigetulistas descontentes, como as que orbitavam Lacerda, reagiram. Em 11 de novembro de 1955, o general Henrique Lott, ministro da Guerra, liderou um movimento militar para assegurar a posse de JK. Acusou o governo Café Filho — que havia lido um ultimato de generais, pregando a desistência de JK — de tramar contra o resultado da eleição. O trânsito do governador mineiro entre as lideranças das Forças Armadas era superior ao que tinha Getúlio Vargas.

O ministro da Guerra exigira de Café Filho (que, como vice, sucedera Vargas) a punição do coronel Jurandir Mamede, que conclamara o Exército a impedir a posse de JK e de seu vice, João Goulart. Café Filho simulou um ataque cardíaco e se licenciou. Em 8 de novembro, assumiu a presidência Carlos Luz, o próximo na linha sucessória por comandar a Câmara.

Lott pediu audiência para repetir o pedido que fizera a Café Filho: punição ao coronel golpista. Luz só o recebeu em 10 de novembro, não sem antes atrasar a reunião por duas horas, sem nenhuma justificativa.[289] Diante da negativa de Luz em punir Mamede, Lott pediu demissão do Ministério da Guerra. Ao deixar o Palácio do Catete, Lott se reuniu com a cúpula militar. Os principais generais decidiram cercar o Catete e ocupar as centrais telefônicas e telegráficas. Luz estava isolado. Apoiado por setores da Marinha e da Aeronáutica, tentou deslocar-se para São Paulo, onde organizaria a resistência ao golpe com o apoio do governador Jânio Quadros. A viagem para aquele estado ocorreu a bordo do cruzador *Tamandaré*, onde embarcaram, além do presidente deposto, vários ministros, o deputado Carlos Lacerda e o coronel Mamede. Sem condições de desembarque no porto de Santos (SP), o cruzador retornou ao Rio de Janeiro.

Com estímulo dos militares, a Câmara dos Deputados se reuniu, sob a presidência de Flores da Cunha. O processo legal de impeachment prevê trâmites demorados. Cunha colocou o revólver sobre a mesa e declarou que não se tratava de impeachment, mas sim de impedimento não previsto na Constituição. Cabia à Câmara deliberar o que fazer. Como se Luz tivesse abandonado o poder, a Câmara aprovou seu afastamento e a substituição por Nereu Ramos, vice-presidente do Senado.

Consumado o afastamento, os militares asseguraram a Luz que poderia desembarcar em segurança na capital da República se firmasse documento renunciando formalmente ao cargo, de maneira a impedir recurso ao Supremo Tribunal Federal. O navio estava sem víveres, sacolejando em mar alto, sem combustível para novas viagens. Fedia por excesso de enjoos e falta de limpeza. Marinheiros de primeira viagem, os políticos vomitavam um após o outro. Luz prometeu que, assim que chegasse seguro em casa, em Copacabana, redigiria o documento. Tancredo Neves foi o fiador do acordo.

Desembarcado, Luz protelava a assinatura e inquietava os militares. Tancredo tomou um táxi em direção ao prédio da avenida Atlântica. Ao chegar, deparou-se com marinheiros vigiando o apartamento e ouviu Luz articulando alguma forma de reação. Ao ver Tancredo, Luz justificou que ainda não tivera tempo de redigir o documento de renúncia.

Tancredo surpreendeu-o ao dizer que não era mais necessário. Ele confiava no conterrâneo, mas os chefes militares não. Já tinham determinado que um grande contingente do Exército marchasse em direção a Copacabana para prendê-lo. Olhou pela janela em busca de um jipe militar qualquer que passasse em direção ao Forte de Copacabana para reforçar seu argumento. "Eu fico com você para o que der e vier", disse Tancredo.[290]

Assustado, Luz redigiu a carta-renúncia e a entregou a Tancredo. Satisfeito, ele deixou o apartamento sem admitir que mentira. "Não havia outra saída", desculpou-se ao revelar o ardil. Cristão que era, justificou-se com o texto de santo Agostinho sobre a absolvição da mentira, se ela estiver a serviço da virtude.[291]

Quando JK assumiu, Tancredo acreditava que ter dois ministros da Guerra fortes, Lott primeiro e Odylio Denys depois, facilitaria a aceitação do presidente entre os militares. "Foi muito inteligente. Os militares não traziam diante dele a carga de humilhação que traziam diante de Getúlio. Os militares tiveram muito mais facilidade de acomodação com Juscelino do que com Getúlio."[292]

Nas armas, Lott tirou Carlos Luz do poder para assegurar que JK fosse empossado. Nas urnas, foi derrotado na sucessão de JK, cinco anos depois.

O novo presidente assumiu em 31 de janeiro de 1956. Onze dias depois eclodiu o levante de Jacareacanga. Os oficiais da Aeronáutica Haroldo Veloso e José Chaves Lameirão sequestraram um bimotor da Força Aérea Brasileira e rumaram para Jacareacanga, uma base aérea do Pará. No caminho, pousaram nas bases de Aragarças (GO), Cachimbo (PA) e Santarém (PA). Obtiveram a adesão da maioria das tropas nelas sediadas. Esses militares temiam uma represália do grupo militar vitorioso no 11 de novembro. Não aceitavam que JK mantivesse Vasco Alves Seco na pasta da Aeronáutica.

Apesar de ter sido uma rebelião de apoio reduzido, o governo encontrou dificuldades para reprimi-la devido à reação de oficiais, sobretudo da Aeronáutica, que se recusavam a participar da repressão aos rebelados. Alguns acabaram por engrossar o levante. Após dezenove dias de conflito, as tropas legalistas de JK prenderam o major Haroldo Veloso. Os outros líderes conseguiram escapar e se asilar na Bolívia.

Tancredo ajudou Augusto Frederico Schmidt a escrever um pronunciamento que se tornou famoso, repelindo a intervenção dos militares. Destacava-se a frase forte, incorporada à história política do país: "Deus poupou-me do sentimento do medo". Ao discutir o texto com seus autores, JK ratificou-o com entusiasmo, de acordo com Tancredo.[293]

Sem cargo parlamentar, Tancredo Neves tornou-se conselheiro político do presidente. Trabalhou intensamente em favor da anistia para os revoltosos militares de Aragarças e Jacareacanga. Por isso foi alvo de críticas depois de 1964, pois muitos enxergaram no levante de 1956 mais uma semente que levaria a cabo o golpe militar de oito anos depois. JK trabalhou silenciosamente para contê-los.

Tancredo Neves por ocasião de sua posse na diretoria da Carteira de Redesconto do Banco do Brasil, em 26 de abril de 1956. Atrás do ombro direito de Tancredo, José Maria Alkmin. Ao fundo, entre as janelas, Israel Pinheiro (Acervo Fundação Getulio Vargas – Cpdoc).

Como diretor do Banco de Crédito Real de Minas Gerais, Tancredo participou de reunião convocada por JK sobre a reforma cambial que havia sido proposta no governo anterior. Esta extinguia subsídios públicos a importações de produtos como petróleo, trigo e papel. JK, atendendo ao ponto de vista de Tancredo e outros auxiliares, desistiu da reforma.

Em março de 1956, deixou o Banco de Crédito Real para assumir a direção da Carteira de Redesconto do Banco do Brasil. A função seria um dos pilares da formação do Banco Central. Tinha entre seus papéis o controle da inflação. Tancredo despachava no prédio da rua Primeiro de Março, no centro do Rio, onde hoje funciona o centro cultural da instituição. Na sua posse, pregou que a Carteira de Redesconto deveria ser agente ativo da política econômica, e não mera intermediária entre o Tesouro e o Ministério da Fazenda.

Propunha regras para que fosse contida o que chamou de inflação do crédito. O governo estimulava a impressão de papel-moeda sem lastro de riqueza.

A prosperidade carece de segurança, e a inflação é a incerteza; pois desencoraja os investimentos de maior interesse público, dificulta, quando não impede, a renovação de equipamento indispensável ao progresso, desmoraliza os planejamentos e as previsões, compromete a viabilidade dos empreendimentos não especulativos, desestimula a poupança, abre caminho para a competição social — é a porta aberta à confusão política.[294]

O governo ao qual serviu não seguiu a lição. Em 1955, a inflação anual era de 12,15%. No ano seguinte, passaria a 24,55%. JK deixou o cargo com taxa de 30,47%, iniciando escalada que atingiria 79,92% em 1963.[295] A construção de Brasília e a implantação da indústria automobilística durante seu governo foram algumas das causas da explosão inflacionária. O governo possuía mecanismos precários de financiamento dos gastos. A economia fechada aos produtos estrangeiros tinha concorrência limitada. O desequilíbrio fiscal das contas do governo, com gastos maiores do que a receita, e o forte crescimento do consumo alimentavam a ciranda. O país sofreria por quarenta anos até a derrocada da inflação, com o Plano Real de 1994.

Na direção do BB, Tancredo autorizou empréstimo polêmico ao vice-presidente João Goulart. Agiu em contraexemplo ao que criticara no discurso de posse. Apesar do parecer técnico contrário, assinou a liberação de 10 milhões de cruzeiros à empresa Frigoríficos Nacionais Sul-Brasileiros, como pretendido por Goulart. Em valores atualizados pela inflação, corresponderia a cerca de 3,8 milhões de reais. O vice-presidente já tinha débitos não pagos de mais de 22 milhões de cruzeiros no Banco do Brasil[296] — outros 8,5 milhões de reais — tomados ao tempo de Vargas. A operação do novo empréstimo concluiu-se em apenas oito dias, período em que Tancredo respondia pela presidência interina do banco. Argumentou que a autorizou porque o valor se enquadrava no perfil econômico da empresa, dona de patrimônio suficiente para honrar a dívida, a despeito de ter como avalista Ivan Goulart, irmão do vice-presidente. Alegou que parte do dinheiro seria utilizada na regularização de débitos com o próprio banco.

Com sete meses no cargo e depois do empréstimo a Goulart, Tancredo recebeu sondagem de JK para que assumisse a Secretaria-Geral da Presidência e depois o Gabinete Civil. Recusou o primeiro posto porque se dizia contrário a projeto do governo que permitia à polícia censurar a imprensa no caso de publicação de reportagens consideradas subversivas[297] e ao segundo porque

Tancredo Neves no programa Campeões da democracia (Acervo Fundação Getulio Vargas – Cpdoc).

achava que poderia reacender críticas antivarguistas ao governo de JK. O processo entre a sondagem e a recusa foi longo. No meio do caminho, JK desistiu da ideia de ter Tancredo no Catete. Deu indícios de que não retiraria o convite, mas preferia que ele recusasse a proposta. Os jornais publicaram que o empréstimo a Goulart provocou o distanciamento entre JK e Tancredo.[298] Este se queixou com Victor Nunes Leal, o novo chefe do Gabinete Civil, de que estaria desprestigiado no Catete. Mas seu afastamento de JK seria temporário.

No Carnaval de 1957, em entrevista a uma emissora de TV mineira, Tancredo propôs que o Congresso aprovasse emenda constitucional que permitisse a reeleição do presidente da República e dos governadores. Anunciou a proposta em programa intitulado *Campeões da democracia*. O udenista Carlos Lacerda batizou-a de "fiquismo".[299] A reação foi tão forte que a TV Itacolomi retirou o programa do ar. Tancredo acabou sendo seu último convidado.[300]

O governo JK estava longe de personificar o glamour dos anos de ouro e da bossa nova que a história lhe reservaria. As disputas de poder eram frequentes, como em todo governo. Em alguns casos, passou-se dos limites, chegando os integrantes da equipe ministerial a trocarem tapas, como narrou o cronista J.J.&J. no *Correio da Manhã*. Tancredo testemunhou a troca de agressões, mas preferiu não interferir.

> Na noite de ontem, por volta das sete e meia, num bar do centro da cidade, desenvolveu-se uma violenta batalha campal da copa e cozinha de JK. Os primeiros rumores se fizeram ouvir na parte de cima, quando vidros quebrados, encontrões, sopapos, adjetivos inqualificáveis denotaram o início da luta. Revelando-se um embarafustante *sprinter*, o senhor Tancredo Neves logo se pôs a salvo do combate, que se mantinha aceso e empolgante. Títulos de parentesco presidencial eram invocados com a mesma assiduidade com que palavrões golpeavam o ar (refrigerado). À custa de algumas garrafas estilhaçadas e de várias cadeiras reviradas, além dos indefectíveis impropérios, conseguiu-se trazer um dos litigantes para a parte de baixo. Montes Claros contra Diamantina foi o primeiro bafafá intestino da Nova República.[301]

Em 1957, Tancredo se matriculou em um curso da Escola Superior de Guerra. Nisso havia uma estratégia política, além da intenção de aperfeiçoar-se intelectualmente. O fato é que JK fora informado de que Carlos Lacerda pregava contra seu governo na escola. Por isso, sugeriu que Tancredo lá entrasse. "Ladino, Tancredo terminou à mesa ao lado do general Castello Branco, que comandava a escola. Ele, durante todo o período, almoçava, jantava e tomava café da manhã com o Castello Branco. Estabeleceram grande amizade", contou o senador Pedro Simon.[302]

Na fotografia dos formandos de 1957, Tancredo aparece na primeira fileira, a poucos metros de distância do general Humberto Castello Branco. Conhecidos desde a década de 1930, quando o major servia em Belo Horizonte, a proximidade do curso ampliou a afeição e a intimidade entre eles. Castello havia dirigido o curso de instrução para oficiais do Estado-Maior das Forças Armadas e comandava o departamento de estudos da Escola Superior de Guerra, o qual Tancredo frequentou por nove meses. A convivência diária incluía conversas constantes no café, no almoço e no ônibus que transportava os participantes do curso.

A teia de amizades emaranhava-se cada vez mais. Uma das filhas de Tancredo, Inês Maria Tolentino Neves, casou-se em maio de 1958 com Aécio Cunha,

Tancredo leva a filha, Inês Maria, ao altar na igreja da Candelária, Rio de Janeiro (maio de 1958/Arquivo Público Mineiro).

filho do secretário de Finanças do governo de Minas, Tristão da Cunha. A cerimônia foi celebrada por dom Helder Câmara na igreja da Candelária, no centro do Rio. Os padrinhos formavam um pacto multipartidário. Do lado da noiva estavam Juscelino Kubitschek (PSD) e João Goulart (PTB). Do lado do noivo, os padrinhos escolhidos foram Arthur Bernardes Filho (PR) e Clóvis Salgado (UDN).[303]

Dois meses depois do casamento da filha, Tancredo trocou a diretoria do Banco do Brasil pela Secretaria de Finanças do governo de Minas Gerais, na gestão de Bias Fortes. O secretário que o antecedeu havia estado lado a lado com ele no altar da Candelária: Tristão da Cunha, pai do seu genro.

Ao tomar posse como secretário, apresentou sua declaração de bens.[304] Em São João del-Rei, era sócio da Fiação e Tecelagem São João e da rádio São João del-Rei. Tinha créditos a receber da Tecelagem São João e da construtora imobiliária Vitória e pouco dinheiro em contas de três casas bancárias (Crédito Real, Moreira Salles e Banco do Brasil). Era proprietário da casa da rua Embaixador Gastão da Cunha, 69, e tinha um terço de terreno vizinho à praça dos Andradas. Em Cláudio, declarou a Fazenda da Mata, propriedade de 3,6 quilômetros quadrados que dividia com a mulher, além de terreno na rua da Santa Casa. Declarou ainda casa na praça Diogo Vasconcelos, 40, no coração da Savassi, em Belo Horizonte. No Rio, tinha o apartamento 901 da rua Leopoldo Miguez, 44, em Copacabana.

Já havia adquirido, apesar de ainda estar em construção, o apartamento do edifício Golden State, na avenida Atlântica, 2016, na altura do Posto 3, em que moraria até sua morte. Tancredo comprou o apartamento 801, e Magalhães Pinto, o 401. De acordo com Elio Gaspari, o prédio era conhecido maledicentemente como São Dimas, numa referência ao padroeiro dos prisioneiros. Fora construído com dinheiro da Caixa Econômica Federal no governo JK e vendido aos seus primeiros compradores, como era praxe na época, sem nenhuma correção monetária. A maioria dos primeiros compradores era de políticos, como os deputados Guilhermino de Oliveira e Mendes de Sousa. O deputado José Pedroso não comprara o seu na planta. Desembolsou 15 milhões de cruzeiros para o primeiro proprietário, o também deputado Paulo Pinheiro Chagas. Guilhermino de Oliveira, que havia comprado sua unidade na planta, vendeu-a por 22 milhões de cruzeiros — em valores corrigidos pela inflação, pouco mais de 3,5 milhões de reais.[305] A lei de oferta e procura no mercado imobiliário é mais importante que a correção de preços por índices. Em 2015, havia uma unidade à venda por 12 milhões de reais.

Tancredo e família mudaram-se para o novo apartamento em 2 de janeiro de 1961.[306] O Golden State havia começado a ser construído em 1957, uma década depois do prédio vizinho, muito semelhante, o Golden Gate. A construtora Costa, Pereira e Bokel foi a responsável por ambos. São símbolos de edifício de luxo do Rio nos anos 1950 e 1960. Por meio de jardim de inverno, a disposição interna separa a ala social (voltada para o mar) da familiar. O desenho permite que a circulação de moradores e empregados seja separada por corredores exclusivos para uns e outros. A fachada, encurvada nos extremos para permitir vista mais ampla, é característica marcante da construção. Cada apartamento tem mais de seiscentos metros quadrados, tendo sido projetado com cinco quartos, dois deles suítes.

Como secretário das Finanças de Minas Gerais, Tancredo anunciou um "plano-salvação" para enfrentar a crise no estado. Aumentou impostos sobre vendas e consignações. Diminuiu taxas sobre o café.[307] Criou imposto de 4% sobre a veiculação de anúncios em nome da superação da crise, o que provocou mobilização de anunciantes e empresas de comunicação até que a medida fosse cancelada. "Minas é um estado que exporta ouro, mas importa inflação. Seu aspecto econômico é portanto progressivamente deficitário", justificou Tancredo. Minas devia 4 bilhões de cruzeiros.[308] "A meta do governo é arrecadar mais e mais", reclamaram os ruralistas.

Quando assumiu o cargo, seu sobrinho, Francisco Dornelles, voltava dos Estados Unidos, onde estivera fazendo um curso. Entre 1944 e 1949, Dornelles morou com a avó em São João del-Rei, portanto foi vizinho de Tancredo, e participou ativamente de suas candidaturas a deputado estadual em 1947 e a federal em 1950. "Naquela época a secretaria tinha uma delegacia fiscal no Rio, porque o imposto de exportação era estadual. Cuidava principalmente da exportação do café, era o grande gerador de recursos para Minas", relembrou. Dornelles falou com Tancredo e ele colocou-o como subchefe da delegacia fiscal.

A indicação de Tancredo ao cargo de secretário impediu-o de disputar as eleições legislativas de 1958. O PSD teve desempenho fraco nas eleições, perdendo postos legislativos e prefeituras importantes no estado, e Tancredo era tido como candidato natural do partido à sucessão de Bias Fortes.

Assim, em julho de 1960, Tancredo deixou a Secretaria de Finanças para candidatar-se ao governo do estado. Era apontado como favorito. O sobrinho Dornelles continuou ao seu lado: "Recebia as pessoas em casa, ficava ao lado dele quase o tempo todo, assessorando em tudo". O deputado federal José Maria Alkmin estimulou a dissidência ao se lançar candidato a vice-governador na chapa do deputado estadual José Ribeiro Pena, do PDC. Tancredo Neves escolheu como vice Clóvis Salgado, ex-ministro da Educação do governo de Juscelino. Formalmente apoiada pelo PTB e pelo PR, a chapa de Tancredo viu-se enfraquecida pela concorrência de Alkmin.

Tancredo em campanha para o governo de Minas (2 de janeiro de 1961/Arquivo Público Mineiro).

Na discussão sobre a candidatura presidencial para 1960, o nome de Tancredo chegou a ser cogitado por grupos do PSD. João Goulart tentou viabilizar uma aliança PTB-PSD, mas, com a impossibilidade de acordo entre os grupos partidários, o marechal Henrique Lott foi se cristalizando como o candidato do PSD. "Uma candidatura não pode ser fabricada. Deve decorrer de um processo natural de sedimentação na opinião pública, a ponto de transformar-se, em determinado momento, na solução lógica e inevitável. Não será necessário aprofundar-se muito no panorama político para concluir que o candidato natural e lógico das forças coligadas é o marechal Teixeira Lott", analisou Tancredo.[309]

Lott fez-se candidato e decidiu que seu primeiro comício seria em São João del-Rei. Prestigiaria assim o líder que o apoiara de maneira clara e direta e que disputaria o governo de Minas Gerais. Em 23 de setembro de 1960, montou-se o palanque na avenida Rui Barbosa, em frente ao obelisco. O palanque reproduziria a imagem do Palácio do Planalto, com suas grandes linhas curvas.[310] Brasília havia sido inaugurada cinco meses antes, era um símbolo para os pessedistas.

Às vinte horas, a multidão começou a chegar. Os oradores iniciaram seus discursos. Políticos e autoridades dividiam o palanque com penetras que se esgueiravam para ver os candidatos mais de perto. "Lembro-me bem que me encontrava dentro de uma camionete Rural, estacionada no outro lado do córrego do Lenheiro, em frente ao Teatro Municipal. Ouvia a movimentação que estava sendo transmitida pela rádio São João del-Rei", narrou Nelson Lombardi, antigo adversário de Tancredo e que por isso se mantinha à distância. "Quando da chegada ao palanque dos candidatos principais, entre o anúncio do locutor e o pipocar dos fogos de artifício, de repente ouviu-se enorme estrondo, seguido de imediato silêncio. Até que explodiram gritos estridentes vindos do palanque, que havia ruído vagarosamente pelo excesso de peso."

O palanque, a um metro e meio de altura, desabou em segundos. Por volta das nove da noite, 10 mil pessoas lotavam a avenida Rui Barbosa. No palanque estavam Jango, Clóvis Salgado, San Tiago Dantas, Benedito Valadares, Bento Gonçalves, Gustavo Capanema, além de Lott e Tancredo. João Goulart e Tancredo foram os primeiros a reaparecer dos escombros e acenar para a multidão. Lott foi levado para a Santa Casa, a uma quadra do local do acidente. Suas duas pernas foram atingidas, uma delas rasgada na canela por uma tábua que se partira ao meio. Raspou também o tórax contra as madeiras. O marechal ficou furioso com os organizadores do comício. Os médicos fizeram curativos em suas pernas e recomendaram-lhe repouso, porque havia suspeita de fratura da costela. Mas, enquanto esperavam a revelação das chapas de raios X, Lott voltou ao comício. Subiu em um banco da praça e fez seu discurso. Durou quase uma hora.

A investigação policial descobriu que os pés do palanque tinham sido quase totalmente serrados na madrugada anterior. Com o peso das pessoas, veio abaixo. As suspeitas recaíram sobre o taxista Zé Patativa, janista ferrenho.[311] "Uma destas figuras populares de São João pronunciou o seguinte estribilho: 'O padre mentiu; o palanque ruiu; Jânio subiu; Lott caiu'", divertiu-se Nelson Lombardi, cujo grupo também chegou a ser acusado de sabotar o palanque. Mas o caso nunca chegou a ser totalmente esclarecido.

Concorrente pela aliança governista, Tancredo tinha dois candidatos a vice: Clóvis Salgado (PR) e San Tiago Dantas (PTB). A legislação da época não exigia a vinculação do vice ao titular da chapa, o que até favorecia a acomodação dos partidos dentro das alianças. Apesar de sustentada por Kubitschek e Bias Fortes, a candidatura de Tancredo Neves enfrentava resistências dentro do PSD e dos partidos aliados. Derrotados na convenção, os antitancredistas não acataram o resultado e cindiram o PSD. Registraram pela legenda do PDC a chapa de Ribeiro Pena para governador, e Alkmin para vice. Os votos que essa chapa obteria seriam dolorosamente sentidos pelo PSD.

O senador Ernâni do Amaral Peixoto dizia que Tancredo e Alkmin não podiam participar de reunião sigilosa juntos porque o conteúdo sempre vazava para a imprensa e um culpava o outro.[312] Tancredo tornou famosa a frase em que pedia que não lhe contassem segredos: "Se você, que é dono do segredo, não está conseguindo guardá-lo, muito menos eu".[313] Em geral bem informado, Tancredo usava a frase para se livrar de abordagens incômodas.

O embaixador Rubens Ricupero citou como antigo o difícil relacionamento entre Tancredo e Alkmin. As histórias entre os dois têm várias versões. Ricupero citou que, quando secretário de Finanças de Minas, Tancredo recebeu um pedido do deputado para que empregasse seis inspetores. Tancredo pediu ao sobrinho Francisco Dornelles que ligasse para Alkmin e tentasse diminuir o número de apadrinhados. Dornelles primeiro tentou amaciar Alkmin, afirmando que Tancredo dissera que ele era a coluna de sustentação do governo de Minas e que a recomendação seria aceita, claro.

— Dr. Alkmin, o secretário só propõe que o senhor reduza a lista à metade — sugeriu Dornelles.

Ao que Alkmin replicou:

— Que coluna de sustentação é essa que não consegue nomear nem sequer seis inspetores?[314]

Tancredo nomeou os seis inspetores.

Quando primeiro-ministro (1961), combinou com cada deputado do PSD que indicasse três membros para o governo. Alkmin mandou três nomes. Depois enviou outros três, pedindo que os três primeiros fossem esquecidos. Dornelles, secretário de Tancredo também no parlamentarismo, contou a Tancredo a mudança, ao que ele respondeu:

— Dornelles, vamos nomear os seis nomes do Alkmin. Procure deputados amigos e peça que cada um ceda em uma indicação. O Alkmin vai procurar os três primeiros que indicou e dizer que nós vetamos. Ele é esperto, só que não vou deixar que me dê outra rasteira.[315]

A relação entre os dois tinha tanto atrito quanto graça. Certa vez, Tancredo esqueceu-se do aniversário de Alkmin. Encontraram-se na Câmara e Tancredo desculpou-se por não ter podido telefonar para felicitá-lo. "Passei um telegrama", assegurou. "Recebi e já respondi", respondeu Alkmin, sem importunar-se com a mentira do colega.[316]

O ex-deputado Israel Pinheiro Filho atribuiu as querelas entre os dois a um episódio envolvendo o filho de Alkmin. "Se colocarem o mundo de um lado e os meus filhos do outro, eu fico com os meus filhos", dizia. A rixa teria começado quando um dos filhos de Alkmin, que trabalhava na Fazenda, foi acusado de negociar uísque a meio dólar em parceria com o empresário Antônio Sanchez Galdeano. "Alkmin acreditava que essa história havia sido vazada pelo Tancredo. A reportagem foi publicada em 1956 pelo jornal *Correio da Manhã*, o de maior prestígio da época. O Alkmin fez de tudo para derrotar o Tancredo e favorecer a vitória do Magalhães Pinto."[317]

Israel Pinheiro Filho ainda conta outra história: durante a campanha de 1960, Alkmin fez um comício em sua cidade natal, Bocaiuva (MG), só que, em vez de enaltecer Ribeiro Pena, seu candidato, começou a elogiar Magalhães Pinto. Um dos coronéis locais levantou a mão e perguntou:

— Deputado, esse Magalhães Pinto, ele não é candidato da UDN?

Alkmin respondeu:

— Ele já foi. Hoje é nosso companheiro!

"Foi com esse tipo de artifício que ele ajudou a derrotar o Tancredo", contou Israel Pinheiro Filho.[318]

Como secretário de Finanças, Tancredo tinha criado uma frota de veículos que percorria o estado para cobrar contribuintes, multar quem estava em atraso e punir infratores. Durante a campanha eleitoral, Magalhães Pinto, da UDN, repetia uma crítica que fez sucesso: "Em vez do jipe da fiscalização, eu vos enviarei o caminhão da produção".

Magalhães era tido como assombração política em Minas. Em uma reunião na casa do prefeito de Teófilo Otoni, a cadeira em que Tancredo estava sentado desmantelou-se. O deputado San Tiago Dantas provocou: "O que é isso, Tancredo? Basta chegar o Magalhães Pinto para você cair?".[319] A vida de candidato exigia humildade mesmo na queda. E também discrição. Numa ocasião em que já articulava sua candidatura em reunião social, Tancredo tomava uísque, quando viu um fotógrafo se aproximar. Colocou as mãos para trás, escondendo o copo, e afirmou: "Político não deve ser fotografado bebendo. Os comentários são os mais cruéis, e as justificativas, as mais difíceis".[320]

Magalhães Pinto e José Maria Alkmin foram os principais opositores mineiros de Tancredo. Acumularam rivalidades, que alimentaram o folclore político do estado. O historiador Ronaldo Costa Couto recordou-se de um episódio ocorrido no Automóvel Clube de Minas Gerais, onde se reuniam pessedistas e udenistas em grupos diferentes. Na roda da UDN, Magalhães Pinto exercitava a crítica à moda mineira. "Olha, Tancredo é um grande advogado, inigualável. Só tem um problema: não se sabe de nenhuma causa importante que ele tenha ganho." Um fofoqueiro maldoso mudou de roda e contou para Tancredo a frase do Magalhães. O velho político da UDN não tinha curso superior completo, arranjara seu título de advogado graças a uma licença dada pela OAB de Niterói para que atuasse como rábula, como eram chamados aqueles sem formação universitária. "Talvez ele saiba do que está falando. Ele realmente é o advogado mais formidável que eu conheço. Só que ninguém conhece um colega de turma dele", Tancredo rebateu.[321]

Durante a campanha eleitoral, o embate entre os dois chegou a ponto de parecer uma gincana. Uma jovem que participava do programa televisivo *Divertimentos Paraíso* recebeu a missão de convencer Magalhães a pedir votos para Tancredo. O prêmio dela seria de 35 mil cruzeiros, mais de 6,5 mil reais em valores atualizados. Um sorridente Magalhães Pinto apareceu no programa para dizer: "Vote para governador em Tancredo Neves". A participante foi aos prantos de tanta felicidade. "Disse a frase porque, prometendo resolver os problemas dos mineiros, não deixaria de resolver o problema da jovem", explicou Magalhães.[322] Na semana seguinte, coube a Tancredo ser convidado ao programa *Não durma no ponto*. Desafiado, não titubeou em pedir voto para governador em Magalhães Pinto, devolvendo a cortesia.[323]

Mas a delicadeza transmitida pela televisão não se refletia nas ruas. A campanha era feita na estrada, rodando os municípios, com panfletagem nas ruas e arregimentação de gente para comícios-relâmpago. Pairando sobre tudo, havia muita fofoca. A revista humorística *Careta* publicou charge em que dois apoiadores de Tancredo conversavam. "O Tancredo Neves vai mal!", analisou o governador Bias Fortes. "Receio que até as eleições o Neves se derreta", completava Benedito Valadares.[324]

Tancredo dizia que a aliança em torno de seu nome era um "rolo compressor".[325] Calculava que venceria Magalhães Pinto por mais de 400 mil votos, entre os 2 milhões de eleitores de Minas, e ainda daria 500 mil votos de frente ao marechal Lott na disputa presidencial contra o udenista Jânio Quadros.[326]

Mostrava-se entusiasmado: "Minas é uma avalanche. O presidente Juscelino Kubitschek rompeu em Governador Valadares as últimas comportas. E o rolo compressor formado por PSD, PTB, PR, PRP e PSB desencadeou-se. Agora a vitória de Lott e Jango será por uma maioria espetacular".[327] Na ponta do lápis, Tancredo contava ter o apoio de quatrocentos dos 485 prefeitos mineiros e de 92 dos 115 deputados estaduais e federais.[328] Significava mais de 80% das forças eleitas no estado.

Desde a campanha de JK, Tancredo também mantinha boas ligações com lideranças comunistas. Não se surpreendeu com o apoio público de Luiz Carlos Prestes, o maior líder comunista brasileiro. Em palestra em Belo Horizonte, Prestes deu dois recados. O primeiro aos comunistas dissidentes ("podem me chamar de velho, mas sou um velho idealista") e depois aos mineiros: "Os comunistas em Minas estão aumentando e vão votar em Tancredo Neves e San Tiago Dantas (candidato a vice pelo PTB), porque ambos são nacionalistas".[329]

Tancredo investiu na nova linguagem que reformularia a política. Observara com atenção o uso da televisão que havia sido feito por Carlos Lacerda na crise de Vargas em 1954. Candidato a governador do Rio em 1960, Lacerda sofisticava a campanha eleitoral ao nível do primeiro time artístico. Seus cartazes haviam sido criados pela artista plástica Lygia Clark — um primor de limpeza visual, comunicação direta e criatividade. Utilizava apenas o nome do candidato e o cargo a que almejava, em peça em preto e branco, com linhas retas elegantes.

O cartaz de Tancredo era primário se comparado com o de Lacerda. Resumia-se a uma foto de seu rosto, destacando a careca proeminente. Seu nome aparecia em meio a uma confusão de tipos gráficos, sob o lema "Honestidade e ação". De todo modo, entendeu o papel preponderante da comunicação de massa. Comprou pesquisas de opinião coordenadas pelo publicitário Roberto Albano, que também as vendia para Magalhães Pinto.[330] Contratou uma equipe de filmagem para produzir pequenos programas a respeito de sua vida pública, que eram exibidos em cinemas e em reuniões abertas. Com o apoio de amigos, usou o que havia de moderno na tecnologia disponível para transmitir sua mensagem. Sacramento, no sudoeste de Minas Gerais, foi o primeiro município do país a assistir à transmissão de comício político por meio de TV portátil. A cidade reuniu 7 mil pessoas em praça pública, numa iniciativa do empresário Olavo Drummond, amigo de Tancredo. O público pôde ouvir Tancredo e Lott discursarem mesmo estando a cerca de 460 quilômetros de distância de Belo Horizonte.[331]

Marechal Lott ao lado de sua esposa e sua filha, Edna Lott, em Santos Dumont (MG). Tancredo Neves está no palanque atrás de Edna (Arquivo Público Mineiro).

Apesar da suposta maioria política, a campanha de Tancredo era constante vítima de fogo amigo. Em setembro de 1960, o deputado estadual Luís Maranha, dissidente do PSD, em um debate na TV Itacolomi, conduzido pelo apresentador Oswaldo Sargentelli, afirmou ter cópia de acordo entre o seu partido, o PR e o PTB, no qual Tancredo aceitava abrir mão de parte do mandato, se eleito, além de ceder os principais postos do governo aos aliados.

Também participante do debate, o deputado Hernani Maia (PTB) declarou que se Maranha não apresentasse a cópia do acordo na próxima sessão da Assembleia, daria nele uma "chicotada no rosto". Os dias se passaram e os deputados evitavam novas reuniões temendo o confronto. Em 21 de setembro, finalmente convocou-se nova sessão. Maranha conversava com jornalistas quando Maia lhe cobrou o original do acordo. Como não obteve resposta, sacou o chicote que mantinha sob o paletó. Estalou-o no ar. Nervoso, Maranha se enrolou para desabotoar o coldre. Ao consegui-lo, atirou na direção de Maia. O petebista se agachou, protegendo-se atrás das cadeiras. Sacou da própria arma, revidou e escapou do edifício pela porta dos fundos. Testemunhas mencionaram que mais tiros vieram das galerias da Assembleia, onde outras pessoas foram depois desarmadas pelos guardas. Os dois parlamentares foram processados.[332]

Sob o comando de um aliado de Tancredo, os Correios apreenderam 1,2 mil telegramas do deputado Benedito Valadares pedindo voto em Lott, Jango, Ribeiro Pena e Alkmin, na mais clara traição partidária. Os Correios respondiam ao ministro da Viação, Ernâni do Amaral Peixoto, que suspendeu a postagem, após Valadares ter negado a autoria dos telegramas. Poucos ficaram convencidos de que não o fizera. Na rádio Mineira, de Belo Horizonte, por diversos dias, depois de tocar um disco de propaganda eleitoral em que JK recomendava ao eleitorado o voto em Lott e Tancredo, o locutor anunciava pausadamente: "Du-pla tra-i-ção". E soltava o samba-canção "Dupla traição" gravado em 1959 por Nelson Gonçalves:[333] "A maldade habitava o seu coração, outra vez me traiu, não valeu a lição. Hoje vive sofrendo de mão em mão, vai pagando o que fez pela dupla traição...".

A ação dos Correios era acompanhada com rigor pelos lacerdistas. A *Tribuna da Imprensa* publicou uma queixa do usuário João Batista Junqueira de Andrade, que fora até uma agência da praça Serzedelo Correia, em Copacabana, e escrevera a seguinte mensagem: "Tancredo Neves, Secretaria de Finanças, Belo Horizonte, Minas Gerais. Para que mudar? Você pensa que caneta-tinteiro abre porta do Palácio Liberdade? Só para os trouxas". O responsável pela seção de telegramas aceitou-a e cobrou o valor devido. Uma hora depois, os Correios chamaram Andrade de volta. Informaram-lhe que o telegrama não seria expedido: "O texto é injurioso".[334]

A avalanche de Tancredo encontrou obstáculos políticos icebergianos. Da proa da campanha, via-se a ponta das traições, sem que se percebessem suas dimensões profundas. Não era à toa que os antitancredistas se chamavam de grupo invisível.[335] José Maria Alkmin caçoou da candidatura Tancredo na Câmara: "Parece um desses remédios cujo prazo para fazer efeito se esgotou".[336] O udenista Antônio Dutra completou, maldoso: "Vai ver que o que se esgotou foi a tinta da caneta de Getúlio".

Indício maior de que algo estranho ocorria foi o comício de encerramento da campanha na praça da Estação, região central de Belo Horizonte. Os cantores Nelson Gonçalves e Ataulfo Alves foram as principais atrações. JK e Lott não compareceram.[337]

Na apuração, aberta a primeira urna, a vitória foi de Magalhães Pinto. O governador Bias Fortes afirmou: "Quando a primeira urna nos xinga, é porque seremos xingados até a última". Dez dias depois, os resultados confirmariam sua premissa.

O udenista Magalhães Pinto obteve 760,4 mil votos, o pessedista Tancredo Neves atingiu 680,5 mil, uma diferença de 79 899 votos. O ex-pessedista Ribeiro Pena, candidato dissidente, havia somado 59,6 mil votos. Seu candidato a vice, José Maria Alkmin, somara 198 mil votos, sendo batido pelo candidato a vice de Tancredo, Clóvis Salgado, que ganhou o cargo com 500,8 mil votos.

Em Minas Gerais, Magalhães Pinto teve quase 70 mil votos a mais do que Jânio Quadros obteve para presidente no estado. Tancredo obteve seiscentos votos a mais do que o pessedista Lott em Minas. Os números deixam em dúvida a tese de que Magalhães foi beneficiado pela ascensão nacional de Jânio Quadros, eleito presidente da República com 48% dos votos, contra apenas 32% de Lott.[338] Tancredo perdeu para Magalhães, que contribuiu mais do que se beneficiou do arrastão da vassoura janista.

Após um ano e meio em campanha, Tancredo Neves acompanhou os dias de apuração descansando em Petrópolis, na região serrana do Rio. Oficializada a derrota, reuniu-se com Amaral Peixoto, a maior liderança do PSD. Pediu

Tancredo Neves e Magalhães Pinto (Acervo Iconographia).

punição ao grupo de Alkmin por traição, porém a maioria da cúpula do partido preferiu ignorar a dissidência.[339] Alkmin apelidou Tancredo de "o poeta das catástrofes".[340] O adversário Nelson Lombardi recordou que o Solar dos Neves foi apelidado de Palácio das Lágrimas.[341]

O candidato derrotado seguiu para Lucerna, na Suíça, onde estudava sua filha Maria do Carmo. Na bagagem, a preocupação com a dívida de campanha que acumulou. Segundo os adversários lacerdistas, somava 30 milhões de cruzeiros — 5 milhões de reais, em valores corrigidos pela inflação —, e ele estava em dificuldade para saldá-la.[342]

Francisco Dornelles classificou como "sangrenta" a derrota de Tancredo para Magalhães Pinto em 1960. "Ninguém imaginava. Ele tinha o apoio de 80% dos prefeitos de Minas, dos deputados estaduais e federais quase todos. Ninguém raciocinava em termos de derrota. Tancredo teve um baque muito grande, uma decepção muito grande."[343]

Tancredo Neves e Juscelino Kubitschek durante a campanha eleitoral para o governo de Minas Gerais e a presidência da República (entre julho de 1960 e 2 de outubro de 1960/Acervo Fundação Getulio Vargas – Cpdoc).

As causas da derrota foram múltiplas, opinou Dornelles. "O Jânio deu um arrastão e puxou o Magalhães. O Lott, ao contrário, dificultava o Tancredo. Houve a dissidência do PSD, do Alckmin e do Ribeiro Pena. Quando abriram as urnas, foi uma coisa horrorosa. Até em São João del-Rei Tancredo perdeu [por seiscentos votos].[344] Foi a maior derrota do Tancredo e da minha vida também."

Para Israel Pinheiro Filho, Alkmin e JK estavam interessados na derrota de Tancredo. Fizeram de tudo para que Magalhães fosse eleito, acreditando que estariam ajudando JK, pois Tancredo naturalmente se candidataria à presidência em 1965, tornando-se seu principal rival. "Juscelino procurava sempre não incentivar a candidatura de políticos que pudessem no futuro se rivalizar com ele e impedir o sucesso do seu plano de ocupar novamente a cadeira presidencial."[345]

Segundo Dornelles, seu tio nunca expressou claramente ter se sentido traído por JK. "Em política o sujeito só conta que viu o que interessa. O que não interessa você tem de fingir que não viu. Tenho impressão de que Juscelino fez o jogo errado. Pensou: se Tancredo fosse eleito, dali a quatro anos seria candidato a presidente." Já Tancredo Augusto é mais direto: "Juscelino traiu meu pai de forma brutal. Depois se reaproximaram".[346]

Em novembro de 1960, JK nomeou Tancredo para a presidência do Banco Nacional de Desenvolvimento Econômico. Manteve-se à frente do BNDE até março de 1961. "Nessa época, meu pai recebeu um convite do Severino Pereira da Silva, que era dono do cimento Barroso. Ele o colocou como diretor de empresa, à qual também se integraria José Hugo Castelo Branco, que era do PTB e estava sem mandato. Os dois foram colegas na direção da Barroso", contou Tancredo Augusto. A proximidade seria mantida até o fim da vida. Castelo Branco foi tesoureiro da campanha presidencial de 1984. Como ministro escolhido do presidente eleito, levou a Tancredo seu ato final. A nomeação do ministério que o presidente não veria em ação.

Às dez horas da manhã de 25 de agosto de 1961, Tancredo recebeu a visita do ex-presidente Juscelino Kubitschek, no oitavo andar do edifício Golden State, em Copacabana. Conversaram por quase duas horas. Jânio Quadros já havia renunciado à presidência da República, porém ainda não havia sido feita a comunicação oficial. JK deixou Tancredo e seguiu até a casa do poeta

Augusto Frederico Schmidt, na rua Paula Freitas, também em Copacabana. Estava a caminho do escritório que mantinha na rua Sá Ferreira, quando ouviu no rádio do carro a notícia da renúncia. Determinou ao motorista Geraldo Ribeiro: "Toca para o PSD".[347] A UDN via o poder lhe escorrer pelas mãos. O sucessor legal era o petebista João Goulart. Com o veto dos militares à sua posse, estava aberto espaço para a volta do PSD, o maior partido no Congresso, ao comando da política nacional, o que facilitaria a pretensão de JK de voltar à presidência em 1965.

6. O maestro na República de opereta e o parlamentarismo jabuticaba

Aos 51 anos, Tancredo Neves, ex-ministro da Justiça de Vargas, havia sido derrotado na disputa pelo governo de Minas Gerais por Magalhães Pinto. Sem mandato, foi indicado por JK para ser diretor do Banco Nacional de Desenvolvimento Econômico (BNDE). Permaneceu no cargo até março de 1961, já sob o governo Jânio Quadros. Foi convidado pelo presidente para assumir o posto de embaixador na Bolívia. Em almoço na Maison de France, no centro do Rio, Tancredo encontrou o deputado Hermógenes Príncipe. Deu sinais de que aceitaria o cargo.

— Como é, ministro, vai mesmo para a Bolívia? — perguntou o parlamentar
— Claro. Vou mesmo para o degredo.[348]

A bancada do PSD, partido de Tancredo, reagiu ao convite. Ele decidiu recusá-lo em carta enviada a Jânio. À imprensa, alegou que a cidade de La Paz poderia afetar o seu coração. "As alturas poderiam conspirar contra o miocárdio."[349] Mas Tancredo queria mesmo era evitar o isolamento político no qual os Andes o deixariam.

As veias democráticas do país começaram a entrar em processo de infarto com a renúncia de Jânio e o veto a Jango no segundo semestre de 1961. Tancredo, em conversa com o deputado Cândido Ferraz, declarou que a renúncia expunha o Brasil "como uma república de opereta".[350]

Tancredo revelou um temor que lhe perseguia à época. Avaliava que Jânio aceitara as imposições do FMI. Passara ao tratamento de choque da inflação (que estava em 47% ao ano), com a desvalorização cambial. Retirara o país do ritmo de confiança e prosperidade em que se encontrava. Sua renúncia apenas evitou uma deposição, que seria inevitável se ele prosseguisse em seu estilo pessoal de governo e desapreço pela classe política, acreditava.[351]

A crise que levaria Tancredo ao posto de primeiro-ministro tem raiz em outubro de 1960, quando Jânio da Silva Quadros (UDN) foi eleito presidente da República com quase 6 milhões de votos. Alcançou pouco menos da metade do total de eleitores.

A gestão Jânio Quadros marcou-se por sete meses de polêmicas, crises e perplexidades. Por bilhetes enxutos, governava o país com o embaraço de quem tropeçava nas mesóclises de seus textos. Cortou mordomias do funcionalismo público, levando de roldão alguns direitos adquiridos. Desvalorizou a moeda, desesperando empresários que tinham se endividado no exterior. Anunciou reformas do Imposto de Renda, do Código Civil e do Código Penal. Determinou o fim da subvenção federal à agricultura, o que causou alta de preço dos alimentos e inflação.

Fazia uma gestão econômica conservadora internamente, apesar de ousada em âmbito externo. Retomou as relações diplomáticas com países socialistas. Condecorou Che Guevara com a mais alta comenda brasileira em 19 de agosto. A concessão da Ordem do Cruzeiro do Sul ao líder revolucionário e ministro da Indústria cubano fez com que Carlos Lacerda rompesse com o governo que ajudara a eleger.

O governador da Guanabara denunciou, em pronunciamento na televisão no dia 24, suposta ameaça de golpe militar a ser perpetrado por Jânio Quadros. O presidente acordou estarrecido com a acusação do ex-aliado. O Congresso ameaçou instalar Comissão Parlamentar de Inquérito para investigar a tentativa de implantação da ditadura. "O primeiro ministro a ser intimado seria o da Justiça. Chegou-me ao conhecimento que se preparava a intimação da minha esposa, presidente da Legião Brasileira de Assistência", reconstituiu Jânio.[352]

Nessa noite, Jânio telefonou para Tancredo Neves, que, apesar de sem mandato, era uma das maiores lideranças do PSD. O presidente tinha reunião com a bancada do partido programada para a manhã seguinte, mas decidira cancelá-la. A ligação para Tancredo tinha esse objetivo. A conversa se prolongou depois que Jânio admitiu que convivia com "problemas administrativos muito sérios".[353]

Anos mais tarde, Tancredo contou que

Jânio estava totalmente rompido com a UDN e não podia contar com o apoio do PSD, que não se dispunha a um entendimento. A reforma cambial que Jânio desencadeou no país fez levantar as forças econômicas desfavorecidas e ameaçadas por ela. Os grupos econômicos que viviam de subsídios cambiais e que se viram da noite para o dia sem eles aliaram-se. Passaram a pressionar o presidente.[354]

Às cinco horas de 25 de agosto de 1961, Jânio tomou a decisão de renunciar. Às seis, trancou-se no gabinete presidencial do Palácio do Planalto. Rascunhou algumas frases no papel. Reuniu seus assessores mais próximos pouco antes das onze. Ainda estava ensandecido com a acusação de golpe de Lacerda:

Chamei-os para dizer-lhes que renunciarei agora à presidência da República. Não sei assim exercê-la. Já que o insucesso não teve a coragem da renúncia, é mister que o êxito a tenha. Não se trata de acusação qualquer. Trata-se de denúncia de quem tem, como eu, solenes e grandes deveres de mandato majoritário. Não nasci presidente da República. Nasci, sim, com a minha consciência. É a esta que devo atender e respeitar.[355]

Em seguida, foi à cerimônia do Dia do Soldado. Convocou os ministros militares ao Palácio do Planalto e anunciou sua decisão. O ministro da Marinha argumentou que dar posse ao vice-presidente João Goulart era iniciar uma guerra civil no país. O ministro da Guerra, marechal Odylio Denys, pediu a Jânio que reconsiderasse sua renúncia. Jânio interrompeu-os. "Meus amigos, poupemo-nos esses constrangimentos, quando nada em homenagem ao meu gesto. Minha decisão é definitiva."[356]

Os ministros silenciaram. O presidente agradeceu-lhes a colaboração e a lealdade. Sobre a mesa estava o papel no qual Jânio escrevera sete linhas. Era a carta de renúncia a ser enviada ao Congresso Nacional pelo ministro da Justiça, Oscar Pedroso Horta. Coube a ele divulgar texto mais detalhado que o presidente anexara com as explicações da renúncia. "Desejei um Brasil para os brasileiros, afrontando, nesse sonho, a corrupção, a mentira e a covardia que subordinam os interesses gerais aos apetites e às ambições de grupos ou de indivíduos, inclusive do exterior. Sinto-me, porém, esmagado. Forças terríveis levantam-se contra mim e me intrigam ou infamam, até com a desculpa de colaboração", justificou.

Jango recebeu a notícia de madrugada em Cingapura. Estava hospedado no suntuoso hotel Raffles. Uma agência americana telefonou ao secretário de Imprensa da vice-presidência, Raul Ryff. Perguntou-lhe sobre a desconhecida saída de Jânio. Um dos acompanhantes de Jango, o senador Barros de Carvalho (PTB), ao ouvir a notícia, abriu um champanhe. Não para comemorar a chegada à presidência, mas o imprevisível.

Jânio Quadros renunciara depois de o vice-presidente ter partido em longa viagem internacional. João Goulart chegara a Pequim na tarde de 13 de agosto de 1961. Discursou no aeroporto em saudação ao líder Mao Tsé-tung. Foi saudado por uma multidão com bandeirinhas e afirmou, entre outras coisas, que China e Brasil podiam e deviam ser bons amigos. Seguiu em um Rolls-Royce para um encontro com o primeiro-ministro chinês e com o presidente da República. Fumou charutos com Mao. "Sinto-me como se estivesse hospedado na casa de um bom amigo", discursou perante os dirigentes comunistas. Na visita ao Museu da História da Revolução Chinesa, traduziram-lhe inscrições em chinês: "Distribuamos a terra a golpes de machado e inauguremos um novo mundo. E a golpes de foice cortemos o universo velho".[357] Em 23 de agosto, antevéspera da renúncia, partiu de trem do Cantão para encerrar sua visita à China.

No Brasil, dois dias depois, o major Chaves Amarante, ajudante de ordens, acompanhava Jânio até o aeroporto de Brasília. Sob a farda, envergava a faixa presidencial. Amarante desrespeitou a proibição de um general de que entrasse no avião da Força Aérea Brasileira e embarcou com Jânio rumo a São Paulo. Ao lançar o olhar ao horizonte de Brasília, Jânio parecia resignado: "Cidade amaldiçoada. Espero nunca mais vê-la".[358]

Ao praguejar contra a capital federal, disfarçava um sentimento mais profundo. Na véspera de embarcar para a Europa, dia 26, na base aérea de Cumbica, disse ao jornalista e ex-secretário de Imprensa, Carlos Castello Branco: "Nada farei por voltar, entrementes considero minha volta inevitável. Dentro de três meses, se tanto, estará na rua, espontaneamente, o clamor pela reimplantação do nosso governo".[359]

O major Amarante devolveu a faixa presidencial ao comandante do II Exército, Arthur da Costa e Silva. O general a envergaria seis anos mais tarde, como um dos líderes da ditadura militar. Jânio nunca mais a retomaria. Com o país em carga máxima de excitação, Jânio Quadros embarcou para Londres. Registrou sua mágoa e predisposição: "Saio enxotado, mas, como Vargas, voltarei. E voltarei para revelar ao povo e à nação brasileira quem foram os reais traidores da pátria".[360]

Em telegrama secreto ao Departamento de Estado, a CIA concluiu que Jânio provavelmente havia renunciado na expectativa de provocar forte reação popular desejando seu retorno ao cargo, e com maiores poderes. Seria a mesma lógica já seguida por Fidel uma vez, e por Perón mais de uma vez. Caso Jânio não retornasse, o próximo governo seria conservador e seguiria uma política nacionalista, por conta do Exército, que não toleraria nada além disso. O vice, Goulart, havia visitado a China comunista e não retornaria logo. Como ele era um forte esquerdista, seria improvável que o Exército o admitisse como presidente, exceto se mantido sob controle político total. A análise da CIA mostrou-se precisa.[361]

O presidente da Câmara, Ranieri Mazzilli, presidente da República em exercício no cargo, escreveu ao Congresso relatando o veto dos militares à envergadura do vice como presidente. Na redação do texto, recebeu a colaboração do general Ernesto Geisel, nomeado por ele chefe do Gabinete Militar da Presidência.[362] A mensagem dizia que "os ministros militares, na qualidade de chefes das Forças Armadas, responsáveis pela ordem interna, manifestaram-se pela absoluta inconveniência, por motivos de segurança nacional, do regresso ao país do vice-presidente João Belchior Marques Goulart".[363]

Os três ministros militares no poder em agosto de 1961 eram o marechal Odylio Denys, o almirante Sylvio Heck e o brigadeiro Gabriel Grün Moss. Justificavam o veto alegando que o vice-presidente tinha ligações com os comunistas e desenvolvia atividades subversivas no movimento sindical.

Divulgaram em 30 de agosto — cinco dias depois do veto efetivo — um manifesto conjunto. O texto, apesar de não citar a questão abertamente, já dava indícios da possibilidade de mudança do regime presidencialista para parlamentarista. A articulação estava em andamento nos subterrâneos do poder. O manifesto dizia claramente que dar autoridade a Goulart seria o mesmo que incentivar todos aqueles que desejavam ver o país mergulhado "no caos, na anarquia, na luta civil".[364]

No dia seguinte, Tancredo lançou manifesto solitário, porém equilibrado e corajoso. "Brasileiros, nesta hora torva da vida nacional, em que se tenta rasgar nossa Constituição, colocando a Nação na iminência de uma horrenda luta fratricida, não é lícito a ninguém, com alguma parcela de responsabilidade na vida pública do país, o direito de silenciar", começava o texto por ele elaborado. Defendia o respeito à Constituição e afirmava que só o voto era fonte de legitimação do poder. Dizia ainda que a consciência democrática do povo brasileiro não permitia viver sob a tutela de governos de exceção ou discricionários. Pedia patriotismo aos chefes militares, sugerindo que se colocassem acima de ressentimentos e incompreensões. O manifesto de Tancredo terminava com o apoio à posse de João Goulart na presidência. "Não há lugar para vacilações. A trincheira da resistência democrática é a posição em que se encontram nesta hora os que lutam pela sobrevivência de nossas instituições livres, pela tranquilidade de nossas famílias, pelo progresso moral e material do nosso povo."[365]

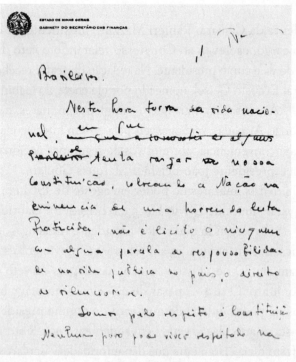

Início do manuscrito em que Tancredo defende a Constituição e a posse de João Goulart na presidência da República (30 de agosto de 1961/Acervo Fundação Getulio Vargas – Cpdoc).

Pesquisa Ibope mostrou que 81% dos eleitores entrevistados no estado da Guanabara desejavam a posse de Goulart, sem nenhuma modificação na Constituição; 10% aceitavam o parlamentarismo; e 9% eram contrários à posse.[366] Nada seria tão simples.

Jango preparava sua volta ao Brasil. Os parlamentares do PTB, seu partido, enviaram um apelo, feito no dia 28 de agosto: pediram que adiasse por mais dois dias sua viagem de regresso a Brasília, "a fim de permitir que lhe sejam enviadas, por portador idôneo, notícias mais detalhadas da verdadeira situação política e social que atravessa atualmente o país".[367]

Informado da resistência militar, Jango fez o caminho mais longo possível. A primeira escala foi em Paris. De lá seguiu para Nova York. Em seguida, rumou para Buenos Aires. Finalmente pousou em Montevidéu.

Entre 31 de agosto e 1º de setembro, viu-se diante de algumas opções. Poderia renunciar ao cargo e encerrar a crise. Poderia desembarcar em Porto Alegre e marchar com as tropas do III Exército, baseado em Porto Alegre, para Brasília, a fim de garantir a posse. Poderia instalar a sede do governo em Porto Alegre. Ou poderia esperar o pronunciamento do Congresso, que discutia a introdução do regime parlamentarista como forma de contornar o problema.

Uma comissão de dezesseis parlamentares encarregou-se de analisar a mensagem de Mazzilli com o veto das Forças Armadas à posse de Jango. Entre eles estavam Ulysses Guimarães e Barbosa Lima Sobrinho. Ranieri Mazzilli convocou líderes políticos para debater uma saída. Reuniu-se com os cabeças do PSD: Ernâni do Amaral Peixoto, presidente nacional do partido, José Maria Alkmin e Ulysses, este representante da comissão encarregada de analisar o veto. Amaral Peixoto sugeriu o nome de Tancredo para ser o negociador direto entre o poder militar e o vice-presidente.[368]

O ministro da Guerra, Odylio Denys, reuniu-se com o deputado San Tiago Dantas, um dos líderes do PTB de Jango, alegando que o meio mais simples de conjurar a crise militar seria o impedimento de Goulart.[369] "Sei que o senhor é da ala democrática do PTB. Por isso deve compreender que João Goulart na presidência vem agitar o país de modo imprevisível. Seria melhor que desistisse para tranquilidade dele, de seu partido e do país." Dantas respondeu que conversaria com Goulart.

Vindo da conversa com Odylio Denys, San Tiago Dantas — que acabara de ser indicado por Jânio embaixador brasileiro na ONU, cargo que nunca assumiria de fato — juntou-se à reunião no Palácio do Planalto já de madrugada. O petebista levou consigo Drault Ernanny. Banqueiro, médico, empresário e político, Ernanny era um paraibano de origem pobre que foi deputado e senador. No Parlamento, foi um dos idealizadores da lei que criou a Petrobras. Enriqueceu por meio de casas bancárias e empresas de petróleo. Comprou de um empresário americano a Casa das Pedras, reprodução da mansão de ... *E o vento levou*. Tinha a sua volta — em vez das plantações de café, cana-de-açúcar e fumo da Geórgia — as palmeiras, jequitibás e jaqueiras da Gávea Pequena, no Rio de Janeiro. Na Casa das Pedras, Ernanny recebeu as principais lideranças políticas do país e articulou com elas, entre as quais estavam quase todos os presidentes da República de 1945 a 1979. Deixou detalhada narrativa sobre as horas entre a renúncia de Jânio e a posse de Jango.[370]

San Tiago Dantas estava com febre e enxaqueca. Recorrera ao amigo médico mais próximo para que o acudisse. Apesar do mal-estar, rumou para o gabinete da presidência porque temia que fosse deflagrada uma guerra civil em torno da posse.

Ranieri, o presidente em exercício, atualizou-os sobre a reunião com os líderes do PSD em andamento. Jango já estava em Paris, retornando à América do Sul. Havia acabado de falar com ele por telefone. Mostrara-se irremovível no seu caminho de volta. San Tiago Dantas pediu que nova ligação fosse feita. Eram quatro da madrugada quando Drault Ernanny entrou em contato com a telefonista.[371] Dantas apelou a Goulart: "A nação está esperando um grande gesto do senhor".[372] Jango entendeu a frase como uma sugestão delicada de renúncia. Dantas fez ainda um apelo a Jango para que, vindo para a América do Sul, não atravessasse a fronteira. A situação era perigosíssima, alertou. Irritado, Jango não respondeu. Passou o telefone para o senador pernambucano Barros de Carvalho (PTB), que abrira o champanhe na China e o acompanhava em Paris.

San Tiago Dantas descreveu o quadro de grave crise política ao parlamentar e pediu que convencesse Jango a retomar o telefone. Assim foi feito. Como a ligação podia cair, em razão das dificuldades da telefonia na época, San Tiago repetia as palavras do vice-presidente em voz alta: "Reúna os nossos companheiros" e "diga-lhes que renunciar eu não o faço, porque acho isso uma indignidade. Que votem o meu impedimento".

Nesse momento, chegou ao Palácio do Planalto o governador Juscelino Kubitschek. Pediu para falar com Jango ao telefone. Fizeram as saudações de praxe e conversaram amenidades. Ao entrar no tema sucessório, JK incendiou o ambiente:

— Jango, o regime está acabando. Estou sabendo que você está embarcando para cá. Nós vamos ganhar. Temos a metade das forças militares e a unanimidade do povo, de sorte que vamos ganhar essa parada.

Na interpretação do marechal Denys, "Juscelino estava na ilusão de que Jango lhe passaria o governo em 1965".[373]

Terminada a ligação, o grupo deixava o gabinete presidencial quando uma porta lateral foi aberta. Saiu dela o general Ernesto Geisel, chefe do Comando Militar de Brasília que havia acabado de ser nomeado chefe do Gabinete Militar da Presidência por Mazzilli. Seu irmão Orlando era o chefe de Gabinete do ministro da Guerra.

Ernesto Geisel e Drault Ernanny mantiveram conversa em separado. O general mostrou-se descontente com o comportamento de JK. Algum tempo depois, deixaria claro que acompanhara a conversa entre JK e Jango por meio de uma escuta telefônica. Há quase sessenta anos uma escuta telefônica nada mais era do que uma extensão do aparelho original. Geisel queixou-se de que JK tinha impedido que se trilhasse o caminho da trégua e da paz. Comentou que só a emenda parlamentarista, que já começara a ser discutida na Câmara, poderia ser a "muleta" que permitiria a posse de Jango. Mais do que uma análise, Geisel procurava ampliar a base de apoio para a única solução que achava adequada ao momento. O deputado Raul Pilla, do Partido Libertador do Rio Grande Sul, apresentara em julho de 1961 emenda que defendia a instauração do parlamentarismo. Era sua terceira tentativa desde 1946.

O governador gaúcho Leonel Brizola já iniciara as transmissões da Cadeia da Legalidade em defesa da posse de Jango. Orlando Geisel, braço direito do ministro da Guerra, Odylio Denys, era a favor de que os militares avançassem sobre o Rio Grande, tido como sublevado. Ernesto Geisel pedia calma nas ações. Tentava costurar o entendimento possível. Mas, com a frase de JK a Jango, o acordo parecia cada vez mais distante.

JK não falou com Geisel. Seguiu diretamente para o Hotel Nacional, em Brasília. Já estava quase amanhecendo. Anunciou que repetiria, no plenário do Senado, o que dissera a Jango pelo telefone. E assim o fez na sessão daquela manhã.

À noite, San Tiago Dantas recebeu nova ligação de Jango. Encontrava-se em Nova York. Na manhã seguinte, outro telefonema. Jango acabara de chegar a Montevidéu. San Tiago fez um apelo para que não atravessasse a fronteira. Deveria esperar a solução da emenda parlamentar em análise no Congresso.

— Venha me encontrar. Quero ver esta emenda — convidou Jango.

— Eu não posso nem abrir os olhos, quanto mais sair. O Drault, que é médico, sabe disso — afirmou, referindo-se à enxaqueca e ao amigo que o acompanhava no momento.

Este narrou ter se aproximado de Dantas e repetido duas vezes: "Tancredo, Tancredo".[374]

San Tiago Dantas continuou a conversa:

— Presidente, eu não podendo ir, o senhor tem aqui um amigo que conhece a política do Brasil como ninguém e está a par de toda a gravidade da situação. É o Tancredo Neves.

— Mande o Tancredo, desde que acompanhado de um deputado do PTB.

— Quem?

— Mande o Fadul.

Despediram-se. San Tiago voltou-se para Drault Ernanny: "Agora providencie", referindo-se às providências necessárias para levar Tancredo Neves e Wilson Fadul até Montevidéu.

Ernanny contou que ligou para a chefia do Gabinete Militar da Presidência. O general Ernesto Geisel o atendeu:

— Você quer um avião emprestado, não é?

— Justamente — respondeu Ernanny, tendo a comprovação de que Geisel também havia escutado o diálogo entre Dantas e Jango.

Geisel e JK nunca mais fizeram as pazes. O general colocou à disposição o avião presidencial, um Viscount, modelo inglês, turboélice. Ernanny informou a Tancredo Neves, no Rio, que a aeronave estava liberada. Este pediu que lhe fosse enviado o texto da emenda parlamentarista em discussão na Câmara.

As versões de Amaral Peixoto, de que indicara Tancredo como enviado, e de Drault Ernanny, que teria sugerido a San Tiago Dantas o nome dele, têm nuanças. Mas o que importa é que, de um modo ou de outro, as forças políticas confluíram para Tancredo. É improvável que Tancredo tivesse se mantido inerte no momento. Com articulações silenciosas, como de hábito, tornou-se o suave indutor da convocação do próprio nome.

Depois de escalas sucessivas em vários aeroportos, Goulart chegou a Montevidéu na noite de 31 de agosto. A adesão das tropas do III Exército ao movimento pela legalidade liderado pelo governador gaúcho Leonel Brizola agravou a crise. Contingentes do II Exército, sediado em São Paulo, chegaram a deslocar-se para o Sul com o objetivo de bloquear possível avanço das tropas legalistas.

Na madrugada do dia 27, Brizola mandou militares ocuparem a companhia telefônica. Requisitou a rádio Guaíba para que passasse a irradiar desde o Palácio Piratini, iniciando as transmissões da Rede Nacional da Legalidade, ou, simplesmente, a Cadeia da Legalidade.[375]

O Rio Grande do Sul ficou isolado. Outras estações de rádio foram ocupadas ou tiradas do ar, voos foram suspensos, e as companhias telegráficas ficaram sob censura.

O general José Machado Lopes, comandante do III Exército, recebeu ordens do Ministério da Guerra para ocupar o Palácio Piratini a qualquer preço. Como as transmissões de rádio não eram codificadas, o serviço de escuta do Palácio havia captado mensagem para que tirasse a Guaíba do ar e fizesse cessar manifestações contrárias à intenção dos militares de não dar posse a Goulart.

Barricadas com sacos de areia de sessenta quilos começaram a ser erguidas dentro do palácio. Eram empilhadas sobre os peitoris das janelas e atrás das portas. Peças de artilharia foram colocadas no telhado do Piratini e na cobertura da vizinha Igreja da Matriz. Soldados da Brigada Militar e policiais civis estacionaram à frente do palácio carros-choque, caminhões e jipes do governo estadual.

Brizola passou acordado a madrugada de 27 para 28 de agosto. Às sete horas, quando começou a descansar, foi despertado por um assessor com a mensagem interceptada. Barba por fazer, Brizola despediu-se da mulher, Neusa, e de seus três filhos. Empunhou uma metralhadora e foi ao microfone da Cadeia da Legalidade.

Com a voz embargada, pediu às crianças que não fossem à escola. Conclamou os gaúchos a se prepararem para acontecimentos gravíssimos. Com a mão direita segurava a metralhadora, com a esquerda o microfone. "As portas do palácio serão abertas a quem quiser sair. Ninguém será obrigado a correr o risco que nós, conscientemente, sabemos estar correndo. Eu e minha família aqui permaneceremos. Só sairemos vitoriosos ou mortos."[376]

Brizola acendeu um cigarro. Ouviu "vivas" e declarações de apoio daqueles que decidiram permanecer nos Porões da Legalidade, como ficou conhecida a sala de imprensa de onde a Guaíba transmitia. "Meu primeiro gesto foi oferecer garantias ao Jânio. Achava que era um golpe. Via Castello Branco, mandou dizer que de fato havia renunciado", contou Brizola.

"Mobilizamos todo o armamento disponível e preparamos a resistência. Liguei para o comandante do III Exército e relembrei que cabia ao Estado garantir a ordem pública. Usar particularmente os meios de comunicação. Foi uma batalha de opinião pública. A Junta dava ordem para uma tropa marchar contra o Sul, e eles se recusavam", narrou Brizola.[377]

Depois de mais de uma semana de ameaças, incertezas e constrangimentos, a solução do impasse caminhava para ser de natureza política e não de ação militar. Com o desenvolvimento das negociações, foi acordada a proposta de emenda constitucional que converteria o regime presidencialista em parlamentarista, reduzindo os poderes do presidente da República. O parlamentarismo jabuticaba era um golpe disfarçado. Tancredo costumava repetir o irônico ditado de que, "se só tem no Brasil e não é jabuticaba, boa coisa não é". O que não é jabuticaba e só floresce no Brasil são ideias e coisas fora do lugar. Tancredo usava a fruta também em outro mote: "decreto é como jabuticaba; o primeiro nunca é o único".

"Começou a aparecer gente lá em casa. Já morávamos no edifício da avenida Atlântica. Chegava em casa e via governadores com meu pai. O próprio Magalhães, que havia derrotado o doutor Tancredo, esteve lá em casa. O ministro da Guerra também", recordou-se o filho caçula Tancredo Augusto, à época com dezoito anos.

Após encontro dos governadores dos estados mais importantes, os mandatários concordaram com o nome sugerido em Brasília: Tancredo Neves seria enviado a Montevidéu para falar com Goulart, como representante dos líderes políticos brasileiros, tal qual sugeriram Amaral Peixoto e San Tiago Dantas.[378]

No dia 1º de setembro, ao raiar do dia, o general Ernesto Geisel levou Tancredo até o aeroporto para que embarcasse rumo ao Uruguai. Sentados lado a lado, no banco de trás do carro oficial, conversaram reservadamente. Nenhum dos dois detalhou o encontro, à exceção do pedido de Geisel a Tancredo para que informasse a Goulart que dera muito trabalho conseguir o arranjo político que permitiria a posse. Ele devia manter isso em mente ao decidir seus próximos passos, alertou.[379]

Tudo parecia preparado para que Wilson Fadul, do PTB, se juntasse a Tancredo, como pedira Goulart. Porém, o Viscount presidencial providenciado para levá-lo partiu antes da hora combinada. Fadul ficou a ver nuvens. Em vez dele, Tancredo levou consigo o ex-ministro do Trabalho, Indústria e Comércio Hugo Faria. Entretanto, afirmou ter sido o único encarregado da negociação.[380]

Por telefone, o governador Brizola havia pedido a Tancredo que fizesse escala em Porto Alegre, quando estivesse a caminho de Montevidéu. Era um estratagema. Brizola já havia determinado a retenção de Tancredo assim que o avião pousasse na capital do Rio Grande do Sul.[381] O líder mineiro driblou-o em silêncio. O piloto chegou a sobrevoar o aeroporto, que parecia tranquilo. Questionado por Tancredo, descartou a necessidade de parada para reabastecimento. "Então vamos direto."

Sem escalas, o avião pousou às 10h30 em Montevidéu. Tancredo ligou para o governador Magalhães Pinto para anunciar a chegada. Não houve contratempos. Rumou para a sede da embaixada brasileira em Montevidéu, onde estava hospedado Goulart. O bulevar Artigas estava apinhado de jornalistas. Ainda cansado da viagem picada desde a Europa, Jango reuniu-se com Tancredo a partir de 11h30.[382]

Tancredo se apresentou como representante do presidente em exercício, Mazzilli, e do general Geisel, chefe do Gabinete Militar.[383] "Não foi uma missão fácil. Sentia que os fatos me jogavam no olho do furacão da história. A primeira resistência de Jango seria com relação ao parlamentarismo — e foi. Eu levava ainda duas condições: que Jango não fizesse escala no Rio Grande do Sul e que Brizola não participasse de sua posse em Brasília", relatou Tancredo.[384]

A conversa começou com a lista de condições dos militares para que o vice-presidente fosse empossado como presidente. A introdução do parlamentarismo era fundamental, por isso Tancredo adiou quanto pôde as exigências de que se abstivesse de fazer declarações, de ir a Porto Alegre e de viajar com Brizola.[385] Jango ficou vermelho. Não podia aceitar as limitações de seus poderes constitucionais. Tancredo argumentou que, não aceitando a emenda, seria responsável, diante da história, pela inevitável guerra civil. E, qualquer que fosse o resultado, o sangue seria debitado à sua intransigência. Salientou que o sistema parlamentarista em discussão no Congresso não retiraria muito do poder tradicional do presidente. Tancredo considerava que o que estava sendo chamado de parlamentarismo era na realidade um modelo híbrido. Defensor convicto do presidencialismo, Goulart assegurou a Tancredo que nunca deixaria de lutar pelos direitos conferidos ao presidente no sistema tradicional. Tancredo aquiesceu: "Isto mudamos depois".[386]

Almoçaram, constrangidos. Jango pediu o prazo da sesta para pensar. Quando retomaram a conversa, Jango inclinava-se a aceitar a solução parlamentarista. Faltavam as outras condições, que Tancredo ainda não havia exposto. "Fui direto à primeira delas: você não pode parar em Porto Alegre". Jango o interrompeu, irado: "Isso não. De jeito nenhum. Prefiro renunciar". Tancredo argumentou pacientemente por um longo tempo até que mudou de tática: resolveu telefonar discretamente ao general Geisel e tentar uma terceira alternativa. Os militares vetavam a escala em Porto Alegre a fim de evitar um pronunciamento de Jango, certo? E se a escala fosse feita, mas Jango se comprometesse a não falar com os jornalistas nem discursar?[387]

Novamente Jango concordou, depois de relutar. "E a terceira condição, que me parecia mais difícil — a ausência de Brizola em sua posse —, foi surpreendentemente aceita por Goulart, sem discussão", narrou Tancredo.[388]

À tarde, Tancredo ligou para os governadores, dizendo que Goulart aceitaria qualquer decisão tomada pelo Congresso, contudo queria se reunir com Brizola em Porto Alegre.[389] Telefonou também para Drault Ernanny. "Jango aceitou a emenda. Aceitou tudo. Queria que você obtivesse de seu amigo uma licença para eu pousar em Porto Alegre", afirmou Tancredo, disposto a contornar a desfeita a Brizola e monitorar as ações de Jango na terra rebelada. O amigo a que se referia era Geisel. Este ouvia a conversa, por meio do telefone grampeado, e respondeu diretamente. "Impossível. Desça em São Paulo, tome outra condução e vá a Porto Alegre", contou Ernanny, salientando a "voz característica" do general.[390] Quebrara-se o decoro da linha interceptada às escondidas. Por episódios assim, Tancredo levaria até o final da vida seu horror por articulações feitas ao telefone.

Geisel explicou mais tarde a Ernanny. Se o avião tivesse descido com Tancredo em Porto Alegre, Brizola o teria apreendido. Anunciaria na sua cadeia de rádio que havia se apossado do avião do presidente da República. "Numa hora de pré-guerra, uma apreensão dessas tem valor psicológico imenso. Foi o que quis evitar e evitei", alegou ele.[391]

O vice-presidente desembarcou em Porto Alegre às 20h40 de 1º de setembro. Chegou em um avião da Varig, modelo Caravelle, que havia sido enviado por Brizola. De terno cinza, gravata cinza, boa aparência, sorriso aberto, Jango nem parecia a encarnação da crise.[392] Não discursou para a multidão, mas, sem se importar com a restrição dos militares às declarações e à combinação que fizera com Tancredo, concedeu entrevista coletiva de quarenta minutos. "Estou disposto a aceitar qualquer decisão do Congresso, desde que não seja ferida a Constituição." Declarou que a primeira preocupação era debelar a crise e prometeu que faria o impossível para evitar derramamento de sangue. Além de jornalistas brasileiros, havia representantes da imprensa internacional como as revistas *Time* e *Life*.

Em Porto Alegre, Jango quis falar com Amaral Peixoto.

— Comandante, querem me tornar a rainha da Inglaterra?

— Não, Jango. O parlamentarismo que estamos criando aqui não é assim. Você ainda ficará com muita força.

Procurava contemporizar o golpe branco.

— Jango, há dois caminhos para você chegar a Brasília: por meio desse entendimento ou por meio de uma revolução. Você escolhe. Nós aqui não podemos escolher. A escolha é sua.

— Quero um acordo, só não quero ficar diminuído.

— Você não vai ficar diminuído. Aqui vamos conversar melhor.[393]

Amaral Peixoto teve que ouvir as queixas de Brizola. "Ele falou comigo durante quarenta minutos. Eu fechado dentro de uma cabine telefônica no Senado, num calor horroroso. Aquela secura de Brasília, a imprensa toda esperando do lado de fora. E o Brizola atacando o parlamentarismo. Dizendo que o Rio Grande não aceitaria. Uma loucura!"[394]

A aprovação de Goulart à implantação do sistema parlamentarista foi pacífica, apesar de amuada. Especulou com Tancredo se a CIA não estaria por trás da tentativa de impedi-lo de chegar à presidência.[395] Uma série de despachos dos diplomatas americanos no Brasil para Washington mostra que acompanhavam com temor a política externa de Jânio Quadros. Mas não há indícios de que tenham conspirado diretamente contra ele ou contra Jango naquele momento. Um despacho secreto da CIA, de 28 de agosto de 1961, confirmou que os americanos temiam o desenrolar da crise e a comunização do país. O documento citava que a maioria das Forças Armadas era contra a posse de Goulart, relatava que as ruas permaneciam em calma, sem maiores reações de segmentos fiéis ao vice-presidente como trabalhadores e estudantes. Definia que a situação seguia "nebulosa". Antes mesmo de tornada pública, a possibilidade de aprovação da emenda parlamentarista era apontada pelos americanos como a alternativa de saída pacífica da crise.[396]

Com os chefes militares apaziguados com a mudança constitucional, o Ato Adicional que estabeleceu o regime parlamentarista foi aprovado em 2 de setembro de 1961 pela esmagadora maioria dos votantes do Congresso (234 votos a favor e dez contrários) e promulgado no dia seguinte.

Pouco antes da viagem de Tancredo a Montevidéu, de um encontro de governadores no Ministério da Guerra surgiram três nomes para o posto de primeiro-ministro: Juracy Magalhães (governador da Bahia), Magalhães Pinto (governador de Minas) e Carlos Alberto Alves de Carvalho Pinto (governador de São Paulo). "Dr. Neves avaliava que Carvalho Pinto não era tão udenista quanto os outros dois nomes", anotou Dulles.[397] Sendo assim, Pinto teria mais chances de ser aceito pelo novo presidente. Já em Montevidéu, Tancredo informou Goulart do interesse dos governadores nesses três nomes. Goulart percebeu que era melhor discutir a questão do primeiro-ministro quando pudesse pousar em Brasília e sentir o clima de corpo presente.

A crise parecia contornada, mas o clima continuava pesado. No Rio, o advogado Paulo Neves, irmão de Tancredo, soube do acordo em andamento e deu "vivas à legalidade" no Sacha's Bar, no trecho do Leme da avenida Atlântica. Foi agredido por outro frequentador. Saiu para ir buscar um revólver em casa, porém não voltou.[398]

Ao dizer que aceitava o parlamentarismo, Jango pavimentou sua volta a Brasília. Esta, por sua vez, não seria tão tranquila. Oficiais da Força Aérea Brasileira se sublevaram no Rio e em São Paulo. Pretendiam aprisionar o avião em que Goulart viajaria de Porto Alegre para Brasília. O nome da quartelada: Operação Mosquito. A sublevação foi descoberta quando vários deputados e senadores, que fretaram um avião para ir ao Rio Grande do Sul a fim de acompanhar Goulart de volta a Brasília, não puderam embarcar. Foram impedidos pelos militares da base da capital. A partida da aeronave estava marcada para as 21h30 de 4 de setembro. O comando militar de Brasília impediu a decolagem, temendo que os parlamentares fossem vítimas de qualquer ação dos sublevados, quando o avião fizesse escala no Rio ou em São Paulo.[399] O levante só foi contido quando Geisel perguntou o que faltava para contê-lo. O que faltava era vontade da cúpula militar. A vontade veio a partir de ordem de Geisel nesse sentido. Os ministros militares de 1961 eram chamados por Geisel de Os Três Patetas.[400]

Tancredo expressou a J. W. F. Dulles a certeza de que a Operação Mosquito foi contida no último momento. O plano era forçar a aterrissagem do voo que trazia Goulart e depois encarcerá-lo.[401] Houve quem dissesse que a intenção era simplesmente assassiná-lo. "A operação foi mais do que um rumor", afirmou a Dulles.

No período em que Tancredo viajou a Montevidéu, o governador de Minas Gerais, Magalhães Pinto, sugeriu que a crise fosse resolvida com o Congresso escolhendo novo presidente da República, mantendo Goulart na vice-presidência. Essa sugestão causou o rompimento de Goulart com Magalhães.[402]

Goulart deixou Brizola em Porto Alegre, como pediam os militares, e rumou para Brasília, onde chegou às 20h14 de 5 de setembro.[403] Estava são e parecia com o mandato salvo. No final da noite, a Granja do Torto encheu-se de parlamentares. Segundo Amaral Peixoto, que fora chamado à uma da manhã para se reunir com Goulart, alguns dormiam pelos corredores. Para garantir a privacidade, conversaram em seu quarto. "Ele ainda estava vestido, deitado sobre a cama."[404] Goulart deu um envelope a ele, quando começaram a listar nomes para compor o ministério. O pessedista anotava candidatos às vagas, quando interrompeu a escrita.

— Jango, o problema não é esse. O seu problema é escolher o primeiro-ministro. Ele escolherá o ministério e trará a proposta a você. Aí você dará a palavra final.

— Eu não vou escolher o meu ministério?

— Vai, só que junto com o primeiro-ministro. Nós estamos nos antecipando, pulando uma etapa, que é a escolha do primeiro-ministro.[405]

Como deve ocorrer na maioria dos regimes parlamentaristas, ficou decidido que o primeiro-ministro seria da maior bancada no Congresso, no caso a do PSD. No dia seguinte, os parlamentares do PSD reuniram-se com o novo presidente. Queriam indicar Peixoto para o cargo de primeiro-ministro. "Ele desconversou, dizendo que da sua parte não havia nada contra, entretanto meu nome encontraria resistências em certas áreas trabalhistas. Quando os deputados voltaram, pedi que não tocassem mais no assunto. Vamos procurar outro nome e fazer o primeiro-ministro", reconstituiu Amaral Peixoto.[406]

Jango irritou-se a tal ponto com a recusa dos líderes partidários de discutir o ministério sem que houvesse um primeiro-ministro que um assessor cochichou a um jornalista: "Jango pretende recorrer logo a um plebiscito para que o povo decida sobre a forma de governo que prefere, parlamentarismo ou presidencialismo".[407]

Jango aventou o nome de Siegfried Heuser, ex-secretário de Finanças de Brizola. Não conseguiu impô-lo. Tancredo acompanhou no apartamento de Mazzilli, presidente da Câmara, a conversa entre Goulart e Odylio Denys, ministro da Guerra. Começou às 11h30 e estendeu-se até as 15h30, sem intervalo de almoço para evitar indigestão. Repetidas vezes, João Goulart afirmou que não indicaria nenhum nome para o cargo sem antes ouvir Juscelino Kubitschek.

Recebeu JK na Granja do Torto, onde passara a residir. O contato entre os dois acabou fortalecendo Tancredo. Descartado Ernâni do Amaral Peixoto, Auro Moura Andrade tinha maior simpatia de Jango. Ao final da noite começaram a surgir restrições. JK conseguiu afastar a possibilidade de escolha de Juracy Magalhães. Jango tentou Carvalho Pinto, que recusou porque não queria deixar o governo de São Paulo. "O nome que apresentava mais possibilidades era o de Tancredo. Contudo, adversários seus praticamente conseguiam esvaziar sua candidatura no início da noite. Em face do acordo de aliança entre PSD-UDN, vinha à tona o nome do senhor Gustavo Capanema", especulou o *Diário Carioca*,[408] sem muita precisão.

Em Brasília, Tancredo deitou-se imaginando que poderia tirar as horas de sono em atraso: "De madrugada, sou acordado por um grupo de companheiros. Ivete Vargas e Juscelino, à frente. Comunicaram que o primeiro-ministro seria eu. Naquela ocasião, eu estava fora dos quadros políticos, pois vinha de sofrer o revés da eleição para o governo de Minas".[409]

Ao amanhecer, o presidente chamou Tancredo:

— Você vai ser mesmo o primeiro-ministro. Preciso nessa primeira fase de alguém com quem possa dialogar num clima de confiança.

Tancredo resistiu, mas Jango foi conclusivo:

— Você não me falte nessa hora![410]

Em 7 de setembro de 1961, treze dias após a renúncia de Jânio Quadros, Jango assumiu a presidência, em sessão solene do Congresso. Em seu discurso, prometeu uma "nova Independência".[411] Foi empossado às 22h26, tendo sido abolido o cargo de vice-presidente. O deputado Humberto Lucena resumiu a posse: "Foi trabalhista, trabalhosa e trabalhada".[412]

Discurso de posse de João Goulart. Da esquerda para a direita (à frente), Tancredo Neves, Jango e Ranieri Mazzili (7 de setembro de 1961/Acervo Fundação Getulio Vargas – Cpdoc).

A indicação de Tancredo Neves para o cargo de primeiro-ministro aconteceu depois de votação da bancada do PSD, o partido majoritário no Congresso. Com o mineiro concorreram o deputado Gustavo Capanema e o senador Moura Andrade. Tancredo venceu em dois turnos. O escrutínio final deu-se contra Capanema. Não foi peleja fácil. Tancredo obteve 62 votos, contra 43 do adversário, já um veterano quando ele chegou ao Congresso, em 1951. Tancredo contou com o inusitado apoio da mãe de Goulart, dona Vicentina, que se mostrou "partidária incansável do ex-ministro de Vargas".

Unidos, PSD, UDN, PTB e PDC tinham 85% dos votos na Câmara. Arqui-inimigos, os dois primeiros partidos eram aliados novatos, desconfiados e estranhos. O PTB, partido de Jango, era minoria no gabinete do pessedista Tancredo.[413]

O Congresso confirmou-o como presidente do Conselho de Ministros em 8 de setembro. Obteve 259 votos a favor e 22 votos contrários.[414] PSP e PSB votaram contra Tancredo. O Partido Republicano absteve-se. O primeiro-ministro estranhamente acumularia as funções de ministro da Justiça por alguns meses. A pasta estava reservada ao PSP, que a recusou.

Os representantes da CIA no Brasil enviaram telegrama ao Departamento de Estado: "Tancredo é conservador, apesar de ter recebido apoio dos comunistas na eleição passada", frisaram. As duas frases, apesar de aparentemente contraditórias, eram verdadeiras.

Fiel depositário da caneta de Vargas, o novo primeiro-ministro chegou para a assinatura do termo de posse com as mãos abanando. Deu seu autógrafo com uma caneta cedida pelo deputado Elias Adaime.[415] Primeiro chefe de gabinete parlamentarista da história republicana, Tancredo se dizia presidencialista. Em 1953, o deputado gaúcho Coelho de Souza, que buscava apoio para implantar o parlamentarismo como forma de conter Getúlio Vargas, tentou cabular o voto de Tancredo para a causa.

— Não conte comigo. Sou presidencialista histórico.

— Histórico? Como? — surpreendeu-se Souza diante do parlamentar de primeiro mandato, então com 43 anos.

— Presidencialista histórico é o que lhe digo. Quando era estudante em Minas, o grêmio do meu ginásio entendeu de discutir o parlamentarismo. E eu fui contra![416]

Tancredo foi empossado às 22h30 do dia 8. Para garantir sua aprovação pelo Congresso, seu primeiro ato foi reter o avião que partiria para o Rio com um grande número de deputados. O Caravelle da Varig, último do dia, decolaria às dezesseis horas. A sessão para aprovar o Gabinete começaria às dezessete, avançando pela noite. Tancredo procurou a direção da Varig e conseguiu a postergação do voo. O serviço de som do Congresso informava que o avião ficaria retido no aeroporto até o término da reunião para aprovar os nomes do Conselho de Ministros. Com a retenção, não pôde haver debandada. Aprovados os ministros, os deputados embarcaram para o Rio.

Na mesma data, Lincoln Gordon foi confirmado pelo Senado americano como embaixador para o Brasil.[417] Seu nome entraria para a história. Coube a Tancredo, dias depois, confirmar a designação do embaixador Roberto Campos para Washington.

A ascensão do Gabinete marcou a superação da crise. "Tancredo será o pacificador nacional", saudou seu antigo adversário, o governador de Minas, Magalhães Pinto. Houve quem apontasse desafios que soam coincidentemente trágicos cinquenta anos depois. "Cabe agora ao senhor Tancredo Neves recolocar a questão no ponto ideal em que se encontrava, isto é, permitir que aqui a Petrobras permaneça a salvo de influências antieconômicas que almejam tratar a empresa como se fosse uma subseção de partido político", pediu o *Correio da Manhã*.[418]

Tancredo tinha à disposição três gabinetes de trabalho. Um no Palácio do Planalto, outro no Senado e o terceiro na sede do Ministério da Justiça. Optou por ficar a maior parte do tempo no Senado, na antiga sala da vice-presidência. Goulart morava na Granja do Torto e despachava no Palácio da Alvorada e no Palácio do Planalto. O primeiro-ministro tinha como residência em Brasília a Granja do Ipê. Mauro Salles e Francisco Dornelles foram morar nos quartos dos fundos da Granja. D. Risoleta, ao entrar no Ipê pela primeira vez, achou horrorosos os quadros que decoravam a granja. Propôs que Tancredo trouxesse quadros de seu acervo pessoal, como um *Dom Quixote* pintado e doado pelo amigo Candido Portinari, em sua homenagem. O primeiro-ministro vetou a ideia:

— Ninguém vai ver quando o quadro entrar; mas todo mundo vai ver quando sair.[419]

Dornelles testemunhou o primeiro encontro de Jango e Tancredo depois de empossados, na Granja do Ipê. Jango estava de camisa de manga curta e perguntou:

— Tancredo, como é que vamos fazer? Você tem um longo parecer de sua assessoria que lhe garante todo o poder. Eu também tenho um da minha que me assegura todo o poder. Precisamos nos entender.

— Vamos fazer o seguinte: não vai ter regimento nenhum. Vamos tocar as coisas. Você é o presidente, eu vou cuidar do dia a dia. Quais são suas preocupações?

— O meu problema é a Previdência Social. Desse ministério não abro mão. O Virgílio Távora, ministro da Viação, quer despachar comigo.

— Mas não podem todos despachar com você!

— Não, não quero que ministro nenhum despache comigo, só quero conversar com o Walther Moreira Salles (ministro da Fazenda), que é pessoa sua, com o ministro da Viação e com toda a parte da Previdência Social. O resto, você toma conta!

Conciliador, Tancredo respondeu com um gracejo:

— O senhor me dá Minas e fica com o resto do país.[420]

Quando lhe perguntaram sobre a posição político-ideológica de seu governo, Tancredo criou saída própria: "Somos um governo do centro, com tendências para a esquerda conservadora".[421]

Tancredo e Jango durante almoço em visita à cidade de São João del-Rei (entre 8 de setembro de 1961 e 6 de junho de 1962/Acervo Fundação Getulio Vargas – Cpdoc).

O programa do gabinete, submetido à Câmara em 28 de setembro e aprovado no mesmo dia, era genérico na formulação dos seus temas. A apresentação buscou cumprir mais uma formalidade do que determinar políticas de governo. Defendia a prática de reajustes salariais periódicos compatíveis com os índices de expansão inflacionária, acolhia a tese da "política externa independente" de Jânio Quadros, elogiava a Operação Pan-Americana de união do continente conduzida pelos Estados Unidos e reiterava o apoio ao recurso da mediação como forma de solução de conflitos internacionais. Apontava a reforma agrária "como passo inicial e precípuo para a integração do homem do campo em nossa vida econômica" e proclamava sua identificação com uma política de portas abertas ao capital estrangeiro, contanto que servisse à estrutura econômica brasileira. O novo governo defendia ainda a existência de uma lei de controle de remessa de lucros, desde que não desencorajasse os investimentos estrangeiros considerados indispensáveis ao custeio do desenvolvimento econômico nacional.

Com uma semana no cargo, um fantasma do passado retornou para assombrar Tancredo. Lacerda, que esteve sob ameaça de intervenção na gestão Jânio e tentou impedir a posse de Jango, continuava a ameaçar com o caos. O primeiro-ministro enviou-lhe uma carta, que foi manchete: "Tancredo pede paz a Lacerda".[422] No dizer do ministro Almino Affonso, "Moura Andrade, Lacerda e Brizola foram o tripé da agitação e confusão"[423] desse período.

Surgido em meio a uma grave crise político-militar, o primeiro gabinete parlamentarista conseguiu diminuir as rivalidades entre as principais correntes políticas do país. Porém a insatisfação social crescia, com a multiplicação de protestos contra a inflação e por maiores reajustes salariais. A crise decorrente da renúncia de Jânio Quadros havia paralisado o país durante treze dias, contribuindo para o agravamento da situação econômica. Os impasses nas negociações trabalhistas levaram à deflagração de sucessivas greves. Unidades de produção da Petrobras foram paralisadas por quarenta dias, enquanto o ministro das Minas e Energia, Gabriel Passos, fracassava na tentativa de mudar a cúpula da empresa.

Ao lado do aprofundamento da crise econômica, crescia a radicalização da luta política entre as correntes defensoras das chamadas reformas de base (constitucional, agrária, urbana, bancária e tributária) e as forças conservadoras que se opunham a elas. Acusavam o governo de patrocinar a agitação social.

A esquerda não se via no governo. Reclamava de censura e apreensão de livros. O jornal dos comunistas foi duro:

> O gabinete chefiado por Tancredo Neves, com o beneplácito do senhor João Goulart, investe contra direitos que há muitos anos vêm sendo assegurados. Até a prerrogativa de publicar livros acaba de ser violada. O senhor Alfredo Nasser, ministro da Justiça, em portaria digna de Goebbels, manda apreender arbitrariamente o livro de Che Guevara, *A guerra de guerrilhas*, e estabelece uma série de restrições à edição e à circulação de literatura progressista. A portaria do senhor Nasser revoga a própria Constituição e, por isso, determinou uma onda de protestos de diferentes círculos políticos e de organizações democráticas.[424]

Tancredo era pessedista e foi leal, avaliou Amaral Peixoto. Como chefe do governo, cedeu aos desejos de Jango, inclusive na organização do ministério.

Quando Amaral Peixoto o aconselhou a organizar uma Casa Militar para ter ligação com os elementos militares, ele reagiu:

— Deus me livre! Não quero ter o meu general brigando com o general do Jango.

"Ele ficou circunscrito a meia dúzia de auxiliares. Não estava convencido da importância do cargo. Não é que tivesse compromisso com a dissolução do parlamentarismo, apenas poderia ter sido mais firme", disse Peixoto.[425]

7. Não há nada mais parecido com um conservador no poder do que um liberal no governo

> *É bom recordar que, no Império, os conservadores realizavam mais facilmente as reformas que os liberais propunham.*[426]

"Eu nunca serei ditador do Brasil, mesmo que por um dia!", disse João Goulart a Tancredo Neves. Essa declaração, inédita até o momento, foi repassada por Tancredo ao historiador J. W. F. Dulles em 1965 e consta de um relatório datilografado de oito páginas encontrado nos arquivos do norte-americano, mantidos sob a guarda da Universidade do Texas, em Austin.

Dulles acentuou em seu relatório que Tancredo tinha de fato se convencido do compromisso do presidente João Goulart com a normalidade democrática. Tancredo revelou a Dulles que Vargas queria fazer do ministro da Fazenda, Oswaldo Aranha, seu sucessor. Achava Juscelino Kubitschek muito jovem para a presidência. A UDN esperava ficar muito tempo no poder depois do suicídio de Vargas, mas a vitória de JK e a renúncia de Jânio atrapalharam esse plano.[427]

A crença de que Goulart não queria dar um golpe não tornou as coisas mais fáceis para Tancredo. Os obstáculos intransponíveis surgiram entre 14 de setembro de 1961 e 26 de junho de 1962. Tancredo ficou nove meses no cargo de primeiro-ministro dos dezesseis meses em que vigorou o regime. Em 1963, um plebiscito devolveu plenos poderes a Goulart.

Tancredo atuou como primeiro-ministro da mesma forma que Quixote enfrentava moinhos. E, para ampará-lo no parlamentarismo, o quixotesco Tancredo tinha dois amigos que se revezavam no papel de Sancho Pança: Francisco Dornelles e Mauro Salles.

"Eu ficava com Tancredo quase o dia inteiro. Mauro Salles era secretário do Conselho. Morávamos os dois juntos na Granja do Ipê com Tancredo. O contato era muito estreito. Ele permitia que eu, com 26 anos, participasse de almoço, jantares, que discutiam assuntos de Estado", contou Francisco Dornelles, sobrinho e secretário.

Dornelles auxiliou o tio durante todo o período. Mauro Salles, secretário da presidência do Conselho de Ministros, rascunhou em seu diário particular crises em discussão, esboços de decretos, ritos das reuniões e alguns desenhos que destoavam do ambiente cerimonioso do Gabinete. Seus apontamentos vêm a público aqui pela primeira vez.

O primeiro-ministro comandou 38 reuniões do Conselho de Ministros. Destas, 29 foram taquigrafadas. As atas estão conservadas no Arquivo Nacional do Rio de Janeiro. Revelam a engrenagem falha de Brasília e do regime parlamentarista. Comprovam que não há nada mais parecido com um conservador no poder do que um liberal no governo.

A primeira reunião do Gabinete ocorreu em 14 de setembro de 1961, mas as notas só começaram a ser tomadas a partir de 9 de novembro. De acordo com o diário particular de Mauro Salles, foram 140 horas de reuniões no Palácio do Planalto.[428] Na Brasília recém-inaugurada, várias delas ocorreram sem eletricidade. Salles anotava a duração das interrupções: uma delas se estendeu de 15h30 às sete da noite, no instante em que o ministro da Fazenda falava sobre cortes no orçamento. Os encontros produziram a edição de 1,4 mil decretos, sendo que cem deles após votação dos ministros presentes.

Em alguns poucos momentos, Tancredo pedia à equipe responsável pelas transcrições que deixasse a sala. Em ao menos um deles, antecedeu o pedido com o aviso de que pretendia discutir temas graves, mesmo sabendo que as notas taquigráficas tinham caráter sigiloso. Quando discutia a revisão de verbas para as Forças Armadas, Tancredo comentou: "Gostaria que o caráter confidencial da exposição fosse mantido ao máximo para não termos aborrecimentos amanhã. [...] O Exército está me apertando de uma maneira desesperada e com justa razão".

No geral, as transcrições são bons exemplos do trato da coisa pública. A clareza das posições é rara no fazer político. "A reconstituição do comportamento dos governos republicanos no Brasil brota só em momentos fugazes. Aconteceu no governo provisório do marechal Deodoro da Fonseca — quando pelas anotações feitas sabe-se que certa vez o ministro Benjamin Constant chamou-o 'monarca de papelão' — e no período parlamentarista", escreveu Flávio Pinheiro na abertura da reportagem de Veja que revelou trechos das atas do período, só tornadas públicas dezessete anos depois de elaboradas.

Há, no entanto, deslizes e cerceamentos hoje tidos como inaceitáveis. Se não justificáveis, ao menos compreensíveis no cenário da época. A sombra da crise pairava sobre as reuniões, como demonstram os comentários do ministro Alfredo Nasser, da Justiça, sobre o descalabro da gestão de Jânio Quadros.[429] E essa mesma linha de reflexão continuaria válida para a gestão João Goulart.

A questão do orçamento federal era penosa em 1961. A perspectiva para o ano seguinte desenhava-se em tintas das mais sombrias. Ao ser questionado por Tancredo sobre o tamanho do déficit entre receitas e despesas, o ministro da Fazenda, Walther Moreira Salles, respondeu: "É assustador, é monstruoso, insuportável mesmo". Moreira Salles calculava o déficit de 1961 entre 160 e 165 bilhões de cruzeiros, cerca de 18 bilhões de reais se corrigido pelo índice inflacionário de lá para cá. No ano seguinte, o déficit já havia dobrado; ainda assim, representava 35% do déficit previsto para 2017.

Tancredo reclamava "da demagogia" das emendas apresentadas pelos congressistas. "A Câmara tem sido intransigente no corte de despesas. Ou emitimos (moeda) ou fazemos aumento de despesa. Temos de dar um basta nisso, senão os orçamentos vão sofrer uma barbaridade de modificações", anunciou Tancredo. A urgência de medidas saneadoras foi sublinhada por Moreira Salles. "Ou o governo se compenetra dessas dificuldades e vamos enfrentá-las, ou nada há que ser feito pelo desenvolvimento do país."

O ministro da Fazenda de fato aplicava uma política severa de corte de gastos nos ministérios. Em plena reunião do Conselho, o ministro da Agricultura, Armando Monteiro, anunciou que renunciaria ao cargo por não ter recursos para sua pasta. Moreira Salles, em resposta, pôs o cargo à disposição, junto com o colega. "Estamos numa hora em que nos compete combater sem trégua a inflação. Não temos outra maneira senão reduzir ao máximo o déficit orçamentário", contornou Tancredo, pedindo a ambos que se mantivessem nos cargos.

Moreira Salles propunha alternativas para fazer caixa. "Imposto de consumo bem empregado é anti-inflacionário", afirmava. A inflação havia sido de 39,43% em 1959, recuara a 30,47% em 1960 e tivera novo repique em 1961, atingindo 47,78%. O desequilíbrio dos preços corroía os salários e confundia os parâmetros econômicos. "O terceiro cozinheiro de navio da Lloyd ganha mais do que um coronel com curso do Estado-Maior", comparava o ministro da Guerra.

Paralisações multiplicavam-se por todo o país. O governo, integrado por liberais renomados, afligia-se. Portuários, bancários e eletricitários haviam suspendido os serviços. Todos queriam melhores salários e abonos que compensassem os desgastes causados pela inflação crescente. O ministro do Trabalho, Franco Montoro, reclamava de que empregados e empregadores recusavam-se a aceitar o índice do custo de vida oficial. Queixou-se do "ímpeto revolucionário" de alguns sindicalistas. O ministro de Viação e Obras Públicas, Virgílio Távora, apontou infiltrações comunistas entre os portuários do Rio. "A de Santos é pior", acrescentou Montoro.

Uma greve geral foi convocada no estado de São Paulo. Em 14 de dezembro de 1961, Montoro relatou como o governo atuou para conter a manifestação. À procura dos promotores das perturbações, a Secretaria de Segurança Pública convidou todos os homens que saíam das assembleias a dar esclarecimentos.

De seu lado, Tancredo inquietou-se com a greve dos funcionários do Banco do Nordeste, que pediam salários iguais aos dos do Banco do Brasil. "Sabemos que o grupo dos bancários é o mais infiltrado pelos comunistas." Propôs que a greve fosse declarada ilegal. "O manifesto comunista lançado em 1º de maio [de 1962] é um convite a manifestações de desordem em grande escala. Li num jornal de São Paulo que, nas comemorações do Dia do Trabalho, nem se cantou o Hino Nacional. Cantou-se a Internacional Comunista!"

O ministro da Justiça, Alfredo Nasser, conclamou que o Estado reagisse às agitações. San Tiago Dantas, das Relações Exteriores, apoiou.

> É realmente uma atitude corretíssima essa da resistência. Acho que devemos partir para ela, assim como penso que, no tocante a agitações comunistas no país, nossa legislação nos fornece todos os meios para podermos ter uma ação repressiva mais enérgica. [...] Desde o momento em que atividades desse gênero começam a aparecer sistematicamente, o papel é tomar medidas repressivas. É ir à decapitação desses diferentes movimentos e botando essa gente toda na cadeia.

Ulysses Guimarães, da Indústria e Comércio, defendeu a ideia de que a repressão fortalecia o governo.

> No momento em que o governo, por meio do Conselho, resolveu tomar as medidas que tomou no fim do ano [...] considerando ilegais várias greves anunciadas, o que sucedeu é que a autoridade do governo foi prestigiada [...]. Já temos a experiência de uma ação mais enérgica e decidida que fortaleceu muito a autoridade do governo. Nenhuma perturbação maior se realizou.

Em fevereiro de 1962, por exemplo, o governador Leonel Brizola tomou a decisão de encampar a subsidiária gaúcha da International Telephone and Telegraph Corporation. Da indenização, determinou que fossem descontadas as dívidas trabalhistas da empresa telefônica. Pelas transcrições das reuniões dos ministros ficamos sabendo de todos os detalhes e desdobramentos da questão. San Tiago Dantas considerava a indenização legítima, mas a ITT era uma das maiores companhias do mundo em número de acionistas, com 1,5 milhão de portadores, portanto a questão teria a maior repercussão na opinião pública norte-americana.

A decisão não foi tomada de supetão por Brizola. O governo do Rio Grande do Sul primeiro desenvolveu, com grande esforço, a proposta de uma companhia mista, da qual a ITT pudesse continuar fazendo parte. As negociações iam nessa direção quando o resultado de uma avaliação técnica, que calculou o ativo da empresa em 1,350 bilhão de cruzeiros, fez com que a ITT não aceitasse a parceria. Criou-se aí o primeiro impasse. O governo gaúcho entendeu que a ITT havia rompido um compromisso e as negociações se deterioraram até, finalmente, chegar-se à resolução de encampar a empresa.

O passivo trabalhista a ser descontado seria de 500 milhões, e o governo americano imediatamente alegou a existência de irregularidades, consideradas sem fundamento pelo governo brasileiro. Os ministros brasileiros, porém, buscaram o caminho da conciliação, tentando amortecer sua repercussão.[430] O valor da indenização seria discutido na Justiça, mas não era disso que se tratava, como bem resumiu San Tiago Dantas: "O problema é mais de opinião pública do que técnica jurídica ou de governo. Nos Estados Unidos, é a opinião pública que está reagindo".

A questão ia ainda mais fundo. Segundo o ministro da Fazenda, Walther Moreira Salles, a ITT não era lá uma empresa muito querida pelo Departamento de Estado. O que estava por trás de suas palavras se confirmou dois anos depois: a encampação da ITT seria um dos argumentos usados pelo governo norte-americano para apoiar o movimento militar que derrubaria o regime.

Fica claro que todas as questões políticas eram debatidas abertamente por todos e que idiossincrasias tomavam minutos preciosos das reuniões do Gabinete. Alfredo Nasser, por exemplo, mantinha todos a par de suas negociações com o governador Carlos Lacerda, que se recusava a comparecer a cerimônias em que estivessem presentes João Goulart e Tancredo Neves. Acumulava o rancor de ver o PSD de novo no governo após a queda de Jânio Quadros. Reclamava de ações administrativas como a intervenção na CTB, a Companhia Telefônica Brasileira, que havia sido desapropriada por Lacerda, e, como reação, posta em intervenção federal por Tancredo. Nasser insistiu com Lacerda que "homens situados em altos postos limitassem suas divergências ao campo político", convencendo-o a ir à cerimônia que se realizaria no Maracanã, na qual "não ia haver apertos de mão, apenas cumprimentos de praxe".

O fim do chamado "câmbio de custo" para a importação de papel de jornal foi outra pauta que causou discussão acalorada entre os ministros. A proposta era substituí-lo por financiamentos e juros subsidiados, o que a maioria dos jornais apoiava. Ulysses Guimarães, da Indústria e Comércio, argumentou que a imprensa brasileira gozava de muitos privilégios, equiparando seus favorecimentos aos dados ao trigo e ao petróleo. Propôs então que passassem a atuar sob três pressupostos: "1) saber se a não concessão desses favores seria a ruína das grandes empresas; 2) ajudar a empresa não por ser jornal, mas como uma empresa qualquer; 3) fazer a limitação de anúncios (em razão do maior gasto de papel com eles)". O ministro da Fazenda, Moreira Salles, concordou ("Não é um problema simplesmente de ordem cambial, econômico-financeiro, e sim do interesse da democracia"), e Tancredo fez uma longa explanação sobre a relação entre imprensa e governo ("A imprensa no Brasil, cuja média era pequena, sempre teve uma existência artificial, devido ao subsídio cambial que recebia quase clandestina, porque não era um benefício dado diretamente, ostensivamente. Era dado indiretamente").

Segundo sua análise, era pequeno o número de jornais e editoras em situação sólida, para as quais a supressão do subsídio cambial, longe de constituir um problema, se transformaria em benefício com o desaparecimento da concorrência. "Teríamos em todo o Brasil uns cinco ou seis jornais em condições econômicas de sobrevivência. Restaria o problema da grande massa da imprensa brasileira que ou recebe os subsídios cambiais ou recebe um subsídio direto, através do Orçamento da União, ou recebe subsídio indireto através de uma fonte fictícia. Fora desses três caminhos, não temos outro."

Rejeitou a manutenção do benefício aos jornais por ser a questão extremamente delicada: "O auxílio direto dado à imprensa, através do Orçamento, é oprobrioso; a imprensa não aceita, o repelirá e realmente cria entre o governo e a imprensa uma situação profundamente vexatória, difícil e incômoda". A solução seria o auxílio através do crédito, não amplo e geral, mas "limitado às empresas que necessitassem". Como regra geral, o governo optava por regular o consumo de papel por parte dos jornais, e o ministro Gabriel Passos sugeriu limitar a quantidade de papel a ser gasta por edição. "Isto, realmente, foi levado aos editores de jornais. E eles, não tendo argumento para contrapor a esta limitação quantitativa do uso do papel, objetaram que aceitavam essa limitação apenas por um teto global, na média mensal, porque é muito difícil eles estabelecerem edições uniformes." Coube a Tancredo assinar decreto regulamentando a profissão de jornalista em junho de 1962. Concedia o registro para diplomados em jornalismo ou para aqueles que tivessem exercido estágio em empresa jornalística por 36 meses consecutivos ou 42 meses com interrupções.[431]

Alguns temas debatidos soam bem atuais. Outros tornaram-se apodrecidos pelo tempo. O Conselho de Ministros condenou o corporativismo e "o desmantelo" em que se encontrava a Petrobras, na descrição de Gabriel Passos, das Minas e Energia. A empresa estava perto de completar sua primeira década de fundação. "Erros no campo de exploração da Bahia, erros na refinaria Duque de Caxias, erros em Mataripe, e ninguém corrigindo", enumerou. Gabriel Passos demitiu o presidente de uma subsidiária da empresa porque havia sido "conivente" com outro funcionário da estatal, que elaborara um relatório "entreguista".

A agenda da política externa envelheceu mal, como um burocrata moscovita. O governo Tancredo enfrentou nas relações internacionais temas controvertidos. O reatamento das relações com a comunista União Soviética e a posição do Brasil na Organização dos Estados Americanos diante do governo cubano foram pontos espinhosos.

O anúncio do reatamento das relações do Brasil com os soviéticos realizou-se em 23 de novembro, quatro dias antes das cerimônias que lembravam os mortos da Intentona Comunista de 1935. A medida acabou recebida de modo mais simbólico e menos comum do que preferia o primeiro-ministro. A direita alarmou-se com o que entendia como aproximação com radicais comunistas; a esquerda festejou, imaginando que poderia haver ali rastilho para que a revolução incendiasse o país — ambos os espectros fizeram prognósticos equivocados.

Em 30 de novembro de 1961, San Tiago Dantas explicou que a União Soviética havia aceitado todas as condições impostas pelo governo brasileiro para o reatamento.

> Assim é que foi fixado em 35 [número máximo] o total de diplomatas, funcionários e empregados que cada missão pode manter no outro país, incluindo até os empregados domésticos. [...] Foi limitado o tamanho e o peso das valises e estabelecido o direito de revista e exame de qualquer outra importação. Esforcei-me para retirar desse ato todo e qualquer caráter ideológico e transformá-lo num ato de soberania brasileira, isento de qualquer significação doutrinária.

Tancredo comentou a explanação do ministro. "É escusado dizer que a decisão do Brasil de reatar relações diplomáticas com a União Soviética não significa nenhuma vinculação de ordem ideológica. O Brasil continua sendo uma nação cristã e democrática e mais do que nunca irrevogavelmente comprometida com os valores de nossa civilização."

Cuba havia se declarado "socialista" em 1961, dois anos depois da revolução castrista. San Tiago defendia a ideia de que o Brasil tomasse posições mediadoras e não condenatórias a Cuba nos órgãos diplomáticos. Dantas convenceu o Conselho de Ministros de sua posição. Entre os países da América, só o Brasil e outros cinco votaram pela ação mediadora. Os demais seguiram a liderança dos Estados Unidos e aprovaram moção condenatória.

As questões de segurança nacional e a abordagem dos problemas políticos pelos ministros militares eram tratadas, muitas vezes, sem dramas ou conspirações. Exemplo disso foi a posição de Segadas Viana, da Guerra, na discussão do código de telecomunicações. "Tanto faz ter ou não monopólio (estatal). O que importa é que exista o sistema de telecomunicações perfeito e funcionando." Não se incomodava com a possibilidade de que dados sigilosos de comunicações fossem compartilhados com empresas estrangeiras prestadoras de serviço. "Quem trabalha nas empresas são brasileiros. Se existirem comunistas, conspiradores, grevistas, o governo pode fazer intervenção."

A ação de tropas militares contra estudantes também preocupava o ministro. "No Nordeste, já tem havido vários atritos entre estudantes e tropas [...]. Quando estive lá, houve também manifestações de estudantes, de modo que o interesse nosso é de, especialmente no Nordeste, não haver choques [...] porque, senão, vamos ter um Exército antipático." Segadas Viana reclamava de que o Exército estava se transformando em polícia. "Para tudo é requisitado. A Aeronáutica e a Marinha não sofrem isso." Queixava-se de seu "desvirtuamento", que o colocava em choque direto com a população. "Há dentro do Exército reação, porque o indivíduo tira um curso superior e, no final, vai transformar-se em mero policial, para tomar conta ou dar guarda a isto ou aquilo." Para ele, criar um ambiente de animosidade entre o povo e o Exército poderia levar o Brasil à mesma situação da Argentina — em março de 1962, as Forças Armadas argentinas haviam dado um golpe de Estado; um dos seis que o país enfrentou no século XX.

Às vezes, temas miúdos entravam na pauta de discussão. Oliveira Brito, da Educação, informou que a gestão que o antecedeu comprara um dicionário escolar que registrava acepções preconceituosas para palavras ligadas a judeus e negros. A impressão de 12 mil exemplares estava concluída e ele perguntava aos colegas se não deveria corrigir as acepções, mesmo que isso significasse dobrar os gastos com uma nova impressão da obra. Tancredo apoiou, mas não via como poderiam obrigar o autor às mudanças nem queria desperdiçar recursos já investidos. Sugeriu uma futura edição sem os termos.

O ministro da Educação pediu orientação ao Gabinete sobre como deveria se portar em razão da pressão para expansão de matrículas em unidades federais, com aumento de despesas que seguiria na contramão da política de contenção já determinada. "Sou de opinião que negar ensino é dos aspectos mais degradantes da ação do governo. O precedente é perigoso, entretanto as despesas não são assim tão elevadas. Inclino-me para conceder a matrícula, porém me submeto à decisão dos colegas", contornou Tancredo, tendo sido a expansão aprovada por unanimidade.

Em junho de 1962, Tancredo entrou em campo. Não podia envergar a camisa da seleção brasileira nos gramados da Copa do Mundo do Chile, no entanto podia cuidar da articulação. Não ligava a defesa ao ataque, como informa a cartilha de um bom meio-campista. Empenhou-se na função em que era craque, a articulação política, quase no limite de infringir a ética desportiva.

Reunião do gabinete ministerial (entre 8 de setembro de 1961 e 6 de junho de 1962). Da esquerda para a direita, Walther Moreira Salles (da Fazenda); Oliveira Brito (da Educação); João Segadas Viana (da Guerra); San Tiago Dantas (das Relações Exteriores); Tancredo Neves (primeiro-ministro); Gabriel Passos (das Minas e Energia); Angelo Nolasco (da Marinha); Clóvis Travassos (da Aeronáutica) (Acervo Fundação Getulio Vargas – Cpdoc).

O Brasil havia vencido o Chile na semifinal da Copa de 1962 por 4 a 2, com dois gols de Vavá e dois de Garrincha. De acordo com o *Jornal do Brasil*, os brasileiros venceram três adversários nessa partida: "A delirante e passional torcida chilena, a grosseira parcialidade do juiz peruano Arturo Yamasaki e a seleção chilena, a mais fácil dos três". Com Pelé contundido, Garrincha tornara-se a maior estrela do campeonato. Dava tantos dribles desconcertantes quanto recebia em troca pontapés, cotoveladas e faltas desleais. Apanhou muito na partida contra o Chile, a ponto de ter uma atuação abaixo da média. Faltavam sete minutos para o fim do jogo quando Garrincha se irritou. De modo discreto, atingiu a coxa do meia Eladio Rojas com seu joelho. O juiz não viu; o auxiliar sim. Garrincha foi expulso. O país parou de respirar. O Instituto de Cardiologia do Rio havia contabilizado dez infartos fatais na Guanabara até aquele jogo.[432]

Tancredo acompanhou a semifinal no gabinete do ministro San Tiago Dantas, no palácio do Itamaraty. Sentou-se ao lado de Dantas e próximo do ministro Ulysses Guimarães, em torno do rádio que transmitia a partida.

À época, a expulsão não era seguida de suspensão automática, como ocorre hoje. O caso deveria ser julgado por tribunal competente da Fifa. A semifinal ocorreu numa quarta-feira e a final estava marcada para o domingo. Seria preciso pressa para que justiça se fizesse por vias tortas. Ou em favor das pernas tortas. O primeiro-ministro Tancredo Neves não perdeu tempo: passou um telegrama ao presidente da Fifa, o inglês Stanley Ford Rous, lembrando-o de que aquela era a primeira expulsão da carreira de Garrincha. Pedia que seus bons antecedentes pesassem mais na avaliação do que um chute de revide impensado.[433] Repassou seus argumentos ao chefe da delegação brasileira, Paulo Machado de Carvalho, e arrematou: "Estamos certos de que a Fifa fará justiça à disciplina dos atletas brasileiros, assegurando, na partida final, a presença de todos os valores de nossa equipe, especialmente esse admirável Garrincha".[434]

Tancredo ainda mandou carta aos governos chileno e peruano. Eliminado da Copa, o Chile não queria perder a principal atração da final em seu solo. O Peru também pediu à Fifa que não punisse o melhor jogador do Mundial e tratou de repreender o juiz Arturo Yamasaki. Ele se naturalizou mexicano, seguiu carreira como dirigente esportivo na América do Norte. Ao morrer, em 2013, seu obituário correu o mundo sempre com o aposto: "o homem que expulsou Garrincha".

Ao Tribunal Disciplinar da Fifa, Yamasaki informou que antecipara a ida de Garrincha para o chuveiro por informação do bandeirinha uruguaio Esteban Marino. Reconheceu que não tinha a visão do lance. A Fifa tentou ouvir Marino, mas ele havia sumido do Chile. Situação nebulosa que se tornaria mais cerrada porque Marino havia trabalhado como árbitro da Federação Paulista de Futebol na década de 1950.

A lógica favorecia o Brasil. Outras cinco expulsões haviam sido registradas naquela Copa e em só um dos casos, o do italiano Giorgio Ferrini, a punição foi complementada com a suspensão na partida seguinte.[435] No caso de Garrincha, a Fifa decidiu, por cinco votos a dois, que ele podia participar do próximo jogo. Interpretou que a expulsão de campo era pena suficiente para a falta e lamentou a inexplicável ausência do depoimento do juiz auxiliar no processo.

A finalíssima foi disputada em 17 de junho, no estádio Nacional de Santiago. O Brasil enfrentou a Tchecoslováquia. O primeiro gol ocorreu aos quinze minutos do primeiro tempo. Masopust fez 1 a 0 para os europeus. Aos dezessete minutos, Amarildo empatou. Aos 24 minutos do segundo tempo, Zito fez 2 a 1. Aos 33, Vavá aproveitou falha do goleiro tchecoslovaco, que soltou bola chutada por Djalma Santos. O Brasil venceu por 3 a 1. O capitão Mauro repetiu o gesto de Bellini em 1958. Ergueu a taça acima da cabeça, como se movesse o mundo com uma alavanca. De certa forma, a mão de Tancredo estava na taça também. Garrincha ganhou a Chuteira de Ouro da Fifa. Não marcou na final. Entrou em campo com uma febre de 38 graus e acabou não sendo tão produtivo como nos dois jogos anteriores. Mas sua simples presença em campo já era suficiente para que vários adversários se preocupassem em marcá-lo, o que abria mais espaço para outros brasileiros.[436]

Mundo afora, ocorreram algumas reações amargas. O escritor francês Jean Cau, antigo secretário de Jean-Paul Sartre que se tornara jornalista, zombou do governo brasileiro por colocar a força do prestígio internacional do país em favor de um simples atleta.[437] Tancredo e João Goulart receberam os campeões do mundo no Palácio da Alvorada, sem importar-se com queixas existencialistas.

As relações do Gabinete Tancredo Neves com o Congresso eram tensas. No campo administrativo, por causa dos cortes de gastos. No campo político, por causa da oposição a Goulart e da forma do sistema de governo. "Não sei de Congresso mais presidencialista do que este. Os três estatutos legais que o Congresso votou, depois de instituído o regime parlamentarista, foram dentro de um espírito nitidamente presidencialista", avaliou Tancredo em reunião do Gabinete.

Citou as emendas aprovadas pelo Congresso que elevaram os gastos do orçamento, "desatendendo a todos os apelos do Conselho de Ministros". O Senado também mudou o estatuto da Superintendência de Desenvolvimento do Nordeste sem que fosse ouvido o Gabinete. A medida mais grave, no entanto, foi a aprovação de uma ampla lei sobre o capital estrangeiro, o que "provocou pânico no mercado de capitais", segundo Tancredo. A Câmara elaborou um estatuto para o investimento estrangeiro que abrangia não apenas a remessa de lucros, mas estabelecia dispositivos como a nacionalização dos depósitos dos bancos estrangeiros. "Não podemos fazer grandes censuras porque hábitos incrustados de uma prática do regime presidencial durante mais de setenta anos não podemos erradicar da noite para o dia."

Tancredo evitou confrontar os parlamentares.

Parece-nos que posso concluir o seguinte: que todos estão de acordo com o presidente do Conselho em que não deveremos tomar uma atitude de crítica frontal ao projeto votado na Câmara. Pelo contrário, acatar a decisão, respeitá-la até que possamos aprimorá-la dentro das técnicas da legislação do nosso regime constitucional. Há uma informação que podemos fazer sem chocar os diversos interesses em jogo. Seria a seguinte: que o Conselho de Ministros participa das apreensões de toda a nação, traduzidas nos pronunciamentos da Câmara e do Senado a que se imponha realmente uma disciplina de remessa de lucros para o exterior de investimentos estrangeiros no Brasil. Segundo: que o governo brasileiro reconhece que não pode prescindir da colaboração do capital estrangeiro para ativar o seu processo de desenvolvimento desde que o oriente e conduza para os setores da economia nacional em que pode ter uma atuação de fortalecimento. Terceiro: que a lei votada pela Câmara traduz realmente esse anseio na consciência nacional em torno de matéria de tamanho vulto a que, não obstante os altos propósitos que inspiraram a lei, ela possa ser aprimorada, mesmo visando dar uma melhor acolhida aos objetivos que tenha em vista.

Em maio de 1962, oito meses depois da instalação do gabinete parlamentarista, Tancredo reconhecia a pressão pelas reformas de base e trabalhava para que houvesse condições de o Congresso apreciá-las. "Nos meios proletários, está se tornando tema para agitação e outras iniciativas que podem comprometer a ordem pública." Para ele, o governo não poderia ficar insensível a esses acontecimentos. Teria que se antecipar por meio de medidas de natureza administrativa ou legislativa.

Lamentava enfrentar a oposição de grupos tão diversos. Eram eles os partidários do regime presidencial, os próprios partidários do regime parlamentar e também os interessados no movimento em favor do plebiscito, "no entender dos líderes da corrente presidencialista, o movimento mais indicado para restauração da Constituição presidencialista de 1946, em toda a sua plenitude".

Tancredo avaliou que a implantação do regime parlamentar como solução para a crise político-militar acabou dividindo ainda mais os setores políticos e a opinião pública. A deflagração do plebiscito "viria constituir para o governo um problema extremamente delicado", admitiu. Temia que o governo fosse retirado do comando já que não havia garantias de que o plebiscito resultaria, inexoravelmente, numa Constituinte: "porque o plebiscito, quando muito, daria diretrizes, sem que alterasse automaticamente a revisão ou a modificação de dispositivos constitucionais".[438]

Tancredo então preparou um projeto de emenda constitucional para ser submetido ao Congresso que permitia alterações na Constituição por maioria simples dos votos dos parlamentares. A obtenção de dois terços dos votos, o quórum exigido pela Carta, tornava-se difícil em temas polêmicos como, por exemplo, a reforma agrária. Ao canalizar para si todas as aspirações esparsas de reformas, ordenaria o debate, mantendo o controle. "O objetivo é impedir a agitação e manter o governo no comando."

Em reunião de 8 de junho, o ministro da Marinha, Angelo Nolasco, reclamou da "inquietação permanente e da propaganda que visa solapar e destruir o princípio da autoridade, propagandas de ordem subversiva". O exemplo de subversão estava nas páginas dos jornais. Volta e meia sindicatos pagavam reclames em que "advertiam as autoridades" sobre políticas governamentais tidas como entreguistas ao capital estrangeiro e pregavam o monopólio estatal em áreas essenciais como o petróleo.[439]

O almirante Nolasco aconselhava o Conselho a prevenir pela palavra e pela persuasão, para que não tivessem que recorrer à violência. Deviam mostrar que o governo estava atento e preparado para reprimir, se fosse o caso. Era importante manter as classes conservadoras confiantes ("Essa histeria, essa inquietação, tem me preocupado e isso está dominando o próprio Ministério da Marinha"). "Todos nós sentimos que há uma corrente inconformada em ter perdido posições e que procura se aliar a todas as ideologias, a todos os elementos, com o fim de desmoralizar e desacatar o governo."

O ministro da Justiça, Alfredo Nasser, fez questão de mostrar-se duro.

> Estamos preparados para reprimir qualquer perturbação da ordem, pois a situação é extremamente grave no país. Estive em São Paulo e Santos, onde consegui abortar uma greve que seria de gravíssimas repercussões e atingiria, inclusive, a eletricidade. São Paulo ia ficar completamente às escuras. Os grevistas já iam atingir os bancos e em seguida toda a área de Cubatão. Essa greve declarei ilegal e por

antecipação declarei as outras também ilegais. Consegui abortar o movimento que estava preparado. Essas greves obedecem a uma determinada orientação política no país, não há menor dúvida.

Tancredo ouviu e manifestou-se de forma objetiva. "O Conselho incumbe a sua excelência o ministro da Justiça para fazer as declarações que julgar necessárias."

Entre os muitos atos do Conselho de Ministros, um "não ato" era descrito por Tancredo como um dos gestos mais importantes e pouco lembrados na história. O primeiro-ministro recusou-se a renovar o acordo que permitia que os Estados Unidos operassem base militar no arquipélago de Fernando de Noronha.

No começo de 1941, o presidente Getúlio Vargas havia permitido, em caráter secreto, a construção de instalações militares americanas no Nordeste. Deixava em aberto a possibilidade de instalações em outras regiões do país. Como contrapartida, o presidente dos Estados Unidos, Franklin Delano Roosevelt, liberou 20 milhões de dólares para a criação da Companhia Siderúrgica Nacional. Como forma de assegurar "a defesa do mundo livre", os americanos obtiveram permissão para montar base militar em Noronha, fundamental para garantir a supremacia no Atlântico. O Brasil, sob Vargas, havia relutado na escolha entre os aliados comandados pelos Estados Unidos e as forças do Eixo de Alemanha, Itália e Japão. Depois de ter navios bombardeados, Vargas aderiu aos aliados e Noronha serviu de base até o final da guerra.

A relação dos militares americanos com as ilhas remontava ao período anterior ao da Segunda Guerra Mundial. Em 3 dezembro de 1941, às vésperas do ataque japonês à base norte-americana de Pearl Harbor, no Havaí, um militar brasileiro do comando de Fernando de Noronha detectou uma formação de aviões não identificados. Telegrafou para o quartel-general do IV Exército no Recife para passar a informação.[440] Quatro dias depois, Pearl Harbor seria destruída, e os Estados Unidos entrariam na Segunda Guerra. No dia seguinte ao ataque, o mesmo militar telegrafou dizendo que um avião caça não identificado invadira o espaço aéreo brasileiro, tomando rumo ao sudoeste. O fato é que a ilha de Fernando de Noronha antecipava movimentos e media desdobramentos do conflito militar mundial. Doze dias depois do relato, o governo tratou de federalizar o território, que pertencia a Pernambuco. Assumiu sua gestão, porque já havia sido declarado território de segurança nacional.

Poderiam ser japoneses os aviões vistos em formação? Fernando de Noronha, no oceano Atlântico, está a cerca de 15 mil quilômetros do Havaí, no Pacífico. Dificilmente o seriam. Poderiam ser aviões-espiões. Seriam aeronaves americanas rastreando o território nacional para detectar ou colher informações que provassem a ligação do Brasil com os países do Eixo? Possibilidade menos remota.

Certo foi que o ataque de Pearl Harbor levou os Estados Unidos para a guerra e, de certa forma, Fernando de Noronha também. Após 1945, o mundo passou a ser dividido em esferas de influência das duas superpotências. De um lado os Estados Unidos, de outro a União Soviética. Era o início da Guerra Fria. Em 1947, foi assinado o Tratado Interamericano de Assistência Recíproca, espécie de acordo D'Artagnan das nações do continente americano contra eventuais agressões: um por todos e todos por um.

Dez anos mais tarde, Brasil e Estados Unidos, em nome do estreitamento dos laços diplomáticos e da segurança do hemisfério norte, assinaram acordo que permitia instalação de nova base militar americana em Fernando de Noronha. À época, Noronha tinha em torno de mil habitantes. Às ilhas, os norte-americanos mandaram inicialmente contingente de 150 pessoas. Vieram em seis navios, auxiliados por helicópteros para o transporte de equipamentos. Ocuparam pontos de difícil acesso como os morros do Farol, do Francês e a Ilha Rata.[441] Entre tantos equipamentos militares de tecnologia inexistente no país, uma das novidades que trouxeram se tornaria famosa entre os ilhéus: o aparelho de ar-condicionado.

O arquipélago de Fernando Noronha, a 345 quilômetros da costa nordestina, havia se tornado base para operações antissubmarino em meados de 1943. Ficou conhecido para os americanos como "The Rock", em referência ao fato de parte de uma das ilhas ter sido reservada como colônia penal para presos brasileiros. Para os americanos, The Rock provou ser uma massa de lama vermelha e pegajosa, com incidência de chuvas que só poderia ser descrita como colossal.[442]

Terminada a guerra, os Estados Unidos manifestaram interesse em continuar em Noronha. Há dúvidas se mantiveram equipamentos em uso, mesmo sem o conhecimento do governo brasileiro. Novo acordo para a montagem de base na ilha só começou a vigorar em 20 de janeiro de 1957. Com duração prevista de cinco anos, foi assinado pelo presidente Juscelino Kubitschek, após encontro com o presidente Dwight D. Eisenhower, nos Estados Unidos. Os americanos gastaram 5 milhões de dólares em 1957 para construir uma estação que, segundo eles, "deveria ser considerada vital para o mundo livre, incluindo o Brasil, de modo que o acordo com os brasileiros para ceder o local deveria ser uma contribuição lógica de tal defesa e não deveriam os brasileiros exigir compensação direta". Os americanos diziam que sua atuação na base teria limites, que não tinham instalado, nem instalariam, mísseis ofensivos ou defensivos no Nordeste brasileiro.[443]

A atenção dos Estados Unidos por Fernando de Noronha como estação de rastreio de mísseis teleguiados foi diminuindo à medida que o programa de mísseis de longo alcance avançava. Os mísseis conseguiam atingir rotas cada vez maiores na direção do sul da África, sem necessidade de entrepostos. Em agosto de 1957, um general do Pentágono chegou a firmar que "a estação de mísseis não tinha mais muita importância". A base ainda era importante, mas, com a estação da ilha de Ascensão quase pronta e com os avanços técnicos, "muito rapidamente a estação de Fernando de Noronha será rebaixada e poderemos viver sem ela se tivermos que sair de lá".[444]

A ilha de Ascensão, pertencente à Inglaterra, era "mais bem situada para a verificação da passagem dos foguetes", de acordo com os Estados Unidos. Noronha fazia parte do sistema de localização do impacto dos projéteis e de base de comunicações entre Ascensão, Recife e Estados Unidos. Aos poucos, foi sendo desmobilizada. A partir de julho de 1959, as atividades da base e o número de pessoas caíram drasticamente. Diversos aparelhos de telemetria, que cobriam área de 5 mil milhas quadradas, foram retirados das ilhas. Houve redução dos técnicos, que passaram de oitenta brasileiros e noventa americanos para trinta brasileiros e 36 americanos.[445]

Em 1957, Roy R. Rubottom, do Departamento de Estado, ligou para Ellis O. Briggs, da embaixada no Rio, dizendo que seria explícito e franco quanto à opinião da Força Aérea em relação a Noronha. "A ilha tem a mais alta prioridade, mas não é indispensável", definiu de forma dúbia. Os Estados Unidos estavam preocupados com a resistência do governo brasileiro à renovação do acordo, em especial com a acidez das negociações envolvendo a barganha brasileira por material bélico.[446]

As comunicações americanas revelam a estratégia em relação a Noronha. "Embora possamos deixá-la em *stand-by*, não desejamos abandonar a estação, uma vez que podemos encontrar algum uso importante para ela mesmo que não a utilizemos integralmente no rastreio de mísseis guiados lançados para o Atlântico Sul", afirmou a embaixada americana ao Departamento de Estado.[447]

Os Estados Unidos negociavam com o Brasil, vazando informações como forma de pressão. A oito meses da data em que se encerraria o acordo Brasil-Estados Unidos, o major Richard Wier, comandante dos americanos em Noronha, declarou que a ilha de Ascensão assumira importância tática superior, mas que Noronha ainda tinha grande valor defensivo.[448]

A declaração foi feita quatro meses antes de Tancredo assumir a presidência do Conselho de Ministros. No final de 1961, o embaixador norte-americano Lincoln Gordon o procurou. Queria discutir a renovação do acordo que venceria em 20 de janeiro do ano seguinte. Tancredo alongou a discussão em diversos encontros, alegando consulta a variados escalões militares. Sem dizer não, fez com que os americanos entendessem que não queria a renovação. Os dois países deixaram que o acordo simplesmente expirasse, sem que houvesse crise maior. Os jornais registraram o assunto de forma sucinta, sem alardes.[449]

A posição de Tancredo Neves foi baseada num longo estudo de Renato Archer, subsecretário de Relações Exteriores do Itamaraty. Archer havia sido um opositor de primeira linha da assinatura do acordo em 1957, quando era parlamentar.[450]

A ação americana em Noronha sempre foi alvo de desconfianças e muitas lendas. Em 1958, o *Diário de Pernambuco* relatou suspeitas da explosão de três bombas atômicas na costa do nordeste do Brasil como parte da Operação Argus. Viajantes relataram ter visto explosões que pareciam nucleares.[451] O jornal *The New York Times* investigou a informação e afirmou que testes nucleares haviam sido feitos entre o sul da América do Sul e o sul da África do Sul,[452] muito distantes do arquipélago.

O fato é que Tancredo não renovou o acordo com americanos, apesar de os Estados Unidos terem mantido equipamentos na ilha de modo secreto por mais uma década. Só os removeram no começo dos anos 1970.[453]

O acordo sobre a base militar em Noronha está para o Brasil como a burra-leiteira, árvore do arquipélago, está para o pecado mortal. O frei capuchinho Claude D'Abbeville, viajante francês do século XVII, descreveu a árvore burra-

-leiteira como uma das excentricidades de Noronha. Até hoje é temida por provocar queimaduras graves no caso de contato com suas folhas ou extrato. D'Abbeville comparou-a ao pecado mortal: "Aparência exterior agradável, sorridente, convidativa; quando, porém, tocada, com as mãos das obras e o consentimento de uma vontade determinada, faz perder a graça, que é a vista da alma, e provoca imediatamente uma dor viva, pungente remorso".[454]

8. Brasília, Carnaval e o parlamentarismo cai de imaturo

Corria o ano de 1962, e o Teatro Nacional de Brasília estava com as obras paralisadas havia quase dois anos. Tinha apenas a estrutura de concreto concluída, sem o revestimento das paredes e do piso, sem os palcos e as poltronas. "Seu interior lembrava mais uma grande, escura e silenciosa caverna do que sala de espetáculo", descreveu Manuel P. Mendes, que acompanhou a implantação de Brasília como fotógrafo e documentarista.

Para promover a capital recém-inaugurada, decidiu-se realizar um baile de Carnaval no Teatro Nacional que concorresse com aqueles que eram realizados no Theatro Municipal do Rio de Janeiro. Para tal, a presença de artistas de Hollywood mostrava-se tão necessária quanto serpentinas e lança-perfumes. O artista plástico Athos Bulcão trabalhava no departamento de arquitetura da Novacap, a construtora de Brasília. Desde 1958, dava expediente no escritório do arquiteto Oscar Niemeyer. Bulcão recebeu a incumbência de decorar o teatro. E o fez com o estilo que o consagraria no futuro: nas paredes laterais, grandes quadrados pintados e losangos de papel metalizado. As cores predominantes eram as dos quadrantes de Brasília: azul, vermelho, verde e amarelo. O baile reuniu 4 mil convidados, excitados pela presença de Rita Hayworth, ainda uma estrela, apesar de decadente. *Gilda*, seu maior sucesso, debutava os dezesseis anos de produção. Depois daquele baile, ela ainda faria oito filmes, mas nenhum deles alcançaria tanto sucesso. Às 23h30, a orquestra abriu a festa.

Tancredo Neves, Rita Hayworth e Hermes Lima na festa de Carnaval do Teatro Nacional de Brasília de 1962 (Arquivo/EM/D.A. Press. Brasil).

Como primeiro-ministro, Tancredo Neves pôde gozar dos prazeres que o poder oferece, inclusive dos mais mundanos. Comandou o Carnaval daquele março de 1962, estendendo o tapete para a *pinup* Rita Hayworth jogar confetes no Baile da Cidade. Hayworth sentou-se ao seu lado. Esbanjava charme enquanto o primeiro-ministro a galanteava. Quando superou o recato, dançou como se ainda fosse Gilda. Encontrou lá Joana Lowell, compatriota e também atriz. Joan Lowell havia participado do filme *Em busca do ouro*, de Charles Chaplin, o que bastou para também ser catapultada a estrela no Carnaval da nova capital. Arrumou uma fantasia que batizou de "Brasília, a obra do século". Resumia-se à maquete do Congresso Nacional feita de cartolina branca, enfiada na cabeça e apoiada nos ombros. Pulando e dançando com Hayworth, a maquete desmoronou. Só sobrou a base da fantasia, um tampo de vaso sanitário que levou a atriz de *Gilda* a reforçar para si a efemeridade da glória.[455] Nunca houve Carnaval como aquele em Brasília.

"Quem sabe o mal que se esconde nos corações humanos?" Com essa pergunta começava o seriado *O Sombra*, um dos maiores sucessos da rádio

Nacional na década de 1940. Em 1961, o poder do rádio ainda era enorme, quase dez vezes superior ao da televisão. O censo do ano anterior informava que 35% das casas tinham aparelhos de rádio, e apenas 4% possuíam aparelhos de televisão.[456] Pesquisa do Ibope em 1960 mostrou que 73% dos entrevistados tinham acesso a novidades por meio do rádio, 18% pelos jornais e 12% pela televisão.[457] Grande parte da população não sabia ler nem escrever. O analfabetismo atingia 46,7% dos brasileiros.

Por isso, a nomeação do diretor-geral da rádio Nacional era tema dos mais relevantes para o primeiro-ministro Tancredo Neves. Tratava-se de decidir quem penetraria o coração dos homens. A emissora de rádio pública consolidara-se o meio de comunicação mais importante do país desde a década de 1930. Quando completou vinte anos no ar, em 1956, atraiu 20 mil pessoas ao Maracanãzinho para show comemorativo. O maior campeão de audiência chamava-se Hermelino César de Alencar Matos. Em 1960, Alencar gravou o jingle usado na campanha de João Goulart para a vice-presidência. A peça consagrou o acrônimo pelo qual se tornaria conhecido: Jango. De autoria do jornalista Miguel Gustavo, que anos mais tarde comporia "Pra frente Brasil", dizia: "Na hora de votar, ninguém venha me atrapalhar. É o Jango, é o Jango, é o Jango Goulart".

Com a renúncia de Jânio Quadros e a posse de Jango na presidência, César de Alencar começou pressão intensa para que fosse nomeado diretor-geral da rádio Nacional. Além de artista popular, apresentava como credencial a proximidade com Jango. "Cansei de ser chamado por ele em Brasília e no Rio para conversar", dizia.[458]

O radialista já se tornava o nome natural para o cargo quando artistas e sindicalistas identificados com correntes de esquerda iniciaram o trabalho de combate à sua escolha. O presidente do sindicato dos radialistas, Hemílcio Fróes, reuniu-se com o secretário de Imprensa de Goulart, Raul Ryff, para dizer que Alencar não era "estimado" na emissora. Fróes seria locutor do famoso comício da Central do Brasil, realizado às vésperas do golpe militar de 1964. Ryff informou a Alencar da restrição.[459]

Entre as ações para barrar sua nomeação para a rádio Nacional, Alencar reconheceu como a mais efetiva o apelo emocional de uma de suas ex-companheiras, feito diretamente ao primeiro-ministro Tancredo Neves. O relato de Alencar coincide com o do cantor Jorge Goulart, uma das estrelas da Nacional e do programa do radialista. Jorge Goulart, sua mulher Nora Ney e o ator Mário Lago eram alguns dos artistas vinculados à esquerda — dividida entre comunistas, brizolistas e arraesistas — que lideravam o grupo que combatia a ascensão de Alencar. Usaram como argumento sedutor a atriz Ivone Silva Araújo.

A família de Ivone, muito respeitada e rica, fundara o Laboratório Silva Araújo. Seu avô Luís Eduardo Silva Araújo inaugurou a indústria farmacêutica no Brasil, com o vinho reconstituinte batizado com o sobrenome familiar em 1888. Sua avó do outro lado da família era conhecida pelo nome artístico Blanche Grau. De origem franco-russa, tornou-se célebre como cantora de operetas no princípio do século XX. Eram ao todo treze irmãos, tendo a caçula se destacado. Beatriz foi cantora conhecida, atuando com o nome artístico de Julie Joy. César de Alencar havia flertado com Julie Joy sem saber que era irmã de Ivone.

Ivone atuava no espetáculo *Café concerto*, de César Ladeira e Renata Fronzi, na praça do Lido. Com frequência, depois de terminado o teatro, jantava na cantina que o radialista abrira em Copacabana. Situada na rua Duvivier, abria à noite e só cerrava as portas pela manhã. A atriz percebeu certa feita que não havia levado dinheiro para pagar a conta e pediu que a nota fosse pendurada no balcão para que a quitasse outro dia. O garçom consultou César de Alencar, que aceitou o fiado e aproveitou para cortejá-la.

O radialista a convidou para assistir a espetáculo na boate Casablanca, que ficava na praia Vermelha, na Urca, e funcionava 24 horas. "O convite foi aceito, e, quando estávamos jantando, surgiu um barulho. Uma mulher falava alto, chamando a atenção de todo mundo. Era Julie Joy. Soubera que eu estava na boate com uma mulher e preparou-se para armar um escândalo. Aconteceu que a mulher em questão era sua irmã. Fui saber que as duas eram irmãs nesse incidente."[460]

Ivone e Julie Joy se entenderam, e Alencar passou a viver com Ivone. "Foi uma época muito feliz da minha vida. Atravessamos juntos os anos 50. Não tivemos filhos. Nem precisava. Nós nos bastávamos",[461] contou Alencar. O radialista reconheceu namoros e flertes durante a união com Ivone, mas se enfureceu ao descobrir o caso da atriz com um jogador de futebol, o lateral do Fluminense Lafaiete. Pessoas próximas disseram que Alencar agrediu Ivone.[462] Os dois se separaram e nunca mais foram amigos.

Anos mais tarde, Alencar diria ao jornalista Jonas Vieira, seu biógrafo, que esse rompimento tumultuado lhe custaria o cargo de diretor da rádio Nacional. "César de Alencar contou-me que a preterição de seu nome deveu-se a motivos amorosos, revelando que uma mulher com quem se relacionara tornara-se amante de influente líder político, integrante do gabinete parlamentarista do presidente Goulart. Ela, por vingança, trabalhou para impedir sua indicação para o cobiçado cargo."[463]

A vingança foi estimulada por grupos políticos de esquerda. Segundo o cantor Jorge Goulart:

> A ala direitista da rádio Nacional, por debaixo dos panos, fazia de tudo para ser posta na direção geral da emissora. Se subissem, estaríamos desempregados, na certa. César de Alencar se apresentava como o candidato da direita. O cara não sabia nada de política, mas tinha o prestígio popular enorme. Queria a direção por vaidade. E a direita sabia como utilizá-lo. A nomeação já estava na gaveta do primeiro-ministro.[464]

O cantor conhecia Ivone Silva Araújo da noite carioca, sabia do passado dela com Alencar e confessou ter se aproveitado do novo relacionamento da atriz, que se mudara para Minas Gerais. Segundo ele, ela era amante de Tancredo Neves, e o convenceu a não nomear César para a direção da Nacional.

> Amante de estilo antigo, com casa montada, escondida de todo mundo. Pedi-lhe encarecidamente que viesse ao Rio conversar com a gente. Nos reunimos no sítio de Herivelto Martins, em Realengo, local muito conhecido dos artistas, que frequentavam o famoso terreiro de umbanda de Herivelto. O caso foi-lhe exposto, e ela ficou encarregada de convencer Tancredo para que não mais nomeasse César de Alencar. E assim aconteceu.[465]

Hemílcio Fróes foi escolhido diretor-geral da rádio Nacional; Dias Gomes, diretor artístico; e Carlos Lyra, diretor musical. Com o golpe de 1964, todos seriam afastados da emissora: e foi César de Alencar quem ajudou a elaborar a lista de funcionários que seriam demitidos por ligações com grupos considerados subversivos.[466]

Em entrevista ao *Diário Carioca*,[467] Sônia Dutra, filha do deputado Eloy Dutra, amigo de Tancredo e JK, contou que Alencar pediu a ela várias vezes para que falasse com o primeiro-ministro para que o nomeasse, em 1961, diretor da Nacional. Quando veio o golpe militar em 1964, Alencar indicou 37 funcionários da Nacional como comunistas aos militares. Foram demitidos.

"Eu pedi ao ministro Tancredo Neves e pedi, pessoalmente, ao presidente João Goulart que nomeasse o César de Alencar para diretor-geral da Rádio Nacional por insistência do próprio César", contou Sônia Dutra. "Não sou cantora, não sou artista, não sou funcionária da Rádio Nacional, entretanto não posso ficar calada ante tamanha indignidade da parte do animador César de Alencar, que vem agora gritar democracia e apontar colegas e companheiros como subversivos, quando ele mesmo andou atrás de João Goulart visando sua nomeação para a Nacional."

César de Alencar telefonava diariamente para cobrar o ato do presidente. "Tive que escrever um bilhete ao primeiro-ministro Tancredo Neves fazendo o mesmo pedido. Estou dando esse depoimento depois que li a carta aberta escrita a César por Jorge Goulart. Para que se saiba do caráter desse animador de auditório que agora chega ao desplante de apontar colegas e companheiros para listas de cortes."

Alencar dizia-se petebista e fiel ao presidente. "Sabe o que o presidente me respondeu? Pois disse Jango textualmente: Soninha, o César de Alencar não é petebista nem udenista nem é janguista. É apenas um oportunista. Essa nomeação será contra a própria rádio Nacional."

Esse não foi o único relacionamento de Tancredo Neves fora do casamento em sua gestão como primeiro-ministro. Colega de Gabinete e amigo próximo, o advogado João Pinheiro Neto narrou ter testemunhado o envolvimento de Tancredo com Maria Cecília Serran, cuja família se tornara proprietária da Confeitaria Colombo. Filha de portugueses, Cecília, assim como Tancredo, era casada. Pinheiro Neto a descreve como "mística" no livro *Bons e maus mineiros*. Afirma que os encontros eram mantidos numa cobertura com sala e três quartos na rua Rodolfo Dantas, à beira da praia de Copacabana. O local servia também de ponto de encontro para um seleto grupo de figurões da República, como o ministro San Tiago Dantas.

"Quem recebia os convidados no apartamento da rua Rodolfo Dantas era Maria Cecília, amiga íntima do dr. Tancredo. Alta, loura, bonita, cinquentona rija, era risonha, sedutora e exímia cartomante. Gostava de se vestir de branco, atenta à proteção de Iemanjá, e de exibir joias caras, herdadas de seu pai e de diversos amores pródigos", descreveu Pinheiro Neto.[468]

De acordo com o ex-ministro, Maria Cecília lia a sorte nas mãos, jogava búzios e se comunicava com espíritos. "Sentei-me no chão, em uma almofada bem em frente a Cecília, já agora jogando búzios, completamente transfigurada, com o rosto tenso, as mãos crispadas repletas de anéis coloridos, e o corpo solto girando sobre a cintura. De repente, lançou um olhar oblíquo para o dr. Tancredo, que, a curta distância, bicava um uísque, encostado no parapeito do terraço."

Cecília jogou os búzios para Tancredo. As conchas formaram algo parecido com um Sol e depois com um caixote ou caixão. Pinheiro Neto passou a descrever o diálogo que presenciou entre Tancredo e Cecília, em estado de transe

— Muito Sol na sua vida, meu fio, muito Sol.
— E depois do Sol? Aquele quadrado, aquela caixa?

Ela não respondeu. Encerrou a sessão e levantou-se em direção ao quarto para trocar-se. Tancredo foi atrás para que explicasse o que se passara. Quando voltou, Pinheiro Neto lhe perguntou:

— Tudo bem, dr. Tancredo?
— Tudo bem nada. A Maria Cecília não se lembra de nada. Diz que não era ela quem estava ali. Era a mãe de santo, a preta velha. Vamos mudar de assunto e tomar mais uma dose de uísque.

Em 1996, quando a revista *Veja* publicou reportagem sobre o livro de Pinheiro Neto, Risoleta Neves negou que o marido tivesse relacionamento extraconjugal a poucos metros da residência na avenida Atlântica. "É uma calúnia. Nada disso merece crédito", rebateu Risoleta.[469]

Com as pressões pela volta do presidencialismo, o gabinete de Tancredo Neves começou a perder a razão de existir.

O cerco final começou a se delinear em 1º de maio de 1962. João Goulart pronunciou discurso em Volta Redonda (RJ) defendendo o caráter inadiável das reformas. Pregou o retorno ao regime presidencialista para garantir a ação de um Poder Executivo forte e mais estável. Na conversa com Tancredo em

Montevidéu, Goulart não comentou a ideia de realização de um plebiscito. Um parlamentar do PTB (que se opunha ao parlamentarismo) introduziu a cláusula capciosa na emenda constitucional que implantava o novo regime. Ela determinava a convocação de plebiscito para avaliar posteriormente a continuidade do novo modelo.

Os tempos de ação de Goulart e Tancredo eram diferentes. O presidente seguiu para a comemoração do Dia do Trabalho em Volta Redonda de helicóptero. O primeiro-ministro saiu de carro do Rio de Janeiro. Cumpriu os 130 quilômetros de distância sentado no banco de trás do veículo oficial, ao lado do ministro de Viação e Obras Públicas, Virgílio Távora, e do secretário Francisco Dornelles. No caminho, o udenista Távora disse que Tancredo, como primeiro-ministro, não precisaria deixar o cargo para concorrer ao Parlamento. Se a UDN concordava com essa interpretação, aparentemente a situação de Tancredo estava consolidada. Mas nos meios políticos de Brasília a questão era tema ardente de discussão, traição e subterfúgios. O primeiro-ministro não parecia tão seguro disso. Foi lacônico na resposta a Távora: "Vamos ver".

O fato é que Tancredo queria concorrer à vaga de deputado federal e manter-se no cargo de primeiro-ministro. Mas os defensores da volta do regime presidencialista imaginavam que, se assim fosse, Tancredo dificultaria o fim do regime parlamentarista. A oposição e o presidente João Goulart trabalhavam em silêncio contra sua permanência. O temor não era verbalizado nas discussões políticas, mas os janguistas faziam o que podiam para sabotar a gestão parlamentarista. A exigência de que o primeiro-ministro se desincompatibilizasse para pleitear um mandato, absurda num regime parlamentarista, tornou-se assim recado claro de que o Palácio do Planalto desencorajava a continuidade de Tancredo no cargo.

Em reunião fechada, Tancredo reconheceu que houve articulação para forçar a queda do Gabinete. Em 26 de junho de 1962, nove meses depois da assunção, o Gabinete se demitiu em bloco, inclusive o primeiro-ministro. Tancredo percebeu que Goulart venceria a queda de braço. O Gabinete Tancredo Neves durou 291 dias. Jânio Quadros ficara no poder apenas 206 dias. Assim, Tancredo mandou mais tempo do que aquele que fagulhou a crise que o levaria ao poder. Ao ruir, o Gabinete Tancredo expôs a fragilidade do regime parlamentarista jabuticaba. Caiu de imaturo. O país não estava preparado para ele. Tancredo comandou sua última sessão como presidente do Conselho de Ministros em 22 de junho de 1962. O país estava em festa pelo bicampeonato mundial de futebol. Os parlamentares jogaram a bola por entre suas pernas.

J. W. F. Dulles, no papel de historiador, perguntou a Tancredo por que renunciou. Ele respondeu que a experiência parlamentarista nunca funcionou de modo clássico. No Brasil, o sistema era misto, com doses de presidencialismo. Jabuticaba que só florava aqui. De acordo com as regras do parlamentarismo clássico, não seria necessário o gabinete de ministros se afastar do cargo três meses antes da eleição do Congresso. O senador Mem de Sá liderou emenda para revogar a necessidade da desincompatibilização no final de junho de 1962. Não passou porque Jango não apoiou. "Na bancada pessedista muita gente era contra ministro disputar a eleição no posto, achando que isso representava uma vantagem muito grande", admitiu Amaral Peixoto.

"O problema da desincompatibilização não foi originado pelo Conselho de Ministros", analisou Tancredo. Foi uma conjuntura em que forças políticas poderosas se somaram: umas contrárias ao parlamentarismo, outras contrárias ao próprio Conselho ou ao presidente do Conselho, incluindo até mesmo alguns membros do Conselho, que se valeram da inelegibilidade para promover uma antecipação da queda do Gabinete.

Tancredo reclamou que, em nenhum momento, da parte do Congresso ou da parte do partido a que pertencia, ouviu pronunciamento claro de que devesse continuar a liderar o Gabinete. "Eu quero fazer essa declaração para definir responsabilidades, para que amanhã não sejamos acusados de que, com a nossa desincompatibilização, estamos realmente criando uma crise institucional."

O ministro da Educação, Oliveira Brito, em nome dos demais membros do Conselho, saudou a liderança de Tancredo, destacando "a sua inteligência, a sua proverbial devoção ao interesse público, a maneira sempre alta com que conduziu as questões da política, do governo e da administração". Tancredo agradeceu as belas palavras e se despediu do cargo.[470]

Regozijou-se de ter governado sob a legalidade constitucional. Em nenhum momento coagiu tribunais, censurou a imprensa ou impediu a livre manifestação do pensamento e a liberdade nas críticas dos atos do governo. "O que é mais importante: este governo não corrompeu nem se deixou corromper. Porque, se mais não o fizemos, foi porque os fatos puderam mais do que as nossas vontades e as nossas decisões", assegurou.

Em suas anotações, Mauro Salles, secretário do Conselho, escreveu que nunca vira Tancredo tão emocionado. Foi Salles quem rascunhou a nota que seria divulgada para anunciar a dissolução do Gabinete. A primeira versão dizia: "O Conselho de Ministros, tomando conhecimento da decisão do senhor Tancredo Neves de antecipar para 26 do corrente a data de sua desincompatibilização, resolveu acompanhar a atitude de seu presidente". Depois riscou o verbo antecipar e trocou-o por fixar. Terminava o período de Tancredo como primeiro-ministro. No caderno de anotações de Mauro Salles, o ministro San Tiago Dantas desenhou uma mulher de maiô. Tinha os cabelos curtos à moda francesa, os pés descalços e um olhar altivo. Dedicou-o a Salles e assinou com as iniciais.

Anos depois, mais precisamente no dia 13 de novembro de 1980, em uma palestra na Assembleia Legislativa de Minas Gerais, Tancredo expôs francamente sua visão sobre o fracasso da experiência parlamentarista, ao responder às perguntas dos universitários Hilton de Oliveira e Omar Luz sobre o assunto.

— O debate entre parlamentarismo e presidencialismo é uma *vexata quaestio* [questão controversa]. Poderíamos resumi-lo com a seguinte conclusão: como princípio, o sistema parlamentarista é uma forma de governo muito mais aprimorada, eficiente e civilizada. Todo regime presidencial tende ao personalismo, ao militarismo, enquanto as crises do sistema parlamentar nunca afetam as instituições. No regime presidencial, as crises são sempre das instituições. No sistema parlamentar, cai um gabinete inteiro e as instituições continuam intactas, ao passo que, no presidencial, o presidente da República, se tiver que deixar o poder, só o fará através de uma revolução, através de golpe de Estado, com os prejuízos decorrentes para a administração e, enfim, para a vida do país. O sistema parlamentar é sempre mais prático e flexível, enquanto o presidencial é inflexível e intransigente. O que no Brasil nos leva a adotar o sistema presidencial? Uma razão muito simples: o sistema presidencial tem uma penetração mais ampla na consciência e no coração do povo brasileiro. O povo brasileiro não sabe o que é o sistema parlamentar, pois nunca foi educado para ele. Um sistema político que não tem respaldo no povo é, evidentemente, um sistema fadado ao desaparecimento. Há, no Brasil, dois grandes adversários do sistema parlamentar: primeiro, os sindicatos, que são, conscientemente, ou até por função de um subconsciente social, hostis ao sistema parlamentar. Em segundo, as Forças Armadas são preponderantemente presidencialistas. Elas se mostram presidencialistas em razão mesmo de sua própria formação profissional: um militar acredita nas vantagens do comando único e está convencido de que o sistema presidencialista é muito mais dinâmico e rápido, nas decisões que interessam à segurança nacional, e mais eficiente, na promoção do desenvolvimento nacional. Por isso, o sistema parlamentar no Brasil encontra realmente obstáculos intransponíveis pela frente.

Como primeiro-ministro, Tancredo enfrentou 62 greves e as resolveu com negociação. Apenas duas delas tiveram que ser resolvidas pela Justiça do Trabalho. Não se envolveu em atritos militares nem se deparou com casos de indisciplina. Na sua prestação de contas ao Congresso, Tancredo pintou um cenário econômico em desagregação. Salientou que a previsão do déficit orçamentário girava em torno de 330 bilhões de cruzeiros, cerca de 30 bilhões de reais, em valores atualizados.

Tancredo saiu-se melhor nas grandes linhas da política externa do que na administração das contas públicas e da qualidade de vida dos brasileiros. Pesquisa Marplan feita no Rio de Janeiro às vésperas de sua saída, em junho de 1962, mostrou que 39% dos entrevistados reconheciam a política externa como a que recebera mais atenção do Conselho de Ministros; 36% apontaram a construção de novas estradas e 30% a instalação de novas indústrias. Os piores índices do Gabinete foram o bem-estar social (19%), a luta contra a carestia (19%) e a recuperação financeira (18%).[471]

Na visão do ministro do Trabalho na fase presidencialista, Almino Affonso, João Goulart não tinha nas mãos o poder, entretanto podia influir nas decisões do governo. O reatamento das relações com a União Soviética, defendido por Goulart e aprovado por Tancredo, provocou rompimento com os setores conservadores. O cancelamento das concessões das jazidas de ferro outorgadas à Companhia de Mineração Novalimense, cujo controle fora assumido pela Hanna Mining Corporation, açodou os norte-americanos. Tratava-se da empresa que tinha como vice-presidente John W. F. Dulles, que depois se dedicaria à historiografia. "A queda do gabinete de Tancredo significou o começo do fim do parlamentarismo", analisou Affonso.[472]

Meio século depois, Dornelles ainda vê o desfecho do Gabinete de Tancredo em meio a sombras: "Tenho a impressão de que Tancredo achava que a posição dele como primeiro-ministro não estava cômoda. Não acho, apesar disso, que houvesse acordo explícito com Jango para voltar ao presidencialismo".[473]

Dois dias antes da formalização da queda de Tancredo, o presidente dos Estados Unidos, John Kennedy, recebera informe da CIA, sob a rubrica *"for president only, top secret"*. Batizado de "The president's intelligence checklist", o documento trazia cinco temas relevantes dos quais Kennedy devia tomar conhecimento, de acordo com a CIA. O terceiro item dizia:

> Brasil: o presidente Goulart provavelmente irá propor o nome do ministro das Relações Exteriores, Dantas, para primeiro-ministro. A nomeação certamente encontrará oposição conservadora no Congresso brasileiro, porém tem boa possibilidade de ir adiante. Os militares não são entusiastas dessa perspectiva. Eles avaliam Dantas cabeça e ombros acima do atual primeiro-ministro Tancredo Neves, na habilidade e eficácia, mas consideram-no um *trimmer* [pessoa que adapta seus pontos de vista para ascensão pessoal] e um tanto demagogo. Ele foi fascista na década de 1930, no entanto agora está na ala esquerda do Partido Trabalhista de Goulart. Procurou e recebeu apoio comunista para chegar ao posto de ministro.[474]

San Tiago Dantas acabou rejeitado pelo Congresso. Goulart escolheu Brochado da Rocha e depois Hermes Lima como primeiros-ministros. Os dois trabalharam abertamente para a derrubada do regime parlamentarista, cujo respaldo dependia de consulta popular, inicialmente marcada para 1965 e depois antecipada para 1963. San Tiago Dantas seria nomeado ministro da Fazenda de João Goulart quando o presidencialismo se restabeleceu, mas durou pouco tempo no cargo. Dizia que o Brasil sofria com duas esquerdas: a positiva e a negativa. Enfileirava-se entre os primeiros, da esquerda positiva. Apontava a esquerda negativa em quadros de apoio ao governo encrustados no PTB e em torno do ministro do Planejamento, Celso Furtado. Ambos deixariam os cargos meses antes do golpe militar.

Assim resumiu Tancredo os desdobramentos da sua saída:

> Com meu afastamento, começou a crise. San Tiago Dantas, indicado para suceder-me, não conseguiu aprovação do Congresso. Auro de Moura Andrade conseguiu a aprovação, porém não logrou organizar o gabinete. Brochado da Rocha, aprovado, não conseguiu governar por motivo de saúde. Hermes Lima lhe assumiu a chefia a fim de liquidá-lo.[475]

Os líderes do PSD apoiaram o parlamentarismo apenas por conveniência, avaliou Tancredo a Dulles. Em meados de 1962, havia muitas dificuldades causadas pela UDN, descontente com o ministério majoritariamente do PSD. Goulart percebeu que a queda do Gabinete era uma chance de desmoralizar o sistema parlamentarista. Afinal, todos os governadores de estado eram contra o sistema parlamentarista, pois teriam que implantar o parlamentarismo também em seus estados ao final do mandato. Líderes nacionais como Jânio e JK opunham-se ao sistema, assim como sindicalistas, líderes estudantis e toda a imprensa. O parlamentarismo caiu sem muito esforço. Como cairia o governo Jango pouco tempo depois.

A emenda constitucional nº 4,[476] que instituiu o parlamentarismo, previa a realização de um plebiscito para decidir se haveria ou não a volta ao presidencialismo. A consulta tinha previsão de realizar-se a nove meses do término do período presidencial. O mandato de Goulart se estenderia até 31 de janeiro de 1966; logo, o prazo corresponderia a abril de 1965.

A retomada de crises envolvendo militares e entidades sindicais, a oposição da UDN, a renúncia de Tancredo Neves e a rejeição pelo Congresso do nome de San Tiago Dantas como sucessor provocaram uma campanha nacional pela antecipação do plebiscito.

A campanha pela volta do presidencialismo em 1962 foi longa e custosa, financiada por banqueiros e empreiteiros vinculados aos interesses da aliança partidária PSD-PTB, favoráveis ao sistema de governo tradicional. Não houve nenhum controle pela Justiça Eleitoral, apesar das denúncias da oposição.

A volta ao antigo regime favorecia Goulart, de olho na restauração de seus poderes, e os postulantes à sucessão, como Magalhães Pinto e Juscelino Kubitschek. Jango convidou o banqueiro José Luiz de Magalhães Lins, sobrinho de Magalhães Pinto, para coordenar a campanha. Mais do que coordenar o financiamento da campanha, ele organizou um verdadeiro programa de conquista da imprensa. De acordo com Juracy Magalhães, governador da Bahia pela UDN, "José Luiz, o homem que emprestava dinheiro pela cara do cliente, era uma espécie de personagem do momento, com imensa influência sobre artistas, intelectuais, jornalistas e empresários...".[477]

Goulart não poupou recursos. Cooptou militares, lideranças sindicais, intelectuais e governadores interessados na volta ao presidencialismo, já preocupados com a sucessão de 1965. Em agosto de 1962, os três ministros militares assinaram manifesto de apoio à antecipação do plebiscito. O comandante do III Exército, Jair Dantas Ribeiro, chegou a afirmar, em nota oficial, que não se responsabilizaria pela ordem, caso a consulta popular não fosse antecipada. Em setembro, o primeiro-ministro Brochado da Rocha comunicou ao Gabinete que a antecipação era uma "questão de confiança" e que renunciaria, caso ela não fosse concedida pelo Congresso. A pressão tornou a antecipação da decisão sobre o sistema de governo uma realidade.

Em janeiro de 1963, às vésperas do plebiscito, entrou em vigor a iniciativa do presidente de majorar os salários em 75%, como parte de acordo com as lideranças sindicais para aprovação do presidencialismo. Na votação de 6 de janeiro, compareceram 12,2 milhões de eleitores (de um total de 18,5 milhões). O "não" contra a manutenção do sistema de governo venceu com quase cinco vezes mais votos.

Após renunciar ao cargo de primeiro-ministro, Tancredo abraçou a campanha de candidato a deputado federal. Em seus primeiros dias em Belo Horizonte, o sobrinho Francisco Dornelles acompanhou-o ao restaurante Alpino, no centro da cidade, ponto de encontro de políticos e intelectuais mineiros nas décadas de 1950 e 1960.

> Quando o Tancredo chegou à porta, o restaurante todo se levantou. Da porta do restaurante à mesa, levou uns trinta minutos. Os garçons vieram todos cumprimentá-lo. Foi uma festa, uma dificuldade para que se sentasse à mesa comigo, Thales Chagas e Rui de Almeida [político e empresário mineiros, respectivamente] para discutir alguns detalhes da campanha a deputado que ia começar. Sempre comparo essa visita com outra, feita depois de 1964. Voltou a esse restaurante e quase ninguém olhou para ele.

Apesar de majoritariamente bem recebido, quando Tancredo desembarcou em Belo Horizonte, um jornalista o provocou sobre o legado de seus 291 dias no poder:

— O senhor pode dizer alguma obra de vulto, alguma obra importante feita pelo seu gabinete parlamentarista?

— Meu gabinete passará para a história não pelo que eu fiz, mas pelo que eu impedi que fosse feito. A história assim julgará o meu gabinete.[478]

9. A canalha golpista

O presidente João Goulart sentia o estômago embrulhar a cada estocada de seus opositores contra as reformas que propunha. Os confrontos se avolumavam desde sua posse, em especial depois que o plebiscito lhe restituiu plenos poderes, em janeiro de 1963.

Em setembro, militares participaram de uma rebelião em Brasília. A revolta dos Sargentos envolvia suboficiais da Aeronáutica e da Marinha que queriam derrubar a proibição de que integrantes da categoria disputassem eleições legislativas. Carlos Lacerda, em entrevista ao jornal *Los Angeles Times*, admitiu que já se discutia a data da derrubada de Jango.

Sob essas ameaças, em outubro de 1963 Goulart ponderava declarar estado de sítio por trinta dias. Tentava conter a oposição e os movimentos grevistas que se espalhavam pelo país. Em mensagem ao Congresso, escreveu que o Brasil vivia "grave comoção intestina, que põe em perigo as instituições democráticas e a ordem pública".[479] A inspiração da frase viera do estômago embrulhado.

Tancredo Neves, já eleito deputado federal pelo PSD mineiro, aos 53 anos, era integrante da Comissão de Justiça que analisava os requerimentos presidenciais. Defendeu o pedido de Goulart, assim como havia defendido o estado de sítio em 1954 em reunião com Getúlio Vargas, que o rejeitou. Em discurso na Câmara, Tancredo apontou a existência de "terrorismo ideológico" e de "conspiradores". Pediu à oposição que revisse "manifestações de intolerância, de gozo e de paixões, para que o governo não se sinta compelido a encontrar a sua defesa nos recursos da intransigência ou tenha que apelar a medidas excepcionais previstas na Constituição".[480] Presidente da UNE, José Serra participou de reunião com forças leais a Jango e afirmou anos depois que "o estado de sítio seria um golpe e foi apresentado assim".

Antes de o estado de sítio ser discutido em plenário, Goulart retirou o pedido. "O governo enviou um tigre ao Congresso, que o transformou num gatinho", resumiu Tancredo.[481]

Em janeiro de 1964, Jango regulamentou a lei de remessas de lucros, aprovada pelo Congresso em setembro de 1962. Dava limites para que empresas estrangeiras repassassem ganhos para suas matrizes. Na visão de Tancredo, as reformas passaram a ser um anseio nacional. As instituições estavam superadas pela realidade. No entanto, ele acreditava que o fato de as reformas constitucional, administrativa, cambial, bancária e agrária serem lançadas ao debate de uma só vez tumultuava o ambiente político, já debilitado. A reforma agrária era a que mais absorvia a atenção, sendo considerada por muitos precondição para as outras reformas. Para tantos outros, serviu como bandeira de agitação. Essa exaltação criou grande turbulência nos setores que não viam com simpatia o governo progressista de Goulart, a essa altura em franca luta contra o imperialismo econômico. Daí para o golpe, foi um salto.[482]

Tancredo creditou ao embaixador Lincoln Gordon e ao adido militar americano, coronel Vernon Walters, o esmerado trabalho de demolição das últimas resistências civis e militares.

A desestabilização se fez seguindo os mesmos processos adotados pela CIA em casos idênticos: exacerbação dos sentimentos dos proprietários rurais, com a deformação deliberada dos propósitos da reforma agrária pretendida por Jango, a agitação do espantalho do comunismo, tudo isso conjugado com os nefastos efeitos da inflação que o imperialismo mais uma vez promovia, e que possibilitou o aliciamento das donas de casa em suas marchas famosas. Tudo isso feito, bastou impulsionar o setor militar de Minas, que se revelou mais sensível à situação que se criara, acreditara Tancredo.

O governo norte-americano havia gastado mais de 5 milhões de dólares (quase 40 milhões de dólares em valor atualizado) em campanhas eleitorais de parlamentares e no financiamento de campanhas públicas por meio de institutos políticos. "Da crise ao caos: o que estamos fazendo nós para que se coloque ao povo brasileiro a trágica opção entre soluções antidemocráticas?

Omissão é crime. Isolados seremos esmagados. Somemos esforços para não sermos vítimas do totalitarismo", dizia uma das peças de propaganda criada pelo Instituto de Pesquisas e Estudos Sociais.

No Congresso, mesmo entre os aliados de Goulart, expandia-se a interpretação de que chegavam ao fim os momentos de transigência e conciliação com o governo, como interpretou o jornalista Carlos Castello Branco: "O senhor Juscelino Kubitschek pensa assim, o senhor Amaral Peixoto pensa assim, o senhor Mazzilli pensa assim, e o senhor Tancredo Neves desapareceu". Quando não queria comentar algo, Tancredo dizia que gostava de trocar o cafezinho com jornalistas pelo "chá de sumiço".[483]

A beligerância parlamentar oscilava entre a conspiração e a fabulação. O líder da UDN, Bilac Pinto, foi ao plenário denunciar fornecimento, por parte do governo, de armas aos sindicatos operários. "Eles criam os fantasmas e depois se assustam com eles...", debochou Tancredo.[484]

Jango convocou Tancredo ao Palácio das Laranjeiras para discutir a frente parlamentar de execução das reformas em 14 de fevereiro. Na semana seguinte, coube ao líder da maioria apresentar requerimento pedindo urgência para votação do projeto de decreto legislativo de anistia aos sargentos que se rebelaram em Brasília.[485]

Em 27 de fevereiro, Tancredo teve de ir ao plenário responder às acusações da UDN de que estava em preparo uma "guerra revolucionária" no Brasil. Chamou de ultrapassada a Constituição em vigor, que não correspondia aos anseios nacionais. "Os que não admitem essa verdade se alienam do Brasil e se colocam a serviço de mitos em cujo holocausto sacrificam as mais caras esperanças de nosso povo", discursou, para o alvoroço da oposição.

Tancredo citou que o Ministério da Fazenda mantinha fundamentalmente a mesma organização do Império, englobando sob sua jurisdição os problemas fiscais, orçamentários, de moeda e de crédito, de câmbio, de comércio exterior e de investimentos. "Tudo isso sob a supervisão de um só titular, de quem se reclama, para abarcar toda a contextura de seus encargos como que detentor do dom da onisciência e da ambiguidade."

Defendeu Goulart. Disse que coube a ele pacificar a família brasileira, unificar as Forças Armadas, levar paz e tranquilidade a todos os setores econômicos. Avaliou que as reformas econômicas e sociais buscavam assegurar a estabilidade política futura, em regime de liberdade. Depois de alinhavada a defesa do governo, partiu em resposta à oposição: "O que vemos? O deputado Bilac Pinto escandalizar e estarrecer o país com a denúncia de uma guerra revolucionária, guerra que até agora tem existido apenas nas especulações do presidente da UDN".

Bilac Pinto acusou Jango e Brizola de serem os pregadores da ideologia da guerra. "A história da UDN é a história do golpe na República", discursou Tancredo. Bilac Pinto respondeu que o padre Pedro Vidigal, do mesmo PSD do político mineiro, espalhava uma nova máxima cristã: "Armai-vos uns aos outros", explicando em seu aparte que os aliados de Jango preparavam um golpe armado.

Tancredo ponderou que havia meses se procurava resolver os problemas da nação num clima de entendimento, porém a última convenção da UDN havia marcado o que chamou de "lacerdização" do partido, cedendo então aos caprichos, às imposições e aos ódios do governador Carlos Lacerda. Acusou Lacerda de mandar "dezenas e dezenas" de pessoas para agitar Minas Gerais por meio de passeatas financiadas por ele. "Não sei onde Lacerda arranja tanta mal-amada para encher ônibus e ônibus que deixam a Guanabara com rumo a Belo Horizonte."[486]

Na primeira semana de março, Goulart anunciou o reajuste dos soldos nas Forças Armadas. Um general de Exército passaria a ganhar 498 mil cruzeiros, em valores atualizados cerca de 16 mil reais.[487]

Alimentada por todos os lados, a crise política não podia se atenuar. O confronto decisivo parecia se aproximar. Os preparativos do comício da Central do Brasil, programado para 13 de março, levaram os analistas a apontar as fraquezas de Goulart para permanecer no poder e a qualificar sua tentativa de ação direta sobre as massas. Dias antes do comício, Carlos Castello Branco analisou os sinais de instalação do que chamou de uma "ditadura consentida":

> Carecendo de esquema político e parlamentar que lhe possibilite reformar a Constituição para esse fim, o presidente só poderia contemplar o desenvolvimento de uma ideia semelhante na base da quebra das resistências por vias anormais ou excepcionais, para o que seria indispensável o apoio agressivo dos movimentos populares, desde que lhe faltaria também um dispositivo militar para ações golpistas.
>
> Atrair as massas, portanto, mediante impactos emocionais, para colocá-las no centro das decisões políticas, radicalizando o processo sem que o seja expressamente por estímulos diretos do chefe do governo, seria caminhar no rumo de soluções de fato que, dentro das dominantes psicológicas do senhor João Goulart,

se traduziria numa transação entre as correntes em choque para a estabilização do poder naquilo que os intérpretes comunistas chamam de "ditadura consentida" do tipo introduzido por Sukarno na Indonésia.[488]

Tancredo tentava dar normalidade à vida social, mais agradável no Rio de Janeiro. "Adoro Brasília. Porém, quando chega sexta-feira, sinto-me tomado do maior fervor pela aviação", justificava.[489] Na antiga capital carioca fazia os programas da moda, apesar do clima político anuviado. Foi assistir no dia 3, ao lado da mulher, Risoleta, a um show de Ataulfo Alves e suas pastoras.[490] Horas depois, estava na boate Top Club, de Walter Fonseca, acompanhado do casal José e Lúcia Pedroso, do pintor Di Cavalcanti e do editor Alfredo Machado.[491] A cidade era um espetáculo.

Espetacular também foi a estrutura armada para o comício da sexta-feira, 13 de março de 1964, no centro do Rio. O palanque era o mesmo em que Getúlio Vargas anunciara a ditadura do Estado Novo.[492] Rangia com o peso da história. Media trinta metros quadrados e possuía passarela de doze metros. Estava sob a guarda da Marinha desde novembro de 1937 e só era utilizado em datas especiais. Em 1964, foi montado na praça Cristiano Otoni, que fica espremida entre os trens da estação Central do Brasil e o Ministério da Guerra. No calçadão em frente, impõe-se a estátua de Duque de Caxias, patrono do Exército, montado em seu cavalo. O presidente João Goulart prometia se encontrar "face a face com o povo brasileiro" nesse palanque.[493]

"Foi quase uma bofetada", exagerou o general Antônio Carlos Muricy, já envolvido nas articulações para derrubar Jango. "Muita gente o aconselhou que não o fizesse. Era uma provocação. Jango dizia que preferia cair, porém cair de pé", lembrou Raul Ryff.[494]

Para assegurar a realização do comício, marcado para as 17h30, quase 6 mil militares foram às ruas cuidar da segurança. Prédios em torno da Central foram evacuados a partir das quatro horas da tarde. Quatro meses antes, o presidente dos Estados Unidos, John Kennedy, havia sido morto por um tiro disparado da janela do sexto andar de um edifício no entorno da praça Dealey, em Dallas. Um cinturão de soldados prostrou-se em torno do palanque presidencial. Buscas foram feitas em pontos elevados. Os melhores ângulos para a ação de um atirador foram levantados, com bloqueio dos pontos de acesso. O palco estava equipado com nove microfones. Na decoração, quadros de Jango, de Vargas e muitas flores.[495]

Charge de Jaguar na versão vespertina da Última Hora de 13 de março de 1964 (Acervo Última Hora/Apesp).

Milhares de pessoas afluíram para o centro do Rio. Inimigo de Jango, o governador da Guanabara, Carlos Lacerda, decretou ponto facultativo para o funcionalismo. Tentava esvaziar as ruas da cidade. Jaguar respondeu com uma caricatura na *Última Hora*, em que um barnabé do funcionalismo alertava o governador de que os servidores poderiam ir mais cedo para o comício.

A agitação teve início às 17h57, com um discurso do presidente do Sindicato dos Metalúrgicos. Os líderes estudantis falaram em seguida. Presidente da União Nacional dos Estudantes, José Serra discursou por oito minutos. Destacou o que chamou de vitórias no governo Jango como a duplicação das vagas no ensino superior e o congelamento das anuidades escolares. Por mais de uma vez, os organizadores pediram a Serra que encerrasse sua fala. "Não vou parar. Tenho muita coisa para dizer e vou dizer tudo."[496]

O tema principal do comício foram as chamadas reformas de base. Goulart assinou a desapropriação de terras para reforma agrária, anunciou o tabelamento do preço dos aluguéis e a encampação das refinarias de petróleo.

Em discurso, Miguel Arraes, então governador de Pernambuco, classificou a encampação como altamente significativa. Foi o momento em que chegaram centenas de trabalhadores da Petrobras segurando tochas.

Símbolo do nacionalismo getulista, o petróleo merecera cenário próprio no comício. Uma plataforma foi erguida na esquina da Central do Brasil. Os archotes levados por funcionários da Petrobras davam ar de procissão ao ambiente no qual Jango discursaria. Vários archotes entraram em contato com faixas e cartazes, provocando incêndio que feriu mais de uma centena de participantes.

Foi só uma parca ideia de quanto o comício da Central incendiaria o país. Havia uma lista de uma dezena de oradores que deveriam anteceder ao presidente da República. A presença do deputado Leonel Brizola e do governador Miguel Arraes fora assegurada apenas horas antes. Goulart pedia comedimento a Brizola. O gaúcho dizia que os manifestantes não iriam à praça para saudar o presidente, e sim para cobrá-lo. O presidente ameaçou deixar o comício caso Brizola colocasse a multidão contra o governo. O deputado prometeu que não incitaria ninguém contra ele e assegurou sua participação.

Como esperado, Brizola foi o autor do discurso mais radical da noite. Terminou o comício como orador mais aplaudido pela multidão calculada em mais de 100 mil pessoas. Foi ovacionado quando chamou o governador Carlos Lacerda de "energúmeno". Defendeu a convocação imediata da Assembleia Nacional Constituinte como solução para o que chamou de "impasse entre o povo e o atual Congresso Nacional reacionário". De acordo com Brizola, o novo Congresso deveria ser constituído de operários, camponeses, oficiais nacionalistas. "Autênticos homens públicos para eliminar as antigas raposas do Poder Legislativo", qualificou, antes de ressaltar que havia raposas que serviam também ao governo de Goulart.[497]

Líder da maioria na Câmara dos Deputados, amigo de Goulart desde o ministério Vargas, Tancredo Neves terminara desolado uma semana que começara de modo promissor. O jornalista Carlos Castello Branco escreveu em sua coluna no *Jornal do Brasil*, seis dias antes do comício: "Uma nova candidatura presidencial começa a ser posta: a do senhor Tancredo Neves, cujo nome o PTB poderia propor ao PSD para a marcha comum dos dois partidos em 1965".[498] No começo do ano, o *Correio da Manhã* havia rebatido a especulação de que Tancredo poderia ir morar nos Estados Unidos. "Tancredo embaixador em Washington tem tanto fundamento quanto o teriam notícias sobre a nomeação do professor San Tiago Dantas para o comando do batalhão de Suez."[499]

Preparado para outra guerra, Tancredo acomodara-se discretamente no palanque da Central do Brasil. Decidiu ir embora, sem alarde, antes da fala do presidente, ainda em meio ao discurso de Brizola. "Um dos primeiros a se retirar foi o senhor Tancredo Neves, duramente atingido por Brizola no discurso em que o deputado aludia às 'raposas políticas' presentes no próprio palanque", anotou Araken Távora para a *Tribuna da Imprensa*.[500] Confrontado pelo historiador J. W. F. Dulles sobre sua saída à francesa, Tancredo confirmou-a. Definiu o comício como contrário às suas convicções. Havia ido à Central porque assim lhe fora pedido pelo presidente.[501]

Tancredo saiu sem cumprimentar Jango. O presidente, aos 45 anos, exalava juventude. Discursou por 65 minutos ao lado da primeira-dama Maria Thereza Goulart, com a beleza dos seus 23 anos. O presidente extasiou a multidão. Classificou a Constituição em vigor de "antiquada, porque legaliza estrutura econômica superada, injusta e desumana". Defendeu o fim dos privilégios da "minoria proprietária de terras", a legalização do partido comunista e o voto dos analfabetos e dos soldados, dos cabos e dos sargentos.[502] Maria Thereza fazia sua estreia em um comício. "Tinha horror à multidão", justificou. Darcy Ribeiro, chefe da Casa Civil, brincou com ela: "Se explodirem este palanque, nós dois que somos os menores, os mais magrinhos, vamos sair voando". Ao sair da Central, contou ter ouvido de Goulart: "Prepara-se para o pior, Teca. Depois deste comício não sei o que pode acontecer".[503]

O ministro Abelardo Jurema descreveu o estado de espírito do presidente e da primeira-dama: "Uma das maiores alegrias de João Goulart foi o comício de 13 de março. Sabe por quê? Porque ele tinha ao lado Maria Thereza. Estava se vendo ali como Perón ao lado da Evita. Maria Thereza estava linda de morrer, com aquela beleza e juventude. E ele estava se sentindo ali um chefe que tinha uma mulher ao lado".[504]

Não seria nesse diapasão festeiro, contudo, que Jango chegaria à última semana de março de 1964. A solenidade de comemoração do segundo ano de criação da Associação de Marinheiros e Fuzileiros Navais acabou sendo o estopim da crise final. Apesar de o ato ter sido proibido pela Marinha, cerca de 3 mil marinheiros, entre sargentos, cabos e soldados, compareceram em Benfica, zona norte do Rio, à sede do Sindicato dos Metalúrgicos, em 25 de março. A comemoração era só uma justificativa para o intento verdadeiro: queriam dialogar diretamente com o presidente da República, numa afronta à hierarquia militar.

O presidente da associação, José Anselmo dos Santos, em seu discurso, perguntou: "Será subversivo convidar o presidente da República para dialogar com o povo fardado?". Cabo Anselmo se tornaria um colaborador da ditadura militar implantada em 1964. Já admitiu que foi informante do regime a partir de 1971, apesar de documentos reservados mostrarem que recebera ajuda dos militares para fugir da cadeia em 1966.[505] Os papéis reforçaram a versão da esquerda de que Anselmo foi um agente provocador em 1964. Colaborava com os militares mesmo antes do golpe.

Na mesa diretora da assembleia da associação de marinheiros estava o almirante Cândido Aragão, que comandava o Corpo de Fuzileiro Navais. Os participantes aprovaram a criação da União Geral dos Trabalhadores Militares. Reuniria as associações de praças, cabos e sargentos das Forças Armadas. Era uma decisão tida como inaceitável pelos oficiais das Forças Armadas, mesmo entre aqueles de orientação progressista.

Os marinheiros receberam ordem de prisão pelo ato comandado por Anselmo no final de março de 1964. Rebelaram-se e entrincheiraram-se nos seis andares da sede do sindicato dos metalúrgicos do Rio. A revolta terminou após uma morte, a queda do ministro da Marinha, o almirante Sylvio Motta, a liberação de todos os amotinados e o envio ao Congresso de projeto com anistia aos militares, por decisão do presidente João Goulart. Os almirantes e oficiais da Marinha reagiram com uma nota em que se diziam "dispostos a resistir com todos os meios à comunização do país". Alertaram para o "golpe aplicado contra a disciplina da Força ao admitir-se que minoria insignificante imponha demissão de ministro e autoridades".[506]

Refutando conselhos de vários assessores, o presidente João Goulart decidiu comparecer ao 40º aniversário da Associação dos Subtenentes e Sargentos da Polícia Militar. Parecia o momento ideal para que episódios de quebra de hierarquia militar como o que ocorrera dias antes no Sindicato dos Metalúrgicos se ampliassem. Dessa vez com a presença do presidente da República, comandante em chefe das Forças Armadas.

No final da noite de domingo, 29 de março, Jango ligou para Tancredo, dizendo que queria conversar com ele sobre um assunto importante. Tancredo dispôs-se a passar na manhã seguinte no Palácio das Laranjeiras. Mas Jango queria encontrá-lo imediatamente. Era começo da madrugada e Tancredo estava em uma cobertura que mantinha na rua Rodolfo Dantas, em Copacabana, desde que assumira o cargo de primeiro-ministro. A cobertura, vizinha ao hotel Copacabana Palace, ficava a duas quadras do apartamento em que Tancredo morava com a família, na avenida Atlântica. De acordo com João Pinheiro Neto, que testemunhou o telefonema, esse era o endereço oficial do primeiro-ministro no Rio e que Tancredo continuou a usar mesmo depois de afastado do cargo.[507]

Jango chegou acompanhado apenas de um inspetor de polícia, que fazia as vezes de segurança e de mordomo.

— Entrei num terrível labirinto, do qual preciso e desejo sair, para a tranquilidade do país — segredou Goulart a Tancredo.[508]

O presidente descreveu as pressões que sofria. Havia o pedido de anistia para os marinheiros que se rebelaram, que enfrentava fortes resistências. Assessores aconselharam-no a não só comparecer como discursar em tom forte na reunião do Automóvel Clube, uma forma de provocação para que a direita reagisse. Assim poderia exterminar os chamados focos reacionários que tentavam desestabilizar o governo. O que fazer?, perguntou ele.

— Nunca escondi que faço restrições a muitas iniciativas do seu governo e que mantenho contatos com importantes setores empresariais e militares. Já foi um milagre seu governo ter sobrevivido ao comício da Central. Outro milagre será impossível[509] — sentenciou Tancredo.

O presidente perguntou se ele acreditava que, se punisse os marinheiros e não comparecesse ao Automóvel Clube, restabeleceria a estabilidade do governo. Tancredo respondeu que não tinha como avaliar.

— As feridas abertas em segmento tão sensível, como é o militar, não cicatrizam facilmente nem em pouco tempo. Faça o jogo dos insubordinados e garanto que seu governo não chegará, talvez, ao fim do mês.

Jango levantou-se e agradeceu:

— Parabéns pela brilhante exposição.

Retirou-se em seguida. Pinheiro Neto, ouvinte da conversa, perguntou a Tancredo o que achava que o presidente faria. "Não sei", foi a resposta.

Na noite seguinte, Goulart preparava-se para ir ao Automóvel Clube. Tancredo Neves reuniu-se novamente com ele, dessa vez em seu quarto privado, no Palácio das Laranjeiras. Ponderou que, naquele momento, seria melhor não criar polêmicas que pudessem ser exploradas pela imprensa, que lançava lenha na guerra civil. Salientou que havia motivos de sobra para o presidente desculpar-se e não comparecer. A crise na Marinha era argumento razoável e suficiente.[510]

Tancredo sugeriu que nomeasse o general Humberto Castello Branco, que já estava articulando o golpe, como ministro da Guerra. "Isso seria partilhar o poder", respondeu Goulart. "Ou o senhor partilha, ou o senhor cai", vaticinou Tancredo.[511]

Goulart ficou incomodado. Retirou-se para uma sala reservada e não viu mais Tancredo. O núcleo mais próximo do presidente concordava, discretamente, com a tese de que ele não deveria comparecer ao Automóvel Clube. Entre eles, o chefe do Gabinete Militar, general Assis Brasil, e os amigos fiéis como o advogado Jorge Serpa, o jornalista Samuel Wainer e o assessor de imprensa Raul Ryff.

Ao saber que, apesar de seus repetidos conselhos, Goulart decidira ir à reunião, Tancredo afirmou: "Deus faça com que eu esteja enganado, mas creio ser este o passo do presidente que irá provocar o inevitável, a motivação final para a luta armada".[512]

Foi o último discurso de Jango como presidente. "Os chefes militares avaliaram a repercussão de uma reunião como essa, em que a hierarquia cedeu lugar a uma indisciplinada confraternização, e decidiram deflagrar a revolta."[513]

Na definição magistral do marechal Cordeiro de Farias, o Exército dormiu janguista e acordou revolucionário.[514] Era a ditadura envergonhada, como definida por Elio Gaspari. "Havia dois golpes em marcha. O de Jango viria amparado no 'dispositivo militar' e nas bases sindicais, que cairiam sobre o Congresso, obrigando-o a aprovar um pacote de reformas e a mudança das regras do jogo da sucessão presidencial", escreveu Gaspari. Embasou sua análise com duas frases exemplares. Miguel Arraes, depois de uma rodada de reuniões na primeira quinzena de março no Rio, avisou a um amigo que o acompanhara até o aeroporto, onde embarcaria para Recife: "Volto certo de que o golpe virá. De lá ou de cá, ainda não sei". Leonel Brizola vaticinara: "Se não dermos o golpe, eles darão contra nós".[515]

Alinhada com os que desejavam a derrubada de Jango, assim como toda a imprensa, à exceção do jornal *Última Hora*, a revista *O Cruzeiro* da primeira semana de abril de 1964 assim resumiu os acontecimentos: "Perante mil sargentos das Forças Armadas e das polícias militares, o Sr. João Goulart, em violento discurso, tornou irreversível sua posição de esquerda e desencadeou [...] a movimentação das forças que o derrubaram. [...] O discurso do senhor João Goulart [...] foi considerado pelos observadores como o mais violento de sua carreira". Ainda de acordo com *O Cruzeiro*, a exaltação do ambiente atingiu o auge com a chegada do almirante Cândido Aragão e do cabo José Anselmo, "tendo-se ambos abraçado sob os aplausos gerais".

No dia seguinte ao discurso, Tancredo embarcou para Brasília. Não sabia ainda que, ao amanhecer, o general Olímpio Mourão Filho havia ocupado a estação telefônica de Juiz de Fora. Sua primeira ligação foi ao deputado Armando Falcão, para avisar que eclodira o movimento militar. Falcão telefonou para o general Humberto Castello Branco, que se surpreendeu com a movimentação de Mourão. A data escolhida era 2 de abril.[516] Não havia mais recuo.

Às 23h30 de 31 de março, terminou em São Paulo a reunião do comandante do II Exército, Amaury Kruel, com os generais da região. Ele anunciou: "O II Exército, sob meu comando, coeso e disciplinado, unido em torno de seu chefe, acaba de assumir atitude de grave responsabilidade com o objetivo de salvar a pátria em perigo, livrando-a do jugo vermelho".[517] O líder militar que ascenderia a partir daí havia sido nomeado por Tancredo Neves quatro meses antes de efetivado o golpe. "Se houver alguma complicação neste país, o nome que vai surgir como estrela de primeira grandeza não é o de nenhum desses generais que andam dando entrevistas. Quem vai aparecer é o general Castello Branco."[518]

Tancredo, que se convenceu de que Jango não daria o golpe, como relatou a Dulles, acreditava que a posição de Amaury Kruel havia decidido a vitória dos golpistas. Dulles relativizou a análise de Tancredo dizendo que muitos militares abaixo de Kruel eram "pró-revolução", sugerindo que outros poderiam tomar a liderança do movimento. Tancredo concordou. Contudo, ele entendia que, se o comandante do II Exército tivesse resistido, as coisas teriam sido diferentes na Guanabara. "O pronunciamento de Kruel em favor da revolução atingiu o general Âncora, que era a favor de Goulart. A resistência entrou em colapso."

Na sessão do Congresso realizada em 31 de março, Brasília estava isolada do restante do país. Não havia nenhuma comunicação ou ligação por meio de transporte. Um discurso do governador de Minas Gerais, Magalhães Pinto (UDN), anunciando a "revolução democrática", pautava os pronunciamentos — a favor e contra o golpe em andamento. Naquele dia, chamado a falar em plenário como líder da maioria, Tancredo Neves respondeu que não desejava "participar do debate sem informações seguras".[519]

As primeiras notícias no Congresso sob o manifesto lançado por Kruel foram recebidas com festa por parlamentares da UDN. "São Paulo aderiu", comemoravam em pé. Sob a presidência do senador Auro de Moura Andrade, manteve-se em sessão permanente madrugada a dentro.

Em 1º de abril, Jango partiu do Rio para Brasília, onde chegou no início da tarde. De helicóptero, dirigiu-se ao Palácio do Planalto. Sentou-se no gabinete do presidente da República. Lá não se demorou. Seguiu para a Granja do Torto, onde manteve conversas com diversos assessores. Tancredo Neves o inquiriu sobre os acontecimentos recentes: "Tranquilo, tranquilo mesmo, só tenho o Rio Grande. Com mais não posso contar", ouviu.[520] Estava cansado. Dizia que o golpe não era contra ele, e sim contra as reformas. Pediu a Tancredo e Almino Affonso, líder do PTB, que redigissem uma nota dizendo que lutaria enquanto lhe restassem forças. Tancredo ficou andando de um lado para o outro, improvisando, enquanto Almino datilografava. "Eu me recordo que brinquei: 'Ô Tancredo, pelo que eu vejo, descubro quem escreveu a carta-testamento'. Ele deu uma gargalhada e não disse nem sim nem não, a vaidade deixou a pergunta no ar", reconstituiu Almino Affonso.[521]

Abatido, barba por fazer e com o terno de linho branco, Jango gravou a mensagem que seria irradiada pela rádio Nacional.

> O movimento subversivo que se filia às mesmas tentativas anteriores de golpes de Estado, e sempre repudiadas pelo sentimento democrático do povo brasileiro e pelo espírito legalista das Forças Armadas, está condenado a igual fim, esperando o governo federal poder comunicar oficialmente, dentro em pouco, o restabelecimento total da ordem no Estado.[522]

Jango e seus auxiliares passaram a discutir se seria mais adequado permanecer em Brasília. Um grupo defendia a ideia de que ficasse na capital federal, preservando o caráter de legalidade do governo. Outro aconselhava a ida para Porto Alegre, onde poderia ser mantido um núcleo de resistência ao golpe. Deliberou-se pela segunda opção.

Às oito horas da noite, Jango, Tancredo, Almino Affonso e Bocayuva Cunha chegaram à base aérea de Brasília. "Aprendi uma coisa importante para a vida. O símbolo do poder cai com uma rapidez incrível", recordou-se Almino Affonso. Por precaução, Jango deveria embarcar em um avião comercial da Varig. A Aeronáutica já havia aderido ao golpe e os mais próximos ao presidente temiam que seu avião fosse interceptado ou até mesmo derrubado por caças da Força Aérea Brasileira. Passaram-se duas horas e nada de o avião estar pronto para decolar. Um defeito que já havia sido relatado pela Varig parecia intransponível. Tiveram de aceitar como opção um turboélice da FAB, que levaria o dobro do tempo de Brasília a Porto Alegre.

Ao tentarem atravessar o espaço entre a sala de embarque e o avião, depararam-se com uma tropa da Aeronáutica. "Puseram baionetas na nossa cara. Tancredo, que era uma criatura muito suave, protestou com enorme garra: 'Abaixem as armas, somos representantes do povo!'. Não sei se ainda éramos, no entanto ele assim bradou", contou Affonso, que fugiria do Brasil após receber a notícia de sua cassação.

Jango embarcou. Tancredo, Bocayuva e Affonso ficaram. Na despedida, o último ouviu de Tancredo:

— Faz dez anos, eu participei da última reunião presidida pelo presidente Getúlio Vargas. Agora à noite me inquieta a pergunta: terei cumprimentado o presidente João Goulart pela última vez como presidente?

Affonso rebateu:

— Por que tanto pessimismo?

— Vocês são mais jovens. Acreditam que o Rio Grande do Sul poderá resistir sozinho?

Tancredo seguiu para o Congresso. Ao chegar, contaram-lhe que o presidente da Casa, senador Auro de Moura Andrade, estava reunido com a cúpula da UDN e do PSD, e que ele, o líder do governo, não havia sido convidado para a reunião. Foi até seu gabinete e antecipou aos parlamentares trabalhistas que Moura Andrade pretendia consumar a deposição de Jango. Pediu-lhes que tentassem obstruir a sessão para ganhar tempo.

Como soubera que o argumento de Moura Andrade era que Jango estava em lugar incerto, ou fora do país, pediu ao chefe da Casa Civil, Darcy Ribeiro, que enviasse um ofício ao presidente do Congresso comunicando sua ida para o Rio Grande do Sul. Aproximava-se da meia-noite. O consultor-geral da República, Waldir Pires, redigiu o ofício assinado por Ribeiro.

A lista de presença acusava 178 congressistas (26 senadores e 152 deputados) quando foi aberta a sessão, à uma hora da manhã de 2 de abril. O deputado Bocayuva Cunha atropelou o presidente da Casa e anunciou que o governador do estado do Rio de Janeiro, Badger da Silveira, havia sido preso por oficiais da Marinha. "Eles não podem prender um governador", gritava do plenário.

O anúncio tumultuou a sessão, que acabou suspensa por vinte minutos. Segundo Tancredo, Moura Andrade se reuniu com líderes da UDN e do PSD e ouviu a sugestão de Pedro Aleixo de encerrar a sessão declarando a vacância do cargo de presidente. Argumentou que era isso que os militares esperavam do Congresso, e que este não poderia faltar às Forças Armadas.[523]

Reaberta a sessão, Moura Andrade se pronunciou: "Comunico ao Congresso Nacional que o senhor João Goulart deixou, por força dos notórios acontecimentos de que a nação é conhecedora, o governo da República".[524]

Houve protestos e aplausos.

— Não é verdade, não é verdade! — rebateu Tancredo.

Moura Andrade pediu ao primeiro-secretário da mesa que lesse o ofício de Darcy Ribeiro, no qual informava que o presidente estava no Rio Grande do Sul, "à frente das tropas militares legalistas e no exercício dos poderes constitucionais".

O deputado Sérgio Magalhães levantou questão de ordem tentando suspender a sessão. Moura Andrade refutou o pedido. E continuou: "O senhor presidente da República deixou a sede do governo. Atenção. O senhor presidente da República deixou a sede do governo. Deixou a nação acéfala".

— Não é verdade, não é verdade! — gritava Tancredo da bancada parlamentar.

— Numa hora gravíssima da vida brasileira, em que é mister que o chefe de Estado permaneça à frente de seu governo, abandonou o governo. E esta comunicação faço ao Congresso Nacional.

Tancredo insistia:

— Não é verdade! Não é verdade!

Prosseguiu o presidente do Senado:

Esta acefalia configura a necessidade de o Congresso Nacional, como poder civil, imediatamente tomar a atitude que lhe cabe nos termos da Constituição brasileira, para um fim de restaurar nesta pátria conturbada a autoridade do governo e a existência de governo. Não podemos permitir que o Brasil fique sem governo, abandonado. (Vaias) Há sob a nossa responsabilidade a população do Brasil, o povo, a ordem. (Muitas vaias) Assim sendo declaro vaga a presidência da República (muitos aplausos e vaias) e nos termos do artigo 79 da Constituição declaro presidente da República o presidente da Câmara dos Deputados, Ranieri Mazzilli.

— Canalha! Canalha! Filho da puta! — gritou Tancredo Neves.
— A sessão se encerra — concluiu Moura Andrade, desligando os microfones.

Ao historiador J. W. F. Dulles, João Goulart deixou sua análise sobre o período. Descreveu a queda no golpe de Estado de 1964 como resultado do "envenenamento" da opinião pública contra o governo. "Meu maior crime foi tentar combater a ignorância." Para Jango, criou-se uma confusão entre justiça social — que propugnava — e comunismo — do qual não compartilhava. Avaliou que, após o assassinato do presidente americano John Kennedy, em 1963, os Estados Unidos começaram a derrubar governos constitucionais na América Latina, entre os quais o dele, por temores infundados.[525] A ameaça de um golpe à esquerda é a justificativa mais comum para implantação da ditadura militar de 1964.

As raízes do golpe à direita, na visão de Tancredo, estavam em 1954, cresceram em 1961 e tomaram as ruas a partir de 31 de março de 1964.

10. A tia que barrou a cassação de Tancredo

Era madrugada quando o coronel Mozart Dornelles conseguiu completar o telefonema para Nancy, cidade francesa da região da Lorena. Tinha de transmitir ao filho uma notícia relevante, entre outras tantas do turbulento mês de abril de 1964.

— Aquele homem que vocês ajudaram a promover virou hoje ditador do Brasil — reclamou ele com Francisco Dornelles.[526]

Desde junho de 1963, Francisco Dornelles, aos 29 anos, era aluno, graças a uma bolsa do governo francês, do curso de finanças públicas da Universidade de Nancy. A notícia do escolhido para comandar o país depois do golpe surpreendeu-o dormindo. A crise militar que atingia o Brasil tirava o sono de boa parte dos brasileiros desde os meses anteriores, quando se agravara e parecia incontornável.

— Você agora liga para sua tia Amélia e diga que espero que eles não cassem o Tancredo — completou Mozart.

— Por que o senhor mesmo não liga? — sugeriu Francisco, querendo facilitar uma operação que reconhecia delicada e importante.

— Eu era contra essa promoção — encerrou o pai.

Sem argumento melhor, Dornelles incumbiu-se da tarefa, que exigia paciência e sorte. O serviço de telefonia entre Brasil e França podia demorar horas antes que completasse uma ligação.

Amélia, irmã de Mozart Dornelles e tia de Francisco, era casada com Cândido Castello Branco, o irmão de Humberto de Alencar Castello Branco, o primeiro general empossado na presidência da República depois do golpe militar.

O pedido para tal promoção a que Mozart Dornelles se referia aconteceu em março de 1962, quando Tancredo Neves ainda era primeiro-ministro. Castello Branco cerrava fileiras como general de divisão e pleiteava o posto de general de Exército. Francisco Dornelles, então secretário particular de Tancredo, visitava São João del-Rei quando tia Amélia o abordou para contar que estava sendo elaborada a lista para promoção de militares. Ela já havia conversado com Mozart, pedindo para que alertasse Tancredo da importância de Castello Branco estar nela.

— Mozart disse que não falará nada. E que, se Tancredo pedir a opinião dele, dirá que não deve promover Castello. Tancredo precisa receber esse pedido por você.

Ao informar Tancredo da demanda familiar, recebeu uma reprimenda por se envolver em assuntos para os quais não tinha a qualificação necessária. Dias depois, o primeiro-ministro retomou a conversa, sem se alongar.

— Diga para sua tia que Castello será promovido.

Tancredo havia sido padrinho de casamento, conforme já mencionado, da filha de Castello e era amigo do militar desde o tempo em que mantinham convivência próxima em Belo Horizonte. Castello havia comandado regimento na cidade. Um mês depois que Tancredo deixou o cargo de primeiro-ministro, em 25 de julho de 1962, Humberto de Alencar Castello Branco ganhou as quatro estrelas da patente de general de Exército. Saiu da Diretoria Geral de Ensino para assumir o IV Exército, sediado em Recife, e depois chegou a chefe do Estado-Maior.

Coube a Castello sugerir a principal questão do exame prestado pelos oficiais da turma da Escola do Estado-Maior do Exército, em fins de 1963. A pergunta fazia referência à possibilidade de formação de dois governos conflitantes. De um lado, partidos de esquerda, sindicatos e ligas camponesas. De outro, "forças democráticas", ambos solicitando ajuda externa.[527] De acordo com o *Correio da Manhã*, foi a partir desse episódio que João Goulart se convenceu de que a doutrinação militar no Brasil seguia a linha de "guerra revolucionária".

Em 20 março de 1964, Castello Branco enviou a um grupo selecionado de generais — entre eles, Lyra Tavares e Ernesto Geisel — um documento com

críticas duras ao governo. Jango então decidiu afastá-lo da chefia do Estado-
-Maior do Exército. De seu lado, Castello fez de seu apartamento em Ipanema, na rua Nascimento Silva, 394, um ponto de encontro de generais descontentes com o presidente. Os militares queriam falar grosso. Eram personagens muito diferentes daqueles jovens de fala e canto suaves que tinham consagrado a rua: aconchegados no número 107 da mesma rua Nascimento Silva, Tom Jobim e João Gilberto, seis anos antes, ensinaram a Elizeth Cardoso as canções de *Canção do amor demais*, o álbum que anunciou a bossa nova ao mundo.

Com o golpe desencadeado, o general Arthur da Costa e Silva, o mais antigo do alto-comando, assumiu o posto de comandante em chefe do Exército.

Na primeira semana de abril, seis governadores que apoiaram o golpe, entre eles Lacerda e Magalhães Pinto, decidiram referendar a apresentação do nome de Castello Branco ao Congresso Nacional, em eleição indireta para a presidência. O escolhido deveria apenas completar o mandato de Jango, iniciado em 1961, com término previsto para 1966. Em outubro de 1965, deveria ser realizado novo pleito presidencial. Convém lembrar que, dez dias antes da derrubada de Jango, o PSD havia realizado uma convenção aprovando a candidatura presidencial de Juscelino Kubitschek.

Em 11 de abril, o Congresso sufragou Castello Branco como presidente com 361 votos. Entre estes, estavam os votos de JK, senador por Goiás, cargo para o qual havia sido eleito depois que deixara a presidência, e do líder pessedista Ulysses Guimarães. Houve 72 abstenções, entre elas as de Tancredo Neves e de José Sarney.

Sobre a abstenção, Tancredo justificou: "Nossa posição de líder da maioria na Câmara dos Deputados, no governo deposto, impede-nos moralmente de atrelarmo-nos ao carro dos vencedores. É inegável, além do mais, que nesta hora falta ao Congresso, mutilado em sua integridade e ameaçado em sua soberania, a indispensável independência para cumprir seu dever constitucional".[528]

Dias antes da votação, Tancredo Neves conversava com o amigo JK:

— Eu tenho todos os motivos do mundo para votar em Castello e não vou votar. Você, Juscelino, tem todos os motivos do mundo para não votar em Castello e vai votar.[529]

JK achava que Castello Branco manteria a eleição presidencial de 1965, da qual era tido como o grande favorito.

— Tancredo, por favor, o Castello é um militar diferente. É um intelectual como você. Já leu centenas de livros.

— É verdade. Só que leu os livros errados.[530]

Nos dias posteriores a essa conversa, ampliaram-se os sinais de que JK havia apostado as fichas em projeto equivocado. O primeiro governo militar iniciou uma série de atos de exceção. Decretou a cassação de 37 parlamentares. Essa arbitrariedade atingiria 172 políticos em três anos. Consumava-se o projeto de "purificação" política definido por Castello Branco. Tancredo acompanhou de forma crítica a maneira como o Congresso aceitou o que chamava de "transbordamento dos comandos militares sobre atribuições do Poder Legislativo". Ao tomar conhecimento dos atos institucionais, diagnosticou: "Isso pode não ser o fechamento físico, entretanto é o fechamento moral do Congresso, que, de resto, já se encontra ajoelhado".[531] Em reunião na Câmara, Tancredo propôs que a Casa entrasse em recesso, forma suave de protesto. Um parlamentar lembrou que assim o Congresso correria o risco de não ser mais aberto: "É melhor um Congresso fechado pela nossa ausência do que pela nossa conivência", respondeu Tancredo.[532]

Castello assinou cassações e suspensões de direitos políticos de 417 pessoas. Colocou o Congresso em recesso pela primeira vez em vinte anos. Promulgou uma nova lei de imprensa que ampliou as possibilidades de censura. Extinguiu os partidos. Implantou política salarial restritiva que ficou conhecida como arrocho.

O deputado Amaral Netto açodou-se em ir à tribuna da Câmara para pedir a cassação do mandato de Tancredo Neves. Jornalista por formação, Netto participara da fundação da *Tribuna da Imprensa* com Lacerda. Quatro anos depois do golpe, estrearia um programa na televisão que o tornaria estrela midiática. O pronunciamento contra Tancredo acabou sendo ridicularizado — o *Correio da Manhã* registrou que a UDN classificou como "tripúdio fora de hora sobre os vencidos". Sandra Cavalcanti, auxiliar do governador Carlos Lacerda, uma das principais vozes a favor do golpe, também pediu a inclusão do parlamentar mineiro entre aqueles a terem os direitos políticos tolhidos. Como não havia coincidência nem acaso no universo lacerdiano, a vontade da cassação de Tancredo partira provavelmente do governador da Guanabara. Os dois não comungavam das mesmas crenças políticas.

Tancredo recordaria, anos mais tarde, a ansiedade que sentia, quando, colado ao rádio, ouvia os nomes dos políticos cassados. Locutores de vozes tenebrosas anunciavam levas de cassados, sempre por ordem alfabética: "Nunca tive tanta vontade de chamar Abraão".[533]

Em meio à instabilidade política de abril de 1964, após muita dificuldade em completar a ligação de Nancy para o Brasil, Francisco Dornelles conseguiu falar com sua tia Amélia, casada com o irmão de Castello Branco. Sem deixá-lo entrar no assunto, a tia foi peremptória:

— Já sei o que é. Diga a seu pai que Tancredo não será cassado pela revolução.

Dias depois, no final de abril de 1964, a atriz Brigitte Bardot encerrava quatro meses de temporada brasileira, em especial em Búzios. Enquanto esteve no Rio, foi vizinha de Tancredo, hospedando-se em um dos apartamentos do edifício Golden State, em Copacabana, pertencente ao marroquino naturalizado brasileiro Bob Zagury, protótipo do playboy da época. Durante sua estada, um de seus muitos compromissos foi um almoço oferecido pela também atriz Odete Lara. Na casa dela, Brigitte Bardot ouviu bossa nova a poucos metros de Tom Jobim e Nara Leão. A turma morava perto, em apartamentos próximos de Ipanema, em ruas como Nascimento Silva, Montenegro (atual Vinicius de Moraes) e avenida Vieira Souto. Ao despedir-se do país, Bardot mostrou que acompanhara os desdobramentos políticos do período.

— Adorei a revolução de vocês. Não houve tiros nem mortos. Nunca tinha visto isso. Foi, sem dúvida, um espetáculo.[534]

Um mês depois, o jurista Heráclito Sobral Pinto, liberal que chegara a pleitear o impeachment de Jango, publicou carta aberta ao general Costa e Silva. Irritava o ministro da Guerra ao descrever com letras garrafais o que transcorria no país.

> Saiba Vossa Excelência que estamos sob o domínio de uma ditadura que procura apenas disfarçar-se. [...] Ditadura, senhor ministro, é aquele governo em que a lei se confunde com a opinião, certa ou errada, justa ou injusta, do chefe do Poder Executivo e dos agentes de sua imediata confiança. Ditadura, senhor general, é aquele sistema administrativo em que os direitos de todos que estão no território do Estado, nacionais ou estrangeiros, ficam na dependência exclusiva dos órgãos do Poder Executivo. Pois bem, esta é a situação atual do Brasil, onde o presidente marechal Castello Branco cassa mandatos legislativos federais, estaduais e muni-

cipais, arranca de suas cátedras desembargadores e professores, suspende direitos políticos de numerosos cidadãos, subtrai a liberdade pessoal de centenas, senão milhares, de brasileiros e estrangeiros, tudo porque, no seu parecer, e no de alguns de seus companheiros de governo, são homens perniciosos ao bem público, sem que ninguém, membro do Poder Judiciário ou qualquer cidadão, possa acudir esses perseguidos, que não foram ouvidos, e aos quais se negou, de maneira brutal, o sacrossanto direito de defesa![535]

No mesmo dia, 3 de junho, em seu último discurso no Senado, JK reconhecia seu erro ao votar em Castello.

— Se me forem retirados os direitos políticos, como se anuncia em toda parte, não me intimidarei, não deixarei de lutar. Do ponto de vista da minha biografia, só terei de que me orgulhar desse ato. Querendo eu ou não, a semente da injustiça, do arbítrio, da maldade, da crueldade, da violação da pessoa humana, do desrespeito, medrará, crescerá, dará frutos e depois, como tem acontecido invariavelmente, o castigo chegará, levando tudo de vencida.[536]

Depois do discurso JK seguiu de carro para Belo Horizonte e de lá para o Rio de Janeiro. Planejava asilar-se na embaixada da Colômbia, na avenida Rui Barbosa, no Flamengo. Ao ver o que considerou pessoas suspeitas nas proximidades, JK entrou no prédio ao lado. Teve de saltar o muro, com a ajuda de uma escada, para ser recebido pelo embaixador colombiano, Dario Botero Isaza. Ali negociou refúgio no apartamento do embaixador da Espanha, no mesmo edifício onde morava, na avenida Vieira Souto, em Ipanema. O embaixador Jaime Alba y Delibes consultou o governo e deu asilo a JK. A cassação do ex-presidente e a suspensão de seus direitos políticos foram anunciadas durante o programa *A voz do Brasil*. Em 8 de junho, JK embarcava para Madri, iniciando um exílio que duraria quase mil dias.

Tancredo foi a última pessoa de que JK se despediu antes de partir. Em carta enviada a Tancredo meses depois, agradece: "Lembro-me bem de que a sua mão foi a última que apertei antes de me dirigir ao avião. Naquele instante de brutalidade a sua presença confortou-me. Aliás, o que caracteriza bem a sua personalidade é a intrepidez com que enfrenta as suas e as adversidades dos amigos".[537]

Tancredo contava que, anos depois, o general Costa e Silva, em visita oficial a Belo Horizonte, hospedou-se no Palácio das Mangabeiras, à época em que Israel Pinheiro era governador. Acordou cedo e foi tomar café da manhã sozinho. Coracy, mulher de Israel, decidiu fazer-lhe companhia e entabular conversa.

— Presidente, admiro o saudoso marechal Castello Branco, porém não consigo perdoá-lo pela cassação do Juscelino — lamentou ela.

— Pois a senhora pode tratar de perdoá-lo, porque quem cassou Juscelino fui eu — respondeu Costa e Silva de pronto.[538]

Nos meses seguintes ao golpe, Tancredo Neves atuou como parlamentar discreto. Trabalhou com afinco na lei que propunha novas regras para os que alugam ou têm imóvel alugado, sem expor-se em discussões políticas.

— Foi o período do ostracismo. Quando papai mais tempo ficou em casa, quando mais tempo teve para conviver com os filhos — relembrou Tancredo Augusto.[539]

11. O ocaso, o acaso e o caso

Com o regime político fechando-se, Tancredo Neves abriu-se para o papel de avô. Vivia seu ocaso. A rotina tinha menos Brasília e mais Copacabana. Trocou os surrados tapetes dos gabinetes pelo mar que se descortinava à frente do apartamento no oitavo andar do Golden State, na avenida Atlântica, onde se reunia com os três filhos e os oito netos. Falava sobre romances, contava histórias.

A primeira memória que o neto Aécio tem do avô Tancredo é dessa época. Depois do golpe, ficou durante muitos anos fora da cena principal da política. Reservava para os netos as férias de final de ano no Rio. "Ele era um avô muito disponível, que nos levava à praia, ao cinema. Um contraste absurdo em relação a outros momentos", recordou-se Aécio. Fazia questão de que todos estivessem presentes aos almoços dos domingos — não abria mão de almoçar com os filhos, os netos e, depois, os bisnetos. "Acabava o almoço de domingo, sentávamos na varanda e ficávamos conversando", contou a neta Andrea.

Tancredo aguardava o almoço com doses de Carpano, um vermute italiano à base de plantas aromáticas. "Um Carpano antes do almoço era uma tradição. Era o domingo das histórias. A tarde era sempre dele. [...] Fazia sua própria narrativa do *Dom Quixote*, de Cervantes. Assustava-nos com suas descrições do Inferno, de Dante. Contava umas histórias, inventava outras." Andrea também se recordou de que repetia com frequência a sequência do trágico agosto de 1954:

Essa noite da morte de Getúlio, ele contava e recontava. Ele se emocionava todas as vezes. Os olhos enchiam d'água. A intensidade, a indignação, a covardia e a injustiça daquela campanha contra Getúlio deixavam-no indignado. Às vezes, ele era interrompido, porque era hora de falar em *off*. Lembro-me de ver muitas vezes o Castelinho [colunista político Carlos Castello Branco] por lá.

Os dois netos que mais conviveram com Tancredo acumularam lembranças da dedicação do avô. Andrea é a neta mais velha. Aécio é um ano mais novo. Quando Andrea completou onze anos, o deputado Aécio Cunha organizou a ida de Belo Horizonte para o Rio, onde iria cursar a Escola Superior de Guerra. Andrea mudou-se seis meses antes por causa da escola. O pai atrasou a chegada, deixando a filha morando um ano com o avô e a avó. Nos finais de semana, a rotina era de passeios nos sebos no centro da cidade e de lanches na Confeitaria Colombo. Tancredo gostava de ler para os netos uma edição antiga da *Divina Comédia* com imagens que eram assustadoras para as crianças. Contava histórias às vezes inventadas na hora, às vezes variações de histórias antigas. "Tinha humor apurado", disse Andrea.

Dos cinco aos dez anos, todas as férias de Aécio foram passadas no Rio com Tancredo. "A distração dele quando a gente chegava era passear no calçadão. Era uma época em que ele saiu do protagonismo da cena política", afirmou Aécio. O afastamento forçado não impediu que fosse lembrado em pesquisa do Ibope que ouviu quinhentos cariocas em junho de 1964. Acreditava-se que haveria eleição presidencial em 1965, e, com a cassação de Juscelino Kubitschek, o Ibope perguntava quem deveria ser o candidato do PSD à presidência. Tancredo foi o nome mais lembrado, com 18% das menções.[540] Especulava-se a possibilidade de que saísse como candidato a presidente numa aliança PSD-PTB.[541]

Durante o ano de 1964, a modorra política só foi quebrada com a morte de San Tiago Dantas. Tancredo retornou ao parlatório do Congresso em 10 de setembro para saudar o amigo morto. "Homem rico, tendo tudo para ser patrono das classes ricas e dominantes, preferiu ser defensor dos pobres e oprimidos. Mesmo sabendo que isso lhe custaria amizades prezadas e injúrias que amargariam os últimos anos de sua vida", discursou.[542]

O regime militar havia decretado, em 9 de abril de 1964, o Ato Institucional nº 1. A medida de exceção punia adversários com a suspensão de direitos políticos e a cassação de mandatos parlamentares. Houve pressões repetidas para que a cúpula da ditadura aceitasse incluir Tancredo na lista de punidos. Castello, que devia a Tancredo sua promoção a general de quatro estrelas, rejeitou cassá-lo. Sucessor de Castello, o presidente Costa e Silva, que conhecera Tancredo quando capitão em São João del-Rei, faria o mesmo. No governo Médici, Orlando Geisel impediria que a sanção se consumasse.

Sua não cassação provocou desconfianças à direita e à esquerda.

> Não sei por que não fui cassado e não saberia explicar, também, se tivesse tido os direitos políticos suspensos. Durante mais de três meses toda a minha vida pública e particular foi devassada. Minha atividade como secretário das Finanças, em Minas, diretor do Banco do Brasil, diretor do BNDE, ministro da Justiça, primeiro-ministro, deputado desde 1947 foi esmiuçada, conquanto não fui chamado, sequer uma vez, para prestar esclarecimentos às autoridades militares.[543]

O governo decretou a dissolução dos partidos políticos por meio do AI-2 em 27 de outubro de 1965. Tancredo não acompanhou a maior parte de seus correligionários mineiros, que ingressou no novo partido situacionista, a Aliança Renovadora Nacional (Arena), majoritária em Minas Gerais e no Brasil. Tancredo optou pelo bloco parlamentar da oposição, batizado de Movimento Democrático Brasileiro (MDB). Dos 21 deputados emedebistas da bancada mineira, apenas nove optaram pela oposição.[544] "Eu tinha duas opções: ou a penitenciária ou o manicômio. Preferi o manicômio."[545] O MDB foi registrado na Justiça Eleitoral em 24 de março de 1966. Nas reuniões preparatórias para sua criação, Tancredo pelejou com Ulysses Guimarães no batismo do partido. Ulysses sugeria o nome Ação Democrática Brasileira. Tancredo se incomodou com a semelhança com o antigo grupo integralista e conseguiu mudar para Movimento Democrático Brasileiro.

O AI-3 impôs eleições indiretas, por meio de colégio eleitoral, para a escolha dos governadores de onze estados com eleição prevista para aquele ano. Havia mandatos de governador de quatro e de cinco anos de duração, por isso havia diferentes datas de eleição.

Como membro do PSD, Tancredo apoiou, em 1965, a candidatura vitoriosa de Israel Pinheiro à sucessão de Magalhães Pinto no governo de Minas Gerais. Com a política contida pelo arbítrio, o mais espetacular na carreira de Tancredo em 1966 foi ter sido padrinho de um deputado-padre que obteve autorização do Vaticano para romper o celibato. O padre Pedro Vidigal casou-se em 25 de janeiro de 1966 em Nova Era (MG). A noiva, Rute Guerra, exercia funções de gerente de banco até ver-se no centro do debate nacional. O arcebispo de Mariana explicou que foi um "caso especial". "O Santo Padre pessoalmente outorgou a dispensa do celibato eclesiástico."[546]

Antes do golpe, Tancredo havia dito que, se o movimento militar viesse, estaria na sua proa o general Castello Branco. Um ano e meio depois de instalado o regime militar, faria outra predição que se comprovaria nos meses seguintes. "Ruim com Castello, pior sem ele."[547]

Nas eleições de 15 de novembro de 1966, concorrendo na nova legenda do MDB, Tancredo reelegeu-se deputado federal com 55 209 votos, a segunda maior votação da bancada oposicionista mineira. O bom resultado, em meio a uma campanha com muitas restrições políticas e financeiras, não impediu que Tancredo afirmasse que havia coação ao eleitorado. Entendia que, fundamentado num bipartidarismo artificial e violentador das tendências democráticas do povo, o governo provocava um clima de constrangimento e de coação moral e psicológica sobre o eleitorado.

Em campanha, havia feito crítica dura e direta. "Só por amor ao sofisma é que se ousará afirmar que o povo se encontra num clima para pleitear eleições." Classificou o regime como semiditatorial, que tira ao eleitor a liberdade de escolha de seus candidatos. Pregou também pela restauração do equilíbrio entre os poderes. Dizia que até o Poder Judiciário perdera a dignidade de poder e se transformara em serviço público, ao ser despojado das prerrogativas da inamovibilidade, irredutibilidade de vencimentos e vitaliciedade, deixando, em consequência, de ser a garantia da liberdade e da independência dos cidadãos. Encerrou de modo dramático: "O MDB, na atual conjuntura, mais do que um partido, é a última cidade de defesa dos direitos e das liberdades do povo. É a última trincheira de luta e de resistência democrática".[548]

Depois de reeleito, Tancredo reclamou do acesso restrito da oposição ao debate público. "O rádio e a televisão estão fechados à oposição, e os sistemas de pressão contra ela impedem até o seu comparecimento às praças públicas para pregação."[549]

Na eleição de 1966, a Arena aumentou a bancada na Câmara de 252 para 277 deputados. O MDB caiu de 146 para 132 deputados. Em janeiro de 1967, o Congresso votou a primeira tentativa de restabelecer eleição direta para presidente da República. Mas com a maioria governista reforçada, a proposta do senador Josaphat Marinho teve 39 votos a menos do que o necessário para sua aprovação. Foram 182 votos contra a emenda, 143 a favor e doze abstenções. Tancredo votou a favor.[550] Cinco meses depois, o MDB lançaria uma campanha pela redemocratização do país na sede Associação Brasileira de Imprensa, no Rio.[551]

De um lado, o MDB partia para a mobilização pública, de outro, articulava. Tancredo, Ulysses Guimarães e o senador Antônio Balbino jantaram com o presidente Costa e Silva, na casa do general Mário Gomes, no final de março de 1968.[552] Costa e Silva havia iniciado o mês disposto a se aproximar do Congresso Nacional "para prestigiar a ação dos parlamentares".[553] O fato é que o Congresso havia derrubado seis vetos do presidente a emendas no Orçamento da União. "Quem devia estar irritado era eu, porém não estou. O Congresso é soberano, decide como quiser", contemporizou Costa e Silva, em falsa mesura ao Legislativo.[554]

O movimento estudantil começava a se agitar. Secundaristas que faziam as refeições no restaurante do Calabouço, na avenida General Justo, ao lado do largo da Misericórdia, no centro do Rio, se preparavam para sair às ruas pedindo a melhora da alimentação e a conclusão das reformas do refeitório universitário. A polícia reprimiu a manifestação com tiros. O restaurante foi depredado, muitos estudantes feridos por estilhaços de granadas e atingidos por bombas de gás lacrimogêneo. O secundarista Edson Luís de Lima Souto morreu aos dezoito anos, atingido com um tiro à queima-roupa.

Nascido no Pará, Edson Luís queria cursar medicina. Estudava no Instituto Cooperativo de Ensino, ao lado do Calabouço. Para sobreviver, fazia serviços de limpeza e de auxiliar de administração do instituto. A polícia agiu de modo tão desastrado que uma bala perdida atingiu uma pessoa que se pôs à janela do escritório para acompanhar os confrontos.[555] O país antecipou-se a maio de 1968, que alastraria pelo mundo protestos estudantis por reformas universitárias e pela paz. Maio começou no Brasil às 18h30 de 28 de março, quando Edson Luís foi baleado.

Dias depois do encontro com o presidente Costa e Silva, Tancredo refletiu sobre o caminho a tomar. Criar estratégias e táticas racionais para a ação política em prol da redemocratização lhe parecia a melhor via para isolar os setores do governo militar que muito provavelmente optariam pela radicalização e a ruptura total com o sistema democrático. Mais uma vez, antecipou passos do governo: "Acredito que Costa e Silva esteja sendo pressionado, não diretamente, entretanto pelas circunstâncias criadas, a endurecer a política de seu governo".[556]

Para ele, a aproximação política da oposição com a situação era como um voo conjunto: ou todos se salvam ou todos se espatifam no chão. O então presidente da Câmara, deputado José Bonifácio, nascido em Barbacena e com base eleitoral em Santos Dumont (MG), terra do inventor da aviação, tinha mais medo de avião do que de comunista. Como não queria conversa com estudantes e vermelhos, em maio de 1968 decidiu enfrentar o inimigo que lhe parecia mais fácil. Anunciou que iria de avião de Brasília para Belo Horizonte e convidou a bancada mineira para acompanhá-lo na aventura. Tancredo sentou-se ao seu lado e recolheu um dos casos que repetiria vida afora. Bem-humorado, Bonifácio comparou-se a Milton Campos, quando abordado pela aeromoça em um momento tenso do voo.

— Sente falta de ar? — perguntou ela.

— Não, minha filha, sinto falta é de terra mesmo.[557]

O armistício nos ares não impediu críticas pontuais de Tancredo ao governo.[558] De todo modo, o ambiente político parecia arejar-se. O Supremo Tribunal Federal havia declarado que "ser marxista e manifestar adesão ideológica ao marxismo não é crime", anulando condenação imposta pelo Superior Tribunal Militar ao sociólogo e professor universitário paulista Eder Simão Sader.[559]

Porém, maio de 1968 surpreendeu o mundo. Os estudantes queriam a imaginação no poder; e o poder imaginava os estudantes o mais longe possível. Milhares de franceses ocuparam as ruas, montaram barricadas e responderam com bombas caseiras aos ataques da polícia. Protestavam contra a prisão de estudantes pela polícia e o fechamento dos campi da Sorbonne e de Nanterre, ambos da Universidade de Paris. Brigavam também pela mudança da estrutura educacional francesa. No Brasil, após a morte de Edson Luís, as marchas de protesto e reivindicação se multiplicaram pela maior parte das capitais. Os Estados Unidos estavam atolados no Vietnã e suas cidades polvilhavam de pacifistas nas ruas. Assim estavam também as ruas de uma das mais belas capitais do Leste Europeu, até que a União Soviética invadiu a República Tcheca e ceifou a Primavera de Praga.

"Os estudantes são tratados como marginais, torturados e até mortos nas ruas. Os operários são amordaçados para não protestar contra a asfixia salarial; falam em sindicatos livres, enquanto o cutelo ameaçador paira sobre a cabeça dos trabalhadores", reclamou Tancredo.[560] Em agosto, o deputado mineiro ganhou naquele ano mais um motivo para tachá-lo como o mês do desgosto. Em 1954, sofrera com a morte de Getúlio; em 1961, assustara-se com a renúncia de Jânio. Em agosto de 1968, d. Antonina, sua mãe, morreu aos 87 anos. Vivia na mesma casa onde criara os filhos, em São João del-Rei. Oito anos mais tarde, também em agosto, Tancredo se abalaria com a morte de JK, selando de modo definitivo sua aversão ao mês.

Mas setembro seguiu seu antecessor em horrores. Nos dias 2 e 3, o deputado Marcio Moreira Alves, do MDB, fez dois pronunciamentos fortes na Câmara. "Quando o Exército não será um valhacouto de torturadores?", perguntou no primeiro. No dia seguinte, apelou para que houvesse boicote às comemorações do Dia da Independência. "Seria necessário que cada pai, cada mãe, se compenetrasse de que a presença de seus filhos nesse desfile é o auxílio aos carrascos que os espancam e os metralham nas ruas. [...] Este boicote pode passar também às moças, àquelas que dançam com os cadetes e namoram jovens oficiais."[561]

Hermano Alves, também deputado do MDB, escreveu uma série de artigos no *Correio da Manhã* considerados pelo ministro do Exército Lyra Tavares (atendendo ao apelo de seus colegas militares e do Conselho de Segurança Nacional) "ofensas e provocações irresponsáveis e intoleráveis". O governo solicitou ao Congresso licença para instaurar processo de cassação dos dois deputados. A discussão se arrastou por meses. Em 12 de dezembro, a Câmara recusou, por uma diferença de 75 votos (e com a colaboração da própria Arena), o pedido de licença para processar Marcio Moreira Alves. Tancredo acompanhou o voto da maioria.

No dia seguinte, 13, o governou baixou o Ato Institucional nº 5. Autorizava o presidente da República a decretar o recesso do Congresso Nacional; intervir nos estados e municípios; cassar mandatos parlamentares; suspender, por dez anos, os direitos políticos de qualquer cidadão; decretar o confisco de bens considerados ilícitos; e suspender a garantia do habeas corpus. No preâmbulo do ato, dizia-se ser essa uma necessidade para atingir os objetivos da revolução, "com vistas a encontrar os meios indispensáveis para a obra de reconstrução econômica, financeira e moral do país". No mesmo dia foi decretado o recesso do Congresso Nacional por tempo indeterminado.

Ao fim do mês de dezembro de 1968, onze deputados federais foram cassados, entre eles Marcio Moreira Alves e Hermano Alves. A lista de cassações aumentou no mês de janeiro de 1969, atingindo parlamentares, professores, juízes e ministros do Supremo Tribunal Federal.

A suspensão do habeas corpus pelo AI-5 colocou o termo latino em evidência. Naqueles dias de tensão, Tancredo desanuviava o ambiente contando um causo que dizia ser do tempo em que advogava em São João del-Rei. Um caipira bateu à porta do seu escritório.

— Quero um Corpus Christi — pediu.

— Não é aqui. É na igreja — respondeu Tancredo.

— É que não quero ser preso — esclareceu o caipira.

— Ah, o que você quer é um habeas corpus.[562]

Em 31 de agosto de 1969, novamente o mês do desgosto, veio a público que o presidente Costa e Silva se encontrava gravemente enfermo. Havia sofrido uma isquemia. Tinha metade do corpo paralisado e não conseguia falar. Nos quartéis, as mais importantes lideranças militares conspiravam como se fossem personagens de Shakespeare a repetir "sua queda me fará levantar".[563]

Depois de semanas de desinformação, dúvidas e disputas internas, os ministros militares Aurélio de Lyra Tavares, do Exército, Augusto Rademaker, da Marinha, e Márcio de Souza e Melo, da Aeronáutica, editaram o AI-12. Esse ato institucional, medida de força que só a ditadura permitia, oficializava a investidura de uma Junta Militar na presidência da República. Era constituída pelos comandantes das Três Forças. Colocava para escanteio o vice-presidente Pedro Aleixo, civil substituto constitucional do presidente, com a mesma soberba que os atos institucionais chutavam a Carta de leis.

A crise política desencadeada com a doença de Costa e Silva foi agravada em 4 de setembro. Grupos esquerdistas sequestraram o embaixador norte-americano no Brasil, Charles Burke Elbrick. Exigiram como resgate a libertação de quinze presos políticos. A demanda foi atendida, no entanto cinco dias depois o governo editou o AI-13, criando a pena de banimento, imediatamente aplicada aos quinze presos libertados. Como se não bastasse, no mesmo dia, a junta militar baixou os AIs-13 e 14. Previam pena de morte e prisão perpétua nos casos de "guerra externa psicológica adversa" e de "guerra revolucionária ou subversiva", definidas pela Lei de Segurança Nacional.

Com a queda de Costa e Silva, que morreria em dezembro de 1969, os conspiradores se chocavam na escolha de qual liderança levantar. Como a discórdia dos poderosos alimenta a desconfiança do povo, os integrantes da Junta Militar decidiram consultar os quartéis sobre o nome preferido. Um arremedo de gesto democrático, limitado aos militares, claro. Coube ao ministro do Exército, Lyra Tavares, processar e revelar o resultado da consulta: em primeiro, ficara o general Emílio Garrastazu Médici; em segundo, o general Orlando Geisel; em terceiro, o general Antônio Carlos Muricy; e em quarto, o general Syzeno Sarmento.[564]

O general que mais articulou para se tornar presidente, Afonso Albuquerque Lima, foi liminarmente descartado pelo alto-comando do Exército. A disputa estava restrita àqueles que tinham quatro estrelas no ombro, correspondentes ao cargo de general de Exército, e faltava estrela a Albuquerque Lima.

Médici considerava-se amigo de Costa e Silva e dizia sentir-se constrangido em ocupar seu lugar. Quando sondado a primeira vez para ser presidente, juntou as mãos como se estivessem algemadas e assegurou: "Só aceito assim".[565]

Desconhecido do grande público, Médici adquirira prestígio no meio militar por sua atuação à frente do Serviço Nacional de Informações. Conta Elio Gaspari que, na conversa em que discutia a escolha do novo presidente com a Junta Militar, Médici recorreu a um estratagema engenhoso.[566] Perguntou aos integrantes da Junta se teria a prerrogativa de escolher o vice-presidente. Ouviu que sim.

— Posso escolher quem eu quiser? Escolho o Tancredo. Não pode, não é? Pois quero Rademaker — provocou Médici.

— Combinamos que nenhum de nós pode — ouviu do almirante.

— Então não aceito.

Médici descartou a presidência e retirou-se do gabinete. "Se não fizesse isso, não nomeava ninguém", analisou depois. Rademaker teve de ceder e tornou-se vice-presidente.

Por meio do AI-16, editado em 14 de outubro, foram declarados vagos os cargos de presidente e de vice-presidente da República. Estabeleceu-se 25 de outubro como data para que o Congresso formalizasse a escolha feita pelos militares entre quatro paredes. A Arena convocou convenção extraordinária e endossou a dupla Médici-Rademaker, admitindo que a "condução revolucionária" se processava por "razões de segurança".

Antes da eleição, a Junta Militar reformou a Constituição de 1967. Entre as mudanças incorporadas ao novo texto estavam a pena de morte e a de banimento, em razão do aguçamento das atividades de oposição armada ao regime, e a ampliação do estado de sítio, com possibilidade de prorrogação por tempo indeterminado. A nova Carta aprofundou o retrocesso político. Incorporou as medidas autoritárias dos Atos Institucionais, consagrando a intervenção federal nos estados, a cassação da autonomia administrativa das capitais e de outros municípios e a imposição das restrições ao Poder Legislativo.

Após dez meses de portas trancadas, o Congresso foi reaberto para a eleição do novo presidente. Em 30 de outubro, Emílio Garrastazu Médici assumiu a presidência, com mandato até 15 de março de 1974. Iniciou-se período de abrutamento da repressão policial e de desrespeito aos direitos humanos. A tortura de presos sob a tutela do Estado ampliou-se e virou doutrina secreta. Coube ao governo Médici a responsabilidade por mais de um terço dos 434 presos políticos mortos ou desaparecidos da ditadura militar, como reconhecido pela Comissão Nacional da Verdade em 2014.

Sob o peso da espada militar, o Congresso deu 293 votos favoráveis a Médici. Os 76 deputados da oposição se abstiveram.[567] Tancredo absteve-se de votar no terceiro general a comandar a ditadura militar.

Com o ambiente político azedo, Tancredo permaneceu deputado, mas dedicou-se mais aos negócios, além da família. Assumiu a presidência da Ipiranga Hotéis e Turismo, agência situada em São João del-Rei,[568] foi um dos fundadores da Companhia Alterosa de Cervejas[569] e atuou como diretor da Companhia de Cimento Portland Barroso. Negociou com o Banco de Desenvolvimento de Minas Gerais empréstimo para expansão da empresa em 1969.[570]

Na campanha eleitoral de 1970, priorizou o uso da televisão. Optou por fazer "crítica contundente e dura ao governo, sem nunca, contudo, contestar a revolução". Deixou de reclamar da ilegalidade do governo instalado para centrar-se nas medidas políticas que sufocavam os brasileiros.[571] Ao final da campanha, comemorou os 4 mil votos que obteve em uma cidade que sequer visitou. Em 15 de novembro de 1970, conseguiu novo mandato com a maior votação do MDB em seu estado: 57 094 votos.

Cartaz da campanha eleitoral de Tancredo Neves à Câmara Federal, 1970 (Acervo Fundação Getulio Vargas – Cpdoc).

Quase três anos depois da eleição, o Tribunal Regional Eleitoral de Minas reduziu os votos de Tancredo. Com dois outros parlamentares, ele havia sido beneficiado por fraudes na apuração da eleição na pequena cidade de Ituiutaba, no Triângulo Mineiro. Tancredo não teve participação na fraude, apesar de beneficiado por ela, avaliou o TRE-MG. Perdeu 676 votos.

Duas semanas depois de reeleito, sofreu um acidente de carro na rodovia BR-135, classificado de "espetacular" pelos jornais. Em 3 de dezembro, Tancredo e Risoleta Neves saíam de São João del-Rei com destino a Belo Horizonte em uma caminhonete Chevrolet, dirigida pelo motorista da família. Às treze horas, perto de Congonhas do Campo, um automóvel Ford Galaxie foi atingido por uma carreta que vinha em sentido contrário. Desgovernado, o Galaxie cruzou a pista e bateu no carro em que estava o casal Neves. Os pandarecos resultantes do choque impressionaram o fotógrafo do *Jornal do Brasil*[572] que os registrou. Risoleta sofreu apenas arranhões leves nas costas e Tancredo não se feriu.

— Puxa! Até que os fados são promissores: o MDB começa a renascer — gracejou ele.[573]

E foi Ulysses Guimarães quem assumiu a presidência desse MDB renascido.

Em 1971, Tancredo apresentou projeto que suprimia a pena de morte no Brasil, substituindo-a por reclusão máxima de trinta anos.[574] Foi derrubado logo na primeira etapa, ainda na Comissão de Constituição e Justiça. Desiludido, contrariou-se ao ver que o MDB abraçaria a campanha de convocação da Constituinte. Achava-a irrealista.[575]

Revelou a amigos o novo comportamento que iria adotar no Congresso. Trocaria o parlatório barulhento pelo trabalho silencioso das comissões temáticas. Coube a ele a presidência da comissão de economia da Câmara dos Deputados em 1971.[576] Adversário da política econômica em vigor, numa época em que a censura à imprensa impedia a divulgação dos discursos de parlamentares da oposição, Tancredo assumiu como norma convidar ministros da área para prestar depoimentos à comissão sobre as principais medidas governamentais. Eles quase nunca compareciam. Enviavam assessores do segundo escalão.

— O que houve comigo é que perdi o entusiasmo. Há quantos anos se ouve falar em Tancredo Neves? Não acha que já chegou para mim a hora de pendurar as chuteiras, dando assim oportunidade aos mais novos? — queixou-se.[577]

O embaixador Vasco Mariz, secretário de Assuntos Legislativos do Itamaraty entre 1974 e 1977, contou como vivia Tancredo à época.

> Nessa época Tancredo estava claramente em baixa e poucos parlamentares se recordavam dos *golden days* em que ele fora primeiro-ministro. Tancredo não tinha sequer um escritório pessoal e pousava em uma salinha nos fundos do gabinete do presidente da Comissão de Economia da Câmara, Rubem Medina. Eu fazia a ronda diária pelos principais gabinetes da Câmara dos Deputados e do Senado Federal e encontrava Tancredo com frequência no gabinete de Medina.[578]

O acaso levou Tancredo a conhecer a goiana Antônia Gonçalves de Araújo. Ela era assessora do deputado Braz de Assis Nogueira, da Arena paulista, também membro da comissão de economia. Tancredo tinha 61 anos; Antônia, 37. Estabeleceu-se ali uma relação que duraria catorze anos.

"Fui designada para a comissão de economia, porque esta é minha formação. Só que não sei nada de economia", admitiu Antônia. Havia sido contratada em agosto de 1971 com a função de analista legislativa. "Naquele tempo, só havia concursado. Tinha de ir de sapato de salto, meia. Tinha de ir arrumadinha. Não podia usar calças jeans."[579]

Antônia Gonçalves de Araújo nasceu em 1933 numa fazenda em Pires do Rio, interior de Goiás. O município havia sido fundado onze anos antes. A cidade surgiu a partir da construção do entroncamento ferroviário que ligou a Ferrovia Centro-Atlântica ao porto de Santos, em São Paulo. Quarenta anos antes de Brasília, foi a primeira cidade planejada do estado de Goiás.

Descendentes de portugueses e índios, os pais de Antônia tiveram treze filhos. Católica praticante, a mãe acreditava que a procriação era a missão que Deus reservava às mulheres. Transferiu seu fervor à família, da qual fazem parte um frade e um padre. Desde pequenos, os filhos eram encaminhados para estudar em internato conduzido por freiras em Goiânia. "Meu pai foi um herói. Dar conta destes filhos não era brincadeira, não. Minha mãe não nos educava. Ela havia se casado com apenas quinze anos. Como a família era muito católica, era natural que estudássemos em colégio católico."

Concluído o ensino médio, Antônia voltou a Pires do Rio. Foi professora primária e escrivã concursada de cartório. Estudou letras em Goiânia e depois mudou-se para Brasília, onde cursou economia. Deu aulas de português para as freiras americanas que cuidavam do Mosteiro Santa Maria Mãe de Deus, em Mineiros, no interior de Goiás. Foi com elas que aprimorou o inglês. "Sempre tive vocação de professora. Eu tinha um inglês de ginásio. Dava aula de português para as irmãs, e elas faziam questão de dar aula de inglês para mim."

A amizade estabelecida fez com que as religiosas, da ordem das beneditinas, conseguissem uma bolsa para que Antônia fosse estudar na Mount St. Scholastica, em Atchison, Kansas, no meio-oeste dos Estados Unidos. "Tenho amigos até hoje deste tempo. Sou estudiosa. Era *special student* do *College*. Tinha as aulas que escolhia, em especial história e literatura inglesa."

Mas Antônia deixou o curso no Kansas antes da conclusão. Os irmãos escreviam reclamando de saudades imensas e a mãe não falava com ela porque a ligação internacional era difícil e se acanhava de não conseguir se comunicar em outro idioma. Ao desembarcar na recém-inaugurada Brasília, Antônia pediu a um taxista que a levasse até a sede da embaixada norte-americana. Com domínio fluente do inglês, pleiteou emprego. Disseram-lhe que preenchesse um formulário e aguardasse contato. Da embaixada, Antônia seguiu para a rodoviária. À época, os 230 quilômetros que separavam Brasília de Pires do Rio eram cumpridos em quase seis horas de viagem. Não havia ficado nem quinze dias no interior goiano quando recebeu uma carta da embaixada dos Estados Unidos convocando-a para a disputa da vaga de secretária.

Desde 1941, o Brasil havia assinado vários acordos militares com os Estados Unidos. Dentro da política de boa vizinhança estabelecida depois do fim da Segunda Guerra Mundial, os norte-americanos chegaram a planejar a instalação de dez bases dentro do país. Mantiveram missões em Natal e Fernando de Noronha. Em julho de 1964, o Brasil permitiu que 75 militares norte-americanos iniciassem um levantamento aerofotográfico do território nacional, com exceção de São Paulo. Por ser o maior parque industrial da América do Sul, o estado foi considerado zona proibida pelo Conselho de Segurança Nacional. O mapeamento usaria as mais modernas técnicas de imagens, e o Brasil pagaria 4 milhões de dólares aos americanos, além de custear transporte, alimentação e hospedagem.[580] A missão era coordenada pelo Serviço Geodésico Interamericano.[581] O sistema eletrônico de levantamento de terrenos utilizando aviões e estações terrestres recebeu o batismo secreto de Projeto Hiran, com dotações de 200 milhões de dólares. Arquivos do Departamento de Estado revelam que o Hiran estava vinculado ao programa de mísseis balísticos intercontinentais, sendo de maior interesse militar do que a simples elaboração de mapas. O regime militar não demorou muito tempo para comprová-lo.

"Quando cheguei para o teste descobri que o emprego era vinculado à Força Aérea americana. Eles faziam o mapeamento do país. O comandante era o coronel [Joseph D.] Iseman. Um homem muito bonito. Quando terminei o teste, ele me contratou. Além de saber inglês, sempre fui esforçadinha", contou Antônia.

"Havia mais de uma centena de homens na base militar de Brasília. A maior parte do grupo era de rapazes que estavam servindo à Força Aérea. Ocuparam todo o Brasília Palace. Eu era a única funcionária mulher. Nenhum deles falava português. Eu tinha de traduzir quase todos os encontros entre os militares americanos e os militares brasileiros."

Antônia sabia que a estada dos americanos era temporária, então fez concurso para entrar para a Câmara dos Deputados. Passou e tratou de adiar a matrícula, continuando a trabalhar para os americanos.

A Câmara me chamou algumas vezes para assumir a vaga. Fui adiando. O coronel dizia que eu era indispensável. Havia alguns brasileiros do Estado-Maior da Aeronáutica que viajavam com eles. Para os oficiais brasileiros era muito importante voar com os americanos, porque ganhavam conhecimento e pontuação. Na base aérea, brasileiros éramos eu e o pessoal da cozinha.

Em novembro de 1968, a rainha Elizabeth II e o príncipe Philip fizeram a primeira e até hoje única visita de monarcas ingleses ao Brasil. Foram dez dias intensos, nos quais estiveram em Brasília, Rio e São Paulo, em visita oficial, mas tendo passado ainda em Recife e Salvador. A rainha foi condecorada pelo presidente Costa e Silva, visitou o Congresso e o Supremo Tribunal Federal, abriu exposição na nova sede do Museu de Arte de São Paulo e passeou de carro aberto por Copacabana. Costa e Silva a recebeu em noite de gala no Palácio do Itamaraty, com uma gafe que ficou registrada. Esqueceu o verbo "*save*" ao propor o brinde: "*God... God... the Queen*".[582] O príncipe Philip rejeitou uma dose de gim fabricado no Brasil com licença de empresa inglesa. "Espero que cassem logo essa licença", reclamou após cheirar o copo que lhe ofereceram.

O casal real chegou ao Rio de navio, tendo embarcado em Salvador. Pegou um avião para Brasília, onde foi recebido por autoridades na base aérea. A tradutora do comandante da Força Aérea americana estava na extensa fila dos que queriam saudá-la. "Eu a cumprimentei rapidamente", lembrou-se Antônia.

Afora os salamaleques da realeza, a rígida disciplina militar e os segredos de Estado que absorvia de ouvido, o temor do futuro impôs-se. O concurso da Câmara tinha validade de dois anos. Passado este prazo, ou o concursado assumia o cargo ou a aprovação perdia validade. "Falei com o comandante. Estou com um problema. Vocês não vão ficar aqui para sempre. Isto aqui é provisório. Fiz concurso para a Câmara e eles estão me chamando. Vocês vão embora e eu fico sem emprego. Ele me disse: se você sair, como a gente faz? Um oficial brasileiro estava perto, ouviu a palavra Câmara e perguntou o que eu havia dito ao coronel americano." Antônia reproduziu seu drama entre ficar na base ou assumir o novo emprego. "O militar brasileiro cochichou: toma posse logo, porque este pessoal está indo embora. O oficial brasileiro sabia, e o americano não."

Antônia decidiu que assumiria o cargo na Câmara, no entanto sugeriu que o comandante fosse ao Estado-Maior das Forças Armadas requisitá-la. Um artifício burocrático razoável em um país no qual os militares podiam tudo. O coronel americano pediu audiência a um integrante do Estado-Maior. "O militar ignorou completamente o americano. Em português, adiantou: Este povo está indo embora. Não traduzi. Achei uma falta de educação. Falei para o americano que ele havia sido autorizado a me requisitar. Tomei posse na Câmara. Na outra semana, os americanos realmente tinham partido de Brasília."

Os militares brasileiros estavam ressabiados com o programa dos Estados Unidos. Com o regime se fechando e a desconfiança da intenção dos americanos, forçaram o encerramento do Projeto Hiran.

Bonita, morena, magra, cabelos com corte moderno, Antônia Gonçalves de Araújo iniciou sua carreira como assessora legislativa em agosto de 1971. Oito meses depois, recebeu indicação para trabalhar com o deputado Tancredo Neves. "Naquele tempo o povo não falava línguas. Um dia ele [Tancredo] me ouviu falar ao telefone em inglês e achou chique: 'Nossa, Antônia, como você fala bem!'. Ele não falava nada em inglês. Por ser o dr. Tancredo, quando assumiu mandato no Senado, a Câmara me emprestou." Começou cuidando das atividades mais prosaicas. "Dr. Tancredo tinha uma conversa muito simpática. Lia os jornais cedo. Não mexia com esse negócio de correspondência. Só assinava. Depois comecei até a assinar para ele. Porque a gente aprende. Tinha um grupinho que fazia e batia. A gente fazia de conta que era ele, não tinha outro jeito."

Antônia e Tancredo se afinaram muito rapidamente, ampliando a participação dela na vida do parlamentar. "Ele se alimentava bem. Preferia sempre comida caseira. Gostava de comida boa. De vez em quando, almoçava com ele no restaurante Piantella. Salada, carne, comia direitinho. Tomava vinho todo dia. Vinho tinto. Não comia sem vinho, não", recordou. "Era uma pessoa muito inteligente, extraordinária, uma pessoa fora do comum e com uma paciência também fora do comum. Dormia pouco, lia muito. Lia de noite."

A confiança e a intimidade estabelecida entre os dois foi testemunhada por dezenas de amigos. "Tancredo dizia que não se podia confiar em uma secretária com a qual não tivesse intimidade", afirmou o jornalista Mauro Santayana.

Depois que conheceu Antônia, Tancredo mudou de gabinete, mudou de cargo (senador, governador), mudou de aliados e amigos, só não mudou de secretária. Apontando para um quadro fixado no escritório de seu apartamento em Brasília, Antônia relembra:

Dr. Tancredo sempre teve tratamento especial na Câmara. Quando ele saiu da presidência da comissão, a Câmara deixou-me continuar como secretária parlamentar. Quando foi para o Senado, acompanhei-o como funcionária cedida. O mesmo ocorreu no governo de Minas. Aconteceria o mesmo na presidência. Até hoje tenho emoldurada a minha nomeação como secretária do presidente da República assinada por ele. Ele tinha esses privilégios.

Quando Tancredo assumiu o cargo de governador de Minas Gerais em 1983, Antônia morava em um hotel, perto do Palácio da Liberdade. Acumulou amigos como o casal Leopoldo e Isabela Bessone. Secretário do governo Tancredo, Leopoldo era dos poucos a quem ela chamava de amigo e com quem podia dividir fardos profissionais e pessoais.

Antônia tornou-se famosa nos meios políticos de Brasília por ser o caminho de acesso quase exclusivo a Tancredo. Operava a maçaneta da porta dele com critério rigoroso. Para muitos, tornou-se barreira intransponível.

Dr. Tancredo era só política. Eu cuidava do resto. Eu tomava contava de tudo. Coisa de projeto, comissão. [...] O povo não dava uma folga para ele. Coisa mais triste. De vez em quando, à noite, antes de ir para minha casa, eu passava no apartamento dele. Antes que ele chegasse, já estava assim de gente esperando. Pela manhã, passava por lá e já tinha gente conversando com ele. O pessoal não dava folga. Era tanta gente em cima que não tinha tempo de respirar. Por que eles ficavam tão em cima dele? A gente chegava lá e já tinha vinte deputados esperando. Enchia a sala, não tinha jeito. Era de matar. Estava sempre ali junto, para fazer isso, fazer aquilo. E para enxotar, porque sou meio mandona também. Entendia quando ele queria encerrar uma conversa e interferia. Por que eles tinham aquela ânsia de ficar com dr. Tancredo? A verdade é que ele era um animal político. Gostava daquilo.

Nos meses que antecederam a posse programada na presidência, Antônia recordou-se de que Tancredo mantinha o hábito de levar a mão ao abdômen. Percebendo que estava preocupado, perguntou-lhe o que sentia. "Tinha temor de ter câncer. Achava que podia ter um negócio e, se abrisse, podia dar alguma coisa. Acho que estava impressionado com a doença de um irmão, que morrera acometido de câncer. Não gostava de médico, não. Ia quando precisava", contou. "Doutor Tancredo era extremamente religioso e muito supersticioso.

Não gostava de coisas negativas. Quando estava com uma febrezinha ou com a garganta arranhando, não adiantava recomendar que fosse para casa."

A campanha ao colégio eleitoral havia sido extenuante para Tancredo. "Não é a mesma coisa de uma campanha comum, quando o político vai para o interior, sobe em palanque. Os integrantes do colégio eleitoral eram parlamentares, colegas. O candidato tinha de recebê-los o tempo todo. Ele não tinha descanso." Antônia acumulou atritos com pessoas ligadas a Tancredo, como o publicitário Mauro Salles, que driblava sua vigilância indo ao encontro do amigo em casa, pela manhã cedo.[583] Ela tentou fazer do político goiano Mauro Borges governador do Distrito Federal. Tancredo não cedeu. Em 1985, Antônia se mudou para uma casa no Lago Sul pertencente ao empreiteiro Fernando Queiroz, da Santa Bárbara Engenharia.[584] Queiroz patrocinara parte das campanhas de Tancredo.

Tinha fama de rigorosa e exigente. Recém-eleito presidente, Tancredo utilizava sala da Fundação Getulio Vargas em Brasília para montar seu ministério. Antônia ocupava a antessala. Certo dia, Tancredo presenteou Antônia com uma caixa de bombons. Ela não a abriu. Horas depois, a secretária encontrou a caixa violada. Inconformada, chamou os seguranças e exigiu que o "ladrão" fosse localizado. Dizia, em voz alta, que era um absurdo ter ocorrido um furto na antessala do futuro presidente da República. Tancredo, que ouvira quieto o quiproquó de sua sala, apaziguou:

— Antônia, para que tanto escândalo? Fui eu que peguei o bombom!

Na véspera da posse, Tancredo não apareceu na sede da transição de governo, situada num prédio da Fundação Getulio Vargas, em Brasília. Segundo Antônia:

Dr. Tancredo me ligou, dizendo que não ia ao escritório. Recomendou que organizasse todas as nomeações e mandasse para a casa dele, para que fossem assinadas. Até a minha própria nomeação. Assim fiz. Não deu nem para ir à missa, que seria sua última aparição pública. Acabei trabalhando até tarde. Fiquei surpresa quando soube que estava internado. Mas achava que seria coisa simples, pois ele não parecia ter nenhuma doença grave.

Quando foi internado, ela viu reduzida ao mínimo sua capacidade de interferência.

Ele morreu porque foi para São Paulo. Se dr. Tancredo ficasse doente aqui, eu não deixaria aquele povo em cima dele. Em São Paulo, a família deixou. Tinha dia que tinha vinte pessoas em cima dele. Como os médicos deixaram? Morreu de infecção. Claro. Eu não deixaria. A família não tinha costume com ele. A verdade é essa. Dr. Tancredo era político. Quando a família veio para a posse, ele ficou com a família e não pude fazer nada. Eu fazia... Quando a gente é funcionária... Eu podia fazer. Eles ficaram em cima... Como era véspera da posse, a família já estava em Brasília. Foi internado e depois transferido para São Paulo. Não acompanhei nada. Só fui ao enterro, em São João del-Rei.

Risoleta não morava com Tancredo em Brasília e restringia ao máximo os períodos em que lá passava. Ou estava no Rio ou estava em Minas Gerais. Na capital da República, Tancredo dividiu apartamento com Francisco Dornelles, Mauro Salles e Aécio Neves. Dava abrigo a amigos como o deputado Otavio Elísio. Era a cidade em que Antônia controlava Tancredo. Cuidava da agenda, dos compromissos, das refeições, enfim, da vida dele.

Morto o presidente eleito, Antônia se desentendeu com José Sarney. Recusou convite para que permanecesse como secretária da presidência da República em 1985. Pediu que fosse nomeada diretora da estatal siderúrgica Acesita. Sarney questionou se teria qualificações para o cargo. Antônia perguntou ao presidente qual a qualificação que Tancredo Augusto, filho do presidente morto, tinha para ser indicado para o conselho diretor da Petrobras e qual qualificação Aécio Neves, neto, possuía para ser nomeado diretor de loterias da Caixa Econômica Federal.[585] Não teve mais condições de manter-se no Palácio do Planalto.

O governador do Distrito Federal, José Aparecido de Oliveira, amigo de Tancredo, nomeou-a diretora financeira da Companhia de Eletricidade de Brasília. Antônia aposentou-se da Câmara para assumir o emprego. "Quando cansei, saí do cargo", resumiu ela. "Quando me perguntam hoje o que ando fazendo, eu brinco dizendo que sou mulher à toa. Sabe o que é mulher à toa?"

Antônia Gonçalves de Araújo tinha 52 anos quando Tancredo morreu. Trinta anos depois, permanecia solteira. A memória mais vistosa de Tancredo é o quadro de sua nomeação na parede. Em seu apartamento, nenhuma foto aparente lembra a relação de catorze anos.

Quando Tancredo estava internado em São Paulo, em meados de abril, e sua condição clínica já parecia irreversível, montou-se uma grande operação para que o visitasse no hospital. Ela estava angustiada porque não o via havia mais de um mês. Coube ao embaixador Paulo Tarso Flecha de Lima afastar a família de perto do leito de Tancredo e permitir que Antônia o visse. Flecha de Lima, secretário-geral do Itamaraty, arranjou reunião para que se discutissem as respostas a cartas e telegramas internacionais de modo a reunir os Neves em sala distante da ala do presidente. Nenhum membro da família ousaria consultar Risoleta sobre eventual permissão para que Antônia visitasse o marido.

Segundo Flecha de Lima,

> ela foi muito bonita quando jovem. Muito inteligente. Quem conseguiu que ela entrasse no quarto com Tancredo para se despedir dele fui eu, graças a minha relação com o dr. [Henrique] Pinotti. Ele estava consciente. Ela pediu. E eu consegui. Aquilo era uma barreira quase intransponível. Ficou minha camarada por causa disso. Tancredo dependia muito dela. Ela o defendia muito. Conhecia a vida dele, melhor que d. Risoleta e qualquer um dos filhos. Conviveu com ele. De uma lealdade muito grande. O governo ia ser um problema sério: Tancredo no terceiro andar do Palácio do Planalto, Risoleta no quarto, Antônia no segundo, mais Tancredo Augusto.

No velório no Palácio do Planalto, Antônia havia feito questão de que sua coroa de flores em memória de Tancredo fosse das maiores e mais vistosas, superando as enviadas por delegações estrangeiras e muitos dos familiares do presidente. Tinha margaridas brancas e crisântemos rosa. Na faixa, apenas uma palavra: Antônia. De saia branca e casaco preto, estava só e silenciosa. Para ver Tancredo no caixão, contou com ajuda de assessores palacianos para furar a fila dos milhares de brasileiros que se despediam do presidente. Chorou de modo contido. Por se demorar, foi convidada a acelerar sua despedida. Não falou uma palavra, depois de olhar o caixão mais uma vez. Ao se retirar do Palácio do Planalto, acenou de longe para integrantes da família Neves que estavam no mezanino.[586]

No enterro em São João del-Rei, dirigiu-se à capela-mor onde o corpo estava sendo velado. Um segurança barrou sua entrada: "Dona Risoleta só quer a família aqui".[587] Com o clima azedado em relação a si, com parte dos Neves contrariada por sua presença, Antônia recorreu a dois políticos que considera amigos para ver Tancredo pela última vez. Entrou no velório de mãos dadas com Fernando Henrique Cardoso e José Aparecido de Oliveira. Os amigos lhe foram solidários. Ela temia algum constrangimento. Não queria criar caso. Apresentou, no entanto, argumento que parecia irrefutável: tinha direito a se despedir do amor de sua vida, ao qual se dedicara por catorze anos.

12. Com o monstro no encalço

Depois do golpe militar, os órgãos de espionagem do regime escarafuncharam a vida de Tancredo Neves. Por repetidas vezes, em períodos próximos a atos de cassação, militares compilaram informações a seu respeito. Não entrou em nenhuma das listas, apesar da existência de pedidos explícitos.

A Comissão Geral de Investigações (CGI) vasculhou cerca de 25 mil pessoas, empresas e instituições durante os onze anos de sua existência (1968-79). Atuou no período mais repressor da ditadura, durante os governos Costa e Silva e Médici. Era um tribunal sumário, comandado por oficiais das Forças Armadas, que por meio de um simples ofício podiam bloquear bens e quebrar o sigilo bancário e fiscal dos investigados, sem necessidade de autorização judicial. Em vez de a comissão provar a culpa, cabia aos alvos atestar inocência. Os Processos de Investigação Sumária, sigilosos, eram ferramentas da máquina de perseguição política a opositores da ditadura militar.

Entre 1968 e 1973, a CGI analisou 1153 processos. Com métodos e poder ilimitados, arquivou mais de mil deles. De um total de 58 propostas de confisco, 41 casos foram efetivamente decretados pelo presidente da República.[588] Entre as denúncias e a "efetiva comprovação" pela CGI de enriquecimento ilícito, havia um arenoso campo de investigações em que vicejavam a intriga e o abuso de poder. Quatro em cada cinco dos atingidos por denúncias eram políticos ou funcionários públicos. Somente em 1973, chegaram ao Sistema CGI, como era conhecido, cerca de quatrocentas representações ou denúncias.

A comissão tinha em seus quadros 33 militares, sendo dois oficiais-generais da ativa, 124 especialistas em direito, dezoito contadores, treze economistas, além de administradores e até médicos. Com sede no Rio, ocupava parte das instalações pertencentes ao Instituto Nacional de Previdência Social, numa área de seiscentos metros quadrados dividida em quinze pequenas salas separadas por divisórias.

A CGI investigou, dentre centenas de políticos, os ex-presidentes João Goulart e Juscelino Kubitschek, o deputado Ulysses Guimarães e o ex-governador do Rio Grande do Sul Leonel Brizola.[589] A vida patrimonial de Goulart foi devassada. A CGI analisou bens, rendimentos e negócios, entre 1942 e 1969, o que resultou em dossiê de trezentas páginas. Os militares apontaram suposto enriquecimento ilícito de Goulart, em especial no caso de uma fazenda adquirida nos anos 1950 e só declarada ao Imposto de Renda oito anos depois da compra. O processo foi arquivado. Assim como o de Ulysses, acusado de receber apoio de servidores do Fisco em benefício de sua candidatura à Câmara.

Juscelino Kubitschek, alvo de vários processos sumários na CGI, enfrentou a acusação de enriquecer-se com a construção de Brasília. O dono de empreiteira que participou das obras na nova capital, segundo depoimento anexado na investigação, admitiu ter dado um terreno de "presente" ao ex-presidente. JK argumentou não ter havido comportamento ilegal. Os processos foram arquivados.

Por pelo menos três vezes, a agência central do Serviço Nacional de Informações requisitou o prontuário de Tancredo de Almeida Neves: em janeiro e em abril de 1969 e em março de 1977. As datas se aproximam daquelas em que houve cassações de parlamentares, efetivadas por atos institucionais ou complementares. Decretos publicados em 16 de janeiro, 7 de fevereiro e 29 de abril de 1969 cassaram parlamentares. O ato discricionário se repetiu em 14 e em 30 de junho de 1977. Entre essas datas e os requerimentos com o prontuário de Tancredo, há mais do que coincidências e averiguações aleatórias.

Tancredo chegou a constar de minuta de cassação preparada pelo ministro da Justiça, Luiz Antônio da Gama e Silva. Seu nome aparece entre os que Gama e Silva propôs cassar no inquérito 60 650/69.[590] Orlando Geisel agiu em sua defesa, retirando-o da minuta.

As acusações presentes em arquivos do SNI contra Tancredo se dividem em dois tipos. As políticas são por críticas ao regime militar. As econômicas têm origem em não comprovadas irregularidades no crescimento de seu patrimônio.

Em 1964, o SNI relatou que Tancredo adquiriu uma usina de açúcar em Ponte Nova (MG) por 5 milhões de cruzeiros, constrangendo o proprietário a passar-lhe o controle da empresa. Sendo diretor do Banco do Brasil, negou ao dono da usina um empréstimo de 5 milhões, quando este oferecia a propriedade como garantia. De acordo com o SNI, ao comprá-la, obteve do banco que dirigia 10 milhões, dando como garantia a mesma usina avaliada na metade desse valor. Mais adiante, informava que Tancredo usara idêntico processo para conseguir o controle de uma fábrica de tecidos em São João del-Rei.[591]

Tancredo foi realmente diretor de uma usina de açúcar em Ponte Nova. E, entre 1936 e 1950, de fato, foi diretor-proprietário da Fiação e Tecelagem Matozinhos S.A. e da Tecelagem São João Ltda., ambas localizadas em São João del-Rei.

De acordo com o SNI, a derrota de Tancredo Neves para Magalhães Pinto em 1960 deixou-o com dívidas de campanha eleitoral. "Quando perdeu as eleições para o governo de Minas Gerais, ficou desesperado. Falou-se até em tentativa de suicídio, pois devia uma importância considerável (só ao Banco da Lavoura 40 milhões), mas pagou tudo rapidamente quando foi ministro", especificou o serviço maliciosamente. Após ser derrotado em Minas Gerais, Tancredo foi presidente do Banco Nacional de Desenvolvimento Econômico de novembro de 1960 até março de 1961, tendo sido eleito primeiro-ministro em setembro do mesmo ano.

Na eleição de 1966, quando disputou uma cadeira de deputado federal, a ficha do SNI trouxe o seguinte apontamento: "Teria desviado verba federal (fundo do trigo) para financiar campanha política". Não detalhava a acusação nem explicava sua origem.

Em fevereiro de 1967, o parlamentar mineiro é apontado como "um dos donos de vastíssima jazida de mineral altamente radioativo, de teor avaliado em 90%". "A mina fica nas proximidades de São João del-Rei/MG, e o minério é vendido ao preço de CR$ 1 200 000,00 o quilo. A última partida foi vendida através da embaixada da Tchecoslováquia", detalhava o SNI.

Jazidas de minérios radioativos, entre eles urânio e lítio, foram descobertas em 1948 em São João del-Rei. Poucos anos depois, o então governador de Minas, Juscelino Kubitschek, teve planos de sediar lá a primeira usina atômica brasileira.[592] Mas não há registro dessa mina nas declarações de bens de Tancredo Neves.

Tancredo Neves em sua residência (26 de agosto de 1969/Acervo Fundação Getulio Vargas – Cpdoc).

Em janeiro de 1969, o SNI acusou grupo econômico supostamente liderado por Tancredo de ter comprado o Banco Almeida Magalhães, em nome de seu genro. "A nova organização estaria propensa a negociar apenas com letras de câmbio, fugindo aos compromissos rotineiros com seus clientes", anotava o SNI, listando como administradores um familiar de Tancredo e um antigo companheiro do PSD em São João del-Rei.

O Banco Almeida Magalhães foi fundado em 1860, na cidade natal de Tancredo, pelo comendador Custódio de Almeida Magalhães,[593] antepassado de Dario e Raphael de Almeida Magalhães, pai e filho, políticos que realmente foram próximos a Tancredo por toda a vida. Uma das primeiras casas bancárias de Minas Gerais, só possuiu agências em São João e no Rio. Foi incorporada na década de 1970 ao Grupo Ipiranga.

Em abril de 1969, os agentes do SNI escreveram que Tancredo vinha "bloqueando a montagem de uma fábrica de cimento" em São João del-Rei. "Esta irá contrariar seus interesses particulares, pois é um dos grandes acionistas da Cia. de Cimento Portland Barroso, localizada em cidade vizinha", concluía o texto. Tancredo, de fato, foi conselheiro, diretor e vice-presidente da Cimento Portland Barroso, mas não acionista.

Em discurso em Barroso, cidade-sede da empresa, Tancredo rememorou que teve papel decisivo em sua instalação, em 1955, ao convencer o empresário pernambucano Severino Pereira da Silva a investir em Minas: "Tive notícia de que se cuidava de implantar uma importante fábrica de cimento em São Paulo. Identifiquei os responsáveis por esse empreendimento. Eu os procurei e não me foi difícil convencê-los que eles não encontrariam melhor região, melhor situação nem melhores condições geológicas do que essa região de Barroso para implantar sua fábrica de cimento".[594]

Entre os moradores de São João del-Rei, que dista 35 quilômetros de Barroso, ficou a lenda de que Tancredo não sugeriu que a empresa fosse instalada na cidade natal porque era muito sensível a problemas respiratórios e temia a poluição que iria produzir.[595]

Em julho de 1972, o SNI o acusou de figurar em relatório do corregedor eleitoral sobre fraude nas urnas de Ituiutaba (MG). A Justiça Eleitoral de fato anularia votos em favor de Tancredo na cidade, entretanto negou sua responsabilidade na fraude do mapa de votos. Em setembro de 1974, o SNI recordou que Tancredo era acionista de uma emissora de rádio de São João del-Rei que, apesar da concessão pública, fazia críticas abertas ao regime militar.

Em 1979, Tancredo resumiu assim sua situação financeira de então: "Ocupei, sem que houvesse disputado, os mais altos cargos do governo e da oposição de meu país e os deixei empobrecido, vivendo dos meus subsídios, reforçados com os *papagaios* que renovo de três em três meses nos bancos amigos".[596]

O processo da CGI contra Tancredo Neves foi arquivado, porém suas anotações se repetem em diversas fichas do SNI. Em 1984, panfletos contra Tancredo apreendidos no Congresso Nacional tinham como base as informações do prontuário do SNI. Os maiores adversários à candidatura civil à presidência naquele ano lá estavam lotados.

Depuradas pelo tempo, as anotações do SNI sobre os discursos políticos de Tancredo acabaram revelando uma postura corajosa do líder mineiro em meio à ditadura militar. Tantas vezes acusado de ser conciliador demais, Tancredo aparece em momentos de altivez nesses arquivos. Uma entrevista concedida em 19 de agosto de 1966 foi sublinhada e marcada com um asterisco. Nela,

Tancredo acusava o presidente Castello Branco de "haver implantado ditadura hipócrita e deplorável em regime político que confiscou as mais fundamentais garantias do cidadão e vem atentando contra os direitos inerentes à dignidade da pessoa humana". O prontuário informava que outras agências governamentais, entre elas o Departamento de Ordem Política e Social, tinham enviado documentos que retratavam as atividades de Tancredo, "que defende posição nitidamente antirrevolucionária e que se caracteriza na crítica e na contestação ao governo brasileiro".

Tancredo pronunciou, de acordo com o SNI, "violento discurso" criticando a situação do país, em 7 de setembro de 1966, em comício em Ouro Preto:

> Esse governo, instalado em nome da revolução feita a 1º de abril a pretexto de acabar com a corrupção, acabou por instalar no Brasil a pior corrupção, a corrupção da consciência que difama o povo de nossa pátria. República é povo; democracia é povo. Portanto ao Brasil não houve revolução, pois esta é feita pelo povo e a 1º de abril o que se viu foi a tomada do poder pelos militares que derrubaram o governo constituído.

Encerrando a convenção do MDB mineiro em Juiz de Fora, em outubro de 1966, afirmou que o Brasil vivia hora difícil e atribulada, que o governo confiscara e controlara a democracia e que as liberdades tinham que ser restauradas. No mesmo mês, declarou que o presidente Castello Branco liquidava as aspirações das classes trabalhadoras e sufocava os empresários, "estabelecendo cada vez mais o divórcio profundo entre o poder público e a classe operária, criando um ambiente propício à inquietação, que gera as sementes da revolta". Disse ainda que, "impedindo o entendimento, perseguindo os seus líderes e estabelecendo uma legislação nociva aos anseios das categorias profissionais, o governo alimenta e fomenta a agitação no país".

O SNI se dedicou a acompanhar uma entrevista de Tancredo à imprensa mineira, em novembro de 1966, na qual denunciava o governo federal por ter fechado o Congresso, aniquilado os sindicatos, humilhado os estudantes, empobrecido o empresariado e o proletariado. E finalmente concluía que essas eram características de um Estado neofascista. Criticou ainda as violências e o clima de intimidação para silenciar a oposição, a política de desnacionalização do governo, a remessa de lucros e a política externa.

Tancredo usou o programa eleitoral gratuito de 7 de novembro para dizer que "nem o mais clarividente dos oposicionistas poderia imaginar que os candidatos do MDB iriam para as eleições de novembro com a cassação dos direitos políticos de um dos seus membros e o governo neofascista do senhor Castello Branco apertando ainda mais o cerco sobre a oposição". Propugnou que o MDB não lutava tanto por mandatos ou posições, todavia iria para a campanha eleitoral contestar o fechamento do Congresso e a supressão das liberdades individuais e coletivas.

Ao ser paraninfo de formandos da Escola Superior de Agricultura de Lavras, em julho de 1968, ressaltou a responsabilidade do engenheiro agrônomo na reforma agrária de que o país necessitava, "sem contudo mencionar a reforma iniciada pelo atual governo", ressalvou o agente do SNI. Tancredo discursou que o Brasil atravessava fase em que "por coações em prisões, sob o regime de incomunicabilidade e tortura, se arrancam dos brasileiros confissões que não são a expressão da verdade".

Reeleito deputado pelo MDB de Minas Gerais em novembro de 1970, teve anotada sua avaliação sobre o desempenho da oposição: "Não nos convidaram para uma eleição e sim para um massacre". Atribuiu a derrota do MDB na maior parte do país ao clima de intimidação estabelecido pelo Ato Institucional nº 5, uma série de ações arbitrárias que suprimiu direitos, cassou mandatos, afastou servidores públicos e colocou o país no pior período da ditadura. "O AI-5 gerou um clima psicológico de coação, pois as mais simples garantias individuais ficaram suspensas por seus artigos. Candidatos e eleitores do MDB estiveram diretamente sob o crivo da exceção, vigiados e ameaçados até mesmo em suas prerrogativas de cidadãos. O resultado não poderia ser outro: um massacre completo."

Em janeiro de 1971, concedeu entrevista em que, de acordo com o SNI, "fez inúmeras restrições à Revolução de 1964, não reconhecendo nada que de bom por ela tenha sido feito. Todavia não ofereceu nenhuma solução para os erros que, no seu entender, existem".

No programa de propaganda eleitoral gratuita de 7 de outubro de 1974, exibido na televisão, o SNI analisou que Tancredo "fez carga contra o processo de desenvolvimento" ao dizer: "75% da riqueza nacional estão nas mãos de apenas 5% da população; 25 milhões de brasileiros vivem em estado de subnutrição; 25 milhões choram com fome. Esta é a face dantesca do desenvolvimento adotado para o Brasil". Lançou também "restrições à construção da ponte Rio-Niterói e da Transamazônica e criticou a correção monetária, o sistema financeiro de habitação, o sistema militarista e a política monetarista". O agente do SNI anotou que a publicação oposicionista o tachara de "biltre, vendedor do MDB, trapaceiro, traidor de Getúlio Vargas", acusações às quais Tancredo respondeu somente como tendo sido amigo de Vargas, que morrera em seus braços e a quem continuava a dedicar admiração.

Em 20 de setembro de 1979, os agentes do SNI acompanharam com detalhes o estranhamento em que viviam naquele momento Tancredo Neves e o presidente do MDB, Ulysses Guimarães. No preâmbulo do documento que relatou a desavença, os agentes afirmaram que Tancredo se mostrara "irritado" com a atitude de Ulysses de encarregar o deputado federal Paes de Andrade de denunciar o governo brasileiro — por pretender extinguir o MDB — em discurso na 66ª Reunião da União Parlamentar, realizada em Caracas.

Tancredo disse que Ulysses fez mal, "agiu impensada e primariamente", quando enviou para a Venezuela o deputado. Lembrou-lhe que, apesar das prisões e cassações a companheiros engendradas pelo AI-5, nunca o partido discutira tais questões no exterior. Para ele, as dificuldades nacionais deveriam ser debatidas aqui, nunca em foros internacionais, e que Ulysses nem sequer ouvira os integrantes da Executiva Nacional, o que prova que estava mal assessorado ou recebera conselhos de "pessoas alheias" ao partido.

Ulysses tentou dar explicações, mas Tancredo, seguro de si e demonstrando grande irritação, afirmou: "Há necessidade de discutirmos esses procedimentos com seriedade, porquanto estou bastante magoado", sempre conforme a bisbilhotagem.

Tancredo Neves pediu aos deputados emedebistas Joaquim de Figueiredo Correia (CE) e Renato Azeredo (MG) que conversassem pessoalmente com Ulysses para, juntos e sem testemunhas, analisarem o quadro político nacional. "Pediu que examinassem o comportamento do presidente do MDB que, segundo Tancredo, vem tomando rumos que não coadunam com o passado dele, quando era tido como homem de formação liberal."

O encontro entre os parlamentares durou cerca de uma hora e foi monitorado pelo SNI.

Correia e Azeredo procuraram conduzir a conversa de maneira cautelosa e educada, querendo obter de Ulysses maiores esclarecimentos sobre sua aproximação com o grupo "autêntico" [*mais à esquerda do partido*]. Ulysses afirmou não estar disposto a recuar, uma vez que está convencido de que o que se faz contra o MDB (propondo sua extinção) é traição ao povo brasileiro, levando-se em conta principalmente que o eleitor deu demonstrações de confiança no partido.

Aos parlamentares aliados de Tancredo, Ulysses declarou "possuir informações de que o propósito da Revolução é o de perpetuar-se no poder sem dar chances à oposição, o que beira o fascismo, o casuísmo e o golpe de baixo nível contra o povo". Arrematou dizendo: "É entre as teses de esquerda que o Brasil pode encontrar solução para se libertar da pressão estrangeira e da miséria que reina entre nossa gente".

Finda a reunião, Correia e Figueiredo transmitiram o conteúdo a Tancredo, que reagiu da seguinte maneira: "Sinceramente, acho isso um suicídio. Ulysses terá de recuar, voltar à sua origem, pois está fazendo o papel de inocente útil".

Em duas oportunidades, no período mais violento de repressão militar, o nome de Tancredo apareceu de alguma forma ligado a integrantes da clandestinidade adeptos da luta armada. Em setembro de 1967, estava entre os contatos do militante José Alexandre, preso em Nova Lima, região central de Belo Horizonte. Nada demais, além de o registro ter sido anotado na ficha de ambos.

A citação seguinte foi mais trágica. O ex-deputado estadual no Rio Grande do Norte Luís Ignacio Maranhão era integrante do comitê central do PCB, responsável por parte dos contatos políticos da organização. Amigo de Thales Ramalho, foi dele, em conversa com o secretário-geral do MDB, que saiu a expressão "anticandidato" para o postulante da oposição ao Planalto em 1974 que usaria a campanha para atacar o governo e denunciar o processo político.

Em 3 de abril de 1974, Maranhão foi sequestrado por agentes da repressão com três outras lideranças. O governo nunca reconheceu que o manteve sob tortura. Em 1992, um ex-sargento contou que ele foi levado para o cárcere montado numa fazenda, em Itapevi (SP). Foi liquidado com injeções de uma droga destinada a matar cavalos e teve o corpo jogado em um rio. Durante sua tortura, admitiu que mantinha contatos políticos, entre outros, com Tancredo Neves, também amigo e parceiro de Thales Ramalho.[597]

O auge da tentativa do SNI de esgarçar o relacionamento de Tancredo com a cúpula do regime militar ocorreu em 1969. Por duas vezes, seu nome veio à baila entre os que seriam colocados para dançar fora da política. Em fevereiro, o ministro da Justiça, Luiz Antônio da Gama e Silva, elaborou minuta de decreto de cassação e perda dos direitos políticos que incluía Tancredo Neves, Ulysses Guimarães e Petrônio Portella, este então membro da Arena.[598] A cúpula militar refutou os três nomes.

Dois meses depois, o comandante da região militar baseada em Juiz de Fora, general Itiberê Gouvêa do Amaral, exigiu num relatório a cassação de Tancredo. Datado de 8 de maio de 1969 e enviado ao comando do I Exército no Rio, o documento de onze páginas listava Tancredo entre os partidários de JK, já cassado, que deviam ser contidos. Propunha quinze novas cassações. Naquela conjuntura, a ofensiva sobre o grupo de JK era mais válida e necessária do que atingir alguns elementos isolados, escreveu o general.[599]

Dizia o texto que Tancredo era um dos que podiam "realmente convulsionar politicamente o Estado" e que congregava "força eleitoral considerável, mas nunca temível". "A corrente política do senhor Juscelino Kubitschek está cada vez mais fortalecida. Tão fortalecida está que, no momento, o seu desfacelamento torna-se, sem dúvida alguma, uma questão de sobrevivência para a revolução de 64", exacerbou-se o general Itiberê. "Ou se destrói o grupo de possibilidade germinadora ou ele crescerá e abafará, liquidando o esforço dispensado no sentido de moralização político-social do Estado e mesmo da nação."

Orlando Geisel, chefe do Estado-Maior das Forças Armadas, impediu que Costa e Silva determinasse a cassação de Tancredo nas duas oportunidades. Conheciam um ao outro havia uma dezena de anos.[600]

Um mês antes do dossiê do general, um relatório do SNI de 10 de abril de 1969 afirmava que Tancredo confidenciara a amigos ter sido incumbido pelo governo federal de coordenar e liderar a oposição. Teria dito que não se incomodaria com a cassação, pois seu potencial eleitoral seria canalizado para Aécio Cunha, seu genro. E disse mais, que não acreditava na cassação, pois o marechal Costa e Silva devia-lhe favores. O relatório encerrava com uma provocação: "Repercutiu mal a cassação do senhor Celso Passos (MDB-MG) e a não cassação do senhor Tancredo Neves".

Entre 1935 e 1936, ainda capitão, Costa e Silva comandou o regimento de infantaria de São João del-Rei. Elio Gaspari conta que, certa vez, depenado por um colega numa roda de pôquer, resolveu apostar a geladeira de sua casa.

Perdeu, pagou, contudo se vingou do oficial. Mandou abrir contra ele um inquérito por conta do sumiço de um peixe do frigorífico do quartel. A cidade se alvoroçou com o Inquérito do Peixe. O jovem advogado Tancredo Neves, recém-eleito vereador, interferiu e levou Costa e Silva a recuar, deixando em paz o major Carlos Luiz Guedes, que lhe limpara os bolsos e azedara os víveres.[601]

Episódios futuros retomariam o tema da relação de Tancredo com a cúpula militar até o fim da ditadura. Em 1983, Tancredo enviou uma mensagem suave a Médici, quando encontrou um jornalista que tinha hora marcada com o ex-ditador: "Diga-lhe que ele deu dignidade, austeridade à presidência. Ele não cassou ninguém, embora a oposição fizesse discursos os mais violentos. Geisel cassou deputados e vereadores por causa de discursos que fizeram numa cidadezinha lá do Rio Grande do Sul. Entretanto, Médici errou ao não impedir abusos da repressão política".[602]

O coronel Otávio Medeiros, chefe do Gabinete Militar da Presidência da República, recebeu, em janeiro de 1971, carta não identificada que encaminhava cópias de documentos "em que fica demonstrado" que Tancredo afirmava em reuniões sociais que chefes militares lhe deviam obrigações. A carta foi arquivada.

Formulador do SNI, o general Golbery do Couto e Silva reconheceu: "Criei um monstro".[603]

Às vésperas da redemocratização, o monstro estava preocupado com seu futuro. "Atualmente, está definida a vitória do candidato da oposição que já teve oportunidade de expressar a intenção de não efetuar mudanças radicais no funcionamento do órgão", apontava relatório do SNI de 13 de setembro de 1984. O SNI mostrava-se preocupado com a sua própria sobrevivência dado o iminente fim da ditadura militar.

O documento discutia medidas preventivas que deveriam ser tomadas. Uma das primeiras foi preparar a retirada de seus expedientes de espionagem, como os grampos telefônicos, antes que o novo presidente fosse oficialmente eleito. "Pareceria mais conveniente a iniciativa da desativação precoce, preferível antes de 15 jan (janeiro)", ressalta o relatório, de oito páginas.[604]

Uma semana depois desse relatório, o SNI repassava aos apoiadores de Paulo Maluf futricas sobre a campanha de Tancredo, quase todas oriundas de interceptações telefônicas ilegais. Documentos do SNI mostram que estavam grampeados os telefones da casa de Brasília onde se hospedava Antonio Carlos Magalhães, o número do deputado Thales Ramalho e o do senador Affonso Camargo.[605] Mas o serviço já cuidava da sua sobrevivência. O chefe da Agência Central do SNI, general Geraldo Ferreira Braga, passou a alimentar Tancredo Neves de informações. Foi ele quem antecipou ao oposicionista que Newton Cruz seria afastado do Comando Militar do Planalto.[606]

Tancredo passou 21 anos com o monstro no encalço, combatendo-o, apesar de às vezes afagar quem o alimentava.

13. Os antagonistas: Lacerda e os americanos

Carlos Lacerda, governador da Guanabara entre 1960 e 1965, só esteve do mesmo lado de Tancredo Neves na calçada da quadra em que eram vizinhos na rua Tonelero, em Copacabana. Em 1954, na crise que resultou no suicídio de Getúlio Vargas, já trilhavam caminhos opostos e conflitantes. Em 1964, Lacerda era uma das vozes mais brilhantes, com muitos lampejos críticos, é verdade, em defesa do regime militar inaugurado com o golpe. Torceu pela cassação de Tancredo, como forma de atingir Juscelino Kubitschek. Imaginava que se enfrentariam na eleição presidencial de 1965, que nunca ocorreria. Acabou cassado por seus antigos consorciados do golpe. Em 30 de dezembro de 1968, seu nome entrou no rol das vítimas políticas da ditadura. Terminou preso, ao costurar a Frente Ampla, que defendia a redemocratização do país, com JK e Jango.

Em 13 de novembro de 1967, quase um ano antes de sua cassação, concedeu longa entrevista ao canal 9 de televisão de Nova York. O programa *Firing line* (Linha de fogo) teve William F. Buckley Jr. em seu comando por 33 anos. Entre 1966 e 1999, completou 1504 edições, que estão hoje preservadas na Universidade Stanford, na Califórnia. Tinha o desenho de uma arena de debates, com plateia quase sempre formada por estudantes de universidades norte-americanas. Durava uma hora e meia, em geral com entrevistas aprofundadas com líderes americanos e convidados de diversas partes do mundo, estas por cerca de uma hora. Buckley era um intelectual conservador, fundador de uma das principais revistas dessa linha de pensamento nos Estados Unidos, a *National Review*. Tinha fala empolada, empregando termos eruditos, pouco associados à televisão. Era sagaz em definições como "políticos liberais são capazes de acreditar em qualquer coisa... por duas vezes". Teve embates televisivos históricos, como a série de programas em que polemizava, à direita, com o escritor Gore Vidal, à esquerda.

Escreveu uma coluna política por dez anos publicada em diversos jornais. Era irmão do senador James Buckley, também conservador, eleito pelo estado de Nova York. Amigo e mentor de Ronald Reagan, William Buckley trabalhou para a CIA, a agência de espionagem, como *political action officer*, uma espécie de agente para doutrinação política, como seria revelado anos mais tarde.[607]

O programa que recebeu Lacerda foi intitulado "The struggle for democracy in Brazil" (A luta pela democracia no Brasil). Com seus olhos claros e cabelos loiros, Buckley portou-se de maneira educada, condescendente e lisonjeira. Por poucas vezes fez questionamentos incisivos a Lacerda. O já ex-governador da Guanabara recebeu a apresentação de "primeiro opositor dos plutocratas senhores de terra que dominaram o Brasil". O intelectual americano afirmou que Lacerda era conhecido por sua oratória, por ser um editor polêmico e um inimigo incansável.

— Quando o presidente Vargas[608] foi confrontado com a evidência de que um de seus guarda-costas, em conluio com um de seus próprios filhos,[609] tentou assassinar Lacerda, depois de um inflamado discurso deste na televisão, subiu as escadarias [do palácio] e suicidou-se. Por expiação, por vergonha ou por ambas as razões — disse Buckley, sob os olhares gravosos de Lacerda.

Em seguida, Buckley analisou que a derrubada de um presidente, com ajuda das forças militares, era antidemocrática, em razão de suas características. Afirmou que a luta pela democracia deveria ser importante para a América Latina, com seu povo decente e desejoso de progresso. E fez a primeira pergunta:

— O senhor apoiou a derrubada do presidente democraticamente eleito do Brasil, o senhor Goulart?

Não restou alternativa a Lacerda além de dizer sim.

— Tentamos ficar dentro da lei e da ordem, na continuidade do processo democrático. Para mim, havia uma espécie de desejo de suicídio político coletivo no corpo governamental. Porque eles começaram a fazer tanta agitação no país, que parecia que a coisa toda estava caindo em pedaços. Quando os militares decidiram intervir e tentar restabelecer a lei e a ordem, todos supomos que era apenas para convocar novas eleições, que estavam previstas na lei e eram consenso geral. Parece, entretanto, que eles estão um pouco cansados de intervir, colocar os políticos sob a lei. Então os militares substituíram os políticos. E agora eles têm uma espécie de regime político híbrido, que certamente não é e não pode ser classificado como democrático.

Buckley se mostrou confuso com a resposta de Lacerda.

— Aqueles de nós que estão de algum modo familiarizados com sua carreira sabem que o senhor tem defendido muito consistentemente a liberdade. No decorrer do apoio à liberdade, algumas vezes está a favor e outras vezes contra pessoas democraticamente eleitas. Emerge a questão: sob quais circunstâncias teóricas aceita sair da democracia? Quando percebe que a liberdade é a alternativa substancial? — perguntou o entrevistador americano.

— A questão é que nestes países não se pode falar em liberdade de modo abstrato. Liberdade está ligada a muitas coisas, como comida e educação. E que seja liberdade para todos, não só para aqueles que estão no poder. Em outras palavras, estamos um pouco cansados do aspecto formal, apenas aspectos jurídicos da democracia. Algumas pessoas chegam a desprezar esses aspectos, pelos quais tenho respeito e cuidado. Acho que a formalidade não é um bom modo de julgar os valores do regime democrático — respondeu Lacerda.

A entrevista seguiu em torno do conceito de democracia, com Buckley fazendo comentários ligeiros de que não entendia a interpretação brasileira para o liberalismo, passando por elogios pontuais de Lacerda ao ditador português Salazar ("o mais brilhante orador político") e críticas ao argentino Perón. Lacerda falava em inglês fluente, apesar de, em alguns momentos, o entrevistador precisar pedir que repetisse a pronúncia de algumas palavras.

A participação de Carlos Lacerda no programa entrou para a história a partir do momento em que o apresentador permitiu que a plateia fizesse perguntas. No estúdio, estavam alunos de ciência política da Universidade Rutgers, a universidade estadual de Nova Jersey, fundada no século XVIII.

A segunda pergunta de um dos integrantes da plateia levantou questão que só seria respondida claramente quase dez anos depois.

— Em que medida o governo americano estava comprometido? O senhor tem conhecimento do comprometimento do governo americano na derrubada de Goulart? Por exemplo, eu estava em um destróier no momento em que ele foi enviado às pressas para o Brasil com a notícia da revolução. Quando recebemos a notícia de que a revolução havia sido bem-sucedida, o destróier voltou para o porto. Chegamos a ir longe, até a altura da linha do equador.

Lacerda não se abalou com a pergunta do estudante que tinha servido na Marinha americana.

— Havia muita falação sobre isso. Recentemente foi lançado um livro sobre os últimos acontecimentos (do golpe) por um professor norte-americano, que é liberal (progressista). Ele concluiu que não há evidência alguma.

— De quê? — pergunta Buckley.

— De qualquer interferência de autoridades americanas, quaisquer que sejam, na preparação da derrubada de Goulart. Claro, no lado de Goulart, especialmente entre os ligados a Brizola, que era seu cunhado e fazia parte da ala mais radical de suas forças... Agora eles romperam e Brizola está lutando contra Goulart... Há muitas acusações disso, só que não tenho a menor prova. O que penso é diferente, e penso seriamente nisso. Certos grupos da comunidade de negócios, da comunidade de negócios americana, tinham isso como certo. A derrubada de Goulart significava para eles certos privilégios, aproveitar certas vantagens no novo regime. Isso parece, para mim, mais importante do que a ideia de conspiração da CIA para a derrubada de Goulart ou de quem quer que seja. Acho que há duas idiotices que temos de combater, ou ao menos aceitar refutar: a ideia da direita de conspiração da esquerda, e a ideia esquerdista da conspiração da direita. Acho que é tempo de nos livrarmos disso e tentar analisar lógica e friamente os fatos. E não apenas fantasmas de fatos.

— É o que você está tentando fazer — complementa Buckley.

— Sim, é o que estamos tentando fazer. Gostaria de enfatizar isso: não há a menor prova de interferência. Claro, acredito que as autoridades americanas, lá e aqui, tenham ficado contentes quando aconteceu.

— Assim como você.

— Assim como eu.

— Eu também fiquei — assume Buckley.

— Acho que é privilégio deles sorrir sobre alguma coisa boa...

— Discretamente — graceja o americano.

— (rindo) O que é verdadeiramente sério é o que aconteceu depois disso, o crescimento dos descontentes, o crescimento do desapontamento. O fato é que algumas vezes, sr. Buckley, o senhor e outras pessoas de diversos pontos do espectro político têm criticado isso. Eu renunciei a isso — afirmou Lacerda.

— O senhor o quê? — perguntou o entrevistador. Lacerda usara a palavra *renounced*, que em inglês tem o significado preciso de renunciar a um cargo específico. Na continuação de sua resposta, deu clareza ao sentido da frase ao escolher *resigned* para expressar-se.

— Eu abro mão da ideia de criticar o Departamento de Estado em sua política para a América Latina. E por uma boa e simples razão. O Departamento de Estado não tem uma política para a América Latina. Eles mudam demais — acusou Lacerda.

O programa seguiu adiante e não mais se voltou ao marinheiro que disse estar a bordo de destróier a caminho do Brasil para apoiar a revolução. Gravada em novembro de 1967, a entrevista só foi levada ao ar em setembro de 1968, dez meses depois, algo inimaginável na era da informação em tempo real em que vivemos. O correspondente da revista *Veja* em Nova York, Paulo Henrique Amorim, assistiu ao *Firing line* e escreveu uma nota de cinquenta linhas no número 1 da revista, lançada em 11 de setembro de 1968.[610] Apenas no final da nota há a informação de que um estudante havia perguntado sobre a participação do Pentágono e da CIA na derrubada de Goulart e que Lacerda afirmara não ter provas disso.

Na sucursal do Rio de Janeiro da *Veja*, o jovem jornalista Marcos Sá Corrêa leu o texto enviado de Nova York por Amorim. Não o esqueceu. "Pela primeira vez, havia uma testemunha da participação dos americanos no golpe. E ela se revelou na própria televisão americana", relembrou Sá Corrêa anos mais tarde.[611] O marinheiro, nunca identificado, estava certo. Caberia a Sá Corrêa comprovar a veracidade do seu relato. E Tancredo se tornaria vítima lateral da divulgação dos documentos americanos.

Não era a manchete, o título principal, apesar de estar no alto da capa do *Jornal do Brasil*, no sábado, 18 de dezembro de 1976: "EUA liberam seus papéis sobre a queda de Goulart". O lide esclarecia que se chamava Brother Sam a operação "destinada a assegurar a presença dos Estados Unidos" no litoral brasileiro, à altura de Santos, nos primeiros dias de abril de 1964. A operação teria mobilizado um porta-aviões Forrestal, seis destróieres e quatro petroleiros, "que traziam diesel, querosene e 136 milhões de litros de gasolina. A operação está registrada em dezessete documentos nas oito caixas relacionadas com o Brasil na Biblioteca Lyndon Johnson, onde estão guardados os papéis mandados à Casa Branca, entre 1963 e 1969. Foram liberados pelo governo americano, e cada cópia pode ser obtida por quinze centavos de dólar".[612] Em um dos destróieres citados estava embarcado o futuro estudante da Universidade Rutgers, que estaria na plateia do *Firing line* quase quatro anos depois.

Assinada por Marcos Sá Corrêa, que fora para o *Jornal do Brasil*, a série de reportagens rememorava como circulavam à época rumores sobre a participação americana no golpe e citava a entrevista de Lacerda no canal 9 de Nova York. "Thomas Skidmore, um brasilianista que passara a noite de 31 de março hospedado com o embaixador Lincoln Gordon, revelou num artigo da época que chegara a haver consultas entre os conspiradores brasileiros e diplomatas americanos sobre a possibilidade de que o governo dos Estados Unidos pudesse dar apoio material à revolução", escreveu.

Adiante, Sá Corrêa lembrou a história do marinheiro que se achava a bordo de um navio, às vésperas da revolução, e recebera ordens para ir até a costa brasileira. "Durante muito tempo, esse aparte num programa de televisão foi tudo quanto de concreto se ouviu falar a respeito da Operação Brother Sam."

A descoberta de Sá Corrêa teve grande impacto jornalístico e político. E o Departamento de Estado dos Estados Unidos foi avisado dois dias antes de sua publicação, por meio de um comunicado confidencial da embaixada dos Estados Unidos para Washington, datado de 16 de dezembro de 1976, enviado às catorze horas.

Diz o texto do informe que o consulado do Rio havia sido procurado pelo banqueiro José Luiz de Magalhães Lins, sobrinho do presidente do Senado, Magalhães Pinto, informando que o *JB* havia obtido um "baú" de documentos oficiais americanos que seriam comprometedores para ele e para uma série de políticos e empresários brasileiros bem relacionados com as autoridades norte-americanas.

Magalhães Lins recebeu a informação do superintendente do Grupo JB e vice-presidente do *Jornal do Brasil*, Nascimento Brito, de quem era amigo. Nascimento Brito contou a ele sobre a remessa de documentos porque o nome de Magalhães Lins, e o de outros proeminentes brasileiros, aparecia em inúmeros textos como fonte de informações e o *Jornal do Brasil* ainda publicaria uma série de reportagens a respeito. Mas prometeu que manteria o nome do amigo fora do noticiário, se possível.[613] A preocupação de Magalhães Lins era maior com seu tio, Magalhães Pinto, que aparecia nos documentos não só como um conspirador da derrubada de João Goulart. A CIA documentou, em mensagem datada de 26 de novembro de 1965, um encontro entre ele e o almirante Silvio Heck para discutir os planos de deposição do presidente Castello Branco.[614] Duplamente conspirador no prazo de um ano.

Nas reportagens do *JB*, o nome de José Luiz de Magalhães Lins não aparece. Em 1995, quando o Banco Nacional, do qual havia sido acionista e diretor, quebrou, o mercado colocava o *Jornal do Brasil* entre um dos seus maiores devedores, com um passivo na casa dos 50 milhões de dólares em valores da época.[615] Lins deixara o banco anos antes.

Escrito pelo embaixador em Brasília John Hugh Crimmins, um despacho de alerta da diplomacia americana analisava as temidas possíveis consequências da divulgação dos documentos:

> Como Magalhães Lins não é familiarizado com nosso sistema, é difícil determinar, pela descrição feita em seu telefonema, se os documentos em questão são aerogramas, telegramas ou memorandos confidenciais ou são uma mistura dos três. Ele deixou claro que Nascimento Brito deu a ele uma cópia xérox de um tipo de documento, assinado por Philip Raine como encarregado, com a classificação de "apenas para uso oficial" inscrita no telegrama. Magalhães Lins está compreensivelmente preocupado a respeito dos prováveis constrangimentos a ele em razão da série de mensagens liberadas. É um contato frequente e próximo dos agentes políticos da embaixada americana. Ele apela para que a embaixada faça o que for possível para barrar qualquer outra liberação de documentos constrangedores.

Em seguida, o embaixador pediu socorro a Washington, requisitando com urgência detalhes que identificassem o período coberto, os personagens envolvidos e os nomes das fontes brasileiras citadas nos documentos. No final da noite, em outro despacho confidencial enviado às 21h55, Crimmins revelou novo contato por telefone com Magalhães Lins.

> Garantiu que o *Jornal do Brasil* tem um "baú cheio" de documentos (telegramas, aerogramas e memorandos) datados de 1964 até pelo menos 1969 (ele comentou que havia alguns exageros nas acusações narradas por Nascimento Brito). Magalhães Lins não tem ideia de onde ou como o *Jornal do Brasil* obteve estes documentos.

Observou que o jornal tem contatos com *The New York Times*. Ele expressou preocupação sobre a possibilidade de esses documentos serem publicados, incluindo nomes de numerosos brasileiros que foram fontes da embaixada durante estes anos e que estão em posição pública importante agora.[616]

No final de seu despacho, Crimmins disse que Magalhães Lins repassara à embaixada cópia de um telegrama confidencial da embaixada no Brasil para os Estados Unidos de 8 de fevereiro de 1967, que tinha como tema a escolha dos ministros de Costa e Silva. Ao que tudo indicava, o documento vinha do Conselho de Segurança Nacional e era de uso oficial limitado. A mensagem relatava que Magalhães Pinto tinha sido sondado pelo presidente Costa e Silva para ser ministro das Relações Exteriores, que Delfim Netto tinha aceitado ser ministro da Fazenda e que Carlos Chagas, "um confidente de Costa e Silva e chefe da Sucursal de Brasília do jornal *O Estado de S. Paulo*", informava que o ministério inteiro seria conhecido em dez dias.

Crimmins encerrou sua mensagem a Washington afirmando que Magalhães Lins se esforçava para impedir a publicação – "ao menos dos documentos mais sensíveis" – por meio de contatos de "alto nível" com os serviços de segurança. O embaixador assegurava que os americanos não tinham nenhum papel nessas tratativas e informava que os documentos seriam publicados no final de semana.

De fato, o *Jornal do Brasil* começou a publicá-los no sábado, estendendo a divulgação dos documentos também para as edições de domingo e segunda-feira. John Crimmins trabalhou duro no primeiro dia do fim de semana, analisando a documentação com sua equipe.[617] Constatada sua veracidade, apontou apenas "alguns erros factuais" na explicação de acrônimos do governo americano e do sistema de inteligência.

Enquanto a embaixada americana se empenhava em checar os documentos divulgados e escarafunchava atrás de novas informações, reinava um clima de prévia de feriado natalino no Ministério das Relações Exteriores brasileiro. No sábado pela manhã, o embaixador não conseguiu localizar nenhum integrante da cúpula do ministério. No começo da tarde, Crimmins conseguiu falar por telefone com o chefe do Departamento das Américas do Itamaraty, tentando obter informações antecipadas do segundo lote de documentos a serem publicados pelo *Jornal do Brasil*. Às 17h25, assinalou para Washington sua surpresa:

"O embaixador Araújo não tinha lido as reportagens do *JB* e não fez nenhum comentário, exceto demonstrar preocupação com os procedimentos de liberação dos documentos pelos Estados Unidos. Expressando agradecimento pelos dados fornecidos pela embaixada, disse que chamaria imediatamente a atenção da Secretaria-Geral do Itamaraty para o caso".[618]

Entre os documentos, destacava-se a relevância do relatório de 27 de março de 1964, no qual o embaixador americano no Brasil, Lincoln Gordon, relatava à cúpula do governo americano que a crise política brasileira aproximava-se de um desfecho, com a provável derrubada do presidente João Goulart. Antecipava que o principal líder da revolução a ser deflagrada era o general Castello Branco. Em sua reportagem, Marcos Sá Corrêa anotou: "O relatório de Gordon reflete a segurança de suas previsões".

Tancredo Neves tornou-se vítima colateral da bomba de documentos secretos norte-americanos que atingiu a elite política brasileira. McGeorge Bundy, destacado pelo presidente Lyndon Johnson para ser seu representante no acompanhamento da situação brasileira, deixou entre seus documentos secretos uma série de minibiografias de políticos brasileiros, escritas para orientar os luminares de Washington. Assim Tancredo foi definido pela CIA no texto que foi enviado à Casa Branca às vésperas do golpe:

Político conservador da velha escola e moderadamente nacionalista, conhecido por sua inteligência (embora nem tanto pela honestidade) e por suas tendências anticomunistas, apesar de ter sido acusado de associar-se a economistas comunistas no primeiro ano da administração Kubitschek, quando deteve um posto importante no setor da fazenda. Ministro da Justiça durante a ditadura de Getúlio Vargas. Tem forte apoio político em Minas Gerais e é considerado fiel aos grandes proprietários e aos interesses industriais daquele estado. Tem por vezes manifestado desejo de se manter em bons termos com os Estados Unidos.[619]

Dois dias depois da divulgação dos despachos americanos pelo *JB*, Tancredo foi à Câmara dos Deputados defender-se.

— O governo, pelo Itamaraty ou pelo SNI, está na obrigação de esclarecer a opinião pública. Rechaço com a maior veemência, por injuriosa e vil, a torpe suspeita levantada contra minha idoneidade. Tive a sorte de, no curso de minha vida pública, haver sido sucedido, nos cargos administrativos que exerci, por adversários delegados de confiança de governos hostis, os quais, ao assumirem as suas responsabilidades, promoviam, como lhes cumpria, rigoroso levantamento da situação anterior. Nunca um só deles pôde arguir contra mim irregularidades, falha ou deslize administrativo.[620]

Tancredo aproveitou-se de um erro primário cometido pela agência de inteligência americana para desqualificá-la.

— O informante não foi apenas indigno. Foi inepto. Informa haver sido eu ministro de Vargas durante o Estado Novo. Ora, todo mundo sabe que fui ministro do grande presidente, e disto muito me honro, no seu período constitucional. Esta incompetente informação deixa ver claro o tipo e o valor dos informantes recrutados e a leviandade com que as informações eram transmitidas.

Às 13h54 de 23 de dezembro, dia seguinte ao pronunciamento de Tancredo, o embaixador John Crimmins enviou um resumo da repercussão no Brasil da divulgação dos documentos secretos norte-americanos. "O ex-primeiro-ministro Tancredo Neves fez uma forte defesa de sua reputação e conclamou o governo brasileiro a dizer o que estava fazendo para encerrar as atividades da CIA no país."[621] Na visão do embaixador, as biografias não pareciam conter "muitas críticas pessoais, apenas relatos factuais, junto de avaliações do cenário político, visões e atitudes em relação aos Estados Unidos".[622]

Formalmente, os governos brasileiro e norte-americano não se manifestaram sobre a divulgação dos documentos secretos. Engraçado, por ser contraditório, foi o telefonema que o general Otávio Costa (chefe de gabinete do ministro do Exército, Sylvio Frota), em 1976, deu ao embaixador Crimmins,[623] reclamando de que a divulgação dos documentos sobre como os Estados Unidos ajudaram a desestabilizar o regime democrático brasileiro era uma forma de desestabilizar o regime ditatorial que o sucedeu.

14. Sobre tico-ticos, pardais e rola-bostas

Tancredo Neves caminhava pela Fazenda da Mata, em Cláudio, no interior de Minas. Abanando-se com o chapéu branco, contou ao jornalista e amigo Mauro Santayana que tinha saudade dos tico-ticos.

— Os pardais que vieram da Europa acabaram com os tico-ticos. Não só os vencendo na competição pela comida, como chupando-lhes os ovos no ninho para ali botar os seus. O pardal é o melhor símbolo do capital estrangeiro — disse.[624]

O tico-tico é um pássaro que não tem mais do que quinze centímetros. A plumagem pardo-acinzentada é decorada com duas faixas negras e um colar de penas cor de ferro. O pássaro acumula referências na política mineira. "Em tempo de tanajura, filhote de tico-tico aprende depressa a voar", costumava dizer Né Vicente, cabo eleitoral do Partido Republicano Mineiro que por vezes protagonizava os causos que Tancredo gostava de contar.

O pardal tem origem no Oriente Médio. No século XIX, chegou primeiro à Europa, depois à Ásia e, finalmente, à América. A administração de Pereira Passos na prefeitura do Rio comprou centenas deles para impingir à cidade certo ar europeu. Outras importações foram feitas no Rio Grande do Sul e em Pernambuco. Os pardais se espalharam pelo Brasil para desespero de biólogos como Rodolpho von Ihering, que os responsabilizavam por destruir ninhos de bem-te-vis, tesouras e anus, além de prejudicar a lavoura.

Dizer que o capital estrangeiro era como o pardal marcava uma revisão fina do pensamento de Tancredo Neves. Em 1962, o político mineiro assustara-

-se com a regulamentação severa que o Congresso adotara para investidores externos. Usou o poder de primeiro-ministro para atenuá-la. Na década de 1970, tornou-se mais crítico deles. Questionava a cada vez mais intensa política de abertura das fronteiras econômicas às companhias multinacionais. Afirmava que tais corporações colocavam o lucro, que seria a sua razão de ser, num plano secundário para assegurar política de influência sobre determinada área. Não negava a vantagem da presença dessas grandes corporações no Brasil. Apontava, no entanto, a necessidade de condicioná-las ao interesse nacional.[625] "Nunca a política dependeu tanto dos fatos econômicos como está dependendo agora", avaliou.[626] Em 1985, dizia-se simpático aos investidores externos, apesar de manter reservas. "Meu governo aceitará o capital estrangeiro sem qualquer resquício de xenofobia. Entretanto o capital externo deve ser visto como complemento, e não como substituto da iniciativa privada nacional."[627]

Entre 1968 e 1973, o Brasil cresceu à taxa média de 11,1% ao ano.[628] A produção nacional de bens e riquezas aumentava em ritmo tão forte que o período foi batizado de milagre brasileiro. O fervor católico de Tancredo conhecia o credo de que santo de casa não faz milagre e de que não adianta descobrir um santo para cobrir outro. A pujança econômica era vivida com inflação relativamente baixa. O país vendia mais produtos para o exterior do que comprava.

Em geral, explica-se o milagre por três razões: produção e comércio internacional em expansão, com petróleo a preços baixos; linhas de crédito com custo reduzido e estímulos à exportação de produtos; mudanças fiscais e tributárias nos anos anteriores que simplificaram a produção e o comércio de bens. Em 1973, ocorreu o primeiro choque do petróleo. Detentores de 80% das reservas de petróleo, os países árabes decidiram limitar a extração para forçar o aumento de preços. Argumentaram que era um bem escasso, mas a medida foi política. Os países árabes membros da Opep embargaram o fornecimento de petróleo para os Estados Unidos, o Japão e a Europa Ocidental em represália à ocupação de territórios palestinos pelos israelenses durante a Guerra do Yom Kippur. Em três meses, o preço do barril de petróleo quadruplicou.

Os países ricos foram obrigados a reduzir os gastos públicos e as importações de petróleo. Elevaram as taxas de câmbio para preservar quanto pagavam no exterior e quanto recebiam em suas transações comerciais. O Brasil manteve a compra de petróleo em valores altíssimos. Para pagar a conta, tomou empréstimos internacionais. Endividou-se em nível recorde.

Se o capital estrangeiro era o pardal, a economia brasileira a partir de meados dos anos 1970 repetia a tarefa do besouro rola-bosta. Caminhava para trás, agarrada a restos dos detentores do grande capital e com dívidas crescentes. Era esse país em degradação financeira que Tancredo analisava quando precisou:

> O Brasil está caminhando para o fundo do poço, em decorrência do modelo de política financeira imposto a partir de 1964, que elevou o endividamento do país até o teto de nossas possibilidades e conduziu a política de investimentos à iminência do colapso. Este é o resultado do milagre brasileiro, em que índices demagógicos de desenvolvimento econômico foram alcançados com a queima de etapas em um processo de avanço econômico sem consolidação das conquistas alcançadas.

Defendia a tese de que a solução estava no fortalecimento do mercado interno, estimulando a produção e o consumo para a população, com um círculo virtuoso de produção, venda e circulação de bens. "O modelo econômico brasileiro não está morto, porém é totalmente inviável. É um modelo extrovertido, quando precisamos de um modelo introvertido. Este modelo está produzindo frutos maléficos que prevíamos: a inflação acelerada, a dependência ampliada e acentuada e o aumento do endividamento ao teto máximo."[629]

À pauperização econômica somava-se a fragilidade do ambiente político. "O grande problema brasileiro é institucional. O país é jovem, dinâmico, apressado. As instituições envelhecem depressa e não temos a agilidade para criar diplomas jurídicos que amparem as rápidas mudanças econômicas e sociais",[630] dizia Tancredo. Definia o MDB como uma fusão das agremiações políticas que marcaram o país. "Trata-se de um partido trabalhista nas convenções, udenista nos debates parlamentares e pessedista nas decisões."[631]

Em fins de 1973, o MDB lançou a "anticandidatura" do deputado Ulysses Guimarães à sucessão do presidente Emílio Médici. Não havia ilusão de vitória no colégio eleitoral de 15 de janeiro de 1974. Ulysses enfrentaria o general Ernesto Geisel, em tese candidato do partido do governo, mas a Arena só era um partido e tinha um candidato porque os militares assim deixavam. A escolha de Geisel era astral, não terrena. Importavam mais as estrelas nos ombros do que a atuação entre os homens do Congresso.

A campanha emedebista, sob o lema "Navegar é preciso", procurou mostrar ao país que havia resistência à ditadura. Convidado a candidatar-se ao Senado por Minas Gerais na legenda emedebista, Tancredo cometeu um erro de avaliação. Duvidou das chances de vitória e preferiu concorrer novamente à Câmara dos Deputados. Obteve 71950 votos, a terceira maior votação da representação mineira do seu partido. Ao refutar a postulação ao Senado, cedeu vaga ao desconhecido prefeito de Juiz de Fora, Itamar Franco, que se elegeu com os votos oposicionistas de Minas Gerais. No embalo da anticandidatura de Ulysses, o partido conquistou dezesseis das 22 cadeiras em jogo no Senado.

Nas eleições de 1974, a meta do MDB era atingir 30% da representação do Congresso no sistema bipartidário. "Quem busca o terço está agonizando. Não sei se é esta a nossa situação. Se o MDB não conseguir pelo menos a terça parte da Câmara, está aberto o tortuoso e perigoso caminho do partido único",[632] avaliou Tancredo. O partido elegeu 160 deputados, contra 204 da Arena, controlando 44% do Congresso. Havia ainda muita reza pela frente.

E a frente em questão seguia dividida. Tempos depois, em Paris, o líder comunista Luiz Carlos Prestes afirmou que a ação da legenda clandestina infiltrada no MDB colaborou para a vitória e fez com que o partido apresentasse reivindicações populares. "É velho vezo dos comunistas se apropriarem de vitórias", rebateu Tancredo.[633]

De todo modo, a oposição avançou em 1974. Em abril de 1975, o emedebista Thales Ramalho se encontrou com o ministro Golbery do Couto e Silva. O mais rudimentar gesto de aproximação entre o MDB e o Palácio do Planalto concretizou-se ali. Em segredo, Thales e o presidente do MDB, Ulysses Guimarães, reuniram-se com Golbery em território neutro, a casa do genro do chefe do Gabinete Civil. A conversa durou quase quatro horas. O ministro falou muito, Ulysses pouco, Thales quase nada, descreveu Marcos Sá Corrêa em reportagem para a *Veja*.[634] Os deputados da oposição foram informados de que o presidente Geisel aprovara a tentativa de articulação dos liberais emedebistas com os liberais do regime para que uns e outros se livrassem da tutela do AI-5. Golbery mencionou a anistia, o fim do bipartidarismo, as eleições diretas para governador, o restabelecimento do habeas corpus, a devolução das garantias da magistratura e a substituição do AI-5 por instrumentos mais civilizados.

Semanas depois, Ulysses distribuiu um esboço de reforma constitucional que citava um vasto rol de outras constituições, concluindo que o melhor e mais provado substituto do AI-5 seria o estado de sítio. Petrônio Portella, senador da Arena, criticou a proposta de Ulysses. Em agosto, Ulysses assinou nota oficial do MDB em que comparava Geisel a Hitler e ao ditador africano Idi Amin. Geisel e Ulysses se incompatibilizaram para sempre, e a conversa refluiu.

O embate político entre governo e oposição contaminava votações também de temas sociais e comportamentais. Tancredo votava sistematicamente contra o divórcio a cada vez que o tema aparecia na pauta legislativa, coisa frequente desde a década de 1950.[635] Conservador no aspecto moral, era vigilante na proteção aos direitos individuais. Em 1976, apresentou emenda a projeto de lei que estabelecia normas para que os indivíduos pudessem proteger da exposição pública informações a respeito de si. Sua concepção colocava o direito à intimidade à frente do direito à informação. Propunha que a "divulgação de escritos, de documentos, de cartas confidenciais, do nome, do pseudônimo, a transmissão da palavra, a exposição ou utilização da imagem de uma pessoa, qualquer que seja o fim a que se destinam estes atos, poderão ser proibidos, a seu requerimento e sem prejuízo de indenização que couber, por dano material ou moral". O projeto ressalvava as informações necessárias à Justiça ou à manutenção da ordem pública. Tratando-se de morto, ausente ou incapaz, seus familiares eram partes legítimas para requerer a proteção da intimidade, advogava Tancredo.[636] Sua emenda foi rejeitada pela Câmara. Em 2002, o Congresso aprovaria a inclusão no Código Civil de artigos semelhantes aos defendidos por Tancredo 26 anos antes. Em 2015, o Supremo Tribunal Federal considerou inconstitucionais os dois artigos, que embasavam restrições a publicações de biografias sem autorização prévia.

"Brasília precisa ser estudada melhor. Se aqui não há vida animal, por que o homem é obrigado a habitar a cidade?", reclamava Tancredo.[637] No entanto, mais de dez anos depois da implantação da ditadura, começava-se a respirar melhor em Brasília. O governo federal acenava com a possibilidade de abertura política, que seria, na definição da dupla Geisel/Golbery, lenta, gradual e segura. Eram passos titubeantes, pequenos e instáveis. Houve a suspensão da censura ao jornal *O Estado de S. Paulo*, embora censores se mantivessem na análise da revista *Veja* e dos jornais *Pasquim* e *Tribuna da Imprensa*. Esses sinais controversos eram lidos de modo distinto pelas correntes emedebistas. Jarbas Vasconcelos dizia que a abertura era "blefe". Alencar Furtado chamou-a de "processo subjetivo", e Tancredo de "processo de abrandamento".[638]

O cientista político norte-americano Samuel Huntington manteve longa conversação com os ministros Golbery do Couto e Silva e Leitão de Abreu sobre o projeto de descompressão política que o governo brasileiro pretendia executar a partir do final de 1973. Vivia-se o processo de transição entre os governos Médici e Geisel. Huntington sugeriu então três medidas para desencadear a distensão política. À distância no tempo, parecem acacianas: rotatividade total nos cargos executivos, com eleições diretas, inclusive para a presidência; ampliação da participação da sociedade civil no processo político; liberalização gradual das restrições do AI-5, do controle sobre a imprensa, da censura e das restrições ao debate político.

"Houve um processo muito cuidadoso sob as presidências de Geisel e Figueiredo, que procederam em consenso com a maioria das Forças Armadas e das lideranças civis do governo autoritário. Eles tiveram o cuidado de se certificarem do apoio às iniciativas que tomaram. Esse processo necessariamente precisava ser lento", afirmou Huntington, em 1985, quando revelou seus contatos com Golbery e Leitão.[639]

As desavenças internas do MDB culminaram em crise quando da discussão do novo líder do partido no Congresso para o ano de 1976. Em reunião no apartamento de Tancredo, em Copacabana, representantes dos dois grupos principais sentaram-se à mesa: à esquerda, os emedebistas autênticos; à direita, os emedebistas moderados. Em três horas de conversa, chegou-se à fórmula da pacificação do partido, tão original quanto irônica. Os autênticos escolheriam o novo líder, desde que fosse um quadro dos moderados. Ao explicar a decisão, Tancredo repetiria um cacoete que o *Jornal do Brasil* registrou: "O parlamentar tem o hábito de morder os lábios quando encontra dificuldades para responder a uma pergunta. Apesar de não deixar nunca a indagação no ar. Suas qualidades de negociador fazem dele hoje o mais moderado dos radicais e o mais radical dos moderados".[640]

Elio Gaspari explicou como a lei da gravidade na política pode elucidar o comportamento de oposicionistas e situacionistas:

A política nacional faz com que o MDB seja levado a participar de um complicado jogo. Ele está atrás de uma mesa, tendo diante de si o governo e, a meio caminho, ao alcance da mão dos dois, já um revólver. Pelas normas do encontro, ambos podem brigar e nada impede que um consiga exasperar o outro. No entanto, a oposição, se quiser apanhar a arma, deverá fazê-lo para se matar. Já o governo pode alcançá-la com duas utilidades: matar-se (o que é improvável) ou matar o parceiro. Infelizmente ambos sabem que, se um dos dois for atingido, o jogo acaba.[641]

No lançamento de um manifesto do MDB, Tancredo costurou o texto com autênticos e moderados. Com as linhas gerais definidas, deixou um grupo de parlamentares arrematando a versão final e foi para casa dormir. Às quatro e meia da manhã, recebeu um telefonema de Pedro Simon. Havia um impasse.
— Qual o problema agora? — perguntou.
— Os rapazes não aceitam uma frase do texto — respondeu Pedro Simon.
— O que eles querem?
— Tirar a frase — disse Simon,
— Tirar pode, o que não pode é acrescentar — decidiu Tancredo, despedindo-se de Simon e voltando à cama para dormir, sem nem discutir o tema.[642]

Tancredo cultivava os parlamentares novatos. Costumava saudar estreantes com grande entusiasmo quando os encontrava pelos corredores do Congresso. Um deles, eleito por Minas Gerais, marinheiro de primeira viagem, caminhava no chamado "túnel do tempo", como é conhecido o acesso entre o prédio principal do Senado e as novas edificações da Casa, quando ouviu a saudação:
— Deputado, assim que tiver tempo, passe no meu gabinete. Temos grandes temas a discutir — afirmou Tancredo.

Horas depois, estava o parlamentar perante Tancredo, que demonstrou surpresa ao vê-lo. Conversaram amenidades e alguma coisa da agenda política. O encontro acabou sem que houvesse razão de ter existido. O calouro procurou um velho parlamentar muito próximo a Tancredo para pedir explicação sobre saudação tão efusiva e conversa tão insignificante.
— Era convite de mineiro, só para você se sentir bem. Não era para ter ido, não. Tancredo só queria mostrar que gosta de você.

Mesuras a calouros à parte, autênticos e moderados se engalfinhavam sem constrangimento na disputa interna no MDB. Cada corrente lançava seu candidato aos principais postos no partido e no Congresso, em campanhas duras e críticas de parte a parte. Na escolha do líder emedebista de 1977, o secretário-geral do MDB, Thales Ramalho, previa a vitória do moderado Laerte Vieira com pelo menos oitenta votos.

— Não sei, não. Lá em Minas tenho um amigo que sempre afirma que, quando entra numa cabina indevassável em dia de eleição e não vê ninguém, sente uma vontade louca de trair — matutou Tancredo.[643]

O autêntico Alencar Furtado bateu o moderado Vieira por 79 a 72 votos, comprovando a tese de que a cabina indevassável lança véu sedutor à traição política.

O pêndulo das ações de governo ora dava impressão de estar sob comando dos liberais, ora dos integrantes da linha dura. "Atos de força vêm se tornando rotina do governo. A prática reiterada do arbítrio torna o governo temido, quando mais importante para ele é ser respeitado", analisou nota do MDB de Tancredo.[644]

Na campanha eleitoral de 1974, a oposição havia usado a televisão com eficiência para criticar o governo militar. Quando começaram as discussões para as regras dos pleitos seguintes, o governo retirou da cartola um coelho: a Lei Falcão. Batizada com o nome de seu criador, o ministro da Justiça, Armando Falcão, a lei 6.339 foi aprovada pela maioria situacionista em 24 de junho de 1976. Já a partir das eleições municipais daquele ano restringia a propaganda eleitoral — os candidatos só podiam mencionar a legenda, o currículo e o número do registro. Na televisão, era permitido mostrar a fotografia do candidato, mas nada de imagens em movimento. Tancredo reagiu com galhofa: "E por que o governo não determina que apareça só a impressão digital do candidato?".[645]

Nesse período, os meios de comunicação ganharam uma penetração social avassaladora. Em 1960, dez anos após a inauguração da televisão no Brasil, apenas 4,6% das casas tinham aparelhos receptores. Em 1970, já eram 24,1% e, em 1980, 56,1%.[646]

Tancredo apontou:

A nova forma de escravidão mental, que é a novela de TV, torna bastante difícil aos partidos, em especial ao MDB, a realização de comícios e concentrações públicas em recintos abertos, nas capitais e nas grandes ou pequenas cidades do interior, hoje alcançadas pela televisão. Sem acesso de candidatos aos programas eleitorais gratuitos de rádio e televisão, há agora necessidade de novas formas de aproximação com o eleitorado.[647]

Em março de 1977, o governo federal enviou ao Congresso um projeto de reforma do Judiciário. A discussão concentrou-se nos chamados predicamentos da magistratura. Discutia-se se o projeto dava as garantias mínimas de independência e liberdade que os juízes necessitavam para exercer seu papel. Em sessão histórica, os 64 integrantes do diretório nacional do MDB se reuniram para debater qual seria a posição do partido em relação à reforma. Havia duas correntes. Uma, liderada pelos moderados, queria transferir a responsabilidade da apreciação da reforma a deputados e senadores. Assim, cada parlamentar votaria como quisesse. Os votos do MDB eram importantes para que fosse atingido o quórum de dois terços necessário para aprovação de emenda constitucional. Sozinha, a Arena tinha apenas 56% dos parlamentares. A outra corrente, capitaneada pelos autênticos, defendia simplesmente a tese de que o partido fechasse questão em favor da rejeição pura e simples da reforma. Fechar questão significava que os parlamentares deveriam votar como o partido determinava, sob o risco de expulsão de quem não o fizesse. Seriam assim negados votos da oposição à proposta situacionista.

Se o projeto de reforma do Judiciário fosse derrubado, só poderia ser reapresentado no ano seguinte. Em "sessão dramática", como apontaram a *Folha de S.Paulo* e o *Jornal do Brasil*, Tancredo opôs-se ao fechamento da questão. Defendeu a ideia de que fosse transferida aos parlamentares a decisão de como votar. Foi interrompido por 24 apartes, vinte dos quais para contrariar sua posição. Um dos aparteadores, Minoru Massuda (MDB-SP), afirmou:

— Chegou a hora de dizer não a estes treze longos anos em que se diz que a prudência é necessária!

— Quero apenas adverti-lo de que treze anos de poder discricionário no Brasil nos dão a impressão de um século. A intransigência dos democratas portugueses e espanhóis deu na ditadura de mais de quarenta anos em Portugal e mais de cinquenta na Espanha — retrucou Tancredo.

A reunião durou quatro horas e quinze minutos. Tancredo discursou por uma hora e meia. Argumentava que a posição contrária à do projeto do governo levaria ao impasse, ao conflito do MDB com o poder Executivo, com consequências danosas para o regime.

Terá chegado o momento para o confronto? É aconselhável, nesta hora, concretizarmos o impasse? O confronto, se um dia tivermos que travar, e devemos enfrentá-lo com a maior dignidade e coragem, vai ser naquele instante em que tivermos por nós a opinião pública, a imprensa, em que tivermos por nós a consciência democrática da nação. O problema da reforma do Poder Judiciário, se tiver que ser enfrentado pelo partido, em termos de uma recusa formal e categórica da proposta do governo, ensejará para nós, deputados, gerará pela instituição que nós encarnamos, e sobretudo para o país, consequências que devem ser friamente meditadas. Pertenço a uma escola política que aconselha que, em circunstância dessa natureza, a prudência digna eleva a posicionamentos firmes e consequentes.

Fato é que Tancredo tinha informações de dentro do Planalto de que, rejeitada a reforma, o governo recorreria a novas medidas de exceção. Sugeriu, insinuou e atribuiu a outros informações que ele próprio passara. Em seu discurso, aproveitou que um deputado acusou-o de fazer "terror" com ameaças de fechamento do regime para sugerir o passo seguinte da ditadura, de forma enviesada.

— Se nós criarmos um impasse e ocorrer a hipótese que Vossa Excelência levantou — a de o governo recorrer a um ato institucional — este governo ficaria apenas neste AI? Nós estaríamos nesta hora ajudando a causa democrática, que é mais do povo brasileiro do que nossa? Não estaríamos regredindo aos idos de 1964, de 1968, quando atentados contra a consciência jurídica da Nação foram cometidos?

Deixou claro que sua posição advinha mais da situação política do que da discussão específica sobre o projeto.

Nenhum de nós morre de amores pela reforma do poder Judiciário, remetido pelo governo ao Congresso. O dever de uma oposição está em exaurir todos os esforços, esgotar todas as energias, para que tenhamos realmente um Poder Judiciário transformado em profundidade, modificado na sua índole, na sua finalidade, nos seus objetivos. Isso só se consegue democraticamente através do diálogo, lembrando aos nossos adversários os nossos argumentos, nossas sugestões, nossas reivindicações. O que não me parece um comportamento de inteligência política é chegarmos ao plenário da Câmara e negarmos quórum para que esta emenda seja tramitada. Isto será duro para a causa que defendemos. Duro para esta instituição. Duro para o Brasil, as consequências desta atitude. Com conotações menos graves do que estas, tivemos situações que enfrentamos de forma semelhante e amargamos até hoje.

Tancredo seguiu sua máxima de que só se faz reunião depois de estar tudo combinado entre os participantes. Antes da convocação do diretório nacional, acertara, com Alencar Furtado, dos autênticos, e com o presidente nacional do MDB, Ulysses Guimarães, que a cúpula partidária transferiria para os parlamentares a decisão sobre como votar a reforma. O combinado era que, após o pronunciamento de Tancredo, Ulysses passaria a palavra a Furtado, que concordaria em transferir a decisão. Tancredo estava tão tranquilo que aceitou o convite de Thales Ramalho para almoçar com Ulysses na casa do secretário-geral do MDB ao encerramento da reunião. Porém, depois que Tancredo discursou, Ulysses resolveu dar a palavra a Paulo Brossard.

— Vocês romperam com o combinado — cochichou Tancredo entre os ombros de Ulysses e de Furtado,[648] antes que Brossard discursasse.

Professor de direito constitucional, Brossard apoiara o golpe militar em 1964. Treze anos depois, era baluarte da oposição e orador que empolgava, com o uso de pausas dramáticas, citações eruditas e fleuma aristocrática, adornada com chapéus de feltro e gravata do tipo plastrão.

Com o pronunciamento de Brossard começou a mais grave derrota da facção moderada em sete anos de comando do MDB. "O problema está em deixar fazer ou deixar de fazer. O projeto é bom? Não há uma voz aqui dentro que o considere bom. Se ele não é bom, nós podemos votar a favor dele, na esperança de aplacar a cólera dos deuses? Eu entendo que devemos votar segundo nossa consciência", pregou Brossard, levantando aplausos.

Atingiria o clímax ao dizer: "O grande problema de todos nós, os órgãos, os poderes, a Nação, é que este é um país que não tem Constituição. A situação vai ficando de tal forma complicada que estamos discutindo um projeto de emenda à Constituição, só que a Constituição não existe".

Ulysses abriu o tema à votação anunciando que ele próprio era contra a reforma do Judiciário. "Vamos votar a favor senão seremos massacrados", sugeriu Tancredo a Thales. A rejeição à reforma foi aprovada por unanimidade. Encerrada a reunião, Ulysses perguntou a Thales:

— Vamos almoçar?

— Na minha casa não tem mais almoço.

Foi almoçar sozinho com Tancredo.[649]

A relação de Tancredo e Ulysses mudaria a partir desse momento, apesar de o parlamentar mineiro ter sido condescendente com o presidente do partido, ao ser questionado se caíra em uma armadilha: "Houve mais fraqueza de comando do que realmente má-fé".[650]

Enquanto isso, o deputado José Bonifácio, da Arena mineira, lançou aos céus os desdobramentos: "Daqui para a frente só Deus sabe o que vai acontecer".[651] Àquele tempo, deus tinha endereço e local de trabalho. No gabinete do terceiro andar do Palácio do Planalto, o presidente Ernesto Geisel assinou em 1º de abril de 1977 o ato complementar número 102. Dava assim vida ao "pacote de abril". Com os poderes discricionários que o AI-5 lhe concedia, decretava o recesso do Congresso Nacional por tempo indeterminado para fazer a reforma do Judiciário e as que julgasse necessárias. A praça dos Três Poderes acordou só com dois, escreveu Elio Gaspari.[652]

Derrotado e com o fechamento do Congresso consumado, tal como previra, Tancredo passou a Semana Santa seguinte em um retiro.[653] De quinta a domingo, participou de missas e orou com os demais membros da Irmandade do Santíssimo Sacramento de São João del-Rei. Fundada em 1711, é até hoje uma das mais tradicionais nos atos litúrgicos da celebração da ressureição do Cristo.

O papel apaziguador de Tancredo foi comentado em conversa do presidente Ernesto Geisel com o deputado estadual João Ferraz, da Arena de Minas. "Se todos os homens da oposição fossem do porte do deputado Tancredo Neves muita coisa não teria acontecido."[654] Essa aproximação do oposicionista com os situacionistas era feita de modo estratégico e elegante por Tancredo, que apesar de tudo não abria mão da ironia. Em meados de 1976, o gaúcho Nelson Marchezan (deputado federal pela Arena) encontrou-se nos corredores da Câmara com o companheiro mineiro e quis fazer uma saudação amistosa:

— Dr. Tancredo, nossos estados têm vocação para o poder. Já deram dez presidentes.

— É, mas os cinco mineiros entraram pelo voto direto[655] — respondeu Tancredo.[656]

No final dos anos 1970, Tancredo expôs algumas saídas para o fim do regime ditatorial. Tinha como modelo a transição de 1945-6, baseada na coalizão nacional de apoio ao governo Dutra como sucessor de Vargas, ditador do Estado Novo deposto. "Tancredo chegou a imaginar que pudesse encontrar no Exército um outro Dutra", declarou o general Otávio Costa.

Embora seja uma coisa historicamente difícil de comprovar, pelas conversas que tive com Tancredo durante os governos Geisel e Figueiredo, formei a convicção de que chegou a pensar que o ministro [Sylvio] Frota pudesse ser o novo Dutra. Sem qualquer desmerecimento para o general Frota, creio que Tancredo estava equivocado. Chegou a pensar nisso no momento em que o Frota começou a ser envolvido pelos radicais que o estimulavam a se candidatar a presidente, como sucessor do Geisel. Tudo isso, detectado no nascedouro, foi abortado com a demissão do ministro.[657]

O ministro do Exército, Sylvio Frota, foi demitido por Ernesto Geisel em 12 de outubro de 1977. Frota julgava-se defensor dos ideários do golpe de 1964, e acreditava que o presidente fazia um governo de "centro-esquerda". Achava que tinha por trás de si a Força que comandava e que esta tinha poder superior ao do presidente. Geisel mostrou que não. "Os generais curvaram-se, com excessivas flexibilidade e rapidez, diante da decisão presidencial. Não deveriam tê-lo feito", lamentou Frota, em sua autobiografia.

A derrota de Frota aplainou o projeto de redemocratização de Geisel. A primeira luz da abertura havia surgido em setembro de 1977 no túnel da transição para a democracia. O presidente do Congresso, senador Petrônio Portella, comandou negociações para a revogação do AI-5 em troca de "instrumentos de defesa do Estado".

A abertura das conversações foi marcada por ceticismo. Portella recorreu a líderes como Tancredo e Teotônio Vilela, além de figuras públicas tidas como aposentadas, como o marechal Cordeiro de Farias e o jurista Afonso Arinos de Melo Franco. A primeira rodada de negociações foi entabulada sem grandes comemorações. "Conseguimos passar o mês de agosto sem problemas", resumiu Portella. Paulo Brossard, o homem que derrubara a reforma do Judiciário com um discurso, liderava a ala dos céticos: "Quem fez o pacote de abril merece alguma confiança? As reformas de abril, depois do recesso do Congresso, consumaram uma violência que não autoriza nenhuma expectativa otimista em relação às intenções do governo".[658]

Marcus Figueiredo e José Antonio Cheibub sistematizaram as diversas análises histórico-sociológicas sobre a razão da abertura.[659] Há as que a apontam como fruto da crise econômica e há os que afirmam ter sido necessidade imposta pela complexidade crescente das relações empresariais e comerciais.

Outras veem-na como necessidade de busca de legitimação por parte do sistema, como resultado de crise de autoridade do regime ou como decisão política de Geisel e Golbery, interessados em corrigir os rumos do movimento de 1964 a partir da linha castellista, tida como mais legalista.

Em 1971, no auge do milagre econômico, o cientista político espanhol Juan Jose Linz, catedrático emérito da Universidade Yale, fez uma predição num seminário de estudos brasileiros realizado nos Estados Unidos: estipulou que o prazo para o regime autoritário retomar a normalidade das instituições se esgotaria quando os bons resultados da economia passassem. O regime corria o risco de ser sugado pelo "vácuo político" que ele próprio produzira. Acertou na mosca.

Os caminhos para a democracia eram tortuosos. A situação se dividia entre legalistas que desejavam o retorno à normalidade institucional do país e os saudosistas das facilidades proporcionadas pelo regime de exceção. A contradição interna era característica também da oposição. Na definição de Tancredo, o MDB era frente de oposição que reunia "desde a direita mais reacionária até a esquerda mais esclarecida".[660]

As apostas de caminhos para a democracia por vezes surpreendiam. Quando Magalhães Pinto, o mais tradicional adversário em Minas de Tancredo, anunciou seu projeto de candidatura civil pela situação, Tancredo viu a iniciativa com simpatia, apesar da ironia de uma de suas declarações. "Pessoalmente, tem muitos votos. Tem mais de seiscentas agências bancárias. Não há diretório mais forte do que uma agência bancária."[661] Magalhães era um dos fundadores do Banco Nacional, um dos maiores do país.

O MDB, desde 1971, havia aprovado campanha em favor da convocação da Assembleia Nacional Constituinte. Em setembro de 1977, decidiu levá-la às ruas. A certeza de que o clima iria desanuviar veio em novembro. O líder do governo, José Bonifácio, após encontro com o presidente da República, anunciou que a vigência do AI-5 terminaria no governo Geisel.[662]

Tancredo comemorou o anúncio com comedimento crítico.

> Nunca a nação teve que se submeter a normas jurídico-constitucionais tão primárias. Enquanto nações com a mesma tradição política do Brasil estão vivendo um regime constitucional dos mais aprimorados, entre nós o que se discute ainda são os pressupostos da democracia. Fomos arremessados à Idade Média política. Estamos lutando para que se restabeleça o imprescindível à vida constitucional. A

harmonia e a interdependência entre os Poderes, o habeas corpus, as garantias do Poder Judiciário, as prerrogativas das casas de representação popular, a liberdade de imprensa e as eficazes garantias de defesa dos direitos humanos constituem as mesmas teses que agitavam a humanidade no século XVIII. O arbítrio encontrou no AI-5 sua expressão mais contundente. As notícias de que o AI-5 será extinto não deixam de significar uma grande vitória de nossa pregação e resistência.[663]

O clima de distensão se acentuou quando Geisel admitiu, pela primeira vez em dez anos, que o presidente da República poderia receber dirigentes da oposição. Era março de 1978.[664] Geisel oferecia recepção ao príncipe Charles, herdeiro do trono britânico, no Clube Naval de Brasília, e o chefe do Cerimonial do Planalto, o diplomata Jorge Ribeiro, convidou Tancredo, novo líder do MDB na Câmara, para ir cumprimentar o presidente. Geisel saudou-o e entabulou conversa, colocando a mão no ombro do oposicionista. Afirmou que as portas do Palácio do Planalto estavam abertas para que ele e o senador Amaral Peixoto, que estava ao lado de Tancredo, discutissem os problemas do país. Tancredo admitiu a ideia do encontro, no entanto ressalvou que, como oposicionista, só poderia ir ao palácio quando chamado. A conversa durou pouco mais de vinte minutos. Tancredo não se encontrava com Geisel desde 1964, quando este assumiu o Gabinete Militar da presidência de Castello Branco e Tancredo era líder do governo deposto de João Goulart.

O convite para que fosse ao Palácio do Planalto nunca se formalizou. Com a reação descontente de setores à esquerda do MDB, Tancredo deu um passo na direção dos autênticos. Aproveitou a nomeação de governadores indiretos para criticar duramente o regime, que havia recrutado das "velhas e surradas" oligarquias os dirigentes dos estados, provando sua total incapacidade de criar novos caminhos para o Brasil. Ao retroceder "ao que havia de mais repudiável na nossa vida pregressa, a revolução confessa de público e solenemente o seu ruidoso fracasso".[665]

No início de março de 1978, antes do convite de Geisel, Tancredo Neves pôs à prova seu prestígio entre os emedebistas. Enfrentou o autêntico Freitas Nobre, deputado de São Paulo, na disputa pelo cargo de líder do partido. Nobre tinha o apoio do presidente do MDB, Ulysses Guimarães, que comandou a apuração voto a voto. À metade da contagem, estavam empatados em quarenta a quarenta, exemplo da divisão do partido. Freitas Nobre chegou a estar sete

Os deputados Tancredo Neves e Ulysses Guimarães na Câmara dos Deputados, Brasília, 1978 (Foto de Guilherme Romão/ Cpdoc JB).

votos à frente de Tancredo, mas, ao final, o mineiro venceu por 77 a 75. O vitorioso foi cortês: "A contribuição dos autênticos ao partido é inestimável". Fernando Lyra, da ala dos derrotados, respondeu com aspereza. "Esperamos que o Tancredo não traga para a liderança seu estilo mineiro. É a conciliação pela conciliação. E nós precisamos de afirmação, sob o risco de perder as bases eleitorais e a credibilidade política."[666] Os autênticos reclamavam de que Tancredo conseguia ser adesista ao governo por baixo dos panos e oposicionista retumbante quando na tribuna da Câmara. "O MDB não pode estar fechado a nenhuma conversa. Isso não quer dizer que o partido seja obrigado a aceitar a tudo o que lhe é proposto", rebatia. Tancredo queria formular um partido como a barca da Cantareira, que atraca dos dois lados, gracejou-se à época.

No mês seguinte, o governo Geisel determinou que a Arena chancelasse a candidatura à presidência do general João Baptista Figueiredo, ex-chefe do Serviço Nacional de Informações. Figueiredo entrou em cena, sem disfarçar o jeito rude que o marcaria e dando poucas esperanças aos que acreditavam no processo de redemocratização. Em entrevista à *Folha de S.Paulo*, afirmou:

Tancredo Neves durante discurso no Congresso Nacional como novo líder do Movimento Democrático Brasileiro (8 de março de 1978/Acervo Fundação Getulio Vargas – Cpdoc).

Vocês me respondam: o povo está preparado para votar? O eleitor brasileiro não tem o nível do eleitor americano, do eleitor francês. Vejam se, em muitos lugares do Nordeste, o brasileiro pode votar bem, se ele não conhece noções de higiene? Outro dia encontrei num quartel um soldado de Goiás que nunca escovara os dentes e outro que nunca usara um banheiro. E por aí vocês me digam se o povo já está preparado para eleger o presidente da República.[667]

Seis meses depois, ainda candidato à sucessão, reposicionou-se. Disse que o regime militar acabaria por meio das reformas políticas do presidente Geisel.

Tancredo entrou no segundo semestre de 1978 em campanha para o Senado por Minas. Defendeu a adoção de eleições diretas como fundamento para a pacificação nacional e a necessidade de uma anistia ampla, geral e irrestrita para os perseguidos políticos desde 1964.

O jornalista Mauro Santayana acompanhava as negociações iniciais com o Paraguai, que desaguariam dez anos depois na construção da hidrelétrica

Material de campanha de Tancredo ao Senado Federal (entre 30 de julho e 14 de novembro de 1978/Acervo Fundação Getulio Vargas – Cpdoc).

de Itaipu, quando irrompeu o golpe militar. Havia sido incumbido por Darcy Ribeiro, chefe da Casa Civil, de apoiar o embaixador Mário Palmério na conversa bilateral com o país comandado pelo ditador Alfredo Stroessner. Deixara o Brasil com um passaporte diplomático que percebeu sem validade assim que ouviu o anúncio de que Jango se exilara no Uruguai. O general que comandava o Exército em Belo Horizonte contatou o governo Stroessner e pediu a prisão de Santayana. O ditador preferiu não se meter nessa confusão.

Santayana seguiu para o Uruguai para se encontrar com Jango, Darcy Ribeiro e outros expurgados pelo novo regime. Vânia, sua mulher, estava grávida e era militante das reformas de base. Como havia ficado em Belo Horizonte, onde o casal residia, Santayana anunciou a intenção de retornar ao Brasil, apesar do risco de ser preso. Ao ouvir esse desejo, Brizola disse que ele raciocinava como marido. O momento era de pensar como braço da força de resistência. "O revolucionário não pode ter nem cachorro. Quanto mais mulher e filho. Serão os dois presos", antecipou o ex-governador, que se juntara a Jango no Uruguai em fuga espetacular em que teve de usar disfarce para não ser trancafiado.

Santayana articulou uma rede silenciosa de apoio para que Vera se asilasse na casa do embaixador do México. Em seguida, ela deixou Belo Horizonte com destino à capital mexicana, onde se reencontrou com o marido. O casal só retornou ao Brasil quase uma década depois.[668]

Aos poucos, a vida entrou nos eixos. A família voltou a residir em Belo Horizonte. Em dezembro de 1973, Santayana estava em um botequim nos arredores da sede do jornal *Estado de Minas*, no bairro Savassi, quando viu Tancredo Neves caminhando. Conhecia-o mais do exercício do jornalismo do que de atividades sociais, ainda assim resolveu cumprimentá-lo. "Você voltou! Só não sei se foi na hora certa", saudou-o Tancredo, pessimista. Decidiram almoçar em companhia do deputado mineiro Jorge Ferraz, amigo de ambos. Santayana se recorda da análise de Tancredo. "Temos que aproveitar o Geisel", referiu-se ao general-presidente a ser empossado no ano seguinte. "A luta armada se esgotou. Temos de ir para a luta política." Tancredo acreditava que a luta armada fora o maior equívoco de parcelas da oposição no enfrentamento do regime.

Nos dias imediatamente posteriores ao golpe de 1964, Santayana ficara encantado com a tese brizolista de plantar na Bolívia um foco de treinamento da resistência à ditadura brasileira. A mulher grávida o fez mudar-se para o México e esquecer-se da aventura. Santayana se aproximou de Tancredo a partir daquela conversa. Ambos achavam que a saída do impasse político brasileiro deveria passar por Minas Gerais. Imaginavam que Juscelino Kubitschek poderia exercer esse papel. Tancredo recrutou Santayana para ajudá-lo dali por diante. Primeiro eram trabalhos esporádicos. Na campanha para o senado em 1978, tornou-se auxiliar direto de Tancredo, ao lado de Francisco Dornelles. "O Zé Aparecido encontrava com a gente na rua e dizia: 'Não sei se vejo dois dom Quixote ou dois dom Sancho Pança'. Fizemos sem dinheiro algum. Não tínhamos nem carro para fazer campanha."

Santayana se recorda de uma visita de Tancredo ao ex-prefeito de Contagem Newton Cardoso, uma das forças políticas da região metropolitana de Belo Horizonte e que morava no alto de uma ladeira. "Andávamos de táxi-mirim. Um Fusca, sem o banco da frente. A tarifa era mais barata. O motor do táxi não aguentou. Quebrou em meio à ladeira. Um sol quente para burro. Descemos do carro, pagamos a corrida. O motorista se desculpou muito. Tivemos de subir a ladeira a pé. Tancredo passava a mão na careca suada, sofrendo", afirmou. Quando subiam a pé, duas Kombis de adversários cruzaram a rua. No confuso modelo da sublegenda, os carros eram das candidaturas ao Senado de Israel Pinheiro Filho, pela Arena 1, e de Fernando Fagundes Neto, pela Arena 2. Tancredo parou na ladeira, pegou Santayana pelo braço e consolou-se:

— É, mestre Mauro, se não fôssemos muito machos, estava na hora de desistir.

Santayana acumulou suas funções na campanha com o posto de jornalista da sucursal da *Folha de S.Paulo* em Belo Horizonte. "[O presidente do Grupo Folha, Octavio] Frias sabia que estava ajudando Tancredo. Sempre fui muito leal nesta coisa. Sabia que estava ajudando Tancredo na campanha para o Senado trabalhando na *Folha*. Frias sabia. Sou sujeito de absoluta clareza. Se é meu patrão, faço questão de que saiba o que faço", contou Santayana.

Em setembro, outubro e novembro de 1978, os candidatos do MDB (Tancredo, Alfredo Campos e Achilles Diniz) mantiveram-se empatados ou atrás dos postulantes da Arena (Pinheiro Filho e Fagundes Neto), de acordo com pesquisas Gallup. Os votos em cada partido eram somados e era eleito o candidato mais votado do partido que acumulara mais votos.

A eleição de 1978 foi apertadíssima. "Ele não tinha dinheiro. Fez a campanha com meu carro e quem dirigia era eu. Eu tinha um Opala 73, cor de tijolo, com o qual corríamos o estado", contou Tancredo Augusto.

A campanha exigiu esforço físico. Aos 68 anos, Tancredo foi capaz de visitar dezoito municípios mineiros em apenas 48 horas. Usou JK, morto dois anos antes, como cabo eleitoral ao distribuir milhares de cópias da carta que o ex-presidente lhe enviara da Europa em 1964, na qual lhe elogiava a fidelidade e lhe dizia que seu aperto de mão era a última imagem que guardava do Brasil. Era crítico ao regime e pregava a necessidade de ajustar as contas do Estado.

Em 15 de novembro de 1978 elegeu-se senador por Minas Gerais com 1,3 milhão de votos do MDB, derrotando os candidatos arenistas. "O resultado das urnas de 15 de novembro trouxe uma constatação: a caldeira ia explodir. O voto funcionou como uma válvula de escape que evitou uma explosão nacional de inconformismo", resumiu. Em fevereiro de 1979, assumiu sua cadeira no Senado, onde se dedicou ao papel de interlocutor no projeto de transição pacífica para a democracia, "sem revanchismos e sem radicalismos", articulado pelo senador Petrônio Portella, ministro da Justiça de Figueiredo.

A Arena obtivera a mais suada vitória desde a implantação do regime autoritário, mas conseguiu eleger senadores na maioria dos estados e recebeu mais vagas do que qualquer partido na eleição legislativa, por meio das sublegendas. Os resultados finais, entretanto, mostravam que mais da metade do eleitorado se posicionara contra o regime. E deixavam claro que o eleitorado oposicionista crescia em velocidade maior que a do contingente arenista.

15. Revolução e reforma, o pêndulo em movimento

No seu primeiro Natal como senador, Tancredo surpreendeu-se com a morte de alguém que lhe fizera uma previsão impactante. O astrólogo e quiromante armênio Onig Chacarian Sana-Khan morreu em São Paulo, aos 85 anos, em 24 de dezembro de 1979. Desde sua chegada ao Brasil, na década de 1920, boa parte dos nomes da República disputava vagas na sua agenda. Em obituário, a revista *Veja* escreveu que era um "perito na investigação de destinos que previu com intrigante exatidão escaladas políticas, cirurgias delicadas, desastres, revoluções e, naturalmente, mortes".[669]

Em 1929, Sana-Khan leu a mão de Getúlio Vargas: "Vossa Excelência será presidente do Brasil pela força das armas. Sua atuação terá maior brilho nos primeiros quinze anos. Depois haverá peripécias graves". Em 1943, Jânio Quadros, saindo do escritório do advogado Vicente Rao, deparou-se com Sana-Khan. O vidente pediu para ler sua mão. Previu sua eleição sucessiva para os cargos de vereador, deputado, prefeito, governador e presidente. Afirmou ainda que Jânio seria derrubado. De certa maneira, tudo ocorreu como previra. Encerrou a leitura dizendo que, depois de derrubado, Jânio começaria tudo de novo, voltando a ser presidente; porém, no segundo mandato, seria assassinado.[670] Jânio nunca se lançou novamente ao cargo que ocupou em 1961, mesmo tendo retornado à política com razoável êxito, como atesta sua eleição para prefeito de São Paulo em 1985, batendo o favorito Fernando Henrique Cardoso.

Por volta de 1960, Petrônio Portella, que enfrentava um câncer no pulmão e estava às vésperas de uma operação, conheceu Sana-Khan. Dele guardou o aviso: sobreviveria à intervenção cirúrgica e exerceria ainda grandes responsabilidades em âmbito nacional. Em 1978, quando circulavam rumores de que Portella seria nomeado para o Supremo Tribunal Federal, o senador ligou para o astrólogo. Soube que não seria indicado para o cargo porque sua missão ainda não estava completa, o que se comprovou a partir do papel de Portella no processo de distensão em curso a partir daquele ano.

No final da década de 1930, Sana-Khan predisse o destino de um promotor novato de São João del-Rei. "Vejo você resolvendo problemas no meio de gente fardada. Estará em suas mãos evitar uma guerra civil no Brasil", previu ele a Tancredo Neves. A frase, que poderia valer para a participação de Tancredo na crise de 1961, foi registrada pela *Veja* na edição de 16 de janeiro de 1980. A previsão se encaixaria mais adequadamente cinco anos depois, quando sua vitória no colégio eleitoral completaria a transição brasileira da ditadura militar para a democracia sem derramamento de sangue.[671]

O sistema bipartidário — em vigor desde 1966 — foi reformado em novembro de 1979. A tese governista propugnava que o multipartidarismo escancararia as divisões na oposição, como de fato aconteceu. A reforma nasceu como reação ao crescimento do MDB nas eleições de 1974 e 1978 e sacolejou o balaio de gatos políticos. Tancredo Neves aproximou-se do deputado Magalhães Pinto, seu antigo adversário na política mineira, e propuseram-se a formar um partido de centro. A decisão de Tancredo de não integrar a legenda sucedânea do MDB consolidou-se depois do veto de setores do partido a cardeais como o governador do Rio de Janeiro, Chagas Freitas, e do ex-governador do Rio Grande do Norte Aluízio Alves.

Tancredo já havia se dissociado do que chamava de radicais em 5 outubro de 1979, quando Miguel Arraes, recém-chegado do exílio, se filiou ao partido: "O meu MDB não é o MDB do senhor Arraes, e o MDB do senhor Arraes não é o meu. E nós dois sabemos disso há muito tempo",[672] declarou após a cerimônia em que Arraes assinou a ficha do partido. Depois da restrição, Tancredo salientou que compareceu ao auditório da Câmara porque tinha relação de lealdade e respeito com o ex-governador de Pernambuco. "Levei meu apreço ao cidadão íntegro e ao homem público que nunca disfarçou, ou ocultou, suas convicções e em razão delas curtiu um exílio de quase dezesseis anos."

Flagrante de Tancredo após união firmada com Magalhães Pinto (23 de novembro de 1979/Acervo Fundação Getulio Vargas – Cpdoc).

Os antigos moderados do MDB, representados por Tancredo, e os dissidentes da antiga Arena, liderados por Magalhães Pinto, formaram um "partido independente". O primeiro nome de batismo foi Partido Democrático Brasileiro, depois alterado para Partido Popular (PP). "Teria de ser um PSD de centro-esquerda, um partido sintonizado com as realidades sociais, com conotação socialdemocrata mais acentuada, em busca da justiça social, sem radicalismo e sem compromissos ideológicos", definiu Tancredo. Ele tinha a certeza de que havia um movimento para que abraçasse causas que considerava mais extremadas: "Para a esquerda, eu não vou. Não adianta empurrar".[673]

Ao novo partido alinhavam-se, além do grupo mineiro e de Chagas Freitas e Aluízio Alves, os ex-governadores Jayme Canet, do Paraná; Paulo Egydio Martins, de São Paulo; Roberto Santos, da Bahia; o ex-prefeito de São Paulo

Olavo Setubal; os deputados Thales Ramalho, de Pernambuco; e Miro Teixeira, do Rio, dentre outros. Os deputados "autênticos" e os chamados não alinhados do ex-MDB uniram-se no Partido do Movimento Democrático Brasileiro (PMDB), liderado por Ulysses Guimarães.

O PP ganhou apelido de "partido dos banqueiros", pois graças ao governador Chagas Freitas usou a estrutura do Banco do Estado do Rio de Janeiro (Banerj) para o registro de seus delegados em convenção. O PP tinha ainda em seus quadros Magalhães Pinto, do Banco Nacional, Olavo Setubal, do Itaú, e Herbert Levy, que fundara o Banco América, incorporado ao Itaú. Juntos, Magalhães e Setubal somavam 2 mil agências, cobrindo boa parte do território, com funcionários bem relacionados com a comunidade e tendo disponíveis telefones e aparelhos de telex, máquinas de mobilização. "Se estivéssemos num país socialista, ficaria desolado. Já que estamos num país capitalista, acho que temos poucos [banqueiros filiados]", justificou Thales Ramalho.[674]

Thales era treze anos mais jovem que Tancredo. Formado em direito e jornalista esporádico, paraibano de nascimento, fez carreira política em Pernambuco. Em 1954, participou da campanha de Cordeiro de Farias ao governo daquele estado pelo PSD, o mesmo de Tancredo. Assumiu seu primeiro mandato pelo partido, como deputado estadual, em 1962. Com a reforma partidária de 1965, filiou-se no ano seguinte ao MDB, de oposição, pelo qual foi eleito deputado federal, reelegendo-se em 1970, 1974 e 1978.

Em 1972, sofreu um derrame cerebral que deixou o lado esquerdo de seu corpo paralisado. Em 1976, vitimou-se em acidente de automóvel, cuja consequência levou à paralisia do lado direito do corpo também. Foi obrigado a trocar as muletas canadenses por cadeira de rodas. A fragilidade física não o impediu de ser um dos fortes no Parlamento. Em 1975, elegeu-se secretário-geral do MDB. Como um dos líderes dos moderados, capitaneou do lado da oposição conversas em favor da redemocratização.

Thales disputava com Tancredo campeonato de habilidade política e conciliação. Inspiravam-se mutuamente. Tancredo reconhecia nele base intelectual, gosto pelo diálogo político e rara inteligência para negociações. Não se rendia ao pessimismo e era nacionalista extremado. Durante a ditadura, como congressista de oposição que representava o Brasil na Assembleia Geral da ONU, recusou-se a fazer críticas ao país: "Estando no exterior, não falo mal do Brasil. Posso, internamente, fazer críticas; no exterior, jamais".

A sopa de letrinhas do endereço do parlamentar — apartamento 101, do bloco D da sqs (Superquadra Sul) 302 — era prova do caldeirão das diversas correntes que por lá circulavam. O apartamento simbolizava a ideia de distensão nos três últimos governos militares (Médici/Geisel/Figueiredo). Tancredo Neves batia com os dedos na porta dos fundos para informar-se sobre os presentes. Se a companhia não interessava, escapulia de mansinho para voltar mais tarde, seguindo o mesmo ritual.

Thales acumulava lições de Tancredo. Contava que, certa feita, o senador mineiro foi visitá-lo e nem chegou a cruzar a soleira ao perceber que havia muita gente na sala. Dois dias depois, Tancredo voltou. Queixou-se quando encontrou Thales sozinho.

— Até que enfim! Está ficando cada vez mais complicado conversar aqui. Você precisa aprender a visitar mais e receber menos.

— Eles telefonam e avisam que estão a caminho. Não posso fazer nada — justificou Thales.

— Pode. Quando alguém diz que quer vir à minha casa, vou logo dizendo que faço questão de homenageá-lo com a minha visita. Se estiver a caminho, peço que volte.

Thales contava ter sido surpreendido pela estratégia.

— Fazer visita só tem vantagens — continuou Tancredo. — Quem vai à casa de alguém come a comida do dono, bebe a bebida do dono e, melhor que tudo, escolhe a hora de ir embora. A pior coisa do mundo é aguentar visita que fica duas horas além da conta.

Thales riu e acrescentou que sua cadeira de rodas tornava mais difícil essa prática.

— Deixe sempre muito claro que você tem essas dificuldades todas. Além de feliz com a visita, o visitado vai ficar muito comovido.[675]

Com Tancredo, Thales foi o principal articulador do Partido Popular a partir de 1979. O pp recebeu também a alcunha de "Partido do Petrônio", por seguir o ideário traçado em encontro de Thales com o ministro da Justiça, Petrônio Portella, incentivador da criação de um partido de centro.

Thales se encontrou com Petrônio Portella, consolidou-se a certeza de que interessava ao governo a existência de uma "oposição responsável", isolada dos radicais, à qual o Palácio do Planalto poderia retribuir com o estabelecimento de eleições diretas em todos os níveis, inclusive o presidencial.[676] Coube a

Thales sugerir a Petrônio Portella obrigar as legendas criadas a partir do fim do bipartidarismo a se chamar partidos. O que em tese acabaria com o Movimento Democrático Brasileiro.

O PP realizou a sessão inaugural no palácio do Congresso, em Brasília, em 10 de janeiro de 1980. Na presidência conjunta, Tancredo Neves e Magalhães Pinto (a quem coube, na realidade, a presidência de honra da agremiação). O programa mínimo aprovado defendia a convocação de Assembleia Constituinte, eleições diretas para presidente e governos estaduais, revisão da Lei de Segurança Nacional e proteção aos pequenos e médios proprietários rurais.

No manifesto de fundação com 2200 palavras, o PP enfatizava mais termos como social (dez) e povo (nove) do que reforma (cinco) e democracia (três). Manifestos valem tanto quanto dizem; e dizem tanto quanto valem. O do PDS, partido de sustentação da ditadura, era o que mais falava de liberdade, e o do Partido dos Trabalhadores falava mais de empregados do que de povo.[677]

As democracias vivem sob o movimento pendular da revolução e da reforma, avaliou Tancredo Neves. A revolução limita a democracia. Só a reforma pode corresponder aos anseios do desenvolvimento social de um povo.[678] Parlamentar durante trinta anos, um dos momentos em que Tancredo expôs de modo articulado sua visão do processo democrático brasileiro foi em palestra na Assembleia Legislativa de Minas Gerais, em 13 de novembro de 1980, justamente quando o pêndulo da política se movia novamente em direção à reforma. O Congresso acabara de aprovar o projeto enviado pelo presidente Figueiredo que restabelecia eleições diretas para os governos estaduais e extinguia os senadores biônicos, parlamentares eleitos por voto indireto.

Comemorava-se o passo democrático, mas a necessidade de eleição direta para a presidência da República continuava. Mesmo para os aliados do regime autoritário, foram esses passos tímidos. "A política no Brasil é como o jogo do bicho. É apenas tolerada, não tem nenhuma dignidade ou nobreza. É sempre uma arte menor, proibida em qualquer estatuto de clube. O que não espanta que os militares, muito fortes no Brasil de hoje, achem que a política se faz com canalhas, com homens sujos e indignos", disse à época o jurista Célio Borja, deputado federal pelo PSD-RJ, apoiador do governo.[679]

A palestra proferida por Tancredo Neves no dia anterior ao da declaração de Borja foi um exemplo raro de atuação política digna. Falou de improviso no encerramento do ciclo de estudos "O Poder Legislativo hoje", promovido pela Assembleia e pelas universidades federais de Minas Gerais e de Brasília. Do parlatório, celebrou seu ofício com clareza e refinamento. Não se apertou quando provocado nem evitou temas sensíveis.

Começou sua conferência conceituando o poder ao qual dedicara a maior parte da vida. "Quem fala em Poder Legislativo fala em representação. Quem fala em representação fala em democracia. [...] Onde não existe representação, não existe democracia, porque a representação é imprescindível a toda e qualquer concepção, a toda e qualquer vivência democrática."

Historiou então o conceito de representação, surgido com o mais importante filósofo e teórico político do século XVIII, o suíço Jean-Jacques Rousseau, para quem só havia representação quando o representante cumpria fielmente a vontade do representado. Em caso contrário, deveria ser destituído. Tancredo então contrapôs a essa ideia o discurso de Edmund Burke, proferido em 3 de novembro de 1774, uma das peças mais brilhantes do estadista e filósofo britânico. "Ele mostrava que o eleitor só dispunha de representante na hora da eleição. Uma vez consumado o processo eleitoral, o representante [...] não mais estava na dependência do voto daquele que o elegeu. Deixava de ser representante do distrito ou representante do eleitor, para ser, única e exclusivamente, representante da Nação."

A partir daí, o conceito de representação evoluiu. Para a vitoriosa democracia dos países ocidentais, a representação em nível nacional inevitavelmente se distanciaria dos interesses de seus representados. Apenas a ativa e constante participação do cidadão em um grupo ou comunidade em busca da solução de seus problemas seria capaz de diminuir essa distância.

Para Tancredo, o Poder Legislativo era o termômetro aferidor da saúde e da vitalidade da democracia — "Onde o Poder Legislativo é forte, é competente e esclarecido, temos uma democracia em toda a sua plenitude". O papel do homem público moderno seria o de "encontrar fórmulas que façam com que a ordem jurídica esteja permanentemente adaptada às grandes transformações sociais".

Prova de sua imensa dedicação e pesquisa sobre o tema e seu credo na reforma,[680] falou das ideias do sociólogo francês Maurice Duverger, para marcar que o debate entre o revolucionário e o reformista nunca será sereno ou equânime. "É sempre um debate passional." Situou a importância de a democracia se adaptar à nova ordem de coisas e resumiu em que ponto ruía a democracia brasileira. "Quando ao Poder Legislativo falta uma autêntica representatividade, ele se entrega, até por uma questão de sobrevivência, aos caprichos das classes dominantes." Justamente o que o Brasil vivia: "O que tem nome de Legislativo é uma caricatura, é tudo aquilo que não deve ser um Poder Legislativo". Para ele, o papel desse poder é maior do que o de preparador de leis, de casa política e de fiscalizador do Executivo. "É por meio do Legislativo que se denunciam os deslizes e as corrupções dos governantes."

Em meio ao restabelecimento das eleições diretas para os governos estaduais, Tancredo mostrou-se descrente de que o mesmo aconteceria para a presidência da República. Propunha, no entanto, que se continuasse lutando. Ainda que de modo cifrado, anunciou o projeto de conciliação que tinha em mente, que incluía aceitar as regras do jogo vigente.

> Ainda que não o consigamos, que seja por eleição indireta, que seja através de um processo genuinamente democrático de igualdade de oportunidade para todos os partidos políticos, com direitos de autonomia para que os partidos sejam democráticos. Que eles [os objetivos] saiam dos partidos e sejam levados a um colégio eleitoral e que sejam representativos da vontade popular, acabando com essa força que tem o nome de eleição indireta, que não é eleição nem indireta, porque é processo mistificador para ratificar escolhas feitas à margem dos partidos, no interior das casernas e que posteriormente são transformadas em candidatos de partidos, eleitos pela nação e pelo povo.

Após o fim da conferência, deputados estaduais, estudantes e professores universitários puderam lhe fazer perguntas. Manteve o tom conciliador característico, apesar de alguma acidez.

— Senador, em 1964 aconteceu uma revolução ou um golpe? — perguntou o advogado Ibraim Filogônio Filho.

— Bem, no primeiro momento o que houve foi realmente um golpe de Estado, no melhor estilo sul-americano. Diria mesmo uma quartelada. A bem da verdade e da justiça histórica, devo reconhecer que o primeiro presidente da Revolução, o saudoso marechal Castello Branco, teve um mérito extraordinário de transformar esse golpe de Estado numa revolução. Realmente, se não tivéssemos a sorte que tivemos, de ter tido naquele momento um presidente de sua estatura, estaríamos, até hoje, imersos numa "pinochetada" ou numa "videlada", no estilo argentino. Foi ele que poupou o Brasil desses vexames que, hoje, realmente, cobrem de vergonha nobres nações irmãs. Ele teve o mérito excepcional de fazer uma revolução, não no estilo clássico da palavra, mas um movimento de profundas reformas. As obras administrativas de Castello Branco, no campo político, no campo econômico, no campo social, foram realmente das mais relevantes. Dir-se-ia que cometeu erros, como de cassações das mais injustas, entre elas esta que todos lamentamos profundamente, uma cassação movida pelo ódio e puramente política, como foi a do presidente Juscelino Kubitschek. Cometeu o erro grave na política externa, de manter fidelidade política cega de apoio ao salazarismo. Cometeu erro, quando da ocupação de São Domingos, provocando quebra dos valores mais sagrados da nossa tradição política. Ao lado de erros de contingência humana, teve o mérito extraordinário de ter transformado aquela quartelada numa revolução digna de respeito. Isso temos que reconhecer, mesmo que tenhamos divergido desde o primeiro momento.

Três universitários, identificados como Norvinda, Cléber e João, provocaram Tancredo.

— Ao mesmo tempo que V. Exa. defende o fortalecimento do Legislativo e, consequentemente, o enfraquecimento do Executivo, o senhor é acusado de fazer o jogo do governo. O que tem a dizer a respeito?

— Não entendo a última parte da pergunta, quando diz que faço o jogo do governo, pois sou oposicionista dos mais antigos do país. Comecei não votando no presidente Castello Branco para presidente, quando todos os meus colegas do PSD votaram nele. Desde então, coloquei-me em oposição firme, contundente, coerente e responsável, oposição que não conheceu, nestes dezesseis anos, um minuto de arrefecimento e trégua. E eu me honro de tê-lo feito de maneira firme, corajosa, sem bazófia, sem agressões, sem desafios inúteis, e continuo na mesma posição que o povo brasileiro estava exigindo de mim. Nesses dezesseis anos, não traí o povo, não faltei ao povo nem me corrompi no serviço do governo.

O governo e uma parcela da oposição dançavam a valsa política do possível: davam dois passos para marcar o lugar e depois um passo à frente ou atrás, conforme a coreografia permitia. Tancredo se aproximou do presidente do

Congresso, o senador Jarbas Passarinho (PDS-PA), pois ambos concordavam que o momento era de dialogar. A condição preestabelecida era o sigilo. No final de maio de 1981, Tancredo reuniu-se com o presidente João Baptista Figueiredo na Granja do Torto. A conversa durou uma hora. Passarinho testemunhou o diálogo: "Se o senhor colocar muitos casuísmos nessa reforma, presidente, não terei escolha. Volto para o PMDB. E o senhor conhece as divergências que tenho com meus antigos companheiros de partido",[681] amaciou Tancredo, tentando viabilizar a construção do PP. O presidente não respondeu diretamente.

De acordo com Passarinho, o regime militar já sentia a fadiga do poder. "Tancredo passou a ser encarado como uma possibilidade na sucessão presidencial. As palavras que o presidente Figueiredo já usava em relação a ele evidenciavam clara mudança de julgamento. Havia até certa insinuação ao nome de Tancredo como possível solução pacificadora."

Porém, no primeiro domingo de junho, na convenção nacional do PP, Tancredo fez um discurso agressivo sugerindo que os ministros da área econômica haviam sido escolhidos por empresas multinacionais. Figueiredo reclamou no dia seguinte com Passarinho: "O Tancredo me fez ataques pessoais". "Se o presidente fosse do nosso ramo, entenderia", rebateu Tancredo.[682] Seu jogo político tinha ao menos um entendedor no Palácio do Planalto. "Muitos dos nossos não entendem a posição do Tancredo. É claro que até as eleições ele tem que ser da oposição. O que ele ganha não sendo?", contemporizou o ministro Golbery do Couto e Silva, considerando que a campanha pelo governo de Minas era vital para o senador mineiro.

O ir e vir cadenciado de palacianos e do líder do PP acabou gerando desconfianças. Em um programa de televisão, cujo tema principal eram as eleições vindouras de 1982, Tancredo foi questionado:

— O PP é oposição confiável?
— Confiável sim, pelo povo.[683]

De outro lado, Figueiredo queixava-se de que as críticas mais radicais a ele endereçadas vinham do moderado Tancredo. "Não existe mineiro radical. Nós vivemos onde termina a riqueza do Sul e começa a pobreza do Norte", aliviava o pepista. Gostava de responder do mesmo modo às críticas que recebia do governo por ser radical e dos radicais por ser governista. "Não se tira o sapato antes de chegar ao rio", dizia. Ou: "Ninguém chega ao Rubicão para pescar".

Figueiredo optou por tentar fortalecer o PDS, mesmo que provocando o esvaziamento do PP. Em 30 de novembro de 1981, o governo enviou à Câmara um projeto que proibia coligações partidárias e estabelecia o voto vinculado para as eleições de 1982. Era uma alteração brusca no curso da abertura, tão deselegante quanto chamar os militares de gorilas. Tancredo desistiu do PP. Passou a defender a fusão de todas as correntes oposicionistas em uma só legenda. A tese foi rechaçada por PTB, PDT e PT. Setores do PMDB aceitaram-na, o que acelerou o caminho de volta de Tancredo ao partido. A fusão do PP com o PMDB foi oficializada em 14 de fevereiro de 1982, e Tancredo elegeu-se vice-presidente nacional do novo PMDB. A decisão não teve o apoio de importantes lideranças pepistas, como Herbert Levy e Magalhães Pinto, que, após tentarem impugnar a incorporação, filiaram-se ao governista PDS. Thales Ramalho debandou da oposição e se juntou à fileira situacionista. Conseguiu reeleger-se deputado. Os pedessistas tentaram barrar a chamada reincorporação do PP ao PMDB no Tribunal Superior Eleitoral, mas por quatro votos a dois o TSE aprovou-a. Nasceu um novo e mais forte PMDB, com 181 deputados federais, 29 senadores e um governador (Chagas Freitas, do Rio de Janeiro).

Se com o fim do bipartidarismo, em 1979, o governo pretendia esfacelar a oposição, deu com os burros n'água. Falhou também ao tentar fortalecer o PDS sacrificando o PP. A reincorporação foi comemorada por Tancredo, de olho na reação tranquila do Planalto. "A única forma que o governo tinha de responder era a violência. Entretanto sua resposta está sendo lúcida e madura."[684]

16. A bomba que explodiu no colo do governo e a hora da virada

Na manhã do dia 1º de maio 1981, Andrea ligou para o avô, o senador Tancredo Neves.

— Bom dia, meu avô.
— Bom dia, minha filha.
— Você viu este negócio do Riocentro?
— Vi. Eles perderam completamente a noção de limite.
— Pois é, vô. Eu estava lá.
— Que perigo, minha filha.
— Você não está entendendo. Eu estava lá. Fui eu quem socorri o capitão e levei-o para o hospital.

Fez-se um longo silêncio do outro lado da linha, até que Tancredo, sempre avesso a conversações relevantes no telefone, disse:

— Venha para cá. Tenho um compromisso fora. Você me espera aqui.

Tancredo participou de um encontro na Associação Brasileira de Imprensa e depois seguiu para a quadra da Mangueira para o lançamento da candidatura de Miro Teixeira ao governo do estado do Rio pelo PP, o partido que montara.

Quando chegou ao apartamento da avenida Atlântica, Andrea contou os detalhes da noite anterior.

— Chama a imprensa e conta tudo — aconselhou Tancredo.

"As primeiras versões, se você for checar, têm um interregno entre elas. Um sargento e um capitão de folga foram assistir a um show. Um casal militante de esquerda passou e jogou uma bomba dentro do carro, que explodiu no colo do militar. Esta é a versão que sai nas primeiras horas."[685] Coincidentemente, Andrea e o namorado, um militante do Movimento pela Emancipação do Proletariado (MEP), eram esse casal. "O grande azar deles era eu ser neta do Tancredo. Ele mandou: conta tudo para a imprensa. A principal defesa é que as pessoas saibam quem é você", rememorou Andrea. "Dei a entrevista antes que eles tivessem condições de elaborar a fantasia. Ficaram com medo de avançar na farsa, porque esbarraram com Tancredo. E se é um outro casal de estudante? A coincidência de ter sido eu permitiu que a farsa pudesse ter ficado evidenciada."

Estudante de história e que depois iria se transferir para o curso de jornalismo, Andrea Neves da Cunha, então com 22 anos, e o engenheiro mecânico Sergio Vallandro do Valle, 27, tinham decidido assistir ao show em comemoração ao Dia do Trabalhador no Riocentro. Eram namorados havia dois anos. Andrea interessava-se por política, no entanto não atuava nos grupos do movimento estudantil. Estudava na Pontifícia Universidade Católica do Rio, instituição de muitos alunos abastados, na Gávea, zona sul do Rio de Janeiro. Sergio também tinha estudado na PUC e, assim como Andrea, frequentara o Bar das Freiras, sob os tradicionais pilotis da universidade. Militava no MEP, uma das dezenas de organizações de esquerda dos anos 1970, e tinha ficha na polícia em razão da filiação política.

Andrea e Sergio estavam atrasados para o show, então cumpriram com alguma aflição os trinta quilômetros entre Ipanema e o Riocentro, situado em frente à lagoa de Jacarepaguá, na zona oeste do Rio. No caminho, o casal notou algo que lhes pareceu intrigante.

> Chegando à Barra, comecei a observar muitas pichações, novinhas, como se feitas no dia anterior, pedindo "liberdades democráticas", "abaixo a ditadura" etc. Porém com assinatura de organizações que na época já não eram mais ativas. Eram organizações que a gente sabia que não eram atuais. Chamaram a atenção tanto as pichações, por serem recentes, quanto as assinaturas, que não faziam sentido naquele momento. Um negócio estranhíssimo.

Eles chegaram no Passat branco da mãe de Andrea ao estacionamento do Riocentro pouco depois das 21 horas da quinta-feira, 30 de abril. O show do Dia do Trabalhador já havia começado. Era organizado pelo Centro Brasil Democrático, presidido por Oscar Niemeyer e utilizado pelo Partido Comunista Brasileiro (PCB) como fachada para ações culturais. O roteiro e a coordenação do show — uma homenagem a Luiz Gonzaga — eram de Chico Buarque de Hollanda. Vinte mil pessoas compareceram para assistir à apresentação de artistas como o próprio rei do baião, seu filho Gonzaguinha, e ainda Alceu Valença, Clara Nunes, Djavan, Ivan Lins, Gal Costa, Fagner, João Bosco, Ney Matogrosso, Paulinho da Viola, Simone, Elba Ramalho e Beth Carvalho, entre outros.

"Parávamos o carro no estacionamento quando escutamos um barulho. Achamos que era o estouro de um pneu", recordou-se Andrea. O casal apressou-se em direção ao local do espetáculo. No caminho, cruzou com a história despedaçando-se à sua frente. "Quando estávamos entrando na área do show, passou uma pessoa na nossa frente com as mãos literalmente segurando as vísceras. Elas saíam pela barriga. O homem estava cinza de fuligem. Uma imagem horrorosa. Ele tentou parar um táxi. O táxi até diminuiu. Quando viu a situação, foi embora."

Andrea e Sergio acompanharam o ferido.

— Nossa! Você se machucou muito — disse ela, ajudando-o a caminhar, enquanto o namorado procurava algo em que ele pudesse se escorar. Encontrou uma cadeira plástica, provavelmente de algum segurança que devia estar próximo.

"Coloquei a cadeira para que ele se sentasse, enquanto o Sergio saiu correndo para chamar um médico ou bombeiro, alguém que pudesse ajudar." Ele foi até as cabines de tíquetes do estacionamento e lá informaram que uma ambulância já havia sido chamada. Comentavam que havia ocorrido um desabamento.

Os seguranças do Riocentro tentavam localizar o médico do plantão, Flávio Lacerda, por meio de radiocomunicadores. Um deles se dispôs a levar o ferido ao hospital, mas foi demovido por um colega: "É rabo".[686]

O homem com as vísceras nas mãos perguntou pelo amigo que o acompanhava. Ele já havia sido socorrido, informaram-no. Depois de alguns segundos em silêncio, afirmou:

— Eu sou do Exército.

O médico Flávio Lacerda chegou, mas nada da ambulância.

— Ele tem de ser internado rapidamente. Não dá tempo de esperar mais. Tem de ser levado já. Vocês não podem levá-lo?

Lacerda não podia acompanhá-los ao hospital, porque não poderia deixar seu posto.

— Podemos, claro, mas quero que algum bombeiro venha com a gente — pediu Sergio.

O apelo fazia sentido num momento em que nada parecia ter sentido. Dois bombeiros se prontificaram a acompanhá-los. O militar foi colocado no banco da frente do Passat, ao lado de Sergio. No banco de trás ficaram Andrea e os bombeiros. Tomaram a direção do Hospital Lourenço Jorge, cerca de dez quilômetros de distância. "O Sergio dirigiu a 140 quilômetros por hora. O carro ficou uma poça de sangue só. Não sabíamos o caminho e o próprio capitão foi nos indicando", detalhou Andrea.

Um bombeiro perguntou ao militar:

— O que aconteceu, meu amigo?

Ele ficou em silêncio, só quebrado com duas frases:

— Eu não posso morrer. Tenho uma filha pequena, de seis meses.

Sergio pediu-lhe que guardasse forças. Em quinze minutos, chegaram ao Hospital Lourenço Jorge. O ferido foi levado de maca para o setor de emergência. Andrea insistiu em que deveriam pedir alguma identificação do homem que socorreram. Seu nome era Wilson Luiz Chaves Machado e um dos bombeiros trouxe um papel em que havia um telefone e um nome para contato anotados: "208-7742, coronel Aloysio Reis". Da sala de espera do hospital, um cabo da Polícia Militar telefonou para o número indicado. Sergio ouviu parte do diálogo.

— Por favor, com quem estou falando? Ah, é do comando do I Exército!

Aloysio Reis era codinome do tenente-coronel Freddie Perdigão, um dos militares que fizeram carreira no porão da ditadura.[687] Formalmente, ele pertencia ao Serviço de Intendência do Exército. O telefone atendia no Destacamento de Operações de Informações (DOI) da corporação.

O médico Fauzi Assad Salim socorreu o capitão Machado e o militar deu a ele também o telefone do pai. Tinha 1290 cruzeiros no bolso. "Ele não perdia a lucidez e repetia o apelo para que o pai fosse avisado", contou. Não passou muito tempo, chegou uma ambulância e a ordem de remoção para o Hospital Miguel Couto, mais distante, porém com mais recursos.

Os médicos recolheram de seu abdome pedaços de palha de aço. O médico Ronaldo Gazolla, chefe da equipe do Miguel Couto, chegou a ficar em dúvida se ele era branco ou negro, tal o grau de gravidade das queimaduras.

Mesmo isolado sob forte esquema de segurança, o jornal *O Globo* obteve fotos do capitão Machado dias depois da internação. Os flagrantes foram obtidos por um médico-residente a pedido do repórter Marcelo Beraba, que o convenceu a levar uma câmera até o lugar onde o militar estava internado.[688] Aparecia com o torso nu, os olhos fechados, uma imagem que exasperou o Exército.

Ainda na madrugada de 1º de maio, Andrea Neves e Sergio voltaram ao Riocentro para deixar os bombeiros que os acompanharam até o hospital. Lá, souberam que havia explodido uma bomba e que um sargento do Exército morrera no local da explosão. Trocando as roupas ensanguentadas, Sergio comentou com a namorada:

— Senti cheiro de pólvora dentro do carro.

Quando finalmente acessaram o pavilhão do show, apresentava-se a banda A Cor do Som. Tiveram a dimensão completa do atentado quando o cantor e compositor Gonzaguinha resumiu os acontecimentos, com voz pausada e calma:

— Devo dizer a vocês uma coisa muito importante. No meio do espetáculo, durante o espetáculo, explodiram, eu disse explodiram, duas bombas. Essas duas bombas que explodiram foram mais duas tentativas de acabar com a realização desta festa que foi "conseguida" [palmas]... Essas duas bombas representam exatamente uma luta para destruir aquilo que nós todos queremos. Uma democracia, uma liberdade [aplausos]. Lembrem-se muito bem disso. Porque depende de vocês essa festa no ano que vem. Por favor, desculpem, desculpe, meu pai [dirigindo-se a Luiz Gonzaga, que estava no palco]. A festa é sua.[689]

Desde a Anistia, em 1979, 27 bombas explodiram e cinco foram desativadas.[690] No ano seguinte, foram registrados dezoito atentados, com a morte de uma pessoa (a secretária da OAB-RJ Lyda Monteiro da Silva) e duas outras gravemente feridas. Nos quatro primeiros meses de 1981, foram oito atentados no Rio. Uma bomba atingiu a varanda da casa de Santa Teresa do deputado Marcelo Cerqueira, amigo de Tancredo. Outras destruíram a gráfica do jornal *Tribuna da Imprensa*, depois que sua redação foi invadida por homens mascarados.

Por volta das oito horas da noite de 30 de abril de 1981, o chefe da seção de operações do SNI levou até o general Newton Cruz, diretor do serviço em Brasília, uma grave informação. O Destacamento de Operações de Informações do Exército do Rio começava a se movimentar para realizar um atentado no Riocentro, dali a poucas horas. Segundo a narrativa de Cruz, essa informação fora obtida pelo coronel Freddie Perdigão, desde o final dos anos 1960 integrante de grupos terroristas de direita. Preocupado, Perdigão teria convencido o destacamento a jogar a bomba perto da casa de força, longe da multidão.

De acordo com Elio Gaspari, quatro anos depois de deixar o poder, o general Golbery do Couto e Silva, chefe do Gabinete Civil da Presidência de 1974 a 1981, contou que "o Medeiros disse que o Riocentro tinha sido coisa do Coelho Netto, mas hoje em dia eu não sei se ele realmente tinha elementos para dizer aquilo. O fato é que ele disse". Medeiros era o general Octávio Aguiar de Medeiros, chefe do SNI. Coelho Netto vinha a ser o general José Luiz Coelho Netto, que meses depois seria nomeado chefe de gabinete do ministro do Exército (o que contribuiria para a saída de Golbery da Casa Civil). Coelho Netto perfilara-se no radicalismo militar e no terceiro escalão do SNI. Fora o segundo homem do Centro de Informações do Exército e seu condestável na área operacional. Tinha no gabinete fotografias dos cadáveres da guerrilha do Araguaia. Ele e Golbery se detestavam.[691]

O atentado do Riocentro foi uma das razões que levaram Golbery a deixar a chefia do Gabinete Civil e encerrar seu ciclo no Palácio do Planalto. Sem um único voto, tornou-se o político brasileiro que mais tempo permaneceu no poder depois de Getúlio Vargas. Em 1964, criou o Serviço Nacional de Informações, do qual foi o primeiro chefe. Batizou-o de Ministério do Silêncio e assim exerceu o cargo até 1967. Com a posse de Costa e Silva, a quem não apoiou como sucessor de Castello Branco, alojou-se no Tribunal de Contas da União até 1969. A partir de 1972, presidiu a filial brasileira da Dow Chemical, empresa multinacional da área química, e ganhou um novo apelido: geneDow. Articulou a candidatura do general Geisel como sucessor de Médici, tornada irreversível em junho de 1973. Somente Golbery acompanhou Geisel desde o primeiro dia na formação do governo. Estiveram juntos diariamente no prédio que abrigou a transição da antiga sede do Ministério da Agricultura, no largo da Misericórdia, até o Palácio do Planalto, nove meses depois de anunciada a escolha do novo presidente. Empossado como chefe do Gabinete Civil de Geisel em março de 1974, só deixou o cargo em agosto de 1981, já sob o presidente João Figueiredo.

Tancredo dizia que "nunca conhecera homem com tanta fome de poder". Não imaginava que abandonaria espontaneamente o poder que "exerceu com tanta competência e volúpia". Surpreendeu-se com sua saída. "Estamos todos perdidos", afirmou no dia em que a demissão foi anunciada.[692]

Golbery queria um novo inquérito sobre o atentado do Riocentro. Sabia que as bombas visavam minar o projeto de abertura. O general Octávio Medeiros, chefe do SNI, trabalhou para limitar os danos. Patrocinou um inquérito fantasioso, com o apoio do ministro do Exército, Walter Pires. Ineptos com as bombas, os porões do regime conseguiram operar com mais eficiência as apurações dos seus crimes.

Porões do regime significavam os grupos em torno do Centro de Operações de Defesa Interna (DOI-Codi), subdivisões militares que mantinham prerrogativas de ação mais poderosas do que as permitidas ao Congresso Nacional, como lembrou Carlos Castello Branco:

> Organismos de emergência, criados para articular as diversas forças empenhadas na repressão à subversão esquerdista e unificar o seu comando, eles sobreviveram à subversão a ponto de abrigar em seus quadros agentes de uma nova subversão, a que pretende impugnar a democratização do país e criar problemas ao presidente da República e à nação.[693]

O começo das investigações do atentado do Riocentro foi marcado por omissões, disfarces e incriminações indevidas. Na madrugada de 1º de maio, um homem que dizia pertencer ao "Comando Delta" telefonou para vários jornais, assumindo a autoria das explosões.

Pela manhã, o general Waldyr Muniz, secretário de Segurança Pública do estado do Rio de Janeiro, afirmou que os dois militares foram vítimas de atentado. "Os terroristas fugiram em três carros", disse. "Vamos saber quem são estes terroristas, quem são estes maus brasileiros, quais são estes materialistas. Será que estes materialistas não têm mãe, pai, irmãos? Não cresceram nesta pátria acolhedora que há de ser grande custe a violência que custar." De Belo Horizonte, o comandante da 4ª Divisão de Exército, subordinada ao I Exército, declarou: "Um atentado de esquerda marxista".

À tarde, o general Gentil Marcondes Filho, comandante do I Exército, e o coronel Job Lorena de Sant'Anna compareceram ao enterro do sargento Rosário — com honras de herói — e ajudaram a carregar o ataúde.

Em 30 de junho, Job apresentou o resultado de suas investigações à imprensa, afirmando que os militares foram vítimas de um atentado e que "a bomba havia sido feita com um quinto de uma lata de 2,5 litros de óleo Havoline e colocada entre a porta e o banco direito do Puma".

Puro embuste. As apurações posteriores foram compiladas pela Comissão Nacional da Verdade. Demonstraram que, entre 21h15 e 21h20, com Elba Ramalho se apresentando no palco do Riocentro, uma bomba explodiu dentro do automóvel Puma, 1977, cinza metálico, placa OT-0297, no pátio de estacionamento. No interior do automóvel estavam dois militares, o capitão Wilson Luiz Chaves Machado, codinome "Dr. Marcos", e o sargento Guilherme Pereira do Rosário, codinome "agente Wagner", ambos a serviço do Destacamento de Operações de Informações (DOI) do I Exército.[694]

O artefato explosivo seria instalado no pavilhão em que ocorria o show. Possivelmente sob o palco principal, mas explodiu antes da hora planejada, ferindo gravemente o capitão Machado e matando instantaneamente o sargento Rosário, que transportava a bomba no colo.

O auto do exame cadavérico informou:

> Misturado com as vísceras dilaceradas encontramos e retiramos fragmentos de metal branco, alguns fragmentos de algo que parece fibra de vidro, um pino de metal amarelo, uma junta de flanela vermelha, uma pequena roda dentada de metal branco, uma sonda de plástico branco, um fragmento de vidro branco e três fragmentos de fio branco envolto por plástico azul que os peritos determinam que se anexe ao presente auto para os devidos estudos periciais.[695]

Os documentos do automóvel Puma estavam em nome do capitão Machado. De acordo com testemunhos colhidos em 1981 e 1999, os militares transportavam outras duas bombas, além de uma pistola e uma granada de mão. O lacre da placa OT-0297 do Puma havia sido violado, indicando provável uso de placa falsa. Na parte traseira do carro, havia três caixas de fósforo, com inscrições dos motéis San Remo, Serra Mar e Play Boy; um par de luvas pretas, colírio e escova de dentes, entre outras miudezas.

De acordo com peritos ouvidos pela Comissão Nacional da Verdade, a bomba que explodiu no Puma era de fabricação artesanal. Possuía um acionador de tempo, a chamada bomba-relógio. Utilizava-se de cerca de 150 gramas de autoexplosivo à base de nitroglicerina. Foi a partir das fotografias do local do acidente, do laudo cadavérico do sargento Guilherme Rosário e do exame de corpo de delito do capitão Machado que se comprovou que a bomba se encontrava no colo do sargento. Ele estava sentado no banco da frente do Puma e serviu como barreira ao poder de destruição da bomba. O capitão Machado, que estava sentado no banco do motorista, teve seu corpo menos exposto, sobrevivendo à explosão. Ambos tiveram o rompimento dos tímpanos em razão da onda de choque.

Os peritos calcularam que a bomba poderia lançar fragmentos mortais num raio de trinta metros do centro de explosão. Em ambiente fechado, a onda de choque desse tipo de artefato reverbera, produzindo maior número de fragmentos e, consequentemente, maiores danos e maior número de lesões.[696]

Uma segunda bomba explodiu no Riocentro. Jogada por cima do muro, atingiu a miniestação elétrica responsável pelo fornecimento de energia do centro de convenções, e explodiu no pátio. A eletricidade do pavilhão não chegou a ser interrompida. De acordo com diferentes relatos e depoimentos,[697] essa segunda bomba deveria ocasionar a interrupção no fornecimento de energia, paralisando o show e causando tumulto e pânico.

Em novembro de 2012, foram encontrados memorandos sobre o atentado do Riocentro na casa de um dos integrantes do submundo do regime militar. Os documentos pertenciam ao coronel Julio Miguel Molinas Dias, assassinado com vários tiros quando chegava a seu apartamento em Porto Alegre. À época do atentado no Riocentro, Dias era o comandante do Destacamento de Operações de Informações do Centro de Operações de Defesa Interna. A ele se reportavam o capitão Machado e o sargento Rosário. O coronel registrou detalhadamente a operação e suas consequências nos documentos secretos que mantinha.[698]

O relatório de atividades externas descreve a movimentação do DOI-Codi em 30 de abril de 1981. Batizada de Missão 115 — Operação Centro, a ação previa que militares espionassem o show no Riocentro. Foram escalados dois agentes, com previsão de saída às 18h40 e retorno às 4h20, usando um Fusca. Outros dois, de forma clandestina, sem escalação formal, usaram um Puma particular. Por volta das 21h15, tudo seguia na rotina até a bomba explodir.

O coronel Dias assistia, em casa, à primeira partida da final do Campeonato Brasileiro de 1981, no Estádio Olímpico. O Grêmio venceu o São Paulo por

2 a 1. No intervalo do jogo, recebeu telefonema do coronel Aloisio Reis — o codinome mencionado pelo ferido a bomba quando atendido no hospital. Tratava-se do tenente-coronel Freddie Perdigão. Ele narrou a Molinas que um cabo da PM o informara sobre um acidente com explosivo com uma vítima. Deu um nome considerado quente: dr. Marcos. Perdigão recebeu novo telefonema, informando que o corpo do sargento no local estava irreconhecível. Às 23h30, o comandante do DOI-Codi registrou em suas anotações o plantão da TV Globo com anúncio das explosões e o recebimento de telefonema de um oficial perguntando o que acontecera. Molinas relatou o estado de saúde do capitão Machado, motorista do Puma ferido na explosão: "Está sendo operado. Chegou com as vísceras do lado de fora. Estado grave". De próprio punho, o coronel anotou que foram levados dois explosivos para o Riocentro.

Às 23h45, Molinas afirmou ter telefonado ao coronel Leo Frederico Cinelli, chefe do serviço de informações do I Exército, relatando os fatos. Minutos depois, recebeu notícias de alguém sobre o sargento morto e registrou: "O Robot (menção a quem carrega bomba) está morto. Tem uma granada que estava no carro e botaram no chão".

Durante a madrugada, o coronel fez anotações que corroboram a ação integrada: "um Chevette aberto cinza metálico com bagageiro placas RT-1719 estava ao lado do carro Puma, com um emblema do 1º Batalhão de Polícia do Exército".

Em 2 de maio, sábado, Molinas mandou recado ao capitão ferido para que não se pronunciasse a respeito do acidente. Comandante do DOI, o coronel Molinas, e o comandante do I Exército, general Gentil Marcondes Filho, visitaram-no no hospital e em seguida foram ao enterro do sargento Rosário.

Os documentos de Molinas revelam a montagem da farsa para tentar encobrir a autoria do atentado. O primeiro passo foi recolher o carro do sargento morto para que não fosse alvo de busca de provas. "Foram mandadas ao I Exército (coronel Cinelli) as fotografias das placas com [inscrições] VPR para aproveitamento na imprensa", escreveu Molinas.

A frase teve seu sentido esclarecido quando se descobriu que agentes do DOI-Codi picharam placas de sinalização de trânsito nas imediações do Riocentro com a sigla da organização de luta armada de extrema esquerda Vanguarda Popular Revolucionária. O objetivo dos militares com a pichação era atribuir a autoria do atentado à VPR. Seria uma explosão planejada para botar a culpa em esquerdistas, como descreveu o ex-delegado do Dops Cláudio Guerra no livro *Memórias de uma guerra suja*.

Para mudar o foco e jogar a culpa do atentado fracassado no Riocentro na esquerda, Molinas rascunhou uma lista de incidentes anteriores, como a suposta tentativa de ataques a unidades militares. "Viemos apresentar alguns fatos que comprovam a intenção das esquerdas em atingir os órgãos de segurança, em especial os dois, tanto no campo da agressão física como em ações psicológicas com objetivo único de desmantelar o aparato repressor ou destruí-lo."

Em 4 de maio, a primeira segunda-feira depois do atentado, Tancredo Neves voou do Rio para Brasília, de manhã cedo. Encontrou-se no avião com o jornalista Merval Pereira. Contou que vinha de reunião com o governador do Rio, Chagas Freitas, seu aliado havia muitos anos.[699]

— Homem corajoso este Chagas. O relatório oficial da polícia confirma que havia duas bombas no Puma — segredou Tancredo a Merval, mudando em seguida o rumo da conversa, deixando claro que não queria se aprofundar no assunto.

Merval telefonou para a redação de *O Globo* e repassou ao editor-chefe, Milton Coelho da Graça, o que ouvira de Tancredo. Seguiu para o Senado, na tentativa de tirar mais detalhes do parlamentar mineiro. No gabinete repleto de gente, o jornalista chamou-o reservadamente e pediu mais informações sobre as duas bombas.

Tancredo fixou o olhar, colocou a mão no ombro do jornalista e perguntou:
— Você também ouviu falar disso, meu filho?

A notícia foi manchete de *O Globo* em 6 de maio — "Laudo confirma que havia duas bombas no Puma" — e atribuía a informação a "duas fontes dignas de crédito, uma delas política".

Como medida profilática aos radicais de direita, Andrea Neves soube, anos depois, que Tancredo procurara o comandante do II Exército em São Paulo. "Por aí não, porque é minha neta", apelou ele ao general Milton Tavares de Souza. Por que ir ao II Exército em vez de dialogar no I? O comandante do I Exército, general Gentil Marcondes, estava empenhado em encontrar culpados que não fossem militares para a ação do Riocentro. "Eles foram vítimas de um atentado. É óbvio", havia declarado Gentil, no dia seguinte ao crime.[700]

Tancredo recorreu ao comandante do II Exército, sediado em São Paulo, longe do atentado, por estratégia. O general Milton Tavares de Souza havia assumido o posto em agosto de 1979. Tinha sido chefe do Centro de Informações do Exército durante a maior parte do governo Médici, subordinado ao ministro Orlando Geisel. No começo da década de 1970, dirigiu a Operação Marajoara, que precedeu e preparou o emprego maciço de tropas do Exército no combate à guerrilha do Araguaia. Havia sido radical num tempo de radicais. Fora comandante da Primeira Divisão do Exército, que abarca a maioria da tropa aquartelada na Vila Militar, no Rio, onde sucedera o ministro do Exército, Walter Pires. Abrandou-se a partir do governo Geisel e abraçou a distensão lenta, gradual e segura. "Nada vai atrapalhar a abertura", dissera o general depois do atentado. Anticomunista ferrenho, em sua área de comando não aceitava também o terrorismo de direita. "Começou a haver um claro confronto entre os órgãos de informações do II Exército [comandados pelo general Milton] e os extremados do SNI e do CIE, que faziam esse tipo de ação", explicou o general Otávio Costa.[701]

Tavares de Souza acompanhava o projeto de redemocratização com obediência, como explicitou quando foi questionado sobre como receberia o processo de abertura política. "De mão na coxa", respondeu, usando a gíria da caserna para explicar que seria recebida em posição de sentido.[702] Dois meses depois da conversa com Tancredo, o general sofreu um ataque cardíaco e morreu. Estava a cinco meses da aposentadoria.

Andrea Neves nunca mais teria notícias diretas do capitão Wilson Machado, de quem salvara a vida. Anos depois do atentado, quando concluía o curso de jornalismo na PUC-RIO, Andrea obteve um estágio no Conselho Administrativo de Defesa Econômica (Cade), que tem escritório no centro do Rio de Janeiro. Um dia, uma pessoa que trabalhava com Andrea a surpreendeu:

— Tem uma farmácia aqui perto cujo farmacêutico ou dono da farmácia, não me lembro, é pai do capitão. Contei na farmácia que você trabalhava aqui. Ele me pediu que agradecesse a você por ter salvado a vida do filho dele.

"Nunca mais vi o capitão, nem recebi outro tipo de recado", afirmou ela. O avô manteve o episódio de forma discreta. "Comigo Tancredo nunca mais tocou no assunto", concluiu.

Aos jornalistas, Tancredo foi espirituoso: "Todas as bombas que explodem neste país explodem em cima do governo".[703]

Ao final do verão de 1982, Aécio Neves completara 22 anos. Estudava economia na PUC-RIO e direito na Universidade Candido Mendes. Admitiu que gostava mais de surfar e de namorar do que de estudar. Depois de um domingo de sol, Aécio dirigiu-se ao apartamento do avô, na avenida Atlântica, para o almoço em família. Na hora do licor, Tancredo virou-se para o neto e perguntou:

— Já não está na hora de largar esta vida boa de surfista do Rio de Janeiro e conhecer a sua terra?

Emendou o questionamento, que tinha ares de repreensão, com o convite para que o auxiliasse na campanha para o governo do estado de Minas Gerais naquele ano.

Aécio chegou a participar da campanha de 1978, como uma espécie de faz-tudo do avô e do pai, o deputado arenista Aécio Cunha.

> Com dezoito anos, tive o primeiro contato político com meu avô em Minas. Tancredo candidato ao Senado; meu pai era candidato novamente a deputado federal. Meu pai era candidato pela Arena e o candidato do partido ao Senado era Israel Pinheiro. Por isso era obrigado a fazer dobradinha com ele, contra meu avô.[704]

Não existiriam concorrentes mais ternos. "Meu avô e meu pai não tinham apartamento próprio em Belo Horizonte. Alugavam um de dois quartos, bem simples, na avenida Afonso Pena, uma das principais da cidade. Eu dormia na sala. Era uma lição de convívio extraordinário." Aécio Cunha era de Teófilo Otoni, em cuja região mantinha sua base eleitoral. Numa época em que um simples aparelho telefônico era caro e difícil, genro e sogro dividiam a conta.

> Eu chegava à nossa casa e tinha um recado do meu pai em cima da mesa: "Dr. Tancredo, mandar propaganda para Luís Leal, em Teófilo Otoni, porque acabaram os panfletos do senhor". Tinha sido um concorrente eleitoral direto do meu pai que tinha ligado para o apartamento. Como não tinha secretária nem nada, meu pai deixava o recado por escrito. E dr. Tancredo fazia o mesmo quando meu pai não estava em casa.

Em 1978, Aécio havia acabado de retornar de um programa de intercâmbio nos Estados Unidos e estava muito mais preocupado com o Carnaval do que com a política. Durante a temporada norte-americana chegou a conceder uma entrevista a um pequeno jornal de Middlebush,[705] em Nova Jersey, na costa leste dos Estados Unidos, lamentando estar em terras americanas durante o Carnaval brasileiro. "É a única época em que a classe baixa e a classe alta se reúnem", explicou. Expressou sua paixão por Bob Dylan, opinou que as mulheres brasileiras eram diferentes das americanas porque não precisavam trabalhar e, dando munição para futuros adversários, revelou: "Eu nunca fiz a minha própria cama!".[706]

Cinco anos mais tarde, a cama de Aécio estava arrumada. Trancou o curso de direito, transferiu sua matrícula em economia para a PUC-MG e mudou-se para Belo Horizonte.

> Já pulsava a coisa da redemocratização. Os exilados voltavam ao Brasil. Brizola e Arraes tinham retornado recentemente. Era um momento de efervescência da política. Eu via muitos dos encontros do meu avô na avenida Atlântica. Lembro muito do Chagas Freitas, do Amaral Peixoto. Com Brizola teve um episódio engraçado. Brizola queria montar o PTB; Tancredo querendo trazer Brizola para o PP, partido que montava. Ele me apresentou aquele mito da resistência quando eu tinha vinte e poucos anos.

O encontro marcou-o tanto que Aécio se lembra de que o assessor que acompanhava Brizola era o jornalista Roberto D'Avila. Ele interrompeu a conversa de Tancredo e Brizola, com um telefonema urgente.

— Governador, queria que o senhor desse uma palavra com uma jornalista, porque aquela entrevista que o senhor deu ontem não saiu adequadamente — pediu.

— Roberto, saiu foto? — questionou Brizola.

— Saiu sim.

— A foto está boa?

— A foto está boa, governador.

— Pois deixa para lá, porque neste país ninguém lê coisa alguma.

Aécio mudou-se para Belo Horizonte em março de 1982. Dividia com o avô o confortável apartamento no edifício Niemeyer, uma das obras-primas do arquiteto modernista erguida na praça da Liberdade, em frente à sede do governo mineiro. Lúcia Machado Almeida, irmã do político pessedista Cristiano Machado, contratou Oscar Niemeyer em 1950 para projetar um prédio

Tancredo com o neto Aécio durante campanha (anos 1980/Jorge Araújo/Folhapress).

de luxo em um pequeno lote triangular da família, na esquina da praça da Liberdade com a avenida Brasil, onde existia o palacete Dolabela.

Ali se deu toda a construção da candidatura. Uma candidatura em que havia divisões internas no PMDB em relação à chapa para o Senado. Houve uma briga entre os postulantes, quase se mataram. Passei a ser um espectador privilegiado de um momento de transformações enormes que o país viveu. Toda articulação da eleição em Minas, a disputa duríssima com Eliseu Resende, do PDS. Naquela época, o ministro Mário Andreazza bancava Eliseu, já pensando na candidatura presidencial. Tancredo voava num aviãozinho velho da Pluna, que, depois da eleição, caiu e matou todos os passageiros.

Com as máquinas estadual e federal atuando em seu favor, a campanha de Eliseu Resende tinha mais recursos do que a de Tancredo. Ele e o neto chegavam às cidades e as viam inundadas de placas e camisas de Eliseu. "Foi uma luta enorme. Uma construção de candidatura metódica, com dinheiro raro." Aécio impressionou-se com o vigor do avô, com 72 anos à época. "Não era um menino, porém estava com uma disposição invejável. Quando não dava de

Tancredo em campanha ao governo do estado de Minas Gerais em Caeté, 1982 (Foto de Sergio Falci/Memorial Tancredo Neves).

avião, íamos de carro mesmo. Chegávamos a fazer campanha em onze, doze cidades por dia. Eu nunca fiz isso na minha vida. Saía de uma cidade à noite, dormindo numa veraneio, para acordar em outra, às cinco, seis horas. Um dia atrás do outro era assim."

Mauro Santayana relembra que a estrutura da campanha de 1982 já era muito superior à de 1978. Almoçando no comitê instalado em Belo Horizonte, com mais de cem pessoas trabalhando, comentou com Tancredo:

— Se tivéssemos na sua campanha para o Senado um décimo disso, teria sido mais fácil.

— Mauro, senador não dá emprego... — relativizou Tancredo.

As eleições de 1982 foram as primeiras, desde 1964, às quais os candidatos de oposição concorriam aos governos estaduais com chances reais de vitória. Era o primeiro degrau para dar alguma solidez ao processo de redemocratização. Com as chances de eleição de Tancredo em Minas, Brizola no Rio, Montoro em São Paulo, Richa no Paraná e Camata no Espírito Santo, construiu-se um núcleo de oposicionistas de peso. Pela primeira vez havia a real perspectiva de ocuparem cadeiras de governos importantes. Tancredo Augusto, que assessorou o pai na campanha, lembrou o que ele tinha em vista: "Desde o primeiro momento, Tancredo teve a demanda da questão nacional, a disputa pela presidência. Ele no começo tinha muitas dúvidas se isso se viabilizaria".

Tancredo Augusto relembra uma das frases que o pai repetia sobre seus projetos futuros:

— Para correr riscos contem comigo. É inerente à atividade política. Mas aventura, não.

Com a disputa apertada, Tancredo se assustou com a demora para o início das apurações depois de encerrada a votação.

— Se aqui em Belo Horizonte ficaram dois dias dormindo com as urnas, imagina o que fizeram em outros lugares — dizia ele, temeroso.

As denúncias de fraudes em 1982 repetiam-se em níveis escandalosos. Os votos eram dados em cédulas de papel e o processo de contagem previa que a apuração seria feita nas próprias mesas coletoras, e, dali, os resultados parciais seguiriam para a totalização nas zonas eleitorais. No caso do Rio, a totalização geral era de responsabilidade da empresa Proconsult, que prometia agilidade com a totalização eletrônica feita por computadores.

Coube ao economista brizolista Cesar Maia apontar a existência de fraudes. Em razão de uma função matemática batizada de "diferencial delta", os programas instalados nos computadores da Proconsult teriam subtraído uma determinada porcentagem de votos dados a Brizola, transformando-os em votos nulos. Também promoviam a transferência de sufrágios em branco para a conta do candidato governista, Moreira Franco, do PDS. De acordo com os brizolistas, uma das pernas da fraude sustentava-se na divulgação dos resultados manipulados pela Rede Globo. O grupo Jornal do Brasil estabeleceu processo paralelo de apuração em que os totais de votos de cada urna eram recolhidos nas zonas eleitorais. Os números da Proconsult, divulgados pela Globo, davam liderança a Moreira Franco; os números da rádio Jornal do Brasil, recolhidos diretamente nas seções eleitorais, mostravam Brizola à frente. A discrepância levou à descoberta da fraude. Ao final, Brizola, com 34% dos votos, bateu Moreira Franco, que ficou com 31%.

A polêmica da Proconsult deixou Aécio e Tancredo nervosos e atentos.

Quando a Globo começa a divulgar os dados com a liderança do Eliseu, descobriu-se que se priorizavam as cidades em que se sabia que o PDS tinha mais força. O Hélio Garcia, candidato a vice, foi para dentro da TV Globo para saber por que não contabilizavam os votos de cidades em que o PMDB era favorito. Era o mesmo argumento que a Proconsult utilizava para explicar as disparidades no Rio. Ninguém sabia o que estava acontecendo. Tancredo acabou vencendo por uma pequena diferença. Ele achava que estavam preparados para roubar a sua vitória.[707]

Francisco Dornelles contou que às vésperas do pleito de 1982 recebeu uma visita inesperada. O carro da campanha acabara de lhe deixar em casa quando surgiu, como se emergisse da sombra, um homem com um maço de papéis em um envelope. Estendeu-o em direção a Dornelles, enquanto se apresentava.
— Eu sou o coronel Puchinha. Leia estes documentos.
Dornelles abriu o envelope e viu um plano, traçado em Belo Horizonte, para impedir que os ônibus saíssem da garagem no dia da eleição. A oposição era favorita na capital, onde havia o maior eleitorado; a situação devia levantar vantagem no interior. Se a abstenção na capital fosse grande, Tancredo seria o maior prejudicado. O plano citava ainda que o Serpro, que faria a totalização de votos, daria prioridade aos votos do interior na velocidade da apuração, consolidando clima favorável à vitória de Eliseu Resende. Dornelles contatou Hélio Garcia, candidato a vice-governador. Ele recorreu ao filho de um amigo, que era especialista em computação e trabalhava havia dez anos no escritório da maior empresa de computação do mundo à época, a IBM. Garcia buscava um técnico que pudesse fiscalizar o trabalho do Serpro. Eduardo Brandão de Azeredo tinha 34 anos e era formado em engenharia, com especialização em informática. Filho de Renato Azeredo — fiel aliado de Tancredo desde 1954, quando ambos militavam no PSD —, Eduardo assumiu a tarefa de fiscalizar o processamento de dados eleitoral.

Para driblar o locaute dos ônibus, os peemedebistas anteciparam o plano aos proprietários das empresas, quase todos apoiadores de Tancredo. Eles arranjaram para que, no dia anterior às eleições, os ônibus não fossem levados para as garagens, onde poderiam ter as saídas bloqueadas. Os ônibus pernoitaram em estacionamentos próximos a estádios de futebol, como o Mineirão. Ao amanhecer, circularam livremente pela cidade, transportando os eleitores a seus locais de votação, contornando a possibilidade de locaute comandado por forças das casernas. Houve capitais em que ônibus ficaram bloqueados até as quatro horas da tarde, quase ao final da votação. "Tancredo precisava fazer grande frente em Belo Horizonte. Houve dúvida até a última hora. Foi uma vitória apertada e muito bonita", recordou Tancredo Augusto.

Quarenta e nove milhões de eleitores comparecem às urnas no pleito de 1982, o maior eleitorado de todos os tempos na América Latina. A oposição conquistou maioria na Câmara dos Deputados; o PDS manteve o controle do Senado. O partido situacionista obteve doze dos 22 governos e assembleias estaduais. Assim, em tese, assegurava a maioria no colégio eleitoral, que escolheria o sucessor do presidente Figueiredo.

Tancredo Neves elegeu-se governador do estado de Minas Gerais, o primeiro em pleito direto desde 1965, com 2,7 milhões de votos, contra 2,4 milhões obtidos por Eliseu Resende, o candidato do PDS. Com o lema "Chegou a hora da virada", a campanha de Tancredo em Minas Gerais foi escolhida como uma das quatro melhores daquele ano pela Escola Superior de Propaganda e Marketing.

"O sonho da vida do meu pai era o governo de Minas. Havia a frustração latente por ter perdido a eleição de 1960. Era o candidato favorito, entretanto perdeu. Porque Juscelino o traiu. A vitória de 1982 nos lavou a alma", afirmou Tancredo Augusto.

Tancredo comemorou o resultado dizendo que Eliseu Resende era o "candidato dos grotões". "Houve pequenas cidades em meu estado nas quais o candidato do PDS recebeu 3 mil votos e eu, seis. Ora, ou as eleições nessas cidades foram fraudadas, ou elas são realmente grotões, onde ainda não floresceu o espírito cívico e os currais eleitorais funcionam intactos", declarou Tancredo, azedando mais uma vez o humor do presidente Figueiredo. "Quando fiz essa declaração, eu estava amparado em fatos", justificou-se.[708]

Com a vitória em Minas, abandonou rapidamente a ideia de erguer nova legenda. Achava-se satisfeito dentro do PMDB. Acreditava que o programa do partido era democrático, reformista e com teses avançadas — mais que as do PSOE, de Felipe González, na Espanha, ou que as do PS de François Mitterrand, na França.

Achava que a saída política brasileira passava pela reforma institucional. Chamava a Constituição em vigor de integrista, autoritária e desnacionalizante. Apontava como uma excrescência o fato de a Constituição privilegiar mais o capital que o trabalho, raridade em países europeus avançados.

Figueiredo e Tancredo (Carlos Namba/Abril Comunicações S/A).

Às vésperas de assumir o Palácio da Liberdade, dizia que o debate sucessório não devia ser precipitado. Daria ali a chave do seu comportamento. Ensinava que era um assunto que precisava ser protelado ao máximo, porque, uma vez iniciado, fazia com que os acontecimentos se precipitassem. "No regime presidencialista, toda sucessão é uma crise, por sinal a sua pior crise, e quanto mais puder adiá-la, melhor." Reconhecia que o PDS tinha maioria no colégio eleitoral, mas pregava que a oposição deveria ser consultada sobre a sucessão presidencial. As eleições de 1982 colocaram nas mãos dos oposicionistas estados que representavam 80% do PIB do país. "A imposição de um nome que não seja consensual estimulará confrontos indesejáveis."

Formalmente, desde o início procurou desviar a atenção de si como agente da transição entre o regime autoritário e a democracia. "Não há como compatibilizar o meu nome no atual quadro político brasileiro. E elimino totalmente essa hipótese, embora não descarte a possibilidade de consenso em torno de outro nome da oposição." Não se arriscava a traçar um perfil do futuro presidente. São tantas as qualidades necessárias que provavelmente ninguém se encaixaria no desenho, argumentava. Juracy Magalhães desenhou o perfil ideal do presidenciável, na sucessão de 1936, e descreveu tantas qualidades que Getúlio Vargas não se conteve: "Você está querendo o Senhor do

Bonfim para presidente". Vargas acabou dando o golpe de 1937 e continuou presidente da República.

A exemplo da sala de milagres da igreja do Senhor do Bonfim, em Salvador, o discurso de Tancredo tinha cabeça, tronco e membros, porém cada qual de um devoto diferente. Se imaginava que a oposição era capaz de fornecer um nome de consenso, não deixou isso claro, oferecendo a condução do processo a Figueiredo. Reconhecia o presidente como a principal liderança no sistema presidencialista e achava que era possível um nome de consenso mesmo com a eleição indireta. "Não há diferença substancial na eleição direta ou indireta do presidente; ambas são igualmente democráticas. O nosso problema é que, no Brasil, a escolha do presidente não tem sido nem eleição nem indireta", rodopiava em torno do tema. Uma nova Constituição poderia estabelecer, por exemplo, o sistema indireto como aplicado nos Estados Unidos, sugeriu, para arrepio dos que defendiam o pleito direto desde 1973, quando foi rejeitado pela primeira vez no Parlamento.

Tancredo Neves despediu-se de seu mandato legislativo no Senado em 10 de março de 1983. Não fez discurso de quem saía do centro da política nacional. Na realidade, apresentou suas credenciais para liderá-la. "A nação não comporta nem lutas partidárias acirradas nem luta de classe exacerbada. Há que encontrarmos com urgência o caminho do entendimento."[709] Na semana anterior, o presidente Figueiredo havia estimulado a trégua política em sua mensagem anual ao Congresso. Daquele quadro de crise, Tancredo imaginava que emergiria a luz.

> As crises só são desesperadoras para quem as encara do ângulo de uma recusa obstinada de mudar padrões de convivência política, econômica e social. Para quem as percebe como momento inquietante, porém potencialmente construtivo na trajetória dos povos, elas representam um desafio à capacidade coletiva de dar curso pacífico e ordeiro às mudanças necessárias.

O discurso somava apreço pela inteligência e pelo idioma de tal forma que a revista *Veja* o definiu como "uma das dez melhores peças já ouvidas no Congresso Nacional".

O presidente do PDS, o senador José Sarney, arvorou-se em combater o discurso de Tancredo. "Se ficasse calado, o Tancredo sairia de lá como candidato do nosso partido à presidência da República." Entre os trinta apartes que recebeu, Tancredo ouviu dois senadores do PDS, o capixaba João Calmon e o paraibano Milton Cabral, dizerem que apoiariam sua candidatura à sucessão de Figueiredo.

Tancredo ganhava afagos de situacionistas e fugia da tutela oposicionista. Em 15 de março, pela primeira vez em dezenove anos de ditadura, governadores do PMDB contrários ao regime assumiam máquinas poderosas. Tinham cargos a nomear, orçamentos, mesmo que minguados, a executar. Tinham, enfim, trocado a garganta que aspira o poder da tribuna pela caneta que o materializa no *Diário Oficial*. O presidente nacional do PMDB, Ulysses Guimarães, atento a seu rebanho, tentou organizar uma reunião com todos os governadores eleitos em Brasília. Havia sido uma sugestão do paranaense José Richa, preocupado com as desventuras que o poder traz, como greves do funcionalismo e a dependência dos recursos do poder federal. Tancredo percebeu que Ulysses podia manobrar em favor de uma agenda pública de compromissos, que na realidade seria uma forma de os governadores serem tutelados pelo partido. O governador de Minas declinou do convite para a reunião, e Ulysses mudou de tática. Convocou uma reunião da Executiva Nacional do PMDB, na qual Tancredo ocupava um dos assentos de vice-presidente. A cadeira de Tancredo ficou vazia. Alguns dias antes da reunião, mais precisamente no final de 9 de março, um mensageiro chegou com uma carta com origem no Palácio da Liberdade. Tancredo renunciava ao cargo de vice-presidente, lembrando o estatuto que determinava que ocupantes do Poder Executivo não poderiam figurar dos diretórios partidários.[710] Antecipou em uma semana a renúncia que de fato deveria executar. A casa de Ulysses ruiu e a tentativa de tutela ficou soterrada. Tancredo construía uma fortaleza à sua volta. Nomeou sua equipe de governo com auxiliares de quatro ex-governadores, todos ex-arenistas como Magalhães Pinto e Aureliano Chaves, atendeu a todas as regiões do estado e buscou ser heterogêneo na origem. "A técnica não tem ideologia. Precisamos buscar os bons mineiros onde quer que estejam", driblou as cobranças.

Homem cordial, reclamava do desgaste de fazer escolhas e preterições.

"Nada traz mais sofrimento do que escolher uma equipe de governo. É preciso muita engenharia política", reconstituía ele. Sobre os desentendimentos na formação do secretariado, Tancredo recorria à sentença do velho líder mineiro Antônio Carlos Ribeiro de Andrada: "Não se faz política sem vítimas". Na formação da sua equipe para o governo de Minas Gerais em 1982, Tancredo Neves viveu uma de suas histórias que depois ficou famosa no meio político.

O deputado federal Juarez Batista, do PMDB mineiro, era companheiro antigo de Tancredo. Com base eleitoral em Uberaba, importante polo agropecuário do Triângulo Mineiro, Batista foi um dos fundadores estaduais do PP a pedido do amigo. Por muitos anos servira como fonte de jornalistas que queriam entender os passos de Tancredo. Aproveitou-se da intimidade com o governador para passar informações por debaixo dos panos. Vazou para os jornais nomes de supostos escolhidos para o secretariado mineiro, entre os quais se incluiu, como provável titular da pasta de Agricultura. Acreditou no próprio boato que plantou e, nos dias que antecederam à posse, impacientou-se e dirigiu-se à sede do Banco de Desenvolvimento de Minas Gerais, onde Tancredo ocupava algumas salas. Puxou conversa dizendo que a população de Uberaba, sua cidade, esperava ter um filho da terra à frente da Secretaria da Agricultura. Tancredo ouviu e prometeu que seria sensível. Passados alguns dias, Batista apareceu de novo com um grupo de correligionários e pediu a um deles que recitasse um verso: "Até as águas de Uberaba cantarolam que a cidade indicará o secretário da Agricultura".

Na véspera do anúncio do secretariado, Juarez Batista não aguentou mais. Chamou Tancredo para uma conversa direta:

— Governador, não sei mais o que faço. Há dias que os jornalistas, os amigos, minha família toda e até os adversários não param de me perguntar se vou ou não ser secretário. Não quero constrangê-lo, só que não sei mais o que dizer.

— Diga que eu o convidei, mas que você não aceitou — encerrou Tancredo num drible magistral.

Batista se distanciou do amigo a partir daí. A mágoa ficou ainda maior porque o escolhido para a Secretaria da Agricultura foi o também uberabense Arnaldo Rosa Prata, adversário de Batista.

Tancredo costumava contar o causo sem citar o personagem.

— O senhor lembrou o nome do quase secretário? — perguntou-lhe Ronaldo Costa Couto.

— Infelizmente não, meu filho. Acho que ele também já se esqueceu. Ainda bem que isso aconteceu exatamente com ele e comigo. Porque eu desconfio que Minas inteira se lembra.[711]

Em 1984, Batista foi um dos deputados mais críticos à escolha de José Sarney como candidato a vice do PMDB. Ameaçou não ir ao colégio eleitoral em protesto. Tancredo precisou empenhar-se pessoalmente no convencimento de Juarez Batista. No dia 15 de janeiro de 1985, votou em Tancredo ainda com o amargor de deixar de ter sido antes mesmo que o fosse.

Posse de Tancredo Neves como governador de Minas Gerais no Palácio da Liberdade (15 de março de 1983/Foto de Maria Beatriz Coelho/Agência O Globo).

PARTE TRÊS

17. Os sintomas do tumor e a vitória do macho unissex

A possibilidade de um civil na presidência espraiou-se pelo alto-comando militar com a velocidade com que a crise econômica do país devastava a imagem das Forças Armadas. Retrospectivamente, o primeiro nome visto como aceitável foi o do senador e depois ministro da Justiça Petrônio Portella. Morto em janeiro de 1980, Petrônio deixou um espaço que não parecia ser preenchível por outra liderança da época. Em outubro de 1980, o general Dilermando Gomes Monteiro, ex-comandante do II Exército, tornou-se o primeiro a sugerir publicamente a possibilidade de que o sucessor ideal seria "civil e jovem". Em julho de 1981, o ex-presidente Geisel admitiu que poderia haver um civil na presidência.[712]

A ascensão de Tancredo foi pavimentada em movimentos discretos. Nos quatro meses que separaram sua eleição como governador de Minas Gerais, em novembro de 1982, da posse, em março de 1983, o líder mineiro exercitou-se na arte da aproximação com várias lideranças.

Em janeiro de 1983, abriu a caderneta de telefones e discou para eminências que apoiavam o regime militar, excelências do próprio partido e lideranças clandestinas. Gostava de surpreender fazendo ele mesmo as ligações, sem a intermediação de secretárias. Às vezes, divertia-se enrolando as sílabas do próprio nome para confundir o muro de assessores que em geral protege os políticos: "Diga que o *Tran-que-do* quer falar com ele".

Mais do que troca-letras, propunha jogo refinado. Escondia os trunfos e blefava como um ás do carteado. Encontrou-se por três vezes com o então governador da Bahia, Antonio Carlos Magalhães. A primeira delas foi no domingo, 9 de janeiro de 1983, no apartamento da SQS 309, em Brasília. Como a empregada estava de folga, Tancredo ficou devendo a ACM até um simples cafezinho. O encontro, no entanto, não foi amargo. Tancredo criticou a equipe econômica e sugeriu que Figueiredo colocasse no ministério nomes mais representativos dos grupos vencedores da eleição de novembro de 1982. Defendeu mudanças constitucionais por meio de assembleia exclusiva. Ouviu de ACM que seria "perda de tempo" — preferia que as mudanças chegassem por meio de emendas pontuais. A conversa terminou sem conclusões. Os dois lados da mesa estavam pagando para ver.

Três dias depois, Tancredo afagou Toninho Ternura (como ACM se definia em contraposição aos que o chamavam de Toninho Malvadeza), elogiando a legenda na qual era um dos caciques: "O PDS continua sendo o partido do governo e a espinha dorsal da política brasileira", exagerou. O PDS havia sofrido uma derrota acachapante nas eleições de 1982, e Tancredo havia criado algumas arestas ao dizer, durante a campanha, que se limitava a um "partido do Nordeste". Agora se desmedia em elogios a uma legenda que não tinha futuro. "A sobrevivência do PDS é importante para o jogo democrático e para o fortalecimento das instituições." Ao comentar o encontro, ACM saiu-se mais como Malvadeza do que Ternura. "Coloquem os ouvidos no chão para ouvir o tropel da cavalaria. Há muita coisa importante para acontecer", enunciou o misterioso pajé de Ondina.[713]

Em 10 de janeiro de 1983, Tancredo deixou o conforto do lar, no oitavo andar do edifício da avenida Atlântica, e tomou o elevador até o quinto andar para ser homenageado em um jantar digno de postulante à presidência. O presidente da Federação Nacional dos Bancos, Theophilo Azeredo Santos, abriu a porta para os vizinhos e comandou o rega-bofe. Além de Tancredo, o embaixador Walther Moreira Salles desceu da cobertura para prestigiar o amigo. O vizinho do quarto andar, o banqueiro e deputado Magalhães Pinto, também foi convidado, mas, alegando compromisso em Minas, bandeou-se para longe. Amável, Tancredo sentou-se entre a dona da casa, Amélia Azeredo Santos, e as senhoras Maurina Dunshee de Abranches Pereira Carneiro, dona do *Jornal do Brasil*, e Ruth Marinho, mulher do dono das organizações Globo.[714]

Entre canapés e doses de uísque, caminhou entre as lideranças empresariais, todas famintas por esperança. Distribuiu sorrisos e amabilidades até quando fez críticas à política econômica do governo. Ao voltar para casa, nos poucos segundos em que o elevador cumpriu o trajeto do quinto ao oitavo andar, resumiu: "Os empresários estão ávidos por uma liderança".

Em suas confabulações, Tancredo dedicou uma tarde inteira a ouvir o conterrâneo Ibrahim Abi-Ackel, ministro da Justiça de Figueiredo. Encontraram-se com discrição e negaram de pés juntos a reunião no apartamento da Superquadra Norte 302, a casa do deputado Thales Ramalho, em Brasília, em que se dedicaram à contradança. Ackel havia sido alçado ministro depois de carreira de deputado que os amigos reconheciam como discreta, e os inimigos, como esperta. Com origem no PSD mineiro, Tancredo o conhecia desde o tempo de promissor orador político, cuja desenvoltura havia lhe rendido o apelido de "rouxinol de Manhuaçu".

Aos que questionavam a capacidade do ministro, Tancredo gostava de relembrar sua atuação como advogado em Minas, quando conseguiu absolver um homem acusado de matar outro com um golpe nas costas. Ackel alegou legítima defesa. Para justificar o que parecia injustificável, afirmou que a ferida mortal estava nas costas porque seu cliente utilizara uma foice para se defender.[715] Como ministro do Gabinete Civil, Golbery indicou Ackel para o Ministério da Justiça, e o presidente Figueiredo, ainda atordoado pelo impacto da morte de Petrônio Portella (antecessor da pasta), chancelou a escolha.

Foi Ackel quem aplainou o caminho de Tancredo até o chefe do Gabinete Civil. Tornaram-se mais frequentes as conversas entre os dois. O precursor na articulação da ponte com Golbery tinha sido o governador do Rio, Chagas Freitas, antigo aliado de Tancredo, que exerceu mandato entre 1979 e 1983. Golbery, prócer da situação, chegou a arregimentar votos na oposição para que Tancredo vencesse a disputa de líder do MDB em março de 1978, na qual enfrentou o autêntico Freitas Nobre. A vitória ocorreu por 77 votos a 75. A ajuda se mostrou relevante em diferença tão magra.

Num dos encontros com Golbery, a dois anos da data de realização do colégio eleitoral que indicaria o sucessor de Figueiredo, Tancredo ouviu que tinha papel fundamental a cumprir na tarefa de conciliar politicamente o país.[716]

Confrontado com a afirmação de que se encontrava com frequência com Golbery, Tancredo assegurou que a notícia era falsa. Puro despiste. Como costumava dizer Golbery, verdade e falsidade eram opostos que se complementavam nos jornais:

As notícias podem ser verdadeiras ou falsas. As verdadeiras valem por si, refletem algo imutável, que é a verdade. Já as falsas são mais ricas. Elas refletem a vontade e o interesse de quem as transmite. Às vezes, há mais informação numa notícia falsa do que numa notícia verdadeira. Enquanto leio os jornais, frequentemente minha mulher pergunta o que significa esta ou aquela notícia. Muitas vezes eu digo que é uma mentira. Ela uma vez perguntou por que, sabendo que há tantas notícias mentirosas, eu as leio. Ora, para saber as mentiras.[717]

A agenda secreta de Tancredo era protegida por muitas mentiras e aberta para poucos. Francisco Dornelles contou que o tio, depois de eleito governador, visitava Brasília quase semanalmente. Preferia agir na pachorra de domingo, quando os jornalistas estavam mais preocupados com o futebol do que com a política. Reservava tempo para se encontrar com Leitão de Abreu (que substituiu Golbery a partir da queda deste do Gabinete Civil em agosto de 1981), e essas conversas atravessaram os anos, até a campanha das diretas, para a qual concordavam que não havia clima. "Tancredo queria as diretas, apesar de não acreditar que fossem possíveis", afirmou Dornelles. Na época, ainda não levava fé em suas chances nas indiretas. "Tancredo costumava dizer para mim que não cometeria a loucura de ser candidato. Só em 1984, em São João del-Rei, ele contou que a pressão era grande e que disputaria a presidência. O senhor vai perder, eu disse para ele", recordou-se Dornelles.

O sobrinho de Tancredo não estava errado. No início de janeiro de 1983, a revista *Veja* divulgou os resultados de uma pesquisa em que ouviu 437 dos 479 parlamentares que assumiriam o mandato no mês seguinte. Perguntou a cada um quem seria seu candidato à presidência da República, mantidas as regras do colégio eleitoral. Dos 203 situacionistas do PDS ouvidos, a maioria se dizia indefinida. Andreazza, Maluf e Aureliano apareciam à frente entre aqueles que tinham candidato, cada um com menos de vinte menções dos ouvidos. Tancredo foi lembrado por apenas um parlamentar do PDS. Entre os 234 parlamentares dos partidos de oposição, Ulysses liderava com folga, com trinta votos à frente de Tancredo (75-45), que por sua vez tinha o quádruplo dos votos de Montoro (45-11).[718] Ou seja, no início de 1983, a possibilidade de Tancredo ser candidato não era considerada por grande parte dos atores políticos.

Quem se debruçar, no entanto, sobre a agenda pública de Tancredo perceberá que ele buscava encurtar a distância da rampa do Palácio do Planalto a cada passo que dava. O caminho longo se cumpria com percursos curtos.

* * *

Em fevereiro de 1983, os porões da ditadura vieram à luz por meio do chamado dossiê Baumgarten. Nele sobravam evidências de que o Serviço Nacional de Informações montara com o jornalista Alexandre von Baumgarten uma operação para o relançamento da revista O Cruzeiro, subterraneamente chapa branca. Não foi a primeira ação em que se tornaram parceiros. Baumgarten resolveu iniciar um "roman à clef",[719] em que dava tintas ficcionais a ações do submundo militar. A surpresa desagradou a seus amigos ocultos.

Misteriosamente, Baumgarten desapareceu depois de uma pescaria, não antes de deixar preparada uma armadilha para capturar peixes grandes. Num dossiê escrito em 28 de janeiro de 1981, revelava suas ligações com o regime e responsabilizava os generais Octávio Aguiar de Medeiros e Newton Cruz caso aparecesse morto.

Baumgarten saiu para pescar em 13 de outubro de 1982. A *Mirimi* deveria deixar o cais da praça xv, navegar por três quilômetros e parar na altura das ilhas Cagarras. Era uma viagem simples como avistar as ilhas do calçadão de Ipanema. A traineira, contudo, desapareceu no mar, tendo a bordo o jornalista, a mulher e o marinheiro. Os corpos dos dois últimos desapareceram. O de Baumgarten foi encontrado treze dias depois na praia da Macumba, no Recreio dos Bandeirantes, zona oeste do Rio. Tinha marcas de três tiros, dois na cabeça e um no abdômen.

Quando o dossiê veio a público, a oposição instigou a instauração de uma Comissão Parlamentar de Inquérito para investigar o crime e o SNI. Porém, houve uma voz discordante: "Desaconselho a CPI, uma vez que ela não vai contar com os meios operacionais necessários", amainou Tancredo Neves. Citava que, em mais de trinta anos de atividade parlamentar, jamais vira uma CPI descobrir algo de novo. "Estamos diante de um episódio rumoroso. Devemos esperar que as investigações avancem mais, antes de tirar conclusões. Até agora o que se conhece são indícios veementes e posições fortes que, no campo jurídico, não constituem provas."[720] Era mais uma pá de cal na CPI, mas alargava a estrada que ligava Tancredo ao regime.

Ainda assim, a primeira referência aberta ao nome de Tancredo como liderança emergente coube ao ministro da Aeronáutica, Délio Jardim de Mattos, em surpreendentes entrevistas no início de março de 1983.[721] Nelas, dizia acreditar que as próximas eleições presidenciais seriam indiretas e que os civis teriam mais chances do que os militares. "A eleição presidencial não será uma ação entre amigos e sim fruto de um consenso. Pessoas como Aureliano Chaves ou Tancredo Neves, experientes e preparadas, poderão ser o resultado desse consenso."[722]

A declaração reverberou mal até para o menos radical dos oposicionistas. "O ministro não tem o direito de defender agora a eleição de um civil para a presidência e muito menos o de mencionar o nome de um peemedebista para a sucessão", afirmou o ex-senador Teotônio Vilela. "Tancredo Neves deve sair do PMDB se aceitar a escolha, pois o partido defende as eleições diretas, e ele estaria contrariando seus princípios programáticos."[723]

A hipótese de um sucessor civil para Figueiredo e a possibilidade de Tancredo ser um nome de consenso deixavam aos poucos de ser um delírio. Em 3 de março de 1983, Tancredo reuniu-se com Ulysses Guimarães em Brasília. Ulysses apontou como prioridade do partido a luta por eleições diretas e queixou-se da insistência de Tancredo em defender um candidato de consenso. Essa seria a primeira de muitas vezes em que entabulariam essa conversa. Ulysses estava irritado a ponto de levantar a voz: "A defesa das eleições diretas é uma questão de princípios. Entender-se que se pode fazer arranjos na questão da sucessão presidencial significa que não se está sendo coerente. Não se pode tratar das coisas de interesse do país como se fossem um hímen complacente".[724]

Serenamente, Tancredo argumentava que não havia divergência quanto à substância das mudanças, mas sim quanto aos métodos e talvez às prioridades. Ulysses era favorável à convocação da Assembleia Constituinte, à eleição direta para presidente e à reforma da Lei de Segurança Nacional. Tancredo aceitava todos esses pontos, contudo entendia que, em nome da concórdia, poderiam ser colocados de modo menos contundente, admitindo opções. Considerava irrealista a insistência do PMDB em defender a convocação de Assembleia Constituinte. Sugeria a fixação de pontos reformáveis na Carta por meio de negociação entre situação e oposição. Queria eleição direta, entretanto achava mais realista a transformação do colégio eleitoral para dar-lhe representatividade e autenticidade, de modo que a eleição, mesmo indireta, pudesse escolher um sucessor de acordo com a maioria do eleitorado.[725]

O deputado Fernando Lyra tentou reaproximar Tancredo de Ulysses com uma pergunta: "O que nos une? O que nos une é a necessidade de mudar. A necessidade de mudar passa por eleições diretas para presidente". Parecia uma vitória de Ulysses, porém a conversa terminou com Lyra propondo que, se a emenda não desse certo, o PMDB marchasse com Tancredo na via indireta.[726]

Desconfiança e astúcia são características atribuídas aos mineiros. Em 11 de março de 1983, Tancredo iniciou sua estratégia de atacar Maluf, deixando claro que era o adversário preferido.[727] Mapeadas as cadeiras por partido, a diferença em favor do PDS era de 34 votos do total de 686, margem apertada de 5%. Tancredo fez de sua posse no Palácio da Liberdade, em 15 de março, plataforma de lançamento discreto de sua candidatura. Ganhou uma Parker 51 folheada a ouro para juntar à coleção que já tinha a caneta que herdara de Vargas. A associação dos joalheiros de Minas investiu vinte gramas de ouro dezoito quilates e personificou o presente com a inscrição: "Governador Tancredo Neves, 15.3.1983".[728]

Como nem tudo que reluz é ouro, Tancredo continuava a erguer pontes com o regime. No dia seguinte à posse, enviou um telegrama para Figueiredo: "A minha integral lealdade e a do meu governo na sustentação de sua autoridade, na defesa de nossas instituições democráticas e no apoio aos seus patrióticos compromissos de consolidar a democracia em nossa pátria".[729] O secretário-geral do PMDB, Francisco Pinto, dos radicais do partido, queixou-se: "Sustentar a autoridade de quem já a perdeu é desenterrar um cadáver sem carisma para fazê-lo um líder".[730] O presidente do PT, Luiz Inácio Lula da Silva, foi cáustico: "O PMDB está botando os podres para fora. Não podemos aceitar é que esses governadores eleitos por partidos de oposição venham com os mesmos argumentos do regime que tanto criticaram para enganar o povo".[731]

Tancredo não passava recibo de desconforto nem antecipava movimentos. Encontrou-se com Magalhães Pinto, seu adversário de décadas, em Brasília.

— Sou candidato a presidente, Tancredo. Conto com seu apoio — aproximou-se Magalhães.

— Vença no seu partido que o resto nós garantimos — estimulou-o o governador.

Especialista em tancredologia, Magalhães, ao afastar-se, comentou com os que o rodeavam:

— Na certa Tancredo está achando que não vou conseguir vencer no PDS.[732]

A proposta de emenda constitucional que previa eleições diretas começou a tramitar na Câmara dos Deputados em março de 1983. Sua apresentação coube a um obscuro parlamentar mato-grossense: Dante de Oliveira. Com apenas 31 anos, havia sido militante do grupo esquerdista MR-8 e estava em seu primeiro mandato federal. A proposição da emenda foi seu primeiro ato como legislador — em breves quinze linhas tencionava modificar a Constituição de 1967, recauchutada por emendas em 1969. Dante havia descoberto que outras emendas que também propunham as diretas tinham caducado por se originarem da legislatura anterior. Chegou a coletar, por engano, até a assinatura de um jornalista, confundido com um parlamentar, para obter o número mínimo necessário para a apresentação da emenda.[733] Na edição de 3 de março dos principais jornais brasileiros, só *O Globo* registrou-a, com um título anódino: "Proposta ganha 199 assinaturas".[734] Tratava-se da primeira emenda apresentada na 47ª legislatura do Congresso Nacional. À exceção de um pedessista, o senador Luiz Cavalcante, os apoiadores eram todos oposicionistas.[735]

Quase um mês depois da apresentação da proposta de emenda constitucional, a *Folha de S.Paulo* publicou seu primeiro editorial de apoio às eleições diretas. Embora de conteúdo um tanto reticente, o título era bem claro: "Por eleições diretas".[736] Mas o momento político era de reticências e de reticentes. O senador Fernando Henrique Cardoso, em sua coluna no mesmo jornal, assinalava que muitos temiam as diretas. "De pouco vale citar, para justificá-la, o perene marquês do Paraná, Honório Hermeto Carneiro Leão. Os exemplos históricos, por mais respeitáveis, não desfazem o temor de novo surto de uma tendência reiterada frequentemente no Brasil: a da conciliação das elites." A citação ao marquês do Paraná, um dos ídolos históricos de Tancredo e responsável pela montagem de um ministério que superou a crise monárquica de 1853, era uma sutil estocada em quem pregava a conciliação. FHC encerrava de maneira positiva: "Melhor confiar e agir — mesmo desconfiando — do que cruzar os braços e contribuir com a inação para a certeza de que não há esperanças".[737] Tancredo grifou calado o artigo de Fernando Henrique, não sem antes avaliar que era um tanto pedante.[738]

Em 20 de março, Tancredo foi visitar o vice-presidente Aureliano Chaves em sua residência, em Belo Horizonte. À saída, repetiu um mantra: "Não sou, não pretendo ser nem permitirei que me façam candidato".[739] Não queria aparecer como tal, por enquanto. Sabia que Aureliano queria disputar a presidência, mas imaginava que teria imensa dificuldade em fazer-se candidato do regime. Dois meses depois, Golbery do Couto e Silva, especialista em leituras de mentiras, contabilizou que Minas oferecia três candidatos: Aureliano, Magalhães Pinto e Tancredo Neves. "Entretanto, só a candidatura do Tancredo é verdadeira." Golbery dizia que a candidatura de Tancredo existia à revelia do próprio, que se dizia comprometido com o governo de Minas.[740]

Apesar dos sinais contraditórios, o presidente do PMDB, Ulysses Guimarães, acreditava que Tancredo não marcharia sozinho nem tomaria atitudes contrárias ao que fosse decidido pelas instâncias do partido. "O Tancredo sabe que caititu fora da manada é comida de onça."[741] Ulysses excluía qualquer hipótese de participação do partido na solução de consenso defendida por Tancredo, caso malograsse a campanha das diretas. Dizia que o papel do PMDB era fazer oposição e lutar pela aceleração do processo de implantação do regime democrático. Não acreditava na vitória de Maluf na convenção do PDS. Caso ocorresse, seria um problema do governo, não da oposição.[742]

Tancredo declarava que governar Minas era o sonho de uma vida inteira. Embrenhava-se na administração do estado como quem abria bandeiras. A crise da dívida externa de 1982 havia enxugado o crédito público. O governo que Tancredo assumiu em 1983 encontrava-se à beira da falência. "Onde tiver um centavo para Minas, eu irei buscar", proclamou. As grandes obras foram logo descartadas. Com a arrecadação completamente comprometida pelo pagamento de 300 mil funcionários públicos, o governador estabeleceu como prioridade renegociar a dívida. Nesse campo, era refém do governo federal. Em abril, encontrou-se com o presidente João Figueiredo em Brasília e informou-lhe que o estado devia 1,2 bilhão de dólares. Desse dinheiro, quase um quarto devia ser pago até o fim do ano, mas não havia dinheiro para tal. Só em 1982, a recessão causara o fechamento de dez grandes empresas em Minas Gerais.

Sem dinheiro, Tancredo tinha a capacidade de investimento limitada. Pregava austeridade no gasto público como forma de equilibrar as contas e por isso sofria críticas muito duras. Algumas injustas, já que estava de mãos atadas pela crise econômica; outras justíssimas, por seguir a velha cartilha da política local. Por exemplo, nomeou como assessores dois velhos coronéis da política mineira, que cavaram seus espaços com enxada e voto de cabresto. Francisco Cambraia Campos, o coronel Chichico Cambraia, 78 anos, trocou o solar da fazenda em Oliveira, no oeste de Minas, para ser assessor especial de Tancredo. Feliciano Libânio da Silveira, o Sanico, 67, deixou a fazenda em Alfenas para seguir picada de terra idêntica. Queixavam-se de que havia vinte anos que estavam foram da política. "Enquanto os outros fumavam charuto, eu ficava com o encargo de cuspir",[743] resumiu Chichico. Tancredo os trouxe de volta. Coube aos mineiros o encargo de engoli-los.

Os coronéis se juntavam a quadros jovens como Ronaldo Costa Couto, no Planejamento; Otavio Elísio, na Educação; e Ronan Tito, no Trabalho. O governador rejuvenescia com os mais novos em volta e não perdia o humor. Padrinho de casamento da filha de dezesseis anos de Ronan Tito, reclamou: "Isso não é casamento, é primeira comunhão".[744]

A oposição reclamava de nepotismo de Tancredo. "A família Tolentino Neves, se tiver alguém desempregado nessa altura, é descuido", afirmou o deputado estadual Milton Salles, do PDS. Tancredo Augusto, filho do governador, era secretário-adjunto de governo; Aécio Neves, neto, secretário particular; Lauro Pacheco, sobrinho, procurador-geral da Justiça. O governador tinha ainda um sobrinho diretor da Cemig e um genro diretor do Banco de Crédito Real de Minas Gerais.[745] Mas era rigoroso com os familiares. Na primeira reunião do secretariado mineiro, o neto Aécio, como auxiliar pessoal, organizou os postos de cada secretário e escolheu para si a cadeira oposta à da cabeceira, que seria ocupada pelo governador. Quando Tancredo chegou à sala de reunião, mediu Aécio da cabeça aos pés e anunciou em público.

— Vamos começar a reunião. Antes gostaria de solicitar que o secretário Aécio Neves se retire da sala e retorne quando estiver devidamente composto.

Aécio vestia um blazer azul-marinho sem gravata. "Para quem passara a adolescência no Rio de Janeiro era praticamente um fraque", recordou-se Aécio, que retornou à reunião graças à gravata emprestada de um segurança. "O rigor de meu avô impôs seu padrão no nosso convívio no Palácio das Mangabeiras. Às seis e meia da manhã, ele já estava batendo à minha porta. Ao me ver sonolento, prescrevia a fórmula do colégio: banho frio."[746]

O governador pedessista que o antecedeu, Francelino Pereira, havia nomeado, sem concurso, 73 mil funcionários em quatro anos de governo, 22 mil às vésperas da eleição. Tancredo decidiu não demitir nenhum. "Bulir com parente ou compadre em Minas é fazer um inimigo", justificou.[747] A fase amarga começou em abril de 1983. O amigo Renato Azeredo, nomeado secretário de governo por Tancredo, foi diagnosticado com câncer no pâncreas. Passou dois meses e meio internado no Instituto do Coração em São Paulo e morreu.[748] Na fase terminal da doença, Tancredo propôs ao jornalista Mauro Santayana que o acompanhasse em uma visita ao amigo comum. A recuperação era considerada impossível.

— Olha, Renato, é uma visita de médico. O objetivo é durar pouco para não incomodar — iniciou Tancredo.

— Estou aqui tomando as últimas mamadeiras e daqui a pouco vou lá para Minas ajudar você — gracejou Renato.

— Vá sim, porém vá em segredo, porque senão Minas inteira estará lá para saudá-lo à sua chegada.

Santayana recordou-se de que ambos saíram abalados com a fragilidade física do amigo em comum.

— Sou muito covarde, Tancredo. Não gosto disso — assumiu.

— Compreendo, Mauro. Imagina. O sujeito no leito de hospital, morrendo. Um punhado de gente em volta. O que o moribundo pensa? Compreendo você. Se eu adoecer, e provavelmente vou adoecer primeiro que você, se não me visitar, entenderei perfeitamente. Porque eu não teria coragem de visitá-lo numa situação dessas. Aqui, agora, quem visitou Renato foi o governador de Minas, não veio o Tancredo.[749]

Dois anos depois, Santayana se recordaria do diálogo e decidiria não visitar Tancredo no hospital em seu calvário final.

Governar Minas Gerais significou exercer o axioma de Guimarães Rosa: nada saber, tudo desconfiar. O ambiente estava tão confuso que houve até acusações de falsificação da assinatura de Tancredo em decretos originados no Palácio da Liberdade. O Instituto de Criminalística Carlos Éboli emitiu um laudo técnico sobre as três mensagens que Tancredo Neves não assinou: "São falsas, discrepando flagrantemente do modelo autêntico, não se observando, sequer, vestígios denotativos de um esforço de imitação".[750] Surpreendentemente, Tancredo veio a público dizer que os decretos eram legítimos. Assegurou que tinham sido assinados por ele, o que os especialistas em grafologia contestavam. Na realidade, a assinatura de Tancredo havia sido forjada por sua secretária, d. Antônia, uma prática que ela volta e meia adotava para dar agilidade ao serviço, sempre com o consentimento do patrão. Tancredo e Antônia eram mão e luva, como definia a expressão inglesa que ela ouvira na escola.

Tancredo começou a ser alvo de protestos. Sua polícia reprimiu piquetes e greves com violência. Fez cumprir a Lei de Greves criada no regime militar, impediu manifestações públicas que não tivessem o aval da Secretaria de Segurança e amargou meses de greve dos professores da rede estadual sem transigir.

> Tancredo Neves
>
> Brasília, 23 de março de 1985
>
> Caro Sarney,
>
> A Nação está registrando o exemplo de irrepreensível correção moral que o prezado amigo lhe transmite no exercício da Presidência da República.
>
> Na política, o exemplo é mais importante que o discurso. O discurso é efêmero pela sua própria natureza, o seu efeito termina com a leitura de sua divulgação por mais eloquente e oportuno que seja ele. O exemplo, ao contrário, contribui para a construção ética da consciência do nosso povo que, na solidariedade que tem demonstrado, tem me dado forças para superar estes momentos.
>
> O seu exemplo, Presidente Sarney, ficará memorável em nossa história.
>
> Um cordial abraço para Marly

Carta dirigida a José Sarney, assinada por Tancredo quando internado no Hospital de Base de Brasília. Elaborada por assessores, há dúvidas se a assinatura pertence de fato a Tancredo (Acervo Fundação Getulio Vargas – Cpdoc).

Em junho, na véspera do ato convocado por centrais sindicais, assegurou que a polícia mineira garantiria todos os tipos de manifestações, inclusive as contra seu governo. Não foi, entretanto, o que se passou. Cerca de seiscentos soldados da PM dissolveram a golpes de cassetetes a concentração de trezentos funcionários de estatais mineiras.

"O governo Tancredo Neves é o mais autoritário do país. Comete o absurdo de fazer oposição contra o povo num movimento pacífico", reclamou o presidente do sindicato dos trabalhadores em empresas de telecomunicações, Antônio Moreira de Carvalho Neto. Os slogans eram contra o governo federal: "1, 2, 3, 4, 5 mil, ou para o arrocho ou paramos o Brasil" e "O povo tá a fim da cabeça do Delfim". Coube também a Tancredo parte da conta.[751]

Em setembro, não liberou a praça Sete, no centro de Belo Horizonte, para protesto contra o arrocho salarial provocado por decreto federal que limitava a correção dos salários em 80% da taxa de inflação. "O povo elegeu, mas já se arrependeu", teve de ouvir.[752]

Como resposta às acusações de violência policial, o governador assinou um novo regulamento disciplinar da PM mineira que definia 163 tipos de transgressões: eram consideradas faltas graves "usar da violência desnecessária em serviço" e "maltratar ou permitir que se maltrate preso sob sua guarda". Descia também a detalhes esdrúxulos, apontando como transgressão leve usar, quando uniformizado, penteados exagerados, perucas, maquiagem excessiva, unhas longas ou esmaltes extravagantes.[753]

Não havia perfumaria no acirramento da tensão social que levou Tancredo de volta ao Palácio do Planalto depois de 22 anos. Desde que deixara o cargo de primeiro-ministro, em 1961, nunca mais voltara lá. Encontrou-se com Figueiredo na primeira semana de abril de 1983 e concordaram que as arruaças tinham por objetivo desestabilizar a abertura democrática. "O povo perdeu o medo da polícia", comentou Tancredo.[754]

"Se o governo quisesse, teria sufocado Tancredo", reconheceu o ministro do Planejamento, Antônio Delfim Netto. "Não era isso que o Figueiredo queria."[755] Ao contrário, Figueiredo autorizou que Minas ampliasse os prazos para o pagamento de sua dívida, e Tancredo pôde colocar dinheiro em obras de infraestrutura para absorver uma parcela da mão de obra ociosa.

Contando com a boa vontade de Figueiredo, Tancredo acompanhava com fleuma o depauperamento das finanças nacionais e a recessão econômica que anuviava o horizonte. Achava aceitável que, naquele momento, o Brasil recorresse ao Fundo Monetário Internacional atrás do dinheiro que lhe permitisse fechar as contas. "O FMI é um fundo criado para países que atravessam dificuldades como as nossas. Recorrer a ele não nos diminui." Mas ressalvava que parecia incompreensível adotar as medidas rigorosas de ajuste que o FMI preconizava como o governo brasileiro fez, sem recorrer a ele em seguida. "Pois aí teríamos todas as desvantagens que o FMI traz e nenhuma vantagem", ponderava.

Apesar do bom relacionamento com Figueiredo, não poupou a responsabilidade da equipe econômica, composta por Ernâne Galvêas, na Fazenda; Delfim Netto, no Planejamento; e Carlos Langoni, no Banco Central. "As autoridades monetárias brasileiras levaram ao extremo a doutrina do monetarismo, deixando que a nação viva hoje um quadro acabrunhante, em que os juros são mais importantes do que a atividade industrial e o dinheiro é mais importante do que o trabalho", reclamou.[756]

Tancredo defendeu a "moratória negociada" da dívida externa, porque os juros que o país pagava o impediam de poupar para investir e crescer. Dizia ser danosa a moratória unilateral. "Sabemos que, se a fizermos, seremos excluídos da comunidade financeira internacional. Somos uma nação que precisa importar muito para viver: desde trigo, petróleo e matérias-primas indispensáveis à manutenção do nosso parque industrial. Eu sou por uma moratória negociada", afirmou.[757] Para os banqueiros internacionais, as duas palavras combinavam tanto entre si quanto caviar e farinha.

A crise econômica cavava a sepultura do regime militar com pressa. Pesquisa Gallup mostrou que 74% dos brasileiros queriam eleger diretamente o presidente.[758] O Ibope de maio de 1983 demonstrava que os nomes de oposição, somados, atingiam 56% do eleitorado caso houvesse eleição direta para presidente. O líder da pesquisa era o governador do Rio, Leonel Brizola, com 23,1% das intenções de voto; Franco Montoro, governador de São Paulo, tinha 13,7%; Aureliano Chaves, vice-presidente, 10%; e Hélio Beltrão, ministro da Desburocratização e da Previdência Social, 8%. Só então aparecia Tancredo Neves, com 7,5% das intenções de voto. Desempenho fraco, apesar de muito à frente de Ulysses Guimarães, com apenas 3,1%. Lula, do recém-fundado PT, saiu-se melhor do que o veterano peemedebista, com 3,9%.[759]

Os oposicionistas eram as estrelas do grupo dos governadores estaduais recém-empossados. Não havia passado nem sequer um mês desde que tinham assumido e já amargavam desgastes populares. Em 6 de abril de 1983, São Paulo viveu vinte horas de saques e depredações. A origem do conflito ocorreu em Santo Amaro, na zona sul da cidade, quando 3 mil pessoas se reuniram em protesto contra o aumento do número de desempregados. Saíram em passeata em direção ao Palácio dos Bandeirantes. Depois de três horas de caminhada, os manifestantes sitiaram a sede do governo paulista. Na imagem mais espetacular do dia, participantes do protesto derrubaram cem metros de grade do palácio, acessaram o jardim privativo do governador e lá festejaram como se tivessem chegado ao paraíso. Houve saque nas ruas centrais de São Paulo. A polícia reprimiu os atos com violência.

Os manifestantes atacaram o Bandeirantes à hora em que os governadores Montoro, Tancredo e Brizola começavam a almoçar. Haviam participado do programa *TV mulher*, nos estúdios paulistas da Rede Globo, que comemorava aniversário naquele mês. Em vez de saudável almoço de confraternização, testemunharam parte do capital político ruir. Tancredo sussurrou a Montoro uma frase que o governador paulista repetiria nas entrevistas após os conflitos: "É preferível sacrificar algumas grades a sacrificar vidas humanas aos interesses dos que pretendem desativar a democracia no Brasil".[760]

Os três governadores acertaram a divulgação de uma nota conjunta de apelo à paz. Responsável pelos discursos de Tancredo, coube a Mauro Santayana, também presente nesse almoço, a redação do texto. Quando começou a escrever, Brizola pediu:

— Mauro, poupe o João (Figueiredo). Temos de pedir a ele que a União socorra os estados.

Tancredo não gostou do que ouviu:

— Brizola, isso não. Mal assumimos os governos e você já está pedindo intervenção federal? Não podemos fazer isso de jeito nenhum.

Fazendo graça com o pedido de Brizola de poupar Figueiredo, comentou com dona Lucy, mulher de Montoro:

— Depois dizem que eu é que sou o moderado.

Santayana concluiu a nota e a divulgou para os jornalistas. Dirigiu-se para o escritório da representação do governo de Minas Gerais na capital paulista, que chefiava desde a posse de Tancredo, no décimo andar do edifício Matarazzo, esquina com o viaduto do Chá, na região central de São Paulo. O advogado Roberto Abreu Sodré mantinha escritório no 12º. Arenista, Sodré governara São Paulo de 1967 a 1971 e ainda mantinha ligações com situacionistas e oposicionistas. Achava que era hora do poder civil e sugeriu que os governadores se reunissem discretamente para articular uma ação comum. Dias depois, Santayana levou a ideia a Tancredo.

— Vocês estão doidos. Temos de nos reunir sob os holofotes, com a imprensa presente. Senão vão dizer que estamos conspirando. Vamos reunir os secretários de Planejamento e Fazenda com os governadores em encontro público.

Coube ao governador do Paraná, José Richa, oferecer hospedagem ao colóquio dos governadores. Seu chefe da Casa Civil, Otto Bracarense da Costa, era mineiro de São João del-Rei, como Tancredo. Confirmaram presença os mandatários ou representantes de São Paulo, Minas Gerais, Rio de Janeiro,

Paraná, Pará, Espírito Santo, Amazonas, Acre e Mato Grosso do Sul. Mas a reunião só foi marcada para outubro.

A bancada paulista na Câmara Federal tratou de lançar Montoro como candidato a presidente, sob o argumento de que com a máquina do Estado seria mais forte do que Ulysses, antes tido como candidato natural. Maquinavam inviabilizar a viabilização de Tancredo.[761] Depois da pesquisa do Ibope em que só aparecia com 7,5% das intenções de voto, Tancredo antecipou ao jornalista Carlos Castello Branco que era favorável à eleição direta, porém não se dispunha a participar de comícios país afora para defendê-la. Entendia que não era papel do governador interferir na estratégia do partido,[762] e considerava a campanha pelas eleições diretas "necessária, mas lírica".[763]

Em meados do ano, a desarticulação da oposição fez uma vítima. O governo Figueiredo propôs uma "trégua" aos oposicionistas. Queria dialogar para reduzir as tensões. Os governadores oposicionistas, sem recursos e altamente endividados, aceitaram o diálogo porque o entendiam como sinônimo de mais verbas federais. Porém, em 19 de junho, em reunião com governadores e parlamentares do PMDB, Ulysses entregou os pontos: "Não tenho condições morais ou políticas para ir ao Palácio do Planalto. Se o partido quiser conciliar, vá sem mim". Chorou ao entregar pedido de licença por trinta dias do cargo de presidente do PMDB. Alegou estafa.[764]

O deputado Fernando Lyra, do PMDB de Pernambuco, aproveitou-se dos ventos a favor. No dia 22 de julho de 1983, lançou Tancredo como candidato a presidente.[765] Lançou por conta própria, pode-se dizer, pois tinha de Tancredo um consentimento silencioso: quatro meses antes, no dia da posse ao governo de Minas, Lyra anunciara a ele que tinha essa intenção. Quando a tornou pública, o governador mineiro desconversou. Utilizou o esperto artifício de desviar o foco de si cativando a vaidade de outro, na certeza de que o gesto renderia frutos à frente. "Na esfera do PDS, Aureliano é um candidato que se impõe", declarou Tancredo, na saída do Palácio do Planalto.[766] Como a esfera do PDS murchava, ele apostava que Aureliano poderia encher a bola peemedebista quando necessário fosse.

Como todo candidato, Tancredo tinha estômago de avestruz. Digeria pedras políticas e tratava de se alimentar bem. Em 5 de setembro de 1983, participou do programa *Canal livre*, da rede Bandeirantes, em São Paulo, ao lado dos governadores Montoro e Brizola. O programa começou às dez horas e durou uma hora. Depois do convescote de praxe com a família Saad, dona da Bandeirantes, os políticos saíram do Morumbi em direção ao Jardins, onde chegaram quase à meia-noite. "Fomos jantar na churrascaria Rodeio. Tancredo, Montoro, Olavo Setubal, Fernando Henrique e eu. Tancredo comeu linguiça à uma da manhã. Fiquei impressionado. Fernando Henrique não se importou tanto, porque ele gosta também. Tancredo tinha 73 anos e comendo linguiça à uma da manhã!", contou José Serra,[767] secretário de Planejamento de Montoro.

Em 21 de setembro, o Congresso derrubou, pela primeira vez desde 1967, um decreto-lei do governo militar que restringia a correção dos salários. O governo perdeu porque onze deputados do partido de sustentação do regime militar (o PDS) votaram com os 241 parlamentares de oposição. Foi a senha de possibilidade de mudança mesmo dentro das regras estabelecidas pelos próprios militares.

Agora um líder destacado da oposição, Tancredo teve uma audiência com o presidente João Figueiredo em 11 de outubro de 1983. As notícias econômicas mostravam-se indigestas. O estoque de petróleo do país só daria para trinta dias, estimou Figueiredo a um alarmado Tancredo. O peemedebista pediu que o Brasil voltasse os olhos para a Espanha, que começava a se recuperar economicamente depois de concluir com êxito o Pacto de Moncloa, saída negociada do autoritarismo por meio de acordo entre as lideranças nacionais.[768]

Dois dias depois de Figueiredo, sentou-se para almoçar com Ulysses Guimarães, à mesa do Palácio das Mangabeiras. Defendeu a tese da candidatura de consenso. Ulysses engoliu seco, mas, pela primeira vez, aceitou a proposta de diálogo. Ofereceu-se para comandá-la a partir da reunião dos governadores oposicionistas convocada para 15 de outubro, em Foz do Iguaçu, no Paraná. Mas Tancredo informou que tinha a concordância de Montoro de que sua participação não fazia sentido porque o presidente do PMDB não era governador. Articulados, Tancredo e Montoro barraram a ida de Ulysses.

Todos os governadores foram ao encontro, à exceção de Brizola. Figueiredo tinha um compromisso oficial no Rio, e o governador fluminense preferiu recebê-lo. Na primeira parte da reunião, os secretários estaduais da área econômica alinhavaram temas de interesse para discutir com a União. De Minas, compareceram Ronaldo Costa Couto (Planejamento) e Luiz Rogério Mitraud

(Fazenda). De São Paulo, José Serra (Planejamento) e João Sayad (Fazenda). Do Rio, o secretário da Fazenda, Cesar Maia. Todos recebidos pela vitalidade de Erasmo Garanhão, o secretário da Fazenda paranaense cujo sobrenome foi motivo de troça constante entre os convidados. A volúpia de Garanhão seria contida no ano seguinte. Foi demitido acusado de receber comissões de operações financeiras do estado.

Parte da tensão do encontro tinha a ver com a presença do governador Gerson Camata, do Espírito Santo, que levou consigo a primeira-dama, Rita Camata. Aos 22 anos, esguia, elegante e com olhos esverdeados, Rita tinha os cabelos loiros escovados à moda da atriz Farrah Fawcett, uma das panteras da série televisiva de sucesso. Sua presença no hotel Bourbon, de Foz do Iguaçu, convulsionou mais os participantes do que as águas das cataratas. O ritmo das discussões seguia lento. Os secretários estaduais passaram o dia debatendo os termos da Carta de Iguaçu, como seria chamado o documento final.

— A minuta já está pronta? — cobrou Tancredo do secretário Ronaldo Costa Couto.

— Ainda não, dr. Tancredo — respondeu ele. — Está quase. Não é fácil a gente se concentrar neste ambiente daqui.

— Vou pedir ao Gerson que leve a Rita para passear lá na cidade — diagnosticou, matreiro.[769]

Com Rita passeando, os secretários concluíram, no final da tarde, um documento de quatro laudas. Coube a Santayana a versão final do texto, já bem enxuta. O texto foi apresentado a Montoro, que reclamou antes mesmo de ler.

— Mauro, reduz mais isso. Documento bonito tem de ter no máximo duas laudas. E deixa espaço para aquilo que combinamos.

Os secretários ficaram surpresos com a tal "combinação", uma referência à defesa da eleição direta para presidente da República e a possibilidade de construção de uma candidatura de consenso. "Montoro era um sujeito *gauche*. Só em São Paulo podia fazer carreira política. Era desarmado. Quando redigi a parte final, os secretários se surpreenderam", contou Santayana. Os governadores estavam azeitados pelas conversas com uísque no bar do hotel.

— Foi para isso que viemos? — alguém indagou.

— Vocês não são políticos, não? — rebateu o governador paulista.

Os governadores Tancredo, Montoro, Camata, Richa (PR), Gilberto Mestrinho (AM), Nabor Júnior (AC), Jader Barbalho (PA) e Wilson Martins (MS) concordavam em negociar uma candidatura de consenso, apesar de dizer que não se afastariam da rota pela conquista de eleições diretas para a presidência. O nome de Tancredo — que defendia a "transição negociada" — impunha-se à maioria dos participantes. No documento final, os governadores apelavam aos membros do Congresso para que expressassem a soberania nacional restaurando as diretas.

Após a divulgação da Carta de Iguaçu, parlamentares peemedebistas interpretaram-na como uma manobra para o lançamento da candidatura de Tancredo pelo colégio eleitoral. "A palavra consenso adquiriu tal ressonância que ao ouvi-la as pessoas se lembram de mim para elogiar-me ou para xingar-me. Arrependo-me de tê-la proferido e, se soubesse, jamais a teria pronunciado", queixou-se Tancredo.[770]

Por mais que negasse, o governador mineiro era diariamente confrontado com a questão: o senhor admite ser candidato de consenso em 15 de janeiro de 1985? Teve de enfrentá-la em jantar oferecido pelo empresário Sergio Quintella em apartamento da avenida Rui Barbosa, no Flamengo, na zona sul do Rio. À sua volta estavam generais como Reynaldo Mello de Almeida e Carlos de Meira Mattos, além dos presidentes das maiores companhias estrangeiras estabelecidas no país. O clima era leve. Tancredo seria o nome ideal para deslizar em loja de louças sem choques, entretanto no jantar quebrou uma taça de cristal e entortou um talher de prata da dona da casa. Foi socorrido pelo traquejo social de Tereza Cristina Quintella, mulher do empresário. Apesar dos cacos, saiu do encontro mais forte do que entrou. O talher de prata entortado é relíquia familiar dos Quintella.

Em Poços de Caldas, Tancredo e Montoro divulgaram, em novembro, um documento em que estabeleciam pontos de ação conjunta em defesa das eleições diretas. Secretamente aliados, acenavam com o documento como forma de acalmar o presidente do PMDB. Ulysses dizia que o partido não devia lançar candidato indireto, mas buscar a negociação política para obter os dois terços dos votos necessários para o restabelecimento das diretas.[771]

De modo paralelo aos movimentos de Tancredo, o PMDB lançou a campanha nacional pelas eleições diretas em 26 de novembro. Batizado de "Fala, Brasil", o grupo era capitaneado por dez governadores de oposição. Quem brilhou no lançamento foi Montoro, porta-voz do documento intitulado "A nação tem o direito de ser ouvida".[772]

* * *

Nos anos 1940, por sugestão do arquiteto Oscar Niemeyer, o industrial e literato Francisco Inácio Peixoto encomendou ao pintor Candido Portinari um quadro para ocupar uma enorme parede no saguão de entrada do colégio Cataguases, na Zona da Mata mineira. O prédio havia sido projetado por Niemeyer; os jardins, por Burle Marx; o mobiliário, por Joaquim Tenreiro. Coube a Portinari assinar o mural. O tema era livre. Portinari decidiu retratar a Inconfidência Mineira. O painel começou a ser pintado em 1948. Portinari teve que construir um ateliê especial, nos fundos de sua casa, para a empreitada. O pintor deu as últimas pinceladas com o painel já instalado no colégio. Nele, de maneira magistral, são representados os principais episódios e os protagonistas da Inconfidência.

O mural tem dezoito metros de comprimento por três metros de altura. Nele, a Inconfidência é exposta em 56 metros quadrados de têmpera em três telas justapostas. A obra rejeita a visão tradicional de Tiradentes enforcado para expor os mandatários do seu assassinato — a monarquia portuguesa e sua guarda imperial. O escritor Antônio Callado viu no mural "violência e crueza que chegavam às raias da falta de boas maneiras".

Portinari era amigo de Tancredo. Em 1961, depois de dois anos de trabalho, concluiu um quadro que o mineiro lhe pedira. Desenhou em óleo sobre tela o dom Quixote, personagem de Cervantes. Ao fundo, um tanto desfocado e atrasado, colocou Sancho Pança e os moinhos, que não faziam parte da encomenda. O quadro decorou o apartamento de Tancredo na avenida Atlântica até sua morte.

Tancredo nunca se conformou com a compra do mural da Inconfidência Mineira pelo governo paulista em 1975. Cataguases ficou com uma réplica, enquanto o original foi para o salão nobre do Palácio dos Bandeirantes. Em janeiro de 1984, tentou convencer Montoro a devolvê-lo ao governo de Minas. Fracassou. Em 1989, o painel foi transferido para o Memorial da América Latina.

Essa foi uma das derrotas que Tancredo sofreu para São Paulo e da qual se lamentava a amigos. No campo político, sabia que o estado que poderia abalroar sua candidatura era o mesmo que levara o Portinari de Cataguases. "Não se faz nada no Brasil sem São Paulo", dizia ao assessor e amigo Mauro Santayana.

Foi de caso pensado que Tancredo ignorou o convite para comparecer ao primeiro comício das diretas, realizado na capital paulista. Era difícil imaginar que começava ali o maior movimento de massas da história política brasileira.

Na tarde de 27 de novembro de 1983, os que lutavam pelas diretas saíram perdendo. Afinal, 66 mil pessoas tinham ido ao Morumbi assistir ao zero a zero de Corinthians e Santos pelo Campeonato Paulista. Apenas 15 mil se dirigiram à praça Charles Miller, no Pacaembu, para o primeiro comício da campanha por eleições diretas. Mais chocho do que zero a zero no futebol só a política em país que não votava para presidente havia 23 anos.

Na contagem mais otimista, os primeiros defensores das Diretas Já não atingiram um quarto do público do futebol de domingo. Isso apesar dos esforços de PT, PMDB e PDT e mais de setenta entidades civis, entre elas a Arquidiocese de São Paulo, a Ordem dos Advogados do Brasil, a Central Única dos Trabalhadores e a União Nacional dos Estudantes.

Dos cardeais do PMDB, compareceram o presidente do PMDB-SP, Fernando Henrique Cardoso, e o secretário estadual da Justiça, José Carlos Dias. FHC só não foi vaiado porque anunciou no palanque a morte de Teotônio Vilela. Tinha 66 anos e sofria de câncer. A plateia foi solidária à memória do ex-senador alagoano. Ulysses Guimarães alegou compromissos anteriores e rumou para o interior. O governador Franco Montoro temia a vaia dos militantes do PT — partido com mais simpatizantes no Pacaembu — e preferiu participar de uma solenidade oficial no Jockey Club.

A convenção nacional do PMDB de dezembro de 1983 reconduziu Ulysses Guimarães à presidência. A maioria da executiva era integrada por indicados de Tancredo, a começar pelo secretário-geral, o senador biônico Affonso Camargo (PR), que substituiu o radical Francisco Pinto (BA). Camargo foi vaiado na Convenção Nacional do PMDB realizada em 4 de dezembro em Brasília. "O partido está sendo assassinado pelo projeto da conciliação", profetizou a deputada Cristina Tavares (PE). Deputados do grupo Travessia, aglutinados em torno de Ulysses, diziam que Tancredo queria Camargo no posto para criar embaraços ao projeto das diretas. Ulysses, reeleito pela sétima vez para o cargo, afirmou-se frontalmente contra as indiretas. "Insistir nas indiretas é fazer piquenique sobre vulcão", definiu.[773]

Os tancredistas planejavam que o PMDB faria campanha pelas diretas até abril de 1984. A partir daí, abraçariam o plano T. Na argumentação de Tancredo, a emenda de restabelecimento das eleições diretas teria de ser votada até abril de 1984, porque, ultrapassado esse prazo, não haveria mais tempo legislativo para fazê-lo.

Tancredo, que havia se encontrado com o ministro do Exército em junho de 1983, chegou ao final do ano com um afago ao aliado silencioso. Declarou que o general Walter Pires tinha condições de ser presidente, apesar de acreditar que o momento estava destinado a um civil. Era jogo para plateia. Thales Ramalho afirmou que, desde janeiro de 1983, o general achava que Tancredo podia ser o nome do consenso a ser apoiado pelo regime.

No discurso de saudação do Ano-Novo, o presidente Figueiredo deu um presente de Natal atrasado ao PDS. Anunciou que restituía ao partido a coordenação da sucessão presidencial, o que significava que abria mão de escolher o candidato do partido, prerrogativa que os presidentes militares exerciam desde 1964. "A sucessão no PDS será uma briga de foice no quarto escuro", anotou Tancredo.[774]

Já o PMDB só teria a campanha das diretas como alvo em 1984. Uma cobrança do escritor Otto Lara Resende estimulou Franco Montoro a tomar frente no movimento. O governador concentrava as atenções no jardim de inverno da casa do advogado Miguel Lins, no Jardim Pernambuco, maior concentração de ricos do Leblon. Apesar do clima festivo de final de ano, Montoro exibia sua oratória arrastada e formal para os convidados, entre eles o psicanalista Hélio Pellegrino, os jornalistas Carlos Castello Branco e Janio de Freitas, o filólogo Antônio Houaiss, o historiador José Honório Rodrigues e o sociólogo Paulo Sérgio Pinheiro, que recordou o encontro.[775] Desfilava números e realizações para aqueles que somavam oito séculos de ceticismo, como definiu Márcio Moreira Alves, também presente. Otto Lara Resende interrompeu o governador de São Paulo.

— Farol alto, Montoro, farol alto! Por que você não lidera a campanha pelas diretas no Brasil?

Montoro não respondeu de pronto. A cobrança comichou-lhe a garganta nos dias que se seguiram.

Tancredo Neves iniciou 1984 com um galardão: publicitários elegeram-no a personalidade do ano de 1983. A economia mineira encolheu 1,4%, mas o tombo da economia nacional foi ainda maior. A queda da soma de riquezas nacionais foi de -2,9%.[776] Tancredo fez jus ao título na festa realizada no hotel Rio Palace, em Copacabana, ao discursar: "A experiência nos mostra que é fácil afastar o país da legalidade democrática e quanto difícil é restaurá-la", declarou. Afirmou que não se inscrevia entre os partidários do confronto. "Os que examinarem meu passado político deverão verificar que tenho mantido, mercê de Deus, uma linha coerente de ação. Entendo que a política deve ser feita com convicções firmes e também com paciência. O velho axioma de que a política é a arte do possível é verdade eterna e universal." E concluiu com destreza: "Para meu ideário político, o valor absoluto da vida é a liberdade. O paraíso, se estiver cercado, será sempre inferno".[777]

Nas sempre superestimadas contas dos organizadores, em 48 comícios entre 27 de novembro de 1983 e 18 de abril de 1984, mais de 4,7 milhões de pessoas teriam ido às ruas em defesa das diretas.[778]

A campanha adotou o amarelo como cor. Podia ser uma fita no pulso, um broche na lapela, uma peça de vestuário ou a roupa toda, desde que fosse amarelo, para se identificar como defensor da volta do voto livre e direto. A proposta de adotar uma cor como símbolo foi de Caio Graco Prado, dono da editora Brasiliense.[779] Prado se inspirou em manifestações populares nas Filipinas contra o presidente Ferdinand Marcos: "Era tudo amarelo. Roupas, faixas nas casas, sapato amarelo, sombrinha amarela. Fiquei encantado, principalmente porque é uma forma de manifestação irreprimível e que não implica privilégios, pois não é preciso ter dinheiro para assumi-la, bastando apenas criatividade".

Ao levar a ideia para o comitê que reunia intelectuais e artistas pró-diretas, Prado se envolveu numa discussão cromática: seria o amarelo a melhor cor? Por que não o verde? Venceu o argumento de que o amarelo chama mais atenção e representa a sabedoria na filosofia oriental.

O primeiro comício em que havia lideranças partidárias com peso político foi realizado em Curitiba, em 12 de janeiro. Havia 40 mil pessoas presentes, segundo a PM. Tancredo discursou, e a multidão saudou-o entoando a cantiga popular "Peixe vivo", com a qual no passado se identificava Juscelino Kubitschek. No dia seguinte, viajou para Porto Alegre, ao lado de Ulysses Guimarães. Aproveitou para dar carona ao cantor Martinho da Vila no jatinho alugado. Ao chegar à capital do Rio Grande do Sul, Tancredo almoçou com Ulysses e pela primeira vez disse a ele que pretendia disputar as eleições no colégio eleitoral, caso as diretas naufragassem. Argumentou que era questão de patriotismo. Disputaria nem que fosse para obter apenas um voto, o seu. Ulysses não levou a sério.[780] O comício de Porto Alegre foi um fracasso: apenas 5 mil pessoas. No balneário de Camboriú (SC), um dia depois, havia três vezes mais gente.

Tancredo Neves e Genésio Bernardino durante visita de João Batista Figueiredo a Ouro Preto (25 e 26 de janeiro de 1984/Acervo Fundação Getulio Vargas – Cpdoc).

No dia de comício em Salvador, Caetano Veloso mostrou a Tancredo Neves a degradação da lagoa do Abaeté. Definindo-o como "superpoliticíssimo", pediu a participação dele na preservação das dunas, que estavam sendo usadas pela Infraero para aterrar nova pista do aeroporto. A construtora encarregada era a OAS, à época dirigida pelo genro de Antonio Carlos Magalhães,[781] que se converteria em aliado de Tancredo meses depois.

Tancredo não participou do comício da Sé, em 25 de janeiro. Viu pela televisão 300 mil pessoas se acotovelarem na praça, porque passou o dia acompanhando o presidente Figueiredo, que visitava Minas.

Do outro lado, seu adversário ruía. Numa audiência com Figueiredo em janeiro de 1984, Paulo Maluf aconselhou o presidente quando os fotógrafos se aproximaram.

— Sorria, presidente. Fique à vontade.

— A casa é minha, fico como quero — bravejou o João Teimoso.

Em março de 1984, o Departamento de Pesquisa da Folha realizou pesquisa em seis capitais. Aureliano aparece com 27% das intenções de voto; Brizola, 9%; Maluf, 5%; Lula, 4%; e Tancredo, 3%.[782] Lula foi a Belo Horizonte em

24 de fevereiro participar do primeiro grande ato em defesa das diretas na capital mineira, que reuniu 300 mil pessoas na praça da Rodoviária, de acordo com a Polícia Militar. Lula recordou-se de diálogo mantido com Tancredo ao contemplar a multidão do palanque.

— O que faremos com este povo todo na rua? — puxou assunto Tancredo.

— Tudo o que a gente quer é povo na rua. Não tem de ter medo. Coloca na rua e deixa ver o que vai acontecer — respondeu Lula, que identificaria na conversa o que seria a "primeira vacilação" de Tancredo.

Indicado para secretário-geral do PMDB por Tancredo, o senador Affonso Camargo exasperou os parlamentares que lutavam por diretas ao ir ao Palácio do Planalto em sigilo. Em 21 de março de 1984, um mês antes da votação da emenda Dante de Oliveira, Camargo sentou-se com o ministro-chefe do Gabinete Militar, Rubem Ludwig. Como considerava "quase impossível" a aprovação da proposta, ele se dispôs a negociar um projeto alternativo com o representante do governo Figueiredo. "Não podemos trabalhar com os pés nas nuvens", justificou-se Camargo. O presidente do PMDB, Ulysses Guimarães, havia se encontrado com Camargo horas antes, sem que fosse informado sobre o encontro. Esse dissabor Ulysses colocou na conta do governador mineiro.[783]

Em 10 de abril, segundo os organizadores do Diretas Já, o Rio reuniu 1 milhão de pessoas na Candelária. Os cálculos mais realistas mostram que no espaço cabia apenas um quinto disso. Tancredo Neves foi ovacionado. "Estão querendo fazer deste país uma democracia sem povo e sem voto", discursou. Nesse momento, as manifestações pelas diretas tinham crescido a ponto de tornarem o propositor da emenda um rosto em meio à multidão.

A cantora Fafá de Belém havia se firmado como símbolo das diretas ao entoar em praça pública a canção "Menestrel das Alagoas", que Milton Nascimento e Fernando Brant compuseram em homenagem à trajetória de Teotônio Vilela. Em março de 1983, quando recebera a composição em fita cassete, Fafá havia encasquetado com o título: "Por que eles me mandaram uma música em homenagem ao Djavan?".[784] Quando gravou a composição, convidou Vilela para que a ouvisse: "Minha filha, nossas gargalhadas juntas podem fazer o chão deste país tremer", afirmou o líder político, já fragilizado pelo câncer.

Em abril de 1984, ao chegar de carro ao cordão de isolamento do palanque da Candelária, Fafá de Belém viu o deputado Dante de Oliveira sendo barrado por seguranças.

— Estou sem credenciamento — reclamou Dante.

— Entra aí no carro — resolveu Fafá, dando carona ao deputado e afirmando aos seguranças que era seu percussionista. Dante se aproximou do palanque, tendo ao lado a gaiola em que Fafá carregava a pomba branca que sempre soltava no encerramento dos comícios.[785] Fafá de Belém comprava as pombas no box 81 do mercado de Pinheiros, em São Paulo. "Nem sempre dava certo", admitiu a cantora. "Teve uma pomba que, quando chegou ao comício de Maceió [29 de janeiro de 1984], ficou nervosa e teve um desarranjo. Já a do comício da Candelária bebeu água da mão do Richa", declarou ela ao jornalista Sérgio Dávila.[786]

Antes que Fafá soltasse a pomba, um senhor de noventa anos calou a Candelária. O advogado Sobral Pinto pediu e conseguiu silêncio "para falar à nação". Em seguida, buscou na Constituição o mote de seu discurso: "Todo o poder emana do povo e em seu nome é exercido", afirmou, para o delírio dos que ocupavam as avenidas Presidente Vargas e Rio Branco, em torno da praça.

Nem tudo foi festa. Revoltado com a restrição à presença de representantes de partidos clandestinos no palanque, o líder comunista Luiz Carlos Prestes não foi à Candelária. O governador do Rio, Leonel Brizola, levantou suspeitas contra si ao fazer o cavalo do PDT refugar ante a responsabilidade de organizar a manifestação. Cada vez mais moderado e querendo evitar problemas, aproximava-se do presidente Figueiredo. Como sofrera uma crise renal que o deixara internado por três dias, utilizou esse argumento para adiar de 21 de março para 10 de abril o comício carioca. No dia da manifestação, Brizola encerrou as suspeitas sobre seu comportamento. Deu ponto facultativo aos funcionários públicos e colocou linhas de ônibus para transportar a multidão sem cobrar passagem.

Engenheiros do governo do Rio calcularam que havia 1 milhão de pessoas presentes na Candelária e arredores. Em 1989, ao medir o local, o Datafolha calculou capacidade máxima de 200 mil pessoas para o espaço. Ao receber a informação de que havia 1 milhão de pessoas no Rio, o presidente Figueiredo, em viagem ao Marrocos, afirmou ao deputado Alcides Franciscato (PDS-SP) que, se estivesse no Brasil, seria a "milionésima primeira pessoa" na Candelária. No dia seguinte, Figueiredo obrigou Franciscato a negar que tivesse ouvido seu desabafo.

O empresário Roberto Marinho, da Globo, não simpatizou com a campanha das diretas no início. Temia seus desdobramentos. Anos mais tarde, afirmou

Comício pelas Diretas Já reúne 300 mil pessoas na praça da Sé, no centro de São Paulo (25 de janeiro de 1984/Acervo Fundação Getulio Vargas – Cpdoc). Ao lado, uma das peças da campanha de divulgação do comício (Acervo Fundação Getulio Vargas – Cpdoc).

ter sido pressionado pelo regime militar a não aderir. A quinze dias da votação da emenda, a Rede Globo transmitiu vários flashes da manifestação no Rio. Três meses antes, a Globo noticiara o primeiro grande comício da campanha, na praça da Sé, em reportagem aberta com a comemoração do aniversário de São Paulo. Demorara, mas enfim reconhecera a força do movimento.

Em 16 de abril foi novamente a vez de São Paulo. Outro milhão nas ruas, calcularam os organizadores. Com base em fotos aéreas e estimando o público por metro quadrado, o Departamento de Pesquisa da Folha chegou a conclusão mais modesta: 400 mil.

"A pomba do Anhangabaú estava cansada. Com fome e sede, fez um voo curto e morreu", contou Fafá.

Com as manifestações pipocando em cidades médias e pequenas de norte a sul do país, as diretas receberam a aprovação nacional. No dia anterior à votação da emenda Dante de Oliveira, Figueiredo recebeu levantamento do Serviço Nacional de Informações dizendo que não havia votos suficientes para sua aprovação. Com o informe à sua frente, afirmou: "Tancredo Neves é um nome confiável para a conciliação nacional. É moderado e aceitável". A declaração foi feita ao deputado João Paganella, do PDS de Santa Catarina, em reunião no Palácio do Planalto.

Em 25 de abril, a Câmara dos Deputados se reuniu por dezessete horas para apreciar a emenda que restabelecia as eleições diretas para presidente. O clima em Brasília arranhava a garganta não só pela secura do ar. Oscilava do autoritarismo explícito ao autoritarismo ridículo. Motoristas realizaram buzinaço em frente ao Comando Militar do Congresso. "Não podem me desmoralizar em frente ao meu quartel", reagiu o general Newton Cruz. Ele era o executor das medidas excepcionais de emergência que haviam levado tropas a cercarem o Congresso, estabelecera censura nos meios de comunicação e proibira concentrações públicas. "Vai custar muito caro a alguém", ameaçou Cruz. Com bastão de comando em punho, foi às ruas e apreendeu cem carros e sete ônibus.[787]

A votação foi postergada para não ser concluída antes da meia-noite. O temor do governo era de que as vigílias cívicas nas grandes cidades terminassem em depredações e violências, como tradução extremada do desapontamento popular. O Exército controlava Brasília e municípios goianos vizinhos. O presidente argumentou que era para impedir que, durante a votação, "agitadores pressionassem o Congresso". A coordenação suprapartidária do movimento pelas diretas protestou contra a proibição do governo de que emissoras de rádio e TV transmitissem a votação. Fora de Brasília, os brasileiros se reuniram em praças para acompanhar o resultado. As informações chegavam por meio de telefonemas dos gabinetes dos parlamentares para organizadores de comícios nos seus estados. Com a censura, o país informou-se por telefone sem fio — não o aparelho, mas a brincadeira infantil em que cada um cochicha no ouvido do outro a mensagem que recebeu.

No meio da tarde do dia da votação, Tancredo comentou com um deputado:

— Pode ser que passe, no entanto acho muito difícil. De qualquer modo, é preciso cumprir essa etapa.

Nenhum mapeamento de votos apontava, àquela altura, para a vitória da emenda. Eram necessários dois terços dos votos de cada casa do Congresso. A emenda caiu logo na primeira etapa na Câmara. Às duas da manhã, recebeu 298 votos, 22 a menos que a maioria de dois terços, necessária à mudança da Constituição. A oposição precisava somar 76 votos do PDS aos seus. O grupo pró-diretas do PDS, partido do governo, chegou a contabilizar 64 dissidentes na Câmara. Faltavam doze. Concluída a votação, 113 governistas estiveram ausentes, 65 votaram "não", três se abstiveram e um único oposicionista, Mendonça Falcão (PTB-SP), não compareceu para votar.

Dentro e fora do Congresso, houve choro. Em plenário, deputados partidários das diretas e o público se deram as mãos e cantaram o Hino Nacional.

A noite das garrafadas brasileira, temida pelo governo, materializou-se em enorme porre cívico, sem maiores incidentes. Estava definido o tamanho da ressaca. Faltavam 265 dias para a sucessão indireta que escolheria o novo presidente por meio do colégio eleitoral.

Às 8h35 da quinta-feira, 26 de abril de 1984, Mauro Santayana ligou para Tancredo.

— Governador, agora tudo acabou.

— Claro que não. Agora é que tudo está começando.

O começo era um caminho novo, não um recomeço. O presidente do PT, Luiz Inácio Lula da Silva, reuniu-se com Ulysses para pedir a continuidade dos comícios. Disse ter ouvido: "O Tancredo me derrotou".[788] Lula afirmou que o governador de Minas "trabalhou o tempo todo contra as diretas".[789]

Luiz Dulci, que era deputado federal pelo PT de Minas em 1984, participou de reunião na qual estavam presentes Lula, Mario Covas e Tancredo. Lula tentava convencer Tancredo a continuar a participar de comícios em defesa das diretas. "Foi uma longa conversa. Minha filha estava com dor de garganta, eu ligava para minha mulher preocupado em meio à reunião. Política é incompatível com esses casamentos modernos de vocês, me aconselhou Tancredo", contou Dulci. O governador de Minas cortejava Lula, exaltando sua capacidade de empolgar setores sociais.

— Você tem alguns dons que dr. Getúlio tinha. Capacidade de liderança, de empolgar, de sintonizar com grandes massas — identificou Tancredo. — Só que eu não vou participar mais de comícios, não. Já fui até onde poderia. Faço o que puder para ajudar vocês. Para mim, com a função que tenho no governo de Minas, não sei como continuar. Acho bom que continuem. Até porque, se vocês não pressionarem do lado de lá...

Não concluiu a frase. "Acho que ele quis dizer que, se não pressionássemos à esquerda, ele tinha menos espaço para atuar à direita. Tancredo tinha a correta noção dos pesos e contrapesos da política", analisou Dulci anos depois.[790]

No bem-humorado artigo "Um país cheio de erratas", Marcos Sá Corrêa propunha um entendimento próprio para a novilíngua da política brasileira.

> Onde há notícias, pontuadas de reticências, anunciando com muito formalismo que o governador Tancredo Neves, de Minas Gerais, "aceita" sua própria candidatura à presidência da República, leia-se que ele a "azeita". Aceitar é verbo passivo e, desde

o final de abril, quando morreu no Congresso a emenda das diretas já, Tancredo trabalha ativamente para lubrificar sua candidatura. De fato ela começou a andar sozinha, acionada pela súbita descoberta de que a oposição tinha um nome para disputar com chances de vitória a sucessão no colégio eleitoral. Ganhou outro impulso desde que, em maio, o próprio governador passou a empurrá-la pessoalmente. Até os grampos que fazem a escuta telefônica do Palácio das Mangabeiras para a comunidade de informações sabem que Tancredo é candidato, trabalha para isso e jamais permitiu que algum político, subindo ao seu gabinete para levar adesões, saísse com problemas psicológicos de rejeição. Mostrar o governador relutante nessa matéria é confundir o estilo Tancredo Neves com seu método. O estilo pode ser oblíquo, mas o método é direto e eficaz.[791]

Em 17 de maio de 1984, Golbery do Couto e Silva ligou para Heitor Aquino Ferreira, em Paris. Os dois estavam empenhados na candidatura de Paulo Maluf. Ferreira havia sido assistente de Golbery no SNI e ocupou o cargo de secretário particular dos presidentes Geisel e Figueiredo. Acumulou milhares de documentos, 222 horas de gravações e 1500 páginas de seu diário, com minuciosas descrições dos bastidores do poder. Golbery cravou: "O Tancredo vai ser candidato. Quer sair do governo de Minas". Aquino anotou em seu diário e pôde comprovar a precisão da informação.[792]

Tancredo começou a desconfiar das linhas de telefone no Palácio da Liberdade, no Palácio das Mangabeiras e no edifício Niemeyer, em Belo Horizonte. "Telefone só serve para marcar conversas, não para conversar", dizia.[793] Tinha certeza de que o Grande Irmão a tudo ouvia — e não apenas em 1984.

No final do primeiro trimestre do ano, em jantar na casa de Fernando Lyra, Fernando Henrique Cardoso teve a certeza de que Tancredo entraria na disputa. "Affonso Camargo, Lyra e eu dizíamos que ele tinha de ser candidato. Ele descartava, afirmando que tinha um compromisso com Minas", contou.

Na saída, Tancredo pegou Fernando Henrique pelo braço:

— Prepare-se! É a sua vez.

"Neste momento tive certeza: Tancredo é candidato. Porque ele sabia que eu não tinha a menor chance. Certamente eu não tinha vez nenhuma. Era um jogo de sutileza. Não era um jogo bruto, em que política virou polícia, corrupção, xingamentos", relembrou Fernando Henrique.

A resistência ainda era grande. O senador rememorou jantar em Brasília em que Ulysses perguntou a diversos líderes se era a favor ou contra que o partido tivesse um candidato no colégio eleitoral. "Ulysses era muito contrário que fôssemos para o Colégio Eleitoral", declarou FHC. Num almoço com Ulysses, Pedro Simon e Pacheco Chaves, deputado do PMDB de São Paulo, FHC narra o seguinte diálogo:

— Ulysses, de todos nós quem pagou o preço mais alto fui eu, perdi a cátedra, fui para o exílio. Não tem mais sentido prorrogar uma situação como esta, em que a arbitrariedade continue mandando. Eu por mim vou ao colégio eleitoral.

— Cada um faça o que quiser, porém eu não vou. Se o senhor acha isso, não vai contar comigo. Se o partido achar isso, não vai contar comigo.[794]

Uma outra frase definia o estado de espírito de Ulysses: "Eu como eleições diretas, bebo eleições diretas, durmo eleições diretas. Ainda bem que eleição é uma palavra feminina".[795]

Em meio a especulações e passos ensaiados, Tancredo recebeu Franco Montoro em Araxá para uma discreta reunião. Nada melhor que os salões fechados do Grande Hotel Araxá, que havia sediado um cassino e pertencia ao governo de Minas. Sentaram-se os dois à mesa, tendo como testemunha José Serra, secretário de Montoro. O governador paulista deixou claro ao mineiro que abriria mão de candidatar-se a presidente para apoiá-lo. Montoro disputava espaço em São Paulo com Ulysses Guimarães e chancelava, assim, sua aliança com Tancredo. O que era velado fora referendado e arranjado. Os movimentos não estavam muito claros, no entanto deixou-se acertado que caminhariam juntos. "Montoro explicitou a Tancredo que, dadas as circunstâncias que poderiam ser possíveis, de não haver eleições diretas para presidente, São Paulo apoiaria Tancredo, apoiaria Minas", contou Serra.[796]

Não havia dúvida de que Tancredo entrara em campo. Em maio de 1984, a *Folha de S.Paulo* registrou: "Tancredo aceita ser o ambivalente".[797] A operação pró-Tancredo deslanchou a partir de uma entrevista feita por *Veja* com o braço direito de Montoro, o secretário Roberto Gusmão, em 23 de maio de 1984. "Quem poderia ser o candidato das oposições no colégio eleitoral?", perguntou a revista. "O governador de Minas Gerais, Tancredo Neves", respondeu Gusmão. "O perfil do candidato traçado pela grande maioria do partido e pela grande maioria dos governadores é o do governador Tancredo Neves. Isso a despeito de o PMDB ter dois outros candidatos excelentes, que são o deputado Ulysses Guimarães e o governador Franco Montoro."

Assim, Gusmão deixava claro que Montoro estava se retirando da disputa. Ulysses ficou isolado no PMDB. Montoro então pediu a Fernando Henrique que falasse com ele, já que eram amigos.

A amizade com Ulysses tornou dolorosa a tentativa de FHC de convencê-lo a abraçar a candidatura Tancredo. "O homem com quem tinha ligação forte na política era Ulysses. Ele foi me visitar na sede do PMDB, um casarão enorme que Fernando Gasparian tinha conseguido alugar no Paraíso. Eu era o presidente municipal do partido. Em vez de ficar na minha sala, fiquei na sala da minha secretária, Lola Berlinck. Fiquei conversando com Ulysses, olhando a janela",[798] recordou-se FHC.

— Que história é essa da entrevista do Gusmão? — perguntou Ulysses.

— O senhor me conhece e somos amigos. Não há comparação, em termos de proximidade, entre nós dois e entre mim e Tancredo. Mas acho que, se for para ganhar, é mais fácil com Tancredo.

— Quem acha isso? Você ou o Montoro?

— Eu acho isso. O Montoro também concorda.

— No meu lugar, o que você faria?

— Eu não sei. O senhor sabe melhor do que eu. Agora temos de ajudar Tancredo. O senhor deve assumir a candidatura dele. É o que é possível.

— Está bem. Porém quero ouvir isso pessoalmente do Montoro — encerrou Ulysses.

FHC também tinha relações próximas com Tancredo, apesar de menos afetivas. A primeira vez que se encontrou com o líder mineiro foi no começo dos anos 1950: "Um tio meu, que tinha um pequeno banco, me convidou para ir a Belo Horizonte com ele. Como ia de carro, não queria ir sozinho. Ele planejava comprar um banco dirigido pelo Tancredo. Banco Cidade, se não me engano. Foi a primeira vez que o vi".

Na última semana de maio, Fernando Henrique articulou um jantar no Palácio dos Bandeirantes no qual estavam presentes Montoro, Ulysses e Roberto Gusmão. "Foi um jantar difícil. Era para dizer ao Ulysses que o candidato era Tancredo. O estilo do Montoro não era direto. O de Ulysses era", resumiu Fernando Henrique.

Em determinado momento da noite, Ulysses interrompeu Montoro, que fugia do assunto principal.

— Afinal, o que você pensa de Tancredo ser candidato, Montoro?

Montoro convenceu Ulysses de que fosse a Minas ouvir Tancredo. Fernando Henrique foi adiante e sugeriu que Ulysses assumisse o comando da candidatura dele.

— Antes que um aventureiro o faça — aludiu.

— Estamos fazendo história. As principais lideranças de São Paulo estão abrindo mão de reivindicar a presidência da República — reforçou Montoro.

— Estou disposto a abrir mão de reivindicações pessoais — contemporizou Ulysses, ainda contrariado.

No domingo, 3 de junho, Montoro voou para o Rio com Roberto Gusmão. Tancredo recebeu-os por três horas no apartamento de Copacabana.[799] O governador paulista considerava que Ulysses não tinha mais como resistir à candidatura de Tancredo e passou a defender publicamente o que articulava havia mais de um mês: "Tancredo é o homem da transição. Representa a maior soma de apoios e a menor resistência. Ele derruba todos os espantalhos".[800]

Montoro convocou uma reunião de governadores em 19 de junho para que Ulysses lançasse Tancredo à presidência. Mas Ulysses ainda resistia. Dez governadores de oposição, sendo nove do PMDB e um do PDT, fizeram o lançamento por conta própria. Sem proclamar-se candidato, Tancredo defendeu a ideia de que houvesse candidato único das oposições e que fosse lançado até o dia 27. "Tive o momento de maior angústia na vida. Estava em situação crítica: ou aceitava ou iria passar o resto da minha existência tentando explicar minha recusa", declarou Tancredo.

Em meio às negociações de bastidores, lideranças políticas realizaram um comício em São Paulo para tentar reacender a campanha pelas diretas. Cerca de 100 mil pessoas atenderam ao apelo para retornar à praça da Sé. Ulysses, Montoro, Covas, Brizola e Lula compareceram. Tancredo se disse gripado e com febre e declinou do convite. Ao lado das fotos do comício, a *Folha de S.Paulo* publicou provocativo retângulo em branco que encimava a legenda: "Espaço para foto de Tancredo Neves, que não veio ao comício".[801]

Três dias depois, em reunião da executiva do PMDB, Ulysses continuava a resistir a Tancredo. "As candidaturas que têm sido apontadas têm que ser vinculadas às diretas, porque esta é a posição política do partido", afirmou.

Nesse momento, Tancredo começava a expor-se como candidato: "Caso meu nome deixe de ser apenas cogitação, irei refletir. Acho que o homem público tem o dever de correr riscos. Ele não pode é praticar aventuras".[802]

Até aquele momento, a candidatura oposicionista parecia limitar-se a tal. A vantagem de Maluf era de 36 votos no colégio eleitoral. O PDS tinha 235 deputados, 45 senadores e 81 delegados eleitos por Assembleias estaduais, atingindo 361 votos no colégio. A oposição somada tinha 244 deputados, 24 senadores e 57 delegados estaduais, atingindo 325 votos.[803] O PMDB tinha de conquistar deputados do PDS. No partido situacionista, os alvos eram os grupos de parlamentares que se aglutinavam em torno do ex-presidente da legenda, José Sarney, e do vice-presidente Aureliano Chaves. Somados, atingiam 85 parlamentares. Eram os votos a ser conquistados para garantir a vitória da oposição.

O Serviço Nacional de Informações, comandado pelo general Octávio Aguiar de Medeiros, tinha como uma de suas principais funções em 1984 mapear os votos da sucessão presidencial, como mostram as contas acima. O órgão de informação calculava que Tancredo poderia também cabular votos entre delegados estaduais que se alinhassem à Frente Liberal. Destacava possíveis rachas na própria oposição. Dimensionava que havia sessenta parlamentares do chamado grupo Só Diretas, que não desejava votar no colégio eleitoral. Duvidava que o PT aceitasse ir ao colégio eleitoral e dar seus oito votos a Tancredo. "Especula-se a respeito de existir um certo número (50!) de parlamentares das oposições que sufragariam o senhor Paulo Maluf no Colégio Eleitoral", registrou o SNI, assinalando a própria dúvida. "A tendência desse grupo é de se reduzir paulatinamente com a consolidação da candidatura Tancredo Neves, que poderá oferecer-lhe idênticos atrativos sem obrigar-lhe ao ônus da dissidência." Ao final, a sete meses do colégio eleitoral, o SNI admitia que Tancredo podia obter 410 votos e se eleger presidente da República. Para tal, bastava conter dissensões e cooptar a Frente Liberal.

Em 8 de junho de 1984, outro informe do SNI revelava que o vice-presidente Aureliano Chaves negociava seu apoio à candidatura de Tancredo Neves. Listava as exigências que havia feito ao governador de Minas: que o candidato a vice-presidente, a ser escolhido de comum acordo, fosse um pedessista; e que, para a proposição do nome, Tancredo teria de se reunir com o ex-governador Magalhães Pinto e "quatro ou cinco personalidades" do PDS e do PMDB, indicadas por Aureliano. O SNI identificava o ex-governador do Rio Grande do Norte Aluízio Alves como o "principal emissário" de Tancredo na negociação com o vice-presidente.[804] Ainda conforme o SNI, os assessores de Aureliano consideravam que este havia "imposto condições muito difíceis de serem cumpridas integralmente". A informação era correta; o vaticínio, errado.

O ministro Leitão de Abreu, chefe da Casa Civil de Figueiredo, havia patrocinado proposta de emenda constitucional que estabelecia eleições diretas para 1988. A oposição queria alterar o texto da emenda, antecipando-as para 1985. Em Curitiba, em 25 de junho, 40 mil pessoas se reuniram na Boca Maldita. Em São Paulo, no dia seguinte, 100 mil compareceram à praça da Sé. Tancredo alegou que uma forte gripe o impediu de participar dos dois compromissos.

A pressão surtiu efeito contrário. Figueiredo mandou retirar em 28 de junho a emenda Leitão que previa diretas em 1988. Com a retirada do projeto, só restava ir ao colégio eleitoral. "A esta altura, insistir nas eleições diretas é um esforço meritório, sem dúvida, conquanto pouco promissor", resumiu Tancredo. A lei eleitoral estabelecia a data de 15 de outubro para o registro de candidatos. "Se até 15 de outubro não houver registro, não há condições para realizar eleições diretas."[805]

Tancredo entrou em campanha na via indireta. Pisava macio, como quem se deslocava em terreno arenoso. "Romper com o FMI é uma tolice. Não há nenhum economista que defenda essa tese", declarou ao refutar uma das mais fortes bandeiras oposicionistas.[806]

Sua postura açodou Lula: "Certos candidatos ao colégio eleitoral assimilaram com tanta facilidade as preocupações do regime, que este não tem mais motivos para se preocupar com derrotas. O governo, mesmo perdendo no colégio eleitoral, terá assegurado o cumprimento da política determinada pelas forças ocultas palacianas".[807]

No começo de julho, o SNI detectou os movimentos de Tancredo em direção a Geisel. Francisco Dornelles, secretário da Receita Federal, e o ex-ministro Mário Henrique Simonsen foram os mediadores da aproximação. O informe secreto registrava ainda: "MHS (Mario Henrique Simonsen) estaria demonstrando simpatia pela candidatura de TAN (Tancredo de Almeida Neves) à presidência".

O acompanhamento rigoroso dava-se no ir e vir dos votos e nas articulações secretas que os antecediam. Em 23 de julho de 1984, o SNI informou que Tancredo Neves concordara com a forma de escolha do vice proposta por Aureliano. E mais: aceitara colocar por escrito o acordo político entre os dois.

> O governador TAN, atendendo solicitação de AACM (Antônio Aureliano Chaves de Mendonça), comprometeu-se, em 19 de julho, a enviar para o vice-presidente documento no qual declara que os pedessistas mineiros da Frente Liberal serão tratados politicamente em igualdade de condições com os peemedebistas do Estado. O teor do mencionado documento foi apresentado por AACM na reunião marcada para 20 de julho com as lideranças do PDS de MG.[808]

O interesse do SNI pela sucessão refletia o interesse do seu chefe. O general Medeiros imaginou que poderia viabilizar sua candidatura à presidência. Assumira a chefia do SNI em 1978 e seu sonho de candidatura naufragou quando foi relacionado ao atentado do Riocentro, em 1981, e à morte do jornalista Alexandre von Baumgarten, no ano seguinte.

"O SNI do Medeiros, o CIE e a comunidade de informações queriam tudo, menos o Tancredo. Dividiam-se entre os que desejavam a continuidade do Figueiredo e os que aceitavam o Maluf. [...] Walter Pires esperava conduzir o Alto-Comando do Exército para uma direção política contrária à eleição do Tancredo, no entanto já havia opiniões diferentes da sua no meio militar", analisou anos depois o general Otávio Costa. Até agosto de 1984, Figueiredo usava um trocadilho para se referir ao candidato de oposição: Tancredo *Never*.

Roberto Gusmão considerava que Tancredo Neves e Ulysses Guimarães haviam criado seu próprio balé. "Os dois fazem política há cinquenta anos. Quem tentar entrar na dança Tancredo-Ulysses acabará quebrando a perna."[809] O *pas de deux* mais esperado ocorreu em Belo Horizonte, na noite de quarta-feira, 20 de junho, no Palácio das Mangabeiras, residência oficial do governador de Minas.

Ulysses visitava Tancredo a menos de um mês do prazo legal para a desincompatibilização do governo de Minas Gerais.

— Ulysses vem aqui hoje ter uma conversa comigo. Sei que vai querer me desencorajar. Só que já tomei uma decisão[810] — contou Tancredo a Mauro Santayana, que se deslocara de São Paulo a Belo Horizonte a pedido do governador.

— Quero ficar sozinho com Ulysses. Leve os outros para jantar — determinou.

Tancredo não estava bem de saúde. Acabara de chegar de uma viagem e se dizia exausto. Logo pela manhã recebeu um telefonema de Risoleta, que havia sido informada de que o marido tinha febre alta e não aceitava consulta de médico algum. Quando propôs que Francisco Diomedes Garcia de Lima, médico da família havia mais de trinta anos, fosse chamado, o governador aceitou.

O médico teve de arrumar um estetoscópio e um aparelho de pressão emprestados. "Encontrei-o com 40 graus de febre, sentia calafrios. Risoleta informou que havia tido febre a semana toda", relatou Garcia de Lima.[811] Ele tomava aspirina, esperava a febre baixar e voltava ao trabalho. "O exame que fiz não demonstrava nada, nem nos pulmões nem no abdômen. Ele reclamou que estava urinando excessivamente. Disse-lhe que não sabia o que tinha e seria obrigatório que fizesse exames." Tancredo argumentou que tinha um jantar marcado às oito horas da noite com Ulysses e pediu alguma coisa que baixasse a febre. Não podia cancelar o encontro com o presidente do PMDB. Garcia de Lima sugeriu que tomasse duas aspirinas e insistiu em que realizasse exames médicos no dia seguinte.

— Nunca estive tão mal em minha vida — reconheceu Tancredo a Garcia de Lima.

O governador não sabia que essa havia sido a primeira manifestação de um tumor que tinha no intestino. Não imaginava que havia começado ali uma corrida contra o tempo. Restavam-lhe dez meses e um dia de vida. Eram 43 semanas e quatro dias — pouco mais do que o necessário para a gestação e o parto do seu maior projeto político.

Ulysses rumara para Belo Horizonte ao lado de Renato Archer. Foram recebidos no aeroporto por José Aparecido de Oliveira, secretário de Cultura do Estado, que os acompanhou até o hotel Othon Palace, a cinco quilômetros do palácio. Deixaram as malas e seguiram de imediato ao Mangabeiras. Na saudação de chegada, Tancredo puxou uma conversa amena. A febre havia recuado, mas ele ainda continuava indisposto.

Após um olhar discreto de Tancredo, Santayana levantou-se e propôs:

— Gente, a comida do palácio hoje está uma merda. Tancredo está gripado. Mandou fazer sopinha para dois velhinhos. Quero convidar vocês para jantar no restaurante do Othon Palace. Depois voltamos para buscar o dr. Ulysses.

A distância entre o Othon Palace e o Mangabeiras, no meio da noite, pode ser coberta em dez minutos. Aparecido, Archer e Santayana voltaram quase três horas depois. Ulysses embarcou no carro fazendo graça:

— Dizem que quando Vargas e Filinto Müller[812] despachavam, resolviam tudo em cinco minutos. O resto do tempo gastavam falando de jogo e mulheres.

Rumaram para o bar do hotel em busca de um aperitivo. Ulysses bebeu *poire*, aguardente francesa produzida a partir da pera e da qual se tornou um propagador. Após uma talagada, mostrou-se amargurado:

— Falei com Tancredo. Vamos ser miseravelmente derrotados porque o Maluf já comprou todo mundo. Comprou gente até do PMDB de São Paulo. Imagina nos outros estados!

— Ulysses, temos de correr riscos — contemporizou Aparecido, mais próximo a Tancredo do que ao presidente do PMDB.

— Este é um risco inútil!

— Esqueça os problemas com Montoro. Vamos pensar numa proposta para o país — amenizou Archer.

Assim como Aparecido, Archer era amigo antigo de Tancredo e de Ulysses, desde que se filiara ao PSD, partido de ambos, na década de 1940. Aprofundou a amizade com Tancredo ao participar do gabinete parlamentarista como subsecretário do Itamaraty. A amizade com Ulysses se estenderia até o fim da vida. Archer estava com Ulysses em Angra dos Reis, de onde partiu o helicóptero que causaria a morte do peemedebista em 1992.

Monossilábico, Ulysses tomou o resto do seu *poire* e foi dormir.

No dia seguinte, Santayana voltou a Tancredo, antes de embarcar para São Paulo.

— A sorte está lançada — ouviu.

— Vou começar a redigir o discurso de despedida do governo de Minas — propôs-se Santayana.

Ao contar a Tancredo a conversa com Ulysses no bar do hotel, ouviu:

— Pior eu tive que aguentar aqui!

José Aparecido de Oliveira e Tancredo Neves, amigos desde os anos 1940 (Arquivo Público Mineiro).

Ulysses já não seria capaz de conter a candidatura de Tancredo. Em 29 de junho, baixou definitivamente a guarda. Em um novo encontro, afirmou: "Você não terá apenas meu apoio pessoal. Vou chefiar sua campanha". A avalanche tancrediana que não se formara em Minas Gerais em 1960 ganhava volume 24 anos depois. Ninguém seria capaz de contê-la.

Em 3 de julho de 1984, foi anunciada a formação da Frente Liberal, fruto de dissidências na disputa interna do PDS pela sucessão presidencial, capitaneada por Aureliano e Sarney. Quase um mês depois, como havia proposto Aureliano, José Sarney foi escolhido vice na chapa de Tancredo. Sarney chegara à presidência do PDS em eleição apertada e seus adversários espalharam que a vitória só foi possível graças à inclusão de cédulas marotas durante a apuração dos votos. "Isso é uma lenda. Eram tantos fiscais, tantos olhos e debates tão acirrados que isso jamais poderia ocorrer", refutou Sarney.[813]

Sarney havia combinado com Figueiredo a realização de prévias partidárias para escolher entre os candidatos Aureliano Chaves, Mário Andreazza,

Marco Maciel e Paulo Maluf. Com participação de milhares de filiados, a estratégia era ampliar o universo eleitoral para diluir as vantagens que Maluf havia distribuído a algumas centenas de convencionais. Pressionado por malufistas, Figueiredo voltou atrás na aprovação das prévias. Desautorizado, Sarney passou até a sofrer ameaças de agressões físicas e chegou a ir armado para as reuniões do partido, como admitiu. "As ameaças físicas que me foram feitas, de retirar-me da presidência do PDS a tapas, fizeram-me estar pronto para uma circunstância dessa natureza. Totalmente contrária ao meu temperamento. Como dizia Fernando Pessoa, cumpri contra o destino o meu dever."

Sua saída do PDS foi o princípio da mobilização para formar a Aliança Democrática em torno de Tancredo Neves. Sarney trocou o partido de sustentação da ditadura por aquele que a ela se opunha desde o golpe. "Filiei-me ao PMDB por exigência, àquela época, da legislação", resumiu. Tancredo sentiu que era sua hora: "Naquele momento vi que estavam criadas fissuras definitivas, que viabilizavam uma candidatura de oposição".[814]

No lado da situação, Paulo Maluf caminhava como favorito inconteste para tristeza até de Figueiredo. Em encontro com o deputado pernambucano Inocêncio Oliveira, o presidente qualificou Tancredo como "competente e hábil", com chances de se tornar seu sucessor graças à desunião do PDS. "Vou passar a faixa a quem vencer", afirmou.[815]

No final de julho, Tancredo se encontrou com o empresário Roberto Marinho, que apoiava a candidatura de Aureliano Chaves, até o vice se aliar a Tancredo. Ao deixar o Jardim Botânico, Tancredo reclamou de pressões à esquerda e se mostrou feliz com o apoio do empresário.[816] Com o peso da Rede Globo em seu favor, Tancredo se tornava mais que favorito. Alcançara o patamar de imbatível.[817]

A chapa Tancredo-Sarney formalizou-se em 7 de agosto, quando o PMDB e a Frente Liberal do PDS anunciaram a Aliança Democrática. "Um eclipse de vinte anos de obscurantismo chega ao final", discursou Tancredo. Aliado incômodo, Brizola afirmou que, "nos termos em que foi constituída, a Aliança Democrática transformava o que podia ser uma verdadeira coalizão democrática num estreito convênio da oligarquia".[818]

Paciente, Tancredo citava frase que ouvira do líder mineiro Antonio Carlos Ribeiro de Andrada: não se faz política sem vítimas. Acreditava que a resistência de membros do PMDB a Sarney se reduziria com o tempo. "Quando eles perceberem que, sem essa aliança, iríamos continuar, no mínimo, por mais vinte anos de militarismo, monetarismo e este regime de supressão da liberdade, eles irão concordar."[819]

A reação dos formadores de opinião à aliança foi amarga. O sociólogo Florestan Fernandes classificou o enlace Tancredo-Sarney não como produto de licença poética, e sim de licenciosidade política.[820] Ricardo Kotscho, repórter da *Folha*, usou a referência de Roberta Close, modelo transexual brasileira, para batizar a chapa de "transpartidária".[821]

A poeta Cora Coralina, do alto de seus 95 anos, implicou: "Tancredo é meu amigo, porém muito idoso. Já não tem a garra da mocidade. Não será o líder que precisamos, porque a idade não ajuda. Se ganhar, terá que levar tudo com a calma e a sagacidade mineira".[822] Coralina morreria onze dias antes de Tancredo, em abril de 1985.

O deputado Heráclito Fortes (PMDB-PI) saiu-se com esta: "A aliança com a Frente Liberal é como casamento com mulher desquitada: se você a ama, não olha o passado dela".[823] A aliança recorria a todos os santos. Na Bahia, mãe Georgina revelou que Tancredo era filho de Xangô, deus da Justiça, dos raios e dos trovões.[824]

Aceitar o sincretismo da chapa exigia jogo de cintura. Ex-revolucionário e formador de quadros para a luta armada, o MR-8 apoiou a candidatura de Tancredo-Sarney adaptando o slogan atribuído a Che Guevara: "*Hay que endurecerse, pero sin perder la cintura jamás*".[825]

Em campanha no Rio Grande do Sul, em discurso na Assembleia Legislativa gaúcha, Tancredo afirmou que "esta é uma luta para homens, uma luta para machos", sob os aplausos delirantes da plateia. A feminista Ruth Escobar foi cobrar de Tancredo a declaração machista. "Que é isso, minha filha! Macho é hoje uma palavra unissex!"[826]

Um correspondente estrangeiro perguntou como Tancredo se definia. Ele disse ser "rústica demais a definição de centro, conservador, direita ou esquerda". "Eu me considero um cristão-social-reformista."[827] Como as definições ideológicas são elásticas, Maluf já tinha declarado ao jornalista Cláudio Abramo: "Estou mais à esquerda do que Tancredo".[828]

Em 11 de agosto, formalizou-se o embate. Maluf venceu a convenção do PDS, com vantagem de 143 votos. Obteve 493 dos convencionais; Andreazza, 350.[829] Seis em cada dez votantes do PDS fecharam com Maluf. Em 12 de agosto, Tancredo obteve 656 dos 688 votos apurados entre os peemedebistas.[830] Nove entre dez votantes do PMDB apoiaram o governador mineiro.

Tancredo e Maluf iniciaram oficialmente a campanha presidencial. Agosto é o mês em que as quaresmeiras florescem em Brasília, sinal de agouro. Golbery, em conversa testemunhada pelo fotógrafo Orlando Brito, foi quem advertiu que é o mês em que tudo pode acontecer, inclusive o nada.[831]

Em 14 de agosto, véspera da data-limite, Tancredo despediu-se do governo de Minas com um discurso diante do Palácio da Liberdade para 10 mil pessoas. A festa ocorreu sem nenhuma explosão de entusiasmo, como notou o jornalista Clóvis Rossi. Saiu em campanha pelo país e começou pela simbólica viagem a São Borja para depositar flores nos túmulos de Vargas e Jango. Fazia seis graus. Percy Penalvo, administrador dos bens de herdeiros de Goulart, tratou de arrumar um poncho para Tancredo se proteger. Justificou: "Se o velho pega uma pneumonia, a gente vai ter de aturar o Sarney".[832]

A morte de Vargas completava trinta anos em 24 de agosto de 1984. Tancredo viajou ao Sul no mesmo avião que o governador Leonel Brizola e o senador Pedro Simon.

— Se tu ganhares a eleição, terás de erguer um monumento em homenagem ao Figueiredo — exagerou Brizola.

— É verdade — anuiu Tancredo. — Se ele aceitasse a candidatura do Aureliano, eu é que estaria agora organizando uma dissidência do PMDB para apoiá-lo. Seria uma Frente Liberal ao contrário!

Por diversas vezes, Tancredo chegou a temer que fosse reaberta a discussão de encontrar um candidato de consenso entre os governistas. Para tal, Maluf teria de renunciar à candidatura. Como se não bastasse a obstinação do próprio, Tancredo prestou declarações com o objetivo de estimular Maluf a permanecer na disputa. A estratégia foi dizer o contrário do que desejava. Em 27 de agosto, afirmou que Maluf estava próximo da renúncia, em razão do esvaziamento de sua candidatura. "Paulo Maluf não é homem de renunciar a nada", respondeu o candidato do PDS. Tancredo sabia que zerar o jogo disputado até ali era prenúncio de golpe. Afora isso, na disputa indireta, as agendas dos candidatos estavam mais próximas do nada do que do tudo. Sarney foi homologado como candidato a vice de Tancredo, apesar da resistência de vários setores do PMDB.

A campanha estava na rua e na mídia. No final da noite de 26 de agosto, Tancredo deparou-se com uma entrevista ao vivo do senador Roberto Campos (PDS-MT). Ele era o convidado do programa *Crítica e autocrítica*, transmitido pela Bandeirantes. Malufista, Campos ironizava Tancredo, afirmando que não tinha programa algum para enfrentar a inflação.

Ele ouviu e não gostou. Em especial do tom debochado do senador. No dia seguinte, enviou-lhe telegrama:

> O amigo utilizou-se de expediente desleal para atingir-me gratuitamente, valendo-se de recurso que não está à altura de sua inteligência e da correção de seus sentimentos. [...] Não há calouro de economia no Brasil que não tenha o seu programa contra a inflação. Sua opção por Paulo Maluf é um direito que lhe assiste e que não tenho por que censurar, tão somente lamentar. Isto, porém, não lhe dá direito de investir contra o amigo que sempre lhe deu as mais inequívocas demonstrações de estima e admiração.[833]

Este é o tom de Tancredo quando contrariado.

O dossiê das ações de marketing da candidatura Tancredo propunha como pontos fundamentais "manter o antimalufismo; não hostilizar os militares; ser unanimidade nacional; ser candidato suprapartidário; manter compromissos das diretas já; formular programa que atenda anseios populares com as reformas das instituições e de justiça social; restabelecer a democracia plena e manter a soberania nacional".[834]

Apontava como ameaças ao sucesso da candidatura fatores como "falta de credibilidade nos homens públicos; má interpretação da aliança com os dissidentes do PDS; defecção na oposição; persuasão financeira do concorrente; afastamento dos compromissos assumidos em praça pública na campanha das diretas; volume da propaganda do concorrente".

Elencava pontos do estilo pessoal de Tancredo que deveriam ser destacados: "cordial, tolerante, cultura humanística, homem de família, corajoso, fiel aos amigos e aos ideais, formação clássica, formação germânica de princípios".

O primeiro slogan de campanha — "Muda Brasil, Tancredo já" — havia sido criado no vácuo da campanha das diretas, uma lembrança que agora incomodava. Publicitários tentaram emplacar o slogan "Tancredo neles", mas o candidato vetou. Era agressivo e poderia ser tomado como revanchista. "Não chore Brasil — Tancredo para presidente", propuseram. "Estão plagiando

Tancredo Neves entre lideranças indígenas durante campanha eleitoral para a presidência (entre 1º de agosto de 1984 e 14 de janeiro de 1985/Acervo Fundação Getulio Vargas – Cpdoc).

Don't cry for me, Argentina", vetou Sarney. "Tancredo para presidente, vamos voltar a sorrir" não resistiu a uma rodada de teste. Sem saída, os publicitários mantiveram o slogan "Muda Brasil, Tancredo já".[835]

A equipe de marketing de Tancredo contratou o Ibope para realizar uma pesquisa com os integrantes do colégio eleitoral em 20 de setembro de 1984. No Senado, Tancredo empatava com Maluf, ambos com 29 votos. Havia, porém, onze senadores indecisos. Na Câmara, Tancredo tinha 271 votos declarados; Maluf, 177, e 31 se diziam indecisos. Entre os delegados estaduais, a oposição tinha 78 votos; Maluf, 54, havendo seis delegados indecisos. O placar quatro meses antes do pleito era de 378 votos para Tancredo contra 260 para Maluf. Havia 48 indecisos.[836]

Tancredo Neves, Ulysses Guimarães, Franco Montoro, Fernando Henrique Cardoso, Orestes Quércia e outros durante campanha eleitoral para a presidência (entre 1º de agosto de 1984 e 14 de janeiro de 1985/Acervo Fundação Getulio Vargas – Cpdoc).

Setembro tinha chegado com a certeza da primavera e promessa de flores em forma de multidões nas ruas. Tancredo protagonizou o primeiro comício público de uma disputa que se travava entre as paredes do Congresso. A proposta era se banhar com aprovação popular superior à de Maluf. Havia um cuidado a tomar: gente e bandeiras nas ruas inquietam militares desde a instauração da República.

A candidatura de Tancredo ganhava corpo com as multidões que se espremiam nos comícios, enquanto Maluf enfrentava dissabores até no dia do aniversário. Em 3 de setembro de 1984, recebeu alguns jornalistas num hotel de Brasília para reforçar a imagem de que trabalhava mesmo em data festiva. A conversa foi interrompida por um repórter atrapalhado, de fala anasalada, óculos de aro vermelho e sotaque paulista. Tinha um bolo de chantili nas mãos e puxou o coro de "Parabéns pra você". Os jornalistas soltaram muxoxos de reprovação. O repórter Ernesto Varela fez então a pergunta que ninguém havia tido coragem de fazer:

— Deputado, muitas pessoas não gostam do senhor, dizem que o senhor é corrupto, ladrão. É verdade isso, deputado?

O melhor que Maluf pôde fazer foi ajeitar o aro grosso dos óculos pretos, rodopiar em direção à porta e sair em silêncio. Fim da entrevista coletiva e começo da glória do mais brilhante personagem do jornalista Marcelo Tas. Varela fazia dupla com o câmera Valdeci, papel desempenhado pelo cineasta Fernando Meirelles. Ernesto Varela e Valdeci eram personagens com a cara de redemocratização. Nascidos na pequena produtora independente Olhar Eletrônico, eram críticos, inteligentes e bem-humorados. O "repórter de mentira que entrevistava personalidades de verdade" rejuvenesceu o jornalismo televisivo. Pouca gente sabia o que fazia uma produtora independente; menos ainda se acostumara com jornalismo televisivo independente.

Em 14 de setembro, cerca de 200 mil pessoas compareceram à praça Cívica de Goiânia. Foi Mauro Salles quem sugeriu a capital de Goiás como destino da caravana de Tancredo, pois apostava que haveria comparação entre os comícios das diretas e os do candidato do PMDB. Salles propôs que o comício fosse realizado numa cidade de porte médio para que se amainasse a exigência de grande multidão. Sete governadores do PMDB discursaram, e a atração da noite, à exceção de Tancredo, foi o ex-governador da Bahia Antonio Carlos Magalhães. "Tancredo Neves é um homem de bem. É a esperança. Maluf é a negação, a desesperança, a corrupção", discursou o baiano. Foi aplaudido por pessoas que portavam bandeiras de partidos comunistas. Estimulado pelo apresentador Osmar Santos, ACM perguntou à multidão: "O que o Maluf é?". Em coro, milhares responderam: "Ladrão, ladrão". Depois entoaram o coro: "Um, dois, três. Maluf no xadrez!".

Os oradores sucediam-se no palanque conforme planejamento cronometrado a fim de permitir que Tancredo discursasse no momento em que o *Jornal nacional*, da Rede Globo, estivesse no ar. Às 20h21, o candidato do PMDB entrou ao vivo no telejornal, multiplicando para milhões a audiência à sua frente.

"O colégio eleitoral é ilegítimo, entretanto não temos outra saída senão essa forma esdrúxula de seleção de governantes. Nós vamos acabar com ela. Tiraram do povo o mais elementar de todos os seus direitos, que é o da escolha livre de seu soberano", discursou.[837] Ninguém reparou no termo nobre escolhido pelo candidato. Soberano diz mais a reis, imperadores e sultões do que a governantes eleitos. Mas tudo bem, era dia de festa.

A assessoria política e de marketing de Tancredo trabalhou por semanas no discurso do dia da proclamação da República. Como participaria de um encontro de parlamentares em Vitória, Tancredo desembarcou na capital do Espírito Santo com um discurso de quinze páginas pronto. Tirou fotos com apoiadores, como havia se tornado comum, e um deles colocou sobre seu ombro a bandeira nacional. No improvisado da hora, a bandeira apareceu como arremedo de faixa presidencial no clique dos fotógrafos que o acompanhavam.

Nesse clima, Tancredo apresentou ao país a proposta de construção de uma Nova República, uma forma elegante para rotular o fim do regime de 1964. Tancredo tinha apoiadores que chamavam o movimento militar de golpe e outros que preferiam revolução. Driblava uns e outros dizendo "nos últimos vinte anos...". Brilhou ao afirmar que "a agressividade e o radicalismo não passam de formas de pânico".

— Teremos que lançar os alicerces da Nova República. [...] A Nova República não se coadunará com qualquer experiência de presidentes todo-poderosos, impondo as vontades do centro e detendo o quase monopólio do poder decisório legislativo. Não haverá no Brasil uma República sadia e estável sem se refazer a realidade e a mística da cidadania como origem do poder político do Estado e condição maior da existência dos direitos e liberdades da pessoa humana — discursou para a plateia do hotel Senac de Vitória.

Tancredo traçou o histórico da transição do Império para o regime republicano. Afirmou ter chegado o tempo do fim "da imaturidade política e da submissão da razão à paixão" e prometeu enfrentar "com repulsa a todos os radicalismos", tanto os de esquerda, "que nos levam ao fanatismo ideológico", quanto os de direita, "carentes de princípio e repletos de ambição do poder".

— É imperioso criar-se uma Nova República, forte e soberana, para que nossas Forças Armadas não sejam nunca desviadas de sua destinação constitucional — pregou.

A proposta da criação da Nova República, embalada pelo marketing, estava lançada. Tinha como antecedente histórico a nova República à qual se propunham os inconfidentes, caso o país fosse libertado de Portugal no século XVIII. No entanto, a primeira referência de Tancredo a ela ocorreu em conversa casual em Santa Catarina em 10 de julho:

— Temos de lutar para implantar no país uma nova república — discursou Pedro Ivo Campos, presidente do Diretório Regional do PMDB catarinense.

— Novíssima — chancelou Tancredo.[838]

* * *

Enquanto isso, o SNI procurava provas de traição ao candidato da situação com esmero. Num de seus registros, afirmava que Delfim Netto, ministro do Planejamento de Figueiredo, trabalhara pela candidatura Tancredo, quando o quadro da vitória parecia consolidado. "Em encontro em 20 de novembro de 1984, Delfim Netto pediu ao presidente nacional do PTB, Ricardo Ribeiro, que apoiasse Tancredo Neves, em especial o senador José Sarney."[839]

A contradição é que um informe do dia seguinte já mostra Delfim atuando em favor de Maluf. Muito próximo ao ministro do Planejamento, o empresário Paulo Henrique Sawaya Filho foi a fonte de informação de que Delfim Netto viajaria, em 21 de novembro de 1984, para encontrar Roberto Marinho, presidente das organizações Globo, "visando persuadi-lo no sentido de apoiar Paulo Maluf".

Paulo Sawaya avaliou que dificilmente Roberto Marinho faria alguma coisa em prol de Maluf, em virtude de dois fatos que lhe foram revelados por Delfim.

> O Banco Itaú fez um acordo com Roberto Marinho para que este fizesse campanha do candidato Tancredo Neves. Paulo Maluf, ao tentar o apoio pessoalmente de Roberto Marinho, argumentou que o presidente Figueiredo estava disposto a ajudá-lo e como tal o presidente da Globo teria de fazê-lo também, fato que fez com que Roberto Marinho se sentisse ofendido. Em face do quadro acima, Paulo Sawaya revelou que, num encontro mantido com o presidente da República, com o ministro-chefe do Gabinete Militar e com o ministro-chefe do SNI, estes lhe manifestaram preocupação quanto à situação.[840]

Anos mais tarde, Sawaya seria acusado pela Comissão Nacional da Verdade de ser um dos arrecadadores de fundos para a Operação Bandeirantes e posteriormente para o DOI-Codi, órgãos de repressão durante a ditadura.

Confrontado com os informes do SNI, Delfim tratou-os como fofoca. Maluf rebarbou-os na mesma linha. "Delfim era, é e vai continuar sendo um dos meus melhores amigos. Este país deve a ele o que ainda não pagou. Homem correto, decente. Roberto Marinho era muito meu amigo. Fui uma das poucas pessoas convidadas a passar finais de semana em sua casa em Angra", gabou-se Maluf.[841]

Maluf exemplifica a relação com o empresário relembrando a luta que travou para se tornar governador de São Paulo, por via indireta. "Ele foi uma das vozes que tentaram me demover de enfrentar Laudo Natel, que era o candidato do Geisel e do Figueiredo", contou. O ministro da Justiça, Armando Falcão, recorreu a Roberto Marinho para pressionar Maluf, que narra com prazer sua recordação do diálogo que mantiveram.

— Paulo, não tem jeito de sair desta disputa?
— Tem, dr. Roberto. Eles podem me cassar.
— Não tem outro jeito?
— Me matem, doutor Roberto.
— Que isso?
— Ou me desterrem. Acordo não faço.

Em 1984, Roberto Marinho foi "de uma correção exemplar", isentou-o Maluf. "Você pode pedir para o amigo tudo, menos a ruína dele. Dr. Roberto, como qualquer empresário, tem interesses legítimos. Ele me deu cobertura todos os dias na TV. Quem elegeu Tancredo foram Maluf, que não conspirou, e os governadores que traíram o PDS com seus votos."

Em dezembro de 1984, Tancredo apresentou os sete membros da comissão que elaboraria sugestões econômicas para seu governo. Em uma sala alugada no edifício Engenheiro Paulo Maurício, no setor bancário de Brasília, abrigou-se a chamada Comissão para o Plano de Ação do Governo, resumida na sigla Copag. Os representantes do PMDB eram José Serra e os economistas Celso Furtado e Luciano Coutinho. Pela Frente Liberal, os representantes eram o ex-ministro Hélio Beltrão, o presidente da Montreal/Internacional Engenharia, Sergio Quintella; o vice-presidente do Banco Itaú, Sérgio de Freitas; e o economista Sebastião Marcos Vital. Os liberais tentaram torpedear a escolha de Serra para coordenar o grupo, mas Ulysses e Montoro saíram em sua defesa.

Serra lembrou-se de que Ulysses contara-lhe a conversa que havia mantido com Tancredo sobre sua escolha.

— Tancredo me perguntou de você. Eu disse: o Serra é um buldogue. Mordeu o osso, ele não larga. Ele vai fazer com o osso o que ele acha que é correto.
— Dr. Ulysses, assim o senhor está fazendo minha caveira com o Tancredo — riu-se.

"Dali a uns dias, o Tancredo me ligou com o convite para integrar a comissão do programa de governo. Para ser o coordenador. Já estava tudo costurado. O Affonso Camargo e o Ulysses batalharam muito para isso", declarou Serra.

Segundo relatório do SNI, a indicação de José Serra para coordenar o grupo técnico da campanha de Tancredo não só causou reação no meio político como preocupou as Forças Armadas. O general Reynaldo Mello de Almeida, um dos citados para ocupar a chefia do SNI, pronunciou-se contra. Delfim Netto, na intimidade, teria externado todo o seu aborrecimento com a opção de Tancredo.

Tancredo chamou Francisco Dornelles e determinou que monitorasse Serra. O homem de confiança de Dornelles na Copag era Sebastião Marcos Vital, que mais tarde integraria a equipe do Ministério da Fazenda. Segundo Serra, "o doutor Tancredo me aconselhou que não poderíamos sugerir nada traumático, porque desgastaria a administração logo no seu começo".[842]

O ministro Delfim Netto havia comandado a aprovação da programação orçamentária de 1985 em reunião do Conselho Monetário Nacional. O ponto central era que o tesouro tinha de transferir 35% de toda a arrecadação de impostos para a redução do déficit público. Era o sempre anunciado torniquete nos gastos públicos, mas nunca cumprido.[843] Tancredo preparava o país para aplicar seu próprio torniquete. Mantinha o humor. Frases prosaicas se tornaram apetitosas: "Quem quiser beber bem e comer bem, que o faça às suas custas. O Estado é que não pode, de maneira nenhuma, assegurar a mordomia alimentar a seus funcionários graduados", declarou sobre vantagens extras ao funcionalismo.

Com o Brasil na pindaíba, os donos do dinheiro eram recebidos com tapete vermelho. O país abria suas portas a quem dispusesse de patrimônio, sem ligar para sua origem. O saudita Adnan Khashoggi tinha 10 bilhões de dólares de patrimônio em 1984, o dobro do magnata americano Gordon Peter Getty, tido pela revista *Forbes* como o mais rico dos Estados Unidos. A origem do império vinha da intermediação de negócios, em especial do comércio de armas. Amigo do escritor Harold Robbins, inspirara o best-seller *O pirata* (1974). Chegou ao Brasil a convite dos empresários Naji Nahas e Georges Gazale, ambos com conexões com o poder político. Khashoggi apresentou a Figueiredo um plano de investimento de 3 bilhões de dólares para que o Brasil importasse petróleo do Sudão e exportasse equipamentos. Ligado à família real saudita, Khashoggi havia sido fotografado em festas com ditadores como Ferdinand Marcos, das Filipinas, e Gaafar Nimeiry, do Sudão. Reconhecia que sua fortuna começara na intermediação de venda de armas e informava que estava expandindo os negócios. "Quando você tem muito dinheiro, todos confiam e querem emprestar-lhe mais ainda", justificou. Tinha dois bancos nos Estados Unidos e um na Líbia, neste caso porque era essencial ter uma casa bancária num país em constante guerra, que comprava milhões em armas. Décadas mais tarde, perfil de Khashoggi feito pelo *New York Times* dizia que esteve envolvido com quase todos os grandes escândalos mundiais do final do século XX, do financiamento ilegal a contrarrevolucionários do Irã até a família de Osama bin Laden.[844]

Chegou à mesa de Mauro Salles uma proposta de encontro entre Khashoggi e Tancredo Neves. Salles, pressionado por Nahas, tratou de marcar a audiência entre os dois. Após ler o currículo do bilionário, Tancredo ficou incomodado. Reclamou com Mauro Santayana de que não pegava bem encontrar-se com personagem de folha corrida tão vasta. Como Santayana tinha uma coluna na *Gazeta Mercantil*, Tancredo sugeriu:

— Mauro, escreva um texto dizendo ser um absurdo que o candidato da Nova República se encontre com um mercador de armas.

Naquele mesmo dia, no final da tarde, Santayana enviou a coluna para a *Gazeta* atendendo ao pedido de Tancredo. No artigo, espinafrava o futuro encontro de Tancredo com Khashoggi, já agendado e tornado público por Salles. "Fiz um texto cuja tese central era que, desde a presidência do general Ulysses S. Grant,[845] ficou estabelecido que um presidente não recebe mercadores", contou Santayana. No dia seguinte, Tancredo chamou Salles para uma conversa. Tinha sobre a mesa do escritório o artigo da *Gazeta Mercantil*.

— Estou numa posição difícil, Mauro. O Santayana escreveu esse artigo virulento contra mim. Não estou em condição de brigar com ele. Vamos desmarcar o encontro com este mercador de armas?

— Também acho melhor — concordou Salles, sem dar-se conta do estratagema de Tancredo para desvencilhar-se da reunião.[846]

O ano de 1984 se encerrava com Tancredo favorito na disputa presidencial.

Em 21 de dezembro, uma sexta-feira, o candidato desembarcou no Rio para uma reunião com Geisel, no apartamento do ex-presidente, no edifício Debret, na rua Barão da Torre. Geisel serviu-lhe apenas café. Geisel criticara Tancredo por deixar morrer o sistema parlamentarista em 1963. Reaproximaram-se a partir da saída de Aureliano Chaves da corrida presidencial. Aquele encontro marcava adesão silenciosa. À saída, Geisel desceu do terceiro andar até a portaria, acompanhando Tancredo. O general vestia uma despojada camisa social quadriculada. A revista *Veja* anotou: "O ano terminou com o ex-presidente

Geisel levando o candidato da oposição à portaria do seu edifício, em Ipanema, para que a imprensa pudesse fotografá-los num abraço de despedida. O ex-presidente Geisel não dá abraços por descuido e muito menos por mera formalidade".[847]

Em janeiro de 1985, começou a maior maratona de shows de rock que o país já conhecera. A primeira edição do Rock in Rio reuniu 1,4 milhão de pessoas durante dez dias. A campanha de marketing do festival era avassaladora. Um repórter pediu a Tancredo que enviasse uma mensagem aos participantes do festival. A resposta foi estrondosa como um solo de heavy metal: "A minha juventude não é essa do rock. A minha juventude é a que trabalha, estuda, se sacrifica", rotulou.

A frase foi um desastre político. Maluf se aproveitou: "A minha juventude é a do Rock in Rio, sim, senhor". O empreendimento era organizado por Roberto Medina, irmão de Rubem Medina, deputado do PDS e eleitor de Tancredo. Aos 22 anos, a cantora Paula Toller, do grupo Kid Abelha e os Abóboras Selvagens, que se apresentaria no Rock in Rio no dia do colégio eleitoral, disse: "Não poderia esperar que ele se identificasse com os roqueiros, porque ele está meio velhinho. Ainda assim continuo tancredista. Não é o ideal, mas é o jeito".[848] Três dias depois, Tancredo telefonou para o empresário Roberto Medina para pedir desculpas. Lamentou que houvesse sido mal compreendido.

O tamanho do favoritismo de Tancredo pode ser exemplificado por uma peça publicitária que a Petrobras lançou na semana do colégio eleitoral. Uma imensa foto de uma bomba de gasolina em forma da letra T — de Tancredo — com os dizeres: "Receba 1985 com braços abertos" ou "1985 é o ano das grandes novidades". O objetivo formal era anunciar uma nova bomba nos postos, mas a agência que cuidava da conta da empresa não disfarçou: "Resolvemos apanhar uma carona no momento político", admitiu Neil Hamilton, diretor da Alcântara Machado.[849] De forma enviesada, até o dinheiro controlado pela União[850] terminou em campanha pelo candidato da oposição.

Às vésperas da reunião do colégio eleitoral, Tancredo sentiu-se mal. Na hora do almoço, ligou de Brasília para São João del-Rei para falar com o médico Francisco Diomedes Garcia de Lima.

— Estou sentindo aqueles mesmos sintomas de junho, quando me atendeu no Mangabeiras[851] — reclamou.

Passara três dias com febre e indisposição. Não relatou dor ao médico e pediu medicação por via oral. "Estava tenso ao telefone", recordou-se Garcia de Lima, que sugeriu que Tancredo tomasse Keflin Neutro. Mal haviam desligado o telefone quando o médico lembrou que indicara um remédio injetável. Ligou novamente e Aécio Neves atendeu ao telefonema. Pediu que dissesse a Tancredo para que esquecesse a primeira recomendação e tomasse Keflex, antibiótico por via oral. Duas cápsulas a cada oito horas no primeiro dia. Depois, uma cápsula a cada oito horas durante uma semana.

"Fiquei aflito com a carga que estava assumindo", reconheceu Garcia de Lima. Em São João del-Rei, decidiu procurar uma das irmãs de Tancredo, Maria Josina, a Zininha. Na casa dela, encontrou também Esther, outra irmã do candidato, que é religiosa e enfermeira. Segundo Garcia de Lima:

> Coloquei as duas a par das minhas apreensões. Ficaram impressionadas. Convidaram-me para ir a Brasília com elas, no mesmo avião, na véspera da eleição. Acharam que era bom eu estar lá, por já ter tratado dele. Esther sugeriu que, depois do colégio eleitoral, quando ele fizesse uma turnê pelo mundo, já prevista, poderia fazer exame sigiloso fora do Brasil. E ela iria se empenhar para convencê-lo.

O médico embarcou para Brasília em 13 de janeiro, em avião com a família Neves, incluindo Risoleta. Havia passado aproximadamente seis meses desde que medicara Tancredo pela primeira vez. A contagem regressiva continuava.

Não havia dúvidas da vitória do candidato do PMDB. Tancredo Neves acordou às seis horas em 15 de janeiro de 1985. A charanga do Atlético Mineiro tocava "Peixe vivo" nos pilotis do seu prédio, na Superquadra Sul 206. Risoleta havia se levantado minutos antes. Ainda na cama, deu-lhe um crucifixo de presente. Rezaram juntos. Tancredo levantou-se e foi à janela saudar os atleticanos. Vestia um roupão marrom. Ao seu lado, Risoleta sorria em seu roupão vermelho e preto.[852] Às nove horas, ladeado por filhos e netos, Tancredo se dirigiu ao Congresso Nacional. Ficou em um salão reservado, protegido por um biombo até que a votação se iniciasse.

Havia 58 842 596 eleitores aptos a votar em 1985. Na escolha do presidente, foram substituídos por 686 votantes. Cada membro do colégio eleitoral votava pelo equivalente a 85 776 eleitores.[853] O colégio era composto de 479

Tancredo, ao lado de Risoleta e Aécio pai, acena para a charanga do Atlético Mineiro da janela de seu apartamento em Brasília (janeiro de 1985/Jorge Araújo/Folhapress).

deputados federais, 69 senadores e mais seis delegados de cada Assembleia Legislativa, indicados pelo partido majoritário em cada uma delas. Em três horas e 27 minutos de sessão, seus integrantes elegeram Tancredo de Almeida Neves presidente da República. O voto que proferiu a maioria peemedebista foi anunciado às 11h35. Ao final, Tancredo obteve 480 votos. Maluf recebeu 180. Houve dezessete abstenções e nove ausências.

Havia 2 mil pessoas em frente ao Congresso. A cúpula do Senado foi ocupada. Chovia forte. Parte da multidão buscou abrigo do aguaceiro sob uma imensa bandeira nacional de 250 metros quadrados que estava estendida numa das laterais do gramado. O país iniciou dias de comemorações. AC/DC, Scorpions, Barão Vermelho, Kid Abelha e Eduardo Dusek estavam no palco da cidade do rock, mais de mil quilômetros distante de Brasília. Bandeiras verdes e amarelas se misturavam a roupas pretas e coturnos de metaleiros. Era a recuperação de um símbolo por 21 anos associado à repressão. A bandeira nacional foi carregada nos ombros país afora. "Esta é a imagem mais marcante da redemocratização brasileira. A recuperação da bandeira como símbolo de amor ao país não aconteceu na Argentina, por exemplo", analisou a historiadora e socióloga portenha Mirta Varela.[854]

Houve quem se aproveitasse da atenção voltada para Brasília para comprovar que a ocasião, se não faz o ladrão, pode estimulá-lo. Cinco homens entraram na agência do Unibanco, na rua do Ouvidor, no centro do Rio, no momento em que os parlamentares votavam. O som do rádio do vigilante com a transmissão do colégio eleitoral serviu de fundo para a ação. De terno e gravata, portavam maletas do tipo 007, como se fossem investidores. Em vez de papel e dinheiro, carregavam armas. Renderam doze pessoas, roubaram 200 milhões de cruzeiros e escaparam às carreiras pela rua do Ouvidor. Um PM tentou contê-los e foi baleado. Vigilantes de outros bancos próximos atiraram contra os ladrões em plena rua. Estes conseguiram escapar, com ajuda de um truque: jogaram dinheiro para o alto para atrair a multidão por onde passavam. Assim puderam se desvencilhar dos que os perseguiam. Um velho problema nacional dava boas-vindas à Nova República.[855]

"Com o êxtase e o terror de haver sido escolhido, como diria o poeta Paul Verlaine, entrego-me hoje ao serviço da nação", disse Tancredo ao ser eleito. Seu discurso tinha dezenove páginas. Leu-o em 35 minutos. Foi interrompi-

Comemoração pela vitória de Tancredo Neves nas eleições presidenciais (15 de janeiro de 1985/Acervo Fundação Getulio Vargas – Cpdoc).

do por palmas quarenta vezes. "Venho em nome da conciliação", pregou. "O entendimento nacional não exclui o confronto de ideias."[856]

Na fase final do seu discurso, estavam a frase que se tornaria famosa por ser profética e a citação tortuosa do líder da Inconfidência Mineira: "Não vamos nos dispersar. Continuemos reunidos, como nas praças públicas, com a mesma emoção, a mesma dignidade e a mesma decisão. Se todos quisermos, dizia-nos, há quase trezentos anos, Tiradentes, aquele herói enlouquecido de esperança, poderemos fazer deste país uma grande nação. Vamos fazê-la!".

A *Folha de S.Paulo* contestou a citação a Tiradentes. Afirmou que a frase havia sido criada pelo publicitário Carlito Maia para cartões de festas que distribuía aos amigos. Carlito teria posto a assinatura de Tiradentes para chancelar o que desejava, como travessa homenagem.[857] Excepcional criador de *boutades*, como "Brasil: fraude explica", colaborador frequente do Painel da *Folha*, é possível que o próprio Maia tenha sido a fonte da revelação do jornal. Estava errado.

"É fato que a frase de Tiradentes não é a que coloquei no discurso que Tancredo leu. Ele diz: 'Se todos fossem de meu ânimo...'. Optei pela paráfrase para não parecer que o Tancredo estava dizendo o ânimo dele próprio. O que seria uma petulância. Aí pus, 'se todos quisermos...'", explicou Mauro Santayana, redator do discurso de Tancredo. Nos Autos de Devassa da Inconfidência Mineira, assim delatores atribuem frase com que Tiradentes tentava atrair adeptos para a conjuração, com uma ponta de resignação: "Se todos fossem do meu ânimo, mas lá está a mão de Deus".[858]

Tancredo recebeu um abraço do deputado Ulysses Guimarães ao concluir o pronunciamento da vitória, às 13h55. Puxou o lenço do bolso e enxugou o rosto, enquanto era ovacionado pelo plenário. O melhor resumo do momento foi publicado pela revista *Veja*: "É provável que haja esperança de mais e Tancredo de menos, porém vinte anos de onipotências ensinaram ao Brasil que é preferível acreditar menos nas pessoas e mais nos processos democráticos. Maior que o simples governo Tancredo Neves é, sem dúvida, aquilo que ele chama de Nova República".[859]

Naquele dia, o médico Garcia de Lima só conseguiu cumprimentar Tancredo já no apartamento da SQS 206. Deu-lhe um abraço. Estava descontraído, alegre e sem mal-estar físico. A vitória havia sido parto sem dor. A esperança enlouquece.

No Rio, o primeiro bebê de 1985, nascido pouco depois da meia-noite, recebeu o nome de Adriano Tancredo de Lima.[860] A mãe Terezinha Pereira de Lima e o pai Francisco Ribeiro dos Santos quiseram homenagear o futuro presidente. Eram pobres, moravam em São Cristóvão e viviam do salário de Francisco, mecânico da companhia de limpeza urbana do Rio. Comovida com a homenagem, Risoleta Neves fez questão de visitar a família e pegar o bebê no colo. Deu como presente o primeiro depósito de uma caderneta de poupança para ajudar a custear seus futuros estudos. Mas Tancredinho não veria a instalação da Nova República. Em 4 de março, os pais levaram-no à Maternidade Escola da Universidade Federal do Rio de Janeiro, em Laranjeiras, com um grave quadro de desidratação e gastroenterite. Uma broncopneumonia tornou seu estado gravíssimo. Tancredinho morreu dois dias depois da internação e a nove dias da posse do novo presidente. Desolados, os pais decidiram voltar para o Nordeste. Eles haviam rompido 1985 repletos de esperanças e estavam estraçalhados três meses depois.

18. O governo que poderia ter sido

Tancredo Neves foi o presidente que mais fez pela redemocratização, mesmo não tendo sido empossado. O processo foi iniciado por Ernesto Geisel, sofreu contratempos sob João Baptista Figueiredo e materializou-se graças à liderança de Tancredo. Seu governo seria diferente do que foi o de José Sarney, tão distinto quanto são as montanhas de Minas das dunas de areia do Maranhão. É especulação dizer que melhor, apesar de Sarney ter atingido 67% de rejeição em seu mandato, de acordo com o Datafolha.

Tancredo deixou sinais do que poderia ter sido sua gestão. Tinha uma estratégia clara e explicitou-a num comício em Belém em 12 de outubro de 1984. Saudava a multidão, em pé, no Cadillac conversível preto, modelo 1950, raríssimo, que pertencia ao governo do Pará havia pouco mais de 25 anos. O cadillac representava nostalgia, decadência e novos ventos. A céu aberto, deixou o aeroporto em direção ao parque da Residência, que abriga o palácio que servia de residência oficial do governador Jader Barbalho. A proteção policial não conseguiu impedir que tocassem no carro e cumprimentassem o peemedebista. Após cinco quilômetros em pé, Tancredo recostou-se no banco de couro branco, com o apoio do neto e secretário particular.

— O senhor imaginou que chegaria até aqui com toda esta popularidade? — perguntou Aécio Neves.

— Vou gastar todo o crédito em três meses, pode acreditar — respondeu, resignado.

Planejava medidas que sabia impopulares e previa dias amargos. No campo político, seus assessores e aliados relatam que ele proporia uma Constituinte mais restrita. Deveria retirar incrementos autoritários da Carta de 1967, só que não imaginava elaborar um texto constitucional integralmente novo, como ocorreu em 1987-8.

Tancredo preferia seguir o exemplo de 1945. Reforma constitucional pontual e em curto espaço de tempo. Se possível, não a lançaria no primeiro ano de governo, como Sarney foi obrigado a fazer. "Tancredo deixaria a Constituinte para o final do mandato, gastando os anos iniciais em discussões do projeto por meio da Comissão de Notáveis, que já havia dito que convocaria", afirmou Pedro Simon, ministro indicado para a Agricultura pelo presidente eleito e um dos seus amigos mais antigos.

No campo econômico, recusava planos heterodoxos para o combate à inflação. Queria corrigir a defasagem salarial sem dar ganhos reais aos trabalhadores. Rejeitou Olavo Setubal no Ministério da Fazenda para, ao nomear Francisco Dornelles, passar um recado explícito. "O ministro da Fazenda seria ele próprio. Com uma política ortodoxa, como ficou claro no primeiro pronunciamento em que determinou: é proibido gastar", afirmou Dornelles. Era um dos raros políticos que sabiam ler balanço de empresas e tinham experiência com política monetária e macroeconomia, conhecimento adquirido em suas passagens pelo Banco do Brasil e pelo Banco Nacional de Desenvolvimento Econômico (ainda sem o "Social" no nome), nos anos 1960.

"Ele tinha uma visão da economia ortodoxa e conservadora. [...] Os militares deixaram dois problemas colossais: a dívida externa e a hiperinflação. [...] A inflação vinha desde o governo Juscelino Kubitschek; a dívida não. Tancredo tinha muita resistência à adoção de fórmulas heterodoxas, como o congelamento", declarou Rubens Ricupero, que integrou a comitiva de Tancredo em seu giro como presidente eleito.

O Brasil que Tancredo receberia para governar estava endividado e quebrado. Somava 132 milhões de habitantes. A taxa de desemprego — ruim, sem chegar a ser péssima — variava de 4,8% a 6,1% nas seis maiores metrópoles. A inflação serpenteava nas alturas, atingindo 223,8% no ano. O Brasil também renegociava sua dívida externa com o Fundo Monetário Internacional sob a pressão dos americanos.

Mais exatamente, o Brasil havia quebrado na sexta-feira 13 do mês de agosto de 1982. O chefe do departamento de operações das reservas internacionais do Banco Central, Carlos Eduardo de Freitas, recebeu telegrama de agência internacional com a notícia de que o governo do México acabava de decretar a moratória da dívida externa. Com o papel na mão, dirigiu-se à sala do diretor da área externa do BC, José Carlos Madeira Serrano. Abriu a porta e soltou um palavrão: "Fodeu!".[861]

A moratória mexicana, precedida da Guerra das Malvinas, contaminou os países endividados. Levou à bancarrota países da América Latina, do Norte da África e do Leste Europeu. Para financiar o desenvolvimento, esses países se aproveitaram da enorme oferta de petrodólares, dinheiro que jorrou no aumento de preços de petróleo de 1973, para tomar empréstimos no mercado internacional. A taxa estava baixa, mas os contratos rezavam que os juros eram flutuantes. Com a crise, chegaram aos píncaros da usura. Ou seja, todos que se aproveitaram da enorme oferta de dinheiro nascida dos petrodólares (jorrados no aumento de preços do petróleo em 1973) para tomar empréstimos a juros baixos, porém flutuantes, no mercado financeiro internacional e financiar seu desenvolvimento.

O baque no balanço de pagamentos do Brasil foi brutal. Os gastos com as importações de petróleo mais do que duplicaram. A conta do pagamento de juros triplicou. A dívida externa brasileira, quase toda contratada a taxas de juros flutuantes, passou de 43,5 bilhões de dólares em 1978 para 61,4 bilhões de dólares em 1981, 70,2 bilhões de dólares em 1982 e 81,3 bilhões de dólares em 1983. Delfim Netto isentou-se de culpa. Contou que, quando foi convidado a deixar a pasta da Agricultura e assumir o comando da economia, em agosto de 1979, em substituição a Simonsen, alertara o presidente Figueiredo:

— O senhor sabe que o Brasil está quebrado, não é?

— É, sei. O Geisel fez o pinto botar um ovo de avestruz. Agora vai lá e costura.

O mercado financeiro internacional se retraiu, secando os créditos para o Brasil.

Tancredo queria que a gestão Figueiredo concluísse um acordo possível com o FMI, que ele pretendia cumprir. Porém, os Estados Unidos queriam que o acordo fosse feito com Tancredo, não mais com Figueiredo. Segundo documento do FMI, o governo americano começou a agir porque temia que uma ação precipitada e caótica dos bancos privados desencadeasse uma crise que quebraria o sistema financeiro. O país tomara empréstimo com 650 bancos internacionais. "Ninguém passou o governo para o Tancredo. Quem fez a transição para Tancredo fui eu, na casa do Dornelles em Brasília", declarou Ernâne Galvêas, ministro da Fazenda de Figueiredo. "Passei tudo que tínhamos, os contratos, o acordo com o Fundo Monetário. Ele queria me dar uma carta, dizendo que cumpriria todos os acordos que nós fizéssemos com o FMI, com os bancos privados."

A cúpula do FMI avaliava que a insistência de Tancredo para que o acerto fosse feito sob Figueiredo tinha o objetivo de evitar comprometimento com políticas de austeridade exigidas pelo organismo. De fato, Tancredo apoiava a assinatura de uma sétima carta de intenções do Brasil com o FMI antes de tomar posse. A carta permitiria novos prazos de pagamento para a dívida externa brasileira. Nas seis cartas anteriores, o país não cumprira o que prometera. A sétima carta havia sido apresentada em 15 de janeiro, dia em que Tancredo foi eleito, e previa arrocho forte para garantir o pagamento dos compromissos internacionais, reduzir o gasto público, conter salários e colocar a inflação em linha de queda. "Tancredo queria que Figueiredo assinasse a carta para contornar seu custo político. Ele já havia dito que honraria todos os compromissos assumidos pelo antecessor. Com a carta assinada, poderia fechar acordo com os bancos credores e depois tentar renegociar novas metas com o FMI", reconheceu Dornelles.

Eleito, Tancredo sofreu pressão direta do secretário de Estado, George Shultz. Por ocasião de sua ida a Washington, em fevereiro de 1985, manipulou as datas de sua agenda, driblando a reunião com o diretor-gerente do FMI para não ser obrigado a assumir compromissos.

> Até aquele momento, parecia que estava caminhando bem a estratégia. Ele planejou a ida dele a Washington para não coincidir com a estada lá do Jacques de Larosière. Não queria encontrar-se com o diretor-geral do FMI. No Brasil, conversar com diretor-geral do FMI era o beijo da morte. Ele arranjou a agenda de tal forma que ele poderia desembarcar num horário em que o De Larosière já tivesse partido, porque tinha um compromisso inadiável na Europa. Foi feito de forma cronometrada para que ele não conversasse com ele.[862]

Após encontro secreto com Dornelles dias depois,[863] De Larosière disse que iria consultar a cúpula do FMI a respeito da conveniência de assinar o acordo ainda na gestão Figueiredo. Três dias depois avisou que esperaria a posse de

Tancredo para assinar a nova carta. Sua atitude irritou os bancos privados, o governo que saía e o que assumiria. "Ele resolveu aguardar o Tancredo e o Tancredo não veio nunca", comentou Galvêas. O fracasso da negociação demonstrou que certos estavam aqueles que pregavam que, se brasileiro quisesse bom trânsito em Wall Street, não tinha padrinho. Bom trânsito ali só se fosse entre os táxis.[864] Todavia, Tancredo não escapou de Shultz, como relembrou Ricupero.

O fato em si revela quem estava por trás do FMI. George Shultz tinha um peso excepcional. Havia sido secretário do Tesouro, antes de ser secretário de Estado. Economista, banqueiro, não era um diplomata. Tinha peso próprio nesta área. Qual o cálculo do Tesouro americano, conforme minha interpretação? É que eles podiam arrancar muito mais do Tancredo do que do Delfim, pela razão óbvia de que o Delfim semanas depois não era mais ministro.[865]

Ainda de acordo com Ricupero, que assessorou o peemedebista durante a reunião com Shultz:

A conversa foi excepcional, porque os dois eram muito habilidosos. Tancredo fazia apelos ao secretário, que respondia que era apenas o mensageiro. O interesse dele era diametralmente oposto ao do Tancredo. A coisa foi tão grave que, em um momento, Tancredo chegou a aventar a hipótese da moratória. Ele disse: não quero jamais, mas pode chegar o momento que tenhamos de suspender os pagamentos. Foi o que o Sarney acabou por fazer. Não posso garantir que não teria acontecido com Tancredo. Tinha uma noção infinitamente mais clara do risco que representava a moratória. Daí a minha convicção de que Tancredo teria feito diferente.

Ricupero recorda que, quando o Brasil declarou moratória unilateral, em 1987, Sarney chamou Roberto Marinho para uma conversa. Ricupero ficou fazendo sala para ele e ouviu o seguinte: "Roberto Marinho me falou: 'Eu tenho vinte e tantas empresas. Nunca fiquei no vermelho. É a primeira vez que começo a temer pelo meu patrimônio'. É uma frase impressionante. Era esse tipo de medo que Tancredo não inspiraria jamais em empresários como Roberto Marinho".

O governo de Tancredo que poderia ter sido começou antes que tomasse posse. Presidente eleito, teve honras de chefe de Estado em viagem internacional. Visitou sete países em dezesseis dias. Entre o fim de janeiro e o princípio de fevereiro de 1985, viveu seu momento presidencial. Havia uma estratégia por trás do giro político no exterior: demonstrar que o país substituía o regime autoritário de maneira democrática e sem turbulência para ganhar a confiança de agentes públicos e privados. O Brasil teria de renegociar os pagamentos da dívida externa, enfrentava inflação alta, recessão e desemprego. A viagem também servia ao intento de manter-se longe das pressões internas por ministérios e cargos.

Tancredo queria mostrar que o país havia mudado e isso exigia novas modalidades de negociações, desde o estabelecimento de acordos comerciais até os compromissos de alianças políticas e militares. Em 1985, dentre os 34 países do continente latino-americano, restavam oito ditaduras. Em Cuba, Nicarágua e Suriname havia ditaduras militares de esquerda. No Chile, no Paraguai e na Guatemala, ditaduras militares de direita. As ditaduras civis dominavam o Haiti, governo de direita, e a Guiana, de esquerda. Já era um progresso. Na década anterior, só Colômbia e Venezuela viviam sob democracia na América do Sul.[866]

Em 22 de janeiro, na véspera de embarcar para o exterior, Tancredo faria a primeira visita como presidente eleito a um município brasileiro. A cidade mato-grossense de Barra do Garças, que fica na divisa com Goiás, agitou-se. Mato Grosso era governado por Júlio Campos, pedessista que havia apoiado Maluf. Parecia um bom momento para que, estendendo-lhe a mão, o eleito demonstrasse que a disputa havia ficado para trás.

Houve quem enxergasse alguma picardia por trás do discurso. Carlos Castello Branco espantou-se com a escolha da pequena Barra do Garças: "Essa viagem deve atender a algum compromisso pessoal".[867] Advertia que os repórteres incumbidos da cobertura das atividades do presidente teriam de enfrentar dificuldades para localizá-lo. "Só Tancredo mesmo para ir a Barra do Garças antes de ver o papa", riu-se o deputado Thales Ramalho.[868]

Na manhã da viagem, Tancredo sentiu-se mal. Ligou para o chefe do serviço médico da Câmara, Renault Mattos Ribeiro. Desde 1965 consultava-se com o clínico. Ribeiro visitou-o, acompanhado de um técnico de laboratório para a coleta de urina e sangue. Tancredo alegou que não teria tempo, porque já o esperavam para o embarque.

— Está tudo bem comigo? — perguntou, já vestido de terno e gravata para cumprir a agenda do dia.

— Sim. Só quero completar o exame clínico olhando seu abdômen.

— Deixe isso para depois.

Mattos Ribeiro explicaria mais tarde: "O exame que fiz naquela manhã tinha sido do coração, dos pulmões, da tomada de pressão arterial. Estava tudo normal. Pedi para que se deitasse a fim de fazer o exame do abdômen. Recusou-se. Pediu-me que, na volta da Europa, fizesse exames na região do púbis".[869]

Tancredo recebeu o título de cidadão barra-garcense naquela manhã. A homenagem havia sido proposta em 1979. Seis anos depois, arrumou um jeito de recebê-la. Enfiou-se em um bimotor e desembarcou no aeroporto de Aragarças para o regozijo de milhares de pessoas que se aglomeraram para recebê-lo. Ao lado de Ulysses Guimarães, enfrentou o calor de 35 graus de paletó e gravata. Era a própria festa do interior, com fogos de artifício e banda de música. Na Câmara de Barra do Garças, Tancredo recebeu de presente um cocar de penas amarelas, colocado em sua cabeça por um cacique xavante. Ulysses Guimarães desesperou-se, lembrando-se de superstição de José Sarney: "Quem não é índio não pode botar cocar na cuca. Botar cocar sem ser índio dá azar".

Em 23 de janeiro cruzou o Atlântico em voo de carreira da Varig com uma das menores comitivas da história republicana. Ele, Risoleta, Aécio Neves, os embaixadores Paulo Tarso Flecha de Lima, Rubens Ricupero e Álvaro Alencar, e o assessor de imprensa José Augusto Ribeiro. A filha Maria do Carmo e o marido, Ronaldo do Valle Simões, e Lucia Flecha de Lima, mulher de Paulo Tarso, também foram para fazer companhia à primeira-dama. Havia apenas três seguranças em tempo integral, todos com origem na Polícia Militar de Minas Gerais. Nos países visitados, forças locais complementariam a equipe. O Itamaraty pagou as passagens, originalmente de classe executiva para o primeiro casal e de classe econômica para os demais. As companhias aéreas ofereceram a primeira classe como cortesia na maioria dos trechos. As despesas pessoais da comitiva seriam pagas pelo fundo da campanha eleitoral. Sem lei que o regulasse, o fundo podia quitar quase tudo.

Tancredo visitaria Itália, França, Portugal, Espanha, Estados Unidos, México e Argentina. Na saída, não houve prioridade de embarque nem restrição a que passageiros e jornalistas se dirigissem à primeira classe, onde estava acomodado. Por três vezes deixou a primeira classe para falar com jornalistas na classe econômica. Conversou com passageiros até sobre futebol.

Coube a d. Antônia fazer as malas de Tancredo. Imaginou que ele teria dificuldade para encontrar uma de suas bebidas prediletas e incluiu garrafas de água de coco, como carinho. A paixão do eleito fez com que a Varig incluísse a bebida também no cardápio do voo que o levaria à Europa. Tancredo e Risoleta levaram duas malas de mão em couro e duas Samsonite. Anos mais tarde, o presidente Fernando Collor espantaria o país na sua viagem internacional como eleito: escolheu como destino as ilhas Seychelles, viajou em jato alugado e carregava pares de malas Louis Vuitton, com iniciais gravadas para que se diferenciassem as dele daquelas da primeira-dama Rosane.

O que mais se aproximou de ostentação na viagem de Tancredo foi a compra de um vestido Chanel azul e branco por Risoleta. A primeira-dama adquiriu a peça na loja do hotel Ritz de Lisboa, mais acostumada a turistas perdulários do que a familiares de chefes de Estado. Ao desembarcar em Roma, Tancredo ganhou um chapéu italiano Borsalino. Somados, os dois presentes não chegariam à metade dos 30 mil dólares da diária do jatinho alugado por Collor anos mais tarde.

O embaixador Paulo Tarso Flecha de Lima organizou a compra dos presentes a serem dados aos chefes de Estado na viagem. Eram artigos produzidos em São João del-Rei.

— Comprei algumas coisas pequenas de estanho da sua terra para levarmos como presente — informou Flecha de Lima.

— Quem fez? — quis saber Tancredo.

— Foi o Gastão, seu sobrinho.

— Quem disse que presta? — perguntou, zombeteiro.

Religioso desde menino, Tancredo estava acostumado a vivenciar a contrição. No Vaticano, ouviu do papa João Paulo II o pedido de que fizesse justiça social. Ficou surpreso com a insistência do pontífice em defender a reforma agrária. Atento ao papa, Tancredo recorreu a uma mania que desagradava à primeira-dama:

— Tancredo, tira a mão do bolso — cochichou em seu ouvido Risoleta, apesar de ter sido ouvida pelo embaixador Paulo Tarso Flecha de Lima.[870]

João Paulo II pregava a defesa dos pobres, sem deixar de criticar o "desvio marxista" da Teologia da Libertação. Tancredo afirmou que se tratava de elucubração de intelectuais, sem ressonância no povo. "Deixada a si mesma, a Teologia da Libertação passará como outras modas. O erro seria reprimi-la", sugeriu. Dias depois, João Paulo II condenaria publicamente a Teologia da Libertação, reprimiria sua presença na Igreja e puniria aqueles que a pregassem.

Tancredo Neves e o papa João Paulo II (25 de janeiro de 1985/Foto Felici, Estúdio/ Agência, Acervo Fundação Getulio Vargas – Cpdoc).

Poucos meses depois, em abril de 1985, o brasileiro Leonardo Boff foi condenado ao "silêncio obsequioso" e seu irmão, Clodovis, proibido de lecionar aos católicos. Talvez Tancredo tivesse alguma informação antecipada sobre esses acontecimentos, já que um de seus familiares tinha convívio quase diário com João Paulo II. Dom Lucas Moreira Neves, primo afastado de Tancredo, exercia o cargo de prefeito da Congregação para os Bispos do Vaticano. Não tinha vinculação direta com a punição aos irmãos Boff, que ficou a cargo do cardeal Joseph Ratzinger, então prefeito da Congregação para a Doutrina da Fé que, mais tarde, seria consagrado Bento XVI.

Ao final da audiência papal, Tancredo reclamou de d. Aloísio Lorscheider, arcebispo de Fortaleza, que dissera que sua eleição havia sido "um acordo das elites": "As dificuldades do momento brasileiro não serão resolvidas com afirmações intempestivas como a do cardeal Lorscheider".[871] A audiência na sexta-feira tinha previsão de quinze minutos, porém estendeu-se de 11h32 às 12h15, meia hora a mais. No domingo, d. Lucas ciceroneou-o em visita à capela Sistina. "Depois do encontro com o papa, vocês podem pecar livremente até o final do ano", gracejou Tancredo com a comitiva.

Na Itália, as conversas com o presidente Sandro Pertini e o premiê Bettino Craxi, do Partido Socialista Italiano, trataram da ampliação do comércio externo. Em reunião com o socialista no Palácio Chigi, no centro de Roma, Tancredo defendeu a ideia de que a ideologia estava superada como fator político.[872] Craxi discordou, afirmando que reservava à ideologia papel importante, exceto quando interpretada por dogmáticos e despreparados.

No Palácio do Quirinale, majestosa construção no alto de uma colina em Roma que servia de escritório ao presidente italiano, Tancredo almoçou com Sandro Pertini. "O Brasil é o país que tem as mulheres mais bonitas do mundo", ouviu de Pertini, 88 anos, e cargo quase decorativo no parlamentarismo italiano.[873] Encerrou sua estada em Roma recebendo os "brasilianos" que lá jogavam futebol: Júnior, Dirceu, Cerezo, Sócrates, Batista e Zico. No sábado à tarde, mudou a agenda para se encontrar com o presidente francês, François Mitterrand. "A embaixada da França me contatou e pediu que ajudasse a incluir o país no roteiro de Tancredo. Achei que valia a pena me empenhar no encontro", contou Fernando Henrique Cardoso.

Mitterrand estava em sua propriedade de campo, na região de Landes, no sudoeste da França. Colocou à disposição um jato para levar Tancredo até Biarritz, onde um carro faria o trajeto de cem quilômetros até Latche. Mitterrand havia comprado ali uma casa rústica, construída no século XVIII, pertencente a um barão. Depois expandiu a propriedade, adquirindo mais 45 hectares de terra. Seu refúgio era encravado na floresta.

Tancredo foi recebido com o prato predileto do dono da casa: *foie gras* com maçã, feito por uma cozinheira local chamada Nénnette. "Ficamos quatro horas com Mitterrand. A conversa terminou com um licor na biblioteca, com o cachorro da família, muito grande e peludo, nos nossos pés. Depois que Tancredo morreu, nas três vezes que Mitterrand visitou o Brasil, ele foi a São João del-Rei", contou Aécio Neves.

"Era uma deferência muito grande ser recebido em Latche. Foi o momento presidencial de Tancredo. O presidente Mitterrand, a primeira-dama Danielle, Aécio e eu. Era uma casa de campo modesta para os padrões brasileiros", recordou-se Flecha de Lima. "Tancredo se virava em francês. Mitterrand estava muito sensibilizado. Acompanhava a situação no Brasil. Sabia da importância da vitória dele. Nesse encontro, teve um interlocutor muito favorável, à exceção de uma crítica agressiva da primeira-dama."

— Na França, temos telefone, água e saneamento em todas as cidades. Não entendo por que isso é tão difícil para um país com tantas riquezas naturais — disse Danielle.

— Vocês têm, por exemplo, a política agrícola comum. Com subsídio tudo fica mais fácil — antecipou-se Flecha de Lima, tentando evitar constrangimento a Tancredo.

"A primeira-dama não mais me dirigiu a palavra", disse o embaixador.

Foi a única aresta. A conversa se desenvolveu em tom ameno. Tancredo surpreendeu Mitterrand ao dizer que havia, na biblioteca municipal de São João del-Rei, a primeira edição completa da *Enciclopédia*, de Diderot, publicada em Paris a partir de 1751. Cometeu um deslize. Os 152 volumes mineiros são exemplares raros, no entanto não são a primeira edição. Ainda assim, a biblioteca de São João del-Rei, inaugurada em 1827, é um patrimônio histórico. Sua atração mais antiga é uma obra editada em 1551, *De Bello Judaico*, do historiador Flávio Josefo.

Após o jantar, o presidente eleito e sua comitiva retornaram a Roma. "Foi uma viagem triunfal", declarou Flecha de Lima.

Portugal era o próximo destino. Tancredo avistou-se com o presidente António Ramalho Eanes e com o primeiro-ministro socialista Mário Soares. Discursou na Assembleia da República, onde evocou a influência da civilização lusa na formação da nacionalidade brasileira. Abandonou o discurso escrito que trazia para fazer um pronunciamento de improviso. Protocolarmente, alegou ter esquecido os óculos. Mais tarde reclamaria do texto que o Itamaraty preparara. "Todo brasileiro, ao acordar de manhã, sempre tem dois pensamentos: um para Deus, outro para Portugal", exagerou. Na entrevista à imprensa portuguesa, o que mais chamou a atenção foram os aparelhos de tradução simultânea utilizados pelos jornalistas lusos.

No encontro com o presidente Eanes, comentou-se sobre a origem açoriana da família Neves. Um dos assessores presidenciais ofereceu-se para levantar sua árvore genealógica. "É melhor não sacudir muito, pois é capaz de cair algum macaco", caçoou Tancredo.[874] Depois, foi de trem de Lisboa para Coimbra. Na visita que fez ao vagão dos jornalistas, questionaram se estava cansado da viagem. Respondeu: "O que cansa é o Brasil", numa referência direta às críticas e disputas que enfrentava na montagem do ministério. Como os jornalistas insistiam em pedir a fórmula para manter-se bem em meio a uma agenda tão atribulada, sugeriu, malicioso: "Basta respeitar o sexto mandamento. Sabe qual é? Não pecar contra a castidade".[875]

Tancredo durante cerimônia na qual recebe o título de doutor honoris causa da Universidade de Coimbra (30 de janeiro de 1985/Acervo Fundação Getulio Vargas – Cpdoc).

Na Universidade de Coimbra, fundada no século XIII, Tancredo recebeu o título de doutor honoris causa. Mário Soares empenhou-se diretamente para a concessão do prêmio, numa articulação feita às pressas. No Pátio Centenário, sob o badalar dos sinos e ao som da banda de metais batizada de Charamela, Tancredo apresentou-se vestido com a borla, pequeno chapéu que simboliza a inteligência, e o capelo, capa curta de seda e veludo que simboliza a ciência. Acompanhou a cerimônia com olhos marejados. A correria para a homenagem foi tamanha que a borla estava folgada na cabeça. Retirou-a antes do previsto no protocolo, o que não impediu os fotógrafos de clicarem sua foto mais ridícula, com a borla cerrando-lhe a vista.[876]

O contratempo não ofuscou a emoção. Relembrou-se do amigo Juscelino Kubitschek, que recebera o mesmo galardão. Coimbra para um mineiro é a casa do saber mais rigoroso, explicou. Na biblioteca teve de se conter:

"Quando entrei lá quase chorei, porque sei que aquele ouro e madeira foram mandados pelos brasileiros".[877] O poeta Gonçalves Dias escrevera os versos de "Canção do exílio" naquelas dependências. Recitou baixinho o trecho que dizia: "Minha terra tem palmeiras,/ onde canta o sabiá.// Não permita Deus que eu morra/ sem que eu volte para lá".

Quem ouviu imaginou tratar-se de mostra do humor irônico do presidente eleito. Mauro Santayana, que viajava como jornalista da *Gazeta Mercantil* para cobrir o presidente eleito, afirmou:

> Não tinha escrito nenhum discurso para Tancredo nesta viagem. O Itamaraty é que estava cuidando deles. O principal discurso era o de Coimbra. Tancredo leu e não aprovou. No começo da noite, bateu no meu quarto e pediu que eu o reescrevesse. Como a partida de Lisboa para Coimbra estava marcada para as sete horas, tive de deixar de ir ao jantar oferecido pelo embaixador Azeredo da Silveira. Na manhã seguinte, levei o texto pronto para ele. Foi a primeira vez que notei que Tancredo não se sentia bem. Estava um tanto pálido, reclamando de dores na barriga. Ele atribuiu a um mal-estar por ter abusado das comidas e do vinho no jantar de Mário Soares.[878]

Após a solenidade, Tancredo partiu da cidade portuguesa com uma declaração de amor: "Coimbra deixou meus olhos umedecidos, e meu coração, em pedaços".[879]

Na Espanha, foi recebido pelo rei Juan Carlos I e pelo premiê Felipe González como se já estivesse no exercício do mandato. O rei enviou um avião da Força Aérea Espanhola para que se deslocasse de Lisboa a Madri. No voo, Aécio lia uma revista em que a capa eram mulheres de biquíni. Flecha de Lima se recordou da repressão de Tancredo ao observar a leitura do neto, então um jovem de 24 anos.

— Aécio, você tem de decidir: quer ser playboy ou quer ser político?

Com os líderes espanhóis, Tancredo renovou seu interesse pelo funcionamento do Pacto de Moncloa, por meio do qual setores da sociedade se comprometeram a atuar em defesa da democracia e buscar o entendimento na reconstrução do país, depois de mais de quarenta anos sob domínio franquista. Perguntou a Felipe González como organizara seu ministério. O espanhol havia feito a mesma pergunta ao primeiro-ministro da Suécia, Olaf Palme. "Escolha um ministro da Economia competente, inteligente e honrado, que ele resolve 80% dos seus problemas."[880]

À noite, foi recebido em jantar no Palácio de la Zarzuela, a residência real espanhola, no topo das montanhas de del Pardo. Os aperitivos eram servidos pelas filhas do rei, as infantas Helena, com 21 anos, e Cristina, com dezenove. O príncipe Felipe, mais tarde coroado rei, estava no Canadá. As princesas se encantaram com o jovem Aécio Neves e se desdobraram em mesuras.

A caminho do jantar, Paulo Tarso foi nos ensinando a forma de tratamento: rei é majestade, rainha é alteza. Não havia nenhum garçom ou serviçal. Eram as filhas que nos serviam. No final, o rei nos ofereceu charutos. Tancredo não fumava. Ofereceu para mim, coloquei logo dois no bolso. Tancredo me deu aquela olhada... O rei explicava que os charutos eram cubanos, presentes enviados por Fidel Castro. As meninas vinham servir uísque e ficavam em pé no canto, como se fossem garçonetes. Eu ficava olhando para as meninas, e elas riam para mim e cochichavam entre elas. Pensei em levantar e puxar assunto com as princesas, que nem eram muito bonitas. Se o fizesse, meu avô me mandaria de volta a nado para o Brasil![881]

Aécio chegou a pensar em convidá-las para conhecer o Carnaval carioca. "O rei tinha visitado em 1983 o Brasil, onde havia até dançado com mulatas. Uma hora ele disse, rindo, que tinha de voltar, porém sem a rainha. Ao final do jantar, Tancredo olhou para mim e divertiu-se: 'Você é um capiau mesmo. Capiau de Cláudio! Aquelas princesas rindo para você o tempo todo e você não foi lá por quê?'"

A parte mais complicada da viagem internacional se desenrolaria nos Estados Unidos. A renegociação da dívida incomodava mais do que dor de dente. Tancredo embarcou em Lisboa no voo comercial da TWA (Transworld Airways). Atravessando o Atlântico, convidou o jornalista da Rede Globo Antônio Britto, que estava na classe econômica, a ir até a primeira classe. Queria sondá-lo. "Eu conversava muito com Mauro Salles sobre o desafio de montar uma estratégia de comunicação em democracia, na saída de tantos anos de ditadura. Como seria desafiador administrar enorme expectativa popular, mudando a forma de comunicação Palácio-sociedade, palácio-imprensa. Era um dos assuntos apaixonantes sobre o novo governo", explicou Britto.[882]

Britto sentou-se ao lado de Tancredo, mas não teve oportunidade de fazer perguntas. "Claramente percebi que dr. Tancredo estava me entrevistando.

Deu a impressão de que ele estava checando coisas. Até que ponto alguém no palácio pode discutir a parte comercial com as emissoras e discutir jornalismo? Qual o limite do papel do porta-voz? Qual a diferença entre porta-voz e secretário de imprensa?" Britto seria formalizado no cargo de porta-voz na volta da comitiva ao Brasil. Comunicou o convite ao empresário Roberto Marinho. "Ele tinha muita preocupação com as dificuldades do dr. Tancredo. Era tão grande a expectativa e tão grandes os problemas econômicos, que todo mundo tinha de ajudar. Estimulou-me a aceitar." Quando avisou Tancredo de que assumiria o cargo, ouviu: "Bem, vamos sofrer juntos".

Tancredo desembarcou em 31 de janeiro em Nova York. O governo norte-americano colocou uma de suas aeronaves à disposição para que rumasse imediatamente para Washington. Ao desembarcar, próximo da escada do DC-9 da Força Aérea americana, Tancredo cochichou com o embaixador Paulo Tarso Flecha de Lima.

— Preciso que você me resolva um problema. Conto com sua discrição.

— Naturalmente — respondeu o embaixador.

— Quebrou um dente da minha dentadura. Preciso que você me arrume um dentista. Ninguém precisa saber disso.

Flecha de Lima recorreu a uma funcionária do Itamaraty de confiança. Leonilda Alves Corrêa conseguiu que um dentista americano fosse atender o presidente eleito na suíte do hotel Madison. "Ela arranjou um dentista tão discreto que nem d. Risoleta percebeu que fora ao hotel", rememorou Flecha de Lima. Meses mais tarde, esse atendimento secreto seria apontado como um possível sinal da doença que o vitimaria. Chegou ao ministro Leitão de Abreu que Tancredo passara mal no hotel. "Não foi verdade. Em Washington, ele passou primorosamente bem", atestou Flecha de Lima.

Ronald Reagan havia iniciado, em janeiro, o primeiro ano do segundo mandato. Comandava uma agenda conservadora: defendia o predomínio absoluto dos mercados, a redução do papel dos governos e a diminuição drástica das redes de proteção social. Tancredo queria restringir ao máximo os encontros com autoridades norte-americanas, então propôs que fosse realizada apenas uma reunião com o presidente Reagan. O secretário de Estado, George Shultz, insistiu em fazer uma reunião no café da manhã, antes do encontro na Casa Branca. O embaixador brasileiro em Washington estimulou o compromisso, imaginando que era uma deferência especial. Tancredo e sua comitiva ficaram apreensivos. O presidente eleito conversou com Francisco Dornelles a respeito. O SNI reproduziria queixas de Dornelles.

Segundo Dornelles, a atuação de Sergio Corrêa da Costa, embaixador do Brasil em Washington, está prejudicando a futura negociação da dívida externa do país pelo futuro governo. Dornelles afirmou que SCC tem provocado determinados encontros com autoridades financeiras norte-americanas, fato que deveria ser evitado. Dornelles afirmou ter comunicado a várias autoridades brasileiras e americanas quanto à intromissão de SCC em problemas fora de sua alçada. Principalmente por ser ele, Dornelles, a pessoa cogitada para representar o futuro governo nestas negociações.

O SNI anotou igualmente uma interferência indevida nas negociações da dívida externa. "Dornelles alertou também que Edwin Yeo, cidadão norte-americano que se diz representante do Banco Central dos Estados Unidos, poderá causar problemas para as futuras negociações, haja vista a própria CIA ter informado ao SNI que Yeo não merece confiança (é um picareta)."[883]

Dornelles estava mal informado. Edwin Yeo III havia dirigido o banco Morgan Stanley e era amigo e protegido do presidente do Banco Central americano, Paul Volcker. Havia sido subsecretário de Estado entre 1975 e 1977. Costumava visitar secretamente os ministros das Finanças da América Latina para lhes transmitir a visão de Washington. "Yeo era um funcionário misterioso com um engraçado chapéu palheta. Era chamado pelos ministros latino-americanos de O Pombo. Às vezes, como pombo-correio, transmitia recados ameaçadores", relatou Luiz Carlos Bresser-Pereira, que seria visitado por ele anos mais tarde ao exercer o cargo de ministro da Fazenda do governo Sarney.

Sem ter como recuar, Tancredo tomou café da manhã com George Shultz, o secretário de Defesa, Caspar Weinberger, e o secretário de Comércio, Malcolm Baldrige. O agradável palacete em que vive o embaixador brasileiro em Washington acolheu o cordial encontro. Tancredo disse a Shultz que não havia no hemisfério e talvez no mundo maior amigo dos Estados Unidos do que o povo brasileiro.[884] Passado o momento dos elogios de parte a parte, o secretário tomou a iniciativa:

— Como pretende baixar a inflação sem causar nova recessão?

Tancredo tergiversou. Shultz assegurou que dispunha de informações de que a rota da cocaína começava se deslocar para o território brasileiro. Emendou sua fala com terrorismo. Tancredo não entendeu a ligação entre os dois fatos. Shultz assegurou que via uma ligação óbvia entre os dois fenômenos, mas não entrou em detalhes. O primeiro encontro se encerrou sem que fosse abordado o tema que mais afligia Tancredo, a dívida externa.

Às 9h30, uma hora depois do fim da conversa com Shultz, Tancredo foi à Casa Branca para reunir-se com o presidente Reagan. O diálogo girou em outro nível astral. Aos 74 anos, o ex-ator hollywoodiano tirou proveito de Tancredo estar a caminho dos 75 anos:

— Dizem que sou velho, mas o senhor é mais. Temos em comum a proximidade dos aniversários. O meu cai em 6 de fevereiro e o seu em 4 de março.

— Os senhores são de signos diferentes, apesar da proximidade de datas. Reagan, de aquário, Tancredo, de peixes — intercedeu um dos assessores presentes.

Desfiaram piadas sobre o presidente Sandro Pertini. Tancredo lembrou que o italiano de 88 anos se despediu dele dizendo: "Arriverderci, bambino!". Reagan contou que, em um jantar em Washington, Pertini prestou mais atenção à bonita integrante de orquestra que tocou no banquete do que na conversa com ele.

Depois dos gracejos, Tancredo saudou Reagan em tom formal.

— Gostaria de felicitá-lo por três coisas. Pela recuperação da economia americana, pela recuperação da força moral dos Estados Unidos e por sua reeleição.

Reagan aproveitou a deixa para dizer que a recuperação americana ajudara o Brasil.

— Dos 13 bilhões de dólares de superávit de exportações em 1984, 6 bilhões vieram dos Estados Unidos.

Tancredo respondeu lembrando-lhe que receberia uma herança pesada em razão de sérios problemas econômicos, políticos e sociais. Citou a inflação superior a 200%, os efeitos da recessão e as crescentes dívidas externa e interna. Discutiram a questão do déficit público no Brasil e nos Estados Unidos. Papearam sobre o cenário internacional, em especial sobre a ascensão dos sandinistas na Nicarágua e as pressões contra o ditador Pinochet no Chile. Tancredo repetiu frase do general Castello Branco: "Na América Latina, os militares só chegam ao poder pela força, só o conservam pela força e só saem pela força".[885] O Brasil vivia honrosa exceção. Flecha de Lima resumiu a conversa:

Era inevitável a pressão dos Estados Unidos. Tancredo estava assumindo um passivo enorme. O principal credor queria saber como ele iria se comportar. O presidente Reagan foi extremamente cordial. [...] Os brasileiros temiam que o assunto da dívida viesse à luz de forma negativa. Acabou sendo um ponto de convergência. Os dois países tinham diferença de opinião sobre o problema dívida, sem que isso se tornasse um contencioso. A discussão foi construtiva [...] O presidente Reagan tinha pouca espontaneidade no diálogo. Usava umas anotações grandes. Ele se intimidou com a situação. Não se soltou. A conversa, porém, foi tranquila. Inglês para Tancredo era muito difícil, apesar de ele não se dar por achado. Sobrevivia bem.

O jornalista Paulo Francis condensou o significado do encontro Reagan--Tancredo:

A suprema irrealidade de visitas oficiais não esconde que o governo dos Estados Unidos espera que Tancredo Neves se alinhe ao modelo favorecido por Washington, de manter o Brasil com o crédito determinado pelos grandes bancos, empenhando-se em exportações para pagar juros aos credores e contendo ao máximo despesas públicas, identificadas por Reagan como os braços do socialismo rastejante (*creeping socialism*).[886]

O que Tancredo menos desejava materializou-se no meio da tarde daquele dia. Depois da Casa Branca, Tancredo pronunciou o discurso mais importante de sua viagem no auditório do National Press Club, que congrega os jornalistas que atuam na capital norte-americana. Era uma raridade que um presidente brasileiro falasse à nata do jornalismo da capital. Afirmou que os cidadãos brasileiros haviam sido os protagonistas da redemocratização. Declarou ser a recessão um fator de desestímulo aos investimentos. Prometeu que o país voltaria a crescer e defendeu uma política externa fruto de "consenso pluripartidário".

Após a entrevista coletiva internacional, Tancredo voltou ao hotel Madison. Às 15h30, recebeu a visita do secretário Shultz para um novo encontro, fora da agenda. Rubens Ricupero participou da reunião e anotou com detalhes o diálogo, facilitado pela necessidade de intérprete de parte a parte.

— Vim como simples portador ou intermediário de problema que está surgindo com o FMI. As emissões (de moeda) no Brasil ultrapassaram de longe as metas estabelecidas. Em vez de taxa de inflação de 120%, como prevista, o índice anualizado deve ultrapassar 300% em janeiro. Esses fatos põem em questão a realidade das metas fixadas e tornam impossível à direção do FMI permanecer indiferente. Se o fundo não puder manter o acordo com o Brasil, o país perde também o acordo com os bancos credores e o Clube de Paris — ameaçou o secretário de Estado.

De modo delicado, Shultz também se queixou de que Tancredo escapara de encontro com o diretor-geral do FMI.

— Seria, é claro, muito melhor que o novo governo, ao tomar posse, encontrasse os acordos já estabelecidos. Sei que é sua estratégia. Teria sido interessante que Vossa Excelência tivesse se encontrado com De Larosière. É pena que a viagem do diretor do FMI e problemas de agenda tenham dificultado o encontro. Não sei se era seu desejo encontrá-lo. De toda forma, creio que deveria considerar a ideia de enviar alguém de sua confiança para encontrar-se privadamente com De Larosière. Sua posse se avizinha, os resultados estão tão afastados das metas que algo deve ser feito logo. Para sua própria proteção, convém mandar um emissário. Não me agrada ser portador deste gênero de notícias, no entanto não desejo que o amigo seja colhido de surpresa.

— A preocupação do secretário de Estado é também minha. Por ocasião da última carta de intenção, todos sabiam perfeitamente que as metas não eram atingíveis. Não houve sinceridade de parte das autoridades brasileiras. Nossa preocupação não é com o ponto de vista do FMI ou dos Estados Unidos. É com nossa sobrevivência. Felipe González me falou, com muita sabedoria, que, no início do governo, adotou medidas duras para não ser obrigado pelo fundo a aplicá-las mais tarde.

Adiante na conversa, Tancredo explicitou a orientação do governo.

— Minha intenção é dirigir a área monetária com homens de centro, conservadores; de lutar contra a inflação com medidas antipáticas, impopulares. Se as negociações não forem concluídas logo, o panorama será imprevisível.

— Não se trata de tema de minha responsabilidade. Quis passar a informação que chegou até mim — desviou-se Shultz ao perceber que Tancredo queria que os Estados Unidos ajudassem o Brasil a fechar o acordo com o FMI antes da posse.

Ricupero relatou que Tancredo ficou chocado com a conversa.

> Tancredo foi surpreendido com o encontro com o secretário americano. Não falava inglês com desenvoltura. Havia um intérprete. Foi um momento decisivo. Ele tinha esperança de que, quando tomasse posse, as negociações básicas da dívida

externa estivessem concluídas. É curioso que ele tivesse acreditado nisso. Logo me dei conta de que aquilo que o Tancredo esperava era uma impossibilidade. Ele acreditava que podia tomar posse com as linhas gerais do acordo da dívida externa já perfeitamente equacionadas.

A dívida externa brasileira envolvia um emaranhado de interesses poderosos. A dívida principal era negociada com os maiores bancos comerciais do mundo. Havia parte da dívida tomada com os credores do Clube de Paris, ou seja, com bancos públicos das maiores economias do mundo. E havia uma terceira dimensão: o Fundo Monetário Internacional, que concedia empréstimos para que o país pudesse quitar parte da dívida. "Só que o FMI atuou como braço auxiliar do Tesouro americano, e dos bancos daquele país, durante toda a crise da dívida", recordou-se Ricupero.

A negociação da dívida externa da América Latina foi conduzida com um critério predominante: salvar os bancos americanos e os grandes bancos públicos internacionais. "Não vou dizer que os países que estavam por trás disso, sobretudo os Estados Unidos e seus aliados ocidentais, fossem indiferentes ao que ia acontecer às populações e aos governos dos países latino-americanos. Essa era uma preocupação menor para eles. Para esses países, o que era crucial era salvar aqueles bancos que tinham se exposto muito na época do dinheiro fácil, dos petrodólares, alimentados pelo aumento do petróleo", avaliou Ricupero.

Havia responsabilidade dos dois lados na crise. Os credores muitas vezes estimularam o endividamento ao oferecer facilidades aos países em desenvolvimento. Havia crédito barato. O Brasil teve grande responsabilidade porque não renunciou ao crescimento econômico à custa de grandes projetos financiados com dinheiro externo. Preferiu, à época de Geisel e Delfim, continuar a crescer à base do financiamento externo.

Havia a crença de que as exportações brasileiras cresceriam sempre a taxa maior do que o serviço da dívida contraída no exterior. Isso foi verdade enquanto os juros internacionais eram baixos. Na década de 1970, houve dois choques do petróleo, o de 1973 e o de 1979. Os gastos com a Guerra do Vietnã pressionaram a inflação americana. No último ano do governo Carter, ultrapassou dois dígitos em quase todos os meses. O Banco Central reagiu, elevando os juros a níveis recordes. Os países que haviam tomado empréstimos a taxas baixas foram surpreendidos. Não tinham como pagar juros mais altos. Quebraram.

"Para salvar os bancos, o princípio deles era fazer com que os países pagassem suas dívidas e pronto. O Plano Baker, que era um plano de dar mais prazo de pagamento aos devedores, não tinha aceito a ideia, que só o Plano Brady iria aceitar, muito depois, de cortar o total da dívida e as prestações pagas por mês com a emissão de novos títulos", explicou Ricupero, citando planos de renegociação da dívida propostos por autoridades americanas.

Quando Tancredo saiu em viagem internacional, o Brasil tinha com o Fundo Monetário apenas um acordo por meio de cartas de intenção, o que inclusive já havia se tornado tema de piada, pois Delfim Netto assinara seis desses documentos, não cumprira nenhum e agora entabulava a sétima missiva.

Ainda assim, Tancredo estava otimista. Acreditava que tomaria posse com todo o processo de renegociação da dívida externa concluído. Alegaria que o governo na gestão Delfim havia feito um acordo e que o PMDB teria de honrá-lo.

No governo Sarney caberia a Rubens Ricupero o papel de negociador da dívida externa. Segundo ele, "Tancredo era um dos raríssimos homens públicos brasileiros que tinham embocadura para a economia. Porque a maioria dos políticos não tem nenhum tipo de compreensão da realidade econômica. Não conhece o beabá da escola econômica".

Meses depois, em reunião do Conselho de Segurança Nacional, o chanceler Olavo Setubal explicaria por que o país estava tão enfraquecido. "Não se deve acreditar que o Brasil negociou com incompetência e corrupção sua dívida externa, enquanto outros países, como México e Venezuela, saíram-se bem do aperto financeiro. A posição do Brasil era fraca, com reservas existentes mal cobrindo a dívida externa dos bancos. Uma ruptura do Brasil causaria enormes danos políticos e econômicos ao governo." Setubal finalizou lembrando que o Brasil assinara novo e complicado acordo com o FMI, em termos piores do que poderia ter ocorrido. Não foi um bom negócio realizado pelo ministro Delfim Netto, concluiu.[887]

Atendendo ao apelo do secretário de Estado dos Estados Unidos, Tancredo enviou Dornelles para falar com o diretor-gerente do FMI. De Larosière estava em Estocolmo. Dornelles preferiu esperar que retornasse a Paris. "Tenho uma filha lá e vou visitá-la", deu como desculpa à imprensa para manter o encontro sigiloso. A reunião ocorreria em 9 de fevereiro em um hotel da capital francesa. Sentaram-se frente a frente por duas horas.

Por meio de Dornelles, o presidente eleito queria convencer De Larosière a firmar a sétima carta de intenções do Brasil com o FMI antes que tomasse posse. A carta permitiria novos prazos de pagamento para a dívida externa brasileira. Nas seis cartas anteriores, o país não cumprira o que prometera. A sétima carta havia sido divulgada em 15 de janeiro, dia em que Tancredo foi eleito. Previa arrocho forte para garantir o pagamento dos compromissos internacionais, reduzir o gasto público, conter salários e colocar a inflação em linha de queda. Acabou recusada pelo FMI, que suspendeu os desembolsos ao país.

O governo brasileiro só sairia da encalacração da dívida em abril de 1994, quando assinou o acordo de renegociação com os bancos credores, com desconto e prazo de pagamento de trinta anos.

Octávio Gouvêa de Bulhões tinha 79 anos em 1985. Decano do ensino de economia no país, levava no currículo a vitória sobre a inflação entre 1964 e 1967. Reduzira-a de 92% ao ano para 25%. Ministro da Fazenda do governo Castello Branco, em 1964, Bulhões foi o criador da correção monetária, em parceria com Roberto Campos. O propósito era manter os pagamentos de impostos atualizados perante a inflação. Tal como um vírus, 21 anos depois a correção monetária contaminara toda a economia. Como instrumento de defesa da remarcação de preços, espraiou-se com a velocidade de um agente infeccioso.

Mentor intelectual de Tancredo e Dornelles, às vésperas da posse do novo governo, o criador lamentava a criatura. "A extinção da correção monetária pode trazer alguns riscos, no entanto por pouco tempo. Se estivesse no governo, teria coragem de correr esses riscos", propôs Bulhões. Explicava com clareza que não existia inflação provocada por particulares. "A inflação é sempre provocada pelo governo. A causa da nossa inflação está no déficit público. Para combatê-la, é essencial conhecer os motivos do déficit", ensinou. "O problema maior está nas despesas financeiras, entre juros e correção monetária, dos empréstimos tomados pelo governo para financiar seus programas e obras públicas."

Diagnosticava o que era o mal da correção monetária. "As despesas superam receitas no setor público por causa dos subsídios ainda não retirados, dos incentivos fiscais concedidos de maneira exagerada e, sobretudo, da transferência da inflação passada para o futuro por intermédio da correção monetária". A criatura funcionava assim: dos 45 trilhões de cruzeiros do orçamento do Tesouro de 1985, 20 trilhões eram usados para cobrir gastos com a correção monetária. Compensava-se em 1985 a inflação verificada em 1984. Nos anos seguintes, a situação se repetiria, em agonia sem fim. Era o monstro que o presidente eleito tinha de enfrentar.[888]

Ao retornar da viagem internacional, Tancredo mudou de casa. Deixou o apartamento da SQS 206 e estabeleceu-se na Granja do Riacho Fundo, onde residiria até a posse. O presidente Figueiredo lhe ofereceu a residência oficial durante visita no dia seguinte à vitória no colégio eleitoral. Tancredo aceitou a oferta para se livrar de encalacrada. O empreiteiro mineiro Fernando Queiroz, dono da construtora Santa Bárbara Engenharia, havia alugado uma mansão de cinco quartos no Lago Sul e oferecido ao eleito para que se hospedasse no período de transição. Tancredo recusou a proposta do amigo, um dos financiadores de suas campanhas.

19. O ensaio da orquestra e o destino das vampes

Tancredo Neves dedicou-se à finalização das negociações do ministério da Nova República a partir da segunda semana de fevereiro de 1985. Marinheiro velho, preferiu uma imagem poética para definir sua estratégia de ação. "Na composição do ministério, devemos deixar as ondas baterem umas nas outras para estudar a espuma."[889]

À sua volta, contudo, não havia placidez. A algazarra lembrava mais a montagem de um circo. Supõe-se que a escolha da equipe de um governo seja uma empreitada cívica solene, mas não é bem assim. Tancredo não exercia apenas o confortável papel de dono do circo. Fernando Henrique Cardoso produziu imagem mais precisa: "Tancredo era um jovem no trapézio. Pulava de lá para cá com muita habilidade. A divisão do poder era muito difícil".[890]

Após a vitória no colégio eleitoral, o presidente do PMDB, Ulysses Guimarães, contou ter ouvido de Willy Brandt, mítico chanceler alemão: "Vocês conseguiram fazer uma campanha sem erros".[891] Não imaginava o veterano parlamentar que mais difícil seria a montagem do governo. Representar e contentar base multipartidária tão diversa exigia contorcionismo. Tancredo e Ulysses concordavam que o presidente do PMDB deveria permanecer no Congresso. "Eu sou um piano de cauda. Não caibo no ministério", definiu-se Ulysses. Empenhou-se o máximo para que três pianos afinados com ele se instalassem na Esplanada dos Ministérios: Pedro Simon, Renato Archer e Waldir Pires.

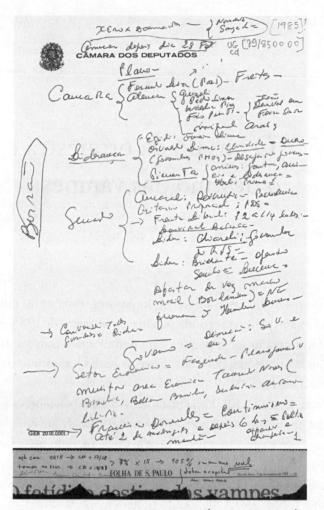

As anotações de Ulysses Guimarães (Acervo do autor).

A orquestra regida pelo presidente Figueiredo havia sido apelidada de "governo dos pratos". Os integrantes só eram ouvidos quando se chocavam. Tancredo estava prestes a assumir a regência deixando dúvidas se sua administração seria do violino ou do pandeiro. Ambos os instrumentos são mantidos pela mão esquerda e tocados pela direita, o que parecia óbvio até ali. A questão era se a esquerda forneceria seu couro para a mão espalmada da direita, como ocorre no pandeiro, ou se melodia maviosa poderia ser ouvida a partir do suporte da esquerda para a habilidade da direita.[892]

Ulysses Guimarães guardou onze páginas de anotações do próprio punho de conversa que manteve com Tancredo sobre a composição do ministério.[893] As folhas têm o timbre da Câmara dos Deputados. Estavam em seu arquivo pessoal e não tinham vindo à tona até aqui. Não estão datadas, foram armazenadas junto com uma margem picotada de jornal, no qual Ulysses fez mais anotações. O pedaço foi arrancado da página 31 da *Folha de S.Paulo* de 7 de fevereiro de 1985, quinta-feira. É a capa do caderno cultural, originalmente ilustrada com fotos de Rita Hayworth, Marilyn Monroe e Greta Garbo. O título principal afirma: "O fatídico destino das vampes". Não haveria descrição melhor para as anotações de Ulysses.

Tancredo retornara da viagem internacional naquela quinta-feira. A manchete da primeira página da *Folha* informava: "Tancredo reage contra pressões na formação do futuro ministério". Em entrevista no dia anterior, em Buenos Aires, declarara: "Ao formar o ministério, não aceito ameaças, imposição ou veto a quem quer que seja".

De Buenos Aires, Tancredo ligou para Ulysses Guimarães e para o governador de Minas Gerais, Hélio Garcia. Pediu a ambos que estivessem no aeroporto internacional do Rio de Janeiro quando desembarcasse às 20h50. De lá, sairiam para reunião reservada no apartamento da avenida Atlântica. Essa conversa ocorreu na noite do dia 7 de fevereiro. No dia seguinte, Ulysses se encontrou novamente com Tancredo em Brasília.

As anotações de Ulysses sobre a conversa ministerial podem ser de um ou dos dois encontros. É provável que assim seja, embora não seja possível comprovar essa tese. Ulysses gostava de escrever enquanto conversava. A troca de ideias se estendeu até as duas da manhã no primeiro encontro no Rio. Foi complementada por quase três horas de tête-à-tête, no final da tarde do dia seguinte, em Brasília.

Logo na primeira página, Ulysses escreveu: "Anunciar depois de 28 de fevereiro", numa referência clara à divulgação da equipe ministerial. Em seguida, traçou o plano para Câmara, Senado e lideranças do governo, colocando ao lado nomes de parlamentares. Provavelmente, discutia com Tancredo como seria a sustentação do governo no Congresso. Na lateral, destaca-se expressão contornada a caneta: "burrão", sem ligação evidente a nenhum dos citados. Ao final dos nomes de lideranças parlamentares, Ulysses escreveu: "Afastar de vez Marco Maciel". Era um dos articuladores da Frente Liberal e muito associado ao regime que se findava. Anotou ainda: "Conversei com todos os governadores — Richa". O governador José Richa havia concedido entrevistas críticas à formação do ministério.

Iniciando um novo bloco, escreveu: "Governo = discrição. Só você e eu. Setor econômico = Fazenda, Planejamento, Banco Central = ministros da área econômica Tancredo Neves". Ficou claro que o presidente pedia reserva na conversa e que seria o responsável pelas escolhas dos postos essenciais do ministério. Ulysses, entretanto, não deixou passar em branco sua restrição: "Francisco Dornelles = continuísmo", anotou.

Na página seguinte, rabiscou as discussões para o Ministério do Planejamento: "Serra — banco de reserva. João Sayad, quarenta anos, Ph.D. em Yale. Paciente, educado, flexível, rigoroso no desenvolvimento, manteve vinte obras públicas no governo de São Paulo". Ficava claro que a disputa estava decidida. O escolhido seria Sayad. Serra, coordenador da Copag,[894] havia sido descartado.

O próximo tópico aberto foi a chefia da Casa Civil. O nome cotado era de Affonso Camargo. Ulysses anotou que estava "ressentido", porque se achava descartado. Isolara-se em casa, dizendo que ajudaria como secretário-geral do partido. Na conversa, acertou-se que o senador paranaense iria para os Transportes.

Antonio Carlos Magalhães, convidado por Tancredo para ser ministro das Comunicações, foi o tópico seguinte. "A revolução não faz ministros", anotou Ulysses. Em seguida, uma série de nomes que podem ser interpretados como apoiadores de ACM no cargo: "Armando Falcão = Geisel, José Sarney, Marco Maciel, Roberto Marinho". Pode-se interpretar a anotação seguinte de Ulysses como os nomes de peemedebistas que se indignariam com a escolha. "Severo Gomes, Cristina Tavares, Freitas Nobre. Vai escandalizar as esquerdas", escreveu Ulysses.

Em seguida, a lista de ministeriáveis prossegue com possíveis cargos: Pedro Simon (Agricultura, Justiça ou Educação), Carlos Sant'anna (Saúde), Waldir Pires, Fernando Lyra, Fernando Santana, Marcos Freire e Fernando Henrique Cardoso. Após o nome de FHC, Ulysses escreveu o nome do suplente do senador paulista, José Roberto de Magalhães Teixeira. À exceção de Fernando Henrique e de Fernando Santana, todos se tornaram ministros.

Adiante, Ulysses reforçou a preocupação com a divulgação das escolhas: "timing = anunciar e definir depois de 28 fev.", reforçou. As anotações revelam missões como receber a Frente Liberal, mantendo reuniões com Sarney e Maciel. Como distinção especial, havia a menção de reunir-se com Aureliano Chaves em separado. Ulysses informou a Tancredo que Jorge Bornhausen, um dos líderes da Frente Liberal, não aceitava o peemedebista Humberto Lucena como presidente do Senado.

Discutiram contatos com a imprensa: "Almoço *Folha de S.Paulo* (Octavio Frias quer conversar)" e "almoço Roberto Marinho". Citaram, sem detalhes nas anotações, os nomes de Julio de Mesquita Neto, de O *Estado de S. Paulo*, e Manoel Francisco do Nascimento Brito, do *Jornal do Brasil*. Ambos sabiam que a construção da popularidade de Tancredo passara pelo filtro favorável da mídia. O presidente eleito tinha de se aproximar dos barões da imprensa paulista. Os Mesquita faziam férrea oposição a Maluf no jornal O *Estado de S.Paulo*. Tinham também restrições ao passado varguista de Tancredo. Vargas havia sido responsável pela intervenção no jornal durante a ditadura do Estado Novo, o que levou a família Mesquita a um período de exílio.

Tancredo usou Olavo Setubal para marcar jantar na casa de Julio de Mesquita Neto. O proprietário de O *Estado de S. Paulo* afinava-se com as críticas que Carlos Lacerda fizera no passado a Tancredo, apontado como dúbio e marionete de Vargas. O peemedebista não falou de política nem de questões eleitorais. Elogiou editoriais que sabia concebidos por orientação direta dos Mesquita, falou da grandeza de São Paulo e de sua importância para o país. "Ninguém pode ser presidente sem o apoio de São Paulo", dizia Tancredo. Depois do jantar, Setubal resumiria o encontro: "Nunca vi cantada em homem tão bem passada como a que Tancredo passou nos Mesquita".[895]

As anotações de Ulysses, mais de um mês antes do anúncio do ministério, mostram-se um mapa preciso do desenrolar dos acontecimentos a partir dali. A disputa mais barulhenta envolvia o comando da política econômica. Em dezembro de 1984, quando Tancredo apresentou os membros da Copag, o jornalista Elio Gaspari foi o primeiro a fazer a associação das iniciais da nova comissão: "Por uma fatalidade, chama-se Copag, nome de marca de baralho!".[896] A comissão inadvertidamente começou o jogo embaralhando as cartas.

No discurso que proferiu na instalação da comissão, ficou claro que Tancredo escondia o jogo e blefava. Dizia que perseguiria a queda da inflação e evitaria sacrifícios aos trabalhadores — objetivos-curinga que cabem em qualquer discurso. Descartava apenas o que não tinha valor: "Qualquer plano de governo que não levar em conta as disponibilidades e os compromissos financeiros existentes corre o risco de cair no vazio, tornando-se inexequível e gerando expectativas que não poderão ser atendidas."

O mercado financeiro especulava sobre quais seriam suas cartas na manga: possibilidade de congelamento de preços, aumento brutal de impostos ou calote da gigantesca dívida interna federal, estimada à época em cerca de 100 trilhões de cruzeiros? Tancredo não piscava.

Definiu a retomada do crescimento econômico como a grande tarefa do seu governo. Dela resultariam a criação de novos empregos, melhor remuneração da força de trabalho e melhor distribuição da renda nacional. Comprometeu-se a reverter o processo inflacionário, a sanear financeiramente o setor público.

Mas também deu os limites do jogo. Afirmou que não havia "muita margem" para aumento da carga tributária. Descartou o aumento do endividamento interno, por meio da venda de títulos federais, como forma de o governo levantar dinheiro para custear seus gastos. Imaginava remanejar verbas e cortar gastos supérfluos para investir na área social. "Ele balizou nosso trabalho, ao dizer aonde queria chegar, o que evitava discussões necessárias", atestou o empresário Sergio Quintella.

Tancredo afirmou que a renegociação da dívida externa não devia "ignorar as regras mínimas reguladoras de operações financeiras internacionais". O país gastava 7 bilhões de dólares por ano com o pagamento de juros da dívida externa. Para evitar dúvida a respeito de quem dava as cartas, Tancredo adiantou-se: "Sobre economia quem fala sou eu".

Os liberais e a linha dura de apoio a Tancredo torpedeavam a escolha de Serra para coordenar a Copag. O SNI vazou logo sua ficha. Coube aos liberais utilizá-la, para irritação do PMDB. "Serra, coordenador da Copag, foi indiciado em vários inquéritos que apuram atividades subversivas." Os inquéritos não apareceram. O máximo que se conseguiu foi acusar o ex-presidente da União Nacional dos Estudantes de ter sido presidente da União Nacional dos Estudantes.

A ficha do serviço prosseguia:

> Segundo Delfim, Serra era o nome mais cotado para o Planejamento. Tancredo mostra-se bastante insatisfeito com a escolha de José Serra, já tendo, inclusive, afirmado que não entregará nenhum ministério da área econômica às esquerdas.

Dornelles disse que a indicação de Serra tem ocasionado uma infinidade de reclamações, como a do jornalista Roberto Marinho, do secretário [do governo Franco Montoro, SP] Roberto Gusmão e do banqueiro José Luiz de Magalhães de Lins, entre outros. Dornelles afirmou que a aceitação de Serra para o cargo poderá ter repercussão muito ruim no exterior. Credita-se a escolha de Serra ao senador esquerdista Fernando Henrique Cardoso, apesar de oficialmente terem aparecido como responsáveis por ela o senador Affonso Camargo e Ulysses Guimarães.[897]

Além de Ulysses e Affonso Camargo, Fernando Henrique de fato apoiava Serra para o cargo. Mas seu maior patrono foi o governador Franco Montoro, que queria indicá-lo como ministro do Planejamento, para que pudesse manter influência em pelo menos um dos tripés da equipe econômica. Ele sabia que Tancredo não abriria mão da escolha do ministro da Fazenda e do presidente do Banco Central. Ambos teriam origens mais conservadoras, como a própria cabeça econômica do presidente eleito.

"Quando apareceu meu nome, houve uma campanha organizada. Eu era acusado de cepalino[898] a comunista. Qual era o meu antecedente? Havia organizado as contas de São Paulo. O próprio Montoro não me chamara para a Fazenda. Preferira João Sayad", admitiu Serra. "Ouvi a informação do Jorge Serpa, que coordenara uma frente de ataque a mim com o Roberto Marinho. Havia hostilidade de todos os lados. O Roberto Gusmão imaginou que não havia espaço para dois paulistas no centro do poder. Se eu fosse, ele não iria. Ele também participou da orquestração."[899]

Tancredo instruiu Serra a procurar diretamente alguns dos seus críticos.

> Havia muita gente que torcia o nariz para mim. Pediu que eu conversasse com o banqueiro Walther Moreira Salles. Como não estava querendo confusão com os Marinho, Tancredo recomendou que eu os visitasse. O Armando Nogueira, diretor de jornalismo da Globo, era meu chapa. Montou um encontro em que eu falava para todo o seu estafe. Foi algo pesado, quase um interrogatório, sem que houvesse tortura. Dei um banho de informações. Tive na cabeça desde o início que sairia fora [da lista de ministeriáveis]. Você não dá rédea para o cavalo.[900]

A Copag entregou seus relatórios ao presidente eleito em 18 de fevereiro, segunda-feira de Carnaval. Serra passou três horas com Tancredo, das cinco às oito da noite, na Granja do Riacho Fundo. Repassou em linhas gerais o que eram os onze documentos sobre dívidas externa e interna, finanças públicas, combate à fome e ao desemprego, política agrícola e industrial, política para o Nordeste e previdência social, entre outros. Serra declarou que havia explicitamente por parte de Tancredo uma posição contra as propostas de combate à superinflação mediante congelamento de preços. Justamente o que aconteceu com o Cruzado, no início de 1986, no governo Sarney. As diretrizes para a indústria preconizavam uma abertura comercial maior, e a Copag propunha acabar com as cotas de importação. "Mostrei a ele que um governo com inflação é sempre um governo fraco. A melhor proteção é uma boa taxa de câmbio", afirmou Serra.

Ao final do encontro, Tancredo fez questão de levar Serra até o aeroporto de Brasília, e, sem que nada fosse dito claramente, não ficou dúvida de que ele era carta fora do baralho ministerial. Em janeiro de 1985, seu nome ainda aparecia na imprensa como mais cotado para o Planejamento.[901] Mas Serra afirmou que, desde o fim de 1984, sabia que não tinha condições de ser ministro. Em encontro no apartamento de Tancredo, em Copacabana, recordou-se de ter dito ao presidente virtualmente eleito.

— Dr. Tancredo, o senhor não me convidou, não sei se convidaria. Quero me antecipar e dizer que pode me tirar da lista de demandantes de cargo. Quero me candidatar a deputado. Tenho de me desincompatibilizar em fevereiro. Não vou entrar no governo em situação delicada do jeito que está para sair em menos de um ano. Meu futuro político é estar do seu lado.

Tancredo agradeceu o gesto, pôs a mão em seu ombro e perguntou sobre o perfil que achava indicado para o cargo da Fazenda.

— Vou fazer uma sugestão para o senhor, que vai deixá-lo surpreso. Acho que é a melhor. Eu poria Olavo Setubal na Fazenda.

— Está me sugerindo um banqueiro para a Fazenda?

— Como se fazia antigamente. Ele conhece o sistema financeiro. Tem empresa produtiva. É da classe dominante. Não vai querer fazer carreira. Walther Moreira Salles foi ministro do Jango, Getúlio pôs banqueiros na equipe econômica. Melhor um banqueiro com visão nacional e espírito forte do que algum economista que depois viraria banqueiro.

— Dr. Serra, banqueiro ministro da Fazenda não dá.

Olavo Setubal trabalhou com persistência para ser ministro da Fazenda. Conheceu Tancredo quando era prefeito de São Paulo. Necessitava que a comissão de finanças do Senado autorizasse a prefeitura a contrair empréstimos externos, então, em maio de 1979, convidou os senadores para um passeio por São Paulo em ônibus especial. Visitaram um conjunto habitacional em Itaquera, passaram pelo viaduto Aricanduva e pararam às margens do rio Tietê para que sentissem o "cheiro de esgoto a céu aberto", como contou. Mostrou favelas, obras prontas e as que seria necessário fazer. Tomou o tempo dos parlamentares passando por vias engarrafadas. Ao final, abriu a casa na rua Sergipe para jantar com todos eles. "Meu primeiro contato pessoal com o Tancredo transcorreu de maneira muito cordial. Foi o início de minha convivência com ele. O contato fluiu. Senti que o marquei", narrou Setubal.[902] Seis meses depois, Tancredo o convidou para liderar a montagem do PP em São Paulo. Tornaram-se amigos. No começo de 1984, houve especulação de que Setubal poderia ser o candidato presidencial de consenso. Ele apoiava a pré-candidatura de Aureliano Chaves. Quando questionado se poderia aceitar lançar-se na disputa, foi sincero:

— Meu filho, eu não preciso ganhar na loteria esportiva para ficar rico. Se ganhar, com certeza vou buscar o prêmio.[903]

Serra não foi o primeiro a sugerir Setubal para a Fazenda. A recusa de Tancredo deu-lhe uma certeza. "Para mim, ficou logo claro que ele levaria o Francisco Dornelles, seu sobrinho, para a Fazenda. Queria um ministério do Planejamento mais voltado à elaboração de planos de médio e longo prazos, deixando o dia a dia na mão da Fazenda."

Fernando Henrique Cardoso acompanhou de perto a escolha. "Tancredo tomou a decisão do Ministério da Fazenda sem falar com ninguém. Olavo Setubal queria ser ministro. Tudo indicava que seria Olavo Setubal, porque Tancredo mandava tudo que era econômico-financeiro para Olavo. Foi uma surpresa a confirmação do Dornelles."

Sarney e os líderes da Frente Liberal trabalhavam em favor da nomeação de Setubal para a Fazenda. "Tentamos que ele fosse o escolhido", reconheceu Sarney.[904] Setubal achava que não tinha o perfil usual do banqueiro, por isso acreditava que poderia contornar resistências. "Eu não sou banqueiro do gênero monetarista daqueles típicos, que fazem sua vida dentro do banco. Antes, fui professor, pesquisador do Instituto de Pesquisas Tecnológicas de São Paulo, industrial e só muito depois me tornei banqueiro."[905]

Setubal acompanhava as negociações da dívida externa e a situação da economia por meio de relatórios que Tancredo mandava. Fazia contatos imaginando que chegaria à Fazenda. Essas articulações desesperavam os peemedebistas em torno de Ulysses Guimarães. "Trabalhamos muito discutindo assuntos do ministério", reconheceu Olden Victorino, poderosa secretária do dono do Banco Itaú.

Aos poucos, sem anúncio formal, Tancredo entregou a coordenação do setor econômico a Dornelles. As críticas começaram a surgir sem meias palavras até de onde não se esperava. "Dornelles é uma espécie de guarda-chuva protetor do grupo de governo que hoje está aí, significando verdadeiro continuísmo", afirmou Affonso Camargo, senador biônico e aliado de primeira hora.[906]

Em vez da Fazenda, Tancredo cogitou colocar Olavo Setubal no Ministério do Planejamento. Temia, no entanto, que sua identificação como banqueiro o tornasse impopular. Como o queria no governo, mandou recados de que o deslocaria para outra função. Na primeira vez que Setubal ouviu falar sobre a possibilidade de assumir o Ministério das Relações Exteriores, não a levou a sério. "Eu nunca entrei no Itamaraty. Nem sei onde fica."

O banqueiro acreditava que a vaga seria de Renato Archer, que fora subsecretário do Itamaraty no gabinete de Tancredo no parlamentarismo. Era amigo do presidente eleito e almejava a função.[907] Como Ulysses vetara Setubal e imaginava Archer no Itamaraty, o movimento de Tancredo foi aceitar a restrição do presidente do PMDB, sem deixar de fustigá-lo onde não pensara que poderia ser atingido.

Dornelles recordou que havia uma desconfiança enorme contra Serra, por isso o primeiro nome que Tancredo pensou para a Fazenda foi o de Olavo Setubal. "Ele um dia me convocou e disse: se prepara porque você vai ser chefe da Casa Civil. O Setubal vai ser ministro da Fazenda. Ele sugeriu que eu comunicasse ao Setubal, como se fosse segredo que eu estava contando. Eu falei com Setubal: 'Tancredo vai convidá-lo para o Ministério da Fazenda'."

Dois dias depois, Tancredo contou a Dornelles:

— Ulysses só faltou ter um infarto quando o consultei sobre colocar Olavo Setubal no Ministério da Fazenda. Veio me dizer que fizemos uma crítica enorme ao governo, reclamando da presença dos banqueiros na política econômica. Estes argumentos todos não fazem sentido. O que ele está pensando é que, do Ministério da Fazenda, Setubal saia para ser candidato ao governo de São Paulo.

Dornelles recordou-se de que Tancredo voltou-se sorrindo para ele:

— Você vai ser ministro da Fazenda. E para susto do Ulysses vou colocar o Setubal nas Relações Exteriores. Ali ele está achando que o ministro será Renato Archer.

O presidente eleito pediu a Dornelles que contasse pessoalmente a Setubal que havia sido escolhido para o cargo da Fazenda. O dono do Itaú estava na sede do banco, na rua Boa Vista, em São Paulo, quando dona Olden, a secretária, avisou que Dornelles se anunciara na portaria. Estava subindo para encontrá-lo, a sós, sem horário agendado. A conversa durou poucos minutos. Ao final do encontro, Setubal chamou o assessor José Eduardo Faria.

— Eu não serei mais ministro da Fazenda. Possivelmente irei para o Planejamento. Mude todo o trabalho de estudos sobre a estrutura do ministério que vocês estavam fazendo.[908]

A mulher de Setubal, Daisy, afirmou que o marido não era de externar emoções. Em casa, porém, não se conteve. "O Olavo ficou emburrado uns tempos."[909]

Daisy Setubal tomou um susto ao abrir o jornal *Folha de S.Paulo* em 13 de fevereiro de 1985. Antes que pudesse falar com o marido, o telefone começou a tocar. Alguns pediam a confirmação da notícia do jornal; outros apenas parabenizavam. Daisy se sentia traída por não ter sido informada com antecedência de que o marido seria ministro das Relações Exteriores.

— Olavo, não me faça de boba. Você recebeu ou não o convite?

— Não recebi convite algum. Pode ser que eu venha a receber.[910]

Uma das características de Tancredo era usar terceiros para testar ideias, nomes e propostas antes de assumi-las. Se o "convite" fora feito por Dornelles, Tancredo recorreu ao banqueiro José Luiz de Magalhães Lins para que conversasse com Olavo Setubal sobre suas funções no governo e o "desconvite" para a Fazenda. Tancredo mantivera-se enigmático: "Espero ter você por perto", dizia.[911] Incumbiu Magalhães Lins de missão que poderia ser desagradável.

Na definição do advogado Jorge Serpa, "Magalhães Lins é o ausente mais presente do Brasil". Nascido em 1929 em Arcos, em Minas Gerais, sobrinho de Magalhães Pinto, José Luiz começou a trabalhar no Banco Nacional em

1948 como escriturário. Foi datilógrafo e auxiliar de contabilidade antes de chegar à cúpula do banco, do qual foi diretor executivo e vice-presidente. Mandou no banco por dez anos. Criou uma imagem popular para o Nacional, tendo como símbolo publicitário um singelo guarda-chuva. Mantém a fama de recluso. Ele cruza com a história do país com a discrição dos convidados com acesso à casa da rua Icatu, no Humaitá, na zona sul do Rio.

Magalhães Lins financiou artistas como Glauber Rocha e Vinicius de Moraes e concedeu empréstimos a jornalistas como Carlos Castello Branco e Ibrahim Sued, entre dezenas de outros. Caso raro de eminência parda que, em vez de ser informado pela CIA, deu informações a ela, foi Lins quem avisou ao governo dos Estados Unidos que o jornalista Marcos Sá Corrêa publicaria reportagem em que comprovava o apoio americano ao golpe de 1964. Articulou ações tão diversas como arrecadar fundos para a campanha que reinstaurou o presidencialismo em 1963 ou conseguir que o Banco Nacional liberasse – de um dia para o outro – empréstimo de 5 milhões de dólares para que a TV Globo rompesse contrato com o grupo Time-Life e escapasse de uma armadilha bancária. No caso da campanha presidencialista, Darcy Ribeiro, braço direito de João Goulart, declarou: "José Luiz foi o melhor, o mais competente e o mais honesto tesoureiro de campanha que jamais vi". No caso da Globo, o empresário João Roberto Marinho reconheceu que seu pai poderia ter perdido o controle da emissora se não fosse o empréstimo de última hora que Magalhães Lins bancou.[912]

Sem o empréstimo, Roberto Marinho perderia as ações da TV para o Time-Life e seus bens pessoais.[913] Marinho havia colocado 100% dos bens como garantia da compra do prédio da Globo, que pertencia aos americanos. Marinho obteve o dinheiro. Magalhães Lins não revelou o banco que deixou de atender à família Marinho na última hora. Atribuiu a seu proprietário um lamento: "Se não fosse o José Luiz, a TV Globo seria minha".

Habilidoso com temas e personagens difíceis, Magalhães Lins convidou Olavo Setubal à sua casa. Tinha duas notícias a dar: a boa era que seria ministro. A má era que não ocuparia a pasta da Fazenda nem do Planejamento. Seria ministro das Relações Exteriores. Setubal recebeu as notícias com a frieza de quem lê balanços patrimoniais. Após a conversa, Magalhães Lins acompanhou Setubal até a porta. Ao despedir-se, Setubal avisou que provavelmente seria a última vez que se encontrariam. Paulistano, não via motivos no horizonte para que voltasse ao Rio de Janeiro em agenda pessoal. Assim não o fez pelos vinte anos que se seguiram.

Outra característica de Tancredo era acreditar que notícia boa podia ter mais de um pai. Pediu também ao vice-presidente José Sarney que formalizasse o convite para que Setubal assumisse o Itamaraty. Eles se reuniram em Brasília, no gabinete que Aureliano Chaves mantinha na sede do Banco do Brasil. "Sendo um homem de mente aberta e conhecendo os problemas políticos, o Olavo recebeu o convite com absoluta tranquilidade. Acho que já tinha alguma informação a esse respeito, de maneira que não pareceu surpreso com o convite. E o aceitou", reconstituiu Sarney.

Para evitar novos atritos domésticos, Setubal ligou de imediato para a mulher para contar a novidade.

— O que é que eu vou fazer no Itamaraty, Olavo? — perguntou Daisy.

Tancredo também agiu nessa frente para aplacar a decepção de Setubal. Ligou para Daisy, antecipando que teria incumbência nobre: cuidar das festas mais importantes da República com a posição que o marido desfrutaria. Chefes de Estado e de governo, reis, rainhas e príncipes, os donos do poder mundial que visitassem o Brasil seriam recebidos em festas organizadas por Daisy Setubal, adocicou Tancredo. Só a uma semana da posse o presidente eleito reuniu-se pessoalmente com Setubal. Ao final de reunião com representantes da Frente Liberal, pediu ao banqueiro que aguardasse um momento na sala ao lado para uma conversa a sós. Tancredo entrou, sentou-se ao seu lado e sorriu. Em seguida, d. Antônia reuniu uma dúzia de fotógrafos, cinegrafistas e repórteres para que a seguissem até a sala em que Tancredo recebia um convidado. A notícia era *off the record*, antecipou ela. "É o novo ministro das Relações Exteriores." As imagens foram de abraços e apertos de mão.

Ao convidar o embaixador Paulo Tarso Flecha de Lima para ser secretário-geral do Itamaraty, o segundo da hierarquia no ministério, Tancredo gracejou:

— Não pense você que o Setubal vai deixar o cargo, não. Porque, quando a Daisy se vir sentada com príncipes e princesas, não vai sair de lá nunca.

Setubal não ficaria um ano no cargo. Deixaria o Itamaraty na frustrada tentativa de ser candidato ao governo de São Paulo em 1986. Nunca mais voltaria ao governo.

Auxiliar de Tancredo em Minas Gerais, Ronaldo Costa Couto sabia que seria ministro, apesar de pular de pasta de acordo com os ventos. "Fui ministro do Planejamento três vezes antes da posse que não houve. Eu era ministro de tudo e de nada." Quando houve o lançamento da Copag, com José Serra na coordenação, Tancredo ligou às onze da noite para Costa Couto.

— Aaaaa-lô, Ronaldo! Você joga truco?
— Às vezes.
— Qual o melhor baralho para jogar truco?
— E eu sei?
— Copag, Ronaldo, Copag — trucou Tancredo, antes de desligar.[914]

As articulações do novo ministério começaram a azedar o humor de apoiadores de primeira hora. "Tancredo está nos trocando por parentes e banqueiros", reclamou o governador José Richa.[915] O governador de Minas Gerais, Hélio Garcia, defendeu Dornelles: "Ele vota no PMDB desde 1982", argumentou.

Ao perceber que José Serra não teria lugar no ministério de Tancredo, o governador Franco Montoro decidiu trabalhar com uma alternativa: João Sayad.

> Este meu lado tranquilo me tornou aceitável para Tancredo. Dornelles é muito estourado, bravo, nervoso, bem esporrento. Ele ligou para um editor que o chamou de sobrinho do presidente e desceu o cacete. Tancredo queria colocar o Dornelles como homem forte. A mim, delegou tarefas de longo prazo e difíceis: reforma administrativa, reforma tributária, entre outras.

Sayad contou também do primeiro encontro com Tancredo, na Granja do Riacho Fundo.

> Fui conversar com ele já me sentindo ministro. Era o exame final. Nas caricaturas no jornal, eu aparecia como mineirinho come-quieto. Fiquei muito tempo com ele. Discutimos o Banco Central, o mais importante na política econômica. Propus dois nomes. Não para presidente, e sim para a diretoria do Banco Central: André Lara Resende e Pérsio Arida. Tomei uma porrada inesquecível do Tancredo. Entendia que, com estes nomes, a inflação explodiria. Eles falavam em desindexação total. O país não aguenta, vai virar de cabeça para baixo, disse-me. Essas ideias mais tarde originariam o Plano Real.[916]

Francisco Dornelles agia com desenvoltura como líder da equipe econômica, apesar do fogo amigo. No final de fevereiro, Tancredo concedeu entrevista no

Congresso, na qual procurava se desvencilhar da antecipação de nomes para sua equipe. O senador Fernando Henrique Cardoso assistia à coletiva, encostado no fundo do auditório. Aécio Neves sentou-se ao seu lado e cochichou:

— Estão falando muito esta coisa do Chico. Chico é meu irmão — assim referiu-se ao primo. — O dr. Tancredo me pediu que falasse com você para que tentasse conter seus amigos. Não é para mexer com o Chico. Seria bom parar com esta onda. Caso contrário, vão se queimar com ele.

— Pede para o Chico me telefonar amanhã — encerrou Fernando Henrique.

Dornelles telefonou, porém não abordou o tema ministério. Fernando Henrique convocou uma reunião na casa de Pedro Simon. Estavam presentes Affonso Camargo, Roberto Gusmão — candidatos à Casa Civil —, e ele lhes transmitiu o recado. "Havia uma disputa para a Casa Civil, porque achavam que Tancredo iria colocar Dornelles na Casa Civil. E o Tancredo enganou a todos nós. Ele colocou Dornelles na Fazenda. Isto ninguém cogitava. E colocou na Casa Civil o (José Hugo) Castelo Branco, que não estava em jogo", declarou Fernando Henrique.

Com Setubal nas Relações Exteriores, dois cotados para a pasta tiveram de ser redirecionados. Para Renato Archer, Tancredo criou um novo ministério, o da Ciência e Tecnologia. Para Fernando Henrique, inventou um cargo sem precedente: líder do governo no Congresso, acima do líder do governo na Câmara e do líder do governo no Senado.

Como senador, se Fernando Henrique se tornasse ministro, seu suplente deveria tomar posse. José Roberto Magalhães Teixeira havia sido eleito prefeito de Campinas. Ou abria mão do Senado ou da prefeitura. "Tancredo não sabia o que fazer comigo. Aquilo foi uma ideia do Montoro, que Tancredo encampou na hora. Porque eu não podia ser ministro, nem queria. Era uma confusão muito grande. Eu não era removível do Senado", rememorou FHC.

— Fernando, já tenho quatro paulistas no ministério. Não há espaço para que você seja o quinto. O que quer ser? — perguntou Tancredo.

— Pedro Simon vai ser ministro?

— Vai.

— Pois quero ser líder do governo no Senado — pediu FHC.

— Vá para São Paulo descansado. Você vai ser o líder.

"Não sou afoito. Achava que o Pedro tinha precedência como líder. Se ele seria ministro, achei que podia pleitear a liderança", explicou. Os senadores do

PMDB reuniram-se para decidir qual de seus integrantes seria o presidente do Senado. José Fragelli venceu Humberto Lucena na disputa interna. "Lucena ficou desesperado. Fez um discurso patético. Saiu da sala e falou com Tancredo. Voltou de lá e me disse que o presidente queria falar comigo. Tancredo pediu que eu desistisse da liderança. Desisti." Tancredo dera a liderança para Lucena, como compensação pela derrota.

No dia seguinte, Fernando Henrique lia os jornais quando recebeu telefonema de Ulysses perguntando que história era aquela de líder do Congresso. Ao que respondeu: "Sei tanto quanto o senhor. Tancredo anunciou em uma entrevista antes de falar comigo". Resolveu apurar. Telefonou para Antônia e pediu para falar com o presidente. "Ela marcou para eu ir à Granja do Riacho Fundo."

Em 13 de março, Fernando Henrique chegou ao Riacho Fundo e teve de esperar. Tancredo acertava os ponteiros com Miguel Arraes, aquele de quem um dia dissera que não pertenciam ao mesmo PMDB. Encontraram-se no pátio interno da Granja. Ao ver Fernando Henrique, Tancredo deu uma gargalhada.

— Que história é essa de líder do Congresso?

— Não se preocupe. Você vai ser o meu principal interlocutor no Congresso. Todo mundo vai perceber isso. Já falei com o Fragelli [presidente do Senado]. Ele vai derrubar umas paredes e fazer uma sala enorme para você. Você sabe: líder para mim é mais importante que ministro. Você vai a todas as reuniões de ministério.

Fernando Henrique recordou o diálogo rindo: "Tancredo era encantador mesmo ao me enrolar". Perguntou então como ficara a definição do Ministério da Fazenda. "Ele me contou que Olavo estava contentíssimo em ser ministro das Relações Exteriores. Chegou a me dizer que a Daisy estava radiante."

Na véspera da posse, Tancredo encontrou-se com José Sarney e mostrou-lhe a lista de ministros. O vice notou a ausência do nome de Fernando Henrique Cardoso.

— Você conhece as restrições dos militares ao nome dele. Além disso, é muito desagregador — ouviu Sarney de Tancredo.

Mauro Santayana definiu como traumáticas as negociações. Segundo ele, a briga entre Montoro e Ulysses atrapalhou a formação do ministério. "Tancredo procurou botar ministros que estivessem bem com os dois ou que não se dessem bem com nenhum deles." Montoro fazia pressão para que colocasse FHC e Serra no ministério. "Tancredo resolveu que não os aproveitaria. Tinha uma certa desconfiança do Fernando Henrique. Achava-o um pouco esnobe. Tancredo era um homem simples. Modesto. FHC era agressivo com a vaidade dele. Dizia: 'Não sei o que é pior para o Brasil: a suposta loucura do Darcy ou a suposta lucidez do Fernando Henrique.'"[917]

Tancredo Neves, Marcos Freire e Miguel Arraes durante encontro (c. janeiro de 1984 a 14 de março de 1985/Acervo Fundação Getulio Vargas – Cpdoc).

Os problemas na composição do ministério surgiam por questões que pareciam mínimas.

Voltando um pouco no tempo, Tancredo Neves havia se aproximado do empresário Roberto Marinho em março de 1984, quando foi convidado para um jantar na mansão do empresário. Naquele momento da sucessão presidencial, o proprietário das organizações Globo apoiava a candidatura de Aureliano Chaves. Com o processo de esvaziamento no PDS, já estava claro que Aureliano não superaria Paulo Maluf na disputa partidária. No jantar, Marinho expôs que Tancredo era sua segunda opção. Aureliano acertou seus ponteiros com Tancredo em julho, fazendo com que Marinho passasse a apoiar Tancredo ostensivamente.

Porém, essa relação estremeceu-se no dia 18 de outubro. Marinho participava de uma caravana com uma centena de empresários à região de Carajás, no Pará. A usina de Tucuruí seria inaugurada em alguns dias pelo presidente Figueiredo e o presidente do grupo Bradesco, Antônio Carlos de Almeida Braga, empenhou-se para levar a maior parte dos responsáveis pelo PIB nacional para conhecer a região.

O empresário Sergio Quintella, um dos responsáveis pela arrecadação de recursos para Tancredo Neves entre os *mais mais* da economia, percebeu que Roberto Marinho estava mal-humorado. Não sabia o motivo. Pergunta não fez.

No dia seguinte, sexta-feira, no ônibus que levava os empresários até uma área de exploração da Vale do Rio Doce em Carajás, Marinho sentou-se ao seu lado. Pediu-lhe que transmitisse uma mensagem a Tancredo. Na edição de domingo, o jornal *O Globo* publicaria um editorial em que Marinho anunciaria seu rompimento com Tancredo Neves. Informou que acabara de aprovar o texto a ser publicado na capa do jornal. Quintella quis saber o motivo do rompimento.

— O Tancredo vai jantar na casa de um inimigo meu. Se ele prefere o Helio Fernandes à Globo, que fique com ele.

Dezessete anos depois, Marinho entregaria a direção de Redação de *O Globo* a Rodolfo Fernandes, um dos filhos de Helio, posto em que permaneceria por uma década, até sua morte, em 2011.

Em 1984, conseguir telefonar de Carajás para o Rio de Janeiro era difícil. Sergio Quintella demorou a localizar Tancredo.

— Tenho uma coisa importante a falar.

— Passe aqui — cortou Tancredo, sempre temeroso de qualquer conversa por telefone.

— Não dá tempo. Estou em Carajás. Roberto Marinho me disse que vai romper com você no domingo.

— Peça para ele só romper depois que conversarmos — desligou Tancredo, encerrando o tema sem alongar-se.

Com delicadeza, Quintella disse a Marinho que havia informado Tancredo sobre a ameaça de rompimento e pediu que aguardasse um dia a mais para que pudessem conversar. Marinho concordou, dizendo que um dia a mais não faria diferença.

De fato, o jornalista Helio Fernandes, dono do jornal *Tribuna da Imprensa*, ofereceria um jantar para Tancredo em sua casa, no Jardim Botânico, no domingo 21, a data em que Marinho planejara divulgar seu editorial de rompimento.

Helio tinha uma lista com duas centenas de convidados para homenagear o candidato. "Quem importava no Brasil daquela época havia confirmado presença", contou. Com exceção, claro, de Roberto Marinho. Tancredo seria recebido com todas as luzes a que tinha direito. "Minha casa fica em uma beira de rua no alto do Jardim Botânico. Quando tem muito carro parado na porta e tudo está aberto e aceso, é festa. Se tiver muito carro parado e tudo está fechado e apagado, é conspiração."

A *Tribuna da Imprensa* havia sido fundada por Carlos Lacerda em 1949. Em 1961, com o jornal em dificuldades financeiras, Lacerda decidiu vendê-lo a Manoel Francisco do Nascimento Brito, genro da condessa Maurina Dunshee de Abranches Pereira Carneiro (1899-1983), dona do *Jornal do Brasil*. Brito tentou reformular o jornal. Ao comprá-lo, atendia secretamente a pedido do presidente João Goulart, que queria calar o opositor Carlos Lacerda. Na operação de venda, Brito aceitou que Lacerda continuasse como articulista da *Tribuna*. No primeiro artigo em que atacava Jango, Brito censurou-o. Em 1962, para se livrar das pressões de Lacerda, Brito repassou a *Tribuna* para Helio Fernandes. O advogado Miguel Lins foi o intermediário da proposta de Brito em um almoço, como se recordou o jornalista.

— Helio, o Nascimento Brito quer vender a *Tribuna*. Ele acha que você é quem pode comprar.

— Você sabe que eu acabei de comprar a minha casa do [construtor e empresário] Horácio de Carvalho. Foi com a maior dificuldade. Não tenho um tostão.

— Você pode comprar sem dinheiro.

— Miguel, eu estou começando a me interessar.

Helio Fernandes assumiu o jornal sem desembolsar uma moeda. Assumiu as dívidas da *Tribuna*. Como ativos, tinha o título do jornal, as máquinas da gráfica e o prédio da rua do Lavradio. "Eu fazia o jornal quase sozinho. Havia mais duas ou três pessoas e só!"

Vivendo em redações desde os treze anos, Fernandes estreou como repórter político em 1946, na cobertura da Assembleia Constituinte eleita no ano anterior. Eram dezessete jornalistas que todos os dias acompanhavam os debates. Tornou-se ali amigo de Carlos Lacerda. Fernandes se destacou com a coluna "Fatos e rumores", publicada no *Diário de Notícias* a partir de 1959 e depois transferida para a *Tribuna* como "Fatos e rumores em primeira mão".

Em 1963, foi preso por ordem do ministro da Guerra, general Jair Dantas Ribeiro. Ele havia publicado mensagem secreta do ministro aos comandantes militares afirmando que o governador Lacerda estimulava clima em favor da derrubada de Jango. O ministro determinou o enquadramento de Fernandes na Lei de Segurança Nacional sob a acusação de divulgar segredos de Estado. É fato que Lacerda já conspirava, porém o jornalista foi preso sob a democracia de Jango. O governo alegou que o código da Justiça Militar sobrepunha-se aos preceitos estabelecidos na Constituição. Millôr Fernandes resumiu a polêmica: "Não quero defender o Helio por ser meu irmão, mas jornalista que recebe circular sigilosa e confidencial, assinada por um general ministro da Guerra, e não publica, é melhor que abra um supermercado".

Com a derrubada de Jango pelo golpe de 1964, a *Tribuna da Imprensa* colocou em sua primeira página: "Democratas assumem comandos militares".[918] Em editorial, chamou Goulart de "líder dos comuno-carreiristas-negocistas--sindicalistas". "Escorraçado, amordaçado e acovardado deixou o poder como imperativo da legítima vontade popular", começava o texto. Publicou página célebre em que apontava os dez homens mais desonestos do Brasil. Todos eles se chamavam João Goulart.[919] No dia seguinte, publicou perfil dos nove militares e três civis que "construíram a vitória sobre o jugo comunista". Lacerda estava entre eles, tendo sido definido como o "líder de sempre".

Helio Fernandes justificou sua posição em 1964. "Não apoiei nem combati o golpe nos primeiros três ou quatro meses. Pratiquei represália contra aqueles que me prenderam, me julgaram e pediram ao Supremo a minha condenação a quinze anos de prisão, enquadrado na Lei de Segurança Nacional."

Tornou-se crítico do regime passados alguns meses. Empenhou-se na articulação da Frente Ampla, criada em outubro de 1966. O movimento político unia Carlos Lacerda, Juscelino Kubitschek e João Goulart na defesa da restauração da democracia. Fernandes tentou ser candidato a deputado federal pelo MDB, todavia o presidente Castello Branco cassou seus direitos políticos a três dias do pleito.

Castello deixou a presidência em março de 1967. Em 18 de julho, morreu em acidente aéreo. No dia seguinte, Fernandes publicou artigo na primeira página da *Tribuna*. "Nunca pude entender o fato de se chorarem e se lamentarem todas as mortes indistintamente. Se todos têm que morrer algum dia, se a morte é a finalização natural e inevitável da vida, sempre escapou à minha compreensão o fato de se nivelarem todos na mesma dor, moços e velhos, heróis e covardes, talentos e medíocres, gente que contribuiu para o progresso e dignificação da humanidade e gente que não fez outra coisa senão explorá-la",[920] começava o texto. Na sequência chamava o primeiro presidente do golpe de 1964 de "frio, impiedoso, vingativo, implacável, desumano, calculista, ressentido, cruel, frustrado, sem grandeza, sem nobreza, seco por dentro e por fora, com um coração que era um verdadeiro Saara". Sugeria epitáfio cruel para seu túmulo: "Aqui jaz quem tanto desprezou a humanidade e acabou desprezado por ela". Foi preso no mesmo dia. Passou por "sessenta dias de desterro e confinamento" na ilha de Fernando de Noronha e em Pirassununga, conforme descreveu.

Helio Fernandes tornou-se inimigo de Roberto Marinho em 1965, quando o empresário rompeu com o governador Carlos Lacerda. Esteve em lado oposto a Tancredo desde 1953. Entre 1964 e 1970, por diversas vezes lamentou que não tivesse sido cassado e apontou supostas participações em negociatas envolvendo o Grupo Cimento Barroso, o Banco Almeida Magalhães e o Banco de Desenvolvimento de Minas Gerais. Fez as pazes com Tancredo na campanha eleitoral de 1970, quando o mineiro buscava a reeleição como deputado federal pelo MDB. Afirmou que Tancredo fazia pronunciamentos "firmes, corajosos e veementes" em sua campanha. "Quem diria que o senhor Tancredo Neves ainda seria a estrela de uma campanha da oposição e principalmente numa terra com as tradições de Minas Gerais? De qualquer maneira, uma recuperação, mesmo tardia, é muito melhor do que qualquer coisa."[921]

Em 1981, estavam em paz e próximos. Tancredo convidou Fernandes para ser candidato ao Senado pelo PP do Rio de Janeiro. "Quero ver alguém dizer que o PP é governista depois da filiação do jornalista mais combativo do país", justificou. O PP incorporou-se ao PMDB, e Fernandes desistiu da candidatura.

Em 1984, na véspera do jantar que Fernandes ofereceria a Tancredo, a imprensa carioca publicou informes pagos em que reproduzia a coluna "Fatos e rumores em primeira mão" de 12 de maio de 1964: "Um setor até agora inteiramente abandonado pelo Comando revolucionário e pelo governo do marechal Castello Branco: Seguros. Nesse campo se realizaram alguns dos maiores escândalos do governo do senhor João Goulart. Além do próprio Jango, os grandes beneficiários se chamam Tancredo Neves e Doutel de

Andrade. Ambos ganharam milhões e milhões de dólares (e de libras) com tráfico de influência, prejudicando os corretores normais e dando espantosos prejuízos ao Brasil",[922] escreveu Fernandes. Em editorial, a *Tribuna* já havia acusado Tancredo de ter enriquecido quando primeiro-ministro[923] e o chamara de "crápula".[924] Fernandes cobrara a cassação de Tancredo pelo regime militar.[925]

O candidato do PMDB à presidência não se importunou. "O que passou, passou. Helio sabe que errou, tanto que me chamou para jantar em sua casa. Estarei lá", contemporizou Tancredo.

O empresário Sergio Quintella voltou de Carajás ao Rio preocupado com a possibilidade de rompimento de Roberto Marinho. Encontrou-se com Tancredo no apartamento da avenida Atlântica, antes da realização do jantar na casa de Helio Fernandes.

— Matei a charada. Não é por causa do jantar. Ele quer pressionar para ter Antonio Carlos Magalhães como ministro das Comunicações — contou Tancredo a Quintella, colocando a gravata na boca, como se fosse mastigá-la. Era hábito antigo.

— O Antonio Carlos não entende nem de telefone, quanto mais de comunicações.

Tancredo aqui exercitava o talento de ilusionista.

Havia se reunido em junho de 1984 com ACM e Mário Andreazza, a quem o ex-governador baiano apoiava na sucessão presidencial. Em encontro na varanda do apartamento de Copacabana, prometera a Andreazza os votos do PMDB de Minas no colégio eleitoral, caso vencesse Maluf na convenção do PDS. Àquela altura, a chance de vitória malufista era do tamanho do mar de Copacabana. Contente, Andreazza se retirou por um minuto para ir ao banheiro. Tancredo perguntou a ACM:

— Se Maluf vencer a convenção do PDS derrotando Andreazza, a Bahia me apoia?

— Sim, mas só se Maluf vencer — prometeu o ex-governador.

Em agosto, o mar de Copacabana continuava imenso como as chances de vitória malufista. Deu-se o óbvio. Maluf venceu Andreazza. Na madrugada do dia 12, o embaixador Paulo Tarso Flecha de Lima convidou Tancredo para um drinque em seu apartamento em Brasília. Antonio Carlos Magalhães hospedava-se com Flecha de Lima quando estava na capital. Não por coincidência, recebeu Tancredo radiante, apesar da derrota recente de quem apoiava. Seu grupo político controlava quinze votos de integrantes do colégio eleitoral. Oferecia-os na bandeja a Tancredo.

— No meu governo, você será ministro do que quiser — adulou-o.

Para evitar que Roberto Marinho achasse por demais indigesto o jantar de Tancredo na casa de Helio Fernandes, o peemedebista fez chegar ao dono da Globo que não havia por que se preocupar. O indicado ao Ministério das Comunicações seria da sua lavra. Atendia pelo nome de Antonio Carlos Magalhães.

No domingo chuvoso de 21 de outubro, Tancredo e Risoleta foram recebidos com festa na casa de Helio Fernandes. Políticos, empresários, jornalistas e artistas haviam comparecido. Embora fossem apenas duzentos convidados, mais de trezentas pessoas estiveram presentes. Nada atrai mais do que a perspectiva de vitória. Helio Fernandes acabara de receber um telefonema quando Tancredo chegou.

— Era a Tônia Carrero avisando que vai se atrasar — sorriu.[926]

— Por ela, espero até de manhã — cortejou Tancredo.

Começou a chover forte. O jurista Afonso Arinos aventou a possibilidade de o candidato ter de pernoitar no Jardim Botânico.

— Se Tancredo tiver que dormir aqui, você terá de ceder o seu quarto. É o protocolo para presidentes — sugeriu ao dono da casa.

Tancredo passou a maior parte do tempo no jardim, nos fundos da residência. Ao passar pela sala principal, Helio Fernandes viu José Sarney sentado sozinho no sofá. Vice-presidente no Brasil não vale nem como aperitivo.

— Sarney está isolado — alertou Fernandes a Tancredo.

— Traga-o para o meu lado — pediu o peemedebista.

A festa acabou por volta das três da manhã. A chuva amainou. Tancredo e Risoleta dispensaram o pernoite no quarto de Helio Fernandes.

Roberto Marinho tinha simpatia por Tancredo. Em 1983, quando Tancredo foi eleito governador, o empresário enviou telegrama manifestando "a confiança na experiência e na capacidade de trabalho" do político mineiro. Ao deixar o governo de Minas, Tancredo Neves enviou carta para elogiar editorial de *O Globo* que pregava ampla cobertura da campanha presidencial que se iniciava. Marinho havia sido contrário à campanha de restabelecimento das eleições diretas que empolgara o país em 1984. "Ele ficou apreensivo com a velocidade com que as coisas estavam acontecendo. Por isso, ele apoiou eleições indiretas. Ele queria as eleições diretas com o processo democrático mais institucionalizado", reconheceu o vice-presidente do grupo Globo, João Roberto Marinho.[927] "Meu pai claramente se posicionou a favor de Tancredo. Ele achava que o governador mineiro seria o presidente adequado para construir a passagem do Brasil para a democracia plena", declarou.

Tancredo Neves e José Sarney durante a campanha eleitoral para a presidência da República (Foto de Getúlio Gurgel, Acervo Fundação Getulio Vargas – Cpdoc).

A influência do dono do grupo Globo no futuro governo Tancredo foi registrada pelo SNI. "Dornelles revelou que Roberto Marinho iria solicitar a Tancredo a indicação de Roberto Gusmão para o Gabinete Civil." Tancredo atendeu ao pedido parcialmente. Gusmão, também apadrinhado por Montoro, tornou-se ministro da Indústria e Comércio. O presidente eleito destinou o Gabinete Civil a José Hugo Castelo Branco, auxiliar de longa data e responsável pelo caixa de sua campanha.[928] O apoio de Marinho a Antonio Carlos Magalhães exerceu papel central na nomeação dele. O empresário ainda colocou seu peso na escolha do ministro da Fazenda. Não bastou ter vetado Serra. Deu aval a Dornelles, que afirmou:

Fiquei como responsável pelo contato com a Globo depois da eleição. Eles apoiaram muito a indicação de meu nome para o Ministério da Fazenda. Quando Tancredo viajou para o exterior, o PMDB começou a fazer um movimento forte contra minha indicação. Eles escreveram um editorial de primeira página defendendo o direito de Tancredo escolher livremente o ministro.

O que ameaçava tornar-se um problema fantástico esvaziou-se em calmaria. Tancredo jantou com Helio Fernandes, ACM virou ministro das Comunicações e Roberto Marinho não rompeu com o peemedebista. O editorial de rompimento de Marinho com Tancredo perdeu-se na lata de lixo da história.

Momentos de mudança causam desalinhamentos, por vezes choques. A escolha dos ministros militares caracterizava-se pela delicadeza do quadro político.

Todo mês, a cúpula tancredista se reunia discretamente, na Academia de Tênis de Brasília, com o general Leônidas Pires Gonçalves. O comandante do III Exército participava das reuniões do alto-comando do Exército e partia para encontrar Sarney, Aureliano e José Richa. "Éramos amigos havia muitos anos. Desde que ele era major e integrante do gabinete de Jânio. Leônidas foi o ponto-chave. A ele deve o país, em grande parte, a tranquilidade da transição", elogiou Sarney. Leônidas foi o primeiro ministro escolhido por Tancredo, em 20 de novembro, quase dois meses antes da eleição. Para o SNI, havia duas opções para a chefia da agência: Ivan de Souza Mendes e Adhemar da Costa Machado. A proximidade de Mendes com Leônidas valeu-lhe o posto. Mendes havia elaborado relatório na década de 1970 com acusações de desvios éticos a Sarney. Serviria cinco anos ao sucessor de Tancredo, sem revelar o que produzira na tentativa de estimular a cassação dele. "Eu dormia com uma cascavel e não sabia", irritou-se Sarney em 1991, quando Elio Gaspari mostrou a ele o dossiê de Mendes. "O general Ivan, tendo feito tudo isso contra mim, passou cinco anos como chefe do SNI ao meu lado. Nenhum presidente deve ter sido antes tão vigiado e seguido quanto eu."

Na Marinha, aliados identificaram sussurros conspiratórios partindo do ministro Alfredo Karam. Tancredo fez chegar a mensagem de que poderia mantê-lo no cargo. Karam se mostrou disposto. Às vésperas de tomar posse,

Tancredo explicou-se a um amigo: "Karam tentou me dar um golpe e eu dei um golpe nele. Não será ministro". O escolhido foi o almirante Henrique Saboia, que nunca soube por que chegou ao cargo. "Era uma pergunta que iria fazer ao presidente Tancredo. Não tive oportunidade. Eu não o conhecia. Só estive uma vez com ele, na data do convite."[929] Saboia tinha uma certeza. A de que Karam queria continuar e que se encontrara com Tancredo para viabilizar sua permanência. Surpreendeu-se com a escolha. Havia sido colega de Renato Archer na Marinha. Virou ministro na linha do amigo-de-amigo--meu-é-meu-amigo.

Na Aeronáutica, Tancredo tinha duas opções. A primeira era Deoclécio Siqueira, ministro do Superior Tribunal Militar, conhecido entre os pares como "o Tancredo de farda".[930] O problema é que não estava na ativa. Tancredo convidou Siqueira para reunião em Brasília, na qual propôs que convidasse o brigadeiro Octávio Júlio Moreira Lima para a pasta. Feliz, Siqueira deu a notícia ao amigo. "Foi como se eu próprio tivesse sido o escolhido, de tão próximo que somos", afirmou. Em 27 de fevereiro, Moreira Lima se reuniu com Tancredo para que o nome fosse referendado. Sua mulher, Ana, concedeu entrevista alegre: "Meu marido sempre foi contra o continuísmo".

No dia seguinte, o fotógrafo Antônio Ribeiro, da revista *Veja*, foi ao gabinete do brigadeiro Moreira Lima, na sede do Comando Geral de Apoio, no Rio. Parecia uma pauta jornalística simples: fotografar o novo comandante da Aeronáutica. Quando se preparava para ser fotografado, Moreira Lima ouviu do brigadeiro George Belham, que o auxiliava:

— Você vai ser ministro do futuro governo, não deste.

Moreira Lima estava prestes a ser fotografado com imagens do poder: numa parede o presidente Figueiredo, em outra o ministro Délio Jardim de Mattos. O ministro indicado começou a mudar o cenário. O primeiro retrato a ser retirado foi o do ministro da Aeronáutica. Colocou no lugar foto de Salgado Filho, ministro da Aeronáutica de Vargas. Moreira Lima retirou também o retrato de Figueiredo. Um ajudante de ordens resolveu preencher o espaço com foto de Santos Dumont, rebarbando a má sorte que envolve o patrono da aviação brasileira.[931] Mexeu com ele, ziquizira na certa.

Publicada por *Veja* a foto em que a troca de quadros resplandecia mais do que o novo ministro, Leitão de Abreu, chefe da Casa Civil de Figueiredo, reclamou de que o presidente e o ministro da Aeronáutica, Délio Jardim de

Mattos, ficaram furiosos. Mattos dizia que Tancredo se comprometera a não escolher para sucedê-lo seus desafetos Moreira Lima e Deoclécio Siqueira. Organizava-se um manifesto na Força Aérea contra os dois. Tancredo mandou que ligasse para Aureliano.

— Você tem cinco minutos para responder: Deoclécio ou Moreira Lima?
— Moreira Lima — respondeu Aureliano.

Tancredo mandou que fosse divulgada a informação do novo ministro. Dornelles temia a reação de Mattos e demais militares que organizavam o manifesto.

— O senhor fez o contrário do que o Leitão disse.
— Dornelles, se existir um manifesto que não está publicado, quem assinou ainda tem tempo de retirar a assinatura. Quem não assinou não assina mais. Anuncia o Moreira Lima e rompe o tumor. Procure o Leitão. Diga que foi Aureliano quem indicou o ministro. E que a essa altura eu não pude fazer mais nada.

Não houve manifesto.

O grupo resistente a Moreira Lima comprou centenas de revistas e espalhou pelo Ministério da Aeronáutica. Mattos queria prender Moreira Lima. O escolhido ligou para Tancredo.

— Presidente, houve uma situação muito desagradável. Não quero causar transtorno ao senhor. Eu queria declinar do convite para o cargo de ministro.
— Brigadeiro, de maneira nenhuma. Não é contra o senhor que estão fazendo campanha, é contra mim. Eu o escolhi ministro, o senhor vai ser meu ministro da Aeronáutica.[932]

A disputa pela Casa Civil da Presidência tornou-se uma luta amarga entre amigos. No Palácio do Planalto, o titular despacha no quarto andar, imediatamente acima do gabinete do presidente. Estar perto do poder é exercer o poder. O primeiro nome a ser inflado era o do senador paranaense Affonso Camargo, coordenador-geral da campanha. Parecia a escolha óbvia. Esvaziou-se à medida que aumentou a pressão do governador do Paraná, José Richa, contra a escolha de Francisco Dornelles para a Fazenda. Os mais ligados a Tancredo passaram a acreditar que o deputado Fernando Lyra seria o titular da Casa Civil. Havia sido o primeiro a abraçar a candidatura de Tancredo e tinha experiência nas articulações do Congresso. "Houve um momento em que Aécio e Tancredo Augusto me ligaram do interior de Minas. Disseram que eu seria ministro da Casa Civil", lembrou-se Lyra. Francisco Dornelles chegou a enviar-lhe o organograma da Casa Civil para que se preparasse. Na mesma pasta, veio também o organograma da Casa Militar. "Eram idênticos na estrutura. Ambos haviam sido feito por militares. Eram as duas casas chefiadas por militares. A Casa Civil só era civil no nome."

Tancredo usava da estratégia de liberar pessoas de seu círculo mais próximo a lançarem nomes tidos como certo no ministério. Dornelles, Aécio, Tancredo Augusto, Hélio Garcia e José Aparecido foram alguns dos utilizados. Testava a recepção dos ministeriáveis.

"Tancredo em nenhum momento me convidou para ser ministro. Anunciou que eu seria ministro da Justiça sem me consultar", riu-se Fernando Lyra. Dias antes da posse, Tancredo o chamou para uma reunião. Lyra levou uma lista com os nomes que queria indicar. Propunha Sepúlveda Pertence para a procuradoria-geral da República. Surpreendeu-se por Tancredo já ter um nome para o cargo: Miguel Reale Jr., indicado por Ulysses. O presidente eleito anuiu a argumentação de Lyra em defesa de Pertence. Só que lançou uma armadilha para o novo ministro. Pediu a ele que comunicasse a Ulysses que o candidato dele não seria o escolhido. Lyra não quis pisar no calcanhar de Ulysses e repassou a tarefa para Vera Brant, amiga comum e que chegara a Brasília para fundar a UnB com Darcy Ribeiro. Coube a ela ouvir o balbuciar irritado do presidente do PMDB. Tancredo delegava o papel de ser desagradável a um aliado.

Ao começar a discutir nomes para a direção da Polícia Federal, Lyra demorou a entender que Tancredo já havia convidado o coronel do Exército Luís de Alencar Araripe para o posto. Desde 1964, a PF era chefiada por militares, e Lyra queria colocar um delegado de carreira na função. Tancredo não deixou. Araripe fora do Serviço Nacional de Informações e Tancredo havia sido amigo de seu pai, o desembargador mineiro Arnaldo de Alencar Araripe. "Dr. Tancredo não me explicou por que escolheu sozinho o diretor da PF. Obviamente ele tinha um acordo com o SNI para alguns postos na transição", afirmou Lyra.

Araripe contou que se encontrou com Tancredo e foi questionado de supetão:

— Você tem medo de ser diretor da Polícia Federal?

— Não, presidente. Tenho duas condições: nenhuma interferência política no departamento e recursos adequados para cumprir as missões precípuas.

— Você terá.[933]

Araripe pediria demissão menos de um ano depois. Nomeou para a direção da Polícia Federal em Fortaleza um ex-militar que havia sido acusado de tortura pelo projeto Brasil Nunca Mais. Recusou-se a rever a indicação e foi para casa.

Como se não bastassem as escaramuças fardadas, o presidente eleito teve de enfrentar as regionais. Hélio Garcia, que herdara o governo de Minas de Tancredo, reclamou:

— Há quatro mineiros no seu ministério, apesar de nenhum ter sido indicado por Minas. José Hugo, da Casa Civil, e Costa Couto, do Interior, foi o senhor mesmo quem escolheu. Aureliano Chaves veio do PFL, em nome da Aliança Democrática. Dornelles foi o senhor quem me mandou indicar.

Tancredo driblou-o:

— Ora, governador, quem tem a maçaneta da minha porta precisa indicar ministro?

Não havia ministério com a porta fechada nem ministro dono de latifúndio. Dias antes da posse, Tancredo recebeu José Sarney, o vice, e Aureliano Chaves, convidado para ser ministro das Minas e Energia, e Marco Maciel, escolhido ministro da Educação. Depois de muita conversa amena, Aureliano falou grosso.

— Estou aqui para dizer-lhe que aceitei ser seu ministro das Minas e Energia. No entanto quero indicar o presidente da Eletrobras. Será o Ney Braga.

— O presidente da Eletrobras será o Mario Bhering. É um mineiro competente, pessoa de grande conhecimento do setor elétrico, experiente e já está escolhido — respondeu Tancredo, em tom firme.

O silêncio constrangedor que se seguiu foi rompido quando Tancredo tocou nas pernas de Sarney e perguntou:

— Como vão as coisas? Parece-me que está tudo bem.

Aureliano ajeitou o corpanzil na cadeira e dirigiu-se a Tancredo.

— O senhor é o presidente. Como seu ministro, estou aqui para apoiá-lo. A decisão é sua.

Na saída, Tancredo sussurrou a Sarney.

— Ora essa do Aureliano...[934]

Tancredo colocara como meta retirar os militares do comando das estatais brasileiras. Em meados de 1984, o governador Franco Montoro sondara o empresário Antônio Ermírio de Moraes para ser candidato a vice-presidente numa ainda eventual chapa com Tancredo Neves. Ermírio recusou. Não traria um voto a mais para a oposição no colégio eleitoral. Com o novo presidente eleito, Montoro sondou Ermírio para assumir a Petrobras. O governador agiu a pedido de Tancredo, conforme relatou no encontro que mantiveram em 23 de janeiro de 1985.[935] Ermírio foi simpático à ideia, apesar de preferir esperar a escolha do futuro ministro das Minas e Energia, ao qual estaria subordinado. Durante um mês, os jornais publicaram que estava escolhido para comandar a estatal. Essa possibilidade incomodou o ex-presidente Ernesto Geisel. O empresário dissera em 15 de janeiro de 1985: "Tancredo Neves terá de deixar de lado os monumentos megalomaníacos erguidos no governo Geisel e que foram responsáveis pelo endividamento ainda maior do Brasil no exterior".[936]

O ex-presidente reclamou com Aureliano Chaves da escolha. Dessa vez, o futuro ministro ganhou o embate. Hélio Beltrão foi escolhido para presidir a Petrobras, para o contentamento de Geisel. Em 25 de fevereiro, Tancredo se reuniu com Ermírio. Os jornais especulavam que seria a formalização da sua nomeação para a estatal. Sentados frente a frente, a conversa fluiu sobre a proposta de pacto social. O presidente eleito pretendia ver trégua entre empresários e trabalhadores para momentos difíceis de recuperação da economia. À saída, Ermírio declarou que preferia colaborar com o governo na iniciativa privada. Tancredo selou o desconvite: "É um grande homem para qualquer tarefa, mas não o convidei para a Petrobras. A escolha do presidente da estatal é tarefa para o futuro ministro das Minas e Energia". Geisel ganhara a parada.

Em determinado momento, Tancredo imaginara o ministério com nomes como Paulo Brossard na Justiça e o economista Dércio Garcia Munhoz no Planejamento. Nenhum dos dois resistiu ao choque das ondas. Tancredo pediu ao ex-governador do Ceará Adauto Bezerra que indicasse o ministro da Desburocratização. Aceitou nomear Paulo Lustosa sem conhecê-lo. Não chegaram nem sequer a se encontrar.

"Existia uma demanda enorme do PMDB do Nordeste. Era aquela turma que estava chupando dedo na oposição havia vinte anos", recordou-se Aécio Neves. Para as lideranças do Nordeste, o ministério mais importante era o do Interior, ocupado pelo ministro Andreazza. "Fazia estradas, obras contra a seca, tinha orçamento. Era tido como o ministério do Nordeste", definiu Aécio.

O problema para os peemedebistas do Nordeste é que os governadores do Nordeste, situacionistas, haviam se bandeado para o lado de Tancredo. A exceção foi Wilson Braga da Paraíba, o único a aderir a Maluf. Os dois lados disputavam a indicação de ministro do Interior. Tancredo pediu a Aécio Neves que convocasse reunião com os governadores nordestinos da Frente Liberal. Além de Tancredo, estavam presentes Sarney e Aureliano Chaves. Tancredo sentou-se em cadeira no centro com os governadores à sua volta. Foram três horas de reunião.

Coube ao governador do Rio Grande do Norte, José Agripino Maia, lançar diretamente a questão do Ministério do Interior.

— Peço a compreensão de vocês, porque meus companheiros do PMDB estão há vinte anos fora do poder. A única demanda que eles têm é o Ministério do Interior. Eu não tenho como deixar de atender o PMDB do Nordeste.

O silêncio se instalou de modo desconfortável. Tancredo teve de continuar.

— Quero que vocês compreendam. Vocês não terão o ministério, porém terão o presidente da República, que será leal, não vai permitir qualquer tipo de perseguição e não vai inviabilizar o governo de ninguém. Tenho compromissos com vocês. Quero que compreendam que tenho um compromisso com o PMDB. Sei o que significa para a região o fim do período autoritário.

"Todo mundo saiu meio puto", lembrou-se Aécio. "Ninguém briga com um presidente que vai tomar posse dali a poucos dias. Foi uma reunião horrorosa, aquele clima frio. Tancredo manteve-se tranquilo. Só me disse uma frase: marque um café da manhã com a turma do PMDB."

A Granja do Riacho Fundo parecia sede de encontro de grêmio estudantil quando chegaram as lideranças do PMDB do Nordeste. Eram companheiros de Tancredo a vida inteira. Muitos tinham tido pouco contato direto durante a campanha. "Foi uma farra. Passaram horas contando histórias. Tancredo tinha agenda apertada. A reunião não rumava para lugar algum. A conversa não acabava, parecia festa", contou Aécio.

Tancredo pediu a palavra:

— Gente, preciso de um gesto de amizade e generosidade dos meus companheiros do PMDB. Sei que há uma expectativa grande de vocês em relação ao Ministério do Interior. Decidi dizer pessoalmente a vocês que, pelo resultado da eleição, pela importância da Frente Liberal nela, vocês sabem que não tenho como deixar de nomear alguém indicado pelos governadores para o Ministério do Interior.

— Que isso, Tancredo? Quer matar a gente? — alguém reclamou.

— Vocês têm o presidente da República. Não precisam de ministro nenhum. Vocês têm a mim. É direto, na hora que quiser, na hora que precisar.

"Tancredo criou um problema, pensei. Não estou entendendo nada dessas duas reuniões. Ulysses fazia cara enfezada. O clima ainda estava um pouco melhor do que o da reunião da Frente Liberal. Dr. Tancredo seguiu para outras audiências tranquilo. Perguntei para ele duas vezes o que se passara. Ele ria, sem falar nada", reconstituiu Aécio.

Duas semanas depois, Tancredo mandou marcar duas novas reuniões. Primeiro os peemedebistas. Duas horas depois, os governadores nordestinos da Frente Liberal. Fez o mesmo discurso para os dois grupos:

— Desde a nossa última reunião, não tenho dormido direito. Porque tenho compromissos que me deixam entre uma coisa e outra. Resolvi cometer uma violência comigo mesmo e com meus companheiros. Vou nomear um técnico para o ministério. Não será nem da Frente Liberal nem do PMDB.

Os peemedebistas aceitaram sem discutir nomes. Na reunião com a Frente Liberal, Tancredo se dispôs a ouvir sugestões. Os governadores pediram a Tancredo que traçasse o perfil do técnico que desejava.

— Acho que tem de ser alguém jovem, já familiarizado com as questões do Nordeste e do desenvolvimento regional. É também fundamental que seja pessoa em quem eu confie, porque o Nordeste é prioridade. Tem de ser pessoa que se dê bem com os senhores governadores, com os peemedebistas, com os empresários.

— Dr. Tancredo, este figurino só veste no Ronaldo Costa Couto — apontou o governador de Alagoas, Divaldo Suruagy.

— Aceito a sugestão — aproveitou-se Tancredo.

"Sei que ele se levantou e encerrou a reunião. Em seguida, me ligou para dizer que me tornara ministro do Interior", declarou Costa Couto.

A secretária Antônia Gonçalves de Araújo anotava em um livro os compromissos que Tancredo assumia no decorrer da negociação do ministério. Esse livro passou da mão de Antônia para José Sarney, quando assumiu a presidência. Fora de grande parte da negociação, Sarney usava o livro de Antônia como bíblia. "Ela me foi extremamente útil e correta", recordou-se. O desesperador é que o livro trazia para os mesmos cargos às vezes dois ou três nomes. Aliados do governador Franco Montoro sentiram-se ludibriados quando tentaram emplacar na Embratur, João Doria Júnior, que se tornaria prefeito de São Paulo em 2017. Antônia abriu a bíblia e informou que o cargo estava destinado ao ex-deputado Mac Dowel Leite de Castro, amigo dela. Os montoristas começaram a duvidar se valia o que estava escrito.

O deputado mineiro Aníbal Teixeira despachava na sala ao lado de Tancredo no prédio da Fundação Getulio Vargas que sediou a transição. Decidiu armazenar em um computador compromissos de cargos de segundo e terceiro escalão que Tancredo lhe passava pessoalmente. A lógica binária do computador não entendia Tancredo. Nomes diferentes para os mesmos postos chocavam-se, dando mensagem de erro. "O computador era a cabeça de Tancredo. Ele não gostava de falar nem em telefone de tecla", reconheceu Fernando Lyra.

Tancredo assim agia não por esquecimento ou desmazelo. Era de novo a tática de ler as espumas produzidas pelas ondas. O problema é que os dados de Tancredo só tinham utilidade para ele próprio. O seu desaparecimento provocaria curto-circuito. No réveillon de 1984 para 1985, sentira-se mal. Comentara com a mulher a certeza de que tinha câncer. A doença acometera um de seus irmãos.

— Vá a um médico, Tancredo — aconselhou Risoleta.
— Não posso nem colocar os pés num consultório — rejeitou.[937]

Em 12 de março, Tancredo concedeu a entrevista coletiva que se tornaria seu último pronunciamento político. Defendeu a contenção dos gastos públicos, o combate à inflação sem prejuízo da expectativa de altas taxas de crescimento econômico, a ampliação de recursos para a produção agrícola e a reformulação da Lei de Greve.

Anunciou também o ministério.[938] O mal-estar açodou jornalistas mais críticos. Millôr Fernandes, antes mesmo da divulgação oficial do ministério, resumiu seu espanto e aversão aos nomes em discussão: "Tan-CREDO!".[939] Figueiredo deixara o governo com 23 ministros. Tancredo criou quatro novas pastas: Administração, Ciência e Tecnologia, Cultura, e Desenvolvimento Urbano e Ambiente. Cinco dos novos ministros escolhidos — Roberto Gusmão, Waldir Pires, José Aparecido, Aluízio Alves e Renato Archer — haviam sido cassados pelo regime militar. Outros dez haviam servido a ele de alguma forma.

Da órbita de influência de Geisel saíram o ministro do Exército, general Leônidas Pires Gonçalves, e o ministro-chefe do SNI, general Ivan de Souza

Mendes. O chefe do Gabinete Militar, Rubens Denys Bayma, que comandara a 4ª Brigada de Infantaria, em Belo Horizonte, no período em que Tancredo governava Minas Gerais, era filho do marechal Odylio Denys, que intercedeu pessoalmente em favor de sua nomeação.

Quando a equipe de Tancredo chegou ao palácio do Planalto na véspera do 15 de março de 1985, encontrou-o vazio. Quem formalizou a transição do governo foram Delfim Netto, Ernâne Galvêas e Leitão de Abreu.

O presidente eleito anunciou a criação da Comissão de Notáveis a fim de elaborar a proposta de reforma constitucional. "Tancredo não estava disposto a partir para a convocação de Assembleia Nacional Constituinte, alternativa complexa e difícil em sua opinião", opinou o mais longevo ocupante da Secretaria-Geral da Câmara, braço operacional do presidente da Casa. "Um dia, conversando a sós comigo, fez o seguinte comentário ao falar da convocação de Constituinte: Você acha que vou instalar Constituinte para ficar sendo amolado o tempo todo? Criarei uma comissão e vou pedir, de vez em quando, que me mandem uma proposta de emenda constitucional", declarou Paulo Affonso Martins de Oliveira, 42 anos como servidor público e 23 deles como secretário-geral da mesa.[940]

Um folheto produzido pelo comitê eleitoral de Tancredo, batizado de "Compromisso com a nação", afirmava a "convocação de Constituinte, livre e soberana, em 1988".[941] O deputado Aírton Soares era um dos oito parlamentares petistas no Congresso. Soares, Bete Mendes e José Eudes decidiram se desligar do partido, em razão da ameaça de expulsão por desrespeitarem a decisão de boicote ao colégio eleitoral. Votaram no candidato da oposição. Ao esperar por encontro com Tancredo, Soares deparou-se com o folheto na antessala. Cobrou de Tancredo a promessa inicial de convocar a Constituinte em 1986, não em 1988 como lera no folheto da antessala. O eleito contornou o problema sem deixar pistas de suas reais intenções.

Tancredo preparava com Mauro Santayana o discurso que faria perante o ministério reunido, no dia seguinte à posse. "É proibido gastar" estabeleceu-se como a sentença principal. "Ficamos vinte anos fora do poder. Agora que ganhamos vocês vêm dizer que não podemos nomear nem gastar?", ouviu Mauro Santayana de um líder peemedebista.

O grau de interesse pelos problemas públicos impressionava. Tancredo parecia ter energia sobrando para enfrentar os mais diversos desafios. Poucos sabiam que estava doente. Alguns percebiam comportamentos estranhos, mas muitos só se deram conta do real quadro depois que ele foi internado.

O embaixador Vasco Mariz servia no Peru. Em 1984, foi transferido para a embaixada brasileira em Berlim. De passagem pelo Rio de Janeiro, encontrou-se em reunião social com Ronaldo do Valle Simões, casado com Maria do Carmo, uma das filhas de Tancredo. "Ele estava entusiasmado com a eleição do poderoso sogro. Disse-me logo que o futuro presidente certamente teria muito prazer e interesse em ver-me e consultar-me. Dei-lhe meu telefone, sem muita esperança de que o encontro pudesse ocorrer. Para minha surpresa, dias depois a secretária de Tancredo, a famosa d. Antônia, telefonou-me", contou Mariz.[942] Ele apresentou-se ao gabinete da transição em Brasília. Logo que d. Antônia recebeu o cartão de visita, buscou-o para atravessar a sala por entre velados protestos de alguns dos presentes. "Sentei-me na pequena antessala, e após poucos minutos de espera o próprio Tancredo veio ao meu encontro e me abraçou afetuosamente, embora não nos víssemos desde 1977."

Mariz achou Tancredo em péssimo estado. "Tinha profundas olheiras escuras e uma barriga enorme, inchada. Sentiu o meu olhar e justificou-se exclamando: 'Não aguento mais essa vida política! Há dias que tenho de almoçar três vezes! É inevitável, senão zangam-se.'"

Tancredo entregou a Mariz um volume grosso datilografado com o título de "Lista de brasileiros trabalhando para o governo no exterior".

— Não lhe parece um absurdo? Tantos brasileiros trabalhando para o governo no exterior?

A tal lista continha nomes, profissões, cargos, entidades em que serviam, tempo no exterior, missão específica, entre outros dados. Segundo Mariz, havia um número excessivo de militares em missões de todo tipo de gênero, algumas realmente importantes, a maioria nem tanto. Disse que havia também numerosos bolsistas, estudando matérias que o fizeram sorrir. Sugeriu que Tancredo montasse uma pequena comissão para avaliar os funcionários e bolsistas.

Nas sombras do ministério de Tancredo, o SNI buscava informações. Registrou que d. Antônia fugia de uma reportagem que a revista *Veja* queria fazer sobre a intimidade entre a secretária e o patrão. O jornalista Antônio Carlos Scartezini pressionava-a para conceder entrevista. "Antônia mostrou-se irritada com chefe da *Veja* em Belo Horizonte. Não desejava ter nome ligado ao chefe do executivo particularmente no que concerne à vida privada", anotou o SNI.

Os agentes do SNI se deleitavam em transcrever em suas fichas conversas picantes. Iam ao extremo da invasão de privacidade.

Lúcia Flecha de Lima, esposa do embaixador Paulo Tarso Flecha de Lima e amante do ex-governador Antonio Carlos Magalhães, mostrando-se enciumada ante a crença de que o ex-governador baiano vem se relacionando intimamente com mulher da sociedade paulista — seria proprietária das Lojas Mappin —, revelou que instigou o marido a pleitear com Tancredo Neves uma embaixada no exterior.[943]

Lúcia Flecha de Lima era monitorada de perto.

Paulo Tarso não mais confia em Dornelles. Lúcia diz que basta uma pessoa ter acesso ao presidente da República para ter poder. Possua o cargo que possuir. Declarou que trabalhará para conseguir boa colocação para Paulo Tarso no futuro governo. Conta com apoio de sua irmã, Letícia, residente em BH, do governador Hélio Garcia, e de Aécio Neves, além de ACM. Anunciou que pretende se aproximar de Antônia Gonçalves, secretária de Tancredo Neves.

Nos dias finais da transição, Tancredo apresentou à nação seu robe de chambre de bolinhas. Recebia a visita do governador Leonel Brizola. Permitiu que os fotógrafos registrassem o encontro. Para a surpresa deles, Tancredo trajava um robe sobre a camisa, a gravata e a calça social. Os sapatos pretos formais tornavam mais evidente o contraste. Fernando Lyra contou que Tancredo já o recebera assim no Palácio das Mangabeiras em Belo Horizonte. A surpresa foi que consultores de moda ouvidos pelos jornalistas aprovaram a vestimenta. Tancredo demonstrava que podia tudo. Até combinar robe de chambre com sapato social.

20. O tempo em que as paredes ouviam e os cachorros falavam

O homem negro em andrajos, com garrafa de cachaça embaixo do braço e sorriso simpático, deitava-se em frente ao prédio na avenida Rio Branco, a principal do centro do Rio de Janeiro. Todos os dias, rodava pelo quarteirão, invisível ao entra e sai do edifício que escolhera como base. O prédio abrigava empresários e intelectuais tidos como simpáticos a causas esquerdistas.[944] Em 1968, a população de mendigos no Rio preocupava a prefeitura, que contabilizou quase 3 mil pedintes de rua.[945] Portanto, não causavam estranhamento nem suspeita. Ser invisível era tudo o que queria o cabo Antônio Carlos Bernardes Gomes. Ele servia no quartel-general da antiga terceira zona aérea, ao lado do aeroporto Santos Dumont. Secretamente, havia sido cedido ao serviço de informações da Aeronáutica. Gomes usava com frequência o disfarce de mendigo para acampanar suspeitos de integrar movimentos subversivos.

Quem encontrasse o cabo Gomes mal travestido não poderia reconhecer o semblante do sambista e humorista Mussum. Não porque não o fosse. É que a fama e o apelido que o consagraria só chegariam alguns anos mais tarde, quando abraçasse a carreira artística. Coube ao ator Grande Otelo batizar de Mussum o ex-militar que na Aeronáutica era apelidado de cabo Fumaça. Mussum manteve em segredo os anos em que atuou como agente do SIA. Os amigos sabiam que fora militar entre 1961 e 1968, mas só os companheiros de SIA poderiam atestar o par de anos que militou na área de espionagem.

Ao ingressar nos Originais do Samba e na televisão, Mussum omitiu o papel mais difícil que exerceu.

"O disfarce de mendigo era perfeito para o cabo Fumaça", afirmou Antônio Gonçalves Niterói, ex-companheiro de Mussum. O suboficial Carlos Alberto de Carvalho lembrou-se de Mussum atuando no Parque de Material de Eletrônica da Aeronáutica e, depois, no depósito da Força, em Bonsucesso, sedes de trabalho insuspeitas para agentes que costumavam passar mais tempo nas ruas do que nos quartéis. "Já era daquele jeito, com brincadeiras sobre *mé* e encarnando em todo mundo", recordou-se Carvalho.[946]

A atuação de Mussum é a menor das evidências de que havia trapalhões entre os quadros da comunidade de informações, um emaranhado de agências, seções e departamentos de vigilância dependurados nos organogramas da presidência da República, das Forças Armadas, dos ministérios e das empresas estatais.

Não foram poucas as ações cômicas protagonizadas por "cachorros" e "secretas". Os "cachorros" eram informantes pagos cultivados pelos "secretas", agentes com carteira de espião. O SNI abriu, por exemplo, investigação sigilosa sobre a turnê do Circo de Moscou, temendo a infiltração comunista e a distribuição de símbolos de exaltação à União Soviética, como broches do ursinho Misha, a mascote das Olimpíadas de 1980.[947] Uma casa de show em Porto Alegre, batizada de Encouraçado Butikin, também foi alvo do SNI.[948] O trocadilho com o título do filme *Encouraçado Potemkin* (1925), do soviético Sergei Einsenstein, e a apresentação de esquerdistas como a cantora Nara Leão foram indícios suficientes para que se movimentasse o "monstro", como o batizara seu idealizador, Golbery do Couto e Silva. O volume de bobagens produzidas, parte das vezes, tinha origem em deduções duvidosas sobre recortes de jornais e fofocas ouvidas de terceiros. Carlos Lacerda dizia que o serviço secreto não funcionava às segundas-feiras porque os jornais não costumavam ter edições no primeiro dia útil da semana. Em muitos casos, suas apreciações, sumários e fichas de informação eram manipulados, falseados ou exagerados para atingir inimigos que podiam estar em fileiras oposicionistas, comunistas ou mesmo situacionistas.

Ex-chefe do SNI, João Baptista Figueiredo colocou a modernização e o fortalecimento do serviço como prioridades de sua gestão.[949] Espionava a torto e, também, *à direita*. "O SNI tinha informação tão precisa que, quando um ministro vinha tratar de um assunto, eu sabia mais do assunto do que ele", disse Figueiredo às vésperas de deixar a presidência.[950]

A partir de 1979, o SNI agigantou-se. Tinha quase 5 mil agentes e recursos para montar empresas de tecnologia própria. O projeto Prólogo bancava pesquisas no campo da criptologia, desenvolvendo a criptografia e a decodificação de mensagens por meio do Centro de Pesquisa e Desenvolvimento para a Segurança das Comunicações, o Cepesc. Investia em equipamentos que aprimorassem as técnicas de espionagem e contraespionagem. Importou do Japão os mais modernos gravadores, como o aparelho de rolo Akai, e os minimicrofones-espiões mais discretos, como o *Spike-mike*. Aperfeiçoou a técnica de instalar escutas que eram acopladas aos cabos da linha telefônica, daí o termo grampo telefônico. Ganhou hospital e estúdios de televisão próprios, e até um maquiador da Rede Globo foi contratado para ensinar os agentes a mudar de fisionomia de modo o mais natural possível.

O SNI tinha em Brasília mais de mil apartamentos para alojar agentes e servir de cenário para histórias que necessitavam de cobertura, um viés de realidade para passados falsos. Havia um apartamento repleto de câmeras escondidas para flagrar deslizes. Um general que entrou em atrito com o SNI foi filmado fumando maconha em companhia de prostitutas.[951] Em meio a tal aparato, o SNI preparou-se para enfrentar a redemocratização clamada na sociedade, articulada no Planalto e rejeitada nos porões.

Oposicionistas destacados, Tancredo Neves e Ulysses Guimarães eram alvos frequentes das espionagens do SNI. Os agentes monitoravam os telefones que os dois utilizavam e pessoas com quem falavam. Buscavam interlocutores comuns e sondavam por informações que lhes permitissem antecipar seus movimentos. Mapeavam intrigas e desavenças. O informe 1971, de 20 de setembro de 1979, por exemplo, relatava que Tancredo discutira com Ulysses Guimarães porque este criticara, durante um seminário internacional, o governo e a política nacional. "O senador Tancredo Neves, irritado, afirmou que temas internos deveriam ser discutidos no Brasil."[952]

No começo dos anos 1980, quando Tancredo se empenhou na criação do Partido Popular, teve seus passos, conversas e discursos monitorados. "Tancredo disse que a formação de frente antigovernista é o caminho natural da oposição. Para ele, ou os partidos se entendem no essencial ou estarão contribuindo para a manutenção dos donos do poder."[953]

Os espiões recolhiam intrigas. Relataram que, na tarde de 21 de dezembro de 1981, Thales Ramalho criticou Tancredo por ter investido na incorporação do PP ao PMDB "com o único objetivo de atender interesses pessoais". Ainda segundo Thales, Magalhães Pinto também havia lutado pela incorporação para poder desvincular-se de Tancredo e lançar-se candidato ao governo de Minas por uma legenda qualquer.[954]

Em fevereiro de 1982, o SNI fichou críticas de Tancredo à reforma eleitoral em discussão no governo e lamentou vetos do Executivo a medidas aprovadas no Congresso. Frisou informação que poderia ser utilizada no futuro: mesmo passados quatro anos de sua realização, Tancredo ainda tinha débitos elevados da campanha eleitoral de 1978.[955]

Com a vitória da oposição para os governos dos estados mais importantes, nas eleições de 1982, o SNI passou a acompanhar as lideranças do PMDB com maior proximidade. Analisou pronunciamento de Tancredo, em 20 de novembro de 1982, no qual afirmava que o "futuro presidente da República deverá ser eleito por meio de consenso, mesmo que prevaleça o sistema indireto e que o PDS tenha maioria no Congresso". "Tancredo declarou que, por formação, era a favor da conciliação e do diálogo e que qualquer radicalização desservia à nação." Em julho de 1983, o SNI elaborou análise sobre a receptividade da classe política mineira à tese de consenso nacional.

O SNI acusou Tancredo de ter provocado a demissão de um radialista em Belo Horizonte que veiculou uma suposta agressão que sofrera de um deputado aliado dentro do palácio oficial.[956] Em outubro de 1983, registrou novo encontro de Tancredo e Ulysses, acompanhando de perto a discussão entre os dois sobre a validade da fidelidade partidária para o colégio eleitoral. Ulysses teria pesquisado a legislação partidária em vigor e mandado levantar o número de votos com que o partido poderia contar. "Se concretizado o intento oposicionista, há, de fato, probabilidades de as oposições virem a eleger o próximo presidente da República, originário de uma de suas siglas partidárias", alertou o SNI.[957] Bom lembrar que Figueiredo ainda era consumidor diário dos relatórios produzidos pelo serviço que comandara.

O SNI colocou Tancredo como prioridade em suas antenas. Após levantar convênios assinados por Minas Gerais e listar encontros de Tancredo, uma apreciação do SNI citava contatos frequentes do governador de Minas com integrantes do governo federal. Insinuava que era protegido em esferas ministeriais. "Este trânsito fácil das autoridades estaduais junto às federais tem valido críticas do PDS/MG, que vê seus correligionários serem vítimas do que chama política revanchista do governo Tancredo Neves."

As reuniões da direção nacional do PMDB também eram espionadas. O senador Roberto Saturnino Braga recordou-se de que um deslize do SNI comprovou o fato. Numa das minutas de reunião dos peemedebistas, Saturnino redigiu nota oposicionista com termos contundentes. Ulysses, Tancredo e Thales Ramalho, em leitura prévia do texto, pediram a modificação deste. Tancredo refez a nota, amenizando-a, e ela foi assim divulgada. "Dois dias depois, reservadamente, Tancredo me avisou que alguém do meu gabinete havia passado ao SNI a primeira versão da nota, a minha, a mais contundente", relatou Saturnino Braga. Como só os quatro tinham conhecimento do texto original, ficaram ressabiados. "Depois descobri que a fonte do SNI fora o funcionário do meu gabinete que havia datilografado a minuta. Eu achava que ele era da minha inteira confiança!"[958]

Tancredo e Ulysses sabiam-se monitorados, mas um era mais cuidadoso do que o outro. Em meados de 1984, entre a derrota da campanha das Diretas Já e a ascensão da candidatura de Tancredo, Ulysses Guimarães viajava pelo Piauí, quando lhe chegaram relatos preocupantes. Ligou para Tancredo:

— Circulam no Nordeste rumores de intranquilidade no meio militar. Está sabendo de alguma coisa?

— Ih, Ulysses, a ligação está péssima. Não dá para conversarmos porque não ouço direito.

— Eu estou ouvindo muito bem. Há intranquilidade no meio militar? O que está acontecendo aí?

— Quer dizer que você também não me ouve bem? Onde você está, Ulysses?

— Em Teresina, no Piauí.

— Pois desligue e vá tomar um banho de mar.

— Aqui em Teresina não tem mar, Tancredo.

— Nem aqui em Belo Horizonte, uai — emendou Tancredo, antes de desligar.[959]

Os boatos diziam que Magalhães Pinto era uma das vozes a conspirar por nova virada de mesa, por meio das forças militares. "A cabeça de Magalhães funciona como um terreno baldio, onde há sempre alguém atirando alguma sujeira", rebateu Tancredo.[960]

Secretário da Receita Federal entre 1979 e 1985, Francisco Dornelles foi monitorado pelo SNI desde que assumiu o cargo. Suas relações pessoais e a convivência com funcionários da Receita Federal geraram informes detalhados, e um dos registros fazia avaliação psicossocial e profissional do secretário.

> Francisco Oswaldo Dornelles, embora possua competência técnica e profissional para o cargo que ocupa, peca pela falta de discrição em suas atitudes contra a atuação de superiores do governo. Sua interferência em favor de pessoas de influência social caracteriza o uso indevido do cargo, criando condições a subordinados de procederem de maneira idêntica. É injustificável que o nominado use o nome do SNI como tem feito.[961]

Desde que assumiu o posto, seus deslocamentos passaram a ser acompanhados pelos agentes. "Dornelles vem realizando viagens quase semanais, acompanhado de parentes, entre Brasília, Belo Horizonte, Rio de Janeiro e São João del-Rei, sua terra natal. Essas viagens são feitas em aparelhos da Pluma Táxi Aéreo, custeadas pela Companhia Belgo-Mineira." Listaram-se supostas ações de benefício a empresários e financiamentos de campanha por meio de doações de empresários com interesses no fisco. Em 1985, quando ministro da Fazenda, conseguiu que o SNI incluísse em sua base um "pedido para atualização de dados". Nele, o SNI informava que os registros referentes a Dornelles "não tinham validade".[962]

A malha de intrigas se estendia aos funcionários com quem se relacionava.

> Florence Caiafa Militão, secretária de Francisco Dornelles, desde o final do ano passado vem viajando regularmente para o Rio de Janeiro, com passagens pagas pela Secretaria da Receita Federal. Tendo fixado residência naquela cidade, apesar de trabalhar em Brasília. Florence estaria disposta a manter esse procedimento. Além disso, segundo funcionários, costuma fazer longas ligações telefônicas interurbanas para tratar de assuntos particulares, utilizando-se de sua repartição.[963]

Tancredo Augusto, que na época assessorava a campanha do pai, foi outro alvo de espionagem constante. O SNI anotou que ele se "preocupava com a possibilidade de o órgão de três letras provocar tumultos nos próximos comícios de Tancredo. Por isso foram reduzidos a apenas três".[964] Muito provavelmente grampeado, conversas inteiras do filho do candidato do PMDB geraram fichas do serviço. Ele discutia temas delicados de campanha em telefonemas, em especial arestas com militares.

Tancredo Augusto reclamou da postura de deus adotada por Geisel. Afirmou que suas pretensões eram muito elevadas. Afirmou que Tancredo deve oferecer a Geisel apenas a Petrobras e Geisel que se entenda com Aureliano, que também aspira a presidente da empresa ou ao Ministério das Minas e Energia. Tancredo Augusto afirmou que Leônidas não tem a mínima condição de ser escolhido para o cargo de ministro do Exército.

O filho de Tancredo, de acordo com o SNI, declarou ter sido alertado de vazamento estratégico de um nome por Medonha (apelido do coronel Francisco de Assis Costa de Mendonça, assessor do ministro do Exército, Walter Pires). Os jornais divulgaram que o general Gustavo Moraes Rego Reis era o mais cotado para ser chefe do SNI no governo Tancredo. Tancredo Augusto afirmou que o vazamento era uma estratégia para abortar manobras do grupo de Geisel. "A notícia havia sido de iniciativa do SNI, para provocar divergências. Tancredo já teria convidado o chefe do SNI, que seria outro general", anotou o serviço. De fato, Ivan de Souza Mendes foi o general escolhido para comandar o órgão.

Quanto mais próximo de Tancredo, maior a chance de se tornar alvo de investigação. O assessor Mauro Santayana teve levantado seu passado como militante do PCB de Minas Gerais e o processo que sua mulher enfrentou no Superior Tribunal Militar depois do golpe foi citado. Os números de telefone nos quais atendia foram listados, para provável instalação de escuta telefônica.[965]

O temor comunista aparecia como preocupação constante, e grupos de esquerda como o PCB, o PCdoB e o MR-8, abrigados na época sob a legenda do PMDB, eram acompanhados de perto. No começo de 1984, os comícios em defesa das eleições diretas começaram a crescer e a se espalhar e o SNI passou a vigiá-los atrás de bandeiras e militantes comunistas e na busca de eventuais "agressores" do presidente da República. Em 24 de janeiro, o serviço relatou que o comício pró-diretas em Uberlândia havia sido adiado *sine die*, por determinação de Tancredo. Antecipava que o governador não participaria de "comício monstro" pelas diretas em São Paulo, porque receberia Figueiredo em Uberlândia na mesma data. "Há indícios de que durante a visita possam ocorrer manifestações hostis ao presidente."[966]

Com a derrota das diretas, em abril de 1984, o foco passou para a viabilização de Tancredo como candidato. Acompanhavam os detalhes das articulações, como o encontro de governadores da oposição em 19 de junho de 1984. "Tancredo solicitou que sua candidatura não fosse formalizada de imediato a fim de que houvesse tempo para entendimentos com as correntes democráticas de todo o país e com os diversos partidos políticos", atestou o SNI.

De maneira protocolar, registrou a reação do líder oposicionista a ações nascidas nos porões do regime. "Segundo Tancredo confidenciou no dia 18, a polícia de Goiás prendeu quatro elementos, mais tarde identificados como soldados do Exército, que pichavam muros com os dizeres: Nós voltaremos com Tancredo — PCB. Tancredo pediu ao governador de Goiás, Iris Rezende, que liberasse os envolvidos e que relatasse o caso a um coronel próximo".[967]

O SNI acompanhou a reunião no Palácio do Jaburu, em 3 de julho de 1984, entre cardeais dissidentes da situação. O vice-presidente Aureliano Chaves, o ex-presidente do PDS, José Sarney, os senadores Jorge Bornhausen e Marco Maciel, e o deputado Thales Ramalho discutiam que rumo tomar, com a tendência da confirmação do nome de Maluf como candidato do PDS. O relato do SNI informava que não fora feita menção ao nome de Tancredo como opção presidencial. "Estavam cautelosos e atentos às recomendações do ex-presidente Geisel, no sentido de não precipitarem os acontecimentos."[968]

Militares, políticos e ministros do Supremo Tribunal Federal que flertavam com a oposição eram monitorados e nominados. Em 2 de julho de 1984, anotaram a disposição de Tancredo em se encontrar com Ernesto Geisel a partir da mediação de Francisco Dornelles e do ex-ministro Mario Henrique Simonsen. "Este foi encarregado por Dornelles de marcar a audiência de Tancredo com o ex-presidente. Simonsen estaria demonstrando simpatia pela candidatura de TAN à presidência."[969]

Os encontros eram informados com antecipação. "Dornelles afirmou que o ministro Alfredo Karam prometeu comparecer à residência dele, Dornelles, Quadra Interna 25, conjunto 2, casa 11, em Brasília, no próximo dia 4, às 18h30", detalhou despacho da agência central.[970]

> Dornelles assegura que o presidente do STF, João Baptista Cordeiro Guerra, solicitou encontro com Tancredo Neves para tratar de assunto de alta relevância

para sua candidatura. Segundo Dornelles, o encontro será reservado e deve acontecer no Rio de Janeiro. Nos mesmos moldes e no mesmo local onde Tancredo encontrou-se com o ministro Walter Pires (residência de Carlos Alberto Pires, sobrinho deste ministro).

Por via indireta, o informe do SNI deixava claro que o órgão tinha confirmado a ocorrência dos encontros secretos que Tancredo manteve com o ministro do Exército.

O SNI chegou a registrar atos praticados por seus próprios agentes. Em 12 de julho de 1984, relatou que foram distribuídos no Congresso panfletos contra Tancredo, acusando-o de ter permitido a infiltração comunista em seu governo. Os tais panfletos eram reprodução palavra por palavra de ficha sobre colaboradores esquerdistas e/ou comunistas de Tancredo no governo de Minas produzida pelo próprio SNI. Claro que essa informação não fazia parte do relato.

Em 19 de setembro de 1984, os agentes afirmaram que o publicitário Mauro Salles comentara, em tom jocoso, após ler nos jornais sobre a infiltração de militares portando bandeiras vermelhas no comício de Goiânia. "Nossa plantação funcionou direitinho." Este informe era um ato de contrainformação para abafar a responsabilidade de militares da comunidade de informações em sabotagens contra Tancredo.

Em outubro de 1984, o serviço deu destaque a afirmações do senador José Fragelli (PMDB-MS), de que estava em marcha um novo golpe militar destinado a garantir a permanência de Figueiredo no poder.[971] Tancredo e Golbery do Couto e Silva, ideólogo da candidatura Maluf, tinham avaliação semelhante naquele período. Temiam que o grupo do Palácio do Planalto forçasse a renúncia dos dois candidatos à presidência e fizesse da extensão do mandato de Figueiredo a terceira via necessária para a transição.

O SNI vasculhava beneficiários de ações do governo e que estavam a caminho de apoiar a oposição. "O senador Milton Bezerra Cabral (PDS-PB), com o irmão, o empresário Antônio Bezerra Cabral Sobrinho, ganhou concessão de TV em Campina Grande em 10 de outubro de 1984. Cabral Sobrinho tem possibilidade de receber outorga de outro canal em João Pessoa. O senador declarou voto em Tancredo Neves."

A tática tancredista de carimbar apoiadores de Maluf como representantes do mal foi exemplificada em conversa grampeada de Moreira Franco, à época genro de Ernâni do Amaral Peixoto, cardeal do PDS e um dos amigos mais antigos de Tancredo.

> Moreira Franco disse que a campanha não deve apenas estimular o apoio a Tancredo. Deve estimular a hostilidade do povo contra Maluf. Colocando-se panos pretos na janela por ocasião da passagem de Maluf numa cidade. Deve transformar em escândalo qualquer adesão ao candidato pedessista, sem chegar à agressão ou à violência. Para esquentar a campanha, pretende colocar pessoas nas ruas colhendo assinaturas em favor de Tancredo. Acredita que é preciso criar constrangimento no país para quem votar em Maluf. Deixar claro que votar neste candidato é pior do que votar contra as diretas.[972]

Ex-condestável do regime que terminava, o ex-governador Antonio Carlos Magalhães acabara de se aliar a Tancredo. O peemedebista relatou ao aliado que corria perigo de morte, de acordo com o SNI. "ACM, dizendo ter tomado conhecimento, por meio de Tancredo Neves, de que se trama contra ele (ACM) um atentado, confidenciou que redobrará os cuidados com sua segurança pessoal."[973] O caso de Antonio Carlos Magalhães é um exemplo de como o SNI atuava mesmo entre os aliados do regime. O órgão listou irregularidades no secretariado quando ACM foi prefeito de Salvador em 1969, apesar de ter elogiado sua administração como "excepcionalmente profícua, dinâmica e construtiva entre 67 e 70". Acusou-o de "desenvolver a corrupção na imprensa baiana, atuando nos *Diários Associados*, de onde dá a orientação política". Já havia um levantamento da vida de ACM em novembro de 1974.

> O nominado é integrado à revolução de 1964. Possui noção de responsabilidade. Reage emocionalmente face às situações imprevistas. É perseverante. Não possui autodomínio de temperamento, deixando-se orientar pelas emoções em detrimento da razão. É incoerente no seu procedimento, atingido de acordo com os seus interesses ocasionais. A sua lealdade é também subordinada aos interesses do momento; quando contrariado, rompe facilmente as relações de amizade, por mais antigas que sejam. É vingativo contra os que se opõem às suas aspirações e determinações. É arbitrário, subordinando o cumprimento da lei aos seus interesses políticos. Não respeita as autoridades, sendo conhecido pelos ataques pessoais a diversas autoridades, mormente as que lhe são subordinadas. É extremamente vaidoso. *O nominado é dado a conquistas amorosas.*[974]

Articulações nos meandros da Justiça eram detalhadas.

Em 8 de novembro de 1984, Antonio Carlos Magalhães confidenciou ter incumbido Francisco Dornelles de encontrar entre os procuradores da República subordinados a Inocêncio Mártires Coelho, procurador-geral da República, um que, juridicamente e em público, discorde do parecer de IMC sobre a obrigatoriedade da fidelidade partidária no Colégio Eleitoral. ACM pretende, após a discordância pública, fazer um movimento entre os procuradores da República nos Estados para que deem apoio ao colega em confronto com IMC. Para reforçar a desmoralização do procurador-geral da República, ACM pretende relembrar o escândalo da mandioca em que seu nome foi envolvido.[975]

Militares de várias patentes eram monitorados. "O coronel da reserva Aloisio Gonzaga Carneiro da Cunha Nobrega ofereceu-se para trabalhar para Tancredo", registrou.[976] O SNI relatou visita a Manaus de coronel da Aeronáutica que trabalhava na esfera política da oposição. Informava que ele se mostrava próximo do governador Gilberto Mestrinho, do PMDB, e de seu irmão, Thomé Mestrinho, apontado como contraventor.[977] Com passado de punições por alinhar-se à oposição, o coronel do Exército Kurt Pessek foi monitorado já no período de formação do governo, em 1985. "Pessek disse que Tancredo pediu que escolhesse um cargo. Está ouvindo a opinião de amigos se deveria optar pela Comissão Executiva do Plano da Lavoura Cacaueira (Ceplac)."[978]

Em novembro de 1984, o SNI propagava as ideias de defensores de candidatura alternativa na sucessão, como o deputado do PDS Edison Lobão. "Geisel — a quem Lobão chama de nosso De Gaulle — se convidado por Figueiredo, aceitaria assumir um governo de transição, desde que não tivesse de disputar o cargo. A ideia certamente contará com aprovação de Aureliano."[979]

Graças à Lei de Acesso à Informação, em vigor desde maio de 2012, o Arquivo Nacional liberou para consulta 16 milhões de páginas produzidas pelos órgãos de informação no período da ditadura. O acervo possui informações diversificadas sobre as atividades desenvolvidas por opositores e membros do regime de exceção. Contém um emaranhado de dados, em sua maioria pontuais e dispersos sobre pessoas tratadas com desconfiança pelo Estado. Há documentos sobre pessoas, sobre lugares, sobre partidos, sobre acontecimentos. Eram produzidos de forma descentralizada e ao correr dos acontecimentos.

A principal fonte de informações é o arquivo do Serviço Nacional de Informações. O SNI foi criado em 1964 pelo general Golbery do Couto e Silva. Está na origem da atual Agência Brasileira de Inteligência, surgida em 1999.

De certo modo, a eficiência relativa do SNI deveu-se à obediência dos preceitos da hierarquia militar. O ministro-chefe do Serviço era, em geral (com exceção de Golbery), um general de Exército. A Agência Central era comandada por um general de divisão. As agências regionais, por um oficial superior (tenente-coronel ou coronel). Os centros de informações das Forças Armadas eram chefiados por um general de brigada e os órgãos setoriais de informações instalados nos ministérios civis, como as Divisões de Segurança e Informações e as Assessorias de Segurança e Informações, por um oficial superior. Assim, a cadeia de comando militar era o cerne da organização do SNI e de toda a comunidade de informações. A resistência desses setores à redemocratização tinha razões políticas e pessoais. A comunidade de informações era um parque de diversão para quem a integrava. Não havia regulação rígida nem rédeas para seus agentes. Desfrutavam de verbas secretas sem necessidade de comprovação de gastos. Davam expediente sem relógio de ponto. Cumpriam missões secretas livres de justificativas longas ou detalhadas.

Os agentes do SNI produziam relatórios com informações e avaliações sobre o governo e o setor público em geral. Havia relatórios externos com dados diversos sobre "países antagônicos" e "países amigos". Os denominados "relatórios psicossociais" analisavam o comportamento de políticos, burocratas e lideranças diversas. Esmiuçavam igrejas, sindicatos, entidades estudantis, imprensa e movimentos sociais.

Para a cúpula, o SNI produzia as Apreciações Sumárias, documentos sintéticos, elaborados a partir de informações produzidas pela Agência Central, para serem lidos apenas pelo próprio chefe do SNI e pelo presidente da República. Uma das bases de dados do SNI, denominada Cadastro Nacional, era consultada pelos órgãos do governo para avaliação dos candidatos à admissão e promoção na administração pública. Muitas das punições impostas pelo regime militar decorreram dessas informações ou recomendações elaboradas pelo órgão. Em 15 de março de 1990, no primeiro dia do governo do presidente Fernando Collor, o SNI, um dos ícones da ditadura militar, foi extinto.

Calcula-se que existiam 250 centros de espionagem no Brasil à época da ditadura. O Arquivo Nacional permite consulta de acervos de 38 órgãos de informações do regime militar. Existem 10 mil dossiês de pessoas ou instituições, com quase 250 mil páginas de informações. De acordo com os registros do Arquivo Nacional, 308 mil brasileiros foram fichados pela ditadura. O material completo atinge 1 milhão de páginas sobre o dia a dia desses alvos da ditadura.

Mas nem tudo o que foi produzido pelos órgãos de informação está disponível para consulta. Cerca de 20 mil documentos foram destruídos, como comprovam relatórios de incineração do próprio serviço. As ordens de destruição partiram do comando do SNI e foram cumpridas no segundo semestre de 1981, no governo Figueiredo. Do material destruído, o SNI guardou apenas um resumo, de uma ou duas linhas, que ajuda a entender o que foi eliminado. A prática da destruição de papéis sigilosos foi adotada por outros órgãos estatais. Relatórios secretos das Forças Armadas foram incinerados pela ditadura entre o final dos anos 1960 e o início dos 1970.

Debruçar-se sobre o arquivo dos órgãos de segurança é tarefa que revela dores esquecidas e inimagináveis. O regime documentou, qualificou de "subversivos" e baniu crianças de menos de dez anos, filhos de integrantes de movimentos da resistência. Meninos e meninas foram tratados como terroristas pelos órgãos de segurança, mantidos afastados dos pais e ameaçados de doação. Há relatos de filhos que se lembram de ter visto os pais serem torturados. Na Argentina, filhos de militantes de esquerda foram doados para as famílias de seus algozes e só recentemente o país descobriu, em choque, essa troca cruel. No Brasil, o regime usou outra estratégia: baniu o comunismo infantil.

Ernesto Carlos tinha dois anos em 15 de junho de 1970. Zuleide, quatro; Luiz Carlos, cinco; e Samuel, oito. São irmãos de criação e parecem crianças comuns às vésperas de uma viagem em fotos dispersas guardadas no Arquivo Nacional. Não estão confortáveis diante do operador da câmera. As imagens que protagonizaram acompanhariam mais tarde o trabalho de um agente de polícia, que escreveria após o nome de cada um deles numa ficha: "subversivo". Essas fichas permaneceram quarenta anos arquivadas em pastas do SNI até virem à tona.[980]

O presidente Emílio Médici e o ministro da Justiça, Alfredo Buzaid, haviam assinado o decreto n. 66716 com o "banimento" do Brasil de quarenta militantes políticos acusados de terrorismo. Eram apenas crianças, e aparecem como apêndice no decreto. Tornaram-se cidadãos sem pátria até a lei da Anistia, em 1979. Cresceram em Cuba. Só retornaram ao país quinze anos mais tarde para recomeçar a vida. Uma vida com trauma e sotaque.

Eles se lembram pouco das fotos que registraram seus últimos momentos no Brasil. Foram feitas por policiais ou militares da Aeronáutica. "Nem sei quem me deu aquela boneca que está nas minhas mãos. Era uma maneira de distrair a gente. Aquelas lembranças estão bloqueadas", declarou Zuleide Aparecida do Nascimento, secretária que hoje mora em São Paulo. A boneca era inseparável. Zuleide aparece agarrada a ela em duas fotos dos arquivos de segurança, trajando roupas diferentes. "Mais que a lembrança, ficou o trauma", afirmou Ernesto Carlos Dias do Nascimento, que vive em Guarulhos. "Não posso ver farda, não posso ver polícia nem reunião de muita gente." Numa das fotos, Ernesto, o irmão caçula, é instado a olhar para a câmera por Luiz Carlos, como se atendesse a um chamado do fotógrafo. "Deve ter sido isso, só que eu não me lembro."

Zuleide, Ernesto, Luiz Carlos e Samuel eram filhos, sobrinhos e netos de militantes esquerdistas que resistiram à ditadura. Sem documento nenhum, embarcaram em direção ao exílio numa segunda-feira do mês em que o Brasil seria tricampeão mundial de futebol — na véspera, pelas quartas, o escrete canarinho vencera o Peru por 4 a 2 e se preparava para enfrentar o Uruguai na semifinal.

As crianças estavam sob os cuidados da avó (Zuleide, Ernesto e Luiz Carlos) e da mãe de criação (Samuel). Tercina Dias de Oliveira, com 56 anos, era a mais idosa militante política presa pela ditadura. No avião, seguiam juntos outros quarenta presos políticos brasileiros. Tinham sido liberados por exigência dos sequestradores do embaixador alemão Ehrenfried Anton Thedor Ludwig von Holleben. Ele fora capturado em 11 de junho de 1970 por grupos políticos que se diziam revolucionários e que o governo militar chamava de terroristas.

Pela memória de Zuleide e Ernesto, as fotos de sua detenção, mantidas no Arquivo Nacional, poderiam ter sido feitas em São Paulo, na delegacia ou na base aérea, momentos antes da transferência para o Rio. As recordações do historiador Daniel Aarão Reis, um dos presos trocados pelo embaixador alemão, do momento em que foi fotografado dão luz a essas memórias infantis nebulosas.

As minhas fotos foram tiradas no DOI-Codi [órgão do Exército que centralizava a repressão], na rua Barão de Mesquita. No momento da captura do embaixador alemão, eu me encontrava no presídio da Ilha Grande. Antes de sair de lá, em direção ao Rio, com escala para almoçar no presídio de Bangu, foram tiradas várias fotografias, das quais uma série foi feita por uma dupla que não escondia a nacionalidade estadunidense [...] Chegando ao DOI-Codi, onde todos os que estavam na lista iam sendo concentrados, nova sessão de fotos. Distingo bem porque estava vestido com uma camisa de mangas compridas emprestada pelo Fernando Gabeira. A ideia era ocultar as marcas de tortura no meu antebraço.

As fotos de Aarão Reis e da família Nascimento têm um padrão em comum: o mesmo tipo de pano de fundo e de azulejo na parede, o que sugere que foram feitas no mesmo ambiente. "Quando dona Tercina Dias foi presa, as crianças que estavam com ela foram recolhidas numa casa de menores em São Paulo e ela ficou no Dops. Depois, todos foram reunidos e partiram para o Rio", contou Aarão Reis.

O historiador fez ressalva ao uso da palavra "banimento". "Foi uma figura jurídica criada pela ditadura para racionalizar a nossa partida. Eu e meus companheiros não fomos 'banidos'. Fomos libertados por uma ação revolucionária. Banimento virou um lugar-comum. Num país que chama os que lutaram por sua independência de inconfidentes ou traidores, é assim mesmo. A versão da polícia é a que fica."

Em fevereiro de 2012, a Comissão de Anistia, órgão de Estado que analisa a concessão de reparação oficial aos perseguidos pela ditadura, aprovou indenização de 100 mil reais a Ernesto, com um pedido de desculpas formal. Zuleide, Luiz Carlos e Samuel já tinham obtido o mesmo valor de indenização em processos anteriores.

O status jurídico das crianças que acompanharam os quarenta banidos em troca da libertação do embaixador alemão parece confuso, a princípio. Em vários documentos, são citados como "sob os cuidados" de Tercina Dias de Oliveira, a avó de três das crianças e mãe de criação de outra. Durante o processo de indenização na Comissão de Anistia, Ernesto Carlos obteve documentos do antigo Departamento de Ordem Política e Social de São Paulo que são claros e específicos.

No protocolo de custódia entre autoridades policiais, um agente escreveu: "Entregamos mediante recibo os seguintes presos: Samuel, Luiz Carlos, Zuleide e Ernesto". Adiante, esclarece: "Os presos relacionados foram qualificados e examinados pelos peritos deste departamento e postos sob a responsabilidade do delegado Renato Paiva Barboza, gabinete da polícia federal". O documento se encerra explicando sua razão de ser: "Presos custodiados da relação de elementos subversivos solicitados para resgate".

Na sessão da Comissão da Anistia em que teve reconhecido seu direito à indenização, o relator do processo pediu desculpas em nome do Estado e realçou o absurdo de crianças terem sido banidas e formalmente apontadas como subversivas. "Não fui torturada fisicamente. Fui torturada psicologicamente. Não se interessaram pela minha dor. Fui separada da minha avó, a única mãe que tive de verdade. Fui levada gritando e chorando", declarou Zuleide. Ela é filha de Sebastião Pivoti do Nascimento, filho de criação de Tercina Dias de Oliveira.

Tercina morreu aos noventa anos, em 2003. Conhecida como Tia, foi uma lenda na esquerda brasileira. Teve quatro filhos de quatro casamentos, criou cinco outros filhos como seus e foi avó e mãe emprestada de dezenas. O filho que a levou para a militância política foi Manoel Dias do Nascimento, um líder sindicalista que a fez costurar fardas para os guerrilheiros comandados por Carlos Lamarca. Tercina, com os netos, viveu no sítio no vale do Ribeira em que Lamarca comandava treinamentos militares. Sua função com as crianças era "dar fachada" de normalidade à residência principal. Foi presa numa casa em Jacupiranga, interior de São Paulo, com três das quatro crianças. Ernesto fora preso antes, com a mãe, Jovelina. Em seu interrogatório, Tercina afirmou que certo capitão Gaeta chegou a dar-lhe com a palmatória três vezes. Ela, uma senhora de meia-idade, perguntou a ele: "Você não tem mãe, não?".

Foi esse capitão arrependido que ajudou Tercina a reunir-se com os netos, ao ser incluída na lista dos presos políticos que seriam trocados pelo embaixador alemão, a pedido de Lamarca. As crianças tinham sido mantidas em unidades separadas, e volta e meia alguém as ameaçava de internação em orfanatos. Banida para Cuba, Tercina cuidou das quatro crianças Nascimento numa casa em que vivia com mais um casal e outras três crianças, filhas de Damaris Lucena, também militante política banida, viúva de Antônio Lucena, um dos homens de confiança de Lamarca.

Em Cuba, as crianças tentavam se adaptar. Zuleide foi estudar na escola Vietnã Heroico. Viviam em La Lisa, a oeste de Havana. Com muito atraso, chegavam jornais do Brasil. Ernesto se lembra de um exemplar guardado, com a foto dos quarenta banidos em troca do embaixador alemão: "Estava escrito 'terroristas' no título. E eu estava entre eles. Eu perguntava para minha avó se eu era terrorista também", conta hoje.

Tercina e os netos começaram a preparar a volta ao Brasil quando Tancredo Neves foi eleito presidente do Brasil, sepultando o regime militar que os desterrara.

21. Golpe e transição vistos por Washington

A visão do governo dos Estados Unidos sobre Tancredo Neves sofreu lenta modificação em duas décadas. Em 1962, o suposto "desinteresse" do primeiro-ministro em exercer o poder alimentou a espiral que desembocaria no apoio norte-americano ao golpe militar de 1964. Em 1985, o país mais poderoso do continente empenhava-se em estimular a redemocratização brasileira. Considerava Tancredo "moderado, com intenções amigáveis e surpreendentemente pouco ideológico para quem tinha imagem populista e serviu como primeiro-ministro de um governo esquerdista".

Com a posse de João Goulart na presidência, nos meses finais de 1961, o embaixador norte-americano no Brasil, Lincoln Gordon, mostrava-se desesperançado. Não acreditava na situação nem na oposição. Em documento enviado a Washington em 7 de janeiro de 1962, analisou: "Não temos escolha exceto trabalhar para reforçar este governo, dado que não parece haver alternativa viável". Ele via Goulart como um político sem aptidões de liderança, fraco e hesitante. Criticou o Congresso por sua "irresponsabilidade" e reclamou de Tancredo por seu "desinteresse" em exercer os poderes do Gabinete. Ainda assim, acreditava que, apesar das limitações pessoais de Goulart, era mais fácil lidar com ele do que com Jânio Quadros.[981]

A burocracia em Washington concordava com Gordon e tinha o que considerava um bom argumento para convencer os brasileiros: dinheiro. "O atual governo continuará a enfatizar o papel 'independente' de sua política externa, no entanto precisa do financiamento norte-americano. Somando-se as questões de política interna, provavelmente se entenderá com os Estados Unidos de forma menos truculenta do que a administração Quadros."[982]

O mesmo Gordon esteve no centro das operações norte-americanas que apoiaram o golpe de Estado de 1964. Coordenou as conexões entre Vernon Walters, o adido militar americano, e os conspiradores militares brasileiros. Estimulou a Casa Branca a mobilizar uma força-tarefa naval dos Estados Unidos que interviria no caso da explosão de uma guerra civil entre forças pró e anti-Goulart. Apesar disso, Gordon sempre insistiu em que o golpe tinha sido "100% brasileiro".

Filiado ao Partido Democrata, formado em relações internacionais na Universidade Harvard e com doutorado em economia na Universidade de Oxford, Inglaterra, Gordon foi designado embaixador em 1961 pelo presidente John Kennedy. Havia sido um dos formuladores da Aliança para o Progresso, o programa de cooperação dos Estados Unidos com as nações latino-americanas que surgiu como uma tentativa de Kennedy de barrar a influência soviética e dissuadir revoluções e governos socialistas no continente.

O novo embaixador desembarcou no Brasil no mês seguinte ao fim do impasse sobre a posse de Jango, em outubro, e recebeu suas credenciais do presidente da República. "A crise havia passado. Restaram-me algumas preocupações a respeito de uma possível guerra civil mais adiante. Quase havia ocorrido enfrentamentos entre unidades militares, principalmente o III Exército do Rio Grande do Sul e o I e II Exércitos do Sudeste. Conforme me disseram, o acordo do parlamentarismo foi para evitar isso", contou Gordon.[983]

Em relatório sobre a situação no Brasil, em 28 de setembro de 1961, a CIA dizia que, apesar de a administração de João Goulart e Tancredo Neves ter indicado um número importante de anticomunistas no primeiro escalão, algumas dessas posições tinham sido preenchidas por indicações dos comunistas brasileiros.[984]

A primeira reunião de Gordon foi com o encarregado de negócios da embaixada americana, Niles Bond, em que pediu explicações sobre o arranjo estabelecido. "A primeira coisa que perguntei a Niles Bond foi: 'Que tipo de regime parlamentarista era esse?'. Ele falou que Jango havia dito numa festa no Rio: 'Se alguém acha que vou ser uma rainha da Inglaterra, é bom pensar melhor'. A partir daí, comecei a falar com membros do gabinete."

Gordon não conversou com Tancredo, mas se reuniu com Goulart diversas vezes. Seus principais contatos no gabinete eram San Tiago Dantas, ministro das Relações Exteriores, e Walther Moreira Salles, ministro da Fazenda.

Em novembro de 1961, a inteligência americana apontou "nível diferente de esquerdização" no Rio. De acordo com documentos do Departamento de Estado, planejava-se o que era visto como radical reorganização entre os militares brasileiros. Oficiais anticomunistas foram substituídos por "suspeitos de serem simpatizantes comunistas ou mesmo agentes secretos comunistas". Paralelamente, operava-se grande "infiltração de possíveis agentes pró-comunistas". Esses movimentos anunciavam possível "política externa orientada crescentemente para o bloco soviético no mundo e para o regime Castro, de Cuba, em relação a assuntos interamericanos".

A expropriação em fevereiro de 1962 da empresa norte-americana International Telephone & Telegraph (ITT) pelo estado do Rio Grande do Sul reforçou a convicção americana. O Brasil estava se movendo para a esquerda. Não seria receptivo a melhores relações com os Estados Unidos. Ainda havia, contudo, a força do dinheiro.

Em abril, apesar das dúvidas do primeiro escalão norte-americano, Kennedy concordou em liberar 129 milhões de dólares para o programa de estabilização brasileiro. Esperava assim aumentar a influência americana na política interna do país.

No segundo semestre de 1962, a Casa Branca preocupou-se com as tentativas de Goulart de derrubar o sistema parlamentarista. Entendia que ele preparava-se para restaurar seus poderes integralmente. Em 30 de julho, em encontro com Kennedy, Gordon descreveu a escalada antiamericana na ascensão ao poder de Goulart. "As eleições certamente poderiam ser um ponto de virada", argumentou.

Kennedy concordou que a CIA gastasse 5 milhões de dólares em fundos de campanha de apoio a candidatos contra Goulart, de acordo com pesquisa da antropóloga americana Ruth Leacock, exposta em *Requiem for Revolution*. A CIA ajudou a bancar a campanha de quinze candidatos ao Senado, oito candidatos aos governos estaduais, 250 candidatos a deputado federal e cerca de seiscentos candidatos a deputado estadual. Kennedy também foi receptivo a deixar que os militares brasileiros soubessem que seu governo apoiaria um golpe contra Goulart, se fosse claro que ele estava "empurrando o maldito país para os comunistas".[985]

Conversas e documentos mostram que Kennedy acreditava que Goulart era mais "um ditador populista e oportunista do que comunista". O presidente, no entanto, viu-o como ameaça à estabilidade no hemisfério. O Brasil seria um parceiro imperfeito na tentativa de avançar a Aliança para o Progresso.

Em abril de 1962, Goulart visitou os Estados Unidos. Em Washington, reuniu-se por dois dias com Kennedy na Casa Branca. "Hoje, de uma vez por todas, cessam nossos desentendimentos", proclamou o presidente americano ao brasileiro. Em Nova York, Goulart desfilou pela Broadway em um carro conversível, sob chuva de papel picado. Tudo parecia ter sido um sucesso. A viagem presidencial tornou-se o divisor de águas. A partir dali, qualquer dificuldade americana no Brasil era culpa única e exclusiva de Goulart.

Quase dois anos antes do golpe militar no Brasil, o presidente Kennedy e seus principais assessores começaram a discutir a opção de derrubar o governo de João Goulart, de acordo com transcrições de fitas presidenciais do Arquivo de Segurança Nacional norte-americano. "Que tipo de ligação temos com os militares?", perguntou Kennedy em julho de 1962. Em março de 1963, ele instruiu-os: "Nós temos que fazer alguma coisa sobre o Brasil".

O sistema secreto de gravação de Kennedy na Casa Branca permitiu a transcrição das reuniões em 30 de julho de 1962, e em 8 de março e 7 de outubro de 1963. O tema em pauta era como forçar Goulart a expurgar esquerdistas do governo e alterar sua política econômica nacionalista, que se chocava com os interesses dos Estados Unidos.

"Acho que um dos nossos trabalhos importantes é fortalecer a coluna vertebral das Forças Armadas", afirmou o embaixador Lincoln Gordon ao presidente e a seu assessor Richard Goodwin. "Para deixar claro, discretamente, que não somos necessariamente hostis a qualquer tipo de ação militar, caso haja motivos para uma ação militar. [...] [Goulart] está entregando o país aos...", afirmou Gordon, antes de ser interrompido. "... aos comunistas", concluiu Kennedy.

Durante esse encontro, Kennedy aprovou a nomeação de um novo adido militar dos Estados Unidos no Brasil, o coronel Vernon Walters, que se tornou o principal articulador com os militares golpistas. "Podemos muito bem estimular que eles [os militares brasileiros] assumam no final do ano, caso possam", Goodwin sugeriu.

O melhor ponto da relação Kennedy-Jango se deu durante a crise dos mísseis. Em outubro de 1962, a inteligência americana revelou que a União

Soviética estava posicionando mísseis nucleares em Cuba. A pedido de Kennedy, Goulart enviou emissário à ilha comunista para servir de intermediário secreto entre Havana e Washington.

A Casa Branca, todavia, não gostou da recusa de Jango em se alinhar aos Estados Unidos em voto contra Cuba na Organização dos Estados Americanos (OEA) por ter aceitado os mísseis soviéticos. Em vez disso, Jango defendeu zona livre de armas nucleares na América Latina. Para Kennedy, se Goulart não estava com os americanos, estava contra os americanos.

Ao final de 1962, a administração Kennedy acreditava que um golpe iria fazer avançar os interesses dos Estados Unidos. Em 13 de dezembro, Kennedy admitiu ao ex-presidente Juscelino Kubitschek que a situação no Brasil "o preocupava mais do que a de Cuba".

Kennedy escolheu seu irmão Robert como enviado especial ao Brasil para que mantivesse conversa direta com Goulart. O encontro ocorreu no Palácio do Planalto em Brasília, em 17 de dezembro de 1962. Durante a reunião de três horas, Robert Kennedy advertiu Goulart que os Estados Unidos tinham "as maiores dúvidas" sobre as futuras relações positivas com o Brasil. Apontava a infiltração de comunistas e da extrema esquerda nacionalista no governo. Registrou a repetida oposição a políticas e interesses americanos como regra. Goulart fez apaixonada defesa de seu governo. O ministro mandou nota ao embaixador Gordon: "Não estamos saindo do lugar". Convenceu-se de que o presidente era "um Jimmy Hoffa brasileiro", em referência ao sindicalista norte-americano tido como esquerdista.

Kennedy convocou seus auxiliares em 7 de outubro de 1963 e perguntou abertamente se os Estados Unidos teriam de depor Goulart: "Você vê uma situação em que poderia achar que é desejável para nós intervir militarmente?".

O embaixador Gordon instou o presidente a preparar planos de contingência para fornecer munição ou combustível para facções das Forças Armadas pró-Estados Unidos se os combates começarem. "Eu não gostaria que fechássemos nossas mentes para a possibilidade de algum tipo de intervenção discreta", aconselhou Gordon. Sob a supervisão de Gordon, ao longo das próximas semanas, a embaixada dos Estados Unidos no Brasil preparou um conjunto de planos de contingência.

Documentos mostram que, cinco dias antes do assassinato de Kennedy, em novembro de 1963, Lincoln Gordon recomendava ao presidente que não incluísse o Brasil pelo giro por países latino-americanos que pretendia fazer no início de 1964. Gordon mencionava o baixo comprometimento de Goulart com o esforço regional de integração de Kennedy e sua aversão a investimentos estrangeiros.

Conforme memorando de transmissão, datado de 22 de novembro de 1963, previam a possibilidade de "uma forte ênfase na intervenção armada". Assassinado em Dallas naquele mesmo dia, Kennedy nunca teria a oportunidade de avaliar, e muito menos implementar, seus planos.

Com a morte de Kennedy, Lyndon Johnson assumiu. Em relação ao Brasil, apenas seguiu com o roteiro já definido pelo antecessor. Os Estados Unidos estimularam e apoiaram o golpe militar de 1964, sem que a intervenção americana tenha sido necessária. A operação Brother Sam disponibilizou apoio logístico para o caso de guerra civil. "Nós preparamos ações de prevenção. A força-tarefa naval foi uma ideia minha", reconheceu Gordon. "Se foi uma ideia ruim, assumo a culpa. Se foi boa, recebo os créditos." Em 1966, Gordon deixou o Brasil para assumir o posto de subsecretário de Estado para Assuntos Interamericanos. Dedicou-se a partir daí à carreira acadêmica. Morreu em 2009 aos 96 anos. Sua última obra foi *A segunda chance do Brasil*, na qual refutava a importância dos Estados Unidos no golpe de 1964.

Doze anos depois do golpe, os Estados Unidos começavam a se reposicionar em relação ao Brasil. Em 19 de fevereiro de 1976, Henry Kissinger, no cargo de secretário de Estado do governo Gerald Ford (1974-7), desembarcou em Brasília. Sua primeira visita ao país havia sido em 1962. As transcrições dos encontros de Kissinger em Brasília foram tornadas públicas pelo Departamento de Estado em 2008. Palavra por palavra, elas revelam como o poder americano dialogou com o poder brasileiro.

Às dez horas, Kissinger chegou ao Palácio do Planalto para duas conversas separadas. A primeira foi com o presidente Ernesto Geisel e o ministro das Relações Exteriores, Azeredo da Silveira. A segunda foi com Golbery do Couto e Silva, chefe da Casa Civil.

Kissinger abriu o encontro com Geisel lamentando que a esposa não tivesse podido acompanhá-lo na viagem ao Brasil por ter adoecido. Geisel informou que o Itamaraty apoiaria a organização da viagem quando a senhora Kissinger encontrasse tempo para conhecer o país.

— Nós nos compreendemos um ao outro e em geral temos os mesmos objetivos, apesar de usarmos táticas diferentes para alcançá-los em algumas ocasiões — amaciou Kissinger.

— Fundamentalmente, Estados Unidos e Brasil caminham na mesma estrada. Não há 100% de identificação das visões em todas as coisas. Compreendemo-nos um ao outro — concordou Geisel.

O presidente brasileiro propôs que os dois países intensificassem a relação direta entre seus governantes, para além dos fóruns internacionais, e queixou-se:

— Não é dada muita atenção ao Brasil nos Estados Unidos. No entanto, o que é dito sobre o Brasil distorce a realidade. Nossa imagem é de uma ditadura violenta. Isso não corresponde à realidade do Brasil moderno. Temos de trabalhar para que a compreensão do Brasil nos Estados Unidos seja mais profunda, em acordo com a realidade.

— Desde minha viagem aqui em 1962, eu me convenci de que o Brasil está destinado à grandeza no mundo. Espero que o senhor possa visitar os Estados Unidos este ano. Será uma grande oportunidade para que as pessoas do meu país entendam a importância que atribuímos à relação com o Brasil. O encontro dos dois presidentes simbolizaria a relação especial que há entre os dois países. A meu ver, a organização doméstica do país é preocupação brasileira. Já temos problemas suficientes em conduzir nossa própria política doméstica sem que tentemos conduzir a de vocês — respondeu Kissinger.

— Recebo com grande prazer o convite do presidente Ford para visitar os Estados Unidos. Eu realmente queria encontrar o presidente. Falando francamente, há uma dificuldade engasgada em minha garganta. É difícil para mim aceitar a visita agora, justo no momento em que crescem os problemas com a política comercial externa dos Estados Unidos — reclamou Geisel.

O presidente brasileiro lembrou que o país enfrentava déficit de 1,5 bilhão de dólares no comércio com os Estados Unidos. Kissinger culpou os congressistas americanos.

— Às vezes são tão severos que destroem muitas das linhas da política externa americana.

A conversa prosseguiu abordando outro ponto sensível, a aceitação do limite territorial de duzentas milhas da costa estabelecido pelo Brasil. Kissinger respondeu que a questão teria de ser tratada dentro da discussão de regra internacional geral. O encontro terminou com o assunto preferido de

Kissinger, em se tratando de Brasil: o futebol. Geisel convidou-o para assistir a um amistoso da seleção brasileira, que se preparava para os jogos classificatórios da Copa do Mundo de 1978.

— Os brasileiros realmente se exaltam com o futebol. Chega mesmo a ter significado político aqui — comentou Geisel. — Em 1974, o presidente Médici assistiu ao primeiro jogo da Copa do Mundo. Naquele ano, a seleção perdeu o título e o governo perdeu a eleição. Algumas pessoas acham que os dois eventos estão conectados. Pode ver por que estou preocupado em que a seleção tenha realmente um bom time na Copa de 1978.

Às onze horas, Geisel acompanhou Kissinger até o elevador e se despediu do secretário. No andar acima, Golbery do Couto e Silva, chefe da Casa Civil de Geisel, aguardava-o. Assim como na conversa com Geisel, um assistente de Kissinger tomou notas do diálogo. Foi mantida em sigilo por trinta anos a

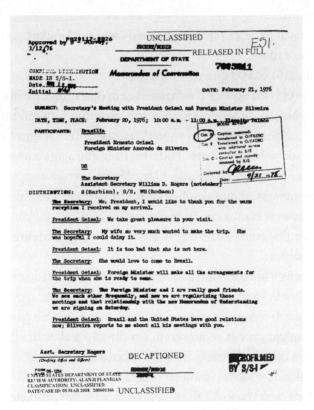

Transcrição da conversa entre Kissinger e Geisel (Acervo do autor).

conversa em que Golbery antecipou a Kissinger os primeiros passos do processo de abertura política.

— Estou lisonjeado por você ter vindo — agradeceu Golbery.

— Estive aqui uma vez antes, em 1962. Na minha volta, escrevi um livro que sugeria que Brasil e Estados Unidos deveriam ter uma relação especial. Já era óbvio que o Brasil estava destinado à grandeza.

— Há diferenças desde 1962, políticas e físicas.

— Grandes diferenças. Naquela vez, pensei que o Brasil escorregava para uma ditadura de esquerda. Os estudantes estavam fora de controle.

— Peço desculpas pelo meu inglês pobre. Em 1962, estávamos em situação ruim.

— Goulart, eu acho, não era nem mesmo um homem perigoso ou incompreensível. Ele se deixou tornar dependente dos sindicatos e dos estudantes. Estava se movendo em direção a alguma forma de ditadura peronista de esquerda, acredito.

— Nós estávamos esperando. Quisemos manter Goulart na presidência até o último instante.

— Fui solidário com o que vocês fizeram.

— Nosso problema agora é o movimento em outra direção. Imediatamente depois da revolução de 1964, vivemos sob uma ditadura militar. Foi o primeiro período. Agora estamos no segundo período. Temos uma Constituição, que foi aprovada pelo Congresso. Pode-se dizer que agora estamos em nossa fase autoritária [mas não ditatorial]. O problema agora é como se mover em direção à democracia, o que significa expandir participação. Isso não é fácil.

— Evolução sem caos, esse é o problema de fato.

— Nós não podemos abrir o processo muito rapidamente. Temos uma política gradualista.

— Bem, vocês não receberão nenhuma pressão dos Estados Unidos. Cabe a vocês decidir a velocidade com a qual vão se movimentar.

— Estamos sob alguma pressão, por causa da imagem do país no exterior.

— Será bom para vocês se moverem em direção à abertura política. A velocidade com a qual farão isso é uma decisão do Brasil.

— A dificuldade é saber o momento para dar cada passo.

— É verdade, secretário. O Brasil tem realmente um problema de imagem nos Estados Unidos — completou um assessor de Kissinger.

— De fato achamos que, como no caso do Chile e da Grécia,[986] existe algo por trás disso.

— A extrema esquerda está tentando destruir acontecimentos progressistas pró-Ocidente. Sempre me surpreendo de que não veja muita agitação sobre a situação da liberdade na Iugoslávia.[987] Não acho que seja muito mais saudável ser um dissidente na Iugoslávia do que em Santiago.

— Existem dois padrões no mundo.

— Existem, de fato. A comparação de atitudes em relação ao Brasil e a Iugoslávia é interessante.

— E perigosa.

— Intelectuais têm uma espécie de ódio próprio.

— Isso é verdade no mundo. Eles são fortes — disse Golbery.

— Pelo contrário. Acho que muitos intelectuais são covardes. Eles são fortes o suficiente somente quando não correm riscos. Nos Estados Unidos, professores têm de viver com salários de classe média alta ou baixa. Algumas vezes acho que a melhor coisa a fazer é triplicar o salário deles. Isso reduziria sua frustração e diluiria suas tendências revolucionárias. Realmente nunca me impressiono com professores, apesar de ter vivido com eles grande parte da minha vida.

— No Brasil, os professores são um nicho. Eles promovem uns aos outros. Alguns que não são esquerdistas acreditam ser desejável dar-se coloração de esquerda com o propósito de crescer profissionalmente.

— É a mesma coisa nos Estados Unidos. Uns resenham os livros dos outros.

— Os intelectuais e os estudantes são setores que criam sérios problemas para nosso governo.

— Nos Estados Unidos, os estudantes estão se tornando mais conservadores. Os professores são apenas oportunistas. As pessoas que nos chamavam de monstros de guerra pouco tempo atrás agora nos dizem que somos muito mansos.

— Essa inconsistência é a mesma em todos os países.

Kissinger e Golbery começaram a falar de política internacional. Cuba, União Soviética e China, especificamente. Golbery pergunta:

— E sobre Mao?

— Ele e os outros chineses são enormemente bem informados. Mao é o mais notável líder que conheci, com exceção possivelmente de De Gaulle. Em uma ocasião Mao discutiu comigo sobre países do mundo por quatro horas. Suas informações eram incríveis, não nos aspectos triviais, porém nas maiores forças políticas de país a país.

Com esse relato elogioso a Mao, Kissinger agradeceu a recepção calorosa e se despediu.

No dia da posse de João Baptista Figueiredo, em 15 de março de 1979, os temas da reunião da cúpula do Departamento de Estado eram: a produção e o preço do barril de petróleo; o fim da conferência de paz do Chade, em Kano, na Nigéria; as preocupações com os curdos no Iraque; as estatísticas da produção industrial na União Soviética; e os desafios do novo presidente brasileiro.

A sucessão brasileira mereceu um documento analítico que foi encaminhado ao presidente Jimmy Carter.

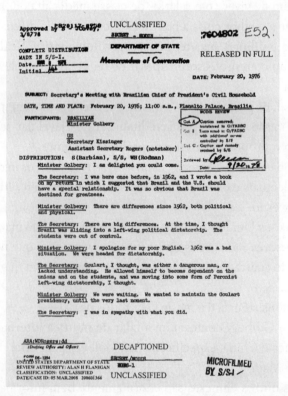

Transcrição da conversa entre Kissinger e Golbery (Acervo do autor).

A posse de hoje de João Baptista Figueiredo, o quinto na linha de generais que têm governado o Brasil desde 1964, tem significância maior do que a usual. Figueiredo enfrenta enorme expectativa de que continue com a política de liberalização iniciada pelo presidente Geisel, possivelmente abrindo caminho para um civil ao final do seu mandato em 1985. O período vindouro será de dificuldades sob qualquer circunstância. Deve se tornar ainda mais complicado pela enormidade de problemas econômicos, que estreitam tremendamente as escolhas políticas e diminuem as margens de erro.

Ao final do mandato de Figueiredo, a avaliação norte-americana de seis anos antes revelou-se correta. O quinto general militar passaria o governo a um presidente civil. O país estava em festa. O embaixador norte-americano, Diego Asencio, abriu as portas de sua casa para um jantar em homenagem aos líderes da oposição que se tornavam governo. "Os Estados Unidos têm interesse em ajudar na consolidação da jovem democracia brasileira", propôs ele a peemedebistas.

Um dos convidados do embaixador se apresentou como representante da Fundação Nacional para a Democracia (National Endowment for Democracy Foundation) e ofereceu formalmente 18,5 milhões de dólares ao PMDB somente para 1985. Ao tomar conhecimento da proposta norte-americana, Ulysses declinou da oferta. Reagiu "de forma dura e nada diplomática", contou Pedro Simon.

A CIA preparou relatório especial sobre o retorno dos civis ao poder com detalhada análise da situação econômica e política do país. Procurava antecipar problemas e futuras decisões do governo Tancredo Neves.[988] Os americanos esperavam que o novo presidente seguisse a mesma política do regime militar no pagamento da dívida externa, mantendo atenção na performance do balanço de pagamentos para que permanecesse positivo para o país. "Há um perigo remanescente para os esforços de Neves que será acomodar as diversas visões de seus assessores, incluindo aqueles que esposam posições esquerdistas. Nesse caso, corre risco de adotar políticas expansionistas, que afastariam Brasília do programa recomendado pelo FMI, provocando escalada na inflação que poderia ir de 300% para 500% ao ano", especulava a análise.

A CIA acreditava que a Nova República traria mudanças limitadas no campo político.

Apesar da transição para o governo civil, esperamos que as Forças Armadas monitorem muito proximamente o governo Neves, apesar de vermos poucas chances de intervenção militar no processo político ou na gestão civil durante o primeiro ano. A maioria dos oficiais parece reconhecer que a prolongada intervenção política turvou a imagem deles e reduziu as capacidades militares brasileiras. Eles parecem ansiosos para retornar aos quartéis.

Se a política econômica de Tancredo resultasse no crescimento da insatisfação social ou se ele se submetesse ao clamor esquerdista para julgar militares, como ocorreu na Argentina, os líderes militares deveriam exercer pressão direta sobre ele, previa a CIA. "Em nosso julgamento, contudo, as condições teriam de deteriorar-se gravemente antes de os militares se arriscarem a enfrentar a raiva popular por forçar Neves a deixar o governo."

Os americanos enxergavam Tancredo como líder com força necessária para elevar os padrões políticos brasileiros. Um perfil da embaixada americana retratou-o "como conservador, mas não doutrinário" e "sem fortes compromissos ideológicos". A palavra consenso, que sempre acompanhou Tancredo, aparece no perfil, que destaca sua moderação, honestidade pessoal e a capacidade de entender as regras do jogo político. Essas características seriam a chave de seu sucesso: "Ele acumulou ativos que lhe permitem transitar na elite política brasileira, dos esquerdistas aos militares, sem identificar-se com qualquer grupo".

Tancredo também é apontado como "metódico e cuidadoso, tomando as decisões políticas por si mesmo, depois de muitas consultas". O apoio popular devia permitir que a transição ocorresse sem o rancor visto em outros países sul-americanos como a Argentina, avaliaram. "Os militares aceitam amplamente Neves e apoiam a transição." A credibilidade das Forças Armadas teria sido atingida pelo fato de terem permanecido no poder por um longo tempo, pela inabilidade de sustentar o crescimento econômico e pelos amplamente relatados casos de corrupção. Para a CIA, o novo presidente capitalizara a imagem de formador de consenso a despeito do pouco carisma. "Sua elevada popularidade durante a campanha pode ser atribuída mais à percepção nacional da necessidade de mudança do que à sua personalidade, que não é dinâmica nem carismática."

O perfil traçado pela inteligência americana dizia que Tancredo relutava em delegar autoridade, que costumava realizar exaustivas consultas, mas frequentemente discordava dos conselhos que recebia e tomava suas decisões baseado em seus próprios instintos.

O relatório enviado ao governo americano mostra que consideravam estabilizadas as relações entre civis e militares. O quadro só seria modificado caso Tancredo "altere radicalmente sua posição de moderado", algo improvável, segundo eles. Elementos da linha dura estavam sendo afastados, e "o Alto-Comando das Forças Armadas usará a rotina de promoções e a rotação de poder para remover eventuais *troublemakers*". Com os criadores de caso afastados do caminho, Tancredo Neves rumou para o Palácio do Planalto. Onde só chegaria depois de morto.

22. A via dolorosa até a subida da rampa

Se quiser conhecer um homem, pergunte onde compra seus ternos. O alfaiate Hermano Augusto do Carmo quis uma profissão que aliasse bom gosto e requinte, e todos sabem que os ternos enviam mensagens que chegam antes das palavras. Nascido em Pirapora, no norte de Minas, optou por agulhas e linhas aos dezesseis anos. "Entre ser carpinteiro, sapateiro e trabalhar com costura, preferi ser alfaiate. Não me sujava nem corria risco de machucar-me." Trabalhou com um costureiro italiano antes de mudar-se para Belo Horizonte, em 1963. Aguçou o dedal na Diniz e Verona, que atendia os ricos da capital, até abrir negócio próprio. Instalou-se na praça Sete, coração cívico da cidade, e depois na rua Santa Rita Durão, na Savassi, fígado da boêmia de Belo Horizonte. Chegou a costurar setenta ternos por mês. De todos os governadores mineiros a partir de 1970 até sua morte, em 2013, só não chuleou os ombros de Aécio Neves, neto do amigo Tancredo. "É uma questão de tradição, costume e identificação", resignou-se.

Em 1985, fazia vinte anos que a Alfaiataria do Hermano reunia os homens sóbrios, poderosos e elegantes da capital mineira. O alfaiate dos governadores empenhava-se na costura do smoking e do terno de posse do presidente da República. Escolheu a seda preta italiana para vestir Tancredo de Almeida Neves. Cobrava caro.

O terno e o smoking custariam, em valores atualizados, 9 mil reais. Equivalia a mais da metade do primeiro salário do mandatário da redemocratização.

Já haviam saído de suas tesouras os ternos sóbrios que Tancredo levara para a Europa, um total de quatro peças nos meses que antecederam a eleição. O líder mineiro também gostava dos suspensórios que Hermano criava. "São essenciais para calças impecáveis." Anos mais tarde, Hermano cuidaria dos ternos de José de Alencar (vice-presidente entre 2003 e 2010). Morreu com oitenta anos, e contabilizava a feitura de 4,5 mil ternos em sua carreira.

O terno preto que Hermano costurara para a investidura foi a peça que Tancredo levou para o túmulo. Emoldurou a última imagem do presidente eleito.

A festa da posse estava pronta. Tancredo usaria de novo o Rolls-Royce conversível com que desfilara em 1961, ao assumir como primeiro-ministro. De origem nebulosa, o Rolls-Royce pode ter sido presente da rainha Elizabeth II a Getúlio Vargas em 1953. Havia a suspeita de que a "doação" seguiu-se à compra milionária por Vargas de motores para aviões militares, à época fabricados pela Rolls-Royce. Pouca gente sabia disso.[989]

O simbolismo de desfilar no mesmo carro aberto em que Vargas e Jango saudaram os brasileiros parecia estratégico e reverencial a Tancredo. Reafirmava a linha evolutiva da política que o alimentara. Autografaria o termo de posse na presidência com a caneta Parker modelo 51 que recebera de Vargas trinta anos antes. A caneta, que é toda de ouro, estava com a pena estragada. A Parker consertou, sem cobrar nada.[990]

Famoso por ser avarento, o custo da festa foi uma das preocupações de Tancredo. Determinou que a recepção no Itamaraty abolisse a exigência de casaca, a roupa mais formal do guarda-roupa masculino. O champanhe escolhido para a recepção oficial havia sido produzido em caráter experimental pela Embrapa, a empresa estatal de pesquisa em agricultura e pecuária. O vinho, o Duque de Bragança, tinha a mesma procedência. Estrangeiro, só o uísque escocês, pertencente a um lote apreendido pela Receita Federal por contrabando.[991]

Tudo e todos pareciam prontos. Inclusive o personagem principal.

Um mês antes da ascensão do novo regime, a CIA preparou um documento secreto (*intelligence assessment*) de treze páginas para municiar o presidente Ronald Reagan e os secretários de Estado e da Defesa intitulado "Brasil: os civis retornam ao poder".[992] Permaneceu de acesso restrito por quase trinta anos, regra geral, o tempo máximo de segredo para documentos produzidos pelo Estado norte-americano.

Tancredo Neves, primeiro presidente civil do Brasil desde 1964, herda pressões reprimidas por mudança política, uma economia que só agora começa a se recuperar de três anos de recessão e uma dívida externa de 100 bilhões de dólares. Para a vantagem dele, Neves, que completará 75 anos em março, é um ser amplamente popular, político habilidoso, bastante reconhecido por sua honestidade e moderação ideológica assim como por sua habilidade em construir consensos entre diferentes grupos como trabalhadores, empresários e políticos de esquerda. Esperamos que Neves faça pleno uso de sua habilidade e popularidade para manter o Brasil em curso previsível e moderado.

Nesse relatório, a CIA atestava a honestidade de Tancredo. Vinte anos antes, em outro documento secreto, havia afirmado que ele era "conhecido pela inteligência (embora nem tanto pela honestidade)".[993]

A idade do presidente eleito brasileiro preocupava a agência de espionagem. Mais por questões políticas do que físicas.

Os 75 anos que completa em março podem atuar contra ele, porque não é parte da geração de políticos que amadureceu sob o militarismo e está sedenta por poder. Ele é visto por muitas dessas pessoas, especialmente aqueles à esquerda, como demasiadamente vinculado ao establishment político, apesar de ter concorrido como candidato oposicionista.

No trecho do documento dedicado às qualificações pessoais e profissionais de Tancredo, a CIA reservou poucas palavras para sua saúde: "aparenta estar em boa saúde aos 74 anos. O inglês dele é limitado".

Pois a rede de informantes e espiões da CIA pode não ter atentado para sinais que discretamente se repetiam. Não por ser mais competente, talvez por ser mais próximo, o Serviço Nacional de Informações arranhou o que se desenrolava nos bastidores. Tinha antenas políticas direcionadas para os líderes que se empenhavam na transição do poder militar para o civil. Em setembro de 1984, produziu relatório que questionava a saúde do candidato do PMDB. Tancredo havia estado no Rio em 10 de setembro para inauguração do comitê eleitoral em Ipanema e tivera de ser amparado ao caminhar em direção ao carro, quando deixava a praça Nossa Senhora da Paz, registrou o SNI. Durante visita a Porto Alegre, em 2 de outubro, socorreu-se de braços amigos para subir as escadarias do Palácio Piratini. Como Tancredo tinha o hábito de apoiar-se em quem andava a seu lado, tais cenas passaram despercebidas. Contudo, o SNI apontou possível sintoma de enfermidade.[994]

No mesmo período, correu o boato de que um atirador paraguaio teria sido contratado para matar Tancredo. O maior dano que causou foi elevar o estresse. Durante reunião no Congresso, a equipe de segurança descobriu uma maleta preta sob a mesa à frente da qual Tancredo iria se sentar. Evacuou-se a sala e chamou-se o esquadrão antibomba. Ao final, a maleta tinha sido esquecida por uma funcionária da agência de publicidade DPZ, uma das que cuidavam da imagem do candidato. "Dentro dela só havia agulha, linha, Merthiolate e Band-Aid", detalhou Maria Convertino.[995]

Tancredo sempre gostou de dar escapadas dos olhos de sua equipe de segurança. Na véspera do Ano-Novo de 1985, decidiu passear sozinho pela avenida Atlântica, em meio à multidão que lá celebrava o réveillon.

— Tancredo, é muito temerário — aconselhou Risoleta.[996]

— Temerário? Vou estar cercado pelo meu povo. Risoleta, não vou me privar da alegria de ser reconhecido pelo meu povo.

Só voltou três horas depois. "Nunca se sentiu melhor e mais protegido", testemunhou Mauro Santayana. As escapadas revitalizavam o homem, comentaria o amigo. Um pouco mais tarde nesse dia, Tancredo passaria mal.

O deputado Ulysses Guimarães contou que em 11 de março, a quatro dias da posse, participou de um jantar em homenagem a Tancredo na Casa da Manchete, em Brasília. Tiveram como anfitrião o empresário Adolpho Bloch, dono da rede Manchete e da Bloch Editores, que comprara uma mansão na capital federal para contatos, o que significava agenciar interesses. "Bloch fez discurso em seu estilo direto, delicioso, muito afetivo com Tancredo. Ainda assim disparou setas aceradas de crítica e humor. Amaldiçoou os juros altos que comiam seu patrimônio e a segurança de mais de 7 mil empregados. Apelou que os juros altos eram como a saúva. Ou o Brasil matava os juros, ou os juros matavam o Brasil", reproduziu Ulysses.[997] Tancredo deu uma resposta que pareceu a Ulysses por demais simplória e comentou com Daisy Setubal, que estava a seu lado.

— Tancredo está muito cansado. Seu discurso mostrou isso. Está irreconhecível.

Ulysses recordou-se dos telefonemas constantes, alguns ao raiar do dia.

Como eu era madrugador, telefonava muito cedo. Se eventualmente ainda dormia, Tancredo dizia matreiro: "Estava lendo". Eu o sabia doente, resistindo a operar--se antes da posse. Todavia Tancredo continuava com sua resistência de muar, enfrentando com estoicismo franciscano os infindáveis, tensos e às vezes irritantes contatos para montagem do governo. Sempre que queria saber de sua saúde, respondia seco e terminativo: "Estou bem".

Andrea Neves, neta de Tancredo, com 26 anos à época, contou que "até o último momento" o avô alimentava o receio de que algo impedisse a transição. "A única garantia que tinha de que atravessaria o Rubicão era a presença física dele. Até o último momento eles trabalharam com a hipótese concreta de golpe. Todo mundo acha-a fantasiosa. Conquanto as notícias eram de que havia um grupo minoritário nas Forças Armadas que tentava o golpe."
A neta lamentou as consequências.

Aécio era o único que sabia que meu avô não estava se sentindo bem. Ele tinha muito receio de qualquer coisa que pudesse impedir a transição. Fez um esforço pessoal para garantir a posse. Depois que fizessem com ele o que quisessem. Se tivesse sido internado três dias antes, não teria tido a infecção nem todos os desdobramentos decorrentes dela.

A rede de apoiadores do candidato situacionista Paulo Maluf havia colocado a saúde de Tancredo em escrutínio. Maluf conta que, em setembro de 1984, o deputado federal Renato Cordeiro (PDS-SP), que era médico, viu quando Tancredo entrou no ambulatório da Câmara dos Deputados amparado por Israel Pinheiro Filho. "Com seus dois metros de altura e 150 quilos, Israel escondeu Tancredo", que foi atendido pelo dr. Renault Mattos Ribeiro.[998]
Maluf chegou a obter um diagnóstico que depois se mostraria preciso. Flávio Marcílio (PDS-CE), que era presidente da Câmara dos Deputados em 1984, lhe deu a informação de que Tancredo Neves tinha uma infecção.

Ninguém sabia exatamente o que ele tinha dentro de si, porque Tancredo não quis se examinar. Políticos escondem a doença porque acham que a doença é um impeditivo para uma eleição. Isso foi o caso de Tancredo: tinha um abscesso grande na barriga. Tinha de ter aberto, tirado o abscesso, o eventual tumor que ele tinha. Com certeza, seria presidente da República por cinco, seis anos.

Em 23 de setembro de 1984, em entrevista a Boris Casoy, da *Folha*, Tancredo revelou que havia feito um exame médico oito dias antes, no começo da segunda quinzena daquele mês. "O médico habitual, dr. Renault, disse que estou melhor do que há cinco anos", declarou.[999]

Como estratégia para angariar votos, Maluf espalhou dúvidas sobre a saúde de Tancredo. Em 14 de outubro, em almoço de domingo, segredou a parlamentares peemedebistas que o senador Amaral Peixoto, amigo havia trinta anos de Tancredo, receava apoiá-lo porque o oposicionista podia morrer no exercício do poder e ser substituído por Sarney.[1000] E é fato que Peixoto absteve-se de votar no colégio eleitoral. O almoço de Maluf ocorreu na casa do deputado Agenor Maria (PMDB-RN) e durou uma hora e 45 minutos. "Eu tenho mocidade, capacidade e vou prestigiar a classe política. Tancredo é um

Tancredo Neves ao lado dos netos Andrea e Aécio Neves em Belo Horizonte (26 de dezembro de 1984/Foto de Marcelo Prates/Agência O Globo).

homem velho e é por isso que o Amaral Peixoto receia votar nele. Ele teme que Tancredo morra e Sarney assuma o poder", reforçou ao se despedir.

À época, o jornalista Janio de Freitas, em sua coluna na Folha de S.Paulo, contou que Maluf chegou a cogitar de tornar pública a alegação de "invalidez presumida do candidato oposicionista". Escreveu:

> Tancredo Neves teve, há tempos, um caso de aneurisma — ou algo dado como tal. Em outubro, veio a saber que Maluf dispunha de ampla informação a respeito, com a posse até de documentos médicos. Com a intenção, ao que tudo indica, de levar o fato ao conhecimento de Tancredo, o general Golbery mostrou tais documentos a um amigo comum a ele e ao candidato oposicionista. Tancredo sentiu logo a dimensão do risco, ou ameaça, a que estava exposto. Sua primeira lembrança foi para o completo dossiê de sua história clínica arquivado no serviço médico da Câmara. Era preciso recuperá-lo. Porém a tentativa fracassou: não foi possível localizar o dossiê, e afinal ficou comprovado que os arquivos haviam sido violados e roubada a documentação médica relativa a Tancredo. Estes eram os documentos que estavam em mãos de um homem dado com o estrategista de Maluf [...] O general Golbery jamais permitiu que o dossiê sobre Tancredo fosse usado.[1001]

Quando deputado federal, Tancredo havia sofrido um infarto em 1977, que foi mantido em sigilo.[1002] Temia que a notícia comprometesse sua carreira. O clínico Renault Mattos Ribeiro conhecia-o desde que entrou no serviço médico da Câmara, em 1958, ainda no Rio de Janeiro. Em exame de rotina, pediu ao deputado que se submetesse ao eletrocardiograma, e o resultado indicou doença coronariana. Com discrição, passou por uma cineangiografia no Centro Radiológico de Brasília, onde um cateter foi introduzido em seu coração. Buscava obstruções e medir a irrigação das artérias coronarianas. O exame diagnosticou insuficiência cardíaca; havia enfraquecimento na bomba do coração. Como consequência, sofria de alguma dificuldade de respirar e de cansaço. Mattos Ribeiro prescreveu um vasodilatador coronariano de uso frequente. "A despeito de eu pedir repetidamente que não deixasse de tomá-lo, ele o fazia de modo irregular, como é padrão dos doentes que não valorizam sua enfermidade."[1003]

Como médico da Câmara, Renault Ribeiro chegou a Brasília em 19 de abril de 1960, dois dias antes da inauguração. "A cidade parecia um piquenique grandioso." Não havia onde atender pacientes, então, com uma Kombi, ia à casa dos servidores e deputados. Nos primeiros anos da nova capital, a maioria dos deputados tinha colesterol elevado. "Eles vinham para Brasília contrariados. Deixavam suas famílias e ficavam estressados pela viagem de avião, que era sofrida. Na sexta-feira, quando faziam exame de colesterol no estado natal, a dosagem estava normal outra vez." Ibrahim Sued escreveu que Renault antecipava as crises políticas de Brasília por meio do monitoramento das taxas de colesterol dos parlamentares. Eram as primeiras a subir antes que a crise se desnudasse. Claro que a antecipação também incluía fofoca de corredor e segredos de consultório.

"O Tancredo consultava-se comigo, frequentemente, quando deputado e depois como senador. Na verdade, se o deputado vai para o Senado, ele muda de Casa sem que mude de médico. Continuei sendo médico dos senadores Sarney, Tancredo, Virgílio Távora. Todos eles voltavam", declarou. O mineiro continuou a frequentar o consultório até no período em que foi governador, entre 1983 e 1984. "Quando vinha a Brasília, fazia check-up comigo. A d. Antônia telefonava para mim e marcava. Tratei-o por quase vinte anos."

Tancredo começou a sentir pontadas na barriga às 21 horas da terça-feira, 12 de março, três dias antes da posse. Estava na Granja do Riacho Fundo. Acostumara-se com incômodos como esse, só que com intensidade menor. A garganta doía desde a manhã. Tinha gripe, febre e dor na perna. Aécio Neves ligou para o clínico no final da noite. Passava das 22h30. Combinaram que um carro o pegaria às 8h30 do dia seguinte. Ribeiro até se dispôs a ir naquele momento atender Tancredo, em razão da febre, mas, ao ser consultado por Aécio, Tancredo preferiu aguardar. Tomaria uma aspirina e tentaria dormir.

Na hora marcada, Ribeiro encontrou Tancredo deitado na cama. Continuava com febre e sentia-se prostrado pela gripe. Ao primeiro exame, o coração batia normal; a pressão estava boa. Pediu-lhe que se sentasse para que pudesse auscultar os pulmões e Tancredo teve de ser amparado. Protegeu o abdômen ao se levantar. Os pulmões não tinham problema. Foi deitado de barriga para cima para a apalpação abdominal e respondeu com caretas de dor a uma pressão suave à altura do baixo ventre. Quando o médico deu carga maior, segurou-lhe a mão para impedir que continuasse. O paciente não evacuava havia dois dias. "Apalpei de novo e de novo ele reagiu. Reação de peritonite.

Peritonite dá em quem tem foco de inflamação no intestino, provavelmente. Podia ser apendicite, embora não seja muito comum em pessoas de 75 anos. Poderia ser diverticulite", reconstituiu.

— O senhor está com um processo infeccioso no estômago e um princípio de gripe — informou a Tancredo.

— Eu não posso ficar gripado e muito menos com uma infecção. Você sabe disso.

Ribeiro sugeriu que se internasse. "Não falei em operação naquele momento, porque minha intenção era prepará-lo de modo gradual para a ideia. Ele resistiu tremendamente. Dizia que de maneira alguma iria ser internado. Discuti o caso com a família e afirmei que necessitava do conselho de um cirurgião."[1004] Procuraria o cirurgião-geral Francisco Pinheiro da Rocha, amigo de trinta anos. O médico da Câmara dizia que, se tivesse que ser operado, escolheria estar em suas mãos.

O dr. Pinheiro da Rocha havia acabado de retornar ao seu consultório no Departamento Médico da Câmara dos Deputados de uma cirurgia, às 10h30, e Ribeiro já o aguardava com um envelope na mão.

— Dá uma olhada nesse hemograma. O que você acha? — pediu, sem revelar a identidade do paciente.

Pinheiro avaliou a taxa de leucócitos do exame.

— Isso é de uma pessoa jovem ou idosa?

— Pessoa idosa.

— É ainda mais grave. Deve ser de um quadro infeccioso agudo.

— Sabe de quem é? Tancredo de Almeida Neves.

Em volta de Tancredo, a ansiedade da posse obnubilava o abatimento e as dores, que deixavam de ser discretas. O porta-voz Antônio Britto esteve na quarta-feira à tarde no Riacho Fundo e reuniu-se com Aécio Neves para organizar a primeira reunião do novo ministério, marcada para o domingo, dia 17, às dez horas. Aécio baixou o tom de voz:

— Fique quieto, mas pode ser que essa reunião não aconteça.[1005]

O senador Fernando Henrique Cardoso visitou Tancredo nesse mesmo dia. Compartilharam uma canja como almoço e Risoleta proibiu o marido de tocar no copo de vinho. "Tancredo não estava bem", entendeu FHC ao testemunhar a restrição.

Renault Mattos Ribeiro se dirigiu à Câmara dos Deputados e contou a Ulysses Guimarães o que se passava com Tancredo. Ulysses pediu a ele que o mantivesse informado do quadro. "Eu dava todas as informações ao presidente Ulysses Guimarães, que era o presidente da minha Casa", admitiu Mattos Ribeiro.[1006]

À tarde, o gabinete do presidente da Câmara dos Deputados estava apinhado de parlamentares. O vice-líder do PMDB de Minas, José Maria Magalhães, médico, interpelou Ulysses:

— Presidente, a Casa está cheia de notícias inquietantes sobre a saúde do dr. Tancredo. Queremos saber o que há.

Ulysses ligou para o Riacho Fundo. Maria do Carmo, a filha, atendeu. Tancredo demorou a chegar ao aparelho. Ulysses imaginou que vinha de outro cômodo e que era provável que Tancredo estivesse em consulta médica naquele instante.

— Ulysses, temos que nos preparar para dias difíceis. Avalio pela conversa que estou tendo agora.

— Como está se sentindo?

— Bem.

— Você ficou de acertar comigo os governadores de Brasília, Amapá e Roraima.[1007]

— Trataremos disso amanhã ou depois.

— Tancredo, Brasília está cheia de delegações. Há chefes de Estado de oitenta países. Nem eu, quanto mais você, temos tempo para audiências.

— Eu não anunciarei nada sem tratar disso com você.

— Você vai também anunciar a composição da comissão que elaborará o projeto de Constituição? — perguntou Ulysses, contrário à iniciativa.

— Vou, não quero atrasar isso. Vão dizer que me desinteressei da Constituinte. Já convidei Afonso Arinos para presidi-la. Credenciaremos sua composição.

— E a saúde, Tancredo? Você está mesmo bem?

— Estou bem. Aguarde chamado meu, amanhã ou depois.[1008]

Foi a última conversa direta entre os dois. Mesmo os mais próximos não desconfiavam do que se passara nos últimos seis meses.

"O doutor Tancredo tomava muito pouco remédio. Fazia uso de vitaminas, isso sim. Eu mesmo, mais de uma vez, em Brasília, fui à farmácia comprar vitaminas para ele. Só tinha um remédio que ele tomava que não era receitado, uma pílula de magnésio, porque ele tinha um amigo médico que dizia que magnésio lhe dava muita energia", contou Mauro Salles,[1009] que morara com ele em 1961 e tornava a repetir a experiência em 1985.

Mattos Ribeiro reuniu-se com Pinheiro da Rocha ao final da manhã da quarta-feira, 13 de março. "Expliquei que parecia ser uma apendicite aguda. Formava um abscesso palpável." Às 14h30, os dois médicos seguiram para o Riacho Fundo, acompanhados de um técnico laboratorista para exames. Esperaram por cinquenta minutos para serem atendidos por Tancredo. No dia anterior, ele havia divulgado o ministério completo da sua gestão. Concedeu meia hora de entrevista sem que ninguém notasse que estava doente. "Tancredo mudou seu estilo e usou respostas curtas e diretas durante a entrevista", registrou a *Folha de S.Paulo*.[1010]

Administrava as insatisfações daqueles que haviam ficado de fora. Quando se livrou das cobranças, recebeu os médicos. Pinheiro da Rocha tomou a frente. Foi um exame incômodo, que incluiu o toque retal e a tomada de temperatura no ânus — mais precisa do que a axilar. A barriga estava estufada e dolorida. Não resistia à apalpação mais suave sem causar dor. Coletou-se sangue para o hemograma, e os médicos concordaram que havia necessidade de internação. "Apelei para dona Risoleta, que foi definitiva. A decisão dependia de Tancredo", reconstituiu Mattos Ribeiro. Os médicos convenceram-no a fazer exames radiológicos e ultrassonografia, prometendo sigilo absoluto. Os exames poderiam ser feitos à noite, em área hospitalar isolada, e Pinheiro da Rocha sugeriu que Tancredo mantivesse alimentação leve e pastosa, e não fizesse esforço nem movimentos bruscos. Em algum momento dessa consulta, é possível que tenha ocorrido o telefonema de Ulysses Guimarães.

Tancredo respondeu que não podia aparecer no Serviço Médico da Câmara para realizar os exames, e Mattos Ribeiro encaminhou-o ao Centro Radiológico de Brasília, combinando com os médicos que suspendessem todas as consultas a partir das três horas da tarde. Um paciente especial seria atendido às sete horas da noite. Tancredo pediu a Aécio Neves e Tancredo Augusto que ficassem na Fundação Getulio Vargas distraindo os jornalistas. Seguiria sozinho com o médico.

— Não digam que eu saí, porque, se souberem, eles vão atrás.

"Fui buscá-lo na Fundação Getulio Vargas, na Asa Norte, no meu carro. Tinha um Galaxie; fomos nele. Paramos no sinal da rodoviária, as pessoas dos carros vizinhos começaram a olhar para ele", declarou Renault. "Quando cheguei ao Eixão, via que corta o plano piloto, olhei pelo retrovisor. Pude ver Aécio e Tancredo Augusto num carro atrás de nós."

O comboio discreto chegou ao centro radiológico no horário previsto. Iniciados os exames, as radiografias do tórax e do abdômen pareceram normais. O exame de sangue feito àquela noite mostrou números anormais nos registros de leucócitos e na sedimentação do sangue. Os leucócitos são os glóbulos brancos da corrente sanguínea, responsáveis por combate a corpos estranhos. A taxa de Tancredo era o dobro daquela associada ao organismo saudável. Seu exército de defesa tinha colocado a tropa na rua. Ribeiro receitou fortes doses de antibióticos e sugeriu o trivial para a gripe: vitamina C e cama.

A ultrassonografia indicou alterações no lado inferior direito do abdômen. Havia massa com tamanho entre 6 cm e 8 cm, que sugeria líquido ou pus. Os médicos se reuniram com Tancredo, o filho, Tancredo Augusto, e o neto, Aécio.

— E aí, doutores, qual é o veredicto? — perguntou Tancredo.

— O veredicto é que o senhor está com quadro abdominal que requer cuidados cirúrgicos imediatos — atestou Pinheiro da Rocha.

De modo categórico, Tancredo afirmou que não aceitaria ser submetido a qualquer cirurgia antes da posse, na sexta-feira, 15, e da reunião ministerial no domingo, 17. Depois estaria disposto a realizar o que fosse necessário. Os leucócitos continuariam a aumentar. Em desvantagem contra a infecção, a tropa chamara reforços. Havia três vezes mais do que o considerado normal. Os médicos aumentaram a frequência dos antibióticos e anti-inflamatórios. Tancredo despediu-se. Caminhava de modo lento, contudo tranquilo. Logo a notícia de seu estado de saúde precário começaria a correr.

Na noite daquela quarta-feira, o deputado Israel Pinheiro Filho ofereceu uma festa para celebrar a Nova República. O porta-voz Antônio Britto enrolou-se nos preparativos para a posse e não compareceu. "No final da noite, o repórter Pedro Rogério, da TV Globo, que tinha ido ao jantar, me ligou de lá para avisar que uma pessoa íntima do dr. Pinheiro da Rocha avisara que o presidente estava com problemas no abdômen. Esse problema podia levar à cirurgia, e, para isso, estava reservado o Hospital de Base", contou Britto.

Quando questionado em 14 de março, véspera da posse, Mattos Ribeiro mentiria para os jornalistas.

— A Nova República começa bem de saúde — dissera, impávido como se estivesse no Kremlin.

Naquela semana,[1011] havia morrido o secretário-geral do Partido Comunista soviético. Konstantin Chernenko tinha 73 anos, dois a menos que Tancredo. Simbolizava a "Velha Guarda do Politburo", como se chamavam aqueles líderes do Partido Comunista que nasceram antes da Revolução de 1917. Tinha sofrido um enfisema pulmonar. Seu comparecimento a audiências e solenidades públicas espaçara-se à medida que a doença o dominara. Às vésperas do comunicado de sua morte, as rádios oficiais começaram a irradiar música clássica de modo ininterrupto. Os soviéticos já tinham experiência. Antes da confirmação oficial da morte de Leonid Brejnev e Yuri Andropov, antecessores no cargo de secretário-geral, as rádios haviam tido o mesmo procedimento. A música clássica antecipava o comunicado fúnebre. A morte de Chernenko abriu espaço para o jovem líder Mikhail Gorbachev. Aos 54 anos, o mais jovem membro do Politburo soviético chegava ao cargo máximo do partido. Tancredo não podia imaginar que acompanhava pela TV o que significaria o descerrar melancólico da cortina de ferro comunista. Não imaginava também que seu corpo estava perdendo batalha silenciosa, outra espécie de revolução de veludo, em que os vencedores avançavam suavemente.

Às nove horas da quinta, dia 14, a cúpula do governo Figueiredo se reuniu no Palácio do Planalto. Era a chamada reunião dos ministros da Casa. O ministro do Gabinete Civil, Leitão de Abreu, havia escutado, na festa de Israel Pinheiro Filho, a notícia sobre a "cirurgia iminente" de Tancredo. Desde domingo, o Palácio do Planalto tinha informações do estado febril do eleito. O ministro Leitão de Abreu detalhou a notícia-bomba, que adiantara ao presidente em telefonema noturno:

— Recebo, debaixo de grande sigilo, a confirmação de que o dr. Tancredo Neves está doente. Terá de ser operado no máximo até domingo.

O ministro da Justiça, Ibrahim Abi-Ackel, reuniu um grupo de amigos em seu gabinete e repassou a informação. "A fama dele de não ser um informante fidedigno, de nunca saber exatamente o que estava acontecendo, fez com que as pessoas não acreditassem muito", comentou Britto.

Na tarde da quinta-feira, Mauro Santayana levou a Tancredo o discurso que havia redigido para a cerimônia de posse. Ele estava abatido e levava a mão ao ventre, demonstrando desconforto.

Começamos a ler o texto a dois, alterando-o aqui e ali, quando, pela janela aberta, começaram a entrar mosquitinhos vespertinos, que nos incomodavam. Sem dizer nada, Tancredo colocou a mão sobre meu ombro, como que sugerindo a pausa, levantou-se e ele mesmo fechou a janela, com grande esforço. Qualquer político meia-bosta, em situação semelhante, teria pedido que eu fechasse a janela. Havia uma diferença de idade de 22 anos entre nós.[1012]

Tancredo recomendou a Santayana que acrescentasse uma referência francesa que Aluízio Alves tinha mandado a ele. Incluindo-a, a primeira versão do discurso atingia 27 páginas, quase duas horas de leitura. Precisava ser enxugado para menos de uma hora, sugeriu o redator.

— Mauro, você pode reduzir o discurso um pouco mais?

— Posso reduzir para uns cinco minutos. O de Abraham Lincoln em Gettysburg tinha dois minutos e meio — disse Santayana, citando o famoso discurso de 1863 em que o presidente americano afirma que "o governo é do povo, para o povo e pelo povo".

— Eu não sou Lincoln. Pode deixar com uns dez minutos.

Santayana levantou-se e se despediu do amigo. Foi a última vez que se viram.

No começo da noite, Tancredo dirigiu-se ao Santuário Dom Bosco, cujos vitrais foram projetados pelo arquiteto Cláudio Naves. São João Bosco sonhou com uma cidade utópica que conduziria a sociedade a um futuro nobre e justo. Seria erguida entre os paralelos 15° e 20° do círculo imaginário da superfície terrestre quando se toma a linha do equador como referência. Essas coordenadas inspiraram a fundação de Brasília. As janelas do santuário foram feitas com vidros de doze tonalidades de azul, permitindo que a luz natural iluminasse o enorme salão a qualquer hora do dia.

Ao lado de seus familiares, Tancredo assistiu à missa em ação de graças celebrada em sua homenagem pelo arcebispo de Belo Horizonte, dom João Resende Costa. Ajoelhou-se com alguma dificuldade e permaneceu em pé o menor tempo possível, só levantou para ler a epístola. Retirou-se para o Riacho Fundo sem demorar-se em conversas amenas ao final, como era de seu estilo. Aparentava, apesar de tudo, bom humor. No Landau presidencial colocado à sua disposição, ele e Risoleta cantaram hinos religiosos habitualmente entoados nas procissões de São João del-Rei.

Tancredo Neves assiste à missa no Santuário Dom Bosco, em Brasília, sua última aparição pública antes da internação no Hospital de Base de Brasília (Foto de Sérgio Marques/ Agência O Globo).

Ao chegar à granja, preferiu descansar em seu quarto. Um pouco depois, José Hugo Castelo Branco, escolhido para o Gabinete Civil, chegou com os atos de nomeação do gabinete do ministério do presidente Tancredo. Aécio Neves recebeu-o.

— Estou dispensando o José Hugo. Pedi que voltasse outra hora — disse o neto ao avô.

— Dispense o José Hugo, mas traga os atos. Eu preciso assinar os atos de nomeação do ministério, porque eu não sei o que vai ser amanhã.

Aécio testemunhou o último gesto político de Tancredo. "Ele estava pálido, um pouco trêmulo. Assinou todos os atos. Mandou que fossem publicados.

Sabia que era fundamental para impedir qualquer turbulência. Com a nomeação do ministério, ele dava, de alguma forma, como concluído o processo de redemocratização", analisou.

Tancredo voltou à sala para assistir ao noticiário da televisão. Queixou-se de que as dores na barriga estavam mais fortes. Quando se levantou do sofá, sentiu pontada extrema. Caminhou até a mesa onde estava posto o jantar e conseguiu sentar-se e comer. De repente, nova crise. Jogou os talheres à toalha. Quase desmaiou. Sentou-se no sofá de novo.

— Chamem o dr. Renault.

Aécio Neves pegou o médico em casa, jantando.

— Dr. Renault, corra aqui porque o vovô está passando mal. Está roxo. Tive que dar um Isordil para ele.

Renault Mattos acionou Pinheiro da Rocha. Chovia muito em Brasília. Cumpriram o percurso de quarenta quilômetros com cuidado redobrado e a ansiedade de quem tem a faca no pescoço. Aécio, Tancredo Augusto e o pessoal da segurança esperavam os médicos na porta principal do Riacho Fundo. Todos seguiram diretamente para o quarto. Tancredo estava deitado. Usava robe de chambre cor de vinho sobre o pijama azul-claro. Tinha o abdômen distendido, precisava de intervenção imediata. Não havia como esperar, alertaram. Desde quarta-feira, o médico reservara o centro cirúrgico do segundo andar do Hospital de Base para a emergência presidencial.

Tancredo concordou em ir ao hospital, mas ainda resistia à cirurgia.

— Faltam poucas horas para a posse. Eu opero depois da posse.

Pedia apenas mais doze horas antes que lhe abrissem o estômago e encontrassem um tumor. A caminho do hospital, perguntou aos médicos:

— Vocês já sabem o que eu tenho? Não vão me dar uma de Petrônio Portella. Conheço gente que morreu por trama...

No começo dos anos 1980, consolidou-se a desconfiança dos políticos em relação ao sistema médico da capital. O Conselho Regional de Medicina havia feito uma advertência sigilosa ao médico que diagnosticara como choque anafilático o infarto do miocárdio que matara o ministro da Justiça Petrônio Portella em janeiro de 1980. "Os melhores médicos de Brasília são os drs. Vasp, TransBrasil e Varig", ironizou à época o deputado Magalhães Pinto.[1013] A frase ficaria para sempre associada à medicina brasiliense. Magalhães desculpou-se por ela, sem que se sentisse obrigado a submeter-se aos seus médicos.

Pouco depois das dez horas da noite de 14 de março, o diretor do Hospital de Base, Gustavo Arantes, recebeu Tancredo à porta da instituição. Chegou acompanhado de Risoleta, Tancredo Augusto e Aécio. "Eu tinha reservado uma cadeira de rodas. Ele preferiu ir andando até a suíte presidencial." Caminhou por uma entrada reservada, achando que receberia soro com antibiótico para aguardar as doze horas que faltavam até a posse.

— Amanhã eu tomo posse nem que seja de maca. Depois, vocês façam de mim o que quiserem.

Ao filho e ao neto, lembrou-se de mortes das quais sempre desconfiara:

— Fiquem atentos. Lembrem-se do que aconteceu com Juscelino e Jango.[1014]

Na suíte do Hospital de Base, Mattos Ribeiro e Risoleta conversaram.

— Há 90% de chance de ser apendicite aguda — calculou o médico.

— E os outros 10%?

— Pode ser tudo.

— Ele só opera se quiser — disse Risoleta.

Depois de três dias de boatos restritos aos que giram em torno do poder, o país alarmou-se com notícia extraordinária da TV Globo. Havia passado da meia-noite. A emissora exibia um filme quando, após o plim-plim, irrompeu o plantão do *Jornal Nacional*. A nota da emissora, lida por um locutor no estúdio, era confusa como o saguão do Hospital de Base, mas informava que Tancredo Neves, tão perto da posse, estava sendo submetido a uma cirurgia contra infecção no intestino.

Milhares de pessoas estavam acampadas entre os prédios da Esplanada dos Ministérios naquela noite, aguardando a posse. Entre elas, os integrantes do afoxé Filhos de Gandy, que portavam a seguinte faixa: "Urucubaca Never".

Havia precedente histórico de presidente impedido de assumir e de vice que tomava posse. O vice-presidente Floriano Peixoto substituiu o marechal Deodoro em 1891, pela sua renúncia. Nilo Peçanha foi empossado com a morte de Afonso Pena, em 1909. Em novembro de 1918, o presidente eleito Rodrigues Alves contraíra gripe espanhola, doença que o mataria. Tomou posse em seu lugar o vice Delfim Moreira. Em 1954, Café Filho assumiu a presidência após o suicídio de Vargas. A Constituição de 1967 e a emenda número 1 de 1969 declaravam que, decorridos dez dias da data da posse, caso o presidente ou o vice não tivessem assumido o cargo, salvo por motivo de força maior, seria declarada a vacância do poder.

* * *

Nos primeiros dias de 1985, o jornalista e astrólogo Getúlio Bittencourt previra que uma conjunção do planeta Mercúrio com Netuno, às quinze horas do dia 15 de janeiro, levaria o candidato a presidente da República Tancredo Neves à provável derrota no colégio eleitoral contra Paulo Maluf. Bittencourt passou o recado dos astros para o deputado federal Thales Ramalho, aliado de Tancredo.

— Você acredita nessas coisas?

— *No creo en brujas*, porém nessas horas é preciso ter cuidado com tudo — respondeu Ramalho.

Ressabiado, Tancredo mandou seu aliado antecipar o horário das eleições para as dez horas. Assim se fez.

Bittencourt havia analisado os mapas astrais de Tancredo e de Maluf. Para tal, perguntou aos candidatos o horário de nascimento de cada um: Tancredo às 3h20; Maluf, às 14h. De acordo com o mapa, Tancredo tinha Saturno na terceira casa, o que significa pessoa preparada para ensinar a outros, porque sabe como é difícil aprender; que continua aprendendo mesmo com idade avançada; que exige grande precisão no uso das palavras; e que acha preferível falar pouco a falar demais.[1015] Outra característica do horóscopo de Tancredo era a quadratura de Saturno com Netuno: indicava capacidade de "ouvir" o que os outros pensam, como se captasse o pensamento do interlocutor. Bittencourt quis estender-se em sua leitura astral na conversa com Thales Ramalho, mas este perdeu a paciência quando ouviu que Júpiter e Netuno mostravam-se retrógrados no mapa da candidatura oposicionista. Significava algo como "ganha, mas não leva". Havia forte possibilidade de decepção popular, alertou Bittencourt a Thales, fazendo com que este encerrasse de vez a conversa: "O governo Tancredo não vai provocar decepção no país, isso eu lhe posso garantir".

Quando Tancredo foi internado às 22h25 de 14 de março, Bittencourt decidiu realizar o horóscopo de sua entrada no Hospital de Base. Chegou à conclusão de que sua situação não oferecia muito alento.

Sob o diagnóstico de apendicite ou de diverticulite, que varia conforme a fonte de notícias, o presidente eleito submeteu-se à cirurgia no Hospital de Base de Brasília, sob o comando dos médicos Renault Mattos Ribeiro e Francisco Pinheiro da Rocha, na madrugada do dia em que deveriam ocorrer a posse e a transmissão do cargo. Na noite de 14 de março, o tumor benigno que carregava no intestino, o chamado leiomioma, supurou. O sangue absorveu bactérias da infecção que acabaria por levá-lo. O presidente chegou às pressas à sala de cirurgia, sem todos os exames prévios. Sentia falta de ar. Tinha os dedos arroxeados. Era operação imediata ou morte certa, repetiam os médicos.

Francisco Dornelles tentou convencer o tio a aceitar o procedimento, inventando saída que não existia.

— O senhor pode tomar posse no hospital amanhã.

— Preciso tomar posse, porque a mim o Figueiredo passa o governo. Não sei se passa ao Sarney.

Dornelles blefou:

— Acabo de voltar da Granja do Torto. Estive com o presidente Figueiredo e com o professor Leitão de Abreu. Sabem o que está acontecendo, esperam o senhor se recuperar e não veem qualquer inconveniente em dar posse ao Sarney.

— Vamos operar — conformou-se Tancredo.

Dornelles nunca percebera que o tio estava doente. "Entre a eleição e a posse, eu ia três vezes por semana à casa dele. Era o primeiro a chegar e o último a sair. Nunca percebi nada. Às vezes, à noite, eu o pegava cansado. O que era normal. De manhã ele já estava tranquilo. O problema foi a barbeiragem. A doença não tinha essa gravidade toda", analisou anos depois.

Os familiares do presidente tinham preparado sua transferência para São Paulo. Aécio Neves combinara dois dias antes que um jatinho da Líder Táxi Aéreo estaria de prontidão no aeroporto de Brasília. O futuro ministro-chefe do SNI, Ivan de Souza Mendes, também assegurara um avião da Força Aérea à disposição em minutos. "Queríamos levá-lo para São Paulo. Avisamos que conseguiríamos um jato executivo rapidamente", lembrou Aécio Neves. Os médicos rechaçaram a proposta: "Disseram que não se responsabilizariam nem acompanhariam Tancredo no avião".

Pinheiro da Rocha, ao saber da intenção dos familiares, informou que a cirurgia deveria ser feita no máximo em uma hora. Ele não resistiria à remoção. Só que os médicos demoraram quase três horas para iniciar a operação. Pinheiro da Rocha teve de passar em casa, porque estava sem os óculos.

A cirurgia teve início à 1h10, estendendo-se até as 2h45. Houve desencontros e disputas dentro da equipe médica em torno de qual seria o bloco cirúrgico para o procedimento. O segundo andar estava preparado, mas Tancredo fora levado para o subsolo do hospital. Plateia de parlamentares-médicos e ministros de Estado nomeados aguardava na antessala. Entre médicos e não médicos, chegaram a circular cerca de sessenta pessoas no Centro Cirúrgico. Quando se iniciou a operação, havia 25 pessoas na sala de cirurgia. "Eu levei um susto, porque, do quarto ao elevador, era um mundaréu de gente. Era um circo! Aí eu me espantei", declarou Tancredo Augusto.

O presidente queixou-se ao filho no caminho, enquanto era levado do quarto para o centro cirúrgico.

— Arrancaram minha aliança e quase tiraram meu dedo fora.

Em seguida, pediu:

— Meu filho, ponha o lençol no meu rosto, me cubra!

"Tinha uma pessoa que ainda quase tentou levantar o lençol! Não tinha segurança. Era eu, o médico e o presidente da República na maca! E, em um canto, havia um baleado gemendo, sangrando nos corredores. Parecia o Inferno de Dante", lamentou Tancredo Augusto. "Na sala cirúrgica, onde estava tudo isolado, tinha outro circo. Políticos paramentados com roupa de médico para assistir à operação!"

O clima não desanuviou. Esther de Almeida Neves, irmã de Tancredo e religiosa da ordem das vicentinas, formara-se em enfermagem na Inglaterra. Ao sair da sala de cirurgia, chamou Dornelles em um canto.

— Chico, mataram Tancredo. Eles tinham de ter feito um cortezinho pequeno, fino. Eles abriram do pescoço ao baixo ventre. Fizeram um show para quem estava assistindo. Era como uma casa velha: mexia e saía tudo do lugar.

— A senhora está proibida de dizer isso — repreendeu-a, Dornelles.

— Só estou te comunicando: mataram Tancredo.[1016]

A operação conduzida por Francisco Pinheiro da Rocha durou uma hora e 35 minutos. O cirurgião-chefe, considerado hábil nas cirurgias de estômago, baço e vias biliares, removeu o abscesso. No relatório de operação, Pinheiro da Rocha escreveu no item "condições ao sair da sala": "Pouco satisfatória. Encaminhado para Unidade de Terapia Intensiva".[1017]

Dr. Gustavo Ribeiro, cirurgião especializado em coloproctologia, apareceu no relatório de operação como convidado para testemunhar a cirurgia por ser presidente da Associação Médica de Brasília. Ribeiro avisou aos médicos Renault Mattos Ribeiro e Gustavo Arantes ao final da retirada do abscesso: "É um tumor".

Na madrugada de 15 de março, o patologista do Hospital de Base Helcio Miziara examinara amostras do material retirado de Tancredo. Chamou à sua sala o diretor do hospital, Gustavo Arantes:

— Olha aqui, Gustavo, isto é um tumor — reforçou.

Miziara afirmou ter sido proibido de revelar o laudo verdadeiro. Declarou que a família Neves, o vice-presidente José Sarney e o presidente da Câmara, Ulysses Guimarães, tinham conhecimento de que fora extirpado o tumor. Todos exigiram que o resultado fosse mantido em segredo.

O tumor benigno havia sido retirado em cirurgia difícil. O paciente quase sofreu uma parada cardiorrespiratória. Pinheiro da Rocha utilizou a técnica denominada ressecção em cunha, considerada inadequada para o leiomioma, por ter muitos vasos sanguíneos. "Quando utilizada nesses casos, a ressecção em cunha implica risco muito alto de pegar um vaso na sutura. É grande a probabilidade de o paciente sangrar. Foi o que aconteceu", afirmou o pesquisador Luis Mir, autor de *O paciente*, o mais completo livro sobre o atendimento médico a Tancredo. A sutura malfeita viria a provocar sangramento desde o primeiro momento. O quadro se agravaria até a morte.

A incisão do esôfago à virilha, que espantou Esther Neves, foi feita para a retirada de oito centímetros de tecido. O tumor tinha tipo raro. O comum é desenvolver-se para dentro do intestino, obstruindo-o. Aquele, no entanto, cresceu para fora do intestino, dependurando-se na alça intestinal. Sugeria, pelo aspecto, divertículo, um apêndice em forma de pequena bolsa.

Depois da cirurgia, Pinheiro da Rocha mentiu. Alegando o direito à privacidade de todo paciente, não informou que retirara um tumor. Inventou que extirpara um divertículo de Meckel, apêndice intestinal que raramente cria problemas para pessoas acima de setenta anos. Coube a Aécio Neves, secretário particular do presidente, dizer em entrevista coletiva: "O diagnóstico é divertículo de Beckel (sic). Não houve o menor problema. O presidente passa bem. A cirurgia foi um êxito. O Brasil pode suspirar aliviado. O presidente Tancredo Neves deve tomar posse amanhã na presidência do Brasil". Atordoado, o neto do presidente dissera seis frases em que desinformara seis vezes.

No prontuário, Pinheiro da Rocha anotou quatro possibilidades para o caroço do tamanho de um limão galego que tirara do intestino do presidente: "divertículo, leiomioma, linfoma ou leiomiosarcoma". Era o seu verdadeiro diagnóstico clínico. Os dois últimos eram tumores malignos, cancerosos. Os exames patológicos comprovariam ser um leiomioma, tumor benigno. O patologista Helcio Miziara levou o diagnóstico a Tancredo Augusto.

— Precisamos evitar a exploração pública desse diagnóstico. Se falarmos em tumor, será impossível evitar os rumores de que o presidente está com câncer — relatou ter ouvido do filho do presidente eleito.

Tancredo Augusto conversou com a mãe. Aceitaram manter como público o diagnóstico de divertículo.

A irmã Esther contou ter ouvido um médico comentar com o diretor do Hospital de Base enquanto contemplava Tancredo prostrado: "Eis aí a Nova República".[1018]

Sem que o presidente eleito tivesse condições de tomar posse, a madrugada tornou Brasília uma cidade sem horizonte. Ninguém sabia o que esperar do amanhã. Havia impasse a respeito de quem assumiria a presidência em exercício: o vice-presidente José Sarney ou o presidente da Câmara, Ulysses Guimarães.

Sarney estava jantando com a família e os irmãos, que tinham vindo do Maranhão para assistir à posse na vice-presidência. O telefone importunou a celebração do apartamento da Super Quadra Sul 309. Passava das 22h20.

— Tancredo teve de ser internado com urgência e vai ser operado — antecipou-lhe Aluízio Alves, ministro da Administração da Nova República.

Ele havia sido acionado por Mattos Ribeiro a pedido de Tancredo, a caminho do hospital.

— Aluízio, se a solução que vou propor não ferir a Constituição, prefiro que assuma a presidência o deputado Ulysses Guimarães, até que o dr. Tancredo possa fazê-lo.

— Nada disso. Venha para o hospital.

A maioria dos familiares de Tancredo e de políticos como Ulysses, o governador Hélio Garcia, o senador Fernando Henrique Cardoso e o ministro Fernando Lyra estava em recepção na embaixada de Portugal. A notícia chegou primeiro aos familiares, que se retiraram bruscamente. Espalhou-se em seguida.

Jorge de Almeida Neves, irmão de Tancredo, assegurou ter sido informado da operação por meio de uma amiga vidente, antes que a notícia fosse oficial.[1019] Houve romaria ao Hospital de Base. O general Leônidas Pires Gonçalves estava em jantar na Academia de Tênis, no qual era homenageado. Interromperam-no para que atendesse ao futuro ministro-chefe do SNI, Ivan de Souza Mendes.

— O que está acontecendo? Não gostei da sua voz — afirmou Leônidas, logo que ouviu o alô do companheiro militar.

Comunicado da emergência, o novo ministro do Exército seguiu para o Hospital de Base. Estava de blazer sem gravata. Pediu o adereço emprestado a um coronel.

O jurista Afonso Arinos de Melo Franco jantava na casa de Vera Brant, dona de imobiliária em Brasília e amiga de notáveis da Nova República. Tancredo escolhera-o para comandar comissão que prepararia anteprojeto de Constituição para ser discutido no Congresso. Assustou-se com a notícia de que o amigo, ex-adversário nos tempos de Vargas, acabara de ser internado no Hospital de Base.

A discussão sobre o que aconteceria dali por diante tomou conta das conversas na casa da Quadra Interna 19, do Lago Sul.

— Sarney assume. A Constituição é clara quanto a isso — ensinou Afonso Arinos aos mais próximos.

O deputado Israel Pinheiro Filho ouviu e dividiu a informação em diversos telefonemas. Convidou Arinos para que fosse com ele até o estúdio da TV Globo. Daria entrevista célebre a respeito. Afrânio Nabuco, diretor da TV Globo em Brasília, era sobrinho de Afonso Arinos. Telefonou para o repórter Pedro Rogério, indicando que entrevistasse o tio. Ainda na madrugada, suas palavras foram ao ar, em edição extraordinária do plantão do *Jornal Nacional*.[1020]

— Não existe possibilidade nenhuma de solução que seja contra o texto constitucional. O artigo 79 diz o seguinte: "Substituirá o presidente, no caso de impedimento, e suceder-lhe-á no caso de vacância, o vice-presidente". Quer dizer, temos que partir primeiro da consideração factual, e evidente, de que o vice-presidente da República não é vice-presidente do presidente. Ele é vice--presidente da República. E a República é regida absolutamente nos termos dos dispositivos constitucionais. Acima da vida do presidente, acima da vida do vice-presidente, acima de todos os sucessores que a Constituição prevê, está a legalidade constitucional. O artigo 80 acrescenta: "Em caso de impedimento do presidente e do vice-presidente, ou vacância dos respectivos cargos, serão sucessivamente chamados ao exercício da presidência o presidente da Câmara dos Deputados e do Senado Federal, e do Supremo Tribunal Federal". Agora, o vice-presidente toma posse não como presidente, mas como vice-presidente em substituição ao presidente. E a República continua, e a Constituição continua, e o vice-presidente pode tomar posse perante o Congresso Nacional.

Prosseguiu:

— É isso que acontecerá porque o próprio deputado Ulysses Guimarães, meu mestre, meu amigo, companheiro de Câmara há quarenta anos, acaba de declarar que a situação vai ser solucionada de acordo com o texto da Constituição. E o texto é este que estou lendo. Não há dúvida nenhuma. O país tem que se preparar para uma sucessão periódica, e que seja a menos duradoura possível, porque, graças a Deus, o presidente da República Tancredo Neves estará em condições de reassumir a sua função dentro de pouco.

À declaração de Arinos seguiu-se a de Miguel Reale. Ambos compartilhavam do mesmo entendimento. "José Sarney é vice-presidente da República para todos os fins previstos na Carta Magna, inclusive para a hipótese aziaga de vacância do cargo, por todos nós repelida com todas as forças do coração."[1021]

A provável posse de Sarney afligia parcela dos peemedebistas, que via o vice como personagem da situação infiltrado na oposição. Quanto mais à esquerda, maior horror à solução que se avizinhava. Ulysses era o preferido de quase todo o PMDB para o cargo interino.

No quarto andar do Hospital de Base, Ulysses Guimarães, José Fragelli (presidente do Senado) e o senador Fernando Henrique Cardoso se encontraram com Sarney, Pedro Simon, Marco Maciel, Aureliano Chaves, o general Leônidas Pires Gonçalves e o senador Amaral Peixoto (presidente nacional do PDS).

"Dornelles saiu do quarto em que estava Tancredo e veio até nós. Disse que ele estava convencido da necessidade de ser operado. Logo depois, Tancredo passou na maca. Tinha um lençol sobre o rosto", narrou Fernando Henrique. A porta do quarto em que estavam foi fechada. Ulysses se aproximou de Sarney.

— Não quero ser obstáculo a qualquer solução pacífica para o problema — curvou-se Sarney.

— A solução é você, Sarney — respondeu Ulysses.

— As Forças Armadas cumprirão o que determinar a Constituição — assegurou Leônidas.

Segundo Pedro Simon:

> Estávamos num dos quartos do hospital e do outro lado da porta estava Tancredo com a junta médica. Eu achava que quem deveria assumir era o Ulysses, que era o presidente da Câmara do Deputados. O ministro do Exército, Leônidas Pires Gonçalves, disse: Não, quem assume é o Sarney. Havia lido na Constituição que competia ao vice-presidente assumir a Presidência em caso de morte, doença, viagem, turismo, férias, em todos os casos. E o Ulysses, que estava naquela coordenação, concordou que Sarney devia assumir.

Simon recordou-se de que Ulysses, antes de sair, repreendeu-o:

— Não temos um esquema montado pra garantir a posse do Tancredo? Pois é, e quem é que comanda esse esquema? O ministro do Exército, que acabou de sair daqui. Nosso Tancredo vai ser operado. Quem assume? Ele vem aqui e diz que quem assume é o Sarney. Aí vem o Simon e diz "não, quem assume é o Ulysses". E se o Leônidas resolve dizer "não, quem assume sou eu"? Com o Exército nas mãos, garanto que vai se manter.

Os líderes políticos se dividiram em três grupos. Um se dirigiu à Câmara, outro ao Senado e o terceiro, e mais importante, à casa do ministro Leitão de Abreu. "Vamos em meu carro", convidou o general Leônidas. Ulysses, Fragelli, Fernando Henrique e Leônidas chegaram à Granja do Ipê, residência do ministro-chefe do Gabinete Civil, quase à uma da manhã.

As bibliotecas de Leitão, no gabinete ou na granja, impressionavam os visitantes pela imponência. Ao ver uma foto da biblioteca do gabinete, o poeta Carlos Drummond de Andrade assustou-se. "O que me chamou a atenção é a respeitável bateria de livros enfileirados em três prateleiras, todos encadernados a capricho e rigorosamente ordenados. Nenhum saindo um pouquinho para fora, nenhum indicando o manuseio recente, a consulta imediata exigida pelos problemas de interesse público que devem fervilhar nas salas do palácio governamental", escreveu.[1022]

Àquela altura da madrugada o ministro saiu à procura de seus livros. Queria o exemplar de *Um estadista da República*, de Afonso Arinos, que citava a doença que impediu a posse de Rodrigues Alves e a assunção definitiva do vice Delfim Moreira em seu lugar. A biblioteca que assombrou Drummond já estava encaixotada, mas conseguiu achar um exemplar da Constituição de 1967, em vigor com alterações realizadas em 1969.

No início, Leitão sustentou que o caminho natural no caso era a transmissão de poder a Ulysses. Tancredo e Sarney, embora diplomados pela mesa do Senado, ainda não haviam tomado posse. Assim não era possível fazer com que um presidente na expectativa de direito de posse fosse substituído por um vice na mesma situação.

Ulysses leu o artigo 78, parágrafo segundo, sobre a hipótese de impossibilidade eventual na posse dos eleitos e concluiu que quem deveria tomar posse era o vice-presidente. "Diz o texto constitucional que, 'se o presidente da República *ou* vice-presidente, salvo motivo de força maior, não tiver assumido o cargo...'. A conjunção alternativa [ou] mostra que é um ou outro [a tomar posse no cargo]." Leitão reexaminou o texto e concordou com os argumentos do presidente da Câmara. Leônidas também apoiou a interpretação de Ulysses. Havia estudado as Constituições brasileiras em curso na Escola Superior de Guerra e emendou que cabia a todos cumprir a Constituição. "Há normalidade absoluta no meio militar", reafirmou o general.

O presidente do Senado, José Fragelli, perguntou:

— Quem passa a faixa presidencial?

— A faixa não se passa. Só de presidente para presidente — inventou Leitão, querendo poupar Figueiredo de colocar a faixa no desafeto Sarney.

A reunião com Leitão terminou perto de 1h30.

"Ulysses foi o que mais se empenhou para seguir a Constituição e dar posse a Sarney", narrou Fernando Henrique.

Quem convenceu Leitão de Abreu foi Ulysses, usando o mesmo argumento que tinha usado no corredor do hospital. A disjuntiva, também chamada de conjunção alternativa, do texto constitucional obrigava que fosse Sarney o empossado, já que a Carta dizia que a posse dos eleitos seria do presidente *ou* do vice, conforme a interpretação corrente. O mais importante é que ninguém estava decidindo ali quem seria o presidente da República. Estavam decidindo quem iria tapar o buraco por uma semana. Não tinha esse peso histórico extraordinário. Tancredo, para nós, não iria morrer. Não estávamos discutindo a sucessão do presidente. Estávamos discutindo como ultrapassar um episódio momentâneo.

Fernando Henrique negou que Ulysses tenha pensado na hipótese de que, se assumisse, estaria em função incompatível para a sucessão, caso houvesse novas eleições.

Atribuíram isso ao Ulysses. Mentira. Ninguém estava discutindo isso. Nenhum de nós estava acreditando na morte do Tancredo. Essa coisa de morte só veio muito tempo depois, duas semanas depois. Ulysses tinha um propósito. Qual era o propósito do Ulysses? Estou interpretando, ele não disse isso. O propósito era: vamos resolver esta questão o mais rápido possível e evitar choques. Ele pegou a Constituição e o tempo todo ficou firme no ponto de vista dele. Que era contrário à maioria das opiniões do PMDB, inclusive a minha. Eu não opinei, porque não tinha cabedal para discutir isso aí. Politicamente, preferia Ulysses. Todo mundo queria Ulysses. Queria Ulysses porque era PMDB. Não estávamos discutindo quem seria o presidente da República, era quem ocuparia o espaço por uma semana.

Da Granja do Ipê, Ulysses, Fernando Henrique e Fragelli dirigiram-se ao Congresso e formalizaram a decisão sobre a posse de Sarney. Já era tarde da madrugada, a posse seria em poucas horas. "Não dormi. Ninguém dormiu. Eu cheguei em casa, troquei de roupa e fui direto para a posse", contou Antônio Britto.

Em seguida, Leitão convocou os ministros militares de Figueiredo para uma reunião em sua casa. Passava das duas da manhã.

Walter Pires, ao ter conhecimento de que seria empossado Sarney, tentou reagir:

— Vou agora mesmo para o ministério mobilizar nosso dispositivo.

— O senhor não tem mais nada o que fazer no Ministério do Exército. O senhor não é mais ministro. Desde a meia-noite, o ministro do Exército é o general Leônidas Pires Gonçalves — cortou Leitão.

O ministro do Exército ligou para Sarney às três da madrugada. Tornaram-se amigos quando Sarney era deputado iniciante e Leônidas, major. O general chamava o amigo de Zé. Naquela noite, tratou-o de maneira formal.

— O senhor toma posse amanhã às dez horas — anunciou.

— Não acho que eu deva assumir — retrucou Sarney.

— Deu muito trabalho montar isso tudo. Liguei apenas para comunicá-lo da decisão. Boa noite, presidente.

Sarney narrou seu estupor na madrugada, ao lado da mulher, sempre vigilante:

> Quando os generais Leônidas e Bayma Denys, chefe do Gabinete Militar, e o presidente do Senado, José Fragelli, em telefonemas sequenciais, comunicaram-me que eu teria que assumir a presidência, fiquei, praticamente, em estado de choque, com grande perplexidade. Com forte formação religiosa, tranquei-me no meu escritório e iniciei logo um processo de meditação a respeito do meu destino. Todos em casa dormiam. Somente Marly e eu estávamos acordados: ela me acompanhou acordada e foi uma grande ajuda naquele momento.[1023]

Ele acabara de cruzar a esquina da depressão, em que o excesso de passado engarrafa o trânsito. Atingira a avenida da ansiedade, na qual o excesso de futuro serve como óleo na pista para o carro patinar. "Realmente, eu estava saindo de uma depressão. Meu médico era o dr. Valentim Gentil, professor da USP, que vinha me tratando há algum tempo. Eu estava na fase final do meu quadro de depressão. Uma doença não do corpo e sim da alma. Tinha agora de enfrentar a ansiedade daquele momento", disse Sarney.
Explicou sua posição.

> Defendia que não assumiria a vice-presidência senão em companhia de Tancredo Neves. Aguardaria seu restabelecimento para, juntos, prestarmos juramento perante o Congresso Nacional. Incitei Ulysses a assumir. Ele reagiu dizendo que quem devia tomar posse era eu e que a minha resistência criaria uma dificuldade adicional àquelas que estávamos vivenciando: a tragédia da doença do Tancredo justamente na noite que antecedia a sua posse.

Do episódio, ficou o momento que, além da perda de Tancredo, mais entristeceu Sarney. Figueiredo recusou-se a transmitir-lhe o cargo, saindo do Palácio do Planalto pela porta dos fundos na hora em que ele entrava como presidente. "Uma imagem triste", resumiu Sarney. "Ele defendia que Ulysses Guimarães devia assumir."
Ulysses explicou com simplicidade sua opção em apoiar Sarney: "Não fui porque não podia, não era constitucional".

Na cerimônia de investidura do cargo, Sarney exibiu a veia literária: "Estou com olhos de ontem", disse. Figueiredo, que escapou do palácio pelos fundos, usando saída privativa, embarcou para o Rio de Janeiro e se alojou em Nogueira, em Petrópolis, iniciando as primeiras horas de uma aposentadoria amarga. Primeiro presidente civil e primeiro eleito pelo voto direto, Prudente de Moraes (administração 1894-8) inventou a faixa para obrigar que um mandatário que saísse se encontrasse com o que entrava. Isso porque, detestado pelo antecessor Floriano Peixoto, teve de alugar um carro para ir do hotel ao Senado, no centro do Rio. De lá, pegou carona com o embaixador da Inglaterra para ir ao Palácio do Itamaraty, sede do governo, para receber o cargo de um subalterno. A tradição da passagem da faixa presidencial seria rompida 86 anos depois.[1024]

Risoleta Neves compareceu à recepção oficial de posse do presidente da República. Dispensados da casaca tradicional graças a Tancredo, os convidados brindaram relaxadamente com champanhe e vinho da Embrapa. "A presença da primeira-dama neste ambiente de confraternização demonstrava as boas condições de saúde do doutor Tancredo", informou o repórter Pedro Rogério, na TV Globo.[1025]

Risoleta, os filhos — Tancredo Augusto, Inês Maria e Maria do Carmo —, o neto Aécio, a irmã Esther e o primo Aloísio tinham acesso direto ao quarto de Tancredo. A equipe de saúde englobava 35 médicos e mais dezenas de enfermeiros e técnicos de saúde. O controle era feito por um crachá amarelo providenciado pela equipe de segurança da presidência.

Aloísio Neves, médico e primo de Tancredo, foi seu acompanhante quase ininterrupto no hospital. Operou Tancredo em 1939 por causa de hérnia e extraiu seu apêndice, razão básica pela qual o presidente eleito não podia ter apendicite. O problema é que só Aloísio e Tancredo sabiam disso, de acordo com o primo médico. "Tancredo julgava sempre que tivesse algum mal incurável", contou. Volta e meia perguntava:

— Não é aquela doença do Roberto?

Roberto era o irmão general de Tancredo. Morreu de câncer intestinal.

A primeira pergunta que Tancredo fez aos médicos no dia seguinte ao da cirurgia foi quando teria alta. Em oito a dez dias, responderam-lhe:

— É bom que seja logo, antes que o Sarney tome gosto pelo cargo.

Na hora da retirada de curativos, faltou esparadrapo.

— O novo governo começou a fazer economia logo comigo?[1026]

Quando viu o número de médicos e de aparelhos a ele dedicados, reclamou com o primo.

— Aloísio, eu não vou pagar tudo isso.

— Tancredo, você fica bom que eu pago tudo.

Aloísio viu-o fechar os olhos e dormir.[1027]

Desde 14 de março, quando foi internado, Tancredo se fragilizou dia a dia. Começou com a infecção abdominal, seguiram-se complicações respiratórias que o fizeram perder a capacidade pulmonar (foi ligado a três equipamentos diferentes para receber oxigênio), sofreu colapso renal e o sangue teve de ser filtrado por diálises. Sem reagir, atacado por bactérias, Tancredo perdeu doze quilos. Nas semanas finais, foi mantido sedado. Para poupar energia, baixaram-lhe a temperatura do corpo de 36 para 34,5 e depois 30 graus Celsius. Acumulou sete cirurgias — duas em Brasília e cinco em São Paulo. A porta aberta por meio do tumor no intestino não mais se fechou.

De férias em São Paulo, o especialista gástrico norte-americano William Crawford, do centro médico de Houston, declarou ao *Estadão*: "Conhecemos mais sobre a superfície do planeta Júpiter do que a respeito do funcionamento do intestino de um homem". Exemplificava que há pessoas que perdem a função excretora simplesmente por terem tido o intestino manipulado por um cirurgião. Apesar de evitar comentar diretamente a situação de Tancredo, espantara-se com os antibióticos de alta potência aos quais estava submetido, alguns ainda em caráter experimental. "São armas terrivelmente eficientes contra as infecções, todavia tiram o calor da alma de um homem."[1028]

O Conselho Regional de Medicina de São Paulo concluiu sindicância em que afirmou não ter encontrado "elementos que configurassem infringência" à ética médica no caso do presidente eleito. Tornada pública em fevereiro de 1986, a sindicância dizia que não pairavam dúvidas sobre o atendimento médico, clínico e cirúrgico, após análise do prontuário hospitalar, da necropsia e dos depoimentos prestados pelos médicos. Culpava Tancredo por sua morte: "Não foram tomadas, por parte do paciente, medidas efetivas para o diagnóstico e tratamento de sua doença". O Conselho Regional de Medicina do Distrito Federal repreendeu internamente dois médicos — o patologista Helcio Miziara e o cirurgião Pinheiro da Rocha — por ações e comportamentos tidos como inadequados. Outros cinco médicos também foram processados. Contudo parou por aí.

O historiador Luis Mir obteve e reviu todos os prontuários, diagnósticos, exames, cirurgias e procedimentos aos quais o eleito foi submetido. Entrevistou médicos que atuaram no caso e convenceu-se de que houve erros primários. De acordo com Mir, ao comandar a operação, Pinheiro deixaria marca de imperícia no intestino do presidente. Ele fez uma sutura deficiente em artéria intestinal cortada durante a operação. A costura do intestino caiu e levou junto a casca de cicatrização que vedava a artéria. Pelo orifício, começou a escapar sangue para dentro do intestino. Pinheiro da Rocha atribuiu a hemorragia à hipertensão e ao estresse do paciente.

A primeira crise depois da operação ocorreu porque o intestino havia colado na parede abdominal. Pinheiro da Rocha acusou o famoso gastroenterologista Henrique Pinotti que se integrara à equipe médica do presidente em 18 de março, três dias depois da primeira operação, de fazer sutura deficiente numa artéria. A sutura se rompeu. A infecção espalhou-se pelo organismo, obrigando-o a ser submetido à segunda cirurgia e à transferência para o Hospital do Coração em São Paulo.

Segundo Mir, a anestesia foi programada para um tempo de operação curto. Só que a cirurgia se prolongou e foi necessária carga de reforço. "Com a retirada abrupta da ventilação mecânica (extubação antecipada), o pulmão do presidente foi encharcado por excesso de líquidos, provocando uma atelectasia (colapso de parte ou de todo o pulmão)", afirmou. O quadro que se instalou, edema agudo de pulmão, causou parada cardiorrespiratória. Essa só seria revertida com manobras do cardiologista de plantão. Tancredo quase morreu. Os danos provocados evoluiriam para o quadro irreversível de pulmão de choque — a perda da capacidade de respiração.

Derrotado em 15 de janeiro, Paulo Maluf viajou três dias depois para Paris. Permaneceu na capital francesa quase dois meses. "Quem perde tem de sair de cena", justificou.

Voltou em 25 de fevereiro para marcar o que chamou de discurso de apoio à democracia, que faria na semana da posse, e viajou de novo, agora para Roma, onde recebeu a notícia da internação de Tancredo. Não se surpreendeu, porque sabia que o adversário estava doente desde setembro. Rumou para

Joanesburgo, de onde seguiu para a maior reserva privada destinada à caça de animais selvagens da África do Sul, Mala Mala. Dias depois, na capital sul-africana, embarcou no navio cruzeiro *Queen Elizabeth II*. Encontrou-se nele com o empresário Carlos Caldeira Filho, sócio de Octavio Frias de Oliveira no jornal *Folha de S.Paulo*. Caldeira já estava no cruzeiro havia dez dias com um grupo de amigos, gente da alta sociedade como Sylvia Maria da Glória de Mello Franco Nabuco, que os amigos chamavam de Vivi Nabuco. Maluf ouviu então que, em 14 de março, os brasileiros amigos de Caldeira se reuniram à noite para comemorar a posse de Tancredo. Estavam em fuso horário cinco horas à frente do Brasil. Ergueram um brinde, ao qual Caldeira se recusou.

— A posse ainda não aconteceu e pode não acontecer.

No dia seguinte, ao saberem das notícias de Brasília, estavam todos assombrados pela notícia da internação de Tancredo. Dias depois, encararam a chegada súbita de Maluf ao navio. "O próprio Caldeira me contou o episódio, recorrendo ao testemunho dos presentes. Era um homem que tinha visões de outro mundo, era espírita. Havia antecipado para todo mundo que Tancredo não tomaria posse", narrou Maluf.

O pedessista afirmou que jamais contou a Caldeira que sabia que Tancredo estava doente. Caldeira, morto em 1993, sócio de um jornal, não guardaria para si informação que sabia importante para a redação. "A vida tem essas coincidências. Não acredito que Caldeira tenha fantasiado nem acredito que ele tenha recebido informação sigilosa", embaralhou Maluf.

A Constituição em vigor previa que, se decorridos dez dias da data fixada para a posse, o presidente ou vice-presidente, salvo motivo de força maior, não tivesse assumido o cargo, ele seria declarado vago pelo Congresso Nacional. Para cumpri-la, em 21 de março, o presidente em exercício, José Sarney, enviou as mensagens número 199 e 200 aos presidentes da Câmara e do Senado. Alegava que motivo de força maior impedia Tancredo de prestar o compromisso constitucional de posse. Atestado médico subscrito pelos médicos Renault Mattos Ribeiro, Francisco Pinheiro da Rocha e Gustavo de Arantes Pereira corroborava o motivo de força maior que exigia o artigo 76 da Constituição.

A imprensa cobrava uma foto que mostrasse a recuperação do presidente. Os médicos diziam que não chegara o momento. Dois dias depois da primeira cirurgia, os médicos retiraram a sonda do paciente. A sonda impedia o acúmulo de gases no abdômen de Tancredo. Com sua retirada, o inchaço do abdômen pressionou o pulmão, provocando nova crise. O *Jornal do Brasil* publicou no dia 16 declaração atribuída ao médico Pinheiro da Rocha de que o presidente havia extraído um tumor benigno. Perdida em meio ao texto, a referência não causou espanto nem gerou desmentidos. Aos poucos, estava se consolidando a narrativa do problema no divertículo. A referência lateral ao tumor não chegou a contaminá-la.

Os relatos bem-humorados sobre Tancredo e as autoridades disputando espaço na televisão açodaram vaidades e alimentaram a desinformação. O ministro da Saúde, Carlos Sant'Anna, declarou, em 18 de março, que Tancredo tomaria posse na sexta-feira, dia 22.

"Eu creio que dentro de sete, oito dias ele poderá deixar o hospital. O senhor presidente Tancredo Neves tem condições físicas, no meu entender, e psicológicas, para assumir este mandato, e, se quiser, mais outro", afirmou o médico Henrique Walter Pinotti, em entrevista à TV Globo, em 20 de março de 1985.[1029]

O presidente sofreu a segunda cirurgia nesse mesmo dia. Pinotti, do Instituto do Coração (Incor), havia sido chamado de São Paulo a Brasília para ser integrado à equipe médica por sugestão do governador Franco Montoro. A promessa médica de alta e consequente posse permeou os primeiros dias do pós-operatório da primeira e da segunda cirurgias. O seu anúncio à família e à imprensa tornara-se obsessão médica.

Tancredo se comunicava por escrito. Escreveu num papel de receituário do Hospital de Base em 21 de março: "Estou sentindo calor".

Risoleta imaginou que Tancredo poderia estar desconfortável na presença de enfermeiras e pediu que chamassem enfermeiros do hospital das Forças Armadas. Contou que só ela dera injeções em Tancredo.[1030]

Apesar das sérias complicações, os boletins oficiais não indicaram a gravidade do caso. A mentira foi gritantemente questionada em 21 de março: "Tancredo teve tumor benigno; operado de novo, estado é grave", trouxe em manchete a *Folha de S.Paulo*. O texto com a informação exclusiva não saiu assinado. O publisher Octavio Frias de Oliveira havia obtido a informação do círculo que assistia o presidente. Repassou-a à redação. Frias nunca revelou de quem recebera o furo jornalístico. A equipe médica que cuidava de Tancredo persistiu no erro, contestando formalmente que um tumor tivesse sido retirado. "É absolutamente falsa essa informação", irritou-se Henrique Walter Pinotti. A *Folha* se assustou com a reação. "Tancredo melhora, país aliviado", publicou em manchete do dia seguinte.

O médico Mattos Ribeiro transferiu ao grupo tancredista a pressão por manter em sombras o estado de sua saúde.

> Numa manhã, ao examiná-lo, achei que tinha alguns estertores na base do pulmão, o que significava início de pneumonia. Em geral é uma consequência de outras doenças. Os jornalistas vieram em cima de mim. Eu declarei que Tancredo estava com suspeita de alteração respiratória. Perguntaram-me se estava com pneumonia. Afirmei que não, poderia, no entanto, vir a se transformar.

Ao se encontrar com Risoleta no hospital, Mattos Ribeiro afirmou que foi repreendido. "Com aquele sotaque mineiro, insistiu em que eu devia dizer que Tancredo estava 'ótimo, ótimo, ótimo'. Respondi que sempre dizia que ele estava ótimo, só que era hora de dizer um pouco mais." No mesmo dia, declarou ter sido convocado para uma reunião no hospital com ministros do Tancredo. José Aparecido, seu amigo, advertiu-o:

— Renault, eu o conheço há vinte anos. Não esperava que fizesse uma declaração tão infeliz. O país todo estava mobilizado, pensando que o Tancredo está com doença grave, com uma pneumonia, rapaz...

— Aparecido, ele não está com uma pneumoniazinha, não. Ele está com um negócio deste tamanho... Muito mais sério do que eu disse e muito mais sério do que se possa imaginar.

Tentou-se nova estratégia de tranquilizar o país. Um bilhete de Tancredo a Sarney foi tornado público em 23 de março. Eram treze linhas datilografadas divulgadas como tendo sido ditadas pelo presidente a Aécio Neves. Um trecho dizia:

> Na política, o exemplo é mais importante que o discurso. O discurso é efêmero pela sua própria natureza, o seu efeito termina com a leitura de sua divulgação, por mais eloquente e oportuno que seja ele. O exemplo, ao contrário, contribui para a construção ética da consciência do nosso povo que, na solidariedade que tem demonstrado, tem me dado forças para superar estes momentos.

O texto fora preparado, na realidade, por Mauro Salles. A assinatura postada ao seu final pouco lembrava a de Tancredo. Talvez por sua debilidade, talvez por fraude.

O teatro político atingiu o ápice em 25 de março. Os médicos encenaram foto com o presidente. Sentado com um robe de chambre vinho, em cima de calças vermelhas e com sapato social, Tancredo aparecia ladeado por médicos sorridentes. Na sequência de nove fotos, o médico mineiro João Baptista Resende aparecia com uma das mãos por detrás da poltrona em que Tancredo estava sentado. O presidente usava uma echarpe quadriculada no pescoço. Na imagem mais conhecida, Risoleta senta-se entre Pinheiro da Rocha e Tancredo.

"A foto é um negócio absurdamente incrível. A falta de vontade das pessoas de entenderem a explicação verdadeira só porque a explicação verdadeira é simples", declarou Antônio Britto, o porta-voz. Afirmou que havia, desde o primeiro minuto em que Tancredo se hospitalizou, pressão por uma imagem do presidente. "Não havia dia sem que os jornalistas perguntassem pela foto do presidente."

Britto passou a defender junto à família Neves que a foto deveria ser feita, quando possível. "O juiz da oportunidade, quem iria dizer qual a hora da foto, seriam Risoleta e os médicos. Eu tinha um papel delicado. Precisava lembrar para a família que o familiar deles era também presidente da República. E lembrar que o presidente da República também tinha família. Só haveria foto quando d. Risoleta estivesse confortável com isso."

Os médicos Gustavo Arantes e Renault Mattos Ribeiro comunicaram no dia 25 que o presidente poderia tirar a foto. Um único fotógrafo faria a imagem a ser distribuída. Caberia a tarefa a Gervásio Baptista, fotógrafo oficial da presidência, que conhecera Tancredo quando cobria o governo Vargas, na década de 1950. Trabalhou por quase quarenta anos para a revista *Manchete* e Tancredo o convidou para ser seu fotógrafo oficial durante a viagem à Europa, logo depois do colégio eleitoral. Baptista estava de plantão à frente do Hospital de Base, quando um segurança da presidência o localizou.

Por volta do meio-dia, Baptista seguiu o porta-voz Antônio Britto até a sala dos médicos que atendem na Unidade de Terapia Intensiva. Naquele momento, Britto achou que Tancredo parecia mais gordo do que quando operado. A ficha médica apontava 72,4 quilos. Baptista encontrou o ambiente já montado, com os médicos ao redor de Tancredo. Gervásio pediu a João Baptista Resende que tirasse a mão por trás da poltrona do presidente. Ele não podia. Segurava o soro do paciente. A echarpe escondia o cateter da nutrição parenteral.

"Na hora de bater a foto, vêm os médicos, vem o dr. Tancredo, que, como 99% das pessoas que passaram por alguma cirurgia, tinha o soro. Não conheço nenhuma foto que mostre: olhe, estou com soro. Soro não é taça. Todo mundo sabia que ele estava com soro. Não nos passou pela cabeça que alguém fosse identificar o soro com a ideia de que ele estava doente. Não havia por que deixá-lo exposto como troféu", justificou Britto.[1031]

O porta-voz afirmou que a arrumação da foto durou dois minutos. Uma série de decisões tomadas rapidamente sem respostas definitivas. "Por que está de robe de chambre? Meu grande argumento foi: o avô de qualquer brasileiro tiraria a foto com o robe."

"Aparentemente, o presidente estava bem. Não perdera seu bom humor. Conversava. Gracejava. Lembrava a Gervásio episódios recentes da viagem à Europa", afirmou Renault Mattos Ribeiro. Na realidade, Tancredo já apresentava hemorragia no aparelho intestinal. Os médicos acharam que fossem hemorroidas.[1032]

As nove chapas batidas não tinham diferenças significativas. Em parte Risoleta estava presente, em parte não. Britto montou esquema rígido de segurança com a Polícia Federal. Não queria ficar com o filme na mão. Exigiu que agentes acompanhassem a revelação do filme e a cópia das fotos. Temia que vazassem antes da distribuição pela Radiobrás. Britto seguiu para a sala de imprensa e autorizou o acesso dos jornalistas às imagens. No boletim médico da tarde, a situação foi definida como estável. Soube que uma enfermeira ouvira violenta discussão entre Pinheiro da Rocha, da equipe original de Brasília, e Henrique Pinotti, especialista convocado de São Paulo. Os seguranças tiveram de intervir para evitar que se atracassem.

Encerrada a conversa do dia com os jornalistas, Britto pegou o elevador em direção ao quarto andar do hospital.

> Entrei no elevador lotado e tinha um médico da equipe. Não era o principal. Olhei para ele e estava apavorado. Fez um sinal de negativo, com muito cuidado. Desceu no andar. Confidenciou-me: deu zebra. O presidente está indo para nova intervenção. Pensei: seremos fuzilados. A partir do momento que vai para cirurgia depois da foto, não tem Cristo que dê jeito.

Foto no Instituto do Coração (Acervo Fundação Getulio Vargas – Cpdoc).

O porta-voz negou que tenha havido tentativa de armação. "Se eu soubesse que, pouco tempo depois de distribuídas as fotos, o presidente desceria para outra cirurgia, você acha que eu teria distribuído as fotos? Se os médicos soubessem, eles teriam permitido? Se eles teriam de saber, é outra história."

No começo da noite, pouco mais de três horas depois de ter sido divulgada a foto que mostrava ao país a "recuperação" de Tancredo, a hemorragia agravou-se. "Ele perdeu cerca de três litros de sangue em menos de doze horas. Pela quarta vez, quase havia morrido. A primeira havia sido na retirada do tubo da primeira operação; a segunda, numa crise respiratória gravíssima em 17 de março; a terceira em 23 de março, quando a hemorragia se tornou franca", declarou Luis Mir.

Com a crise, no 11º dia após a cirurgia, decidiu-se pela transferência para São Paulo.

— Estou cansado, muito cansado — dizia Tancredo.[1033]

Renault Mattos Ribeiro sabia que a transferência significava que a equipe de Brasília saía derrotada. "A decisão de levá-lo para São Paulo foi muito difícil.

Eu tinha, entretanto, de tomá-la. Em São Paulo, o dr. Pinotti tomou conta. Fiquei me sentido à deriva, sem participar muito ativamente do processo."

Tancredo Neves foi transferido para o Instituto do Coração no dia 26. Num avião sem recursos, ele recebeu várias bolsas de sangue durante o voo. "Eu vim sentado no avião, no chão do avião, sem cinto, sem nada. Tancredo na maca e eu esprememendo a bolsa de sangue. Ele tomou três litros só na viagem", contou o médico Wilson Modesto Pollara.[1034]

Na primeira semana de abril, aproveitando-se do feriado, Mattos Ribeiro comunicou que teria de ir a Brasília. O sogro quebrara a perna. Não mais voltou ao Incor. "Não voltei porque vi que o clima lá não estava muito bom", justificou.

O Hospital das Clínicas da Faculdade de Medicina da Universidade de São Paulo foi fundado em 1944. Era o maior complexo hospitalar da América do Sul. Tinha 2500 leitos e 8400 funcionários. Por suas dependências circulavam 30 mil pessoas todos os dias. A transferência de Tancredo pôs à porta do hospital 1700 profissionais de imprensa, revezando-se por 24 horas.

A equipe de segurança de confiança de Tancredo acompanhou-o de Brasília a São Paulo. O capitão Afonso Carlos de Menezes Pimenta e os majores Wagner Pereira e Péricles de Souza Foureaux ouviram quando o presidente imprecou:

— Que grande porcaria fizeram comigo lá em Brasília, hein?[1035]

Tancredo Augusto recordou-se de outra frase naquele momento:

— Meu filho, olha o que eles fizeram... Não deixe que eles façam isso.

Tancredo foi levado para a unidade de terapia intensiva do terceiro andar do Incor, o Instituto do Coração, no chamado "quarteirão da saúde" do Hospital das Clínicas. À frente, mensagens colocadas em faixas e cartazes por brasileiros em vigília: "Dona Risoleta, a senhora não está só. Somos 130 milhões de brasileiros rezando juntos", dizia a maior delas, fixada entre duas árvores.

Ao ver o sofrimento de Tancredo, o padre Léo Pessini, capelão do Hospital das Clínicas, citou Santo Agostinho: "Não é de dia que vemos longe". Pelos corredores, era desafiado por familiares:

— Padre, se oração vale, tem de funcionar agora!

À chegada de Tancredo, padre Léo providenciou crucifixo para a UTI. O presidente pediu ao padre que o abençoasse antes de colocá-lo na parede em frente à cama.

Quando padre Léo perguntou como Tancredo passava, ouviu:

— Vamos lutando.[1036]

O religioso buscou confortá-lo. Tancredo apertou-lhe a mão com força:

— Padre, preciso tanto de suas preces. Sem Deus, a gente não é nada.

Juntos rezaram a Oração do Enfermo. "Dá-me, senhor, força e coragem para vencer os momentos de desespero e cansaço", diz um dos trechos.

Ao receber a visita do presidente em exercício, José Sarney, em 27 de março, Tancredo só conseguiu erguer o polegar, em sinal de positivo. Sarney observou-o atrás do vidro que isolava a UTI. Reproduziu o gesto à nação em entrevista coletiva.

Após a terceira intervenção, as preocupações da equipe médica convergiram para uma nova constatação: a existência de infecção hospitalar contraída pelo paciente durante o período de internamento no Hospital de Base de Brasília. Para o combate à infecção foi utilizado um novo tipo de antibiótico ainda não comercializado. Nem assim o organismo do presidente apresentou sinais de reação.

Tancredo enfrentou no Instituto do Coração a sua quarta intervenção cirúrgica em 2 de abril. Procurava-se corrigir hérnia no lado esquerdo do abdômen e deter foco infeccioso, atestaram os boletins médicos. Uma quinta operação, destinada a drenar outro foco infeccioso no local da incisão, realizou-se pouco depois das treze horas do mesmo dia 2.

Risoleta assistia à missa das dezoito horas no quarto andar em 4 de abril. Alguém se aproximou e sussurrou algo. Ela levantou e os filhos acompanharam-na. "Tancredo está morrendo. Desça depressa. Estão esperando-o", ouviu o padre Léo. "Os médicos estavam entregando os pontos. Cabisbaixos, sabiam que não havia mais nada a fazer. Assim que entrei na UTI, Tancredo me viu. Levantou as mãos em tom de súplica."

Padre Léo perguntou se queria receber a Unção dos Enfermos. Tancredo já não falava e fez sinal afirmativo com a cabeça. No dia seguinte, escreveu um bilhete: queria ouvir a leitura da Paixão de Cristo. Acompanhava as leituras com atenção. "Celebramos a via sacra da paixão de Cristo, comparando-a com a *via crucis* de Tancredo."[1037]

Convidado por Risoleta Neves, frei Betto, dominicano e de família amiga dos Neves havia anos, passou a visitar o presidente diariamente. Na celebração da Semana Santa, usou o livro de Leonardo Boff, *Via-sacra da ressureição*. "Tancredo lembrou, na Sexta-feira Santa, que aquele era o dia em que deveria estar em São João del-Rei participando da procissão do Senhor Morto e carregando o candelabro de prata, como sempre fazia", contou frei Betto. "São João del-Rei é a cidade mais religiosa do Brasil. Meu pai (advogado e juiz) tinha ódio de São João, porque ele era muito anticlerical. Dizia que a cidade cheirava a incenso."

O chefe do SNI, que achava absurda a presença de um "vermelho" tão próxima ao presidente, horrorizou-se com o uso do livro de um dos pregadores da teologia da libertação, tida como marxista. Tancredo era crítico da teologia da libertação e concordara com as queixas que ouvira do papa meses antes contra seus doutrinadores.

"Como eu já estava em São Bernardo na Pastoral Operária, houve um certo ruído à direita e à esquerda. Sempre falei que missão pastoral é missão pastoral. Está acima de ideologia, de partido. Havia cobrança do pessoal de esquerda também. Eu dizia que era minha missão consolar através da fé", afirmou frei Betto. Para diminuir a pressão, aceitou o convite de Lula para comandar a vigília pela recuperação de Tancredo. "Dei um depoimento, erguemos as mãos e rezamos um Pai-Nosso pela saúde dele."

Betto contou que o governador Franco Montoro e a mulher, Lucy, não sabiam que ele havia estudado com Tancredo Augusto entre 1955 e 1959 no colégio Marista de Belo Horizonte. "D. Lucy falou com d. Risoleta que eu não era do lado deles. Ela respondeu que me conhecia desde o nascimento, porque era muito amiga da minha mãe."

Ficou na memória do frade a postura forte e decidida de Risoleta. "Ela estava profundamente irritada com os políticos lá no Incor. Um dia ela deu um *espalha*. Não aguento mais tanta gente, reclamou." Betto era uma das raras pessoas com trânsito livre e passava todos os dias na UTI. "Os seguranças já me conheciam. Fiquei muito com Hélio Garcia, que chorava em meu ombro. Ele bebia e chegava lá tocado. Fernando Lyra ficou muito meu amigo. Até Sarney fez média", contou.

O presidente foi submetido à sexta operação em 9 de abril. Segundo os médicos, uma traqueostomia destinada a evitar o desconforto do tubo na parte interna da garganta. Se fosse usado por muito tempo, poderia provocar lesão. A equipe médica ainda imporia ao presidente uma sétima cirurgia, três dias depois, para "exploração e limpeza da cavidade abdominal".

Aécio Neves narrou sua vigília ao avô. "Passei aqueles dias e noites no hospital. Ia diariamente à UTI, tentava animá-lo com notícias otimistas. Numa dessas ocasiões, ouvi dele suas últimas palavras. Enfraquecido no leito, cansado, olhando para o infinito, resignado, ele disse: 'Eu não merecia isso.'"

O primo e médico Aloísio Neves recordou a cena que mais o comoveu. Tancredo não conseguia mais falar. "Estávamos junto ao leito. Eu, a Risoleta e as duas filhas, Maria do Carmo e Inês Maria. Ele olhava fixamente para mim, olhava para a esposa, olhava para os filhos fixamente. Parece que eu compreendi o recado. Tancredo percebera que ia morrer."

Em 12 de abril, o primeiro presidente civil prometido para pôr fim à ditadura militar foi sedado definitivamente e se tornou um paciente terminal.

O desespero tomou conta de todos. Dois ocultistas procuraram Francisco Dornelles em Brasília. Afirmavam ser "monges de magia branca" de um mosteiro de Goiás. Diziam ter certeza de que Tancredo fora vítima de magia negra e queriam fazer uma busca no apartamento em que vivia atrás do "trabalho maligno". Gastão Neves, primo de Dornelles, acompanhou-os. Encontraram um boneco e um terço dentro de um travesseiro no apartamento de Tancredo, de acordo com Dornelles. Despacharam o trabalho numa cachoeira próxima a Brasília. Os "monges" tiveram acesso ao andar em que o presidente estava no Incor, onde rezaram por um dia inteiro. Depois foram embora, porque queriam contato direto com o paciente e os médicos vetaram.

Irmã Esther recorreu a frei Hugolino Back, adepto da bioenergética. Em 1974, com 47 anos, doente e cansado, frei Hugolino trabalhava no convento franciscano de Blumenau. Um dia recebeu a notícia de que um parapsicólogo iria ministrar um curso sobre o poder da mente. Convidado pelo palestrante, ele gostou do que ouviu. Tirou a pior nota da turma, porém, ainda que envergonhado, não se abateu: "É assim mesmo que serei célebre!". Passou a ler livros de parapsicologia e ensaiar experiências, até perceber que conseguia mumificar carnes. "Ele pegava um pedaço de carne e cortava ao meio. Metade benzia, energizava, metade não. O pedaço que ele benzia demorava mais a apodrecer do que ou outro. Ele fazia isso também com plantas. Pegava dois vasos iguais. Benzia um, o outro não. O mesmo resultado", contou frei Betto.

Frei Hugolino atraiu milhares a Blumenau atrás da cura pela imposição das mãos. A diocese resolveu transferi-lo para a Alemanha. Com a punição, decidiu largar a parapsicologia. Os alemães estimularam-no a retomar os trabalhos com bioenergia. Voltou ao Brasil no começo dos anos 1980. Franciscano como o presidente eleito, foi chamado para atendê-lo. Tocou a testa de Tancredo para transferir-lhe energia. A febre cedeu de imediato, contou frei Betto. Os médicos ameaçaram abandonar o tratamento se o frade tivesse acesso outra vez ao paciente, então frei Hugolino voltou a Santa Catarina para evitar conflito.

Já que tocar no paciente era proibido, convidaram alguém que, se acreditava, podia agir à distância. Thomas Green Morton de Souza Coutinho foi atingido por um raio aos doze anos e, desde então, passou a sentir seus poderes mentais amplificados. Nasceu em Conservatória, a terra das serestas no interior fluminense. O pai decidiu batizá-lo com o nome e o sobrenome do pesquisador norte-americano pioneiro no uso da anestesia no século XIX. Mudou-se jovem para Três Corações, no interior de Minas. Na idade adulta, passou a narrar viagens interplanetárias. Acredita ter sido levado por um disco voador até o desconhecido planeta Aphron V (ou Afronvê), habitado por inteligências que se manifestam por luzes e perfumes. Tornou-se famoso por gritar Rá! em momentos de descarga energética. Um jornalista americano descreveu uma suposta operação à distância feita por Morton. Da mesa de um restaurante, operou um paciente que estava hospitalizado. Segundo o relato, com êxito. Acumulou centenas de testemunhos de fenômenos tidos como paranormais, depoimentos de médicos, parapsicólogos, generais, sociólogos, artistas. Houve gente que o viu entortar moedas, talheres e tesouras; transportar objetos; rasgar e emendar cédulas sem que se percebesse onde estava a junção das duas; transformar manteiga em pasta de dente; cozinhar ovo em uma das mãos e recarregar com os polegares a bateria fraca do automóvel. Para os familiares de Tancredo, o mais importante é que realizava psicocirurgias. Thomas Green Morton contou que Aécio Neves o convidou para ir a São Paulo.[1038] Queria que fizesse "transfusões de energia" para o avô. Já havia sido chamado para atender Teotônio Vilela em seus últimos meses de vida.

Hospedou-se no hotel Caesar Park, da rua Augusta, o mesmo em que estavam os membros da família Neves. Ali fizeram a primeira reunião. Estavam todos famintos, depois de mais um dia enfurnados no Instituto do Coração, então alguém telefonou para o serviço de quarto pedindo sanduíches, refrigerantes e cervejas. Nada que não pudesse ser transportado em uma bandeja. Morton aguardou que a ligação fosse concluída e antecipou calmamente.

— Isso não vai chegar aqui.

Foi um comentário banal, nada que tivesse merecido grande atenção. Meia hora depois, ouviu-se grande barulho no andar em que estavam todos reunidos. Como se viviam os estertores da ditadura, houve quem temesse por algo grave. A pessoa que decidiu abrir a porta do quarto para investigar o ocorrido deparou-se com o garçom estatelado no chão. À sua volta, sanduíches, copos e garrafas. Assustado, contou que caíra porque as garrafas começaram a estourar na bandeja. Do nada, sem por quê. Estouravam como se fossem champanhes comemorativas. Nunca se passara aquilo com ele. Decerto, não ocorreria de novo, desculpou-se aos familiares do presidente da República. O único que não se moveu foi Thomas Green Morton.

— Eu não disse?[1039]

Tancredo Augusto recordou-se do dia em que estava no lobby do hotel, tomando uísque com o governador do Espírito Santo, Gerson Camata. Morton se aproximou e pediu a Camata que lhe desse uma nota qualquer. O governador resolveu entregar a sua nota da sorte, um dólar que mantinha sempre na carteira como forma de atrair mais dinheiro. "Ele pegou a nota com força. Apertou-a por algum tempo. Concentrou-se. Ao abrir a mão outra vez, devolveu ao Camata uma nota de cem dólares! Eu vi!", testemunhou Tancredo Augusto.

A maneira mais agradável de ir do Caesar Park ao Incor era caminhando — pouco mais de um quilômetro de distância. Bastava subir dois quarteirões pela rua Augusta até o cruzamento com a avenida Paulista. Ali, virar à direita e andar por três quarteirões até a Consolação. Daí eram outros três quarteirões até a porta do Incor. Itinerário simples, sem grandes emoções, desde que um dos caminhantes não fosse Thomas Green Morton. "Na porta do hotel, eu vi luzes espocando na fiação. Quando íamos andando em frente, ouvia explosões em caixas de energia. Os fios dos postes zuniam. Tudo parecia que se magnetizava à passagem dele. A coisa mais impressionante que eu vi na vida", afirmou Tancredo Augusto.

No Incor, Morton reuniu a família em uma sala cheia de carteiras, como se fosse usada por alunos da faculdade de medicina. Falou do poder da mentalização e decidiu fazer uma demonstração. Os presentes ouviram um estalar que parecia vir da porta fechada. Em seguida, viram luzes correndo de um ponto a outro do ambiente. Eram luzes amarelas, vermelhas, verdes, azuis. Piscavam como se vagassem pelo ambiente, contaram. Brilhavam por alguns segundos e desapareciam. Um olor de erva se espalhou pelo andar inteiro do Instituto do Coração. "Fiquei muito atento às mãos dele. Ele se sentou à frente de uma mesa. De repente, vi que ele meteu a mão debaixo dela. Quando tirou a mão para cima, espocaram as luzes e veio o cheiro de patchuli. Se foi truque, ele é muito bom mágico", comentou frei Betto.

Em suas psicocirurgias, Morton não usa instrumento algum. Às vezes, agia à distância, no entanto, naquele caso, necessitava fazer manipulações nos órgãos para extrair material doentio. Tinha o apoio da família Neves, mas a equipe médica do Incor tachou de criminoso permitir que ele entrasse na UTI para tocar o presidente. O melhor que conseguiu foi instalar-se em uma suíte a trinta metros de distância de Tancredo. Por alguns dias, dali fez mentalizações em favor do paciente. Insistiu em que precisava tocá-lo. Sem a permissão dos médicos, foi embora. A nebulosidade da medicina terrena batera a era das luzes extraterrenas.

Depois de tanto espetáculo, o médico Henrique Walter Pinotti decidiu entrar na ribalta. Completava trinta anos de carreira em 1985, era professor-doutor da Universidade de São Paulo — como exigia que se fosse anunciado nas leituras dos boletins médicos de Tancredo — e firmara-se como uma das referências na gastroenterologia brasileira. Pinotti subiu ao tablado do Centro de Convenções Rebouças, onde se realizavam as entrevistas coletivas, munido de dez laudas de mensagens datilografadas. "O presidente persiste vivo, embora em quadro grave, que, apesar das dificuldades conhecidas, ainda apresenta perspectiva de cura", atestou ao final.

O relatório otimista apresentado por Pinotti em 17 de abril seria considerado "inoportuno" pelo Conselho Regional de Medicina, sem que se detectassem, porém, "elementos que configurassem infringência ao Código Brasileiro de Deontologia Médica". A avaliação do conselho constataria que "houve efetivamente problemas de relacionamento entre os drs. Francisco Pinheiro da Rocha e Henrique Walter Pinotti durante o atendimento prestado ao paciente, sem prejuízos para sua saúde". Ao final, a culpa sobrara só para o paciente: "Não pairam dúvidas sobre o atendimento médico, clínico e cirúrgico efetuado em São Paulo, havendo coerência nos diagnósticos e nas condutas", concluiu o CRM.

O ato final do tratamento do presidente foi o convite para que o médico norte-americano Warren Myron Zapol viesse ao Brasil para atender Tancredo. Zapol ainda trabalha no Massachusetts General Hospital, desde 1811 um dos pilares da Escola de Medicina da Universidade Harvard. Desenvolveu tratamento que beneficiou mais de 30 mil pacientes e até hoje é tido como um dos maiores especialistas em doenças pulmonares do mundo. À época tinha quinze anos de experiência em síndromes do desconforto respiratório agudo, ARDS, na sigla em inglês. Chegou a São Paulo em 20 de abril.

— Nunca vi um caso de choque do pulmão tão avançado — informou a Aloísio Neves, também médico.

Antônio Britto ouviu diálogo ainda mais duro de Zapol com os médicos brasileiros:

— Ele urina?

— Não.

— Ele defeca?

— Não.

— Ele respira sem aparelhos?

— Não.

— O homem está morto. Não há mais nada a fazer.

Numa medida desesperada, recomendou que resfriassem o corpo de Tancredo para reduzir seu consumo de oxigênio e para que o pulmão trabalhasse menos. Foi mantido em 30 graus Celsius, quando o normal seria temperatura entre 36 e 37 graus Celsius. E mais não fez. "O médico americano havia chegado com aquela cara de quem passou a noite no avião. Saíra na quinta dos Estados Unidos, desembarcou pela manhã e seguiu para o Incor. Foi direto examinar o dr. Tancredo. Deu seu veredicto com aquela objetividade americana, diferente dos médicos daqui", descreveu Britto.

Meses mais tarde, frei Betto visitou Cuba. Fidel Castro narrou a ele detalhes do estado de saúde de Tancredo que teriam sido contados por Zapol a integrantes do consulado dos Estados Unidos em São Paulo. "Não sei como Fidel tinha informação do que o médico falou dentro do consulado americano. Sabia de detalhes que eu não tinha."

Às 6h30 de 21 de abril, os médicos que cuidavam de Tancredo desistiram. A pressão arterial máxima caiu para oito. A normal ficaria entre doze e catorze. Era indicação de que o coração não tinha mais forças para bombear sangue. Os batimentos cardíacos despencaram de noventa para sessenta por minuto. O sangue bombeado pelo coração não chegava às extremidades do corpo. A ponta do nariz, os lábios, as orelhas, os dedos das mãos e dos pés tornaram-se arroxeados. Duas horas depois, a pressão arterial caíra de oito para quatro, e os batimentos cardíacos para apenas cinquenta por minuto. A circulação do sangue se limitava ao coração e ao pulmão. O cérebro e demais órgãos vitais não eram mais oxigenados. Às oito horas da noite, a proctologista Angelita Gama, única mulher da equipe, comunicou a Risoleta que o desfecho se aproximava. Walter Pinotti contou a má notícia a Tancredo Augusto e Aécio.

— Será que não há nada mais possível? — perguntou o filho.

Na UTI, a partir das nove da noite havia silêncio entre os familiares, rompido por lágrimas esparsas. "Todos estavam com os olhos fixos no monitor que acusava os batimentos cardíacos. Eles diminuíram gradativamente: 70, 68, 50, 48, 40, 30, 20, 17, 16, 1...", disse o padre Léo Pessini. Tancredo de Almeida Neves expirou. O homem que liderara o processo de transição da ditadura para a democracia estava morto. O padre proferiu o Pai-Nosso. Risoleta beijou a testa do marido.

— Que a luz perpétua o ilumine. Descanse em paz — pediu ela.

Em seguida, consolou a todos:

— Sejam fortes, meus filhos. Aqui vocês têm um exemplo de dignidade. Façam desse exemplo o evangelho de suas vidas.[1040]

Chorando, abraçou os familiares e os médicos e funcionários à volta em sinal de gratidão.

Às 22h15, o monitor cardíaco estrilou. Aquele pip-pip agonizante cedeu espaço a um finado constante e lúgubre. Cinco minutos depois do coração, o cérebro deixou de funcionar. Os médicos aguardaram três minutos por uma improvável recuperação. Resignados, declararam a morte às 22h23.

Duas semanas antes, Tancredo Augusto ouvira de Angelita Gama que uma das bactérias identificadas no organismo do presidente raramente fora descoberta em corpo humano. "O que levava a supor que poderia ter sido inoculada. Não descartava a hipótese de ter ocorrido inoculação proposital", contou ele.

"Até hoje a família não conversa muito sobre isso. Existe um pacto não verbalizado. Havia esse papo na época. A gente nunca se interessou. Porque a pessoa pode estar andando na rua e vem alguém e inocula uma bactéria. Na teoria conspiratória, poderia ter ocorrido em janeiro de 1985", declarou Andrea Neves.

No quebra-cabeça da morte, o que não é explicado agiganta-se para alimentar suspeitas. A morte do garçom João Rosa enquadra-se aqui. Rosa havia sido escolhido para ser um dos serviçais de copa do presidente eleito. Ele morreu em 22 de abril de 1985 aos 52 anos. Oficialmente, havia sido internado com diverticulose, doença infecciosa no colo do intestino grosso. O garçom era funcionário do Palácio do Planalto. Chegou a trabalhar alguns dias na Granja do Riacho Fundo, residência provisória do novo presidente. No domingo de Páscoa de 1985, João Rosa foi internado às pressas em Brasília com violenta hemorragia intestinal. Ficou dezesseis dias no hospital e, como Tancredo, passou por várias cirurgias. Também não resistiu.

Comissão de sindicância do Conselho Regional de Medicina colheu 33 amostras de material biológico do corpo de Tancredo para análise de eventual envenenamento. O Instituto Médico-Legal afirmou que os resultados foram "negativos para agentes tóxicos".[1041]

A possibilidade de Tancredo ter sido assassinado ganhou o mundo. A líder do Partido Social Democrático da Inglaterra, Shirley Williams, afirmou em discurso que muitos brasileiros acreditavam que Tancredo Neves tivesse sido assassinado por alguém associado aos militares.[1042] Williams havia sido jornalista do *Daily Mirror* e do *Financial Times* e ministra da Defesa do Consumidor. Anos mais tarde se tornaria baronesa.

Pronunciou-se no Parlamento inglês a partir de uma carta que recebera de um amigo. Identificado apenas como alguém com experiência diplomática, esse amigo contava que recebera a informação de que Tancredo fora assassinado: teria recebido um tiro no Santuário Dom Bosco filmado por uma repórter de televisão e sua equipe. Em seguida ao atentado, as luzes da catedral foram apagadas e a repórter teria ficado seriamente ferida. O filme, queimado por grupos de segurança. Outras testemunhas foram ameaçadas para manter a boca fechada.

Por muitos anos, especulou-se que Glória Maria seria a repórter que testemunhara o atentado e saíra ferida dele. "As pessoas achavam que ele não tinha morrido naturalmente, que tinha sido assassinado e que eu tinha sido testemunha desse assassinato", declarou. "O boato dizia que ele tinha levado um tiro. Esse tiro também teria atingido a minha perna e eu teria ficado hospitalizada, incomunicável. Começou a surgir uma coisa tão absurda... Eu tive que entrar em todos os jornais ao vivo para mostrar que eu estava viva", contou Glória Maria.[1043]

Entre as mais absurdas versões de suposto atentado a Tancredo, a mais fantasiosa detalhava que um ano fora colocado no coral de crianças que se apresentaram no santuário Dom Bosco, na missa da véspera da posse, munido de arma com silenciador, e teria disparado no abdômen do presidente eleito.[1044] Fabulação que correu país afora.

Antônio Britto acumulou olhares e cobranças porque a verdade parecia inverossímil até para ele. "O que existe é a verdade. Uma pessoa idosa, doente, que adiou o momento de se tratar, e que enfrentou, segundo médicos, problemas na forma como foi tratado e que apesar de todo o esforço feito, não sobreviveu. Essa foi a conclusão de comissões médicas dos Conselhos de Medicina de São Paulo e de Brasília."

Warren Myron Zapol, o pneumologista americano, confrontou-se com a hipótese a ele ventilada de que Tancredo tivesse sido assassinado por alguém associado aos militares que deixavam o poder. Longe do corporativismo natural dos médicos brasileiros, asseverou:

> Essa hipótese é um *nonsense* absoluto, hilariante. Ele morreu de infecção descontrolada. Os doutores fizeram tudo direito. A idade dele e a infecção pós-operatória foram como a queda de um castelo de cartas. Tinha fibrose e ar nos pulmões. Autópsia mostrou que morreu de múltiplas lesões nos órgãos, septicemia e tumor intestinal benigno. Tenho experiência suficiente nestes casos nos Estados Unidos para acreditar que nada melhor seria feito em Boston. Vejo um caso destes por mês. Quando cheguei lá, já era tarde demais.

Após o corpo ser embalsamado, o major Péricles de Souza Foureaux retirou do armário a réplica da faixa presidencial que trouxera de Brasília. Depois de ajudar a colocá-la no presidente morto, falou:

— Aí está ela, chefe. Fica com o senhor.

O corpo de Tancredo foi velado por toda a madrugada na capela do Instituto do Coração, na presença de parentes e amigos. O terno preto da Alfaiataria do Hermano foi sua última veste. Às 7h25, o cardeal dom Paulo Evaristo Arns celebrou missa de corpo presente.

Nessa manhã, atendendo à solicitação do presidente do Congresso, senador José Fragelli, as duas casas legislativas se reuniram extraordinariamente para anunciar a vacância do cargo e o seu preenchimento automático pelo vice-presidente José Sarney. O SNI relatou incidente entre Ulysses, presidente da Câmara, e Fragelli sobre a forma como se deu a investidura do atual presidente.[1045] Sarney não deveria ter enviado mensagem declarando sua investidura no cargo de presidente antes de o Congresso determinar a vacância do cargo. Fragelli reprovou a posição de Ulysses, que orientara Sarney. O presidente do Senado antecipou a leitura formal da vacância do cargo. Agilizou a investidura do novo presidente para que se formalizasse antes da chegada de Ulysses.

Em pronunciamento em cadeia de rádio e televisão, Sarney decretou feriado nacional e luto oficial por oito dias. Assegurou que governaria tendo o programa de Tancredo debaixo do braço. "As informações todas que me chegavam davam notícia de que o estado de saúde do Tancredo Neves não inspirava cuidados maiores e que ele estava melhorando. Eu me recusava, talvez por instinto de defesa, a pensar que poderia ser presidente de fato", contou Sarney.[1046] Tinha perpetrado sentença bem-intencionada que a história transformava em erro de avaliação cruel. "A minha frase de que eu seria um vice fraco de um presidente forte era a minha convicção. Julgava ter chegado além do que sempre desejei. Não participei de nenhuma articulação para elaboração de plano de governo, nem de escolhas para sua composição."

Cinco minutos depois da morte, às 22h28, o telefone vermelho, no qual recebia as ligações mais relevantes, tocou. "Mauro Salles contou-me do desfecho. Foi um momento de pânico."

No dia seguinte, uma multidão acompanhou o cortejo entre o Instituto do Coração e o Aeroporto de Congonhas, em São Paulo. O caminhão do Corpo de Bombeiros deixou o Incor às 9h31 e demorou duas horas e quinze minutos para percorrer doze quilômetros. A cidade nunca reunira tanta gente para saudar um homem público. "O povo está na rua, a luta continua", entoaram muitos que saíram de casa para homenagear o presidente. O cordão de isolamento foi rompido. Muitos correram para tocar o caminhão que levava o presidente. Às 11h59, o avião presidencial da Força Aérea Brasileira decolou rumo a Brasília. Era escoltado por dois caças Mirage durante o percurso, que durou pouco mais de uma hora e meia.

Do aeroporto de Brasília ao Palácio do Planalto, o cortejo cumpriu vinte quilômetros em quatro horas. Um grupo de ativistas ameaçou sequestrar o caixão, quando o corpo chegou a Brasília. O SNI foi informado de que membros do PCdoB e do MR-8 pretendiam tirar o caixão do alto do carro de combate Urutu, na altura da quadra 206 do Eixo Sul, para levá-lo nos ombros até o Palácio do Planalto. Naquela quadra, os militantes, carregando uma bandeira nacional gigantesca, bloqueariam o cortejo e tomariam o esquife. Era demais o primeiro presidente civil em 21 anos ser carregado por um carro militar na sua hora final. O SNI acionou o Exército, que mandou outros dois Urutu, dois Cascavel e seis jipes como argumento de dissuasão. Foram convincentes.

Tancredo Neves subiu a rampa do Palácio do Planalto às 17h45 de 22 de abril. Um atraso de 38 dias que representou uma vida. Deveria ter iniciado ali o trajeto de um mandato. Só o cumpriu em seu velório. "Dr. Tancredo, que maneira mais triste de subir esta maldita rampa", disse um servidor do Palácio do Planalto ao atento repórter Clóvis Rossi.[1047]

Antes da missa de corpo presente, Aécio Neves abriu o visor do caixão, expondo o rosto do presidente ao público pela primeira vez desde 14 de março. Com um lenço, desembaçou o vidro para que sua última imagem fosse límpida.

De Brasília o corpo foi para Minas Gerais. Em Belo Horizonte, planejamento infeliz quis manter 30 mil pessoas separadas de Tancredo pelas grades do jardim do Palácio da Liberdade, enquanto convidados especiais usufruíam da prioridade de vê-lo. A multidão forçou a grade e avançou sobre o jardim. Quatro pessoas morreram pisoteadas, entre elas uma freira. Mais de duzentas ficaram feridas. Só se fez paz quando Risoleta Neves foi à sacada, outrora frequentada pelo marido. "Mineiros, mineiros. Minha gente, meu coração está em pedaços", discursou ela. "Eu não teria força suficiente para lhes dizer uma palavra sequer. Diante desse carinho imenso, diante dessa multidão embebida em amor, em amor doado ao presidente, em amor que ele recebeu..." Conforme falava, a massa se aquietou.[1048]

Em São João del-Rei, frei Betto falou na missa de corpo presente da igreja de São Francisco de Assis:

> Ao ser internado, doutor Tancredo fez três pedidos: primeiro, que não desejava receber notícias de fora. Sábia decisão de quem aprendeu que o corpo, preso a um cárcere ou a um leito, não pode permitir que a cabeça se separe dele, na ansiedade de situações nas quais já não pode intervir. Assim, doutor Tancredo pôde reunir todas as suas energias para empenhar-se na própria sobrevivência. O segundo pedido foi para os médicos, que o mantivessem permanentemente a par do seu processo clínico, de modo que, na medida do possível, pudesse ele interferir nas decisões. O terceiro, que rezassem por ele. Queria conservar viva a fé que adquiriu desde a infância e levou desta cidade que o povo, agora, trata carinhosamente de São João Del-Presidente.

Cortejo fúnebre, velório e enterro de Tancredo Neves em São João del-Rei (24 de abril de 1985/Acervo Fundação Getulio Vargas – Cpdoc).

O enterro estava programado para as cinco da tarde. Aproximava-se o horário e grande parte dos 70 mil habitantes ainda estava na fila para vê-lo. "Queremos ver Tancredo", gritavam eles. O velório começara às onze horas. Risoleta determinou que o enterro fosse atrasado. "Enquanto houver um são-joanense para vê-lo, Tancredo não será enterrado." A fila se arrastou pela noite. Como a Igreja católica não permite cerimônias fúnebres no período noturno, frei Betto solicitou ao bispo de São João del-Rei que abrisse exceção. O esquife foi levado da igreja até a porta do cemitério por membros da Ordem Terceira vestindo hábitos negros. A banda do Regimento Tiradentes tocava a marcha fúnebre de Chopin.

O enterro de Tancredo Neves em São João del-Rei, em 24 de abril de 1985, foi transmitido ao vivo pela TV. O governador Hélio Garcia, o presidente do PMDB, Ulysses Guimarães, e o presidente Sarney foram oradores à beira do túmulo.

Durante 23 minutos, as imagens mostraram o vagaroso trabalho do coveiro João Aureliano Santos, cercado de parentes do morto e de autoridades. João guardou a colher de pedreiro como relíquia. Apelidado de Mão de Onça, era coveiro, sineiro e faxineiro da Igreja de São Francisco de Assis. Levou tempo para selar com cimento as três lápides que cobriram o túmulo. Os locutores na televisão comentaram seu trabalho. "Gostava muito do doutor Tancredo. Numa urgência dessas não podia perder a calma", justificou.

Às 22h53, Tancredo de Almeida Neves, em um caixão de pinho, desceu à sepultura 84 do pequeno cemitério da Venerável Ordem Terceira de São Francisco de Assis, nos fundos da igreja que frequentou desde menino. Calculou-se que, entre São Paulo, Brasília, Belo Horizonte e São João del-Rei, seu esquife fora seguido por 2 milhões de pessoas. A unanimidade política foi sua última obra.

Risoleta Tolentino Neves, viúva de Tancredo, morreu aos 86 anos, em 21 de setembro de 2003. Chegou a passar por duas cirurgias antes de ser encaminhada ao Centro de Tratamento Intensivo do Copa D'Or, onde teve falência de múltiplos órgãos. Havia sido internada dois meses antes para tratamento de diverticulite. Essa inflamação do intestino chegou a ser ventilada, em 1985, como causa da internação de Tancredo, que na realidade tinha um tumor benigno.

Nos dezoito anos que viveu após a morte do marido, Risoleta manteve-se discreta. Presidiu entidade de assistência social do governo de Minas Gerais e a fundação erguida para cuidar do memorial de Tancredo. Empenhou-se nas campanhas políticas das quais o neto Aécio Neves participou, chancelando-o como herdeiro político do avô.

A primeira foi a de 1986, quando se elegeu deputado federal. Aécio havia sido nomeado diretor de loterias da Caixa Econômica Federal em 1985 pelo presidente José Sarney. No ano seguinte, elegeu-se deputado federal pelo PMDB de Minas Gerais, com 236 mil votos. Reelegeu-se deputado em 1990, 1994 e 1998, como filiado ao PSDB. Em 2002, Aécio Neves venceu a disputa para o governo de Minas Gerais. Risoleta enviou-lhe a caneta Parker 51 presenteada por Vargas a Tancredo. Com ela, Aécio assinou o termo de posse.[1049] Reelegeu-se governador em 2006. Elegeu-se senador em 2010 e foi candidato derrotado a presidente da República pelo PSDB em 2014. A herança política de Tancredo Neves tornou-se seu principal patrimônio.

Em todos os seus mandatos, Aécio teve como principal influência e conselheira a irmã Andrea Neves. Tancredo via nela real talento político, mas lamentava que as mulheres enfrentassem dificuldades maiores do que os homens na construção de carreira eleitoral. Essa avaliação impediu que estimulasse a neta, que tinha 26 anos quando morreu, a disputar cargos públicos.[1050]

Tancredo Augusto, depois da morte do pai, desempenhou cargos públicos oriundos de indicações políticas, como o de conselheiro da Petrobras e do BNDES, diretor do Banco de Desenvolvimento de Minas Gerais e presidente da Companhia Mineira de Promoções, empresa pública do governo do estado.

Francisco Dornelles, que começou a carreira política como secretário do tio Tancredo, seguiu na política. Deixou o Ministério da Fazenda, posto para o qual havia sido escolhido por Tancredo, cinco meses depois de iniciado o governo. Elegeu-se deputado federal em 1986 pelo PFL, tendo sido reeleito por quatro vezes consecutivas. Tornou-se ministro da Indústria e Comércio em 1997, permanecendo quase dois anos no cargo, no governo de Fernando Henrique Cardoso. Elegeu-se senador do Rio de Janeiro pelo Partido Progressista em 2006 e vice-governador do estado em 2014. Aos 81 anos, assumiu como governador em exercício em março de 2016, quando o titular, Luiz Fernando Pezão, se licenciou para tratar de um câncer. Enfrentou a maior crise financeira da história do estado. Dornelles só queria ver a hora de largar aquilo tudo e colocar o pijama. "Para mim, foi um abacaxi. Eu já tinha decidido encerrar a minha carreira política", disse ele.

A inércia de Dornelles diante da crise virou meme na internet graças à cena patética em que ele tenta literalmente fugir dos repórteres que o questionavam sobre o uso de R$ 2,9 bilhões liberados pelo governo federal.

"O dinheiro do metrô sai quando, governador? Só tem dinheiro para a segurança?", pergunta um jornalista, sob o olhar atônito de Dornelles no banco do carona de seu carro oficial. "Vambora, Ademário", responde o interino, suplicando para que o motorista o salve.

"Vai, Ademário. Leva o pobre homem para casa e, na volta, traz alguém que consiga governar esse estado", gracejou um internauta.

Epílogo
Dinheiro de sobra não sobra

Dinheiro não tem credo. O credo pode ter dinheiro.

O marechal Eurico Gaspar Dutra elegera-se o 16º presidente republicano em 2 de dezembro de 1945. Integrava o PSD e recebeu apoio do PTB. Obteve 55% dos votos. Sua eleição sepultava a ditadura do Estado Novo. Getúlio Vargas havia sido derrubado do poder por um golpe militar que asseguraria as eleições presidenciais do fim de ano. A contradição não se restringiu ao golpe que assegurou a democracia. Estendeu-se também ao deposto que apoiou um dos articuladores de sua queda. Vargas foi obrigado a deixar o cargo em outubro de 1945. Um mês depois, tornou-se o maior cabo eleitoral de Dutra, que fora ministro da Guerra de seu governo.

Ao ser empossado em janeiro de 1946, Dutra enfrentou a economia fragilizada pelas consequências da Segunda Guerra, provocou arrocho salarial e enfrentou grave crise cambial. No entanto, tinha excesso de dinheiro em uma única rubrica. As doações de recursos para sua campanha eleitoral superaram em muito os gastos. Na época, não havia lei que as regulasse. Candidato favorito contra o brigadeiro Eduardo Gomes, da UDN, Dutra havia reunido grande volume de contribuições financeiras. Acorreram-lhe empresários, fazendeiros, comerciantes e militares. Banqueiros do jogo do bicho e donos de casas de tavolagem foram compradores dos bônus eleitorais oferecidos pelos candidatos.

A primeira-dama Carmela Dutra exigiu que o marido usasse o dinheiro que sobrara para a construção de uma capela. Já havia imposto a proibição do jogo, por ser antro de perdição, e a decretação da ilegalidade dos partidos comunistas, por pregarem o ateísmo.

O parque do Palácio Guanabara, residência oficial do presidente, ganhou assim a ermida de Santa Teresinha do Menino de Jesus.[1051] Foram 142 dias de obra. A maior parte da capela foi revestida de mármore de Minas Gerais. A exceção foi o piso, que demandava mármore belga e português. A primeira-dama pediu que a fachada da capela fosse voltada para o pátio lateral, assim poderia direcionar orações à santa protetora da janela do quarto no Palácio Guanabara.

A capela de Teresinha, a santa do sorriso, enfeita os jardins do Guanabara há setenta anos. A protetora das missões deveria se tornar santa de devoção dos tesoureiros de campanha. Até prova em contrário, representa o dinheiro de origem duvidosa mais purificado da história do financiamento eleitoral. Na inauguração, em 30 de setembro de 1946, dona Santinha afirmou que a igreja era presente do casal Dutra ao povo brasileiro. Vem de longe a ideia de que as sobras de doação da campanha eleitoral pertencem ao concorrente que as arrebatou.

Candidato a presidência pela UDN em 1945, Eduardo Gomes lançou pelo menos 8 milhões de cruzeiros em bônus de campanha.[1052] É difícil dimensionar esse valor porque o Brasil enfrentou oito padrões monetários diferentes desde a época. Convertidos em dólar e atualizados pela inflação americana, os custos de campanha estariam na faixa dos 5 milhões de dólares. O país tinha 7,4 milhões de eleitores, dos quais 6 milhões compareceram às urnas. A suspeita da influência do poder econômico na política era sombra discreta como a das palmeiras imperiais nos jardins do Palácio do Catete.

Em janeiro de 1946, o jornal *Correio da Manhã* publicava texto com o título: "Escândalo dos escândalos". Acusava Vargas de usar dinheiro do Banco do Brasil para financiar a campanha "Queremos Getúlio".

> Recorrendo a todos os ardis e recursos para perpetuar-se no poder, o senhor Getúlio Vargas não teve sequer escrúpulos em dispor do dinheiro de um estabelecimento de crédito destinado a defender a economia nacional. Está provado que o famigerado Ugo Borghi, cidadão desconhecido e às portas da falência, recebeu, por ordem direta do governo, somas copiosas que se elevam a centenas de milhões de cruzeiros, quando seu crédito modestíssimo não ia além de 150 mil cruzeiros.

O dinheiro foi liberado no Banco do Brasil, depois de telefonema do ministro da Fazenda.[1053]

O financiamento de campanha é questão obscura desde a República Velha e torna-se mais vultoso quanto mais complexa se transforma a máquina de divulgação pessoal e política. O exemplo mais antigo de proselitismo coube a d. João VI. Indicou o pintor francês Jean-Baptiste Debret para retratar sua aclamação em 1818. Debret colocou o povo a celebrar d. João, a primeira imagem mentirosa da política brasileira. A aclamação transcorrera com audiência mínima.

A era da mídia na sucessão presidencial começou 76 anos depois. Prudente de Moraes tornou-se o primeiro presidente a eleger-se com a força dos meios de comunicação. Construiu sua candidatura com apoio de jornais. Acreditava na eficiência da distribuição de cartas e panfletos para fazer propaganda.[1054] Chegou à presidência em 1894 obtendo 84,5% dos votos válidos.

No Brasil da República Velha, entre 1889 e 1930, o controle do poder cabia às oligarquias de São Paulo e de Minas Gerais, que se revezavam na presidência. A agropecuária sustentava a economia do país. O setor comandava a política com a rudeza do homem que toca o gado. As eleições e seu financiamento eram detalhes.

A Justiça Eleitoral foi criada em 1932. Instalou-se como herança da Revolução de 1930, que levou Getúlio Vargas ao poder depois do rompimento entre as oligarquias paulista e mineira. A ditadura do Estado Novo, a partir de 1937, interveio nos municípios e estados, instituiu eleições indiretas. Na piada antiga, a Justiça eleitoral brasileira convertera-se no equivalente ao ministério da Marinha para o Paraguai. Como ninguém, Vargas usou a propaganda do Estado como forma de dominação e de poder. Apelava o tempo todo aos diferentes veículos de comunicação para conquistar apoiadores. Profissionalizou a gestão da imagem presidencial.

Sua queda, em 1945, reinstituiu a disputa eleitoral no panorama nacional. A corrida atrás do dinheiro que a bancasse nasceu em parto gêmeo. Dona Santinha administrou, a seu modo, a primeira sobra de campanha da era que ali rompera.

A primeira norma para financiamento da campanha eleitoral só apareceu no Código Eleitoral de 1950. Atribuía ao Tribunal Superior Eleitoral competência para investigar a contabilidade e a apuração dos recursos. Vedava dinheiro de origem não identificada. Financiamento de campanha eleitoral não era tema em discussão. A nova lei não impediu polêmicas.

Candidato a presidente pelo PTB outra vez em 1950, Vargas foi acusado de ter sido financiado por dinheiro argentino. O ditador Juan Domingo Perón teria repassado comissões a aliados de Vargas. O numerário teria origem em contratos volumosos de exportação e importação. "De onde vem tanto dinheiro a ponto de fazer do 'pai dos pobres' o mais rico dos candidatos?", perguntou o *Correio da Manhã*.[1055]

Na eleição seguinte, em 1955, Juscelino Kubitschek, do PSD, enfrentou acusações de ter sido ilegalmente financiado por construtoras, bancos, frigoríficos e empresas de extração mineral.

Adversário do udenista Jânio Quadros em 1960, o marechal Henrique Lott, da aliança PSD-PTB, apresentou sua "denúncia à nação". Culpava os grandes grupos econômicos por abarrotarem os cofres do adversário:

> Não há notícia em nossa história de tão larga e custosa publicidade a favor de uma candidatura à presidência da República, por todos os meios de divulgação, como vem ocorrendo em relação ao senhor Jânio Quadros. Os programas de rádio e televisão, por força de vultosos contratos, estão sendo monopolizados nos seus melhores horários por meu opositor. Não identificamos, nem poderemos identificar, quais as fontes de semelhante orgia financeira.[1056]

Em 1965, a reforma eleitoral dos militares mudou o quadro. O regime ditatorial não gostava de políticos nem de eleições, vistos como focos de corrupção, e implantou o sistema de financiamento público dos pleitos e das atividades das legendas. Proibia a doação de empresas privadas para os partidos e para as campanhas: dinheiro privado só por meio de cotização dos filiados.

No regime militar, os partidos foram tratados a pão e água. Não precisavam de dinheiro agremiações que nada representavam para o sistema. As eleições no período foram poucas. Havia tantas limitações de divulgação que as candidaturas se tornaram baratas. A mais célebre das restrições foi a Lei Falcão, de 1976, que estabelecia que os candidatos só podiam divulgar o currículo, o número do registro e a legenda pela qual disputavam. Na televisão, fotografias dos candidatos acompanhavam as informações monocórdicas.

O primeiro sinal de mudança ocorreu na campanha de 1982. O PMDB de São Paulo driblou as restrições da Lei Falcão, aproveitou brechas legais para colocar, na televisão, discurso de Franco Montoro como narrativa das imagens do candidato ao governo do estado. O comum era a leitura insípida do currículo. A estratégia do discurso deu novo tom à campanha em todo o país. Em Minas Gerais, Tancredo usou como tema musical um samba com letra, "Virada" ("vamos lá rapaziada, está na hora da virada, vamos dar o troco"). A legislação também vetava músicas com letras. A Lei Falcão caía de podre.

Candidatos com chances de vitória aos governos estaduais investiam o dinheiro em bens que suprissem a dificuldade de uso dos meios de comunicação. Concorrente do PDS em Minas Gerais, Eliseu Resende desembolsou milhões de cruzeiros na compra de setenta carros para campanhas de deputados, colocação de trezentos outdoors, confecção de 2 milhões de adesivos para automóveis e milhares de camisetas com propaganda de campanha. As despesas envolviam ainda aluguel de ônibus para transporte de público em comícios, contratação de trios elétricos, pagamento de coladores de cartazes e pintores de muro, aluguel de comitês de campanha e compra de publicidade em jornais e revistas.[1057] Tancredo Neves, seu adversário, calculou ter menos da metade dos recursos do pedessista. Pelo país, campanhas de gastos elevados mostraram que a lei era letra morta. A Justiça Eleitoral não tinha meio de coagir infratores. A prestação de contas era peça de hipocrisia. Até 1993, os candidatos realizavam diretamente seus gastos eleitorais e recebiam recursos de pessoas jurídicas sem fiscalização. Os limites deviam ser fixados pelos próprios partidos, eram fictícios como as comprovações de despesas. O sistema de controle da Justiça Eleitoral não existia.

O caixa dois de Fernando Collor na eleição de 1989 levou à queda do presidente em 1992. Recursos ilegais pagaram até despesas pessoais de Collor. As sobras de campanha foram calculadas naquele ano em 52 milhões de dólares por Paulo César Farias, principal arrecadador e operador do presidente.[1058] Collor levantou 120 milhões de dólares em contribuições.[1059] O volume se equiparava aos gastos de campanha da eleição de Bill Clinton para a presidência dos Estados Unidos em 1992.

Em 1993, a legislação eleitoral mudou. As sobras de campanha foram enfim regulamentadas. Tinham de ser registradas e destinadas às agremiações. Em 1997, o Congresso criou normas que deveriam ser permanentes para a regulamentação das eleições. Exigiu a abertura de conta bancária específica para a campanha. Os candidatos tinham de ter comitês financeiros registrados na Justiça Eleitoral. Criou a figura jurídica do abuso do poder econômico. À Justiça Eleitoral, hoje cabe a análise da regularidade das contas. A rejeição impede a expedição do diploma, impugna ou cassa o mandato.

Burlar a legislação ficou mais complicado. Não impossível. Em 1994, a campanha vencedora de Fernando Henrique Cardoso à presidência declarou arrecadação oficial de 33,6 milhões de reais. A planilha do comitê tucano revelada anos mais tarde indicou que pelo menos 8 milhões de reais arrecadados deixaram de ser declarados. Seguiram para o caixa dois.[1060] Na campanha de reeleição de FHC em 1998, havia pelo menos 10 milhões de reais arrecadados no caixa dois, além dos 43 milhões oficialmente declarados.

Depois da campanha vencedora de Luiz Inácio Lula da Silva, em 2002, o escândalo do mensalão mostrou o tamanho do caixa dois do partido. A campanha custou o dobro dos 39,3 milhões de reais declarados. Só o marqueteiro petista recebeu 10,5 milhões de reais no exterior, sem registro legal. A investigação do mensalão comprovou que ao menos 75 milhões de reais foram movimentados em corrupção derivada das eleições, mas não ficaram só limitadas a ela.

Os valores das campanhas presidenciais e das irregularidades associadas ao pleito cresceram a cada quadriênio eleitoral. Em 2010 e em 2014, as campanhas vitoriosas de Dilma Rousseff enfrentaram acusações de caixa dois e de doações oficiais de recursos advindos de contratos fraudados com órgãos públicos. No escândalo da Petrobras, o Ministério Público Federal acusava o PT de ter recebido de 150 milhões a 200 milhões de dólares, entre 2003 e 2013. A origem do dinheiro vinha de empresas que pagavam propina para vencer licitações. Da remuneração dos contratos públicos, tiravam parte do dinheiro para bancar os partidos. A raiz desses crimes já se mostrava presente em 1984 e 1985.

Doações de empresas e empresários financiaram a redemocratização brasileira. Como não havia regulamentação nem fiscalização não se pode dizer que foram operações ilegais. O certo é que a retomada do poder civil ocorreu sob as sombras das sobras de campanha eleitoral. Dessa vez, com a exuberância da sombra que os ipês produzem no cerrado de Brasília.

Apesar de ser disputa em colégio fechado, a campanha presidencial chegou aos meios de comunicação como propaganda paga. Sinal de que havia dinheiro sobrando. O candidato do PDS foi o primeiro a lançar filmes publicitários. "Maluf é o único que pode mudar de verdade", dizia campanha na TV. Gastou mais de 7 milhões de reais em dois meses, ainda na disputa para assegurar a candidatura pelo PDS. Trinta segundos no *Jornal Nacional*, da Rede Globo, custavam o equivalente a 200 mil reais hoje. Coordenador da campanha de Maluf, Calim Eid admitiu que o dinheiro, além da publicidade, bancava passagens, hospedagens e agrados no período que antecedia a convenção do PDS.[1061]

Ao perceber o nível de profissionalismo do adversário, Tancredo citou a disputa entre Hubert Humphrey, candidato do Partido Democrata à presidência dos Estados Unidos, e Richard Nixon, do Partido Republicano. "Eu me senti como um botequim de esquina lutando contra um supermercado."[1062]

Classificar Maluf como o candidato do milhão era estratégia de marketing de Tancredo. O peemedebista se mantinha no figurino do avarento mineiro. Era ele quem tinha o apoio dos donos dos supermercados. Nomes como Abilio Diniz e Arthur Sendas desembolsaram mais do que víveres em seu favor. Em novembro de 1983, Tancredo usou o fantasma da vitória de Maluf para atrair apoios. "Se forem mantidas as atuais regras eleitorais, Maluf vencerá a Convenção do PSD e será eleito presidente pelo Colégio Eleitoral", dissera Tancredo em almoço com empresários, promovido por Abilio Diniz, no Centro Empresarial de São Paulo.[1063]

Também rica e pujante, a campanha publicitária de Tancredo começou em 14 de agosto. Tinha no comando os publicitários Mauro Salles e Roberto Duailibi.[1064] Tancredo começara a jornada utilizando serviços da Setembro Propaganda, de Minas Gerais. O pool foi ampliado para comitê formado por Salles/Interamericana, DPZ e outras sete agências. Os publicitários diziam trabalhar sem remuneração. Os custos materiais eram pagos a partir de contribuições particulares, seguindo legislação que regulamentava a doação de fundos para partidos políticos.[1065] Os arrecadadores empresariais de Tancredo atuavam nos bastidores e deixavam que a público viesse somente a forma alternativa de arrecadação: a irrisória venda de camisetas, botões e chaveiros.

Tancredo Augusto afirmou que o pai o enviava a reuniões com potenciais financiadores da campanha. Recordou-se de encontro que teve com Sebastião Camargo, fundador da empreiteira Camargo Corrêa. Conhecido entre os mais próximos como China, Camargo queria ajudar a campanha. Prometia doar dinheiro apenas em reunião com a presença do candidato oposicionista à presidência. Não aceitou a intermediação de José Hugo Castelo Branco, um dos responsáveis pelo caixa de Tancredo. Camargo não tinha estudo formal, não cursara nem sequer o equivalente ao ensino fundamental. Aos 75 anos, era o maior empreiteiro do país.

Em 1984, a Camargo Corrêa caracterizava-se por ser substancialmente construtora de obra pública. O empresário se assustava com a mudança dos quadros do poder. A construtora concluía obras grandes como o aeroporto de Cumbica, em São Paulo, e a hidrelétrica de Tucuruí.

Camargo andava em 1985 com um velho Galaxie. Desdenhava de diretores da própria empreiteira que andavam de Mercedes-Benz. Não comprava roupa que não tivesse preço na etiqueta. As que não têm são mais caras do que merecem, explicava. "Não sou avarento. Apenas sei que foi difícil ganhar o dinheiro que tenho", dizia.[1066]

Amigo de todos os presidentes da República desde Juscelino Kubitschek, ganhou fortuna com obras públicas. Era um sujeito engraçado. Ao participar de um jantar com um governador eleito de São Paulo, ouviu:

— Sebastião, que bom encontrar você aqui!

Ao que replicou:

— Eu estou sempre por aqui. Vocês é que mudam, governador.

Acusado de ter sido um dos financiadores dos porões da tortura no regime militar, terminou seus dias com segurança 24 horas por temer vingança de esquerdistas. Cultivou amigos como o ditador paraguaio Alfredo Stroessner. À época da construção de Itaipu, a Camargo Corrêa não participava do consórcio vencedor da obra. Strossner obrigou a comissão de licitação a incluí-la. Sebastião Camargo morreu em 1994, aos 84 anos.

Dono do terceiro maior grupo privado do país em 1985, Camargo insistiu em contribuir para a campanha presidencial, desde que o cheque fosse entregue pessoalmente a Tancredo. "Papai pediu que eu fosse em seu lugar, o que fiz. Só assim o China contribuiu. Tinha de falar com um representante da família antes que fizesse a doação", contou Tancredo Augusto.[1067]

O empresário Jorge Gerdau Johannpeter (Grupo Gerdau) foi outro contribuinte da campanha presidencial oposicionista em 1984-5. Também pediu encontro pessoal com Tancredo. Foi atendido. Não abordou doação de campanha na conversa que manteve com o peemedebista. Tratou do assunto com José Hugo Castelo Branco.

Paulo Maluf e Tancredo Augusto confirmaram que o adversário na disputa presidencial fizera doações às campanhas de Tancredo ao Senado, em 1978, e ao governo do estado de Minas, em 1982. A primeira doação foi feita por intermédio de Antônio Neves, irmão de Tancredo e diretor da Light em São Paulo. A segunda doação teve o dedo de Golbery do Couto e Silva, que tinha simpatia pelo peemedebista. Golbery, sobretudo, queria enfraquecer Mário Andreazza, um dos adversários de Maluf no PDS. Para tal, contava com a vitória de Tancredo na disputa ao governo de Minas Gerais. Fustigava assim com o esquema do ministro do Interior, que apostava no candidato Eliseu Resende, do PDS. "Para governador, ninguém dava nada. Qualquer cinquenta mil-réis ajudava", lembrou-se Tancredo Augusto.

Na doação de 1982, Maluf usou o empresário Edevaldo Alves da Silva como ponte com Tancredo. Em 1985, Alves da Silva, que apoiava Maluf, também contribuiu com a campanha de Tancredo.

"O Edevaldo Alves da Silva, sogro de uma das filhas de Maluf, era amicíssimo de meu pai. Dono de uma das maiores faculdades de São Paulo, era unha e carne com Maluf. Edevaldo deu, porque era amigo também. Como Olavo Drummond, era um daqueles tipos que eram malufistas e tancredistas. Qualquer um que ganhasse, eles estariam bem", comentou Tancredo Augusto.

A lei era genérica e pouco restritiva. Havia cheques e títulos ao portador que facilitavam a transferência de muitos recursos sem deixar rastros. Aplicações financeiras que pagavam rendimento do dia para a noite, o chamado *overnight*, transformavam a vida dos caixas de campanha em paraíso fiscal.

O comitê financeiro de Tancredo usou de criatividade para obter contribuições sem deixar rastros contábeis. Uma empresa doadora entregava o dinheiro que seria repassado a um banco ou corretora. Essa instituição aplicava os recursos no mercado financeiro. O lucro da operação era repassado a Castelo Branco. A soma originalmente aplicada retornava ao caixa da empresa doadora. Em época de inflação anual de 230%, de mecanismos de proteção financeira com rendimentos diários e títulos ao portador, sem identificação, a operação parecia perfeita. A revista *Veja* identificou um dos doadores desse grupo. O banqueiro Ronaldo Cezar Coelho levantou para a campanha de Tancredo 1,5 bilhão de cruzeiros, pouco mais de 1 milhão de dólares em valores atuais.[1068] Em 2017, admitiria ter recebido 23 milhões de reais da empreiteira Odebrecht, por meio de caixa dois, para a campanha do tucano José Serra à presidência em 2010, segundo a *Folha de S.Paulo* do dia 7 de janeiro de 2017.

O empresário Mario Garnero acusou a existência do "Clube do Bilhão" em apoio ao oposicionista. Reuniria as maiores empresas nacionais para contribuir para a campanha de Tancredo.[1069] "A conta, para cada sócio, era de 1 bilhão de cruzeiros para ser aplicada na campanha." Ele fez a revelação em dezembro de 1987, dois anos depois de o Brasilinvest, banco que controlava, ter sofrido intervenção pelo Banco Central. Foi um dos primeiros atos da equipe econômica nomeada por Tancredo e comandada por seu sobrinho, Francisco Dornelles. Acusado de estelionato e fraude, Garnero teve prisão decretada e sofreu a liquidação do grupo que comandava dezenas de empresas.

Garnero disse que a empresa Líder Táxi Aéreo e as empreiteiras Andrade Gutierrez e Mendes Júnior eram exemplos de participantes do clube, que seria coordenado pelo Banco Sulbrasileiro, que cerraria as portas em 1985, também sob intervenção do Banco Central. Nenhum dos grupos citados assumiu participação no dito clube.

Declarou ter ouvido do próprio Tancredo que contribuições de campanha deveriam ser entregues a José Hugo Castelo Branco. Declarou ter participado de diversas reuniões para tratar de assuntos relativos ao Clube do Bilhão. "Poucos foram os escolhidos para contribuições de um bilhão de cruzeiros, cerca de 300 mil dólares à época. Foi o esquema adotado: poucos e bons", afirmou Garnero.[1070]

Apontou o mezanino do hotel Nacional, em Brasília, como local do primeiro encontro com o tesoureiro de Tancredo. "A entrega da encomenda era discreta. Digamos assim: não havia recibo. O esquema do bilhão tinha seu requinte. O dinheiro passava pela Distribuidora Mil, de Belo Horizonte, que não era uma lavanderia, apesar de estar próxima disso", acusou Garnero.[1071]

À época, Castelo Branco refutou as acusações: "Nunca recebi do senhor Garnero qualquer tipo de colaboração para a campanha de Tancredo Neves. Se ele fez a doação a que se refere, deve ter sido para outro candidato".

Castelo Branco admitiu que várias empresas ofereceram colaboração para os gastos de campanha. Em somas modestas. "Não houve nenhuma contribuição fabulosa."

Em 1985, Garnero estava no auge do poder. Era amigo do secretário de Estado George Shultz e um dos seus consultores sobre a negociação da dívida externa brasileira. O empresário tinha tradição de relações com o poder.

Disfarçara-se de garçom do hotel Glória, no Rio, para conhecer o presidente Juscelino Kubitschek. Casou com uma das integrantes da família Monteiro de Carvalho, do grupo empresarial Monteiro Aranha. Foi diretor da Volkswagen no Brasil até os anos 1980, quando decidiu criar o Banco Brasilinvest. Teve como membros do conselho de administração dois tancredistas: Mauro Salles e Ronaldo do Valle Simões, genro do presidente eleito.

O Brasilinvest teve duas empresas fechadas em 1985 por falta de liquidez e suspeita de desvio de recursos para empresas-fantasmas. Na época, Garnero foi indiciado por estelionato, formação de quadrilha e operação fraudulenta no mercado financeiro. Ele teve bens bloqueados, chegou a ser condenado pela Justiça Federal de São Paulo a cinco anos de prisão, mas, por meio de recursos, nunca cumpriu a pena. Em 1999, o STF livrou Garnero da denúncia criminal por prática de estelionato na condição de principal acionista do grupo. Em 2002, Garnero ajudou na aproximação com o governo norte-americano de líderes petistas como Luiz Inácio Lula da Silva e José Dirceu. Nos trinta anos da eleição de Tancredo, saudou-o em artigo em que lembrava que intermediara a recompra pela Fiat das ações da companhia em posse do governo mineiro.[1072]

Garnero contou ter intermediado contatos entre o presidente João Figueiredo, seu amigo, o general Walter Pires e Tancredo Neves. O peemedebista havia fornecido um telefone para contato: (061) 242-2970. Só deveria ligar para esse número de telefone público. Garnero seguiu a recomendação.

— Dr. Tancredo está? — perguntou quando atenderam a ligação.

— Não está, não — respondeu o próprio, disfarçando a voz. — Quem queria falar?

— É o Mario Garnero.

— Talvez o senhor o encontre em dois minutos neste mesmo número.[1073]

O SNI registrava acusações dos situacionistas à oposição por cooptarem votos em suas hostes. "Malufistas dizem que Tancredo vem obtendo rios de dinheiro e prometendo reeleição e outras benesses em troca do apoio de pessedistas."[1074]

Os informes chegavam a detalhes:

Malufistas dizem que tancredistas não demorarão a reclamar de seu candidato por estarem sendo discriminados. João Carlos De Carli (PDS-PE) disse que vice-governador do Ceará, Adauto Bezerra, recebeu 15 bilhões de cruzeiros de pool de bancos e o ex-governador do Rio Grande do Norte recebeu 21 bilhões do BNDES. O deputado federal Edison Lobão garante que a senadora Eunice Michilles recebeu — de fonte já identificada, segundo ele — a importância de um bilhão de cruzeiros e um homem que vive em companhia da senadora outros 500 milhões para que apoiasse Tancredo.

Registravam traições e jogo duplo, como no caso do vice-governador Adauto Bezerra, liderança cearense poderosa na indicação dos deputados estaduais que iriam ao colégio eleitoral:

Adauto Bezerra, antes de apoiar Tancredo, solicitou ao ministro Andreazza a possibilidade de rolar as dívidas de suas empresas, subsidiadas pelo Finor, entre as quais uma fábrica de óleos vegetais e o Banco Industrial Comercial. Andreazza aceitou as "ponderações" de Adauto Bezerra, tendo inclusive declarado que iria solicitar aos bancos Central e do Brasil a liberação de empréstimos contraídos por ele, Adauto, no exterior. Segundo assessores, a liberação do referido empréstimo foi autorizada.[1075]

Havia informantes também entre os oposicionistas.

O deputado federal Daso Coimbra (PMDB-RJ) revelou que o governador Gilberto Mestrinho, para convencer os senadores Eunice Michilles (PDS-AM) e Raimundo Parente (PDS-AM) a apoiar Tancredo, ofereceu à primeira o patrocínio de toda a próxima campanha política, e ao segundo a destinação de obras a três empreiteiras, que, segundo Daso, prestam serviços à Suframa e ao governo do Amazonas, aos quais Parente é ligado. Como prêmio, deve receber 10% do valor contratado. Daso Coimbra revelou que a fórmula encontrada pelo grupo do candidato oposicionista para comprar votos de eleitores do colégio eleitoral consiste em dar-se ao "vendido" um empréstimo, através do Bemge e do Banespa, renovável em trinta, sessenta e noventa dias. Na renovação, o empréstimo acaba sendo pago, cabendo a outra pessoa do grupo tancredista cobrir o valor devido.[1076]

Paulo Affonso Martins de Oliveira foi servidor do quadro de pessoal da Câmara dos Deputados por 42 anos. Durante 23 anos exerceu o cargo de secretário-geral da mesa. Trabalhou nos ombros de treze presidentes da Câmara dos Deputados. Apontava os ritos do trabalho legislativo, interpretava o regimento. Nesse posto privilegiado, acompanhou a disputa entre Tancredo e Maluf. Nos corredores do Congresso, ouviu quanto se arrecadou na última campanha presidencial do colégio eleitoral.

"É público e notório que houve cooptação de eleitores no Colégio Eleitoral mediante compensações de toda ordem, inclusive financeira. Dizia-se no Congresso que o custo da campanha de cada um dos dois candidatos — Tancredo Neves e Paulo Maluf — havia sido da ordem de 50 bilhões de cruzeiros."[1077] É difícil atualizar esse valor trinta anos depois. O país mudou o padrão monetário cinco vezes no período. Convertidos em dólares à época, 50 bilhões de cruzeiros equivaleriam a 17 milhões de dólares. Atualizados pela inflação americana, representariam hoje cerca de 38 milhões de dólares. A análise de quem participou da costura do apoio ao candidato oposicionista entre o empresariado revela que esse número não é preciso, apesar de plausível.

Setores do SNI suspeitavam que o governo amolecia para os oposicionistas. "Na virada de 1985, foram devolvidas à agência Salles/Inter-Americana as contas de publicidade do governo federal que havia perdido quando Mauro Salles passou a atuar com Tancredo. Os contratos valem 5 bilhões de cruzeiros ou 4% do faturamento da empresa."

O SNI investigou gastos como o do comício de Tancredo em São Paulo em dezembro de 1984. Registrou o empresário Fernando Gasparian dizendo que o custo havia sido de 400 milhões de cruzeiros (2 milhões de reais) e que o governo do estado não tinha participado da quitação das despesas. Indicava que o deputado José Storopoli e o empresário Jorge Yunes haviam cedido gratuitamente serviços de gráficas para os oposicionistas.

Os agentes contabilizavam os desembolsos possíveis. Diziam que o PMDB-SP pagara 70 milhões de cruzeiros por quinhentos outdoors (350 na capital e 150 no interior). O PMDB cobriu gastos com dinheiro arrecadado junto a pessoas físicas, deputados, profissionais liberais, militares e simpatizantes. O partido era apontado como dono de "agressivo esquema promocional".

Rastreavam apoiadores como o empreiteiro Fernando Queiroz, dono da construtora mineira Santa Bárbara Engenharia. Responsabilizavam-no pelo apoio logístico da campanha do candidato do PMDB, como aluguel de salas, telefones e pagamento de despesas. No domingo, 13 de janeiro, antevéspera do colégio eleitoral, Tancredo almoçou com dezenove governadores no bufê Maison du Roi, em Brasília. A conta, de acordo com a proprietária do bufê, Conceição Melo, foi paga pelo dono da construtora.[1078]

Desde o governo de Minas, Murilo Mendes, da construtora Mendes Júnior, emprestava casa em frente ao Palácio das Mangabeiras para encontros e telefonemas secretos de Tancredo. Em Brasília, cedeu gabinete no edifício Brasal II, no setor comercial sul, com os mesmos propósitos e discrição.[1079]

O candidato cruzava os ares do país em aviões especialmente fretados. A Líder Táxi Aéreo informou que cobraria do candidato preço especial, sem revelar quanto.[1080] O SNI produziu informe em que acusava Tancredo de usar avião do Bemge, o banco estatal do governo de Minas, para fazer campanha.[1081]

A Agência Central do SNI emitiu o pedido de busca 33730/AC/84 para que seus agentes saíssem à procura da aeronave de Tancredo. Em 17 de outubro, o SNI sintetizava: "Segundo denúncia, os quatro bancos oficiais de Minas compraram um avião executivo modelo Learjet, que foi colocado à disposição do governador Tancredo Neves para ser utilizado em sua campanha eleitoral".

Detalhava que "a referida aeronave seria cedida ao palácio do governo para os deslocamentos do governador do Estado. O governo cedera o avião a Tancredo para facilitar o transporte do candidato. Segundo dados que recebemos, o referido aparelho já estaria a serviço de Tancredo Neves. Também é comentado que a venda do Learjet foi concluída com a compra de dois aviões do Estado".

Em seguida, pedia: "confirmar os dados recebidos. Em caso positivo: identificação dos bancos oficiais que realizaram tal negócio, montante despendido com essa compra, outros dados julgados úteis".

A resposta dos agentes em campo parecia completa:

O governo de Minas, por intermédio de seus bancos estaduais, adquiriu a aeronave Learjet, prefixo PT-LCD, por 3 bilhões de cruzeiros. A venda foi feita no mês de setembro de 1984 pela Líder Táxi Aéreo, representante do fabricante do aparelho. O empresário José Geraldo Ribeiro, atual secretário de Assuntos Especiais do governo Hélio Garcia, foi o intermediário comercial entre o Estado e a Líder, representada pelo seu presidente José Afonso Assumpção. Há indícios de que José Geraldo Ribeiro ganhou automóvel novo, que lhe foi dado pela Líder Táxi Aéreo, como gratificação pela sua participação na venda do citado aparelho.

O SNI explicava a transação com detalhes:

No dia 23 de outubro de 1984, foi realizado leilão público de dois aviões do Estado de Minas. Um Queen Air, prefixo PP-EMT, avaliado em 189 milhões, e outro Grand Commander, prefixo PP-ETU, avaliado em 118 milhões. Este último avião foi arrematado pela Líder, não tendo havido interessado na aquisição do primeiro. Além dos citados, o Estado de Minas possui os seguintes aparelhos:
Xingu, prefixo PP-IMS, e Bandeira, prefixo PP-EMG.[1082]

A investigação, que parecia promissora, se encerrava de maneira melancólica para os objetivos da agência central: "Não foi possível constatar se a aeronave Learjet, ou qualquer outro aparelho do Estado de Minas, foi colocada à disposição de Tancredo".

O órgão de informação apontava os bancos estaduais de Minas como braço de campanha da oposição. "O Bemge estaria em franco apoio ao candidato Tancredo de Almeida Neves, participando ativamente da campanha presidencial. Essa participação do banco oficial seria em forma de propaganda, estendendo a sua área de atuação até o nordeste do país. Com a transferência do governo de Minas de TAN para HG (Hélio Garcia), o Bemge teria gasto com o jornal EDM (*Estado de Minas*) a importância de 200 milhões de cruzeiros", acusou informe.[1083]

O SNI informava ainda que o advogado José Hugo Castelo Branco, caixa de campanha de Tancredo e seu amigo de longa data, acabara de assumir cumulativamente a presidência do Bemge e do Credireal, outro banco estatal, para "facilitar a alocação de recursos para a candidatura de Tancredo de Almeida Neves".

Amigo e aliado antigo, Castelo Branco acumulou o poder em três bancos na gestão do peemedebista em Minas Gerais. Presidiu ao mesmo tempo o Banco do Estado de Minas Gerais (Bemge), o Banco de Crédito Real de Minas Gerais (Credireal) e o Banco de Desenvolvimento de Minas Gerais. Eram os tripés financeiros da administração do estado.

Mineiro de Lavras, Castelo Branco começou a carreira política quando era universitário. Elegeu-se vereador pelo PTB em 1947, mas só se formou em direito em 1950 na antiga Universidade do Brasil, atual UFRJ, no Rio de Janeiro. Passou onze anos dedicando-se à carreira de advogado. Amigos desde Minas Gerais, coube ao ministro San Tiago Dantas levá-lo para servir no governo João Goulart. Em 1961, foi oficial de gabinete do presidente. Nos corredores do Planalto, tornou-se amigo do primeiro-ministro Tancredo Neves. Elegeu-se deputado estadual em 1962 e se licenciou do mandato para ocupar a chefia de gabinete do Ministério do Trabalho e Previdência Social na gestão de Almino Affonso. Com o golpe militar, foi exonerado e retomou o mandato de deputado estadual na Assembleia Legislativa de Minas.

Optou por se filiar ao MDB, quando o regime instaurou o bipartidarismo. A partir de 1967, por quatro anos ocupou a diretoria do Banco de Desenvolvimento de Minas Gerais. Voltou à iniciativa privada entre 1971 e 1973, como diretor do Grupo Cimento Paraíso, no qual Tancredo Neves também teve assento. Atuou em seguida no mercado imobiliário por quase uma década, até assumir a secretaria-geral do PTB em Minas Gerais no começo dos anos 1980. Em 1982, foi o tesoureiro da campanha de Tancredo Neves ao governo de Minas. Desligado do PTB, cuidou dos bancos estatais mineiros, sob orientação do governador.

Em agosto de 1984, quando Tancredo deixou o governo para candidatar-se a presidente, assumiu as contas da nova empreitada. Eleito, o peemedebista escolheu Castelo Branco para chefiar a Casa Civil. No cargo, concentraria as indicações de milhares de cargos no segundo e no terceiro escalão do governo federal. Com a morte de Tancredo, trocou a Casa Civil pelo Ministério da Indústria e Comércio um ano depois da posse. Pediu licença para tratar-se de câncer no intestino em 1986. Voltou ao cargo de ministro, que exerceu até um mês antes de sua morte, em agosto de 1988.

Castelo Branco tinha ao seu lado no comitê financeiro da campanha presidencial o engenheiro Sandoval Soares de Azevedo Filho, também dirigente do Credireal na gestão Tancredo. O governador de Minas Gerais, Hélio Garcia, completava o triunvirato que cuidava do dinheiro da campanha oposicionista.

Pelo lado da família Neves, Tancredo Augusto, filho do candidato, e o empresário Ronaldo do Valle Simões, genro, haviam sido indicados pelo próprio Tancredo para representá-lo na arrecadação e no gasto dos recursos obtidos. Ninguém chegou a um valor consolidado. "Houve muita troca de moeda e o país e o mundo era outro", afirmou Tancredo Augusto.

Se não havia o Clube do Bilhão, novos relatos dimensionam o volume de recursos drenados para a campanha de Tancredo. Entre os maiores contribuintes nacionais, os empresários Sérgio Quintella e João Pedro Gouvêa Vieira arrecadaram cerca de 20 milhões de dólares para a campanha de Tancredo Neves a presidente.[1084] Em valores atualizados, o montante equivale a quase 45 milhões de dólares. Ambos eram próximos a Tancredo e integrantes da fina flor da burguesia brasileira.

João Pedro Gouvêa Vieira foi presidente do conselho de administração do Grupo Ipiranga e do Banco Francês e Brasileiro. Nascido em Petrópolis, foi uma das grandes lideranças empresariais do estado do Rio. Advogado por formação, participou de diversas aquisições de empresas no Brasil feitas por grupos estrangeiros. A experiência nesse setor rendeu-lhe seu livro mais conhecido, *As sociedades multinacionais*. Nele, resumia a legislação brasileira para esse tipo de empresas. Gostava de lembrar que assinara seu maior contrato com uma caneta Bic. Era do que precisava para que o Grupo Ipiranga comprasse a rede de postos Atlantic, de origem americana.

Varguista, ajudou a elaborar o arcabouço jurídico de constituição do Banco Nacional de Desenvolvimento Econômico (BNDE). Getúlio Vargas nomeou-o membro do conselho de administração do banco. No governo de João Goulart, integrou a Comissão de Nacionalização das Empresas Concessionárias de Serviços Públicos. Apoiou a encampação de empresas elétricas determinadas por Goulart. Um dos primeiros empresários a abraçar a candidatura de Tancredo, fez parte da comissão que elaboraria propostas para a nova Constituição. Morreu em 2003, aos 91 anos.

O economista e engenheiro Sergio Quintella foi vice-diretor-presidente da Montreal Engenharia por 26 anos. Entre 1982 e 1983, presidiu o projeto Jari, a fábrica de celulose flutuante criada por um milionário americano no estado do Pará, em meio à floresta amazônica. Participou da construção do sistema de abastecimento de água do Guandu, no Rio, e do vão central da ponte Rio-Niterói. Presidiu a companhia responsável pelo projeto da usina de Itaipu. Foi membro do conselho de administração do BNDE nos anos 1970 e da Petrobras entre 2009 e 2015. Participou ativamente da campanha de Tancredo, oferecendo jantares de contato entre o candidato, empresários e militares. Integrou a comissão que preparou as propostas econômicas do candidato, a Copag. Tancredo o indicou para o Conselho Monetário Nacional e para a comissão que cuidaria do anteprojeto de Constituição. Aos 81 anos, é vice-presidente da Fundação Getulio Vargas.

Por meio de Gouvêa Vieira e de Quintella, a campanha de Tancredo tornou-se robusta. A disputa no colégio eleitoral deveria ser barata. Eram 686 membros. As estruturas de equipe, de viagens e de comícios se diluíam. Os eventos regionais em geral usavam infraestrutura de governos estaduais ou municipais que apoiavam Tancredo. A maior parte dos servidores da campanha era de voluntários. Os principais publicitários trabalharam em conjunto, sem cobrar. Os principais artistas do país empenharam-se por ideologia e pela defesa do fim do período de exceção.

"Os argumentos de um lado e de outro para obter votos eram os mesmos: dinheiro", afirmou Sergio Quintella. Abundam exemplos. Um senador nordestino apresentou como condição para apoio ao candidato oposicionista a quitação de dívidas que tinha com o Banco do Nordeste. Como o banco era administrado pelo governo federal, empresários doaram o dinheiro que quitou as dívidas. "Muitos parlamentares foram cooptados pelo vil metal", resumiu o empresário.[1085]

Substituto de Tancredo no governo de Minas e um dos coordenadores políticos e financeiros do projeto presidencial, Hélio Garcia era alvo antigo do Serviço Nacional de Informações. Assim que assumiu como companheiro de chapa de Tancredo em Minas Gerais, Garcia mereceu informe do serviço.

> O vice-governador de Minas Gerais, Hélio Garcia, acha-se com sua situação financeira muito comprometida. Tem dívidas que se acumularam e se agravaram na última campanha eleitoral. A título de crédito rural, conseguiu vários empréstimos em diversos bancos oficiais e particulares para custear as despesas das campanhas eleitorais. Obteve 150 milhões da MinasCaixa e 30 milhões do Bemge. Tancredo interferiu junto ao Banerj com o genro para evitar execução da dívida.[1086]

Ronaldo do Valle Simões, o genro, foi diretor do banco na década de 1980. Outro informe dizia:

> As dívidas do vice-governador Hélio Garcia se aproximam dos 200 milhões de cruzeiros. Deverão ser quitadas por empréstimo concedido pela diretoria do Banco Rural. O empréstimo contou com a decisiva interveniência de Marcio Garcia Vilela, que fazia parte da diretoria do banco e foi indicado por Hélio Garcia para

a presidência do Bemge. O Banco Rural já liberou empréstimo. Somente à Caixa Econômica do Estado de Minas Gerais, Hélio Garcia deve 150 milhões de cruzeiros, tomados na carteira de crédito rural.

Além da fragilidade econômica, Garcia estava no centro da intriga política, como acusou outro informe:

> Antes da posse de Tancredo como governador em 1983, familiares de José Aparecido relataram que ele (Aparecido) não mantinha bom relacionamento com o vice Hélio Garcia. Consideram que Tancredo vem depositando muito poder nas mãos do vice-governador eleito e futuro prefeito de Belo Horizonte. Consideram que Hélio Garcia "não é um cidadão correto nem bom administrador, tendo inclusive título protestado".[1087]

Após a saída de Tancredo para ser candidato a presidente, o novo governador de Minas Gerais mapeava adversários, inimigos e críticos, de acordo com o SNI. "Hélio Garcia atribuiu matéria negativa (reportagem da revista *IstoÉ* contra ele) a Herbert Levy e Olavo Setubal. Indicou o ex-deputado José Monteiro de Castro para trabalhar junto a Levy para desfazer a imagem negativa."[1088]

Advogado, fazendeiro e empresário da construção civil, Hélio Carvalho Garcia tinha 53 anos em 1984. Assumiu o governo de Minas Gerais com a marca de haver transitado 22 anos pelos tortuosos caminhos da política com poucos desafetos. "Não tenho tempo nem de fazer novos amigos, quanto mais inimigos" e "Não brigo, mas também não faço as pazes" eram lemas que prezava.

Cumpriu um mandato estadual pela UDN, dois de deputado federal pela Arena, dirigiu a Caixa Econômica do estado no governo Aureliano Chaves e presidiu a comissão provisória do PP em Minas. Tancredo era adversário tradicional da família Garcia no oeste do estado. Ambos trilharam caminhos paralelos até a encruzilhada do Partido Popular, que Tancredo tentou viabilizar. Garcia assumiu o primeiro mandato de deputado estadual em 1963, tornando-se o mais jovem líder de governo da história da Assembleia Legislativa mineira. Havia sido convidado para o cargo pelo governador Magalhães Pinto, que batera Tancredo em 1960. Magalhães o definira: "Ele parece meio caipira. Usa paletó de uma cor, e calças de outra. No entanto, vai longe". Acompanhou

Magalhães na Arena e com ele chegou ao PP. Não o seguiu de volta ao PDS, quando o PP se incorporou ao PMDB.[1089]

Assumia o gosto pelo bom uísque — que lhe rendeu o apelido de Ébrio Garcia — e pelas frases engraçadas. "Política deve ser feita à noite, de chapéu e sobretudo, dentro de um táxi em movimento", repetia. "Início de governo é igual a caminhão de porco. No começo, eles berram. É só jogar a primeira e o caminhão começar a andar que os porcos se ajeitam e ficam quietinhos", teorizava.

Na última década, caiu no ostracismo. Foi diagnosticado com mal de Alzheimer. Aos 84 anos, cardíaco, sem condições físicas e com lapsos de memória cada vez mais profundos, manteve-se recluso em casa no bairro Santo Agostinho, em Belo Horizonte. Falava pouco. Alimentava as lendas sobre si, como a de que havia namorado a miss Brasil Martha Rocha. Não confirmava nem desmentia. "Pergunta para dona Martha."[1090]

Em 1982, Tancredo e Garcia tiveram 2,66 milhões de votos, 243 mil a mais do que Eliseu Resende, do PDS. "Parte dessa vitória se deve ao Newton Cardoso. Era prefeito de Contagem, região em que a dupla saiu com 200 mil votos de frente", atribuiu Tancredo Augusto.

Empossado governador, Tancredo nomeou Hélio Garcia para a prefeitura de Belo Horizonte. As eleições diretas municipais só seriam restabelecidas em 1985. Garcia acumulava o cargo de vice-governador e de prefeito. Na campanha presidencial de Tancredo, usou a estrutura do governo de Minas em seu apoio. Os militares estavam preocupados com a presença de bandeiras vermelhas nos comícios do candidato. Garcia empenhou-se em dar estrutura ao comício que Tancredo faria na praça da Rodoviária, em Belo Horizonte. Seria a manifestação arco-íris: "No nosso comício, teremos bandeiras brancas e pretas, azuis, verdes e amarelas, vermelhas, todas, porque não temos preconceito de cor!".

Em outubro de 2006, a família de Garcia o interditou judicialmente por causa do mal de Alzheimer.[1091] Começou disputa entre suas três filhas, que envolvia suspeita de venda ilegal do patrimônio do pai. Os bens de Hélio Garcia incluíam sete fazendas interligadas, num total de 3,5 mil hectares. Calcula-se que valham mais de 35 milhões de reais. Entre 2009 e 2012, quando a fazenda ainda era produtiva, o seu faturamento beirou 10 milhões de reais. O curador dos bens de Garcia, que havia sido designado pela Justiça em razão da pendenga familiar, foi afastado em 2015. A Justiça condenou o ex-secretário Evandro de Pádua Abreu por ter desviado rendimentos de Garcia. Na sentença, o juiz ressaltou que nem TV a cabo pagara para Garcia, demonstrando queda em sua qualidade de vida. Garcia viveu seus últimos dias de vida recluso. Morreu aos 85 anos, em Belo Horizonte, em junho de 2016.

A internação e depois a morte de Tancredo abalaram o país. Provocaram total desestruturação no comitê financeiro da campanha. Antônia Gonçalves de Araújo, a poderosa secretária de Tancredo, entregou a Tancredo Augusto um cheque de doação de campanha que estava perdido entre os documentos da transição de governo. Acreditava que as sobras de campanha em 1984 tinham sido destinadas para o Hospital da Baleia, instituição filantrópica de Belo Horizonte, e para obras de caridade na cidade de Cláudio.[1092] Após a morte de Tancredo, foi questionada se tinha conhecimento de contas no exterior por parte do presidente eleito. Negou que houvesse.

O inventário dos bens deixados por Tancredo Neves, calculado em maio de 1985, somou 1,1 bilhão de cruzeiros.[1093] Esse valor corrigido somente pela inflação atingiria hoje cerca de 3,2 milhões de reais. A maior parte dos bens se origina de imóveis, cuja valorização depende de variáveis mais complexas do que a inflação. Os imóveis que Tancredo deixou, se vendidos a preços de mercado hoje, valeriam pelo menos R$ 22,7 milhões, conforme cálculo de corretora especializada.

O maior bem do inventário de Tancredo é o apartamento no edifício Golden State, em Copacabana. Foi lançado no espólio com valor de 600 milhões de cruzeiros. Se corrigido pela inflação, atingiria 1,7 milhão de reais. Imóvel comercializado no mesmo prédio em 2014 chegou a 12 milhões de reais.

O Solar dos Neves, em São João del-Rei, aparece no inventário com o valor de 160 milhões (460 mil reais corrigidos). A partir do preço do metro quadrado na cidade, pode-se colocar como piso mínimo de venda hoje cerca de 3 milhões de reais.

Um apartamento de 150 metros quadrados no edifício Niemeyer, em Belo Horizonte, teve valor apontado de 50 milhões de cruzeiros (cerca de 145 mil reais). Imóvel comercializado em 2015 no mesmo edifício chegou a 2,2 milhões de reais.

A Fazenda da Mata, herdada por Risoleta Neves e da qual Tancredo se tornou também proprietário porque casaram em regime de comunhão de bens, está no espólio com valor de 100 milhões de cruzeiros (290 mil reais).

Com o preço médio da terra em Minas Gerais, pode-se calcular que a fazenda valha hoje no mínimo 2 milhões de reais para os seus 2,4 milhões de metros quadrados (quase vinte vezes o tamanho do estádio do Maracanã).

Um terreno de 10 mil metros quadrados no setor de mansões do Lago Norte de Brasília foi avaliado em 1985 em 70 milhões de cruzeiros (200 mil reais). Com o valor atual do metro quadrado na região, pode-se avaliá-lo com piso mínimo de 1,5 milhão de reais.

O espólio de Tancredo apresentava ainda depósitos bancários de 40 milhões de cruzeiros (116 mil reais), dois carros (um Corcel II 1980 e uma Veraneio 1982), um terreno em Nova Lima, região da grande Belo Horizonte, não valorado, ações da rádio São João del Rei e cinco linhas telefônicas.

Tancredo venceu a eleição presidencial, entretanto não tomou posse. Quando o presidente eleito estava internado, os empresários Sérgio Quintella e João Pedro Gouvêa Vieira contabilizaram as sobras da campanha eleitoral: 4,5 milhões de dólares à época. Se atualizados pela inflação americana, 10 milhões de dólares. Havia dólar em espécie, cheques ao portador, títulos diversos. Organizado o farnel, levaram-no até ao escritório que José Hugo Castelo Branco mantinha na avenida Rio Branco, quase esquina com a Sete de Setembro, no centro do Rio. Castelo Branco agradeceu. Prometeu que colocaria o dinheiro à disposição de Risoleta Neves. Caberia a ela escolher seu destino.

"Conversa fiada de que o dinheiro foi doado a instituição de caridade ou que tenha chegado à minha mãe!", disse Tancredo Augusto. "No final das contas, quando teve umas sobras, nós levantamos aquele negócio todo. Meu pai falou: isso vai para o partido em Minas, o PMDB. Ele falou para combinarmos com o Hélio Garcia", declarou.

O calvário do presidente eleito impediu que a conversa fosse realizada de imediato. Passado o enterro, Tancredo Augusto procurou Hélio Garcia para, segundo ele, cumprir a determinação do pai. "Cheguei lá e o Hélio não quis prestar conta. Isso é verdade. Falo porque é verdade. E aí ficou por aí. Não era pouco dinheiro, não. Eu mandei ele a puta que pariu. Falou que não tinha nada não. Que coisa. Que filho da puta. Aquele tempo era tudo ao portador, cheque, certificado de depósito bancário. Você compensava. Não tinha nada nominativo",[1094] declarou o filho de Tancredo Neves.

Comprovou-se que sobras de campanha nunca sobram.

Tancredo Neves e dona Risoleta em sua fazenda (Foto de Waldemar Sabino/Cpdoc JB).

Cronologia

4/3/1910 — Nasce em São João del-Rei, quinto de doze filhos de Antonina de Almeida Neves (Sinhá) e Francisco de Paula Neves.
1917 — Matricula-se no Grupo Escolar João dos Santos, que frequenta até 1920 (São João del-Rei).
1921 — Faz o curso de humanidades no colégio Santo Antônio, de frades franciscanos (São João del-Rei).
1932 — Forma-se em advocacia pela Faculdade de Direito da Universidade de Minas Gerais (Belo Horizonte).
1933 — Aos 23 anos, filia-se ao Partido Progressista, fundado por Antônio Carlos Ribeiro de Andrada, Olegário Maciel e Venceslau Brás.
1934 — Elege-se vereador da Câmara Municipal de São João del-Rei pelo Partido Progressista.
1937 — Presidente da Câmara Municipal, filia-se ao Partido Nacionalista Mineiro. Em novembro, com o golpe e a intervenção do Estado Novo, perde o mandato de vereador.
1938 — Casa-se com Risoleta Guimarães Tolentino.
1945 — Apoia a candidatura presidencial do marechal Eurico Gaspar Dutra (PSD), que vence o udenista Eduardo Gomes, brigadeiro, nas eleições de 2 de dezembro. Filia-se ao Partido Social Democrático (PSD).
1947 — Eleito deputado estadual à Assembleia Constituinte de Minas, da qual se torna relator.

1950 – Elege-se deputado federal pela primeira vez e muda-se para o Rio de Janeiro.
1953 – Nomeado ministro da Justiça de Getúlio Vargas (junho), em substituição ao político e diplomata mineiro Francisco Negrão de Lima.
1954 – Está no Palácio do Catete quando Getúlio Vargas se suicida. Reassume sua cadeira na Câmara dos Deputados.
1955 – Nomeado diretor do Banco de Crédito Real de Minas Gerais. Juscelino Kubitschek é eleito presidente da República.
1956 – Torna-se diretor da Carteira de Redescontos do Banco do Brasil (26 de abril). Presidente interino do Banco Nacional do Desenvolvimento Econômico – BNDE. Diploma-se pela Escola Superior de Guerra.
1958 – Nomeado secretário de Finanças de Minas Gerais (governo Bias Fortes).
1960 – Eleição do presidente Jânio Quadros. Candidato a governador de Minas Gerais pelo PSD, perde a disputa para José de Magalhães Pinto. Em agosto, Jânio Quadros renuncia. Os ministros militares não aceitam a posse do vice-presidente João Goulart. Tancredo coordena a solução do impasse. Negocia a adoção do parlamentarismo republicano híbrido. Emenda aprovada em 2 de setembro. Goulart assume em 7 de setembro. Indicado primeiro-ministro em 8 de setembro.
1962 – Deixa o cargo de primeiro-ministro para candidatar-se à Câmara e é eleito deputado federal.
1963 – Líder do governo e da maioria (PSD/PTB) na Câmara.
1964 – Deposição do governo João Goulart. Protesta contra a declaração inapropriada de vacância do cargo. Eleição indireta do general Humberto de Alencar Castello Branco para a presidência da República. Recusa-se a apoiá-lo e vota em branco.
1965 – Editado o Ato Institucional n° 2 (27 de outubro): fim do pluripartidarismo.
1966 – Participa da fundação do Movimento Democrático Brasileiro (MDB). Reelege-se deputado federal. Eleição indireta do general Arthur da Costa e Silva para a presidência da República.
1968 – Editado o Ato Institucional n° 5 (13 de dezembro): endurecimento do regime militar.
1969 – Eleição indireta do general Emílio Garrastazu Médici para a presidência da República.

1970 — Reelege-se deputado federal.
1971 — Presidente da Comissão de Economia da Câmara dos Deputados.
1974 — Eleição indireta do general Ernesto Geisel para a presidência da República. Inicia-se o lento processo de distensão e abertura política. Reelege-se deputado federal.
1977 — Governo fecha o Congresso por duas semanas e decreta o "pacote de abril", que muda as regras eleitorais.
1978 — Eleição indireta do general João Baptista de Oliveira Figueiredo para a presidência da República. Tancredo é eleito senador da República por Minas Gerais.
1979 — Fim do AI-5 (1º de janeiro). Assume a cadeira de senador (fevereiro). Articula a criação do Partido Popular (PP), centrista, que reúne dissidentes do MDB e da Arena, partido da situação, inclusive o histórico rival José de Magalhães Pinto.
1980 — Assume a presidência do PP.
1981 — Explosão de bomba no Riocentro, no Rio de Janeiro. Projeto do governo proíbe coligações partidárias e institui o voto vinculado, o que inviabiliza eleitoralmente o PP.
1982 — Promove a fusão do PP com o PMDB. É eleito governador de Minas Gerais pelo PMDB.
1983 — Posse no cargo de governador de Minas.
1984 — Participa da campanha pelo retorno imediato das eleições diretas para presidente da República, as Diretas Já. Congresso rejeita a emenda constitucional das eleições diretas. Faltaram 22 votos. O vice-presidente Aureliano Chaves e os senadores Marco Maciel e José Sarney deixam o PDS, criam a Frente Liberal e acertam a Aliança Democrática ao decidirem apoiar a candidatura de Tancredo à presidência no colégio eleitoral. Sarney filia-se ao PMDB. Em agosto, convenção do PMDB aprova a chapa Tancredo-Sarney. Convenção do PDS escolhe o adversário: Paulo Salim Maluf. Desincompatibiliza-se do cargo de governador de Minas e oficializa a candidatura ao Planalto (14 de agosto).
1985 — Elege-se presidente da República no colégio eleitoral (15 de janeiro). Anuncia o ministério (12 de março). É internado no Hospital de Brasília (noite de 14 de março). Empossado o vice-presidente José Sarney (15 de março). Em 26 de março, é transferido para o Instituto do Coração, em São Paulo. Morre na noite de 21 de abril, vítima de infecção generalizada.

Agradecimentos

Este livro é resultado de quatro anos de pesquisas, leituras, entrevistas e investigações. Preferi usar as ferramentas jornalísticas da grande reportagem para traçar o perfil de Tancredo Neves e esmiuçar o tempo e os fatos que viveu. Minha ideia foi tornar cada leitor um observador bem informado da história que se desenrola à sua frente, deixando a seu cargo a formação de juízo sobre os personagens e seus atos. Mantive-me propositadamente longe do ensaio interpretativo histórico ou sociológico. Haverá quem os faça.

Foram mais de duzentas horas de entrevistas. Centenas de milhares de páginas consultadas em arquivos no Brasil, nos Estados Unidos, na Inglaterra, na França, em Portugal e nos Açores. Depoimentos e documentos pessoais e políticos de Tancredo Neves foram analisados na Fundação Getulio Vargas, que organizou seus arquivos. Parte de sua história também foi contada com a ajuda do Memorial Tancredo Neves, da Universidade Federal de São João del-Rei e do acervo dos jornais locais da cidade, como *O Correio*.

Documentos oficiais do governo brasileiro foram consultados no Arquivo Nacional e no Itamaraty, no Rio de Janeiro e em Brasília. As bibliotecas da Câmara dos Deputados, do Senado Federal, da Assembleia Legislativa de Minas Gerais e do Ministério Público de Minas Gerais permitiram acesso a documentos e depoimentos preciosos.

Milhares de páginas de jornais brasileiros desde o século XVIII tornaram-se material de pesquisa graças à hemeroteca da Biblioteca Nacional. Os acervos digitais dos jornais *Folha de S.Paulo*, *O Estado de São Paulo*, *O Globo* e *Estado de Minas* e da revista *Veja* foram eficientes mecanismos de busca e acesso às informações.

Documentos oficiais do governo dos Estados Unidos foram consultados nos arquivos do Departamento de Estado, da Central Intelligence Agency (CIA) e do National Archives and Records Administration (Nara), bem como nas exemplares bibliotecas presidenciais norte-americanas.

Documentos acadêmicos foram pesquisados em bibliotecas das universidades do Texas, Brown e Stanford, todas nos Estados Unidos. Documentos dos serviços secretos e diplomáticos do Reino Unido e da França balizaram parte das pesquisas. Arquivos em Portugal e nos Açores ajudaram a contar a história dos Neves desde sua origem. Esta biografia contou com a ajuda de extensos trabalhos de pesquisadores, historiadores, jornalistas e escritores. Foram mais de duzentos livros consultados, muitos destes fora de catálogo, tendo sido localizados graças à renitente rede de sebos que se distribui país afora.

Paula Cesarino Costa, além de amorosa companheira, exerceu papel de editora qualificada e talentosa, vigilante severa da acuidade da informação. Patrícia Reis encontrou tempo do outro lado do Atlântico para ler os originais, apontar falhas narrativas e enriquecer o texto com observações preciosas, mostrando quão próximos somos de Portugal. Fernando Molica esquadrinhou a primeira versão do livro com observações criteriosas e o rigor costumeiro de sua carreira jornalística. A generosidade de Mario Sergio Conti permitiu que atuasse como conselheiro e repórter pautado pelo autor. Elio Gaspari mostrou o caminho a seguir, abriu-me seus arquivos e foi inspiração constante. Devo a Arthur Dapieve e a Roberto Feith a confiança e os passos iniciais dessa jornada. À editora Daniela Duarte coube o trabalho doloroso de corrigir o autor, apontar falhas, omissões e bagunças cronológicas. Divido com toda a equipe da editora Objetiva, do Grupo Companhia das Letras, os eventuais méritos da obra e assumo a responsabilidade integral por eventuais tropeços.

A todas essas instituições, a todos os funcionários envolvidos e a todos que me antecederam nas pesquisas dos temas aqui tratados, a todos que me ajudaram, meu reconhecimento e admiração. Digo que teria sido impossível sem vocês, a quem dedico a última das 200 mil palavras aqui reunidas: obrigado.

AGRADECIMENTOS ESPECIAIS

Adelina Maria Alves e Cruz
Ana Macedo
Ana Quintella
Ana Tavares de Miranda
Andrea Neves
Antônia Gonçalves de Araújo
Arbel Griner
Arquivo Nacional
Arthur Dapieve
Associação Mineira do Ministério Público
Carolina Chagas
Daniela Duarte
Danuza Leão
Dilva Ribeiro
Diogo Henriques
Elan Josedeck de Jesus Martins
Elio Gaspari
Fernando Molica
Flávio Pinheiro
Fundação Getulio Vargas
Instituto Moreira Salles
João Leiva Filho
João Máximo
Joaquim Ferreira dos Santos
José Serra
Jorge Caldeira
Lírio Ferreira
Luciana Oliveira
Luiz Fonseca
Marcelo Beraba
Marcelo Coppola
Marcelo Ferroni
Mario Sergio Conti

Mauro Ventura
Michael Hironymous, University of Texas, Benson Collection
Michael Lavergne, Information and Privacy Coordinator
Michele Meeks, Information and Privacy Coordinator, FOIA Officer
National Archives and Records Administration, FOIA Officer, Estados Unidos
Newton Cruz
Nilo Fernando
Ofélia Lúcia Pedrosa
Paula Cesarino Costa
Paulo Félix
Patrícia Castello Branco
Pedro Dias Leite
ProQuest: Digital National Security Archives
Roberto Feith
Rosana Agrella da Silveira
Rosie Monroe, Information and Privacy Coordinator, FOIA Officer
Rubens Ricupero
Sergio e Tereza Quintella
Tancredo Augusto Tolentino Neves
Tiago Petrik
United States Department of State
Vera Magalhães
Xico Sá

Notas

EPÍGRAFE [P. 7]

1. Frase atribuída ao primeiro-ministro inglês por Tancredo Neves em Valentina da Rocha Lima e Plínio de Abreu Ramos (*Tancredo fala de Getúlio*, p. 18). A biografia de Disraeli, escrita por André Maurois, era um dos seus livros de referência.
2. André Maurois, *La vida de Disraeli*, p. 84.

PRÓLOGO — O HOMEM E A VENTURA DAS MISSÕES [PP. 11-20]

3. *Folha de S.Paulo*, 10 mar. 1985, Folhetim especial, p. 3.
4. "Apesar de você, amanhã há de ser outro dia/ Eu pergunto a você/ Onde vai se esconder da enorme euforia..." ("Apesar de você", 1978).
5. *Veja*, 8 ago. 1984, p. 24.
6. *Veja*, 1º maio 1985, Suplemento Histórico, p. 9.
7. "*Alea jact est*", disse Júlio César ao decidir atravessar o Rubicão para tomar Roma, de acordo com o historiador Suetônio, apud Renzo Tosi, *Dicionário de sentenças latinas e gregas*, pp. 725-6.
8. *Veja*, 1º maio 1985, Suplemento Histórico, p. 20.
9. *Jornal do Brasil*, 16 jan. 1985, p. 20.
10. Alceu Amoroso Lima, *Voz de Minas*.
11. Regina Obata, *O livro dos nomes*, p. 181.
12. *Jornal do Brasil*, 16 jan. 1985, Suplemento Especial "Tancredo, a restauração", p. 15.
13. *Especial Tancredo Neves*, Rede Manchete, 14 jan. 1985.
14. Ibid.

15. *Veja*, 8 set. 1982.

16. *Jornal do Brasil*, 15 set. 1978, p. 2.

17. Diálogo reconstituído a partir de entrevista do autor com Lucília de Almeida Neves Delgado.

18. Entrevista de Lucília de Almeida Neves Delgado ao autor.

19. Entrevista de Boris Casoy para a *Folha de S.Paulo*, 23 set. 1984, p. 8.

20. Arquivo Tancredo Neves, Fundação Getulio Vargas (FGV).

21. Napoléon I, *Lettres de Napoléon à Joséphine*, p. 215, apud Euclides Mendonça, *A força do estilo de Napoleão*, p. 51.

22. O libreto foi composto por Rossini em 1813 a partir da obra homônima de 1760 de Voltaire, sobre um cavaleiro italiano das Cruzadas no século XII, depois tornado príncipe Tancredo.

23. *Folha de S.Paulo*, 10 mar. 1985, Folhetim Especial, p. 3.

24. Id., p. 5.

25. *Folha de S.Paulo*, 23 abr. 1985, p. 6.

1. 1984 — EM CRISE MILITAR, FOGO INIMIGO SURGE DE COMBUSTÃO ESPONTÂNEA [PP. 23-57]

26. *Jornal do Brasil*, 27 nov. 1984, p. 4; *Folha de S.Paulo*, 27 nov. 1984, p. 5.

27. *Jornal do Brasil*, 27 nov. 1984, p. 4.

28. Ibid.

29. Entrevista de Aécio Neves ao autor.

30. Depoimento em Celso Castro, Celina d'Araujo, Gláucio Soares (Orgs.), *A volta aos quartéis*.

31. Em depoimento ao autor.

32. "Figueiredo exclusivo", *Manchete*, 30 jan. 1985.

33. Elio Gaspari, *A ditadura acabada*, p. 140.

34. Entrevista de Antônio Delfim Netto ao autor.

35. Arquivo Nacional, SNI, id: A0429764-1984.

36. *Folha de S.Paulo*, 4 ago. 1996, p. 11.

37. *Jornal do Brasil*, texto de Ricardo Noblat na coluna do Castello, 16 jul. 1984, p. 2.

38. Relatório 102150, SNI, Arquivo Nacional.

39. Programa *Roda Viva* (TV Cultura) de 6 dez. 2010.

40. Entrevista de Newton Cruz ao autor.

41. *Veja*, 19 set. 1984, p. 30.

42. *Jornal do Brasil*, 22 ago. 1984, p. 6.

43. Depoimento em Celso Castro, Celina d'Araujo, Gláucio Soares (Orgs.), *A volta aos quartéis*.

44. Depoimento em Ronaldo Costa Couto, *Memória viva do regime militar, Brasil*.
45. Celso Castro, Celina d'Araujo, Gláucio Soares (Orgs.), *A volta aos quartéis*.
46. *Jornal do Brasil*, 3 set. 1984, p. 2.
47. *Veja*, 12 set. 1984, p. 23.
48. *Jornal do Brasil*, 5 set. 1984, p. 4.
49. Em entrevista ao autor.
50. Ronaldo Costa Couto, *Memória viva do regime militar, Brasil*, p. 131.
51. Em entrevista ao autor.
52. Ibid.
53. Ibid.
54. Paulo Maluf em entrevista ao autor.
55. *Folha de S.Paulo*, 8 nov. 1984, p. 1.
56. Arquivo Nacional, SNI, informe 0473534.
57. *Folha de S.Paulo*, 29 nov. 1983, p. 6.
58. O Massacre da Lapa, ocorrido em 16 de dezembro de 1976, foi uma operação do Exército no Comitê Central do PCdoB, localizado no bairro da Lapa, em São Paulo, em que morreram três dirigentes do partido, sob tortura. Para a participação de Leônidas, relatório da Comissão Nacional da Verdade, p. 869.
59. *Jornal do Brasil*, 6 jun. 1983, p. 11.
60. Paulo Maluf em entrevista ao autor.
61. *Última Hora*, 4 jan. 1984, pp. 5 e 3.
62. Jorge Bastos Moreno, *A história de Mora*.
63. Ali Kamel em *O Globo*, 18 set. 1994, p. 7.
64. *Jornal do Brasil*, 12 nov. 1984, p. 2.
65. Jornal *Ombro a Ombro*, ano 2000.
66. *Veja*, 2 jan. 1985, p. 19.

2. 1954 – O ESTAMPIDO QUE MUDOU A REPÚBLICA [PP. 58-101]
67. Entrevistas de Tancredo Augusto e Francisco Dornelles ao autor.
68. Lucília de Almeida Neves Delgado, Vera Alice Cardoso Silva, *Tancredo Neves*, p. 248.
69. Ibid.
70. Hélio Silva, *1954*, p. 205.
71. Entrevista de Danuza Leão ao autor.
72. Valentina da Rocha Lima, Plínio de Abreu Ramos, *Tancredo fala de Getúlio*, p. 26.
73. Ibid.
74. Marialva Barbosa, *História da comunicação no Brasil*, p. 257.
75. Valentina da Rocha Lima, Plínio de Abreu Ramos, *Tancredo fala de Getúlio*, p. 27.

76. *Jornal do Brasil*, 4 set. 1965, p. 3.
77. Valentina da Rocha Lima, Plínio de Abreu Ramos, *Tancredo fala de Getúlio*, p. 31.
78. *Diário de Notícias*, 24 abr. 1953, p. 4
79. Lucília de Almeida Neves Delgado, Vera Alice Cardoso Silva, *Tancredo Neves*, p. 250.
80. *Correio da Manhã*, 21 jun. 1953, p. 10.
81. *Diário de Notícias*, 21 jun. 1953.
82. *Correio da Manhã*, 27 jun. 1953, p. 1.
83. Ibid.
84. Ibid, p. 4.
85. *Diário de Notícias*, 26 jun. 1953, p. 4.
86. *Tribuna da Imprensa*, 1º fev. 1954, p. 1.
87. *Correio da Manhã*, 3 fev. 1954, p. 1.
88. Valentina da Rocha Lima, Plínio de Abreu Ramos, *Tancredo fala de Getúlio*, p. 52.
89. *Correio da Manhã*, 16 jun. 1954, p. 12.
90. *Revista da Semana*, 28 ago. 1954, p. 35.
91. Hugo Gouthier, *Presença*, p. 138.
92. Entrevista de Antônia Ávila Alvim, irmã de Mineiro.
93. *Última Hora*, 13 jul. 1954, p. 7.
94. *Última Hora*, 15 jul. 1954, p. 6.
95. *Diário Carioca*, 23 maio 1954, p. 1.
96. *Correio da Manhã*, 30 maio 1954, 5º Caderno, p. 1.
97. *Diário Carioca*, 27 maio 1954, p. 3.
98. "O líder da oposição nega a existência do governo. Porém aceita desse governo uma representação diplomática bem provida de dólares. Não tem sentido o rumor em torno dos direitos do indivíduo, quando o que importa são os direitos sociais promovidos pelo governo." *Correio da Manhã*, 1º jun. 1954, p. 1.
99. *Diário Carioca*, 2 jun. 1954, p. 3.
100. *Correio da Manhã*, 3 jun. 1954, p. 4.
101. *Correio da Manhã*, 29 jun. 1954, p. 3; "Martha Rocha: uma biografia", p. 62.
102. *Correio da Manhã*, 7 fev. 1954, p. 65.
103. *Folha de S.Paulo*, 26 nov. 1978, p. 12.
104. *Correio da Manhã*, 5 ago. 1953, p. 1.
105. *Diário Carioca*, 1º ago. 1953, p. 1.
106. *Correio da Manhã*, 7 ago. 1953, p. 1
107. John W. F. Dulles, *Carlos Lacerda*, v. 1, p. 175.
108. Ibid.
109. *Correio da Manhã*, 24 mar. 1954, p. 12.

110. *Correio da Manhã*, 27 mar. 1954, p. 7.
111. *Correio da Manhã*, 29 nov. 1953, p. 4.
112. Lucília de Almeida Neves Delgado, Vera Alice Cardoso Silva, *Tancredo Neves*, p. 252.
113. John W. F. Dulles, *Carlos Lacerda*, v. 1, p. 175.
114. *Correio da Manhã*, 6 ago. 1954, p. 12.
115. *Diário Carioca*, 5 ago. 1954, pp. 1-2.
116. *Correio da Manhã*, 6 ago. 1954, p. 3.
117. *O Globo*, 24 ago. 1979, p. 31.
118. *Revista da Semana*, n. 34, 21 ago. 1954, p. 7.
119. Valentina da Rocha Lima, Plínio de Abreu Ramos, *Tancredo fala de Getúlio*, p. 35.
120. *O Globo*, 24 ago. 1979, p. 31.
121. *Correio da Manhã*, 6 ago. 1954, p. 7.
122. *Correio da Manhã*, 17 ago. 1954, p. 8.
123. *O Globo*, 24 ago. 1979, p. 31.
124. *Correio da Manhã*, 14 nov. 1954, p. 5.
125. *Correio da Manhã*, 25 ago. 1954, Segundo Caderno, p. 2; *O Globo*, 24 ago. 1979, p. 31.
126. "Entendi que se tratava de dever precípuo de lealdade funcional, assim como decorrência do respeito que me merece a sua alta dignidade militar, adiantar o nome do indiciado, ainda, porque, a partir daquele momento Sua Excelência iria ter posição relevante no desdobrar dos acontecimentos." *Correio da Manhã*, 15 ago. 1954, p. 3.
127. *Correio da Manhã*, 25 ago. 1954, Segundo Caderno, p. 2.
128. *Diário de Notícias*, 10 ago. 1954, p. 4.
129. Globo Repórter, TV Globo, ago. 1984.
130. Lira Neto, *Getúlio 1945-1954*, p. 226.
131. *Correio da Manhã*, 11 nov. 1954, p. 5.
132. Lira Neto, *Getúlio 1945-1954*, p. 303.
133. *Diário de Notícias*, 10 ago. 1954, p. 4.
134. John W. F. Dulles, *Carlos Lacerda*, p. 181.
135. *O Globo*, 24 ago. 1979, p. 32.
136. *Diário de Notícias*, 11 ago. 1954, p. 9.
137. Globo Repórter, TV Globo, ago. 1984.
138. Ibid.
139. Ibid.
140. *Última Hora*, 30 ago. 1954, p.3.
141. Ibid.
142. *O Globo*, 24 ago. 1979, p. 32.
143. Lira Neto, *Getúlio 1945-1954*, p. 238.

144. Globo Repórter, TV Globo, ago. 1984.
145. Lira Neto, *Getúlio 1945-1954*, p. 238
146. John W. F. Dulles, *Getúlio Vargas*, p. 182.
147. Ibid., p. 183.
148. Valentina da Rocha Lima, Plínio de Abreu Ramos, *Tancredo fala de Getúlio*, p. 37.
149. *Jornal do Brasil*, 25 ago. 1974, caderno especial, p. 6.
150. John W. F. Dulles, *Getúlio Vargas*, p. 188.
151. Hélio Silva, *1954*, p. 256.
152. *O Globo*, 24 ago. 1979, p. 32.
153. Hélio Silva, *1954*, p. 257. O documento original pode ser visto on-line nos arquivos do Cpdoc/FGV em: <http://docvirt.com/docreader.net/docreader.aspx?bib=ARQ_CF_PI&pasta=CF%20pi%20Cafe%20Filho,%20J.%201954.08.23>.
154. Ibid., p. 258.
155. Valentina da Rocha Lima, Plínio de Abreu Ramos, *Tancredo fala de Getúlio*, p. 40.
156. *O Globo*, 24 ago. 1979, p. 32.
157. *Revista da Semana*, n. 29, 1956.
158. *O Globo*, 24 ago. 1979, p. 32.
159. *Última Hora*, 30 ago. 1954, p. 3. Havia três cópias da carta-testamento. Uma, na mesa de cabeceira da cama onde morreu Vargas, outra entregue a Goulart, antes da reunião ministerial, e uma terceira encontrada dentro do cofre de Vargas pela filha. Uma hora depois da morte do pai, Alzira lembrou-se de procurar a chave do cofre do presidente. Estava no bolso do pijama.
160. Hélio Silva, *1954*, p. 275.
161. *Última Hora*, 30 ago. 1954, p. 4.
162. *O Globo*, 24 ago. 1979, p. 31.
163. *Última Hora*, 25 ago. 1954, p. 2.
164. Hélio Silva, *1954*, p. 289.
165. *Folha de S.Paulo*, 24 ago. 14, p. A49
166. John W. F. Dulles, *Getúlio Vargas*, p. 348.
167. Valentina da Rocha Lima, Plínio de Abreu Ramos, *Tancredo fala de Getúlio*, p. 39.
168. John W. F. Dulles, *Getúlio Vargas*, p. 349.
169. Ibid.
170. *O Globo*, 24 ago. 1979, p. 32.
171. *Correio da Manhã*, 25 ago. 1954, p. 1.
172. Lucília de Almeida Neves Delgado, Vera Alice Cardoso Silva, *Tancredo Neves*, p. 278.
173. *O Globo*, 24 ago. 1979, p. 32.
174. *Folha de S.Paulo*, 26 nov. 1978, p. 10-1.

175. *Correio da Manhã*, 5 ago. 1955, p. 8.
176. Lucília de Almeida Neves Delgado, Vera Alice Cardoso Silva, *Tancredo Neves*.
177. Valentina da Rocha Lima, Plínio de Abreu Ramos, *Tancredo fala de Getúlio*, p. 45.
178. Ibid., p. 58.

3. A LINHAGEM DOS NEVES SE ESTABELECE [PP. 105-18]

179. Carlos Cordeiro, Artur Boavida Madeira, *A emigração açoriana para o Brasil meridional*, p. 28.
180. Projecto Compartilhar/Portugal.
181. Relação dos açorianos emigrados para os estados do Brasil, Boletim do Instituto Histórico da Ilha Terceira.
182. Lucília de Almeida Neves Delgado, Vera Alice Cardoso Silva, *Tancredo Neves*, p. 25.
183. Marieta de Moraes Ferreira, *Histórias de família*, p. 77.
184. Mozart Dornelles, *1930-1992: política, políticos e militares*, p. 25.
185. Augusto Viegas, *Notícias de São João del-Rei*, pp. 115-35.
186. *Astro de Minas*, ed. 1017, 1834, p. 4.
187. *Astro de Minas*, ed. 552, 1831, p. 4.
188. *Astro de Minas*, ed. 568, 1831, p. 4.
189. *Constitucional Mineiro*, ed. 35, 1833, p. 4.
190. *Astro de Minas*, ed. 570, 1831, p. 2.
191. Ibid.
192. *Astro de Minas*, ed. 1, 20 nov. 1827, p. 2.
193. Auguste Saint-Hilaire, *Segunda viagem do Rio de Janeiro a Minas Gerais e São Paulo*, p. 122.
194. Johann Baptiste Spix, Carl Friedrich Philipp Von Martius, *Viagem pelo Brasil (1817--1820)*.
195. Ibid.
196. Marieta de Moraes Ferreira, *Histórias de família*, p. 78.
197. Afonso de Alencastro Graça Filho, *A princesa do oeste e o mito da decadência de Minas Gerais*, pp. 78 e 87.
198. Ibid.
199. Ibid., p. 83.
200. Marieta de Moraes Ferreira, *Histórias de família*, p. 80.
201. Ibid., p. 89.
202. *Gazeta de Notícias*, 15 fev. 1884, p. 6.
203. Augusto Viegas, *Notícias de São João del-Rei*, p. 106.
204. Marieta de Moraes Ferreira, *Histórias de família*.

205. "A meu bom pai e verdadeiro amigo, o Ilmo. Sr. Juvêncio Martiniano das Neves e à minha extremosa mãe, a Ilma Sra. D. Mecias Cândida Carneiro Neves, eis-me chegado ao marco de minhas aspirações e de vossos desejos. Imensos foram os sacrifícios que por mim fizestes, e também imensa será a minha gratidão. Abençoai-me e recebei o tributo do mais profundo respeito, amor e gratidão." Laura Helena, Pereira Machado Martins, *Discurso oitocentista dos médicos da província de Minas Gerais*, p. 58.

206. Mozart Dornelles, *1930-1992: política, políticos e militares*, p. 25.
207. *Diário de Notícias*, 2 out. 1885, p. 1.
208. *Diário de Notícias*, 13 jul. 1886, p. 3.
209. *Diário de Notícias*, 11 jun. 1888, p. 2.
210. *Diário Portuguez*, 16 jul. 1885, p. 3.
211. *Minas Geraes*, 18 out. 1893, p. 5.
212. *O Pharol*, 27 jan. 1891.
213. *Almanak administrativo, mercantil e industrial do Rio 1914*.
214. Ibid.
215. *O Paiz*, 9 maio 1913, p. 3.
216. *O Paiz*, 17 out. 1913, p. 3; 24 out. 1914, p. 3; 12 ago. 1915, p. 5.
217. *O Paiz*, 9 jul. 1913, p. 7.
218. Lucília de Almeida Neves Delgado, Vera Alice Cardoso Silva, *Tancredo Neves*.
219. José Augusto Ribeiro, *Tancredo Neves*, p. 23.
220. *O Jornal*, 27 abr. 1924, p. 12.
221. *O Jornal*, 21 nov. 1925, p. 9.
222. *Correio da Manhã*, 2 dez. 1925, p. 14.
223. *IstoÉ*, 16 jan. 1985.
224. *O Mundo Ilustrado*, 3 set. 1962, p. 23.
225. *Jornal do Brasil*, 16 ago. 1968, p. 3.

4. O CRAQUE DA MEIA-ESQUERDA SE REVELA [PP. 119-37]

226. *Correio da Manhã*, 4 mar. 2010, p. 2.
227. Lucília de Almeida Neves Delgado, Vera Alice Cardoso Silva, *Tancredo Neves*.
228. Ibid., p. 71.
229. Ibid., p. 66.
230. *O Globo*, 14 jan. 1985, caderno especial, p. 16.
231. Ibid.
232. *O Pasquim*.
233. César Sampaio, *Tancredo Neves*, p. 11.
234. Ibid.

235. Ibid.
236. Lucília de Almeida Neves Delgado, Vera Alice Cardoso Silva, *Tancredo Neves*, p. 71.
237. Fernando Morais, *Chatô, o rei do Brasil*, p. 202.
238. *O Globo*, 14 jan. 1985, caderno especial, p. 17.
239. Marco Antonio de Carvalho, *Rubem Braga*, p. 182.
240. Mozart Dornelles, *1930-1992: política, políticos e militares*, p. 45.
241. "Tancredo era um homem de coragem. Jovem, não tinha condições físicas para ir à revolução de 30. Foi socorrer pessoas que estavam na linha de tiro no Barro Preto, em Belo Horizonte. Foi tirar crianças que estavam num abrigo, ao lado do Exército." Entrevista de Mauro Santayana ao autor.
242. Lucília de Almeida Neves Delgado, Vera Alice Cardoso Silva, *Tancredo Neves*.
243. Mozart Dornelles, *1930-1992: política, políticos e militares*, p. 49.
244. *Minas Gerais*, 6 mar. 1932.
245. *A Tribuna*, 12 mar. 1932, p. 1.
246. "Moço de brilhante talento e requintada cultura", assim se referiu a Tancredo o jornal *A Tribuna* (5 jun. 1932, p. 1).
247. "Membros ilustres do Ministério Público", p. 243, folheto do Ministério Público de Minas Gerais.
248. César Sampaio, *Tancredo Neves*, p. 14.
249. *O Correio*, 9 mar. 1935, p. 1.
250. *A Tribuna*, 10 jul. 1932, p. 1.
251. Marcel Souto Maior, *As vidas de Chico Xavier*, p. 245.
252. Em 2015, o médium mineiro Robson Pinheiro divulgou mensagem psicografada, que afirmou ter recebido de Tancredo, endereçada ao povo brasileiro. Mesmo entre a comunidade espírita, que crê na comunicação entre mortos e vivos, o texto sofreu críticas por seu conteúdo inamistoso e pela impossibilidade de comprovação da autoria.
253. *Almanaque do Exército Brasileiro*.
254. Lucília de Almeida Neves Delgado, Vera Alice Cardoso Silva, *Tancredo Neves*, p. 98.
255. *Folha de S.Paulo*, 26 nov. 1978, p. 12.
256. Ibid.
257. Ibid.
258. César Sampaio, *Tancredo Neves*, p. 41.
259. *Folha de S.Paulo*, 26 nov. 1978, p. 12.
260. Entrevista a Roberto d'Ávila, Rede Manchete, 14 jan. 1985.
261. *Jornal do Brasil*, 16 jan. 1985, p. 18.
262. César Sampaio, *Tancredo Neves*, p. 42.
263. Entrevista a Roberto D'Ávila, Rede Manchete, 14 jan. 1985.

264. *Veja*, 14 out. 1970, p. 24

265. De acordo com depoimentos recolhidos pelo Patrimônio Cultural de Minas Gerais. Disponível em: <www.portaldopatrimoniocultural.com.br/site/bensinventariados/detalhe_eau.php?id=1296>.

266. *Folha de S.Paulo*, 2 out. 1982, p. 6.

267. *Jornal do Brasil*, 16 jan. 1985, p. 3.

268. César Sampaio, *Tancredo Neves*, p. 42.

269. *Jornal do Brasil*, 5 jan. 1985, p. 8.

5. A GANGORRA DA POLÍTICA COMO PROFISSÃO [PP. 138-66]

270. Lucília de Almeida Neves Delgado, Vera Alice Cardoso Silva, *Tancredo Neves*, p. 110.

271. José Augusto Ribeiro, *Tancredo Neves*, p. 55.

272. *Folha da Noite*, 24 dez. 1946, p. 1. Disponível em: <www.desastresaereos.net>.

273. *Diário da Noite*, 24 set. 1947, p. 8.

274. *Correio da Manhã*, 4 maio 1950, p. 3.

275. Márcio Paulo de Andrade, *A casa do povo*, p. 19.

276. *Tribuna da Imprensa*, 16 nov. 1951, p. 3; e 13 jun. 1952, p. 3.

277. *Correio da Manhã*, 26 abr. 1952, p. 10.

278. *Tribuna da Imprensa*, 2 jul. 1953, p. 2.

279. *Tribuna da Imprensa*, 12 nov. 1953, p. 6.

280. *Tribuna da Imprensa*, 5 maio 1956, p. 8.

281. Sebastião Nery, *Folclore político*, p. 53.

282. *Tribuna da Imprensa*, 17 out. 1953, p. 2.

283. *Correio da Manhã*, 13 jul. 1957, p. 19.

284. *Tribuna da Imprensa*, 25 ago. 1954, p. 7.

285. *Tribuna da Imprensa*, 10 set. 1954, p. 2.

286. Tancredo para a *Folha de S.Paulo*, 26 nov. 1978, p. 12.

287. *Tribuna da Imprensa*, 3 set. 1955, p. 1.

288. *Correio da Manhã*, 20 out. 1955, p. 11.

289. Mauro Santayana (Org.), *Tancredo, o verbo republicano*, p. 21.

290. Ibid., p. 22.

291. Ibid., p. 23.

292. Valentina da Rocha Lima, Plínio de Abreu Ramos. *Tancredo fala de Getúlio*, p. 50.

293. *Folha de S.Paulo*, 26 nov. 1978, p. 12.

294. Trecho do discurso de Tancredo, publicado no *Correio da Manhã*, 17 mar. 1956, p. 2.

295. Tendências – Consultoria Integrada.

296. *Tribuna da Imprensa*, 22 out. 1956, p. 1.

297. *Tribuna da Imprensa*, 8 out. 1956, p. 2.
298. *Tribuna da Imprensa*, 3 nov. 1956, p. 4 .
299. *Tribuna da Imprensa*, 7 mar. 1957, p. 4.
300. *Tribuna da Imprensa*, 14 mar. 1957, p. 1.
301. *Correio da Manhã*, 12 mar. 1957, p. 19.
302. Entrevista de Pedro Simon ao autor.
303. Entrevista de Andrea Neves ao autor e *Tribuna da Imprensa*, 10 maio 1958, p. 7.
304. *Correio da Manhã*, 15 ago. 1958, p. 4.
305. *Última Hora*, 22 dez. 1960, p. 5.
306. *Última Hora*, 29 dez. 1960, p. 5.
307. *Tribuna da Imprensa*, 4 nov. 1958, p. 6.
308. *Tribuna da Imprensa*, 6 nov. 1958, p. 6.
309. *Tribuna da Imprensa*, 24 jun. 1959, p. 3.
310. Nelson Lombardi, *Uma janela para o passado*, pp. 144-5.
311. Wagner William, *O soldado absoluto*, pp. 345-6.
312. Ernâni do Amaral Peixoto, *Artes da política*, p. 431.
313. Carmo Chagas, *Política*, p. 252.
314. Entrevista de Rubens Ricupero ao autor.
315. Sebastião Nery, *Folclore político*, p. 43.
316. Ibid., p. 48.
317. Clotildes Avellar Teixeira (Org.), *Memórias de Israel Pinheiro Filho*, p. 52.
318. Ibid.
319. *Tribuna da Imprensa*, 15 ago. 1959, p. 2.
320. *Tribuna da Imprensa*, 19 out. 1959, p. 2.
321. Entrevista de Ronaldo Costa Couto ao autor.
322. *Tribuna da Imprensa*, 3 jun. 1960, p. 10.
323. *Tribuna da Imprensa*, 15 jun. 1960, p. 2.
324. *Careta*, n. 2716, 1960.
325. *Última Hora*, 6 jun. 1960, p. 4.
326. *Última Hora*, 16 set. 1960, p. 6; e 19 ago. 1960, p. 6.
327. Tancredo Neves para a *Última Hora*, 17 set. 1960, p. 7.
328. *Tribuna da Imprensa*, 14 out. 1960, p. 5.
329. *Tribuna da Imprensa*, 20 jun. 1960, p. 5.
330. *Última Hora*, 20 dez. 1960, p. 5.
331. *Jornal do Brasil*, 22 set. 1960, p. 14.
332. *Jornal do Brasil*, 5 ago. 1960, p. 8, e Maria Auxiliadora de Faria, Otávio Soares Dulci, *Diálogo com o tempo*.

333. *Tribuna da Imprensa*, 16 jul. 1960, p. 2.
334. *Tribuna da Imprensa*, 17 out. 1960, p. 2.
335. *Jornal do Brasil*, 11 nov. 1960, p. 3.
336. *Jornal do Brasil*, 12 fev. 1960, p. 4.
337. *Jornal do Brasil*, 30 set. 1960, p. 1.
338. *Jornal do Brasil*, 5 nov. 1960, p. 5.
339. *Jornal do Brasil*, 12 out. 1960, p. 4.
340. *Tribuna da Imprensa*, 10 nov. 1960, p. 2.
341. Nelson Lombardi, *Uma janela para o passado*, p. 151.
342. *Tribuna da Imprensa*, 3 nov. 1960, p. 5; e 9 dez. 1960, p. 5.
343. Entrevista de Francisco Dornelles ao autor.
344. *Tribuna da Imprensa*, 10 out. 1960, p. 2.
345. Clotildes Avellar Teixeira (Org.), *Memórias de Israel Pinheiro Filho*, p. 52.
346. Entrevista de Tancredo Augusto ao autor.
347. *Última Hora*, 26 ago. 1961, p. 5.

6. O MAESTRO NA REPÚBLICA DE OPERETA E O PARLAMENTARISMO JABUTICABA [PP. 167-90]

348. *Jornal do Brasil*, 13 abr. 1961, p. 8.
349. *Jornal do Brasil*, 30 abr. 1961, p. 57.
350. *Jornal do Brasil*, 26 ago. 1961, p. 5.
351. *Folha de S.Paulo*, 26 nov. 1978, p. 13.
352. *Folha de S.Paulo*, 25 ago. 1976.
353. *Folha de S.Paulo*, 23 ago. 1981, p. 9.
354. Ibid.
355. Carlos Castello Branco, *A renúncia de Jânio*, p. 26.
356. Ibid., p. 28.
357. Documentário *Jango*, de Silvio Tendler, de 1984.
358. Carlos Castello Branco, *A renúncia de Jânio*, p. 31.
359. Ibid., p. 44.
360. *Diário Carioca*, 29 ago. 1961, p. 1.
361. Documento no Departamento de Estado dos Estados Unidos.
362. Hélio Silva, *1964*, p. 98.
363. *Diário Carioca*, 29 ago. 1961, p. 1.
364. Odylio Denys, *Ciclo revolucionário brasileiro*, p. 72.
365. *Correio da Manhã*, 1º set. 1961, p. 4
366. *Diário Carioca*, 2 set. 1961, p. 1.

367. *Diário Carioca*, 29 ago. 1961, p. 1.

368. "Mazzilli me chamou ao palácio para pegar um avião para o Rio e de lá seguir no avião presidencial para Montevidéu. Achei que não devia sair do Congresso. Estava praticamente vivendo lá dentro. Lembrei o nome do Tancredo, que se dava bem com Goulart, desde quando foram ministros do dr. Getúlio" (Ernâni do Amaral Peixoto, *Artes da política*, p. 447).

369. Odylio Denys, *Ciclo revolucionário brasileiro*, p. 73.

370. De acordo com relato de Ernanny Drault em depoimento ao Cpdoc/FGV, 1987, pp. 193-6.

371. Odylio Denys, *Ciclo revolucionário brasileiro*, p. 74.

372. Ibid.

373. Ibid.

374. De acordo com relato de Ernanny Drault em depoimento ao Cpdoc/FGV, 1987, pp. 193-6.

375. *Jornal do Brasil*, 16 set. 1961, p. 4.

376. Ibid.

377. Documentário *Jango*, de Silvio Tendler, de 1984.

378. Ibid.

379. Elio Gaspari, *A ditadura acabada*, p. 232, e complementação com entrevista ao autor.

380. John W. F. Dulles, entrevista com Tancredo Neves, out. 1965; e Almino Affonso, *1964, na visão do ministro do trabalho de João Goulart*.

381. F. C. Leite Filho, *El caudillo*, p. 144.

382. Hélio Silva, *1964*, p. 131.

383. John W. F. Dulles, entrevista com Tancredo Neves, out. 1965.

384. *Folha de S.Paulo*, 26 nov. 1978, p. 13.

385. Hélio Silva, *1964*, p. 132.

386. Ibid.

387. *Folha de S.Paulo*, 26 nov. 1978, p. 13.

388. Ibid.

389. *Jornal do Brasil*, 2 set. 1961, p. 10.

390. De acordo com relato de Ernanny Drault em depoimento ao Cpdoc/FGV, 1987, p. 194.

391. Ibid., p. 195.

392. Hélio Silva, *1964*, p. 132.

393. Ernâni do Amaral Peixoto, *Artes da política*, p. 448.

394. Ibid.

395. Ibid.

396. Boletim da CIA de 28 ago. 1961, liberado para consulta em 17 abr. 2003.
397. Anotações de entrevista de John W. F. Dulles com Tancredo Neves, 7 out. 1965.
398. *Jornal do Brasil*, 3 set. 1961, p. 8.
399. *Correio da Manhã*, 5 set. 1961, p. 1.
400. Entrevista de Elio Gaspari ao autor.
401. De acordo com a entrevista de Tancredo a John W. F. Dulles.
402. Ibid.
403. *Jornal do Brasil*, 6 set. 1961, p. 3.
404. Ernâni do Amaral Peixoto, *Artes da política*, p. 448.
405. Ibid.
406. Ibid.
407. *Diário Carioca*, 9 set. 1961, p. 1.
408. *Diário Carioca*, 7 set. 1961, p. 1.
409. *Estado de S.Paulo*, 13 set. 1981, Cultura, p. 2.
410. Ibid.
411. "Inclino-me mais a unir do que a dividir. Prefiro pacificar a acirrar ódios. Prefiro harmonizar a estimular ressentimentos. Promoveremos a paz interna."
412. *Correio da Manhã*, 15 out. 1961, p. 49.
413. San Tiago Dantas (PTB, Relações Exteriores), Walther Moreira Salles (apartidário, Fazenda); Armando Monteiro Filho (PSD, Agricultura), Franco Montoro (PDC, Trabalho), Virgílio Távora (UDN, Viação); Gabriel Passos (UDN, Minas e Energia); Estácio Souto Maior (PTB, Saúde); Oliveira Brito (PSD, Educação e Cultura); Ulysses Guimarães (PSD, Indústria e Comércio); João Segas Viana (Guerra); Ângelo Nolasco de Almeida (Marinha) e Clóvis Travassos (Aeronáutica), Amaury Kruel (Casa Militar); Antonio Balbino (PSD, Casa Civil) e Raul Ryff (Secretaria de Imprensa).
414. *Correio da Manhã*, 9 set. 1961, p. 1.
415. Ibid.
416. *Diário de Notícias*, 24 abr. 1953, p. 4.
417. *Jornal do Brasil*, 9 set. 1961, p. 1.
418. *Correio da Manhã*, 12 set. 1961, p. 6.
419. *Jornal do Brasil*, 20 jan. 1985, p. 2.
420. Entrevista de Francisco Dornelles ao autor.
421. *A Chave*, São Roque (SP), abr. 1962, p. 3.
422. *Diário Carioca*, 14 set. 1961, p. 1.
423. Almino Affonso, *1964, na visão do ministro do Trabalho de Jango*, p. 10.
424. *A Classe Operária*, mar. 1962, n. 418, p. 3.
425. Ernâni do Amaral Peixoto, *Artes da política*, p. 501.

7. NÃO HÁ NADA MAIS PARECIDO COM UM CONSERVADOR NO PODER DO QUE UM LIBERAL NO GOVERNO [PP. 191-209]

426. *Folha de S.Paulo*, 26 nov. 1978, p. 13.
427. John W. F. Dulles, entrevista com Tancredo Neves, 1965.
428. O diário de Mauro Salles é mantido pelo Arquivo Nacional.
429. "Havíamos chegado a um ponto em que o governo era acusado de conspirar contra o regime, como também havia a convicção entre elementos do governo de que os seus adversários conspiravam também contra o regime. As consequências do alarma que invadiu a consciência nacional se refletiam sobretudo no campo financeiro e econômico, agravando e tornando muito mais sombrio o quadro que este Gabinete recebeu como pesada herança." Trecho de fala de Alfredo Nasser em reunião do Conselho de Ministros.
430. Segundo relato de San Tiago Dantas, então ministro das Relações Exteriores.
431. *Última Hora*, 13 jun. 1962, p. 2.
432. *Jornal do Brasil*, 17 jun. 1962, p. 1.
433. *Placar*, 28 abr. 1986, p. 54.
434. *Última Hora*, 14 jun. 1962, p. 1.
435. *Jornal do Brasil*, 14 jun. 1962, p. 1.
436. *Jornal do Brasil*, 4 maio 1970, caderno especial, p. 6.
437. *Jornal do Brasil*, 26 jun. 1970, p. 8.
438. Atas das reuniões do Gabinete, do Arquivo Nacional.
439. *Correio da Manhã*, 6 jun. 1962, p. 3.
440. Grazielle Rodrigues do Nascimento, *Um arquipélago teleguiado*.
441. *Diário de Pernambuco*, 27 jan. 1957.
442. Sarah Sarzynski, *History, identity and the struggle for land in northeastern Brazil, 1955-1985*, p. 68.
443. Departamento de Estado, 15 maio 1957, para Washington.
444. Carta de 21 ago. 1958 citada por Tácito Thadeu Leite Rolim (*Brasil e Estados Unidos no contexto da Guerra Fria e seus subprodutos*, p. 202).
445. *Diário de Notícias*, 23 nov. 1960, p. 2.
446. Tácito Thadeu Leite Rolim, *Brasil e Estados Unidos no contexto da Guerra Fria e seus subprodutos*, p. 204.
447. Ibid., p. 215.
448. "Fernando de Noronha ainda tem para nós grande valor defensivo, mantendo-se ali o sistema de localização de impactos, destinado a registrar a posição de contato do foguete com a água. Além desse serviço, o sistema de comunicação continuará em serviço para contatos simultâneos entre Fernando de Noronha, Canaveral e Ascensão, tudo controlado por brasileiros e americanos". José Augusto Ribeiro, *Tancredo Neves*, p. 252.

449. "Deve expirar no próximo dia 20 acordo firmado entre o governo norte-americano e o Brasil, através do qual foi cedida a ilha de Fernando de Noronha para a instalação de teleguiados." *Correio da Manhã*, 19 jan. 1962, p. 6. "EUA comunicam entrega ao Exército das instalações da ilha de Fernando de Noronha." *Correio da Manhã*, 31 jan. 1962, p. 15.

450. "É fácil compreender que a instalação dessas bases haveria de transformar nosso território em alvo preferencial em qualquer conflito internacional. A Constituição é clara quando prescreve a consulta ao Congresso para permissão de entrada de tropas estrangeiras em território nacional. Não se trata de tropas militares, pois sim de técnicos. Artifício porque são técnicos ligados a organizações militares. São técnicos militares. Logo o Congresso deveria ser ouvido."

451. *Diário de Pernambuco*, 9 abr. 1959, p. 14.

452. Tácito Thadeu Leite Rolim, "A Operação Argus (1958) e as controvérsias sobre a ocorrência de testes atômicos no Nordeste brasileiro", *Revista Tempo*, Niterói, UFF, v. 14, n. 28, jun. 2010.

453. O historiador Carlos Fico revelou, por meio de documentos oficiais, que os Estados Unidos mantiveram clandestinamente em Noronha, em fins da década de 1960, "equipamento conhecido pelo código B/20-4 que serviria para monitorar testes ou explosões nucleares no mundo".

454. Marieta José Borges Lins e Silva, *Fernando de Noronha*.

8. BRASÍLIA, CARNAVAL E O PARLAMENTARISMO CAI DE IMATURO [PP. 210-23]

455. Manuel P. Mendes, *O cerrado de casaca*, pp. 409-11.

456. Censo do IBGE 1960.

457. Lia Calabre, "A participação do rádio no cotidiano da sociedade brasileira (1923--1960)".

458. Jonas Vieira, *César de Alencar*, p. 165.

459. Ibid.

460. Ibid., p. 91.

461. Ibid.

462. Alcir Lenharo, *Cantores do rádio*, p. 246.

463. Jonas Vieira, *César de Alencar*, p. 159.

464. Alcir Lenharo, *Cantores do rádio*, p. 246.

465. Ibid.

466. Mário Lago, *Bagaço de beira-estrada*, p. 234.

467. *Diário Carioca*, 26 abr. 1964, p. 3.

468. João Pinheiro Neto, *Bons e maus mineiros & outros brasileiros*, p. 165.

469. *Veja*, 17 jan. 1996, p. 34.

470. "O nosso governo recebeu a mais pesada herança que um governo já terá recebido na história do Brasil: a nação dividida, na iminência de uma guerra civil, trincheiras já rasgadas nas capitais, a inflação devorando todas as nossas resistências econômicas, todos os setores de atividades levados ao colapso. Em pouco tempo, nós pudemos restabelecer a ordem, pacificar a nação e levar a confiança a todos os setores criadores da riqueza." Trecho do discurso de Tancredo.

471. *Jornal do Brasil*, 17 jun. 1962, p. 15.
472. Almino Affonso, *Raízes do golpe*, p. 60.
473. Entrevista de Francisco Dornelles ao autor.
474. CIA, 20 jun. 1962. Arquivo do Departamento de Estado liberado para consulta em 22 out. 2009.
475. *Folha de S.Paulo*, 26 nov. 1978, p. 13.
476. De 2 set. 1961.
477. Juracy Magalhães, *O último tenente*, p. 309.
478. Entrevista de Francisco Dornelles ao autor.

9. A CANALHA GOLPISTA [PP. 224-39]
479. *Correio da Manhã*, 5 out. 1963, p. 1.
480. Marco Antonio Villa, *Jango*, p. 126.
481. Carlos Chagas, *O Brasil sem retoque (1808-1964)*, p. 1003.
482. *Folha de S.Paulo*, 26 nov. 1978, p. 12.
483. *Jornal do Brasil*, 29 mar. 1964, p. 4.
484. *Correio da Manhã*, 25 jan. 1964, p. 8.
485. *Correio da Manhã*, 21 fev. 1964, p. 12.
486. *Diário Carioca*, 26 fev. 1964, p. 3.
487. *Correio da Manhã*, 5 mar. 1964, p. 2.
488. *Jornal do Brasil*, 8 mar. 1964, p. 4.
489. *Diário Carioca*, 8 mar. 1964, p. 4.
490. *Diário Carioca*, 3 mar. 1964.
491. *Correio da Manhã*, 8 mar. 1964, p. 63.
492. *Jornal do Brasil*, 12 mar. 1964, pp. 1-4.
493. Ibid. p. 4.
494. Depoimentos de *Jango*, de Silvio Tendler.
495. Araken Távora, *Brasil, 1º de abril*, p. 71.
496. *Jornal do Brasil*, 14 mar. 1964, p. 5; e *Correio da Manhã*, 14 mar. 1964, p. 2.
497. *Jornal do Brasil*, 14 mar. 1964, p. 4.
498. *Jornal do Brasil*, 7 mar. 1964, p. 2.

499. *Correio da Manhã*, 11 jan. 1964, p. 6.

500. Araken Távora, *Brasil, 1º de abril*, p. 74.

501. John W. F. Dulles, entrevista com Tancredo Neves, 1966.

502. Marco Antonio Villa, *Jango*, p. 177.

503. Entrevista com Maria Teresa Goulart no portal do PDT, 2 mar. 2005. Disponível em: <pdt12.locaweb.com.br/paginas.asp?id=176>. Acesso em: 3 jul. 2016.

504. Abelardo Jurema, *Sexta-feira, 13*.

505. *Folha de S.Paulo*, 21 maio 2012, p. 5.

506. *Jornal do Brasil*, 29 mar. 1964, p. 1.

507. Segundo João Pinheiro Neto, *Jango*, p. 100.

508. Ibid., p. 115.

509. Ibid., p. 116.

510. Abelardo Jurema, *Sexta-feira, 13*, pp. 171-4.

511. Depoimento de Olavo Setubal ao Cpdoc/FGV em maio de 2007.

512. Ibid., p. 171.

513. *O Cruzeiro*, 10 abr. 1964, edição extra.

514. Elio Gaspari, *A ditadura envergonhada*, p. 82, apud Aspásia Camargo e Walder de Góes, *Meio século de combate: diálogo com Cordeiro de Farias*.

515. Elio Gaspari, *A ditadura envergonhada*, p. 51; Alberto Dines et al., *Os idos de março e a queda em abril*, p. 31; Moniz Bandeira, *O governo João Goulart*, p. 130.

516. Hélio Silva, *1964*, p. 376.

517. Ibid., p. 386.

518. *Jornal do Brasil*, 11 abr. 1976, p. 30.

519. *Correio da Manhã*, 2 abr. 1964, p. 5.

520. Hélio Silva, *1964*, p. 421.

521. Entrevista com Almino Affonso. Disponível em: <g1.globo.com/politica/50-anos-do-golpe-militar/noticia/2014/03/sob-cusparadas-civicas-congresso-depos-jango-diz-almino-affonso-84.html>.

522. Hemílcio Fróes, *Véspera do primeiro de abril*, p. 176.

523. Hélio Silva, *1964*, p. 425.

524. Conforme áudio da sessão arquivado no Congresso Nacional, com reconhecimento das vozes por parlamentares presentes e familiares de Tancredo. Waldir Pires ouviu a expressão "filho da puta".

525. *Folha de S.Paulo*, 2 abr. 14, p. A10.

10. A TIA QUE BARROU A CASSAÇÃO DE TANCREDO [PP. 240-46]

526. Depoimentos de Francisco Dornelles e Tancredo Augusto Neves ao autor.

527. *Correio da Manhã*, 22 fev. 1964, p. 2.
528. *Diário do Congresso Nacional*, 12 abr. 1964.
529. Entrevista de Ronaldo Costa Couto ao autor.
530. Ronaldo Costa Couto, *O essencial de JK*, p. 179.
531. *Diário Carioca*, 7 abr. 1964, p. 3.
532. *Correio da Manhã*, abr. 1964.
533. Entrevista de Ronaldo Costa Couto ao autor
534. *Correio da Manhã*, 8 abr. 1964, 2º caderno, p. 3; e 3 maio. 1964 (capa do 4º caderno).
535. *Correio da Manhã*, 4 jun. 1964, p. 9.
536. *Anais do Senado Federal*.
537. Carta de JK, 9 ago. 1964. Acervo Fundação Presidente Tancredo Neves/FGV.
538. Ronaldo Costa Couto, *O essencial de JK*, p. 181.
539. Entrevista de Tancredo Augusto ao autor.

11. O OCASO, O ACASO E O CASO [PP. 247-67]
540. *Jornal do Brasil*, 2 jul. 1964, p. 12.
541. *Jornal do Brasil*, 1º jan. 1965, p. 12.
542. *Jornal do Brasil*, 11 set. 1964, p. 3.
543. Tancredo para o *Correio da Manhã*, 19 nov. 1967, p. 18.
544. *Jornal do Brasil*, 12 dez. 1965, p. 21.
545. Tancredo para o *Jornal do Brasil*, 3 dez. 1973, p. 10.
546. *Jornal do Brasil*, 25 jan. 1966, p. 10.
547. Tancredo disse a frase à seção mineira do PSD em reunião partidária. *Jornal do Brasil*, 26 out. 1965, p. 1.
548. *Jornal do Brasil*, 17 jul. 1966, p. 4.
549. *Correio da Manhã*, 19 nov. 1967, p. 18.
550. *Jornal do Brasil*, 19 jan. 1967, p. 3.
551. *Jornal do Brasil*, 27 jun. 1967, p. 3.
552. *Jornal do Brasil*, 29 mar. 1968, p. 4.
553. *Jornal do Brasil*, 22 mar. 1968, p. 1.
554. Ibid., p. 4.
555. *Correio da Manhã*, 29 mar. 1968, p. 1.
556. *Jornal do Brasil*, 24 abr. 1968, p. 4.
557. *Jornal do Brasil*, 25 maio 1968, p. 10.
558. "O pressuposto da Constituição em vigor é que o presidente da República é um super-homem", definiu Tancredo em conversa com o jornalista Carlos Castello Branco. *Jornal do Brasil*, 16 jun. 1968, p. 4.

559. *Jornal do Brasil*, 22 maio 1968, p. 1.
560. *Jornal do Brasil*, 17 nov. 1968, p. 3.
561. Jayme Portella de Mello, *A revolução e o governo Costa e Silva*, p. 585.
562. *Jornal do Brasil*, 4 ago. 1969, p. 10.
563. Ato v, cena v, de *Coriolano*, de William Shakespeare.
564. Jayme Portella de Mello, *A revolução e o governo Costa e Silva*, p. 920.
565. Ibid., p. 907.
566. Entrevista de Elio Gaspari ao autor.
567. *Jornal do Brasil*, 27 out. 1969, p. 1.
568. *Jornal do Brasil*, 26 nov. 1969, p. 5, caderno de automóveis.
569. *Correio da Manhã*, 16 jan. 1968, p. 7.
570. *Correio da Manhã*, 1º jul. 1969, p. 4.
571. *Jornal do Brasil*, 26 nov. 1970, p. 10.
572. *Jornal do Brasil*, 4 dez. 1970, p. 7.
573. *Jornal do Brasil*, 7 dez. 1970, p. 12.
574. *Jornal do Brasil*, 4 jun. 1971, p. 3.
575. *Jornal do Brasil*, 7 jul. 1971, p. 3.
576. *Jornal do Brasil*, 11 fev. 1971, p. 10.
577. *Jornal do Brasil*, 9 mar. 1972, p. 10.
578. Vasco Mariz, *Nos bastidores da diplomacia*, p. 269.
579. Entrevista de Antônia Gonçalves Araújo ao autor.
580. *Correio da Manhã*, 19 jun. 1964, p. 5.
581. Em acordo com o Subcomando do Serviço de Transporte Aeromilitar e Serviço de Fotografia Aérea da Força Aérea Americana, sediado na base de Turner, na Geórgia.
582. *Veja*, 13 nov. 1968, p. 16.
583. *Folha de S.Paulo*, 13 mar. 1985, p. 9.
584. *Folha de S.Paulo*, 11 abr. 1985, p. 6.
585. *Folha de S.Paulo*, 7 jul. 1985, p. 9.
586. *Jornal do Brasil*, 24 abr. 1985, p. 4.
587. *Veja*, 1º maio 1985, p. 27.

12. COM O MONSTRO NO ENCALÇO [PP. 268-79]

588. Carlos Fico, *Como eles agiam*, p. 151.
589. *Folha de S.Paulo*, 7 jul. 2012, p. 8.
590. *O Estado de S. Paulo*, 8 abr. 1998, p. 8.
591. Arquivo Nacional, base de dados do SNI, informação n. 104.
592. Augusto Viegas, *Notícias de São João del-Rei*, p. 93.

593. Afonso de Alencastro Graça Filho, *A princesa do oeste e o mito da decadência de Minas Gerais*, p. 66.
594. Petterson Ávila Corrêa, *Conflitos ambientais em Barroso*, p. 38.
595. Ibid, p. 37.
596. Frase de 1979, registrada em *Veja*, 1º maio 1985, p. 25.
597. Elio Gaspari, *A ditadura derrotada*, p. 241, e conversa de Gaspari com o autor.
598. *O Estado de S. Paulo*, 8 abr. 1998, p. 8.
599. SNI, Arquivo Nacional.
600. *Veja*, 12 set. 1984, p. 23.
601. Elio Gaspari, *A ditadura envergonhada*, p. 269.
602. Antonio Carlos Scartezini, *Segredos de Médici*, pp. 57-8.
603. *Veja*, 14 out. 1981, p. 27.
604. *Fato Online*, 20 abr. 2015.
605. Elio Gaspari, *A ditadura acabada*, p. 295.
606. Ibid.

13. OS ANTAGONISTAS: LACERDA E OS AMERICANOS [PP. 280-9]

607. *Encyclopedia of the Central Intelligence Agency*, p. 35.
608. Rotulado por Buckley, na frase anterior, como semifascista.
609. Buckley errou. Queria se referir ao irmão de Getúlio Vargas, Benjamim.
610. *Veja*, 11 set. 1968, p. 30.
611. Em entrevista ao autor.
612. *Jornal do Brasil*, 18 dez. 1976, p. 1.
613. Documento 1976 Brasil 10 277, liberado pelo Departamento de Estado dos Estados Unidos em 4 maio 2006.
614. *Jornal do Brasil*, 20 dez. 1976, p. 1: "CIA diz que Magalhães quis derrubar Castello".
615. Alfredo Herkenhoff, *Memórias de um secretário*, p. 7.
616. Documento 1976 Brasil 10 318, liberado pelo Departamento de Estado dos Estados Unidos em 4 maio 2006.
617. Resumiu-a assim para Washington, em mensagem enviada às 19h55: "A edição de 18 de dezembro do *Jornal do Brasil* apresenta, em traduções, o que aparenta ser o texto completo de vinte distintos e recentemente desclassificados (liberados da classificação de secreto) documentos do governo dos Estados Unidos. Análise detalhada mostra que dezessete são originados ou recebidos pelo estafe do Departamento de Estado. Um é supostamente um telegrama da CIA com informações colhidas em campo, outro é um memorando de avaliação política do embaixador Lincoln Gordon, transmitido por meio de memorando da CIA. O último é um memorando da Casa Branca". Documento 1976 Brasil 10 365, liberado pelo Departamento de Estado dos Estados Unidos em 4 maio 2006.

618. Documento 1976 Brasil 10 364, liberado pelo Departamento de Estado dos Estados Unidos em 28 maio 2004.

619. *Jornal do Brasil*, 19 dez. 1976, caderno especial, p. 6.

620. *Jornal do Brasil*, 22 dez. 1976, p. 4.

621. Documento Brasília 10 477, liberado pelo Departamento de Estado dos Estados Unidos em 4 maio 2006.

622. Documento 1976 Brasil 5089, liberado pelo Departamento de Estado dos Estados Unidos em 24 mar. 2004.

623. "O general surpreendeu perguntando por que os americanos tinham decidido liberar aqueles documentos. Ele viu a ação como ato conspiracional e avaliou que maculava aqueles brasileiros que tinham sido fontes de informação. Especulação similar tem sido ouvida em vários outros círculos militares, incluindo a ideia de que a liberação de documentos agora é estratégia da administração republicana para causar desconforto nos antecessores democratas", escreveu Crimmins à Secretaria de Estado em Washington. Documento Brasília 10 477, liberado pelo Departamento de Estado dos Estados Unidos em 4 maio 2006.

14. SOBRE TICO-TICOS, PARDAIS E ROLA-BOSTAS [PP. 290-310]

624. *Folha de S.Paulo*, 26 nov. 1978, p. 10.

625. *Jornal do Brasil*, 29 jan. 1973, p. 10.

626. *Jornal do Brasil*, 6 ago. 1974, p. 10.

627. *Jornal do Brasil*, 16 jan. 1985, suplemento Tancredo: A restauração, p. 7.

628. Dado do Ipea.

629. *Jornal do Brasil*, 14 out. 1976, p. 27.

630. *Folha de S.Paulo*, 26 nov. 1978, p. 12.

631. *Jornal do Brasil*, 13 ago. 1974, p. 10.

632. *Jornal do Brasil*, 18 nov. 1974, p. 4.

633. *Jornal do Brasil*, 10 fev. 1976, p. 1.

634. *Veja*, 5 dez. 1979, p. 31.

635. "Tenho receio de que os debates em torno do divórcio venham desviar a atenção do povo dos seus problemas fundamentais, o maior dos quais é, sem dúvida, a recuperação da normalidade democrática." Tancredo Neves para o *Jornal do Brasil*, 26 fev. 1975, p. 11.

636. Arquivo da Câmara dos Deputados e *Jornal do Brasil*, 27 fev. 1976, p. 3.

637. *Jornal do Brasil*, 6 out. 1975, p. 8.

638. *Jornal do Brasil*, 25 jun. 1975, p. 8.

639. *Jornal do Brasil*, 16 jan. 1985, Especial, p. 12.

640. *Jornal do Brasil*, 6 abr. 1976, p. 4.

641. *Jornal do Brasil*, 11 abr. 1976, Especial 1.

642. Entrevista de Pedro Simon ao autor.
643. *Jornal do Brasil*, 28 fev. 1977, p. 3.
644. *Jornal do Brasil*, 8 abr. 1976, p. 1.
645. *Jornal do Brasil*, 13 maio 1976, p. 8.
646. Censos do IBGE de 1960, 1970 e 1980.
647. *Jornal do Brasil*, 27 maio 1976, p. 5.
648. *Jornal do Brasil*, 25 mar. 1977, p. 12.
649. Entrevista de Elio Gaspari ao autor.
650. *Jornal do Brasil*, 27 mar. 1977, p. 28.
651. *Folha de S.Paulo*, 25 mar. 1977, p. 4.
652. Elio Gaspari, *A ditadura derrotada*.
653. *Jornal do Brasil*, 10 abr. 1977, p. 6.
654. *Jornal do Brasil*, 20 maio 1977, p. 4.
655. Minas Gerais era o estado de origem dos presidentes Afonso Pena (1906-9), Wenceslau Braz (1914-8), Arthur Bernardes (1922-6) e JK (1956-61). Empossou ainda o vice Delfim Moreira como presidente (1918-9). O próprio Tancredo seria o sexto dos mineiros a se tornarem presidentes. Entre os gaúchos, Getúlio Vargas (1930-45 e 1951-4) e João Goulart (1961-4) não terminaram os mandatos para os quais foram eleitos; Costa e Silva (1967-9), Médici (1969-74) e Geisel (1974-9) foram empossados durante o regime militar após chancela do colégio eleitoral.
656. *Jornal do Brasil*, 20 ago. 1977, p. 6.
657. Celso Castro, Maria Celina d'Araujo, Gláucio Soares (Orgs.), *A volta aos quartéis*, p. 125.
658. *Jornal do Brasil*, 4 set. 1977, p. 7.
659. Marcus Figueiredo, José Antonio Cheibub, *A abertura política de 1973 a 1981*.
660. *Jornal do Brasil*, 14 set. 1977, p. 3.
661. *Jornal do Brasil*, 8 set. 1977, p. 6.
662. *Jornal do Brasil*, 11 nov. 1977, p. 3.
663. *Jornal do Brasil*, 12 de nov. 1977, p. 4.
664. *Jornal do Brasil*, 16 mar. 1978, p. 1.
665. *Jornal do Brasil*, 27 abr. 1978, p. 17.
666. *Veja*, 8 mar. 1978, pp. 22-3.
667. *Folha de S.Paulo*, 5 abr. 1978, pp. 4-5.
668. "Voltamos em 1973, em pleno governo Médici. Minha mulher havia sido absolvida da acusação de subversão em processo no Superior Tribunal Militar. Viemos de navio, para trazer meus livros. Fomos recebidos gloriosamente em Santos por mais de uma dezena de policiais. Eu, minha mulher e minha filha de oito anos. Fomos levados para interrogatório no

Dops (Departamento de Ordem Política e Social). Contra mim não havia nada. Resolveram prender Vânia para verificar se ela havia mesmo sido absolvida. Queriam saber quem tínhamos encontrado em Cuba. Dissemos que não tínhamos estado em Cuba." Entrevista de Mauro Santayana ao autor.

15. REVOLUÇÃO E REFORMA, O PÊNDULO EM MOVIMENTO [PP. 311-21]
    669. *Veja*, 16 jan. 1980, p. 34.
    670. *Folha de S.Paulo*, 11 jul. 1989, p. 4.
    671. *Veja*, 16 jan. 1980, p. 34.
    672. *Veja*, 10 out. 1979, p. 27; e *Folha de S.Paulo*, 6 out. 1979, p. 4.
    673. Frase dita em 1979, registrada em *Veja*, 1º abr. 1985, p. 25.
    674. *Veja*, 12 dez. 1979, p. 35.
    675. Marco Maciel, discurso no Senado Federal em 17 ago. 2004. Augusto Nunes, "Tancredo Neves, lição n. 1: Fazer visita é melhor do que ser visitado". Disponível em: <veja.com.br/blog/augusto-nunes>. Acesso em: jun. 2015.
    676. *Veja*, 3 out. 1979, p. 22.
    677. *Veja*, 6 fev. 1980, p. 15.
    678. "A necessidade da adaptação da ordem jurídica aos reclamos da ordem social inspira movimentos revolucionários que, bem-sucedidos, nem sempre implantam um regime de governo compatível com a dignidade da pessoa humana, nem sempre levam as nações para aquelas rotas ensolaradas da vida democrática. Temos, por conseguinte, que estar sempre preparados para evitar os escolhos da revolução." *O Poder Legislativo segundo Tancredo Neves*, Belo Horizonte, Assembleia Legislativa do Estado de Minas Gerais, 1986.
    679. *Jornal do Brasil*, 15 nov. 1980, p. 2.
    680. "Não vejo, além da reforma, outra solução para as profundas crises sociais, econômicas e políticas que sacodem a alma nacional. Só através da reforma, conduzida com energia, com clarividência, com ousadia, com inteligência política, pode-se fazer com que o nosso povo não se veja privado das suas origens democráticas que, muito mais do que uma opção política, são uma vocação inarredável do nosso espírito."
    681. *Veja*, 9 set. 1981, p. 24.
    682. *Folha de S.Paulo*, 9 jun. 1996, p. 4.
    683. *Veja*, 21 out. 1981, p. 100.
    684. *Veja*, 10 mar. 1982, p. 27.

16. A BOMBA QUE EXPLODIU NO COLO DO GOVERNO E A HORA DA VIRADA [PP. 322-45]
    685. Entrevista de Andrea Neves ao autor.
    686. *Folha de S.Paulo*, 7 maio 1981, p. 5.

687. Elio Gaspari, *A ditadura acabada*, p. 15.
688. *O Globo*, 6 maio 1981, p. 1.
689. CD do show de Primeiro de Maio, gravadora Discobertas, 2011.
690. *Folha de S.Paulo*, 4 maio 1981, p. 2.
691. *Folha de S.Paulo*, 24 out. 1999, p. 16.
692. *Veja*, 12 ago. 1981, p. 23.
693. *Jornal do Brasil*, 6 jun. 1981, p. 2.
694. Relatório da Comissão Nacional da Verdade sobre o Riocentro, abr. 2014.
695. Inquérito Policial Militar 1981 – Auto de exame cadavérico, fl. 87.
696. Relatório da Comissão Nacional da Verdade sobre o Riocentro, abr. 2014.
697. Colhidos nos Inquéritos Policiais Militares (1981 e 1999).
698. *Zero Hora*, 2 nov. 1920, p. 1.
699. *O Globo*, 16 out. 2011, p. 4.
700. *Veja*, 6 e 13 maio 1981, p. 24.
701. Celso Castro, Celina d'Araujo, Gláucio Soares (Orgs.), *A volta aos quartéis*, p. 105.
702. *Veja*, 1º ago. 1979, p. 21.
703. *Folha de S.Paulo*, 5 maio 1981, p. 2.
704. Depoimentos de Aécio Neves ao autor.
705. *The Franklin NewsRecord*, com tiragem de 2 mil exemplares.
706. "Jovem Aécio: eu nunca fiz a minha própria cama", relato de Paulo Moreira Leite, e *The Franklin News-Record*, 27 fev. 1977.
707. Entrevista de Aécio Neves ao autor.
708. *Veja*, 1º dez. 1982, pp. 4-6.
709. *Diário do Senado Federal* e *Veja*, 16 mar. 1983, pp. 21-3.
710. "Empossado no Palácio da Liberdade, coloco-me, inteiramente, à sua disposição e de todos os companheiros, esperando poder fazer da sede do governo mineiro uma das vigorosas e inexpugnáveis cidadelas do nosso PMDB", dizia na carta.
711. Entrevista de Ronaldo Costa Couto ao autor.

17. OS SINTOMAS DO TUMOR E A VITÓRIA DO MACHO UNISSEX [PP. 349-405]
712. *Folha de S.Paulo*, 11 mar. 1983, p. 6.
713. *Folha de S.Paulo*, 13 jan. 1983, p. 4.
714. *Veja*, 19 jan. 1983, p. 20.
715. *Veja*, 16 jan. 1980, p. 24.
716. *Veja*, 2 fev. 1983, p. 29.
717. *Veja*, 19 mar. 1980, p. 29.
718. *Veja*, 5 jan. 1983, p. 14.

719. Expressão que designa uma forma narrativa na qual o autor fala de pessoas reais por meio de personagens fictícios.

720. *Veja*, 16 fev. 1983, p. 16.

721. *Jornal do Brasil*, 2 mar. 1983, p. 7.

722. *Folha de S.Paulo*, 2 mar. 1983, p. 6.

723. *Folha de S.Paulo*, 11 mar. 1983, p. 7.

724. *Folha de S.Paulo*, 25 mar. 1983, p. 4.

725. *Jornal do Brasil*, 5 mar. 1983, p. 2.

726. Entrevista de Fernando Lyra ao autor e *Jornal do Brasil*, 4 mar. 1983, p. 3.

727. "O candidato do presidente João Figueiredo à sua sucessão deverá resultar do consenso interpartidário, porque, do contrário, o ex-governador Paulo Maluf ganhará a convenção do PDS e terá boas chances de ser eleito presidente da República pelo colégio eleitoral." *Jornal do Brasil*, 12 mar. 1983, p. 1.

728. *Jornal do Brasil*, 9 mar. 1983, p. 2.

729. *Jornal do Brasil*, 16 mar. 1983, p. 21.

730. *Jornal do Brasil*, 17 mar. 1983, p. 3.

731. *Jornal do Brasil*, 19 mar. 1983, p. 2.

732. *Jornal do Brasil*, 25 mar. 1983, p. 2.

733. Entrevista de Dante de Oliveira ao autor em 2003.

734. *O Globo*, 3 mar. 1983, p. 5.

735. *Folha de S.Paulo*, 4 mar. 1983, p. 6.

736. "O que parece certo, entre muitas incertezas, é que o êxito da tese das eleições diretas será tão menos improvável quanto mais firme e abertamente ela seja sustentada pelos setores da opinião pública que lhe são favoráveis. Se tais setores se mostrarem amplamente majoritários, como acreditamos que são, sua vontade constituirá também um fator que não deixará de pesar no curso dos acontecimentos." *Folha de S.Paulo*, 27 mar. 1983, p. 2.

737. *Folha de S.Paulo*, 10 mar. 1983, p. 2.

738. Entrevista de Mauro Santayana ao autor.

739. *Jornal do Brasil*, 21 mar. 1983, p. 1.

740. *Jornal do Brasil*, 6 jun. 1983, p. 11.

741. *Jornal do Brasil*, 26 mar. 1983, p. 2.

742. *Jornal do Brasil*, 23 jun. 1983, p. 2.

743. *Jornal do Brasil*, 3 abr. 1983, p. 6.

744. *Jornal do Brasil*, 10 jun. 1983, p. 6.

745. *Jornal do Brasil*, 7 jun. 1983, p. 2.

746. Aécio Neves, *Quando a política vale a pena*, p. 32.

747. *Jornal do Brasil*, 5 set. 1983, p. 6.

748. *Jornal do Brasil*, 7 jul. 1983, p. 5.
749. Entrevista de Mauro Santayana ao autor.
750. *Jornal do Brasil*, 13 maio 1983, p. 6.
751. *Jornal do Brasil*, 1º jul. 1983, p. 5.
752. *Jornal do Brasil*, 1º out. 1983, p. 4.
753. *Jornal do Brasil*, 13 out. 1983, p. 4.
754. *Jornal do Brasil*, 8 abr. 1983, p. 6.
755. Entrevista de Delfim Netto ao autor.
756. *Jornal do Brasil*, 15 abr. 1983, p. 19.
757. *Jornal do Brasil*, 16 abr. 1983, p. 1.
758. *Jornal do Brasil*, 5 abr. 1983, p. 1.
759. *Jornal do Brasil*, 22 maio 1983, p. 1.
760. *Jornal do Brasil*, 8 abr. 1983, p. 12.
761. *Jornal do Brasil*, 28 maio 1983, p. 2.
762. *Jornal do Brasil*, 22 maio 1983, p. 2.
763. *Jornal do Brasil*, 12 jun. 1983, p. 1.
764. *Jornal do Brasil*, 1º jul. 1983, p. 1.
765. *Jornal do Brasil*, 24 jul. 1983, p. 6.
766. *Jornal do Brasil*, 27 jul. 1983, p. 1.
767. Entrevista de José Serra ao autor.
768. "A minha experiência é a lição da história. Todas as vezes que se cria um impasse, ou ele é resolvido com uma solução de inteligência política, ou a ruptura é realmente uma fatalidade inexorável." Tancredo para o *Jornal do Brasil*, 12 out. 1983, p. 3.
769. Ronaldo Costa Couto, *Tancredo vivo*, p. 81.
770. *Jornal do Brasil*, 17 out. 1983, p. 3.
771. *Folha de S.Paulo*, 20 nov. 1983, p. 9.
772. *Jornal do Brasil*, 26 nov. 1983, p. 2.
773. *Folha de S.Paulo*, 7 dez. 1983, p. 1.
774. *Veja*, 4 jan. 1984, p. 18.
775. *Folha de S.Paulo*, 24 abr. 1994, Caderno Mais, p. 6.
776. *Veja*, 21 mar. 1984, p. 128.
777. *Folha de S.Paulo*, 31 mar. 1984, p. 7.
778. Alberto Tosi Rodrigues, *Diretas Já, o grito preso na garganta*.
779. *Folha de S.Paulo*, 19 abr. 1984, p. 6.
780. Mauro Santayana (Org.), *Tancredo, o verbo republicano*, p. 136.
781. *Folha de S.Paulo*, 22 jan. 1984, p. 3.
782. *Folha de S.Paulo*, 18 mar. 1984, p. 1.

783. *Folha de S.Paulo*, 23 mar. 1984, p. 1.
784. *Folha de S.Paulo*, 19 jan. 2014, Ilustríssima, p. 9.
785. Dante de Oliveira, Domingos Leonelli, *Diretas Já*, p. 487.
786. *Folha de S.Paulo*, 16 abr. 2004, p. A10.
787. *Jornal do Brasil*, 26 abr. 1984, p. 1.
788. Ronaldo Costa Couto. *Memória viva do regime militar*, p. 266.
789. Ibid., pp. 266-7.
790. Em entrevista ao autor.
791. *Veja*, 6 jun. 1984, p. 130.
792. Gilberto Dimenstein et al. *O complô que elegeu Tancredo*, p. 81.
793. *Veja*, 30 maio 1984, p. 31.
794. Entrevista de Fernando Henrique Cardoso ao autor.
795. *Veja*, 26 dez. 1984, p. 5.
796. Entrevista de José Serra ao autor.
797. *Folha de S.Paulo*, 17 maio 1984, p. 1.
798. Entrevista de Fernando Henrique Cardoso ao autor.
799. *Folha de S.Paulo*, 5 jun. 1984, p. 5.
800. *Folha de S.Paulo*, 17 jun. 1984, p. 5.
801. *Folha de S.Paulo*, 27 jun. 1984, p. 5.
802. *Folha de S.Paulo*, 16 jun. 1984, p. 5.
803. Arquivo Nacional, SNI, jun. 1984.
804. Arquivo Nacional, SNI, A0425746-1984.
805. *Folha de S.Paulo*, 13 set. 1984, p. 4.
806. *Folha de S.Paulo*, 1º ago. 1984, p. 1.
807. *Folha de S.Paulo*, 2 ago. 1984, p. 6.
808. Arquivo Nacional, SNI, A0449880-1984.
809. Roberto Gusmão para a *Folha de S.Paulo*, 26 abr. 1984, p. 3.
810. Entrevista de Mauro Santayana ao autor.
811. Luis Mir, *O paciente*, p. 77.
812. Poderoso chefe de polícia do Estado Novo.
813. Entrevista de José Sarney ao autor.
814. *Veja*, 16 jan. 1985, p. 28.
815. *Folha de S.Paulo*, 21 jun. 1984, p. 1.
816. O SNI registrou o encontro e as avaliações do candidato em informe de 10 de julho, disponível no Arquivo Nacional, SNI, 1078 087-10 180 e *Veja*, 1º ago. 1984, p. 22.
817. *Folha de S.Paulo*, 14 ago. 1984, p. 1.
818. *Folha de S.Paulo*, 8 ago. 1984, p. 1.

819. *Folha de S.Paulo*, 9 ago. 1984, p. 3.
820. *Folha de S.Paulo*, 12 ago. 1984, p. 3.
821. Ibid.
822. *Folha de S.Paulo*, 4 out. 1984, p. 3.
823. *Folha de S.Paulo*, 14 ago. 1984, p. 3.
824. *Folha de S.Paulo*, 20 out. 1984, p. 3.
825. *Folha de S.Paulo*, 20 ago. 1984, p. 3.
826. *Folha de S.Paulo*, 24 out. 1984, p. 3.
827. *Folha de S.Paulo*, 14 ago. 1984, p. 3.
828. *Folha de S.Paulo*, 17 jun. 1984, p. 10.
829. *Folha de S.Paulo*, 12 ago. 1984, p. 1.
830. *Folha de S.Paulo*, 13 ago. 1984, p. 1.
831. Orlando Brito, "As quaresmeiras floridas e o general Golbery". Disponível em: <fatoonline.com.br>.
832. *Veja*, 29 ago. 1984, p. 27.
833. Arquivo Tancredo Neves, FGV.
834. Ibid.
835. *Veja*, 16 jan. 1985, p. 51.
836. Arquivo Tancredo Neves, FGV
837. *Folha de S.Paulo*, 15 set. 1984, p. 5.
838. *Jornal do Brasil*, 11 jul. 1984, p. 6.
839. Arquivo Nacional, SNI, informe 46 358-1984.
840. Arquivo Nacional, SNI, informe 44 828.
841. Entrevista de Paulo Maluf ao autor.
842. Sobre sua coordenação da Copag, Serra declarou que a "criação da comissão teve uma razão política. Todo candidato gosta, e é importante que assim seja, de ter um programa para mostrar à mídia aquilo que pretende fazer. De todo modo, na Copag eu mesmo elaborei um documento sobre os problemas financeiros que o Brasil vivia naquela fase. E, com a colaboração do economista Wilson Suzigam, um programa industrial que pela primeira vez propunha abertura comercial, fundamentalmente no sentido de aumentar a exposição da indústria doméstica à concorrência. Basicamente propunha mudar a política de importações, suprimindo gradualmente os controles quantitativos que havia na época e restringir os controles de importações à política tarifária, com uma rebaixa também gradual ao longo dos anos. A Copag fez a primeira proposta consistente de abertura comercial, isto em 1984".
843. *Veja*, 19 dez. 1984, p. 95-7.
844. *The New York Times*, 13 nov. 2009, p. A7.
845. Ulysses S. Grant governou os Estados Unidos entre 1869 e 1877.

846. Entrevista de Mauro Santayana ao autor.
847. *Veja*, 16 jan. 1985, p. 23.
848. *Veja*, 9 jan. 1985, p. 26.
849. *Veja*, 16 jan. 1985, p. 72.
850. A Petrobras é uma empresa de economia mista em que a União tem a maior parte das ações.
851. Luis Mir, *O paciente*, p. 79.
852. *Jornal do Brasil*, 16 jan. 1985, p. 14.
853. *Folha de S.Paulo*, 16 out. 1984, p. 8.
854. Entrevista de Mirta Varela ao autor.
855. *Jornal do Brasil*, 16 jan. 1985, p. 23.
856. *Veja*, 23 jan. 1985, pp. 25-7.
857. *Folha de S.Paulo*, 23 jan. 1985, p. 3.
858. Arquivo Público Mineiro. Autos de Devassa da Inconfidência Mineira, v. 1, p. 148; e v. 4, p. 88. Os Autos de Devassa também estão disponíveis em: <portaldainconfidencia.iof.mg.gov.br>. Acesso em: jul. 2016.
859. *Veja*, 16 jan. 1985, p. 23.
860. *Jornal do Brasil*, 7 mar. 1985, p. 26.

18. O GOVERNO QUE PODERIA TER SIDO [PP. 406-28]

861. Segundo a jornalista Claudia Safatle, na mais detalhada descrição da crise. *Valor Econômico*, 10 ago. 2012.
862. Segundo depoimento do embaixador Rubens Ricupero.
863. Tancredo, em janeiro, pediu a Dornelles que se encontrasse, em sigilo, com o diretor-gerente do FMI em Estocolmo, mas a reunião entre os dois só aconteceu em 9 de fevereiro, em Paris.
864. Piada de Elio Gaspari e Antônio Gallotti contada na casa de Ibrahim Sued, conforme relato de Zózimo. *JB*, 2 jan. 1985, Caderno B, p. 3.
865. Ainda segundo Ricupero.
866. *Veja*, 30 jan. 1985, p. 42.
867. *Jornal do Brasil*, 20 jan. 1985, p. 2.
868. *Jornal do Brasil*, 24 jan. 1985, Caderno B, p. 3.
869. Luis Mir, *O paciente*, p. 81.
870. Entrevista de Paulo Tarso Flecha de Lima ao autor.
871. *Veja*, 30 jan. 1985, p. 23.
872. Rubens Ricupero, *Diário de bordo*, p. 92.
873. *Veja*, 30 jan. 1985, p. 23.

874. Rubens Ricupero, *Diário de bordo*, p. 124.
875. *Jornal do Brasil*, 31 jan. 1985, p. 3.
876. *Veja*, 6 fev. 1985, p. 23.
877. *Jornal do Brasil*, 31 jan. 1985, p. 3.
878. Entrevista de Mauro Santayana ao autor.
879. *Folha de S.Paulo*, 31 jan. 1985, p. 10.
880. *Veja*, 20 fev. 1985, p. 18.
881. Entrevista de Aécio Neves ao autor.
882. Entrevista de Antônio Britto ao autor.
883. Arquivo Nacional, SNI, informe 48502, de 5 fev. 1985.
884. Rubens Ricupero, *Diário de bordo*, p. 162.
885. Ibid., p. 164.
886. *Folha de S.Paulo*, 9 fev. 1985, p. 7.
887. Arquivo Nacional, SNI, 47535-1984.
888. *Veja*, 20 mar. 1985, p. 5.

19. O ENSAIO DA ORQUESTRA E O DESTINO DAS VAMPES [pp. 429-64]

889. *Veja*, 30 jan. 1985, p. 21.
890. Entrevista de Fernando Henrique Cardoso ao autor.
891. *Veja*, 30 jan. 1985, p. 8.
892. *Jornal do Brasil*, 8 mar. 1985, p. 11, coluna de Elio Gaspari.
893. Arquivo Ulysses Guimarães, mantido na Fundação Getulio Vargas.
894. A comissão responsável pela elaboração de sugestões para a política econômica do governo eleito.
895. Ignácio de Loyola Brandão, Jorge J. Okubaro, *A vida de Olavo Setubal*, p. 371.
896. *Jornal do Brasil*, 14 dez. 1984, p. 11.
897. Arquivo Nacional, SNI, informe 001/16/ACG/85, de 3 jan. 1985.
898. Cepalino: referência à Comissão Econômica para a América Latina e o Caribe (Cepal), uma das regionais da Organização das Nações Unidas, de linha ideológica progressista por promover o desenvolvimento social.
899. Entrevista de José Serra ao autor.
900. Ibid.
901. *Jornal do Brasil*, 6 jan. 1985, p. 2.
902. Ignácio de Loyola Brandão, Jorge J. Okubaro, *A vida de Olavo Setubal*, p. 337.
903. Ibid., p. 369.
904. Ibid., p. 373.
905. Ibid., p. 372.

906. *Veja*, 30 jan. 1985, p. 24.

907. Ibid., p. 25.

908. Ignácio de Loyola Brandão, Jorge J. Okubaro, *A vida de Olavo Setubal*, p. 376.

909. Ibid.

910. Ibid., p. 377.

911. *Veja*, 20 fev. 1985, p. 16.

912. *Valor*, 24 abr. 2015.

913. "Roberto Marinho me telefonou por volta das cinco horas da tarde, dizendo que tinha muita necessidade de conversar comigo. Eu me prontifiquei a passar na sua casa no início da noite. Ele disse que não, que preferia ir à minha casa, o que foi feito. Chegou em torno das dezenove horas, com Joe Wallach e Walter Clark (da cúpula diretora da Globo). Contou que no dia seguinte teria um compromisso de pagamento ao Time-Life e que o dinheiro para isso havia sido combinado com o banco X já há dois meses, só que naquela tarde o banqueiro Y, dono do banco X, telefonara-lhe dizendo que o banco estava sem dinheiro para empréstimo daquele vulto." Nota de Magalhães Lins divulgada por meio da página que mantém na internet.

914. Entrevista de Ronaldo Costa Couto ao autor.

915. *Veja*, 8 fev. 1985, p. 27.

916. Entrevista de João Sayad ao autor.

917. Entrevista de Mauro Santayana ao autor.

918. *Tribuna da Imprensa*, 2 abr. 1964, p. 1.

919. "Pode-se dizer, sem medo de errar, que Jango é ainda mais corrupto e cínico que Juscelino, o que parecia impossível. É por isso que ao fazermos a reportagem sobre os dez homens mais desonestos achamos uma injustiça colocar alguém ao lado de Jango", *Tribuna da Imprensa*, 2 abr. 1964, p. 8.

920. *Tribuna da Imprensa*, 19 jul. 1967, p. 1.

921. *Tribuna da Imprensa*, 29 out. 1970, p. 3.

922. *Tribuna da Imprensa*, 12 maio 1964, p. 3.

923. *Tribuna da Imprensa*, 11 abr. 1964, p. 1.

924. *Tribuna da Imprensa*, 4 abr. 1964, p. 1.

925. *Tribuna da Imprensa*, 14 abr. 1964, p. 3.

926. Entrevista de Helio Fernandes ao autor.

927. Depoimento ao projeto Memória Globo.

928. Arquivo Nacional, SNI, informe 47 929, de 15 jan. 1985.

929. Maria Celina d'Araujo, Celso Castro, *Militares e política na Nova República*, p. 54.

930. *Jornal do Brasil*, 28 fev. 1985, p. 4.

931. *Veja*, 13 mar. 1985, pp. 38-9.

932. Maria Celina d'Araujo, *Os militares e a Nova República*, p. 74.

933. Aricildes de Moraes Motta (Org.), *1964, 31 de março*, p. 251.
934. Regina Echeverria, *Sarney*, p. 297.
935. José Pastore, *Antônio Ermírio de Moraes*, p. 170.
936. *Jornal do Brasil*, 16 jan. 1985, suplemento Tancredo: A restauração, p. 28.
937. Entrevista de Tancredo Augusto ao autor.
938. Gabinete Civil, José Hugo Castelo Branco (MG); Justiça, Fernando Lyra (PE); Relações Exteriores, Olavo Setubal (SP); Trabalho, Almir Pazzianotto (SP); Indústria e Comércio, Roberto Gusmão (MG); Agricultura, Pedro Simon (RS); Minas e Energia, Aureliano Chaves (MG); Previdência Social, Waldir Pires (BA); Saúde, Carlos Santana (BA); Educação, Marco Maciel (PE); Assuntos Fundiários, Nélson Ribeiro (PA); Administração, Aluízio Alves (RN); Habitação e Saneamento, Flávio Peixoto (GO); Desenvolvimento Regional, Ronaldo Costa Couto (MG); Cultura, José Aparecido de Oliveira (MG); Transportes, Affonso Camargo (PR); Ciência e Tecnologia, Renato Archer (MA); Desburocratização, Paulo Lustosa (CE); Gabinete Militar, general Rubem Bayma Denis; Exército, general Leônidas Pires Gonçalves; Marinha, almirante Henrique Sabóia; Aeronáutica, brigadeiro Júlio Otávio Moreira Lima; EMFA, almirante José Maria Amaral. Com a nomeação de José Aparecido para o governo de Brasília foi indicado para o Ministério da Cultura o professor Aluísio Pimenta, de Minas Gerais.
939. *Jornal do Brasil*, 8 mar. 1985, p. 11.
940. Paulo Affonso Martins de Oliveira, *O congresso em meio século*, p. 134.
941. "Compromisso com a nação" foi um pacto firmado entre o PMDB e a Frente Liberal em agosto de 1984.
942. Vasco Mariz, *Nos bastidores da diplomacia*, pp. 269-71.
943. Arquivo Nacional, SNI, 46 359-1984.

20. O TEMPO EM QUE AS PAREDES OUVIAM E OS CACHORROS FALAVAM [PP. 465-81]
944. Entrevista de Antônio Gonçalves Niterói ao autor.
945. *Jornal do Brasil*, 18 fev. 1968, p. 5.
946. *Correio do Estado*, 27 nov. 2012, p. 21; *Jornal Midiamax*, 4 jun. 14, p. 1.
947. Lucas Figueiredo, *Ministério do silêncio*, p. 294.
948. Ibid., p. 140.
949. Ibid., p. 297.
950. *Folha de S.Paulo*, 25 jan. 1985, p. 4.
951. O caso foi mostrado pelo jornalista Lucas Figueiredo em um livro sobre o sistema de arapongagem (Lucas Figueiredo, *O ministério do silêncio*, p. 297).
952. Arquivo Nacional, SNI, informe 1971, de 20 set. 1979.
953. Arquivo Nacional, SNI, informe de 14 mar. 1980.
954. Arquivo Nacional, SNI, informe 4148, de 22 dez. 1981.

955. Arquivo Nacional, SNI, informe de 2 fev. 1982.
956. Arquivo Nacional, SNI, informe 148-1983.
957. Arquivo Nacional, SNI, apreciação 45/15/AC/83, de 10 out. 1983.
958. *Jornal do Brasil*, 20 abr. 2010, p. A14.
959. Augusto Nunes, *Tancredo*.
960. *Veja*, 1º maio 1985, p. 25
961. Arquivo Nacional, SNI, informe 13799, de 20 mar. 1980.
962. Arquivo Nacional, SNI, defesa de direitos 47929.
963. Arquivo Nacional, SNI, informe 23831, de 30 abr. 1982.
964. Arquivo Nacional, SNI, informe 8238.
965. Arquivo Nacional, SNI, apreciação 501633-1985.
966. Arquivo Nacional, SNI, informe 1515/AC/84.
967. Arquivo Nacional, informes 7149 e 7136.
968. Arquivo Nacional, SNI, informe, 3 jul. 1984.
969. Arquivo Nacional, SNI, informe 10426027, de 2 jul. 1984.
970. Arquivo Nacional, SNI, informe 46609/84.
971. Arquivo Nacional, SNI, informe 36615.
972. Arquivo Nacional, SNI, informe 7855, de 24 out. 1984.
973. Arquivo Nacional, SNI, informe 46613 de 1º nov. 1984.
974. Arquivo Nacional, SNI, 12558/74. O grifo é do SNI.
975. Arquivo Nacional, SNI, informe 99191.
976. Arquivo Nacional, SNI, informe 442690.
977. Arquivo Nacional, SNI, informe 50428-1984.
978. Arquivo Nacional, SNI, informe 486838-1985.
979. Arquivo Nacional, SNI, informe 8200, de 13 nov. 1984.
980. Plínio Fraga, "Infância banida", *Revista Zum*, n. 3, 2012, p. 63.

21. GOLPE E TRANSIÇÃO VISTOS POR WASHINGTON [PP. 482-95]
981. Departamento de Estado, "Gordon to Sec State", 16 dez. 1961.
982. Special National Intelligence Estimate no 93-2-61. Prospect for Brazil under Goulart — Schlesinger Papers.
983. Programa *Roda Viva*, TV Cultura, 2 dez. 2002.
984. Departamento de Estado, CIA, 28 set. 1961.
985. "Giving the damn country away to the Communists", na expressão citada por Ruth Leacock em *Requiem for Revolution*.
986. O Chile vivia sob a ditadura de Pinochet; a Grécia acabara de sair de uma ditadura militar que governara por sete anos.

987. O país vivia sob a ditadura comunista do marechal Tito.

988. Um trecho do relatório dizia: "Na economia, Neves comprometeu-se publicamente com altas taxas de crescimento, entretanto não acreditamos que adote políticas substancialmente diferentes do governo que sai. Em nossa visão, o mais importante alvo dele será diminuir a aceleração da inflação. Julgamos que a melhor chance será até o final do ano, quando os brasileiros estarão convencidos de que ele está determinado a perseguir suas causas".

22. A VIA DOLOROSA ATÉ A SUBIDA DA RAMPA [PP. 496-548]

989. Segundo reportagem de O Globo (5 set. 2001), por exemplo, o carro foi importado pelo próprio governo, em 1951.

990. *Veja*, 6 mar. 1985, p. 35.

991. *Veja*, 27 fev. 1985, p. 26.

992. CIA, "Brazil: the civilians return to power", ALA 85-10 015.

993. Marcos Sá Corrêa, *1964 visto e comentado pela Casa Branca*, p. 160.

994. *Veja*, 18 dez. 1985, p. 51.

995. *Tribuna da Imprensa*, 12 abr. 1986, p. 3; Ribeiro, J. A., em *Tancredo Neves: A noite do destino*, p. 588.

996. Entrevista de Mauro Santayana ao autor.

997. *Manchete*, 15 mar. 1985.

998. Entrevista de Paulo Maluf ao autor.

999. *Folha de S.Paulo*, 23 set. 1984, p. 10.

1000. *Jornal do Brasil*, 16 out. 1984, p. 4.

1001. *Folha de S.Paulo*, 16 mar. 1985, p. 6.

1002. Entrevista de Tancredo Augusto ao autor; Luis Mir, *O paciente*, p. 84.

1003. Depoimento de Renault Mattos Ribeiro ao serviço de História Oral da Câmara dos Deputados. Disponível em: <www.camara.leg.br>.

1004. Luis Mir, *O paciente*, p. 86.

1005. Entrevista de Antônio Britto ao autor.

1006. Luis Mir, *O paciente*, p. 87.

1007. Que, na época, eram indicados pelo presidente da República.

1008. *Manchete*, 15 mar. 1985.

1009. Depoimento no programa *Roda Viva*, TV Cultura, 18 abr. 2005.

1010. *Folha de S.Paulo*, 13 mar. 1985, p. 4.

1011. Chernenko morreu no domingo, 10, mas a notícia só foi divulgada pelo governo soviético no dia 11.

1012. Entrevista de Mauro Santayana ao autor.

1013. *Jornal do Brasil*, 9 ago. 1981, p. 7.

1014. *Veja.com*, 21 set. 2013.
1015. Getúlio Bittencourt, *À luz do céu profundo*, p. 34.
1016. Entrevista de Francisco Dornelles ao autor.
1017. Relatório do Hospital de Base, número de registro 1049711.
1018. *Jornal do Brasil*, 27 fev. 1986, p. 23.
1019. *Jornal do Brasil*, 16 mar. 1985, p. 13.
1020. Pedro Rogério Moreira, *Jornal amoroso*, p. 121.
1021. Miguel Reale, *De Tancredo a Collor*, p. 23.
1022. *Jornal do Brasil*, 10 mar. 1983, Caderno B, p. 1.
1023. Entrevista de José Sarney ao autor.
1024. *Veja*, 20 mar. 1985, p. 47.
1025. Programa *Fantástico*, Rede Globo, 17 abr. 2005.
1026. *Jornal do Brasil*, 17 mar. 1985, p. 6.
1027. *Jornal do Brasil*, 27 abr. 1985, p. 4.
1028. *Estado de S.Paulo*, 21 mar. 1985.
1029. Programa *Fantástico*, Rede Globo, 17 abr. 2005.
1030. *Veja*, 27 mar. 1985, p. 41.
1031. Entrevista de Antônio Britto ao autor.
1032. Luis Mir, *O paciente*, p. 201.
1033. *Jornal do Brasil*, 28 abr. 1985, p. 2.
1034. Programa *Fantástico*, Rede Globo, 17 abr. 1985.
1035. Revista *Status*, maio 1986.
1036. Leocir Pessini, *Eu vi Tancredo morrer*, p. 46.
1037. Ibid., p. 61.
1038. Gary Richman, Lee Pulos, *O milagre do Rá*, p. 273.
1039. Entrevistas de frei Betto e Tancredo Augusto ao autor.
1040. Leocir Pessini, *Eu vi Tancredo morrer*, p. 78.
1041. "A necropsia comprovou que o processo infeccioso fora controlado, decorrendo o óbito de insuficiência respiratória, provocada por síndrome do desconforto respiratório do adulto em fase crônica, em combinação com falência cardiocirculatória e insuficiência renal aguda", atestou a comissão.
1042. *The Gazette*, Montreal, 23 abr. 1985, p. A-6.
1043. Programa *Encontro com Fátima Bernardes*, Rede Globo, 21 nov. 2012.
1044. *Folha de S.Paulo*, 18 abr. 1985, p. 6.
1045. Arquivo Nacional, SNI, apreciação 496285-1985.
1046. Entrevista de José Sarney ao autor.
1047. *Folha de S.Paulo*, 23 abr. 1985, p. 10.

1048. *Jornal do Brasil*, 24 abr. 1985, p. 14.//
1049. *Estado de Minas*, 22 set. 2003, p. 5.
1050. Entrevista de Mauro Santayana ao autor.

epílogo — dinheiro de sobra não sobra [pp. 549-71]
1051. *Jornal do Brasil*, 1º out. 1946, p. 8.
1052. *Correio da Manhã*, 3 out. 1945, p. 2.
1053. *Correio da Manhã*, 17 jan. 1946, p. 4.
1054. Adolpho Queiroz (Org.), *Na arena do marketing político*, p. 100.
1055. *Correio da Manhã*, 16 set. 1950, p. 4.
1056. fgv/Cpdoc, documento de Henrique Lott, 17 ago. 1960.
1057. *Folha de S.Paulo*, 23 set. 1982, p. 6.
1058. *Veja*, 29 set. 1993, p. 48.
1059. *Veja*, 7 set. 1994, p. 39.
1060. *Folha de S.Paulo*, 19 nov. 2000, p. A16.
1061. *Folha de S.Paulo*, 3 ago. 1984, p. 6.
1062. *Folha de S.Paulo*, 8 ago. 1984, p. 3.
1063. *Folha de S.Paulo*, 11 nov. 1983, p. 1.
1064. *Folha de S.Paulo*, 3 ago. 1984, p. 6.
1065. *Folha de S.Paulo*, 15 ago. 1984, p. 5.
1066. *Veja*, 20 maio 1987, p. 37.
1067. Entrevista de Tancredo Augusto ao autor.
1068. *Veja*, 16 jan. 1985, p. 51.
1069. *Veja*, 9 dez. 1987, p. 50.
1070. Mario Garnero, *Jogo duro*, p. 212.
1071. Ibid.
1072. *Estado de Minas*, 6 ago. 2014.
1073. Mario Garnero, *Jogo duro*, p. 209.
1074. Arquivo Nacional, sni, informe de 8 nov. 1984.
1075. Arquivo Nacional, sni, informe 8080, de 5 nov. 1984.
1076. Arquivo Nacional, sni, informe 8156, de 9 nov. 1984.
1077. Paulo Affonso Martins de Oliveira, *O Congresso em meio século*, p. 130.
1078. *Jornal do Brasil*, 15 jan. 1985, p. 6.
1079. *Veja*, 30 jan. 1985, p. 35.
1080. *Folha de S.Paulo*, 9 ago. 1984, p. 3.
1081. Arquivo Nacional, sni, informe 677/30, de 4 out. 1984.
1082. Arquivo Nacional, sni, informe de 23 nov. 1984.

1083. Arquivo Nacional, SNI, informe de 19 out. 1984.
1084. Entrevista de Sérgio Quintella ao autor.
1085. Ibid.
1086. Arquivo Nacional, SNI, informe de 16 mar. 1983.
1087. Arquivo Nacional, SNI, apreciação A0316738-1983.
1088. Arquivo Nacional, SNI, informe 47226.
1089. *Veja*, 15 ago. 1984, p. 25.
1090. *Estado de Minas*, 15 jun. 2015.
1091. *Estado de Minas*, 30 mar. 2010.
1092. Pedro Rogério Moreira, *Jornal amoroso*, p. 85.
1093. *Folha de S.Paulo*, 25 maio 1985, p. 6.
1094. Entrevista de Tancredo Augusto ao autor.

Bibliografia e entrevistas

ABRAMO, Cláudio. *A regra do jogo*. São Paulo: Companhia das Letras, 1993.

ABREU, Alzira Alves de. *Transição em fragmentos: Desafios da democracia no final do século XX*. Rio de Janeiro: FGV Editora, 2001.

_____; LATTMAN-WELTMAN, Fernando; ROCHA, Dora (Orgs.). *Eles mudaram a imprensa*. Rio de Janeiro: FGV Editora, 2003.

AFFONSO, Almino. *Palavras ao tempo*. São Paulo: Letras & Letras, 2001.

_____. *Testemunhos e perfis*. [S.l.: s.n.], 2003.

_____. *1964, na visão do ministro do Trabalho de João Goulart*. São Paulo: Imprensa Oficial, 2014.

AGUIAR, Ronaldo Conde. *Os reis da voz*. Rio de Janeiro: Casa da Palavra, 2013.

ALBUQUERQUE, José Augusto Guilhon (Org.). *O legado de Franco Montoro*. São Paulo: Imprensa Oficial, 2008.

ALVES, Maria Helena Moreira. *Estado e oposição no Brasil (1964-1984)*. Petrópolis: Vozes, 1989.

ANDRADE, Jeferson de. *Um jornal assassinado: A última batalha do Correio da Manhã*. Rio de Janeiro: José Olympio, 1991. Com a colaboração de Joel Silveira.

ANDRADE, Márcio Paulo de. *A casa do povo: Histórias que os anais não registram*. Belo Horizonte: Assembleia Legislativa do Estado de Minas Gerais, 1992.

APARECIDO, José. *José, de todos os amigos*. Rio de Janeiro: Ed. dos Amigos, 1979.

ARGOLO, José A.; FORTUNATO, Luiz Alberto. *Dos quartéis à espionagem: Caminhos e desvios do poder militar*. Rio de Janeiro: Mauad, 2004.

AUTOS DE DEVASSA DA INCONFIDÊNCIA MINEIRA. Brasília: Câmara dos Deputados; Belo Horizonte: Imprensa Oficial de Minas Gerais, 1976.

BANDEIRA, Moniz. *O governo João Goulart: As lutas sociais no Brasil 1961-1964*. Rio de Janeiro: Civilização Brasileira, 1977.

_____. *A renúncia de Jânio Quadros e a crise pré-64*. São Paulo: Brasiliense, 1979.

_____. *Presença dos Estados Unidos no Brasil*. Rio de Janeiro: Civilização Brasileira, 1973.

BARBOSA, Marialva. *História da comunicação no Brasil*. Petrópolis: Vozes, 2013.

BASBAUM, Leôncio. *História sincera da República de 1930 a 1960*. São Paulo: Alfa-Ômega, 1976.

_____. *De Jânio Quadros a Costa e Silva (1961-1967)*. São Paulo: Fulgor, 1968.

BETTO, Frei. *Lula: Biografia política de um operário*. São Paulo: Estação Liberdade, 1989.

_____. *O que a vida me ensinou*. São Paulo: Saraiva, 2013.

BIAL, Pedro. *Roberto Marinho*. Rio de Janeiro: Jorge Zahar, 2004.

BITTENCOURT, Getulio. *À luz do céu profundo: Astrologia e política no Brasil*. Rio de Janeiro: Nova Era, 1998.

BRANCO, Carlos Castello. *A renúncia de Jânio: Um depoimento*. Brasília: Senado Federal, 2000.

BRANDÃO, Ignácio de Loyola; OKUBARO, Jorge J. *Desvirando a página: A vida de Olavo Setubal*. São Paulo: Global, 2008.

BRITTO, Antônio; CUNHA, Luís Claudio. *Assim morreu Tancredo*. Porto Alegre: L&PM, 1987.

BRITTO, Luiz Percival L. *O Relatório Pinotti e a doença de Tancredo*. Campinas: Papirus, 1988.

BOARETTO, Carlos. *Brasília egípcia: A cidade concebida para reescrever a história da humanidade*. Porto Alegre: Ed. Autor, 2009.

BOJUNGA, Claudio. *JK: O artista do impossível*. Rio de Janeiro: Objetiva, 2001.

CAFÉ FILHO. *Do Sindicato ao Catete: Memórias políticas e confissões humanas*. 2 v. Rio de Janeiro: José Olympio, 1966.

CALABRE, Lia. "A participação do rádio no cotidiano da sociedade brasileira (1923-1960)". *Ciência & Opinião*, Curitiba, v. 1, n. 2/4, jul. 2003-dez. 2004.

CANEDO, Pio Soares. *Memória política de Minas*. Belo Horizonte: Assembleia Legislativa, 1996.

CANDIDO, Antonio. *Um funcionário da monarquia: Ensaio sobre o segundo escalão*. Rio de Janeiro: Ouro Sobre Azul, 2007.

CARDOSO, Fernando Henrique. *A arte da política: A história que vivi*. Rio de Janeiro: Civilização Brasileira, 2006.

_____; WINTER, Brian. *O improvável presidente do Brasil*. Rio de Janeiro: Civilização Brasileira, 2013.

_____; TOLEDO, Roberto Pompeu de. *O presidente segundo o sociólogo*. São Paulo: Companhia das Letras, 1998.

CARDOSO, Tom; ROCKMANN, Roberto. *O marechal da vitória: Uma história de rádio, TV e futebol*. São Paulo: A Girafa Editora, 2005.

CARTA, Mino. *O Brasil*. Rio de Janeiro: Record, 2013.

CARVALHO, José Maurício de. *As ideias filosóficas e políticas de Tancredo Neves*. Belo Horizonte: Itatiaia, 1994.

CARVALHO, José Murilo de (Org.). *Bernardo Pereira de Vasconcelos*. São Paulo: Editora 34, 1999.

CARVALHO, Marco Antonio de. *Rubem Braga: Um cigano fazendeiro do ar*. São Paulo: Globo, 2007.

CASTRO, Celso; D'ARAUJO, Celina Maria; SOARES, Gláucio (Orgs.). *A volta aos quartéis: a memória militar sobre a Abertura*. Rio de Janeiro: Relume Dumará, 1995.

CASTRO, Pedro Jorge de (Org.). *Carlos Castelo Branco: O jornalista do Brasil*. Brasília: Senac, 2006.

CERQUEIRA, Luiz Egypto de. *Sebastião, empreendedor*. São Paulo: Museu da Pessoa/ Instituto Camargo Corrêa, 2009.

CHACON, Vamireh. *Parlamento e parlamentarismo*. Brasília: Câmara dos Deputados, 1982.

CHAGAS, Carlos. *A ditadura militar e os golpes dentro do golpe (1964-1969)*. Rio de Janeiro: Record, 2013.

_____. *O Brasil sem retoque (1808-1964)*. 2 v. Rio de Janeiro: Record, 2001.

CHAGAS, Carmo. *Política: Arte de Minas*. São Paulo: Carthago & Forte, 1994.

CHIRIO, Maud. *A política nos quartéis*. Rio de Janeiro: Zahar, 2012.

CLARK, Walter; PRIOLLI, Gabriel. *O campeão de audiência*. São Paulo: Best Seller, 1991.

CONTREIRAS, Hélio. *Militares: Confissões*. Rio de Janeiro: Mauad, 1998.

CORDEIRO, Carlos; MADEIRA, Artur Boavida. *A emigração açoriana para o Brasil (1541-1820): Uma leitura em torno de interesses e vontades*. Açores: Universidade dos Açores, 2003.

CORRÊA, Petterson Ávila. *Conflitos ambientais em Barroso: A fábrica de cimento e movimentos ambientais (1955-2013)*. São João del-Rei, MG: UFSJ, 2014.

CORRÊA, Marcos Sá. *1964 visto e comentado pela Casa Branca*. Porto Alegre: L&PM, 1977.

CORRÊA, Oscar Dias. *Coleção memória política de Minas*. Belo Horizonte: Assembleia Legislativa, 2000.

CORRÊA, Villas-Bôas. *Conversa com a memória*. Rio de Janeiro: Objetiva, 2002.

_____ et al. *Os presidenciáveis: Quem é quem na maratona do Planalto*. Rio de Janeiro: Retour, 1983.

COUTO, Ronaldo Costa. *História indiscreta da ditadura e da abertura*. Rio de Janeiro: Record, 1998.

_____. *Memória viva do regime militar, Brasil: 1964-1985*. Rio de Janeiro: Record, 1999.

COUTO, Ronaldo Costa. *O essencial de JK*. São Paulo: Planeta, 2013.

_____. *Tancredo vivo: Casos e acaso*. Rio de Janeiro: Record, 1995.

DALEK, Robert. *John F. Kennedy: An Unfinished Life 1917-1963*. Nova York, Penguin: 2004.

DANTAS, Vera. *Rômulo Furtado*. Rio de Janeiro: Ed. Rio, 2004.

D'ARAUJO, Maria Celina (Org.). *As instituições brasileiras da era Vargas*. Rio de Janeiro: FGV Editora, 1999.

_____. *Os militares e a nova república*. Rio de Janeiro: FGV Editora, 2001

DELGADO, Lucilia de Almeida Neves. *PTB: Do getulismo ao reformismo (1945-1964)*. São Paulo: LTR, 2011.

_____. *Tancredo Neves*. Brasília: Edições da Câmara, 2010. Perfis Parlamentares, 56.

_____; SILVA, Vera Alice Cardoso. *Tancredo Neves: A trajetória de um liberal*. Petrópolis, RJ: Vozes, 1985.

DENYS, Odylio. *Ciclo revolucionário brasileiro*. Rio de Janeiro: Biblioteca do Exército, 1993.

DINES, Alberto et al. *Os idos de março e a queda em abril*. Rio de Janeiro: José Álvaro, 1964.

DIMENSTEIN, Gilberto et al. *O complô que elegeu Tancredo*. Rio de Janeiro: Ed. JB, 1985.

DORNELLES, Mozart. *1930-1992: Política, políticos e militares*. Barbacena: Ed. Autor, 2008.

DOS PASSOS, John. *O Brasil em movimento*. São Paulo: Benvirá, 2013.

DRUMMOND, Aristóteles; LORÊDO FILHO, José (Orgs.). *Um caldeirão chamado 1964*. Maranhão: Resistência Cultural, 2013.

DRUMMOND, Roberto; MELO, José Geraldo Bandeira de. *Magalhães Pinto: Navegando contra o vento*. Belo Horizonte: Cemig, 1994.

DULLES, John W. F. *Carlos Lacerda: A vida de um lutador*. Rio de Janeiro: Nova Fronteira, 2000. 2 v.

_____. *Castello Branco: O caminho para a presidência*. Rio de Janeiro: José Olympio, 1979.

_____. *Getúlio Vargas: Biografia política*. Rio de Janeiro: Renes, 1967.

_____. *Sobral Pinto: A consciência do Brasil*. Rio de Janeiro: Nova Fronteira, 2001.

_____. *Unrest in Brazil: Political-military Crises 1955-1964*. Austin: University of Texas Press, 1970.

ECHEVERRIA, Regina. *Sarney: A biografia*. São Paulo: Leya, 2011.

ERNANNY, Drault. *Meninos, eu vi... e agora posso contar*. Rio de Janeiro: Record, 1988.

FARIA, Maria Auxiliadora de; DULCI, Otávio Soares. *Diálogo com o tempo: 170 anos do Legislativo mineiro*. Belo Horizonte: Assembleia Legislativa do Estado de Minas Gerais, 2005.

FARIA, Lucio. *Tancredo, o martírio de um presidente: Os quarenta dias que abalaram o Brasil*. Pedro Leopoldo: Tavares, 1986.

FERNANDES, Helio. *Recordações de um desterrado em Fernando de Noronha*. Rio de Janeiro: Editora Tribuna de Imprensa, 1967.

FERREIRA, Marieta de Moraes. *Crônica política do Rio de Janeiro*. Rio de Janeiro: FGV Editora, 1998.

_____. *Histórias de família: Casamentos, alianças e fortunas*. Rio de Janeiro: FGV Editora, 2013.

FICO, Carlos. *Como eles agiam*. Rio de Janeiro: Record, 2001.

_____. *O Grande Irmão: Da operação Brother Sam aos anos de chumbo. O governo dos Estados Unidos e a ditadura militar brasileira*. Rio de Janeiro: Civilização Brasileira, 2008.

FIGUEIREDO, Lucas. *O ministério do silêncio*. Rio de Janeiro: Record, 2005.

_____. *Olho por olho: Os livros secretos da ditadura*. Rio de Janeiro: Record, 2009.

FIGUEIREDO, Marcus; CHEIBUB, José Antonio. "A abertura política de 1973 a 1981: Quem disse o quê, quando. Inventário de um debate". *BIB*, Rio de Janeiro, n. 14, 1982.

FONSECA, Maximiano. *O que segura este país*. Rio de Janeiro: Civilização Brasileira, 1987.

FRANCIS, Paulo. *Diário da corte*. São Paulo: Três Estrelas, 2012.

FRANCO, Afonso Arinos de Melo. *Diário de bolso, seguido de Retrato de noiva*. Rio de Janeiro: Nova Fronteira, 1979.

FRÓES, Hemílcio. *Véspera do primeiro de abril, ou Nacionalistas x entreguistas*. Rio de Janeiro: Imago, 1993.

FROTA, Sylvio. *Ideais traídos*. Rio de Janeiro: Jorge Zahar, 2006.

GARNERO, Mario. *Jogo duro: O caso Brasilinvest e outras histórias de velhas e novas Repúblicas*. São Paulo: Best Seller, 1988.

GASPARI, Elio. *A ditadura envergonhada*. São Paulo: Companhia das Letras, 2002.

_____. *A ditadura derrotada*. São Paulo: Companhia das Letras, 2003.

_____. *A ditadura acabada*. Rio de Janeiro: Intrínseca, 2016.

GOUTHIER, Hugo. *Presença*. Brasília: Fundação Alexandre de Gusmão, 2008.

GRAÇA FILHO, Afonso de Alencastro. *A princesa do oeste e o mito da decadência de Minas Gerais: São João del-Rei (1831-1888)*. São Paulo: Annablume, 2002.

GRAEL, Dickson M. *À sombra da impunidade*. Petrópolis, RJ: Vozes, 1986.

GUTEMBERG, Luiz. *Moisés, codinome Ulysses Guimarães: Uma biografia*. São Paulo: Companhia das Letras, 1994.

HERKENHOFF, Alfredo. *Memórias de um secretário: Pautas e fontes*. Rio de Janeiro: Zit, 2010.

KUNCINSKI, Bernardo. *Abertura, a história de uma crise*. São Paulo: Brasil Debates, 1982.

JORGE, Fernando. *Getúlio Vargas e o seu tempo: Um retrato com luz e sombra*. São Paulo: T. A. Queiroz, 1994.

_____. *O grande líder*. São Paulo: L. Oren, 1972.

JUREMA, Abelardo. *Sexta-feira, 13: Os últimos dias do governo João Goulart*. Rio de Janeiro: Edições O Cruzeiro, 1964. Reprodução do texto na íntegra no portal da Fundação Perseu Abramo. Disponível em: <csbh.fpabramo.org.br/uploads/sextafeira13.pdf>. Acesso em: 3 jul. 2016.

LAGO, Mário. *Bagaço de beira-estrada*. Rio de Janeiro: Civilização Brasileira, 1977.

LARANJEIRA, Carlos. *Tancredo, máximas e citações*. São Paulo: [s.n.], 1985.

LEACOCK, Ruth. *Requiem for Revolution: The United States and Brazil 1961-1969*. Kent: The Kent State University Press: 1990.

LEITE FILHO, F. C. *El caudillo: Leonel Brizola, um perfil biográfico*. São Paulo: Aquariana, 2009.

LENHARO, Alcir. *Cantores do rádio: A trajetória de Nora Ney e Jorge Goulart e o meio artístico de seu tempo*. Campinas: Unicamp, 1995.

LEONI, Brigitte Hersant. *Fernando Henrique Cardoso: O Brasil do possível*. Rio de Janeiro: Nova Fronteira, 1997.

LIMA, Alceu Amoroso. *Voz de Minas*. Rio de Janeiro: Agir, 1946.

LIMA, Valentina da Rocha (Org.). *Getúlio: Uma história oral*. Rio de Janeiro: Record, 1986.

_____; RAMOS, Plínio de Abreu. *Tancredo fala de Getúlio*. Porto Alegre: L&PM, 1986.

LINS E SILVA, Evandro. *O salão dos passos perdidos*. Rio de Janeiro: Nova Fronteira, 1997.

LINS E SILVA, Maria José Borges. *Fernando de Noronha: Lendas e fatos pitorescos*. São Paulo: Inojosa, 1999.

LOMBARDI, Nelson. *Uma janela para o passado: Reminiscências*. Belo Horizonte: Ed. O Lutador, 2000.

LYRA, Fernando. *Daquilo que eu sei: Tancredo e a transição democrática*. São Paulo: Iluminuras, 2009.

MAGALHÃES, Antonio Carlos. *Política é paixão*. Rio de Janeiro: Revan, 1995.

MAGALHÃES, Juracy (em depoimento a J. A. Gueiros). *O último tenente*. Rio de Janeiro: Record, 1996.

MAINWARING, Scott. *Igreja católica e política no Brasil (1916-1985)*. São Paulo: Brasiliense, 1986.

MAQUIAVEL, Nicolau. *O príncipe*. São Paulo: Penguin Companhia, 2010.

MARIZ, Vasco. *Nos bastidores da diplomacia*. Brasília: Fundação Alexandre de Gusmão, 2013.

MARTINS, Laura Helena Pereira Machado. *Discurso oitocentista dos médicos da província de Minas Gerais: Um olhar sobre a amamentação*. Belo Horizonte: UFMG, 2007.

MATTAR, Tuffik. *Por que morreu Tancredo Neves?* São Paulo: RG Editores, 1996.

MELLO, Jayme Portella de. *A revolução e o governo Costa e Silva*. Rio de Janeiro: Guavira, 1979.

MENDES, Eliezer. C. *Tancredo sabia...* Brasília: TAO, 1989.

MENDES, Manuel. *O cerrado de casaca*. Brasília: Thesaurus, 1995.

MENDONÇA, Daniel de. *Tancredo Neves: Da distensão à Nova República*. Santa Cruz do Sul: Edunisc, 2004.

MENDONÇA, Euclides. *A força do estilo de Napoleão*. Brasília: Thesaurus, 2008.

MINAS GERAIS. Ministério Público. "Membros ilustres do Ministério Público". *Homenagem do Ministério Público de Minas Gerais*. Belo Horizonte: Direção de Produção Editorial, 2013.

MIR, Luis. *O paciente: O caso Tancredo Neves*. São Paulo: Editora Cultura, 2010.

MONTORO, Franco. *A luta pelas eleições diretas*. São Paulo: Brasiliense, 1978.

_____. *Memórias em linha reta*. São Paulo: Senac, 2000.

MORAIS, Fernando. *Chatô, o rei do Brasil*. São Paulo: Companhia das Letras, 1994.

MOREIRA, Pedro Rogério. *Jornal amoroso: Edição vespertina*. Brasília: Thesaurus, 2007.

MORENO, Jorge Bastos. *A história de Mora: A saga de Ulysses Guimarães*. Rio de Janeiro: Rocco, 2013.

MOTTA, Aricildes de Moraes (Org.). *1964, 31 de março: O movimento revolucionário e sua história*. Rio de Janeiro: Biblioteca do Exército Editora, 2003. Tomo 1.

MOURÃO FILHO, Olympio. *Memórias: a verdade de um revolucionário*. Porto Alegre: L&PM, 1978.

NASCIMENTO, Grazielle Rodrigues do. "Um arquipélago teleguiado: Fernando de Noronha na relação do Brasil com os Estados Unidos". *Anais Anpuh*, XXV Simpósio Nacional de História, Fortaleza, 2009.

NAYLOR, R. T. *Hot money and the politics of debt*. Montreal: McGill-Queen's University Press, 2004.

NETO, Lira. *Getúlio: Dos anos de formação à conquista do poder (1882-1930)*. São Paulo: Companhia das Letras, 2012.

_____. *Getúlio: Do governo provisório à ditadura do Estado Novo (1930-1945)*. São Paulo: Companhia das Letras, 2013.

_____. *Getúlio: Da volta pela consagração popular ao suicídio (1945-1954)*. São Paulo: Companhia das Letras, 2014.

NERY, Sebastião. *Folclore político: 1950 histórias*. São Paulo: Geração Editorial, 2002.

NEVES, Léo de Almeida. *Segredos da ditadura de 64*. São Paulo: Paz e Terra, 2010.

NÓBREGA, Maílson da. *Além do feijão com arroz: Autobiografia*. Rio de Janeiro: Civilização Brasileira, 2010.

NEVES, Aécio. *Quando a política vale a pena*. Rio de Janeiro: Casa da Palavra, 2014.

NUNES, Augusto. *Tancredo*. São Paulo: Nova Cultural, 1988. (Série Os Grandes Líderes).

OBATA, Regina. *O livro dos nomes*. São Paulo: Nobel, 2002.

OLIVEIRA SOBRINHO, J. B. *O livro do Boni*. Rio de Janeiro: Casa da Palavra, 2011.

OLIVEIRA, Dante de; LEONELLI, Domingos. *Diretas Já: 15 meses que abalaram a ditadura*. Rio de Janeiro: Record, 2004.

OLIVEIRA, Harrison. *Tancredo Neves, a realidade e o mito*. Rio de Janeiro: Ed. do Autor, 1986.

OLIVEIRA, Paulo Affonso Martins de (depoimento a Tarcísio Holanda). *O Congresso em meio século*. Coleção Memória do Servidor, 4. Brasília: Câmara dos Deputados, 2009.

PARKER, Phyllis R. *1964: o papel dos Estados Unidos no golpe de Estado de 31 de março*. Rio de Janeiro: Civilização Brasileira, 1977.

PASCHOAL, Engel. *A trajetória de Octavio Frias de Oliveira*. São Paulo: Publifolha, 2007.

PAULA, Betse de. *Zelito Viana: Histórias e causos do cinema brasileiro*. Coleção Aplauso Cinema. São Paulo: Imesp, 2010.

PASTORE, José. *Antônio Ermírio de Moraes: Memórias de um diário confidencial*. São Paulo: Planeta, 2013.

PEIXOTO, Alzira Vargas do Amaral. *Getúlio Vargas, meu pai*. Porto Alegre: Globo, 1960.

PEIXOTO, Ernâni do Amaral. *Artes da política: Diálogo com Amaral Peixoto*. Organização de Aspásia Camargo. Rio de Janeiro: Nova Fronteira, 1986.

PELLEGRINO, Hélio. *A burrice do demônio*. Rio de Janeiro: Rocco, 1988.

PESSINI, Leocir. *Eu vi Tancredo morrer*. Aparecida: Santuário, 1987.

PILETTI, Nelson; PRAXEDES, Walter. *Dom Helder Câmara: O profeta da paz*. São Paulo: Contexto, 2008.

PINHEIRO JUNIOR. *A Última Hora (como ela era)*. Rio de Janeiro: Mauad, 2011.

PINHEIRO NETO, João. *Jango: Um depoimento pessoal*. Rio de Janeiro: Record, 1993.

_____. *Bons e maus mineiros & outros brasileiros*. Rio de Janeiro: Mauad, 1996.

PINTO, Tão Gomes (depoimento a). *Ele: Maluf, trajetória da audácia*. Rio de Janeiro: Ediouro, 2008.

QUEIROZ, Adolpho (Org.). *Na arena do marketing político: Ideologia e propaganda nas campanhas presidenciais brasileiras*. São Paulo: Summus Editorial, 2006.

REALE, Miguel. *De Tancredo a Collor*. São Paulo: Siciliano, 1992.

RENAULT, Delso. *Chão e alma de Minas: Memória socioeconômica e política de 1920-1937*. Rio de Janeiro: Francisco Alves, 1988.

RIBEIRO, Darcy. *Golpe e exílio*. Brasília: Editora UnB, 2010.

_____. *Jango e eu*. Brasília: Editora UnB, 2010.

RIBEIRO, José Augusto. *A era Vargas*. Rio de Janeiro: Casa Jorge Editorial, 2002. 3 v.

_____. *De Tiradentes a Tancredo: Uma história não oficial das constituições do Brasil*. Rio de Janeiro: Semente, 1987.

_____. *Tancredo Neves: A noite do destino*. Rio de Janeiro: Civilização Brasileira, 2015.

RICHMAN, Gary; PULOS, Lee. *O milagre do Rá: A história de Thomas Green Morton, o mais fantástico paranormal do mundo*. Rio de Janeiro: Nova Era, 1995.

RICUPERO, Rubens. *Diário de bordo: A viagem presidencial de Tancredo*. São Paulo: Imprensa Oficial, 2010.

RODRIGUES, Alberto Tosi. *Diretas Já, o grito preso na garganta*. São Paulo: Fundação Perseu Abramo, 2003.

ROLIM, Tácito Thadeu Leite. *Brasil e Estados Unidos no contexto da Guerra Fria e seus subprodutos: Era atômica e dos mísseis, corrida armamentista e espacial, 1945-1960*. Tese de doutorado. Niterói: Instituto de Ciências Humanas e Filosofia da Universidade Federal Fluminense, 2012.

SAINT-HILAIRE, Auguste. *Segunda viagem do Rio de Janeiro a Minas Gerais e São Paulo*. Rio de Janeiro: Vozes, 1994.

SAMPAIO, César. *Tancredo Neves: Perfil de um presidente*. Belo Horizonte: Ed. do Autor, 1985.

SANTAYANA, Mauro. *Conciliação e transição: As armas de Tancredo*. Rio de Janeiro: Paz e Terra, 1985.

_____ (Org.). *Tancredo, o verbo republicano*. Belo Horizonte: Ed. Autêntica; São João del--Rei: Fundação Tancredo Neves, 2010.

SANTOS, Wanderley Guilherme dos. *Sessenta e quatro: Anatomia da crise*. São Paulo: Vértice, 1986.

SARMENTO, Carlos Eduardo (Org.). *Chagas Freitas*. Rio de Janeiro: FGV Editora, 1999.

SARZYNSKI, Sarah. *History, Identity and the Struggle for Land in Northeastern Brazil, 1955--1985*. Universidade de Maryland, 2008.

SCARTEZINI, A. C. *Dr. Ulysses, uma biografia*. São Paulo: Marco Zero, 1993.

_____. *Segredos de Medici*. São Paulo: Marco Zero, 1985.

SCHMITT, Rogério. *Partidos políticos no Brasil (1945-2000)*. Rio de Janeiro: Jorge Zahar, 2000.

SERRA, José. *Cinquenta anos esta noite: O golpe, a ditadura e o exílio*. Rio de Janeiro: Record, 2014.

_____; BRAGA, Teodomiro. *O sonhador que faz*. Rio de Janeiro: Record, 2002.

SFAT, Dina; CABALLERO, Mara. *Dina Sfat: Palmas pra que te quero*. Rio de Janeiro: Nórdica, 1988.

SILVA, Elisiane (Org.). *Tancredo Neves, pensamentos e fatos*. Brasília: Fundação Ulysses Guimarães, 2011.

SILVA, Hélio. *1954: Um tiro no coração*. Rio de Janeiro: Civilização Brasileira, 1978.

_____. *1964: Golpe ou contragolpe?* Rio de Janeiro: Civilização Brasileira, 1975.

SIMON, Pedro. *A reconstrução da democracia*. Brasília: Senado Federal, 2005.

SKIDMORE, Thomas E. *Brasil: De Getúlio a Castello*. São Paulo: Companhia das Letras, 2010.

SOLOMON, Steven. *The Confidence Game: how unelected central bankers are governing the changed world economy*. Nova York: Simon & Schuster, 1995.

SOUTO MAIOR, Marcel. *As vidas de Chico Xavier*. São Paulo: Planeta, 1994.

SPIX, Johann Baptist von; MARTIUS, Carl Friedrich Philipp von. *Viagem pelo Brasil (1817-1820)*. São Paulo: Edusp; Belo Horizonte: Itatiaia, 1981. 3 v.

STARR, Christine. *Os bastidores do Palácio*. São Paulo: Ed. do Autor, 2013.

STEPAN, Alfred. *Os militares: Da abertura à Nova República*. Rio de Janeiro: Paz e Terra, 1986.

STUMPF, André Gustavo; PEREIRA FILHO, Merval. *A Segunda Guerra: Sucessão de Geisel*. São Paulo: Brasiliense, 1979.

TÁVORA, Araken. *Brasil, 1º de abril*. Rio de Janeiro: Bruno Buccini Editora, 1964.

TEIXEIRA, Clotildes Avellar (Org.). *Memórias de Israel Pinheiro Filho: 50 anos de história política*. Belo Horizonte: Historiarte, 2013.

TORRES, Raymundo Negrão. *Nos "porões" da ditadura*. Rio de Janeiro: Expressão e Cultura, 1998.

TOSI, Renzo. *Dicionário de sentenças latinas e gregas*. São Paulo: Martins Fontes, 1996.

VIEGAS, Augusto. *Notícias de São João del-Rei*. Belo Horizonte: Imprensa Oficial, 1953.

VIEIRA, Jonas. *César de Alencar: A voz que abalou o rádio*. Rio de Janeiro: Valda, 1993.

VILLA, Marco Antonio. *Jango: Um perfil (1945-1964)*. São Paulo: Globo, 2004.

_____. *Ditadura à brasileira (1964-1985): A democracia golpeada à esquerda e à direita*. São Paulo: Leya, 2014.

WALTERS, Vernon A. *Missões silenciosas*. Rio de Janeiro: Biblioteca do Exército, 1986.

WILLIAM, Wagner. *O soldado absoluto*. Rio de Janeiro: Record, 2005.

XAVIER, Allan Ferreira; SILVA, Matheus Passos. *O financiamento de campanha eleitoral e a sua influência na representação política*. Brasília: Vestnik, 2014.

ENTREVISTAS

Aécio Neves (2013)
Alberto Dines (2014)
Andrea Neves (2013)
Antônia Ávila Alvim (2015)
Antônia Gonçalves de Araújo (2013)
Antônio Britto (2013)

Carlos Alberto Pires de Carvalho e Albuquerque (2014)
Daniel Aarão Reis (2013)
Dante de Oliveira (2003, para reportagem da *Folha de S.Paulo*)
Danuza Leão (2014)
Delfim Netto (2013)
Eduardo Portella (2014)
Elio Gaspari (2012)
Ernesto Carlos Dias do Nascimento (2012)
Fernando Henrique Cardoso (2014)
Fernando Lyra (2012)
Fernando Molica (2014)
Flávio Pinheiro (2013)
Francisco Dornelles (2013)
Frei Betto (2014)
Helio Fernandes (2014)
Hermano Augusto do Carmo (2012)
Irapuan da Costa Junior (2014)
Janio de Freitas (1990, proj. universitário/2013)
Jarbas Passarinho (2013)
João Máximo (2012)
João Pereira dos Santos (2013)
João Sayad (2013)
Joaquim Ferreira dos Santos (2014)
José Sarney (2014)
José Serra (2013)
Kurt Pessek (2012)
Leda Beatriz Guedes (2014)
Leônidas Pires Gonçalves (2013)
Lucas Figueiredo (2015)
Lucilia de Almeida Neves Delgado (2013)
Luiz Dulci (2014)
Luiz Rogério Mitraud (2013)
Marcos Sá Corrêa (1990, proj. universitário/2011)
Maria Lúcia Pedroso (2015)
Mario Sergio Conti (2013)

Mauro Santayana (2013)
Michael Hironymous (2015)
Michael Lavergne (2015)
Mirta Varela (2013)
Newton Cruz (2014)
Paulo Maluf (2014)
Paulo Rollo (2013)
Paulo Tarso Flecha de Lima (2013)
Pedro Simon (2013)
Ronaldo Costa Couto (2013)
Rosie Monroe (2015)
Rubens Ricupero (2013)
Sergio Quintella (2015)
Tancredo Augusto Tolentino Neves (2014)
Vera Brant (2013)
Zuleide Aparecida do Nascimento (2013)

Índice onomástico

As páginas em itálico se referem às fotos.

Abi-Ackel, Ibrahim, 351, 508
Abramo, Cláudio, 389
Abreu Sodré, Roberto, 363
Abreu, Evandro de Pádua, 568
Adaime, Elias, 186
Adenauer, Konrad, 12
Affonso, Almino, 189, 220, 236-7, 564
Agripino Maia, José, 459
Alba y Delibes, Jaime, 245
Albano, Roberto, 160
Albergaria, Jason, 141
Albuquerque Lima, Afonso, 255
Albuquerque, Carlos Alberto Pires de Carvalho e, 53, 55
Aleixo, Pedro, 238
Alencar Furtado, José, 294, 297, 300
Alencar, Álvaro, 412
Alencar, César de, 212-5
Alencar, José de, 497
Alighieri, Dante, 16

Alkmin, José Maria, 125, 128, *148*, 154, 157-8, 162-3, 165, 173
Almeida Braga, Antônio Carlos de, 446
Almeida, Climério Euribes de, 83-7, 89-90
Almeida, Reynaldo Mello de, 33, 43, 367, 398
Almeida, Rui de, 223
Alves Corrêa, Leonilda, 420
Alves da Silva, Edevaldo, 557
Alves Seco, Vasco, 147
Alves, Aluízio, 312-3, 383, 461, 509, 517
Alves, Ataulfo, 228
Alves, Hermano, 253-4
Alves, Otávio, 84
Alvim, Geraldo Ávila (Mineiro), 70
Amado, Genolino, 79
Amaral Netto, Fidelis dos Santos, 78, 243
Amaral Peixoto, Ernâni do, 92-3, *143*, 157, 162-3, 173, 176, 178, 181, 183, 189, 218, 226, 304, 335, 474, 501-2, 519

Amorim, Paulo Henrique, 284
Âncora, Armando de Moraes, 81-3, 87, 235
Andrada e Silva, José Bonifácio de, 16
Andrada, Antônio Carlos Ribeiro de, 125, 130-1, 344, 388, 573
Andrada, José Bonifácio Lafayette de, 15, 72, 122, 142, 252, 301, 303
Andrade, Doutel de, 449-50
Andrade, Odilon Martins de, 120
Andreazza, Mário, 336, 352, 387, 389, 450, 458, 557, 560
Andropov, Yuri, 508
anel do Nibelungo, O (Wagner), 19
Aquino Ferreira, Heitor, 378
Aragão, Cândido, 232
Aranha, Euclides, 76-7
Aranha, Oswaldo, 76, 86, 92, 94, 126, 144, 191
Arantes, Gustavo, 512, 516
Araripe, Arnaldo de Alencar, 456
Araripe, Luís de Alencar, 456
Araújo, Antônia Gonçalves de, 258-65, 267, 359, 412, 441, 444, 460, 463-4, 503, 569
Araújo, Ivone Silva, 213-4
Araújo, Severino, 69
Archer, Renato, 208, 385-6, 429, 438-9, 443, 454, 461
Arida, Pérsio, 442
Arns, dom Paulo Evaristo, 543
Arraes, Miguel, 35, 230, 234, 312, 335, 444, 445
Asencio, Diego Costa, 40, 493
Assis Brasil, Argemiro, 234
Assis Chateaubriand, Francisco de, 60, 62, 125

Assis Nogueira, Braz de, 258
Assumpção, José Afonso, 562
Astro de Minas, jornal, 108-10
Azeredo da Silveira, Antônio Francisco, 418, 487
Azeredo Santos, Theophilo, 350
Azeredo, Eduardo Brandão de, 339
Azeredo, Renato, 275, 339, 358

Baccarini, José Luiz, 128
Back, frei Hugolino, 536
Balbino, Antônio, 251
Baldrige, Malcolm, 421
Bandeira, Manuel, 73
Baptista, Gervásio, 530-1
Barbalho, Jader, 366, 406
Barbosa Lima Sobrinho, Alexandre José, 173
Barbosa, Rui, 16, 119-20
Bardot, Brigitte, 244
Barros de Carvalho, Antônio, 170, 174
Batista, Juarez, 344-5
Baumgarten, Alexandre von, 353, 384
Bayma, Rubens Denys, 462, 523
Belham, George, 454
Beltrão, Hélio, 362, 397, 458
Bento XVI, papa, 414
Beraba, Marcelo, 326
Berlinck, Lola, 380
Bernardes Filho, Arthur, 152
Bernardes Gomes, Antônio Carlos, 465
Bernardes, Arthur, 117, 120, 125
Bernardino, Genésio, 372
Bessone, Isabela, 263
Bessone, Leopoldo, 263
Betto, frei, 534-5, 537, 539-40, 545-6
Bezerra Cabral Sobrinho, Antônio, 473

Bezerra Cabral, Milton, 473
Bezerra, Adauto, 458, 559-60
Bhering, Mario, 457
Bias Fortes, José Francisco, 152, 154, 156, 159, 162, 574
Bilac Pinto, Olavo, 226-7
bin Laden, Osama, 399
Bittencourt, Getúlio, 513
Bloch, Adolpho, 499
Boff, Clodovis, 414
Boff, Leonardo, 414, 534
Bonaparte, Napoleão, 18
Bond, Niles, 483
Bonfim, Otávio, 80-1
Bonnin, Charles-Jean Baptiste, 109
Bons e maus mineiros (Pinheiro Neto), 215
Borges, Gustavo, 79
Borges, Mauro, 264
Borja, Célio, 316
Bornhausen, Jorge, 433, 472
Botero Isaza, Dario, 245
Bracarense da Costa, Otto, 363
Braga, Ney, 457
Braga, Rubem, 73, 125-6
Brandão, Silviano, 35
Brandt, Willy, 429
Brant, Fernando, 373
Brant, Vera, 456, 518
Braz, Wenceslau, 130, 573
Brejnev, Leonid, 508
Bresser-Pereira, Luiz Carlos, 421
Briggs, Ellis O., 207
Brito, Orlando, 390
Britto, Antônio, 419, 504, 507, 508, 522, 530-1, 540, 543
Brizola, Leonel, 175, 177, 179-81, 183-4, 189, 195, 227, 230-1, 234, 269, 283, 307, 335, 338, 362, 365, 372, 374, 381, 388, 390, 464
Brizola, Neusa, 177
Brochado da Rocha, Francisco, 221, 223
Brossard, Paulo, 300, 302, 458
Buarque, Chico, 11, 324
Buckley Jr., William F., 280, 282-3
Buckley, James, 281
Bulcão, Athos, 210
Bulhões, Octávio Gouvêa de, 427
Bundy, McGeorge, 288
Burke, Edmund, 317
Burle Marx, Roberto, 368
Buzaid, Alfredo, 477

Café Filho, João Fernandes Campos, 90-1, 98, 100, 145, 512
Caiado de Castro, Aguinaldo, 62, 65, 69, 83-5, 87, 142
Caldeira Filho, Carlos, 527
Callado, Antônio, 368
Câmara, dom Helder, 152
Camargo, Affonso, 27, 47, 279, 369, 373, 378, 397, 432, 435, 438, 443, 455
Camargo, Sebastião, 555
Camata, Gerson, 337, 366, 538
Camata, Rita, 366
Cambraia Campos, Francisco, 357-8
Campeões da democracia (programa de TV), 150
Campos, Alfredo, 309
Campos, Francisco, 131
Campos, Júlio, 411
Campos, Milton, 125, 139, 252
Campos, Roberto, 186, 391, 427
Canal livre (programa de TV), 365
Canárias, navio, 75

Canet, Jayme, 313
Capanema, Gustavo, 59, 131, 156, 184-5
Cardoso, Ciro do Espírito Santo, 65, 67
Cardoso, Elizeth, 242
Cardoso, Fernando Henrique, 12, 20, 27, 67, 267, 311, 356, 365, 369, 378, 380, 393, 415, 429, 432, 435, 437, 443-5, 504, 517, 519-22, 548, 554
Cardoso, Francisco Antonio, 74
Cardoso, Newton, 308, 568
Careta, revista, 159
Carmo, Hermano Augusto do, 496-7, 543
Carneiro Leão, Honório Hermeto, 356
Carneiro, Maria Josina, 115-6
Carneiro, Mecias Cândida, 113, 115
Carneiro, Nelson, 141
Carrero, Tônia, 451
Carter, Jimmy, 492
Carvalho Pinto, Carlos Alberto Alves, 182, 184
Carvalho, Aloysio de, 82
Carvalho, Beth, 324
Carvalho, Carlos Alberto de, 466
Carvalho, Horácio, 447
Carvalho, Ronald de, 129
Casoy, Boris, 501
Castanheira, Édipo, 122
Castello Branco, Carlos, 27, 73, 138, 170, 226-7, 230, 248, 328, 364, 411, 440
Castello Branco, Humberto de Alencar, 36, 47, 151, 178, 234-5, 240-2, 244, 246, 249-50, 273-4, 286, 288, 304, 318-9, 422, 427, 448-9, 574
Castelo Branco, José Hugo, 165, 443, 452, 457, 510, 556-8, 563, 570
Castro, Edilberto de, 76
Castro, Fidel, 171, 419, 540

Cavalcante, Luiz, 356
Cavalcanti, Sandra, 243
Caxias, duque de, 16
Celso, Afonso, 116
Cerqueira, Marcelo, 326
Cervantes, Miguel de, 16
Chagas Freitas, Antônio de Pádua, 312-3, 321, 332, 335, 351
Chagas, Carlos, 287
Chagas, Maria de Lourdes, 121
Chagas, Thales, 223
Chaplin, Charles, 211
Charles, príncipe inglês, 304
Chaves Amarante, 170
Chaves, Aureliano, 32-3, 45, 49, 343, 352, 354, 356, 362, 364, 372, 382-4, 387-8, 390, 399, 433, 437, 441, 445, 453, 455, 457-9, 471-2, 475, 519, 567, 575
Chaves, Leonardo João, 106
Cheibub, José Antonio, 302
Chernenko, Konstantin, 508
Chopin, Frédéric, 19
Cinelli, Leo Frederico, 331
Clark, Lygia, 160
Cleofas, João, 63, 76-7
Clinton, Bill, 553
Close, Roberta, 389
Coelho de Souza, José, 186
Coelho Neto, Henrique, 47
Coelho Netto, José Luiz, 327
Coelho, Danton, 143
Coelho, Gustavo Ernesto, 122
Coelho, Ronaldo Cezar, 557
Coimbra, Daso, 560
Collor de Mello, Fernando, 413, 476, 553
Comte, Augusto, 129
Constant, Benjamin, 193

Constitucional Mineiro, O, jornal, 108
Convertino, Maria, 499
Coração de Jesus, Maria Josefa do, 105
Coralina, Cora, 389
Cordeiro de Farias, Osvaldo, 234, 302, 314
Cordeiro Guerra, João Baptista, 82, 84, 472
Cordeiro, Renato, 500
Corrêa da Costa, Sergio, 421
Correio da Manhã, 60, 65, 77-8, 151, 158, 187, 230, 241, 243, 253, 550, 552
Costa Cavalcanti, José, 49
Costa Couto, Ronaldo, 36, 48, 159, 344, 358, 365-6, 441, 457, 460
Costa de Mendonça, Francisco de Assis, 471
Costa e Silva, Artur da, 12, 36, 130, 170, 242, 244-5, 249, 251-2, 254, 261, 268, 277-8, 287, 327, 574
Costa Franco, Álvaro da, 48
Costa Junior, Irapuan, 77
Costa Machado, Adhemar, 453
Costa Sena, Joaquim Cândido da, 35
Costa, Clovis, 77
Costa, Gal, 324
Costa, Lucio, 30
Costa, Otávio, 25, 26, 33-4, 43-4, 56, 289, 301, 333, 384
Costa, Zenóbio da, 67, 68, 87, 92-3, 95-6
Coutinho, Luciano, 397
Couto e Silva, Golbery do, 48, 66, 278, 293-5, 303, 320, 327-8, 351-2, 356, 378, 390, 466, 473, 476, 487, 489-91, 492, 502, 557
Covas, Mario, 377, 381
Crawford, William, 525
Craxi, Bettino, 415
Crimmins, John Hugh, 286-7, 289

Crítica e autocrítica (programa de TV), 391
Cruz, Newton de Oliveira, 31, 41, 43-6, 49-50, 54, 56, 279, 326, 353, 376, 577
Cruzeiro, O, 60, 235, 353
Cunha, Aécio, 151, 248, 277, 334, 402
Cunha, Bocayuva, 237-8

D'Abbeville, Claude, 208
D'Avila, Roberto, 335
Dada, Idi Amin, 35, 294
Daily Mirror, 542
Dale Coutinho, Vicente de Paulo, 66
Dantas Ribeiro, Jair, 223, 448
Dantas, San Tiago, 156, 158, 160, 173-6, 178, 194-5, 198, 200, 201, 215, 219, 221-2, 231, 248, 484, 564
Danton, filme, 16
Dávila, Sérgio, 374
De Carli, João Carlos, 559
De Gaulle, Charles, 491
De Larosière, Jacques, 409, 424, 426
Debret, Jean-Baptiste, 551
Delfim Netto, Antônio, 27, 287, 360-1, 396, 398, 408, 425-6, 434, 462, 577
Denys, Odylio, 147, 169, 171, 173, 175, 184, 462
Di Cavalcanti, Emiliano, 228
Diário Carioca, 60, 71, 75, 80, 184, 215
Diário de Notícias, 60, 86, 447
Diário de Pernambuco, 208
Diários Associados, 474
Dias Gomes, 214
Dias Paes, Fernão, 106
Dias, Etevaldo, 46
Dias, José Carlos, 369
Diderot, Denis, 416
Diniz, Abilio, 555

Diniz, Achiles, 309
Disraeli, Benjamin, 16
Djavan, 324, 373
Doria, João, 461
Dorneles, Hélio, 96
Dornelles, Ernesto Francisco, 58
Dornelles, Francisco, 26, 34, 48-9, 154, 157, 164-5, 187, 192, 217, 220, 223, 240-1, 244, 265, 308, 339, 352, 383, 398, 407, 409, 421, 426-7, 432, 435, 437-9, 442-3, 452, 455, 457, 464, 470, 472, 475, 514-5, 519, 536, 548, 558
Dornelles, Mozart, 58-9, 138, 240
Drummond de Andrade, Carlos, 520
Drummond, Olavo, 160, 557
Drumond, Sebastião Cantídio, 27
Duailibi, Roberto, 555
Dulci, Luiz, 377
Dulles, John W. F., 179, 182-3, 191, 218, 220, 222, 231, 235, 239
Dutra, Antônio, 162
Dutra, Carmela, 549
Dutra, Eloy, 215
Dutra, Eurico Gaspar, 59, 139, 301, 549-50, 573
Dutra, Sônia, 215
Duverger, Maurice, 317
Dylan, Bob, 335

Eanes, António Ramalho, 416
Eid, Calim, 54, 555
Einsenstein, Sergei, 466
Eisenhower, Dwight D., 207
Elbrick, Charles Burke, 254
Elísio, Otavio, 265, 358
Elizabeth II, rainha da Inglaterra, 261, 497
Ermírio de Moraes, Antônio, 458

Ernanny, Drault, 77, 174-6, 180
Escobar, Ruth, 389
estadista da República, Um (Melo Franco), 520
Estado de Minas, 12, 51, 125, 308, 563
Estado de S. Paulo, O, 287, 294, 433, 525
Eudes, José, 462

Fadul, Wilson, 176, 179
Fafá de Belém, 373
Fagner, 324
Fagundes Neto, Fernando, 309
Falcão, Armando, 78, 235, 297, 397, 432
Faria, Hugo, 67, 179
Faria, José Eduardo, 439
Farias, Paulo César, 553
Fawcett, Farrah, 366
Fernandes, Florestan, 389
Fernandes, Helio, 446-51, 453
Fernandes, Millôr, 448, 461
Fernandes, Rodolfo, 446
Ferraz, Cândido, 167
Ferraz, João, 301
Ferraz, Jorge, 308
Ferreira Braga, Geraldo, 279
Ferreira Mendes, Antônio João, 31, 36
Ferreira, Heitor, 27
Figueiredo Correia, Joaquim de, 275
Figueiredo, Euclides, 40
Figueiredo, João Baptista, 17, 25-7, 29, 32, 34, 36-41, 44-6, 48-9, 51, 56, 89, 295, 302, 305, 309, 315-6, 320, 327, 340, 341, 342-3, 350-1, 354-5, 357, 361, 363-5, 370, 372, 374-5, 378, 383-4, 387-8, 390, 396-8, 406, 408-9, 427-8, 430, 446, 454, 461, 466, 468, 471, 473, 475, 477, 492-3, 508, 514, 521-4, 559, 575, 577

Figueiredo, Marcus, 302
Filogônio Filho, Ibraim, 318
Financial Times, 542
Firing line (programa de TV nos EUA), 280, 284-5
Fittipaldi, Hernani, 88
Flan, revista, 60
Flecha de Lima, Lucia, 412, 464
Flecha de Lima, Paulo Tarso, 266, 412-3, 415, 418-20, 422, 441, 450, 464
Flores da Cunha, José Antônio, 146
Folha de S.Paulo, 55, 298, 305, 309, 356, 379, 381, 389, 404, 431, 433, 439, 501-2, 506, 527-8
Fonseca, Deodoro da, 12, 115, 193, 512
Fonseca, Hermes da, 119
Fonseca, Maximiano da, 44
Fonseca, Walter, 228
Fontes, Lourival, 64, 65, 92
Fontoura, João Neves da, 67
Forbes, 398
Ford, Gerald, 487-8
Fortes, Heráclito, 389
Fortunato, Gregório, 85-7, 89-91, 100
Foureaux, Péricles de Souza, 533, 543
Fragelli, José, 444, 473, 519-23, 543-4
Francis, Paulo, 423
Franciscato, Alcides, 374
Franco Montoro, André, 194, 337, 352, 362, 364-7, 369-70, 379-81, 386, *393*, 397, 435, 442-4, 452, 457, 460, 528, 535, 553
Franco, Itamar, 293
Freire, Marcos, 432, 445
Freire, Roberto, 35
Freitas Nobre, José de, 304, 351, 432
Freitas, Eduardo de, 408

Freitas, Janio de, 94, 97, 502
Freitas, Sergio de, 397
Freyre, Gilberto, 13
Frias, Octavio, 309, 433, 527-8
Fróes, Hemílcio, 212, 214
Fronzi, Renata, 213
Frota, Sylvio, 66, 289, 302
Furtado, Celso, 221, 397

Gabeira, Fernando, 479
Galdeano, Antônio Sanchez, 158
Galvêas, Ernâne, 361, 409-10, 462
Gama e Silva, Luiz Antônio da, 269, 277
Gama, Angelita, 541
Garanhão, Erasmo, 366
Garbo, Greta, 431
Garcez, Ene, 85
Garcez, Lucas, 74
Garcia de Lima, Francisco Diomedes, 385, 400-1, 404
Garcia, Hélio, 42, 339, 431, 442, 456-7, 464, 517, 535, 546, 562, 564, 566-8, 570
Garnero, Mario, 558-9
Garrincha, 200-1
Gaspari, Elio, 153, 234, 255, 277, 295, 301, 327, 433, 453
Gasparian, Fernando, 380, 561
Gazale, Georges, 398
Gazeta de Notícias, 113
Gazeta Mercantil, 399, 418
Gazolla, Ronaldo, 325
Geisel, Ernesto, 12, 35-6, 171, 175-6, 178-80, 183, 241, 278, 292-5, 301-6, 308, 315, 327, 333, 349, 378, 383, 397, 399, 406, 408, 425, 432, 458, 461, 471-2, 475, 487-8, 489, 493, 575

Geisel, Orlando, 35, 175, 249, 255, 269, 277, 333
Gentil, Valentim, 523
Georgina, "mãe", 389
Getty, Gordon Peter, 398
Globo, O, 52, 97, 326, 332, 356, 446, 451
Glória Maria, 542
Góes Monteiro, Pedro Aurélio, 132
Gomes, Eduardo, 83, 90, 95, 139, 549-50, 573
Gomes, Mário, 251
Gomes, Severo, 42, 432
Gonçalves Dias, Antônio, 418
Gonçalves Niterói, Antônio, 466
Gonçalves, Bento, 156
Gonçalves, Nelson, 162
Gonzaga, Luiz, 324, 326
Gonzaguinha, 324, 326
González, Felipe, 340, 418
Goodwin, Richard, 485
Gorbachev, Mikhail, 508
Gordon, Lincoln, 186, 208, 225, 285, 288, 482-6
Goulart, dona Vicentina, 185
Goulart, Ivan, 149
Goulart, João, 35, 46, 56, 66, 75-6, 86, 92, 144-5, 149, 152, 155-6, 160, 162, 166-7, 169-76, 178-84, 185, 187, 188, 189, 191, 193, 196, 202, 212, 214-8, 220-2, 224-7, 229-39, 241-2, 244, 269, 280-1, 283-4, 286, 288, 304, 307, 390, 436, 440, 447-9, 482-7, 490, 497, 512, 564-5, 574
Goulart, Jorge, 212, 214-5
Goulart, Maria Thereza, 231
Gouvêa do Amaral, Itiberê, 277
Gouvêa Vieira, João Pedro, 565-6, 570

Graça Filho, Afonso de Alencastro, 112
Gracindo, Paulo, 71
Grande Otelo, 465
Grant, Ulysses S., 399
Grün Moss, Gabriel, 171
Guedes, Angelo Lazary, 51-2
Guedes, Carlos Luiz, 278
Guedes, Leda Beatriz, 51
Guerra, Cláudio, 332
Guevara, Ernesto Che, 168, 189, 389
Guimarães Rosa, João, 359
Guimarães, Milton, 81
Guimarães, Ulysses, 35, 51-2, 68, 173, 195-6, 201, 242, 249, 251, 258, 269, 275-6, 292, 300, 304, 305, 314, 343, 352, 354, 357, 362, 364-5, 367, 369, 371, 373, 377, 379-81, 384-6, 393, 397, 404, 412, 429, 430, 431-3, 435, 438, 444, 456, 460, 467-9, 493, 499, 505-6, 516-7, 519-23, 543-4, 546
Gusmão, Roberto, 379, 380, 384, 435, 443, 452, 461
Gustavo, Miguel, 212

Hallak, Acíbio, 131
Hallak, João, 131
Hamilton, Neil, 400
Hayworth, Rita, *211,* 431
Heck, Sylvio, 171, 286
Heuser, Siegfried, 184
Hitler, Adolf, 61, 294
Hoffa, Jimmy, 486
Homem de Almeida, Antônio, 118
Horta, Oscar Pedroso, 169
Houaiss, Antônio, 370
Humphrey, Hubert, 555
Huntington, Samuel, 295

Isabel, princesa, 19
Iseman, Joseph D., 260
IstoÉ, 567

Jafet, Ricardo, 63
Jaguar, 229
Jinkings, Raimundo, 29
João Bosco, 324
João Gilberto, 242
João Paulo II, papa, 413, 414
João V, rei de Portugal, 106
João VI, rei de Portugal, 551
Jobim, Tom, 242, 244
Johannpeter, Jorge Gerdau, 556
Johnson, Lyndon, 288, 487
Jornal do Brasil, 62, 200, 230, 257, 284-7, 295, 298, 338, 350, 433, 447, 528
Jornal do Commercio, 97
Jornal Nacional, 34, 394, 512, 518
Jornal, O, 118
José Dirceu *ver* Oliveira e Silva, José Dirceu de
Josefo, Flávio, 416
Juan Carlos I, rei da Espanha, 418-9
Julie Joy, 213
Junqueira de Andrade, João Batista, 162
Jurema, Abelardo, 231

Kamel, Ali, 52
Kapler, Mariana Cândida, 118
Karam, Alfredo, 25, 37, 46, 453
Kennedy, John, 221, 228, 239, 483-7
Kennedy, Robert, 486
Khashoggi, Adnan, 398
Kissinger, Henry, 37-41, 487-8, 489, 490-1, 492
Komel, Elvira, 126

Kotscho, Ricardo, 389
Kruel, Amaury, 66, 235
Kubitschek, Juscelino, 50, 63, 67, 69, 88, 93, 98, 101, 141, 144-5, 147, 149, 151-2, 154, 156, 160, 162, 164-5, 167, 174-6, 184, 191, 206, 215, 222, 226, 242, 245, 248, 253, 269-70, 277, 280, 308-9, 319, 340, 371, 407, 417, 448, 486, 512, 552, 556, 559, 574

Lacerda, Ana Luiza de, 106, 112-3
Lacerda, Carlos, 58, 61-2, 66, 72, 75-8, 80-2, 86-7, 89-90, 97, 145-6, 150-1, 160, 168-9, 189, 196, 224, 227, 229-30, 242-3, 280-5, 433, 447-9, 466
Lacerda, Flávio, 324
Lacerda, Leonarda Luísa de, 106
Lacerda, Sérgio, 80
Ladeira, César, 213
Lafer, Horácio, 63
Lago, Mário, 213
Lameirão, José Chaves, 147
Langoni, Carlos, 361
Lara Resende, André, 442
Lara Resende, Otto, 370
Lara, Odete, 244
Leacock, Ruth, 484
Leal, Estilac, 67
Leal, Vitor Nunes, 150
Leão, Danuza, 60
Leão, Nara, 244, 466
Leitão de Abreu, João, 26, 48-9, 56, 295, 352, 383, 420, 454, 462, 508, 514, 520-2
Leite de Castro, McDowel, 461
Levy, Herbert, 314, 321, 567
Libânio da Silveira, Feliciano, 357

Libânio, padre Manuel da Cruz, 136
Life, 181
Lima Souto, Edson Luís de, 251-2
Lima, Alceu Amoroso, 13, 577
Lima, Hermes, *211*, 221
Lincoln, Abraham, 16, 101, 509
Lins e Silva, Evandro, 71
Lins, Etelvino, 142
Lins, Ivan, 324
Lins, Miguel, 370, 447
Linz, Juan Jose, 303
Lobão, Edison, 475, 560
Lombardi, João, 131
Lombardi, Nelson, 156, 164
Lorscheider, dom Aloísio, 414
Los Angeles Times, 224
Lott, Henrique Teixeira, 145, 147, 155-6, 159-60, *161*, 162-3, 165, 552
Lowell, Joana, 211
Lucena, Damaris e Antônio, 480
Lucena, Humberto, 184, 433, 444
Ludwig, Rubem, 373
Lula da Silva, Luiz Inácio, 35, 355, 362, 372, 377, 381, 383, 535, 554, 559
Lustosa, Iris, 31
Lustosa, Paulo, 458
Luz, Carlos, 145, 146
Lyra Tavares, Aurélio de, 241, 253-5
Lyra, Carlos, 214
Lyra, Fernando, 305, 354, 364, 378, 432, 455-6, 461, 464, 517, 535

Machado Almeida, Lúcia, 335
Machado de Carvalho, Paulo, 201
Machado Filho, Aires da Mata, 13
Machado Lopes, José, 177
Machado, Alfredo, 228

Machado, Cristiano, 126, 335
Machado, Irineu, 120
Machado, Wilson Luiz Chaves, 325, 329-31, 333
Maciel Filho, José Soares, 90
Maciel, Marco, 388, 431-2, 457, 472, 519, 575
Maciel, Olegário, 126, 128, 130, 573
Madeira Serrano, José Carlos, 408
Magalhães Lins, José Luiz de, 222, 285-7, 435, 439-40
Magalhães Pinto, José de, 153, 158-60, 162-4, 167, 178-9, 182-3, 186, 222, 236, 242, 249, 270, 285, 287, 303, 312, *313*, 314, 316, 321, 343, 350, 355, 357, 382, 439, 468-9, 511, 567, 574-5
Magalhães Teixeira, José Roberto, 432, 443
Magalhães, Antonio Carlos, 33-4, 279, 350, 394, 432, 450-3, 464, 474-5
Magalhães, Custódio de Almeida, 271
Magalhães, Dario de Almeida, 125-6, 271
Magalhães, José Maria, 505
Magalhães, Juracy, 182, 184, 222, 341
Magalhães, Raphael de Almeida, 271
Magalhães, Sérgio, 238
Maia, Carlito, 404
Maia, Cesar, 338, 366
Maia, Deodato, 80-1
Maia, Hernani, 161
Maluf, Paulo, 13, 24, 27, 30, 34-5, 38, 45, 48-9, 53-4, 278, 352, 355, 357, 372, 378, 382, 384, 386, 388-94, 396-7, 400, 402, 411, 433, 445, 450, 459, 472-4, 500-1, 513, 526-7, 555, 557, 561, 575
Mamede, Jurandir, 145

Manchete, 530
Manzon, Jean, 71
Mao Tsé-Tung, 170, 491
Maquiavel, Nicolau, 20
Maranha, Luís, 161
Maranhão, Luís Ignácio, 276
Marchezan, Nelson, 301
Marcílio, Flávio, 49, 500
Marcondes Filho, Gentil, 328, 331-2
Marcos, Ferdinand, 371, 398
Maria, Agenor, 501
Marinho, João Roberto, 440
Marinho, Josaphat, 251
Marinho, Roberto, 34, 62, 374, 388, 396-7, 410, 420, 432-3, 435, 440, 445-7, 449-51, 453
Marinho, Ruth, 350
Mário Juruna, 54
Mariz, Vasco, 258, 463
Martinho da Vila, 371
Martins de Oliveira, Paulo Affonso, 462, 560
Martins, Herivelto, 214
Martins, Paulo Egydio, 313
Martins, Wilson, 366
Mártires Coelho, Inocêncio, 475
Martius, Carl Friedrich Philipp von, 110-1
Mascarenhas de Moraes, João Batista, 90, 92, 142
Massuda, Minoru, 298
Matarazzo, conde Francisco, 60
Mattos Ribeiro, Renault, 411-2, 500, 502-3, 505-7, 511-2, 514, 516-7, 527, 529-32
Mattos, Délio Jardim de, 25, 33, 34, 37, 46, 89, 353, 454-5
Medeiros, Octávio Aguiar de, 41, 44, 278, 327-8, 353, 382, 384

Médici, Emílio Garrastazu, 35, 249, 255-6, 268, 278, 292, 295, 315, 327, 333, 477, 489, 574
Medina, Roberto, 400
Medina, Rubem, 258, 400
Meira Mattos, Carlos Alberto de, 33, 43, 367
Meirelles, Fernando, 394
Melo Franco, Afonso Arinos de, 66, 72-3, 75, 78, 87, 120, 302, 451, 505, 518, 520
Melo, Conceição, 562
Mendes Campos, Paulo, 74
Mendes de Sousa, 153
Mendes, Bete, 462
Mendes, Manuel P., 210
Mendes, Murilo, 562
Mendonça Falcão, João, 376
Mendonça, Celso, 77
Menezes, Ademir, 71
Merquior, José Guilherme, 11, 20
Mesquita Neto, Julio, 433
Mestrinho, Gilberto, 366, 475, 560
Mestrinho, Thomé, 475
Michilles, Eunice, 560
Militão, Florence Caiafa, 470
Minas Geraes, jornal, 115
Mir, Luis, 516, 526
Mitraud, Luiz Rogério, 365
Mitterrand, Danielle, 415
Mitterrand, François, 340, 415
Miziara, Helcio, 516-7, 525
Molinas Dias, Julio Miguel, 330, 332
Monroe, Marilyn, 431
Monteiro da Silva, Lyda, 326
Monteiro de Castro, José, 126, 567
Monteiro, Armando, 193
Monteiro, Dilermando Gomes, 349

Montoro, Lucy, 535
Moraes Ferreira, Marieta de, 113-4
Moraes, Prudente de, 524, 551
Moraes, Vinicius de, 440
Moreira Alves, Marcio, 253-4
Moreira de Carvalho Neto, Antônio, 360
Moreira Franco, Wellington, 338, 473
Moreira Lima, Octávio Júlio, 454-5
Moreira Neves, dom Lucas, 414
Moreira Salles, Walter, 187, 193, 195-6, 200, 350, 435-6, 484
Moreira, Delfim, 512, 521
Moreira, Marcílio Marques, 54
Moreira, Nestor, 71
Moreira, Pedro Rogério, 507, 518
Moreno, Jorge Bastos, 52
Morton, Thomas Green, 537-8
Motta, Sylvio, 232
Moura Andrade, Auro, 56, 184-5, 189, 221, 236-8
Moura, Nero, 82-3, 85, 89, 142
Mourão Filho, Olímpio, 132, 235
Mozart, Wolfgang A., 19
Munhoz, Dércio Garcia, 458
Muniz, Waldyr, 328
Muricy, Antônio Carlos, 228, 255
Mussum, 465

Nabor Júnior, 366
Nabuco, Afrânio, 518
Nabuco, Vivi, 527
Nahas, Naji, 398
Nascimento Brito, Manuel Francisco do, 62, 285-6, 433, 447
Nascimento, Alcino João do, 86-7, 89-90
Nascimento, Ernesto Carlos Dias do, 478-80

Nascimento, Milton, 16, 373
Nascimento, Sebastião Pivoti do, 480
Nascimento, Zuleide Aparecida, 478-80
Nasser, Alfredo, 189, 193-4, 196, 204
Natel, Laudo, 397
National Review, 281
Naves, Cláudio, 509
Negrão de Lima, Francisco, 64-5, 73, 574
Nero, 12
Neves Delgado, Lucilia de Almeida, 16
Neves, Aécio, 14, 24, 31, 55, 135-6, 247-8, 265, 334-5, *336*, 338, 358, 401, 406, 412, 415, 418-9, 443, 456, 458-60, 464, 496, 500, *501*, 503-4, 506-7, 510-2, 514, 516, 524, 529, 535, 537, 541, 545, 547-8, 577
Neves, Aloísio, 524, 536, 540
Neves, Andrea, 14, 18, 248, 322-5, 332-3, 500, *501*, 541, 548
Neves, Antonina de Almeida (dona Sinhá), 13, 117-8, 253, 573
Neves, Antônio de Almeida, 14, 118, 557
Neves, Brás Ferreira das, 105
Neves, Custódio Isaías das, 14
Neves, Edmundo, 36, 43
Neves, Francisco de Paula, 13, 116-9, 573
Neves, Galdino Emiliano das, 112-4
Neves, Gastão, 536
Neves, Getúlio das, 118
Neves, Inês Maria Tolentino, 14, 151, *152*, 524, 536
Neves, irmã Esther de Almeida, 14, 401, 515-7, 524, 536
Neves, Jorge de Almeida, 14, 518
Neves, José António das, 105-9, 112-3
Neves, José Juvêncio das, 115
Neves, Juvêncio Martiniano das, 112-3, 115

Neves, Maria do Carmo de Almeida, 14, 164, 412, 463, 505, 524, 536
Neves, Maria Josina Almeida, 14, 401
Neves, Mariana, 58
Neves, Paulo de Almeida, 14, 65, 70, 182
Neves, Risoleta Tolentino, 14, 16, 129, 134-6, 187, 216, 228, 257, 265-6, 385, 401, 402, 405, 412-3, 420, 451, 461, 499, 504, 506, 509, 512, 524, 528-31, 533-6, 541, 545-7, 569-70, 571, 573
Neves, Roberto, 14, 36
Neves, Tancredo Augusto Tolentino, 14, 37, 53-5, 137, 165, 178, 246, 265-6, 309, 337-8, 340, 358, 456, 470, 506-7, 511-2, 515, 517, 524, 533, 535, 538, 541, 548, 555-7, 564, 568-70
New York Times, The, 67, 208, 287, 399
Ney Matogrosso, 324
Ney, Nora, 213
Niemeyer, Oscar, 30, 323, 335, 368
Nimeiry, Gaafar, 398
Nixon, Richard, 555
Nobrega, Aloisio Gonzaga Carneiro da Cunha, 475
Nogueira, Armando, 80, 82, 94, 435
Noite, A, jornal, 71, 98
Nolasco, Angelo, 200, 204
Nunes, Clara, 324

Oliveira Brito, Antônio Ferreira de, 199, 200, 218
Oliveira e Silva, José Dirceu de, 559
Oliveira, Adil, 84, 86, 96
Oliveira, Carlos Eduardo de, 12
Oliveira, Dante de, 355, 373
Oliveira, Guilhermino de, 153
Oliveira, João Adil de, 82

Oliveira, José Aparecido de, 265, 267, 308, 385-6, 387, 456, 461, 529, 567
Oliveira, Tercina Dias de, 478-80
Orwell, George, 11

Pacheco Chaves, João, 379
Pacheco, Lauro, 358
Paes de Andrade, Antônio, 275
Paganella, João, 375
Palme, Olaf, 418
Palmério, Mário, 307
Paraná, marquês de, 16
Parente, Raimundo, 560
Pasquim, O, 294
Passarinho, Jarbas, 49, 320
Passos, Celso, 277
Passos, Gabriel, 141, 189, 197, 200
Paulinho da Viola, 324
Peçanha, Nilo, 512
Pedro I, imperador, 17, 19, 106-7
Pedro II, imperador, 16, 19, 115
Pedroso, José, 50, 64, 153, 228
Pedroso, Maria Lúcia, 50, 228
Peixoto, Floriano, 115, 512, 524
Peixoto, Francisco Inácio, 368
Pena, Afonso, 512
Penalvo, Percy, 390
Perdigão, Freddie, 327, 331
Pereira Carneiro, condessa Maria Dunshee de Abranches, 350, 447
Pereira da Silva, Severino, 165, 272
Pereira de Souza, Washington Luís, 127
Pereira Passos, Francisco, 290
Pereira, Francelino, 358
Pereira, Gustavo de Arantes, 527, 530
Pereira, Merval, 332
Pereira, Wagner, 533

Perón, Evita, 231
Perón, Juan Domingo, 67, 98, 171, 231, 282, 552
Pertini, Sandro, 415, 422
Pessek, Kurt, 42-3, 55, 475
Pessini, padre Léo, 533, 541
Pessoa, Fernando, 388
Pezão, Luiz Fernando, 548
Philip, príncipe inglês, 261
Pilla, Raul, 175
Pimenta, Afonso Carlos de Menezes, 533
Pimentel, Murilo de Barros, 77
Pinheiro Chagas, Paulo, 153
Pinheiro da Rocha, Francisco, 504, 506-7, 511, 514-6, 525, 527, 530-1, 539
Pinheiro Filho, Israel, 158, 309, 500, 507-8, 518
Pinheiro Neto, João, 215
Pinheiro Neto, José, 233
Pinheiro, Flávio, 193
Pinheiro, Israel, 148, 246, 249, 334
Pinheiro, Paulo Sérgio, 370
Pinochet, Augusto, 422
Pinotti, Henrique, 266, 526, 528, 531, 533, 539, 541
Pinto da Luz, Arnaldo de Siqueira, 124
Pinto, Francisco, 355, 369
Pires Gonçalves, Leônidas, 42-3, 46, 453, 461, 518-20, 522-3
Pires, Carlos Alberto, 473
Pires, Waldir, 25-6, 238, 429, 432, 461
Pires, Walter, 26, 31-3, 37, 40-1, 45-7, 50-6, 328, 333, 370, 384, 471, 473, 522, 559
Pollara, Wilson Modesto, 533
Portella, Petrônio, 277, 293, 302, 309, 312, 315-6, 349, 351, 511

Portinari, Candido, 79, 187, 368
Prado, Caio Graco, 371
Prata, Arnaldo Rosa, 344
Prestes, Luiz Carlos, 132, 160, 293, 374
Província, A, 64

Quadros, Jânio, 46, 49, 74, 146, 156, 159, 163, 165, 167-8, 170-1, 174, 178, 181, 184, 188-9, 191, 193, 196, 212, 217, 222, 253, 311, 453, 482, 552, 574
Queiroz, Fernando, 264, 428, 561-2
Quércia, Orestes, 393
Quintella, Sergio, 367, 397, 434, 446, 450, 565, 570
Quintella, Tereza Cristina, 367

Rademaker, Augusto, 254-5
Raft, George, 136
Raine, Philip, 286
Ramalho, Elba, 324, 329
Ramalho, Thales, 276, 279, 293, 296, 300, 314-6, 321, 351, 370, 411, 468-9, 472, 513
Ramos, Nereu, 146
Ranieri Mazzilli, Pascoal, 171, 173-5, 179, 184, *185*, 226, 239
Ratzinger, Joseph (papa Bento XVI), 414
Reacção, A, jornal, 126
Reagan, Ronald, 38, 281, 420, 422-3, 497
Reale Jr., Miguel, 456, 519
Rego Reis, Gustavo Moraes, 471
Reis, Aloysio, 325
Reis, Daniel Aarão, 478
Repórter, O, 117
Requiem for Revolution (Leacock), 484
Resende Costa, dom João, 509

Resende, João Baptista, 530
Resende, Eliseu, 336, 338-40, 553, 557, 568
Resistência, jornal, 29
Rezende, Estevão Ribeiro de, 106
Rezende, Íris, 472
Ribeiro Pena, José, 154, 157-8, 162-3
Ribeiro, Antônio, 454
Ribeiro, Darcy, 231, 238, 307, 440, 445, 456
Ribeiro, Gustavo, 515
Ribeiro, Jorge, 304
Ribeiro, José Augusto, 412
Ribeiro, José Geraldo, 562
Richa, José, 337, 343, 363, 366, 374, 432, 442, 453, 455
Ricupero, Rubens, 52, 157, 407, 410, 412, 423-6
Rio Branco, barão do, 16
Robbins, Harold, 398
Rocha, Glauber, 440
Rocha, Marta, 73, 568
Rodrigues Alves, Francisco de Paula, 12, 512, 520
Rodrigues, José Honório, 370
Rollo, Paulo, 38, 40
Roosevelt, Franklin Delano, 205
Rosa, Abadie Faria, 123
Rosa, João, 541
Rosa, Poncianno Anastácio, 108
Rosário, Guilherme Pereira do, 328-31
Rossi, Clóvis, 390, 545
Rous, Stanley, 201
Rousseau, Jean-Jacques, 317
Rousseff, Dilma, 554
Rubottom, Roy R., 207
Ryff, Raul, 170, 212, 228, 234

Sá Corrêa, Marcos, 284, 288, 293, 377, 440
Sá, Mem de, 218
Sabino, Fernando, 74
Saboia, Henrique, 454
Sader, Eder Simão, 252
Saint-Hilaire, Auguste de, 110
Salgado Filho, Joaquim Pedro, 454
Salgado, Clóvis, 144, 152, 154, 156, 163
Salgado, Plínio, 131
Salim, Fauzi Assad, 325
Salles, Mauro, 31, 187, 192, 219, 264-5, 394, 399, 419, 473, 506, 530, 544, 555, 559, 561
Salles, Milton, 358
Sana-Khan, Onig Chacaria, 311
Sant'anna, Carlos, 432, 528
Sant'Anna, Job Lorena de, 328-9
Santana, Fernando, 432
Santayana, Mauro, 262, 290, 306, 308, 337, 358, 363, 366, 368, 377, 385-6, 399, 404, 418, 444, 462, 471, 499, 508
Santos Dumont, Alberto, 454
Santos, João Aureliano, 546
Santos, José Anselmo (Cabo Anselmo), 232, 235
Santos, Osmar, 394
Santos, Roberto, 313
Sargentelli, Oswaldo, 161
Sarmento, Syzeno, 255
Sarney, José, 33, 46, 51, 242, 265, 342, 345, 360, 382, 387-90, 392, 396, 406, 410, 412, 421, 426, 432-3, 436-7, 441, 444, 451, 452, 453, 457, 459-60, 472, 501, 503, 514, 516-23, 525, 527, 529, 534-5, 543, 546-7, 575
Sarney, Marly, 523

Sartre, Jean-Paul, 202
Saturnino Braga, Roberto, 469
Sawaya Filho, Paulo Henrique, 396
Sayad, João, 366, 432, 435, 442
Scartezini, Antônio Carlos, 464
Schmidt, Augusto Frederico, 66, 147, 166
Segadas Viana, João, 194, 198, 200
segunda chance do Brasil, A (Gordon), 487
Sendas, Arthur, 555
Sepúlveda Pertence, José Paulo, 456
Serpa, Jorge, 234, 435, 439
Serra, José, 225, 229, 365-6, 379, 397, 432, 434, 436-8, 442, 444, 452
Serran, Maria Cecília, 215
Setubal, Daisy, 439, 441, 444, 499
Setubal, Olavo, 314, 365, 407, 426, 433, 436-41, 443, 567
Shultz, George, 409-10, 420-1, 423-4, 558
Silva Araújo, Ivone e Luís Eduardo, 213
Silva Guimarães, Domingos José da, 134-5
Silva, Manoel Alves da, 23
Silveira, Badger, 238
Silveira, Helena, 74
Simões Filho, Ernesto, 63
Simon, Pedro, 151, 296, 379, 390, 407, 429, 432, 443, 493, 519-20
Simone, cantora, 324
Simonsen, Mario Henrique, 383, 408, 472
Siqueira, Deoclécio, 454-5
Skidmore, Thomas, 285
Soares de Azevedo Filho, Sandoval, 564
Soares, Aírton, 462
Soares, Mário, 416-8
Sobral Pinto, Heráclito, 244, 374
Sousa Guedes, Maria Dulce de, 51-2
Sousa, João Valente de, 87
Sousa, Pompeu de, 74, 80

Sousa, Raimundo Nonato de, 83
Souza e Melo, Márcio, 254
Souza Filho, Arídio Mário de, 30-1
Souza Mendes, Ivan, 453, 461-2, 471, 514, 518
Souza, Oscar Domingos de, 89
Spix, Johann Baptiste von, 110-1
Stroessner, Alfredo, 307, 556
Sued, Ibrahim, 440, 503
Suruagy, Divaldo, 460

Tas, Marcelo, 393
Tavares de Souza, Milton, 332
Tavares, Cristina, 369, 432
Távora, Araken, 231
Távora, Juarez, 95, 97
Távora, Virgílio, 187, 194, 217, 503
Teixeira, Aníbal, 461
Teixeira, Lino, 84
Teixeira, Miro, 314, 322
Temer, Michel, 12
Tenreiro, Joaquim, 368
Time, 181
Tiradentes, 16, 18, 107, 404
Tito, Ronan, 358
Tolentino, Maria Inês Guimarães, 134
Tolentino, Múcio, 135
Tolentino, Quinto Alves, 134
Torres, Paulo Francisco, 62, 87
Travassos, Clóvis, 200
Tribuna da Imprensa, 60, 66, 75-6, 78, 89, 97, 162, 231, 243, 294, 326, 446-8, 450
Tribuna, A, 127
Tristão da Cunha, 152

Ueki, Shigeaki, 56
Última Hora, 60, 70, 72, 142, 229, 235

Valadares, Benedito, 131, 138-9, 142, 156, 159, 162
Valença, Alceu, 324
Valente, João, 85
Valle Simões, Ronaldo do, 412, 463, 559, 564, 566
Valle, Sérgio Vallandro do, 323-6
Vargas, Alzira, 88-90, 92, 94-6, *143*
Vargas, Benjamim, 86, 89-90, 95-6
Vargas, Cândida Dornelles, 58
Vargas, Darcy, *143*
Vargas, Getúlio, 12, 17-9, 25, 46, 56, 59-64, 67, 69, 70-5, 78-9, 83, 86-98, 99, 101, 125-7, 132, 138, 141-5, *143*, 147, 149, 160, 186, 191, 205, 224, 228, 230, 237, 253, 275, 280-1, 288, 301, 311, 327, 341, 377, 386, 390, 433, 497, 512, 549-2, 565, 574
Vargas, Ivete, 184
Vargas, Jorge, 42
Vargas, Maneco, 91
Vargas, Manuel Antônio, *143*
Vasconcelos, Bernardo Pereira de, 107, 109, 140
Vasconcelos, Jarbas, 35, 294
Vaz, major Rubens Florentino, 79-82
Veja, 46, 55, 193, 216, 284, 293-4, 311, 342, 352, 379, 399, 404, 454, 463, 557
Veloso, Caetano, 372
Veloso, Haroldo, 147
Verlaine, Paul, 403
Victorino, Olden, 438
Vidal, Gore, 281
Vidigal, padre Pedro, 227, 250
Viegas, Augusto, 117, 120, 127, 130, 133, 142
Vieira, Jonas, 214

Vieira, Laerte, 296
Vilela, Marcio Garcia, 566
Vilela, Teotônio, 302, 354, 369, 373, 537
Vital, Sebastião Marcos, 397-8
Vivaldi, Antonio, 19
Volcker, Paul, 421
von Holleben, Ehrenfried, 478
Voz da Unidade, jornal, 28-9

Wagner, Richard, 19
Wainer, Samuel, 60, 62, 70, 72, 75, 78, 89, 234
Walters, Vernon, 225, 483, 485
Washington Luís *ver* Pereira de Souza, Washington Luís
Weinberger, Caspar, 421
Wier, Richard, 208
Williams, Shirley, 542
Wroomans, Cândido, 122

Xavier, Chico, 129

Yeo, Edwin, 421
Yunes, Jorge, 561

Zagury, Bob, 244
Zapol, Warren Myron, 539-40, 543

ESTA OBRA FOI COMPOSTA PELA ABREU'S SYSTEM EM INES LIGHT
E IMPRESSA EM OFSETE PELA LIS GRÁFICA SOBRE PAPEL PÓLEN SOFT
DA SUZANO PAPEL E CELULOSE PARA A EDITORA SCHWARCZ EM MARÇO DE 2017

A marca FSC® é a garantia de que a madeira utilizada na fabricação do papel deste livro provém de florestas que foram gerenciadas de maneira ambientalmente correta, socialmente justa e economicamente viável, além de outras fontes de origem controlada.